ACCESO GRATIS ***a la Lectura en la Nube***

Para visualizar el libro electrónico en la nube de lectura envíe junto a su nombre y apellidos una fotografía del código de barras situado en la contraportada del libro y otra del ticket de compra a la dirección:

ebooktirant@tirant.com

En un máximo de 72 horas laborales le enviaremos el código de acceso con sus instrucciones.

La visualización del libro en **NUBE DE LECTURA** excluye los usos bibliotecarios y públicos que puedan poner el archivo electrónico a disposición de una comunidad de lectores. Se permite tan solo un uso individual y privado

EL DISCURSO DEL ODIO: ANÁLISIS DE SU INCIDENCIA Y PERSECUCIÓN PENAL

EL DISCURSO DEL ODIO: ANÁLISIS DE SU INCIDENCIA Y PERSECUCIÓN PENAL

Prof[a]. Dra. SILVIA MENDOZA CALDERÓN
Prof[a]. Dra. ANA SÁNCHEZ RUBIO
(Directoras)

tirant lo blanch
Valencia, 2024

En caso de erratas y actualizaciones, la Editorial Tirant lo Blanch publicará la pertinente corrección en la página web www.tirant.com.

EDITA: TIRANT LO BLANCH
C/ Artes Gráficas, 14 - 46010 - Valencia
TELFS.: 96/361 00 48 - 50
FAX: 96/369 41 51
Email: tlb@tirant.com
www.tirant.com
Librería virtual: www.tirant.es
DEPÓSITO LEGAL: V-706-2024
ISBN: 978-84-1197-890-3
MAQUETA: Disset Ediciones

Si tiene alguna queja o sugerencia, envíenos un mail a: *atencioncliente@tirant.com*. En caso de no ser atendida su sugerencia, por favor, lea en *www.tirant.net/index.php/empresa/politicas-de-empresa* nuestro procedimiento de quejas.

Responsabilidad Social Corporativa: http://www.tirant.net/Docs/RSCTirant.pdf

Índice

Introducción

Conforme a lo sostenido por la Agencia Europea de Derechos Fundamentales, se entiende por crímenes de odio "a aquellos delitos motivados por racismo, xenofobia, antisemitismo, extremismo o intolerancia sobre otras personas con diferente orientación sexual o identidad de género, así como sobre personas con discapacidad, siendo actuaciones contra la Convención Europea de Derechos Humanos y contra la Carta de Derechos Fundamentales de la Unión Europea".

El "discurso del odio" se referiría a aquellas manifestaciones, en muchos casos punibles penalmente o al menos sancionables civil o administrativamente, difundidas de manera oral, escrita, en soporte visual, papel o audio, en los medios de comunicación, o Internet, u otros medios de difusión social que concreten y alienten conductas que niegan dignidad e iguales derechos a personas, de colectivos minoritarios o mayoritarios, a grupos vulnerables y personas en riesgo por ser distintos, pudiendo adoptar diversas formas de intolerancia como racismo, xenofobia, antisemitismo, islamofobia, cristianofobia, LGTBIfobia, antigitanismo y gitanofobia, misoginia y sexismo, aporofobia, etnonacionalismo y cualquier otra construcción que implique rechazo, desprecio e irrespeto al prójimo y a sus inalienables derechos humanos[1] .

En lo que respecta al "discurso de odio en línea", éste se concibe como "cualquier uso de tecnología de comunicación electrónica para difundir mensajes o información antisemita, racista, intolerante, extremista o terrorista" (sitios web, redes sociales, blogs, juegos en línea, mensajes instantáneos y correo electrónico, etc.).

---

1 Sobrel la definición contenida en el Informe RAXEN, 2022 cfr. https://inclusion.seg-social.es/oberaxe/ficheros/documentos/InformeRaxen.pdf. consultada en junio 2023.

Por estos motivos, el Proyecto de Investigación “El discurso del odio en Andalucía: análisis de su incidencia y persecución penal”, financiado con fondos FEDER-Andalucía (Ref. UPO-1265099), se dispuso a iniciar el análisis de la repercusión de esta serie de comportamientos y cuándo la comisión de estas conductas podía conllevar, en última instancia, la realización de delitos actualmente tipificados en el Código penal español (delitos cometidos con ocasión del ejercicio de los derechos fundamentales y las libertades públicas garantizados por la Constitución, cualificaciones por discriminación, delitos contra el honor, así como todos aquellos comportamientos ligados a amenazas contra un determinado colectivo por motivos discriminatorios o formas delictivas conectadas con radicalización y enaltecimiento del terrorismo).

Para ello, se contó con un notable equipo de investigación, de carácter interuniversitario y multidisciplinar, integrado por especialistas de diferentes universidades nacionales e internacionales poseyendo una notable experiencia investigadora y avalada trayectoria en investigación de excelencia en las diferentes disciplinas involucradas (Derecho constitucional, Derecho internacional, Derecho civil, Derecho Eclesiástico del Estado, Derecho penal y Derecho procesal).

Desde esta perspectiva, este Proyecto de investigación cumplió un doble objetivo, por una parte, contribuir a través de la realización de propuestas político criminales específicas dirigidas a potenciar medidas que faciliten la inclusión social y la lucha contra cualquier forma de discriminación propia del discurso del odio; y, por otra, a través de la realización de seminarios y congresos interuniversitarios, favorecer la generación de publicaciones especializadas como la que constituyen esta obra, cuyas investigadoras principales, queremos dedicar especialmente a los profesores y profesoras que comenzaron esta andadura entusiasmados con las finalidades del proyecto y que lamentablemente ya no se encuentran entre nosotros, en concreto, el Profesor Manuel José Terol Becerra, Catedrático de Derecho constitucional de la Universidad Pablo de Olavide, y la Profesora Mª Isabel Martínez González, Profesora Titular de Derecho penal, de la Universidad de Sevilla.

La presente obra analiza desde una perspectiva interdisciplinar la problemática de la penalización y persecución de los denominados delitos de odio, sobre todo siendo conscientes de que en los últimos años dentro del contexto de la sociedad globalizada postindustrial en la que vivimos, medios como Internet han permitido que se cambie la visión sobre el alcance y las consecuencias de determinados tipos delictivos clásicos, y las formas conectadas al "ciber-odio" serían una clara muestra de esta nueva perspectiva criminológica.

En esta línea, han cobrado cada vez más fuerza aquellas posturas de organismos internacionales, incluso a nivel regional, como es el caso de la OSCE (Organización para la Seguridad y Cooperación en Europa), que exigen la necesidad de introducir una nueva tipificación global de lo que puede denominarse delitos de odio, surgiendo en nuestro país iniciativas de estudio a nivel gubernativo, a nivel nacional y autonómico, a las que el presente Proyecto de Investigación también ha querido contribuir aportando prerrogativas interpretativas de carácter académico, sobre todo en aquellos campos ligados a la provocación a la discriminación, al odio o a la violencia contra grupos o asociaciones por motivos racistas, antisemitas u otros referentes a la ideología, religión o creencias, situación familiar, la pertenencia de sus miembros a una etnia o raza, su origen nacional, su sexo, orientación sexual o identidad sexual, por razones de género, enfermedad o discapacidad.

En torno a estas conductas habrían surgido cuestiones expuestas por jurisprudencia acerca de la denominada "llamada a la discriminación" como comportamiento que implicaría una negación de la igualdad entre todos los seres humanos basada en ciertos rasgos o peculiaridades que distinguen al discriminado del modelo de normalidad que se toma como punto de referencia, señalándose entre sus caracteres distintivos: el origen del trato desigual (ya que las causas que lo producen están siempre relacionadas con ciertos caracteres diferenciales de las víctimas, que las colocan, conforme a las valoraciones sociales imperantes, en situación de inferioridad respecto del resto, de la mayoría dominante); y que se trataría de un trato peyorativo, de menosprecio, que crea o profundiza la situación de marginación en que se encuentran ciertos colectivos por el solo hecho de que sus miembros comparten caracteres que los distinguen de la generalidad y un trato que niega su condición de seres humanos iguales a los demás, lo que afecta a su dignidad personal.

Por otra parte, también se habría puesto de relieve la necesidad de que en estos comportamientos se analice la criminalización de la "provocación de un sentimiento", interpretada por la actual jurisprudencia en un contexto de potencialidad persuasiva de las ideas que se difunden, no pudiendo ser medida con criterios de lógica, estimándose que sus efectos normalmente excederían de la previsión del autor que difunde y desconocería el resultado que su discurso ofensivo pudiera causar en terceras personas y su disposición a la concreción de un daño. En esta materia, surgiría con fuerza la importancia de la interrelación entre el discurso del odio y los delitos de enaltecimiento del terrorismo.

Asimismo, prestigiosos estudios doctrinales también habrían subrayado la importancia de la agravante de discriminación prevista en el art. 22.4 CP en la comisión de tipos delictivos conectados con la vida, la salud, la libertad, la intimidad o el honor de las personas, en un clima de odio y hostilidad hacia un determinado colectivo.

De igual forma, en clara conexión con las nuevas formas de discurso del odio, la difusión a través de Internet de mensajes de alto contenido racista (incitación directa al homicidio o lesión de judíos y otras minorías étnicas e inmigrantes) se incardinarían dentro de la discusión en torno a la penalización de la negación y justificación de crímenes de genocidio.

Asimismo, aparte de la delimitación de los delitos de odio, también debe examinarse la cuestión de la controvertida relación entre los límites a la libertad de expresión y la confrontación con el denominado "discurso del odio". En esta línea, se ha defendido por la jurisprudencia internacional que debe, en primer lugar, diferenciarse entre el discurso impopular y el discurso del odio propiamente dicho. El discurso ofensivo o impopular, según la opinión mayoritaria sí se hallaría amparado por la libertad de expresión, si bien los tribunales no habrían establecido claramente la línea divisoria entre un tipo y otro de discurso, siendo la diferenciación, por lo general, casuística.

De este modo, se entiende que la libertad ideológica y la libertad de expresión protegerían la libre expresión de las ideas, incluso rechazables y molestas para algunas personas, pero en ningún caso tales libertades podrían dar cobertura al menosprecio y al insulto contra personas o grupos, o la generación de sentimientos de hostilidad contra ellos.

Por lo tanto, para afrontar esta problemática, en primer lugar, habría que diferenciar los delitos de odio del "discurso del odio"; es decir, distinguir los elementos típicos que conforman los delitos de odio y sus correspondientes relaciones concursales de otras formas de discriminación penalmente sancionadas en su caso.

En este sentido, debe aclararse que es preciso delimitar esta problemática, ya que en ocasiones surge una indebida identificación entre ambos conceptos, cuando no todas las conductas que conforman el discurso del odio tienen trascendencia exclusivamente penal. En esta trayectoria investigadora debe, por lo tanto, delimitarse qué tipos delictivos al respecto tienen que estar recogidos en el Código penal para una adecuada investigación y persecución de los denominados delitos de odio, siempre dentro de los parámetros del debido respeto al principio de intervención mínima penal, para posteriormente analizarse cómo pueden detectarse y perseguirse procesalmente esta serie de conductas tras los nuevos métodos aportados para el fortalecimiento de las garantías procesales y la regulación de las medidas de investigación tecnológica.

En definitiva, esta obra colectiva que trata de ofrecer respuesta a estos interrogantes no hubiera sido posible sin la financiación del Proyecto FEDER UPO-1265099, ni sin la inestimable participación del prestigioso grupo de investigadoras e investigadores nacionales e internacionales que han conformado dicho Proyecto, tanto en su Equipo de Investigación como en su Equipo de Trabajo, a quienes agradecemos su trabajo nueva y profusamente.

Asimismo, queremos agradecer especialmente la contribución en la exteriorización de actividades divulgativas del Proyecto, que ha servido para consolidar el contenido de esta obra, realizada por los Grupos de Investigación de la Universidad Pablo de Olavide, PAIDI SEJ-571, Grupo de Investigación sobre Sistema Penal y Criminología y Grupo PAIDI SEJ-369, Estudios sobre Derechos y garantías de los ciudadanos, que nos han acompañado en la andadura de los diferentes Congresos y Seminarios realizados en la Universidad Pablo de Olavide, de Sevilla y en la Universidad de Huelva, en su Facultad de Derecho, durante el productivo *Tercer Congreso Andaluz de Justicia Penal*, al que también contribuyeron el Excmo. Ayuntamiento de Huelva y la Autoridad Portuaria de Huelva, a quienes también agradecemos profundamente su contribución a la exteriorización de los resultados del Proyecto de Investigación base de esta obra colectiva, que esperamos sea del máximo provecho para aquellas personas interesadas en la incriminación y persecución de esta serie de graves conductas discriminatorias y violentas.

En Málaga y Sevilla

SILVIA MENDOZA CALDERÓN Y ANA SÁNCHEZ RUBIO

Co-Investigadoras Principales del Proyecto FEDER-UPO 1265099.

PRIMERA PARTE

EL DISCURSO DEL ODIO: APROXIMACIÓN Y NECESIDAD DE INTERVENCIÓN PENAL

El odio por motivos políticos o antiterroristas: ¿puede invocarse la legítima defensa del estado? Los desatinos de una política de kratos[1]

JUAN CARLOS FERRÉ OLIVÉ
Catedrático de Derecho Penal
Universidad de Huelva

I. ANTECEDENTES HISTÓRICOS.

En épocas recientes me he ocupado del Derecho penal español de la posguerra, particularmente de la figura de D. Luis Jiménez de Asúa[2]. Sin embargo, considero que mis reflexiones sobre una época tan oscura para España en general y para el Derecho penal en particular podían también llevarme a analizar algún elemento del sistema punitivo que hubiera sido utilizado en aquellos días desde la Academia para fundamentar crímenes de Estado, y que, según creo, sigue vivo para dar una *bendición académica* a los asesinatos selectivos que se practican actualmente en diversos lugares del mundo, guiados por una manifestación concreta de odio, el de naturaleza política. Me refiero concretamente a la llamada "legítima defensa del Estado", difundida a finales de la década de 1930 desde la Universidad de Salamanca por el Catedrático Isaías Sánchez Tejerina y que, en términos actuales, parece ser un postulado importante entre los que se defienden por los seguidores

---

1 Este artículo supone una evolución del publicado en la Revista Teoría y Derecho nº 26/2019.

2 Cfr. FERRÉ OLIVÉ, J. C. "El Derecho penal de la Posguerra y la figura de don Luis Jiménez de Asúa, en VARIOS, *El Derecho penal de la posguerra,* Valencia, 2016, p. 433 ss.

de la excepcionalidad de las sanciones penales y el Derecho penal del enemigo, aplicándose fundamentalmente en materia antiterrorista.

En España, durante la Guerra Civil y la inmediata posguerra se produjo lo que acertadamente definió Claret Miranda como "*el atroz desmoche*" o "*la destrucción de la universidad española por el franquismo*"[3]. Esta situación no puede visualizarse plenamente sin tener en cuenta que el apartar a muchos docentes en general y a los penalistas en particular respondía a motivos ideológicos, ante el peligro latente que sus doctrinas podían generar a través de unas enseñanzas alternativas, que ilustraran y abrieran la mente a los estudiantes y en particular a los futuros juristas -muchos llegarían a ser jueces, fiscales, mandos de las fuerzas de seguridad, operadores del mundo jurídico, etc.-. Existió, pues, una enorme campaña de descredito. Así, se comprobó que algunos de los penalistas más destacados, como el propio Jiménez de Asúa, sufrieron la aplicación de la Ley de 1° de marzo de 1940 sobre represión de la masonería y del comunismo. Dicha ley atribuye a "las sociedades secretas de todo orden" y a las "fuerzas internacionales de índole clandestina" el haber "contribuido a la decadencia de España". Se intentaba justificar así la privación de sus cátedras, la confiscación de sus bienes y en muchos casos su propio extermino a través de penas de muerte dictadas por tribunales "ad hoc"[4]. El objetivo era construir una "Nueva Universidad" para el "Nuevo Estado", con un control ideológico pleno[5].

El presidente de la Comisión de Cultura y Enseñanza, José María Pemán, dictó con fecha 7 de diciembre de 1936 una "Circular a los Vocales de las Comisiones Depuradoras de Instrucción

---

3 Cfr. CLARET MIRANDA, J. "El atroz desmoche. La destrucción de la universidad española por el franquismo". Barcelona, 2006. Sobre esta temática, ampliamente, FERRÉ OLIVÉ, J.C. "Universidad y Guerra Civil". Revista Penal n° 25, 2010, p. 42 y sig.

4 Sobre los fusilamientos de rectores y otros docentes universitarios, cfr. FERRÉ OLIVÉ, J.C. Universidad y Guerra Civil...", op. cit. p. 63.

5 Cfr. Ferré Olivé, J.C. Universidad y Guerra Civil...", op. cit. p. 43.

Pública", dedicada a la depuración de la enseñanza en todos sus grados. Allí se expresa que "El carácter de la depuración que hoy se persigue no es solo punitivo, sino también preventivo. Es necesario garantizar a los españoles, que con las armas en la mano y sin regateos de sacrificios y sangre salvan la causa de la civilización, que no se volverá a tolerar, ni menos a proteger y subvencionar a los envenenadores del alma popular, primeros y mayores responsables de todos los crímenes y destrucciones que sobrecogen al mundo y han sembrado de duelo la mayoría de los hogares honrados de España" (...) "Los individuos que integran esas hordas revolucionarias, cuyos desmanes tanto espanto causan, son sencillamente los hijos espirituales de catedráticos y profesores que, a través de instituciones como la llamada "Libre de Enseñanza", forjaron generaciones incrédulas y anárquicas"[6].

Las plazas vacantes de profesores universitarios -provocadas por las ejecuciones o el exilio- fueron cubiertas a través de las llamadas "oposiciones patrióticas". La calidad de la obra científica de los candidatos pasaba a ser un dato secundario. Lo fundamental era el posicionamiento político -necesariamente de orientación falangista o afín al nacionalcatolicismo- e incluso los méritos militares[7]. La campaña fue intensa. El Catedrático de Derecho Penal de la Universidad de Zaragoza, José Guallart y López de Goicochea, escribía sin contemplaciones atacando duramente a Luis Jiménez de Asúa, a Krause, a la Institución Libre de Enseñanza y a la Escuela de Criminología, siendo esta última un "tinglado de la antigua farsa" que servía a "una política revolucionaria y antiespañola"[8].

---

6 Sobre la figura y papel de José María Pemán en el movimiento represivo, cfr. NAVARRO CARDOSO, F. "José María Pemán y Pemartín: poeta y represor" en VARIOS, "El Derecho penal de la posguerra", Valencia, 2016, p. 391 y sig.

7 Cfr. BLASCO GIL, Y. Y MANCEBO, M. F. "Niceto Alcalá-Zamora Castillo y Pedro Urbano González de la Calle. Profesores Exiliados y provisión de sus cátedras". Cuestiones Pedagógicas, 19, 2008/2009, p. 174.

8 Cfr. GUALLART Y LÓPEZ DE GOICOECHEA, J. "La Escuela de Criminología" en "Una poderosa fuerza secreta. La Institución Libre de Enseñanza", San Sebastián, 1940, p. 203 y sig.

Otro de los ejemplos más significativos fue el del catedrático de Derecho penal Juan del Rosal, un jurista que, como ha dicho Mirat Hernández, estaba "fascinado por el nacionalsocialismo que defiende la raza del pueblo alemán, en la que encuentra fuerza interior y en la que se basa la idea expansiva del imperio"[9]. Del Rosal -a la sazón destacadísimo discípulo del denostado Jiménez de Asúa- participó en el frente nacional durante la guerra, recibiendo importantes distinciones del *Tercer Reich* y, posteriormente, fue premiado con las Cátedras de Valladolid y Madrid, hasta su jubilación mientras su maestro Jiménez de Asúa moriría en el exilio bonaerense[10].

II. EL PRIMER FRANQUISMO Y LA "LEGÍTIMA DEFENSA DEL ESTADO".

Alemania removía sus cimientos en 1933 con la llegada del nazismo al poder, desarrollándose hasta extremos insospechados los planteamientos nacionalistas y supremacistas ya esbozados por Johann Fichte en sus "Discursos a la Nación Alemana" de 1807, en los que la raza, el pueblo y el patriotismo llegaron a desplazar al mismísimo Dios[11]. La versión española no siguió los mismos de-

---

9 Cfr. MIRAT HERNÁNDEZ, P. "D. Juan del Rosal Fernández", en VARIOS, *El derecho penal de la posguerra,*. Valencia, 2016, p. 309 y sig.

10 Cfr. MIRAT HERNÁNDEZ, P. "D. Juan del Rosal Fernández".. op. cit. p. 290 y sig. y FERRÉ OLIVÉ, J. C. "El Derecho penal de la Posguerra", op. cit. p. 433 y sig.

11 CFR. FICHTE, J.G. *Discursos a la nación alemana*; Madrid, 2002. Sobre las reflexiones del filósofo Eugenio Imaz a esas ideas religioso- patrióticas de Fichte vid. SÁNCHEZ CUERVO, A. "El legado filosófico-político del exilio español del 39" en Isegoría, n ° 41, 2009, p. 204 y sig. Como recuerda Llobet Rodríguez, Hitler tenía preferencia por soluciones policiales, despreciando a los juristas. Sin embargo, un buen número de juristas como Georg Dahm, Friedrich Schaffstein, Roland Freiser, Erick Wolf, Edmund Mezger y Hans Welzel, entre otros, encabezaron de una u otra forma el Derecho Penal nazi. Cfr. al respecto Llobet Rodríguez, J. "Nacionalsocialismo y antigarantismo penal (1933-1945), Costa Rica,

rroteros, aunque sí lo hizo en cierta medida en los primeros años del franquismo, los del auge de la Falange, hasta que la derrota alemana en Stalingrado hizo ver al dictador que debía cambiar su rumbo hacia el nacionalcatolicismo[12]. En todo caso, había un "Nuevo Estado" con nuevos poderes que debía afianzar su marco jurídico y político, y *dulcificar* las responsabilidades penales de los suyos, es decir, de aquellos que se habían excedido, actuando dentro del propio bando vencedor.

El 21 de diciembre de 1938 el Ministro del Interior Serrano Suñer dictó la "Orden constituyendo una comisión encargada de demostrar la ilegitimidad de los poderes actuantes en la República Española en 18 de julio de 1936", que se integró por 22 juristas afines al "Nuevo Estado", un "gran proceso, encaminado a demostrar al mundo, en forma incontrovertible y documentada, nuestra tesis acusatoria contra los sedicentes poderes legítimos, a saber: que los órganos y las personas que en 18 de julio de 1936 detentaban el Poder adolecían de tales vicios de ilegitimidad en sus títulos y en el ejercicio del mismo, que, al alzarse contra ellos el Ejército y el pueblo, no realizaron ningún acta de rebelión contra la Autoridad ni contra la Ley"[13]. Desde el propio golpe de Es-

---

2015, p. 280 y sig. Sobre el papel de Edmund Mezger, es fundamental la obra de MUÑOZ CONDE, F. "Edmund Mezger y el Derecho penal de su tiempo" 4ª ed., Valencia, 2003.

12 La lucha de la Iglesia contra el modelo laico promovido por la Segunda República y su total afinidad posterior con el franquismo puede verse en PORTILLA CONTRERAS, G. "Colaboración de la Iglesia católica en la represión penal de la masonería y el comunismo durante el franquismo". Revista Penal México nº 3, 2012, p. 193 y sig.

13 Añade la Orden de Serrano Suñer que "En los folios de ese sumario político-penal se recogerán las pruebas auténticas del gran fraude parlamentario del frente popular: la falsificación del sufragio en daño de la contrarrevolución y en provecho de las fuerzas marxistas en grado tal, que subvirtió el resultado de la contienda electoral; el desvergonzado asalto a los puestos de mando, perpetrado por quienes con el derecho y la libertad no hubieran llegado a conseguirlos; el sinnúmero de delitos, desafueros y tropelías realizados o amparados por un Gobierno que tan audaz e ilegítimamente cabalgaba sobre el país, y, en fin, el escandaloso

tado del 18 de julio de 1936 muchas leyes republicanas habían sido sustituidas por bandos de guerra. Algunos de ellos demostraban la crueldad y el alejamiento del Derecho por parte de los golpistas, como el bando militar emitido por el General Queipo de Llano el 24 de julio de 1936: "Serán pasadas por las armas, sin formación de causa, las directivas de las organizaciones marxistas o comunistas que en el pueblo existan, y en caso de no darse con tales directivos, serán ejecutados un número igual de afiliados, arbitrariamente elegidos"[14].

Con posterioridad, la Ley de 23 de septiembre de 1939 consideró "no delictivos determinados hechos de actuación político- social cometidos desde el catorce de abril de mil novecientos treinta y uno hasta el dieciocho de julio de mil novecientos treinta y seis". El artículo primero dispone: "Se entenderán no delictivos los hechos que hubieran sido objeto de procedimiento criminal por haberse calificado como constitutivos de cualesquiera de los delitos contra la constitución, contra el orden público, infracción de las Leyes de tenencia de armas y explosivos, homicidios, lesiones, daños, amenazas y coacciones y de cuantos con los mismos guarden conexión, ejecutados desde el catorce de abril de mil novecientos treinta y uno hasta el dieciocho de julio de mil novecientos treinta y seis, por personas respecto de las que conste de modo cierto su ideología coincidente con el Movimiento Nacional y siempre que aquellos hechos que por su motivación político- social pudieran estimarse como protesta contra el sentido antipatriótico de las organizaciones y gobierno que con su conducta justificaron el Alzamiento (Firmado Francisco Franco)". Una ley de esta natura-

---

crimen de Estado, en que culminó tanta vileza, con el asesinato del Jefe de la oposición; Sr. Calvo Sotelo, ordenado y planeado desde los despachos de un Ministerio, y que sirvió de ejemplo a las turbas, en cuyas garras criminales han caído brutalmente sacrificados en las cárceles, en las checas y los caminos de la España roja más de cuatrocientos mil hermanos nuestros".

14 Cfr. MARTÍN PALLÍN, J. A. "La ley que rompió el silencio", en VARIOS, "Derecho y memoria histórica", Madrid, 2008, p. 24, nota 6.

leza y con semejante amplitud no permite identificar una caracterización jurídica que corresponda a los elementos ordinarios de la Teoría del delito. Se trataba sin más del ejercicio del Derecho de gracia, una amplia *amnistía*, o mejor dicho *autoamnisitía*, que impedía cualquier actuación jurisdiccional contra un importante número de delitos (los enunciados expresamente y *todos los conexos*), en tanto y en cuanto fueran considerados como una *actuación político- social*, una *protesta* contra el gobierno legítimamente constituido, y realizados exclusivamente por personas *ideológicamente afines* a los triunfadores de la Guerra Civil, lo que incluía lógicamente al propio Franco y a todos sus generales. El ejercicio de este Derecho de gracia no perseguía un fin pacificador, una vez finalizada la guerra, pues no se aplicaba a ningún republicano ni en general a ningún otro enemigo, definidos claramente por los propios vencedores. Curiosamente el propio Franco se manifestó tres meses más tarde en contra de las amnistías, en su discurso de fin de año pronunciado el 31 de diciembre de 1939: "Necesitamos una España unida, una España consciente. Es preciso liquidar los odios y las pasiones de nuestra pasada guerra, pero no al estilo liberal con sus monstruosas y suicidas amnistías, que encierran más de estafa que de perdón; sino con la redención de la pena por el trabajo, con el arrepentimiento y con la penitencia; quién otra cosa piensa, o peca de inconsciencia o de traición"[15].

Como destaca Álvaro Dueñas[16], no todo era armonioso dentro del bando vencedor. Existió una gran pugna entre militares y falangistas para controlar el poder en el "Nuevo Estado". Se crearon tribunales mixtos de responsabilidades políticas[17], compuestos

---

15 Cfr. www.generalisimofranco.com/Discursos/mensajes/00024.htm (consultado 18/08/2919)

16 Cfr. ÁLVARO DUEÑAS, A. "El decoro de nuestro aire de familia» Perfil político e ideológico de los presidentes del tribunal nacional de responsabilidades políticas", en Revista de Estudios Políticos nº 105, 1999, p. 147 y sig.

17 Estos tribunales decidían la pérdida absoluta de derechos y bienes de todos quienes se consideraban opuestos al Movimiento Nacional, fundamentalmente partidos y agrupaciones integrados en el Frente

por magistrados, militares y miembros de Falange. Pero al frente de toda la institución se colocó como presidente a un Catedrático de Pediatría ultracatólico y visceral, D. Enrique Suñer, que odiaba sin disimulos a todos los intelectuales -su obra panfletaria más importante fue "Los intelectuales y la tragedia de España" de 1937- y en particular a las "sectas", presididas por la Institución Libre de Enseñanza, la Junta de Ampliación de Estudios, y en general "los masones, los socialistas, los comunistas, los azañistas, los anarquistas: todos los judíos dirigentes del negro marxismo que tiene por madre a Rusia y por lema la destrucción de la civilización europea"[18].

Suñer atribuye a la Institución Libre de Enseñanza buena parte de los "orígenes de la catástrofe actual", pues se arrancaba "del alma de los niños la creencia en Dios" y se trataba de una "secta que, simplemente por serlo, ha dañado inmensamente a la Patria". Acusa a la Institución de disimular "bajo el calificativo de altos y diversos ideales, esencialmente culturales, un proteccionismo a los afiliados de carácter esencialmente masónico, con olvido absoluto del valor de los adversarios". Cuestiona la inactividad del clero ante estos acontecimientos y le recrimina haber olvidado por completo la castiza frase: "A Dios rogando y con el mazo dando"[19]. Añadía luego que "con unas cuantas docenas de penas capitales impuestas a los de arriba, y las necesarias expulsiones del territorio nacional, muchos de los energúmenos, agitadores y co-

---

Popular, sus cargos, candidatos, interventores, sindicatos, etc. Los bienes pasaron al Estado. Cfr. Martín Pallín, J. A. "La ley que rompió el silencio..." op. cit. p. 39 y sig. Mucho más ampliamente con relación al funcionamiento de estos tribunales, puede verse ÁLVARO DUEÑAS, A. "Por Ministerio de la Ley y voluntad del Caudillo", Madrid, 2006.

18 Cfr. SUÑER ORDOÑEZ, E. "Los intelectuales y la tragedia española", Editorial Española, Burgos, 1937, p. 195 y sig.

19 Cfr. SUÑER ORDOÑEZ, E. "Los intelectuales y la tragedia española...", op. cit. p. 13 y sig.

bardes revolucionarios causantes de nuestras presentes desdichas hubiesen callado con silencio absoluto"[20].

Suñer, ideólogo del primer franquismo, no dudaba en señalar los objetivos para recuperar la patria. "Para que este programa ideal pueda cumplirse, hace falta practicar una extirpación a fondo de nuestros enemigos, de esos intelectuales, en primera línea, productores de la catástrofe. Por ser más inteligentes y más cultos, son los más responsables. También son los más peligrosos, porque ellos mantienen, y *mantendrán* probablemente hasta el fin de su días, sus concomitancias con las sectas, de las cuales no pueden desligarse porque en ello les va la vida. Procurarán hipócritamente fingir el arrepentimiento; más en esencia permanecerán dentro de sus antiguas posiciones, porque el sistema judaico-marxista no suele soltar a los cerebros destacados que apresó en sus redes"[21].

Un destacadísimo defensor de las tesis justificadoras del "Alzamiento Nacional", que sentaban tan bien al "Nuevo Estado", fue sin duda el Catedrático de Derecho Penal de la Universidad de Salamanca Isaías Sánchez Tejerina[22], quien había sido erróneamente considerado, unos años antes, "compañero y amigo" por Luis Jiménez de Asúa. Posteriormente se convertiría en uno de

---

20 Cfr. SUÑER ORDOÑEZ, E. "Los intelectuales y la tragedia española..." op. cit. p. 94.

21 Cfr. SUÑER ORDOÑEZ, E. "Los intelectuales y la tragedia española..." op. cit. p. 200.

22 La Cátedra de Derecho Penal de la Universidad de Salamanca se caracterizó antes y después de Sánchez Tejerina por estar a cargo de grandes maestros (Dorado Montero, Antón Oneca, entre otros). Como recuerda BERDUGO GÓMEZ DE LA TORRE, todos ellos se distinguían por un modo de entender el Derecho penal ajustado a una serie de principios que "hoy exteriorizan una sociedad laica en la que se produce una separación entre Derecho penal y Moral y que está condicionada por el desarrollo normativo de los Derechos Humanos". Cfr. Berdugo Gómez de la Torre, I. "Reflexiones penales desde Salamanca. *Decían ayer, decimos hoy, dirán mañana*", Lección Inaugural del curso académico 2018/2019 de la Universidad de Salamanca, Salamanca, 2018, p. 50 y sig.

sus peores detractores[23] y, simultáneamente, en el "penalista oficial del falangismo"[24]. Este catedrático se mostró en todo momento a favor de la pena de muerte, que había sido derogada por el parlamento durante la Segunda República, en el Código Penal de 1932 a instancias de Luis Jiménez de Asúa. Recomendaba la ejecución inmediata de esta pena, evitando así "indeseables indultos". Para fundamentar la legitimidad de este tipo de pena construyó su teoría en torno a la "legítima defensa del Estado", propia del totalitarismo más intransigente, que analizaré a continuación[25].

Para Sánchez Tejerina, *la cultura* también era fuente de delitos, ratificando su posición afín al integrismo religioso[26], para el cual en España la inteligencia se había aliado directamente con el vicio y el crimen. El tiempo demostró que los pensamientos de Sánchez Tejerina no se limitaron al mundo de la universidad y de las ideas, pues llegó a ser un represor de primer orden. Como ha analizado en profundidad Portilla Contreras, Sánchez Tejerina no solo tuvo enorme influencia en la génesis de la Ley sobre represión de la

---

23 Uno de los motivos por los que se producía el ataque de Sánchez Tejerina a Luis Jiménez de Asúa era su pertenencia a la masonería. Ruiz Funes indica que Tejerina consideraba a la masonería como una asociación de delincuentes. Entiende este autor que el Tribunal de represión de la Masonería y el Comunismo presidido por el propio Sánchez Tejerina perseguía la destrucción intencional de un grupo humano, lo que encajaba dentro de la Convención que consagra al genocidio como crimen internacional. Quedó, en todo caso, impune. Vid. RUIZ FUNES, M. "Un caso de genocidio", op. cit. p. 247 y sig. Cfr. también López Sevilla, "Revelación y razón", México, 1950, en particular p. 197 y sig

24 Así lo califica Mariano Ruiz Funes, en "Un caso de genocidio", en Peris Riera (ed.) El pensamiento criminológico en la obra de Mariano Ruiz-Funes García, Murcia, 2006, p. 247 y sig.

25 Cfr. SÁNCHEZ TEJERINA, I. "Derecho Penal Español", 1ª ed. Salamanca, 1937, p. 340. Cfr. más ampliamente Ferré Olivé, J. Universidad y Guerra Civil, op. cit. p. 25 y sig.

26 Destaca Callejo Hernández la influencia directa del Padre Montes en SÁNCHEZ TEJERINA. Cfr. " Jaime Balmes.. " op. cit. p. 47. También su defensa de la religión como prevención del delito. Op. cit. p. 59 y sig.

Masonería y el Comunismo de 1° de marzo de 1940, sino que llegó a formar parte como Juez del Tribunal Especial de Represión de la Masonería y el Comunismo[27]. En dicha ley se afirmaba que "en los numerosos crímenes de Estado, se descubre siempre la acción conjunta de la masonería y de las fuerzas anarquizantes movidas a su vez por ocultos resortes internacionales". Disponía el artículo primero "Constituye figura de delito, castigado conforme a las disposiciones de la presente ley, el pertenecer a la masonería, al comunismo y demás sociedades clandestinas...". Según el art. 5°, los delitos de masonería y comunismo se sancionaban con la pena de reclusión menor (prisión de 12 años y un día a 20 años), aunque si concurrían agravantes la pena era de reclusión mayor (de 20 años y un día a 30 años).

La tesis de Sánchez Tejerina sobre la "legítima defensa del Estado" se expuso ampliamente en la "*Oración Inaugural* del curso 1940 a 1941 de la Universidad de Salamanca", que el catedrático impartió en el Paraninfo de la Universidad, bajo el título "Un caso de legítima defensa colectiva"[28]. Este penalista enunciaba entonces una doctrina contundente: "El Alzamiento Nacional Español, comenzó siendo un caso magnífico de legítima defensa". Tomaba como punto de partida la caracterización penal e individual de la legítima defensa, que consideraba un acto totalmente lícito, ejercitado por un particular. Desde su perspectiva, la legítima defensa enfrenta a un agresor peligroso y a un agredido que defiende su vida u otros derechos vitales y el orden social. Se autoriza así la eliminación del agresor peligroso.

El estudio estableció una serie de consignas, para adaptar esta legítima defensa individual a la *defensa del Estado,* que se aplicaría a todos sus enemigos:

---

27 Cfr. PORTILLA CONTRERAS, G. "La consagración del Derecho penal de autor durante el franquismo", Granada 2009, p. 27 y sig.

28 Cfr. SÁNCHEZ TEJERINA, I. "Oración Inaugural del curso 1940 a 1941 en la Universidad de Salamanca". Salamanca, 1940, p. 7 y sig.

- "El Movimiento Nacional significó la defensa de las personas y derechos de los ciudadanos españoles". Una defensa individual aislada era insuficiente, era necesaria la defensa colectiva, que asumió el Alzamiento Nacional, para *defenderse* de las autoridades de la República que eran, justamente, las que habían sido elegidas democráticamente.
- "Las agresiones eran totalmente ilegítimas". Hace referencia a los ataques a los sentimientos religiosos y patrióticos que considera se vivieron antes del levantamiento contra la República. En otras palabras, las *agresiones ilegítimas* provenían de los legisladores y del gobierno de la República que actuaban conforme a la Constitución y las leyes.
- "Los medios empleados para repeler las agresiones y evitar otras, fueron los racionalmente necesarios". Esta afirmación se complementa sosteniendo que "a) La reacción defensiva con armas fue inevitable" ya que "La severa matrona representativa de la Justicia se había convertido en una miserable ramera" y "b) Los medios empleados fueron los adecuados y proporcionados a las agresiones". Añade que "en todas partes donde hubo magníficos españoles, éstos estaban en condiciones de inferioridad material, poseían menos medios de lucha que los secuaces del Gobierno; luchaban en condiciones desventajosas, y ello justifica algún exceso en la defensa". Trata diferenciadamente los abusos de uno y otro bando: "De aquí que al enjuiciar estos hechos y valorarlos a la luz de los principios penales, haya que declarar justificables unos y punibles los otros".
- "Hubo falta de provocación por parte de la España Nacional". Añade que "De buena fe no se puede negar que faltó *en absoluto* todo acto de provocación por parte de los españoles sometidos al régimen desaparecido". Y añade que "Ni ellos mismos podrían razonar su actitud de intolerancia, ya que parten de los principios de igualdad, *libertad* y fraternidad (el triángulo)". "Fueron los malos españoles -extranjerizantes, antipatriotas, masones- los que a toda costa quisieron

la lucha. Planteada ésta, la defensa legítima justificó plenamente la reacción defensiva, dura y sangrienta de los primeros momentos".

- También hace referencia a la "Justificación de posibles excesos de la defensa". Señala que se trata de meros "errores de cálculo". Así, "Los homicidios y daños producidos en los primeros momentos de la anteguerra deben merecer la atención del técnico para condenarlos o para justificarlos. Merecen justificación".

Advertimos que para los hechos cometidos a partir del 18 de julio de 1936 no existió una ley de autoamnistía equivalente a la dictada por Franco el 23 de septiembre de 1939. No era necesaria. Cualquier proceso penal tramitado ante los renovados tribunales de justicia y dirigido contra los afines al régimen se resolvería con un sobreseimiento, absolución o archivo. Pero se requería un fundamento jurídico exonerante, que se empeñó en buscar Sánchez Tejerina, desde su privilegiada tribuna académica. Sin embargo, sus argumentos a favor de una pretendida *legítima defensa colectiva* eran pobres, con un claro contenido ideológico y político, absolutamente parciales y reñidos con los principios básicos que han ilustrado e ilustran la ciencia del Derecho penal.

La ley 52/2007, de 26 de diciembre, "por la que se reconocen y amplían derechos y se establecen medidas a favor de quienes padecieron persecución o violencia durante la guerra civil o la dictadura" o *Ley de Memoria Histórica* intentó tardía y tibiamente reparar los daños y la memoria de las innumerables víctimas de aquellos crímenes de Estado[29]. Entre sus aspectos positivos, "reconoce y declara el carácter radicalmente injusto de todas las condenas,

---

[29] Entre los múltiples estudios dedicados a la ley, destaca el volumen "Derecho y memoria histórica" a cargo de Martín Pallín y Escudero Alday, Madrid, 2008. En él se encuentra, entre otros, el artículo de J.M Sauca Cano, que recalca la aparición de un nuevo derecho individual a la memoria histórica personal y familiar de cada ciudadano. Cfr. op. cit. p. 73 y sig.

sanciones y cualesquiera formas de violencia personal producidas por razones políticas, ideológicas o de creencia religiosa, durante la Guerra Civil, así como las sufridas por las mismas causas durante la Dictadura" (art. 2). Añade que "se declaran ilegítimas, por vicios de forma y fondo, las condenas y sanciones dictadas por motivos políticos, ideológicos o de creencia por cualesquiera tribunales u órganos penales o administrativos durante la Dictadura contra quienes defendieron la legalidad institucional anterior, pretendieron el restablecimiento de un régimen democrático en España o intentaron vivir conforme a opciones amparadas por derechos y libertades hoy reconocidos por la Constitución" (art. 3)[30]. Como acertadamente afirma García Amado, con esta ley se procura culminar la Transición Democrática, renovando los fundamentos teóricos legitimadores del orden constitucional[31]. Sin embargo, y pese a este impulso normativo, muchos aspectos de esta tragedia histórica aún no han sido suficientemente reparados ni reconocidos por el Estado español[32].

III. ¿LA *POLÍTICA DE KRATOS*?

Han pasado muchos años desde los acontecimientos relatados en el apartado anterior, pero las situaciones descritas parecen re-

---

30 Como destaca ESCUDERO ALDAY, uno de los problemas más complejos que se presentó en la gestación de esa ley fue justamente el tratamiento jurídico que debía darse a las sentencias condenatorias franquistas. Cfr. al respecto Escudero Alday, A. "La declaración de ilegitimidad de los tribunales franquistas: una vía para la nulidad de las sentencias" en VARIOS, "Derecho y memoria histórica", Madrid, 2008, p. 209 y sig. Para apreciar la situación de la justicia durante el primer franquismo, cfr. Lanero Táboas, M. "Una milicia de la Justicia. La política judicial del franquismo (1936-1945), Madrid, 1996, p. 149 y sig.

31 Cfr. GARCÍA AMADO, J. A. "Usos de la historia y legitimidad constitucional" en VARIOS, "Derecho y memoria histórica", Madrid, 2008, p. 62.

32 Sobre estos temas pendientes, cfr. MARTÍN PALLÍN, J. A. "La ley que rompió el silencio..." op. cit. p. 43 y sig.

petirse cíclicamente, al menos cuando aparece un nuevo enemigo declarado como es el terrorismo. El marco jurídico amparó entonces a los autores de una serie de crímenes que hoy en día serían con seguridad calificados como delitos de genocidio, como un auténtico holocausto[33]. Sin embargo, ni en el plano nacional ni en el internacional se encontraron respuestas jurídicas para todos estos hechos. ¿Pasará lo mismo con los abusos que se cometen bajo el amparo de la *guerra* contra el terrorismo internacional? ¿Sabrá responder el Derecho?

Para resolver estas intrigas volvemos a formular las mismas preguntas. ¿Puede el Estado asumir una legítima defensa colectiva frente al terrorismo, que lo autorice a torturar o a matar? ¿El Estado puede matar a seres humanos sin una declaración oficial de guerra? ¿Es viable la utilización de conceptos como *guerra* contra el terrorismo para avalar asesinatos selectivos? Son preguntas complejas y angustiosas, que deben responderse con la cabeza fría y recordando que existen algunas reglas dentro del Estado de Derecho que no admiten transgresiones ni excepciones.

La Carta de las Naciones Unidas (San Francisco, 1945) dedica su Capítulo VII a la "Acción en caso de amenazas a la paz, quebrantamientos de la paz o actos de agresión". En particular, dispone el artículo 51 que "Ninguna disposición de esta Carta menoscabará el derecho inmanente de legítima defensa, individual o colectiva, en caso de ataque armado contra un Miembro de las Naciones Unidas, hasta tanto que el Consejo de Seguridad haya tomado las medidas necesarias para mantener la paz y la seguridad internacionales". Se consagra así un auténtico derecho a la legítima defensa colectiva, que requiere una definición precisa, pues se trata de autorizar una agresión bélica a otro Estado[34] o

---

33 Cfr. MARTÍN PALLÍN, J. A. "La ley que rompió el silencio..." op. cit. p. 23 y sig.

34 Sobre el desprecio de algunos Estados hacia las medidas propuestas por el Consejo de Seguridad de las Naciones Unidas para mantener la paz y la seguridad internacionales puede verse ampliamente CHOMSKY, N. "Estados canallas. El imperio de la fuerza en los asuntos mun-

de la neutralización física de uno o varios *presuntos* terroristas peligrosos, que normalmente no han sido juzgados. Considero que este precepto estaba claramente pensado en 1945 para un ataque entre Estados, y no para luchar contra otro tipo de organizaciones no estatales de naturaleza terrorista, como puede ser Al Qaeda. Sin embargo, el Consejo de Seguridad de Naciones Unidas y la OTAN han reconocido este derecho de legítima defensa colectiva tras los ataques perpetrados el 11 de septiembre de 2001, entendiéndose por algunos intérpretes que la respuesta -incluso automatizada a través de drones- puede desarrollarse en el extranjero y ejecutarse de forma preventiva, simplemente ante nuevas amenazas o ataques continuados[35].

Así, tras los terribles atentados del 11 de septiembre de 2001, y las no menos terribles guerras posteriores en Afganistán, Irak, Siria y otros múltiples escenarios bélicos por todo el mundo se ha reabierto el debate acerca de la vigencia de los postulados de la legítima defensa del Estado para suprimir derechos fundamentales o incluso exterminar selectivamente a seres humanos, combatientes o civiles. Un primer problema práctico se ha presentado con los presuntos terroristas, que pasaron a ser combatidos por cualquier medio, legal o ilegal. Las actuaciones no respetuosas de los principios fundamentales de la justicia penal y del Derecho Internacional de los Derechos Humanos se intentaban justificar en base a una dialéctica bélica de *guerra* contra el terrorismo. Así

---

diales", Buenos Aires, 2002, p. 23 y sig. Estos *Estados canallas* "actúan mediante la fuerza y en defensa de su *interés nacional* en los términos definidos por el poder interno y, lo que resulta más inquietante, que se nombran a sí mismos jueces y ejecutores globales" (p. 31). También se considera *Estados canallas* a aquellos que son calificados como terroristas o cómplices del terrorismo. Cfr. SORIANO GONZÁLEZ, M. L. "La estrategia de seguridad nacional de George Bush y Barack Obama. Seguridad versus Derechos Humanos", Revista Internacional de Pensamiento Político vol. 11, 2016, p. 431.

35 Cfr. PAUST, J.J. "Operationalizing use of Drones Against Non-State Terrorists Under the International Law of Self-Defense" Albany Government Law Review vol. 8, 2015, p 172 y sig.

se originó un debate acerca de la admisión de la tortura como método para obtener información de los detenidos, siempre que fuera útil para salvar vidas[36]. Paralelamente en los Estados Unidos a las personas detenidas en Guantánamo se les negaba el acceso a la ley de *habeas corpus.* El debate llegó al Tribunal Supremo de los Estados Unidos, para dilucidar si el *habeas corpus* es un derecho que poseen solamente los *ciudadanos,* o también el resto de *personas.* Porque si se considera a los civiles como combatientes enemigos, se les puede privar del derecho al *habeas corpus.* A través de distintos pronunciamientos se inició una tendencia a reconocer el derecho de *habeas corpus* no solo a los ciudadanos sino a todas las personas por el mero hecho de tratarse de seres humanos[37]. En el ámbito europeo, la caracterización del terrorista como un enemigo sin derechos (una mera *fuente de peligro,* equiparable a los animales salvajes o a las máquinas peligrosas) está muy viva en la obra de Günther Jakobs, quien se pregunta "¿puede conducirse una guerra contra el terror con los medios de un Derecho penal propio de un Estado de Derecho?" respondiendo que "Un Derecho penal que *todo* lo abarque no podría conducir esta guerra; pues habría de tratar a sus enemigos como personas, y, correspondientemente, no podría tratarlos como fuentes de peligro. Las cosas son distintas en el Estado de Derecho óptimo en la práctica, y esto le da la posibilidad de no quebrarse por los ataques de sus enemigos"[38].

---

36 Cfr. AMBOS, K. "¿Puede un Estado torturar sospechosos para salvar la vida de inocentes?" en "Terrorismo, tortura y Derecho Penal", Barcelona, 2009, p. 19 y sig. Este autor considera que los autores de estas torturas podrían llegar a invocar la ausencia de culpabilidad, por una coacción extrema que excuse su responsabilidad.

37 Cfr. FLETCHER, G. P. "¿Ciudadanos o personas? Análisis de las sentencias de la Corte Suprema de los Estados Unidos en los casos Hamdi, Padilla y los prisioneros en Guantánamo", Revista Penal nº 16, 2005, p. 62 y sig.

38 Cfr. JAKOBS, G. "¿Terroristas como personas en Derecho?", en Jakobs, G. y Cancio Meliá, M. "Derecho penal del enemigo", 2ª ed., Madrid, 2006, p. 83.

Avanzando en esta problemática debemos detenernos en los supuestos más polémicos, en la autorización policial de tirar a matar (*shoot-to-kill*) del que podrían hacer uso los agentes de las fuerzas de seguridad del Estado en una estrategia de "*legítima defensa antiterrorista*", incluso ante la posibilidad de planificar asesinatos selectivos. Se trata de la proclamada guerra al terrorismo (*war on terror*) encabezada por algunos países (Estados Unidos, Israel, etc.) que permitiría ampliar los criterios de actuación contra combatientes enemigos en tiempos de guerra a terroristas que actúan fuera del contexto de un conflicto armado internacional[39]. No será objeto de este estudio, pero sí de una gran preocupación, la invocación de la legítima defensa que se hace en los Estados Unidos ante el homicidio de varones negros desarmados por parte de autoridades policiales, basándose en el terrible estereotipo "*all Black males are criminals*"[40].

Es indiscutible que existen situaciones en las que tirar a matar está avalado por el Derecho. Sin duda lo está matar a un combatiente enemigo en tiempo de guerra[41], si se cumplen las leyes de la guerra. Pero también cuando exista una norma permisiva en el derecho interno que habilite la legítima defensa de un tercero o el cumplimiento de un deber por parte de agentes de la autoridad. Para que se den estos últimos supuestos debe haber un conflicto, una situación de peligro inminente que autorice a optar por el uso de la violencia. También es cierto que las fuerzas de seguri-

---

39 Cfr. SILVA SÁNCHEZ, J. "Asesinatos selectivos en la guerra punitiva contra el terrorismo", InDret 1/2017, p. 8 y sig. En este caso el Derecho Penal debe considerar los *asesinatos selectivos* como guerra sucia del Estado.

40 Cfr. MOORE, S.E., ROBINSON, M., CLAYTON, M.A., ADEDOYIN, CH., BOAMAH, D. KYERE, E. Y HARMON, D, "A Critical Race Perspective of Police Shooting of Unharmed Black Males in the United States: Implications for Social Work", Urban Social Work, Volume 2, Number 1, 2018, p.33 y sig. quienes destacan que los negros estadounidenses son aún estereotipados, estigmatizados, deshumanizados, y culpados de muchos de los males sociales.

41 Cfr. Silva Sánchez, J. "Asesinatos selectivos..." op. cit. p. 3 y sig.

dad en ocasiones están obligadas a actuar, es decir, que no existe simplemente una norma permisiva que exima de responsabilidad si se tira a matar sino otro tipo de norma que obliga a hacerlo en base a un deber positivo de seguridad que exige al Estado proteger a sus ciudadanos (deber de protección)[42]. Lógicamente, este deber de protección posee límites, permitiendo el uso de armas únicamente cuando exista un riesgo racionalmente grave para la vida de las personas. Pero también "en aquellas circunstancias que puedan suponer un grave *riesgo para la seguridad ciudadana*", "rigiéndose al hacerlo por los principios de congruencia, oportunidad y proporcionalidad" (art. 5.2. c. y d. de la Ley Orgánica 2/1986, de 13 de marzo, de Fuerzas y Cuerpos de Seguridad). La interpretación del alcance de estos principios es básica para determinar el margen de discrecionalidad que tiene cada agente para recurrir o no al uso de armas de fuego[43]. La doctrina considera casi unánimemente que el deber de actuar con uso de la fuerza no requiere una agresión ilegítima como en la legítima defensa de terceros, sino la necesidad de proteger los intereses de particulares y la *amenaza a la seguridad ciudadana*. El concepto y límites de tal seguridad ciudadana son sometidos a distintas caracterizaciones doctrinales que los restringen o amplían, tratándose por lo tanto de un *concepto jurídico indeterminado* que proporciona, en definitiva, escasa seguridad jurídica[44]. Conforme al marco jurídico vigente en España, se sostiene por lo tanto que existe el *permiso* y *el deber* de tirar a matar por parte de los agentes de la autoridad, si se dan circunstancias que suponen un peligro para la *seguridad ciudadana*, limitados esencialmente por el criterio de proporcionalidad. Un disparo a matar no solo sería legítimo, sino también obligatorio para la autoridad en determinadas circunstancias de peligro, fundamentalmente si se trata de un auténtico terrorista a

---

42 Cfr. COCA VILA, Ivó "Tirar a matar en el cumplimiento de un deber", Revista Electrónica de Ciencia Penal y Criminología 19-24, 2017, p 7 y sig.

43 Cfr. COCA VILA, Ivó "Tirar a matar..." op. cit. p. 10 y sig.

44 Cfr. COCA VILA, I. "Tirar a matar..." op. cit. p. 14 y sig.

punto de provocar un gravísimo atentado[45]. Sin perjuicio de esta caracterización, siguen existiendo dudas en caso de error sobre el sujeto sobre quien se actúa, los *daños colaterales* sobre terceros inocentes[46], los *escudos humanos*, los asesinatos selectivos[47], etc.

Sin espacio para analizar en profundidad todos estos casos, quiero detenerme brevemente en la autorización para derribar aviones secuestrados, supuesto que ha sido objeto de la importantísima sentencia del Tribunal Constitucional alemán de 15 de febrero de 2006[48]. Adviértase que en este caso no hay en sentido estricto un error sobre el sujeto, en la medida en que se conoce que morirán viajeros inocentes. Se pregunta si la autorización legal para derribar este tipo de aeronaves, prevista en el art. 14.3 de la Ley de Seguridad de la Aviación (LuftSiG) de 11 de enero de 2005, es conforme con el resto del ordenamiento jurídico germano. La sentencia ha considerado inconstitucional y nulo el citado precepto, desautorizando que la aeronave pudiera llegar a ser derribada, si viajaban en ella personas inocentes. Se argumenta seriamente en favor de la dignidad del ser humano y la imposibilidad de sacrificar una vida para salvar otras -algo esencial en el estado de necesidad, tal como se interpreta tradicionalmente por la dogmática jurídico penal-.Como destaca Rodríguez de Santiago, la sentencia subraya que si se tratara exclusivamente de la vida de los secuestradores podría autorizarse a disparar, ya que no se instrumentalizaría a ningún ser humano inocente, sino que

45 Cfr. COCA VILA, Ivó "Tirar a matar…" op. cit. p. 36.

46 Cfr. SILVA SÁNCHEZ, J. "Asesinatos selectivos…" op. cit. p. 5 y sig. quien recuerda que los civiles no pueden ser atacados directamente, salvo que tomen parte directa en las hostilidades.

47 Coca Vila rechaza que en el sistema jurídico español se admitan los asesinatos selectivos, siendo obligatoria la detención del sujeto antes de optar por su extermino. Cfr. COCA VILA, Ivó "Tirar a matar…" op. cit. p. 38.

48 Cfr. https://www.bundesverfassungsgericht.de/entscheidungen/rs20060215_1bvr035705.html.

se trataría a los secuestradores como auténticos responsables de sus actos[49].

La legislación alemana declarada inconstitucional y nula pretendía colocar a la seguridad ciudadana por encima del valor de la vida de personas inocentes -viajeros y tripulación de la aeronave-. Sin embargo, la vida humana -por su carácter irreemplazable- es un interés jurídico extremadamente valioso y al analizar dos intereses contrapuestos (seguridad ciudadana vs. vida de inocentes) se ha decidido con acierto que prevaleciera la vida, a diferencia de lo que hubiera hecho un Estado totalitario[50].

Otro caso muy significativo fue el de la muerte por disparos de Scotland Yard del electricista brasileño Jean Charles de Menezes, de 27 años, el 22 de julio de 2005 en la estación de metro Stockwell de Londres. Confundido con el terrorista Hussai Osman, recibió siete disparos en la cabeza y uno en el hombro – otros tres disparos no impactaron en él- mientras permanecía sentado en un vagón del metro. Fue la auténtica ejecución de un inocente. La policía británica manifestó primero que el individuo *actuó sospechosamente* y *se negó* a obedecer instrucciones, reconociendo posteriormente que fue un "trágico error". Evidentemente los errores fueron infinitos: En primer lugar, confundir a una perso-

---

49 Cfr. RODRÍGUEZ DE SANTIAGO, J. M. "Una cuestión de principios. La Sentencia del Tribunal Constitucional Federal Alemán, de 15 de febrero de 2006, sobre la Ley de Seguridad Aérea, que autorizaba a derribar el avión secuestrado para cometer un atentado terrorista", en Revista Española de Derecho Constitucional nº 77, 2006, p.267 y sig. Cfr. también Silva Sánchez, J. "Asesinatos selectivos..." op. cit. p. 15, ROXIN, C. «Der Abschuss gekaperter Flugzeuge zur Rettung von Menschenleben», en Zeitschrift für Internationale Strafrechtsdogmatik, nº 6, 2011, Y BUSATO, P. C. "Algunas consideraciones sobre las consecuencias jurídicas del derribo de aviones secuestrados" en Revista Penal 38, 2016, p. 68 y sig. Vid. también la obra colectiva de Escudero Alday, A. (ed.) "Aviones usados como bombas. Problemas políticos y constitucionales en la lucha contra el terrorismo", Madrid, 2015.

50 Cfr. FERRÉ OLIVÉ, J.C., NÚÑEZ PAZ, M Y RAMÍREZ BARBOSA, P. "Derecho Penal Colombiano. Parte General", Bogotá, 2010, p. 380 y sig.

na brasileña con un asiático, lo que se hubiera dilucidado simplemente escuchando su pronunciación y su lenguaje. En segundo término, siendo vigilado por un sofisticado grupo policial y sin portar mochila o bolsos se le considera un terrorista suicida, dejándolo caminar tranquilamente 1000 metros desde el autobús al metro, coger la copia gratuita de un periódico digital, bajar las escaleras del metro, echar a correr para no perder un tren que entra en la estación... Y ya en el vagón se le rodea, se le acorrala y se le ejecuta sin contemplaciones[51]. Adviértase que el *trágico error* se parece mucho a los *errores de cálculo* a los que hacía referencia Sánchez Tejerina para justificar los crímenes del primer franquismo en legítima defensa del Estado.

Tras un controvertido proceso, no se persiguió penalmente a los agentes, sino que se logró una indemnización a la familia en aplicación de la *Ley de Salud e Higiene en el trabajo* británica de 1974. Vaughan-Williams afirma que no se trató de un simple error policial, sino de una nueva forma de actuación, una estrategia de política antiterrorista implacable para la defensa de las fronteras espaciales y temporales. El discurso oficial, la teoría del error policial, se enuncia y defiende para encubrir y justificar una genuina estrategia antiterrorista de defensa del Estado[52]. Se presenta como una "guerra mundial contra el terror" y se desarrollan políticas y prácticas que pretenden ser legitimadas en nombre de esa guerra.

Se aprecia una autorización a la policía de tirar a matar (*shoot-to-kill*) por lo que deben manejarse nuevos conceptos, que coinciden con el de *crisis autoinmune* enunciado por Jacques Derrida, que habría dado comienzo tras los atentados del 11 de septiembre de 2001[53]. Desde esta perspectiva, algunos Estados democráticos

---

[51] Cfr. VAUGHAN-WILLIAMS, N. "The Shooting of Jean Charles de Menezes: New Border Politics?" Alternatives 32, 2007, p. 179 y sig.

[52] Cfr. VAUGHAN-WILLIAMS, N. "The Shooting of Jean Charles de Menezes..." op. cit., p. 178 y sig.

[53] Cfr. DERRIDA, J. "La filosofía en una época de terror. Diálogos con Jürgen Habermas y Jacques Derrida", (G. Borradori, ed.) Buenos Aires, Taurus, 2004.Cfr. también VAUGHAN-WILLIAMS, N. "The Shooting of

adoptan las mismas prácticas que las fuerzas de las que se tratan de defender, generando un círculo vicioso de represión. El filósofo francés considera que la democracia se ha convertido en Kratos (dios de la fuerza, del vigor) asumiendo el poder de decidir, de prevalecer[54]. Así, habla de un modelo de "Estado canalla", que abusa de su poder y de la fuerza de su soberanía. Esas *democracias* - actuando autónomamente o a través de organismos internacionales como el Consejo de Seguridad de la ONU- optan por la razón del más fuerte, se vuelcan más en la fuerza (*Kratos*) que en el pueblo (*demos*)[55].

En este contexto ya se comienza a hablar en materia antiterrorista de una *política de Kratos.* Así, tras los atentados del 11 de septiembre de 2001 se asume una estrategia ya aplicada por las fuerzas de seguridad de Israel que ante la *sospecha* de tratarse de un terrorista suicida portador de una bomba y ante una hipotética situación de peligro para la vida se dispara directamente a matar. Esta política es la que se ha adoptado en el Reino Unido por el MI5, sin que hubiera existido previamente un debate formal en el parlamento británico. Efectivamente, es la aplicada en el caso Menezes, aunque paradójicamente la autorización de "disparar a matar para proteger" terminó matando a un ciudadano anónimo, justamente a quien se debía proteger[56].

Jean Charles de Menezes..." op. cit., p. 183 y sig. Derrida, en su análisis del texto de Walter Benjamin *Zur Kritik der Gewalt* (de 1921) analiza dos violencias del derecho: la que lo instituye y la que lo mantiene, considerando que la violencia de conservación va implícita en la primera. El Estado tendría terror a una violencia que transforme las relaciones de derecho, que pueda llegar a fundar o generar un nuevo derecho. Así en "Fuerza de la ley: el "Fundamento místico de la autoridad". Doxa: Cuadernos de filosofía del derecho, N° 11, 1992, p. 163 y sig.

54 Cfr. DERRIDA, J. "ROGUES. Two Essays on Reason", Stanford, California, 2005, p. 13.

55 Cfr. DERRIDA, J. "CANALLAS. Dos ensayos sobre la razón". Madrid, Trotta, 2005, op. cit. p. 126 y sig.

56 Cfr. VAUGHAN-WILLIAMS, N. "The Shooting of Jean Charles de Menezes..." op. cit., p. 185 y sig.

Una *política de Kratos* se aplica desde hace décadas en el Estado de Israel, concretamente por el trato diferenciado hacia israelíes y palestinos y las ejecuciones extrajudiciales llevadas a cabo por las fuerzas de seguridad que quedan impunes al no rendirse cuentas de sus actos[57]. La estrategia de asesinatos dirigidos (*targeted killings*), se materializa a través de la ejecución selectiva de líderes terroristas contando con la información de los servicios de inteligencia. Una estrategia que se ha universalizado, aplicándose ya por distintos países que asesinan selectivamente con la ayuda de drones y aplicando las últimas tecnologías bélicas, lo que no impide los *daños colaterales* ilustrados con la muerte de no combatientes, transeúntes, menores de edad y casos de identidad errónea [58]. También la Autoridad Palestina ejecuta extrajudicialmente a los palestinos que colaboran con Israel[59]. El Tribunal Supremo de Israel elaboró una jurisprudencia que establece una serie de requisitos para que un asesinato dirigido pueda estar justificado. Sin embargo, estas condiciones no suelen cumplirse y no existen consecuencias jurídicas negativas para los responsables[60].

¿Está renaciendo el concepto de legítima defensa del Estado? Silva Sánchez considera que recurrir a la tradicional legítima defensa en estos supuestos conduciría a una completa desnaturali-

---

57 Cfr. SCHAEFFER OMER-MAN, E. "Extrajudicial killing with near Impunity: excessive force by Israeli Law enforcement against Palestinians", Boston University International Law Journal (Vol. 35:115) 2017, p. 118 y sig.

58 Cfr. SCHAEFFER OMER-MAN, E. "Extrajudicial killing..." op. cit. p. 123 y sig.

59 Cfr. SCHAEFFER OMER-MAN, E. "Extrajudicial killing..." op. cit. p. 125 y sig.

60 SCHAEFFER OMER-MAN nos recuerda esas condiciones: verificación de la identidad del objetivo, no matar si existen medios menos lesivos, si existen daños colaterales civiles deben ser proporcionales. Y tras cada hecho debe realizarse una investigación exhaustiva e independiente que identifique el objetivo y las circunstancias del ataque. Cfr. Schaeffer Omer-Man, E. "Extrajudicial killing..." op. cit. p. 124 y sig.

zación de esta causa de justificación[61]. Y efectivamente es así. En primer lugar, porque la agresión que realiza el sujeto ni es actual ni es inminente, lo que conduciría a aceptar la neutralización preventiva de agresiones futuras y potenciales -hipotéticas y dudosas-, que tal vez han podido -o no- llegar al nivel de un acto preparatorio del delito, autorizando algo tan grave como el exterminio del sujeto, la pérdida de su vida. A esto se suman otra serie de objeciones de no menor importancia, como la frecuente indeterminación de los sujetos que serán víctimas del ataque, los *daños colaterales,* los errores en el proceso de selección, etc.[62]. Sin embargo, el propio Silva Sánchez deja abierta la puerta para admitir la legítima defensa del Estado tratándose de integrantes de un grupo terrorista. Considera este autor que "la integración del individuo determinado en el grupo terrorista -e incluso la existencia del grupo en sí mismo- constituye una agresión permanente para el modo de vida de una determinada sociedad"[63], con independencia del momento en el que el individuo o el grupo realicen actos criminales. Considero que la adopción de un criterio como la agresión permanente a la sociedad para justificar una pretendida legítima defensa colectiva del Estado puede abrir la caja de los truenos, al permitir el exterminio selectivo de todos aquellos que se supone que atentan contra lo que se declare desde el poder político como el *modo de vida* de una sociedad. Aparecerán entonces muchos más enemigos que los terroristas, como pueden ser los miembros del crimen organizado, los narcotraficantes, y, ¿por qué no? ... los pederastas y otros delincuentes sexuales, los maltratadores de mujeres, los conductores alcoholizados y los atropelladores de ciclistas. Son frecuentes las soflamas parlamentarias contra

---

61 Cfr. SILVA SÁNCHEZ, J. "Asesinatos selectivos en la guerra punitiva contra el terrorismo", InDret 1/2017, p. 11 y sig.

62 Cfr. SILVA SÁNCHEZ, J. "Asesinatos selectivos..." op. cit. p. 12. Estos criterios pueden desdibujarse en situaciones de conflicto armado (da igual la muerte de un militar u otro, ambos son objetivos bélicos) pero no en tiempos de paz.

63 Cfr. SILVA SÁNCHEZ, J. "Asesinatos selectivos..." op. cit. p. 13. Subrayado en el original.

estos y otros colectivos delincuenciales, que lógicamente pueden y deben ser sometidos a penas, pero no al exterminio. Solo haría falta dirigir contra ellos de manera oficial la política de Kratos.

Volviendo a la estrategia antiterrorista, la aplicación *stricto sensu* de una política de Kratos se ve beneficiada por las nuevas tecnologías, que permiten la ejecución de homicidios selectivos sin riesgo alguno para su ejecutor, contando con la ayuda de drones[64]. Aparecen los Sistemas de Armas Autónomas Letales (Lethal Autonomous Weapons- LAWS). Estas tecnologías conducen en ocasiones a un error en la selección o a *daños colaterales*, que desde la perspectiva jurídico penal deben llevar a la tarea de dilucidar la responsabilidad de los operadores de las máquinas[65] o de los creadores de los algoritmos que identifican a los terroristas y de quienes dan las órdenes oportunas. Pero en ocasiones la solución para dilucidar la responsabilidad penal no es tan sencilla, en tanto y en cuanto la identificación del objetivo queda en manos de una máquina, escapando al control humano[66]. Se ha abierto un debate acerca de la posibilidad de exigir responsabilidades penales directas a entes no humanos dotados de Inteligencia Artificial (IA), en consonancia a la actualmente vigente responsabilidad penal de las personas jurídicas[67]. Estaríamos, de ser así, ante un modelo de delito completamente normativizado y fantasioso, que no debería servir de excusa para que, a través de la sanción penal

64 Cfr. PAUST, J.J. "Operationalizing use of Drones…" op. cit. p. 167 y sig.

65 Cfr. SILVA SÁNCHEZ, J. "Asesinatos selectivos…" op. cit. p. 14.

66 Sobre los problemas jurídicos específicos que genera la utilización de la robótica para los fines mencionados, puede verse el interesante artículo de QUINTERO OLIVARES, G. "La robótica ante el Derecho penal: el vacío de respuesta jurídica a las desviaciones incontroladas", en Revista Electrónica de Estudios Penales y de la Seguridad 1 (2017) p. 4 y sig.

67 Sobre esta temática cfr. De la Cuesta Aguado, P.M. "La ambigüedad no es programable: racionalización normativa y control interno en Inteligencia Artificial" en Revista Aranzadi de Derecho y Proceso Penal 44, 2016, p. 167 y sig.

a la máquina, se intente exonerar de responsabilidad punitiva al ser humano que la gestiona.

¿Está realmente vigente la *política de Kratos* en nuestro medio? Por motivos bastante obvios, desconocemos los *criterios materiales* que maneja actualmente en España el Centro de Inteligencia contra el Terrorismo y el Crimen Organizado (CITCO). Sin embargo, creo que en nuestro contexto aún podemos tener confianza en la vigencia del Estado de Derecho y en el respeto de sus principios más elementales[68].

IV. CONCLUSIONES Y REFLEXIONES.

El recurso al miedo, o "*gobernar atemorizando*" ha sido históricamente el emblema de la Monarquía absoluta, una táctica de gobierno en su momento muy exitosa[69], que culminó trágicamente con la Revolución Francesa y posteriormente con la Revolución Rusa. Algo similar se estructuró durante el primer franquismo. Parece que en nuestros días se practica nuevamente una estrategia similar aunque parcializada, generando un círculo vicioso en la represión del terrorismo, e incluso en la persecución de algunos sectores poblacionales muy específicos como el homicidio de varones negros desarmados en los Estados Unidos. La muerte de Jean Charles Menezes demuestra que no hubo un trágico error, sino que fue fruto de la activación de la política de Kratos, que ampara dudosos asesinatos que persiguen eliminar amenazas para la

---

68 No se puede ignorar que en los años'80 se financiaron desde el Estado los Grupos Antiterroristas de Liberación (GAL), lo que supuso una réplica al terrorismo utilizando sus propias armas (terrorismo de Estado). España posee, por lo tanto, su propio y reciente precedente de una política de Kratos que, una vez conocida en todos sus extremos, ha recibido un amplio rechazo judicial, político y social. Todo ello hace inimaginable su retorno.

69 Cfr. TOMÁS Y VALIENTE, F. "El Derecho Penal de la monarquía absoluta". Madrid, 1969, *passim*.

seguridad en el contexto de un permanente estado de excepción y de una guerra mundial contra el terror[70].

Ni una *legítima defensa del Estado* ni una *política de Kratos* son admisibles en un genuino Estado de Derecho. Asumiendo que el Estado debe permitir y obligar a matar en situaciones muy excepcionales, debe prevalecer la utilización de medios no letales, la completa exclusión de daños colaterales y una formación que excluya en sus agentes cualquier tipo de abuso, exceso u error, estando en juego la dignidad y la vida de seres humanos.

V. BIBLIOGRAFÍA

- ÁLVARO DUEÑAS, A. "El decoro de nuestro aire de familia» Perfil político e ideológico de los presidentes del tribunal nacional de responsabilidades políticas", en Revista de Estudios Políticos nº 105, 1999.
- ÁLVARO DUEÑAS, A. "Por Ministerio de la Ley y voluntad del Caudillo", Madrid, 2006.
- AMBOS, K. "¿Puede un Estado torturar sospechosos para salvar la vida de inocentes?" en "Terrorismo, tortura y Derecho Penal", Barcelona, 2009.
- BERDUGO GÓMEZ DE LA TORRE, I. "Reflexiones penales desde Salamanca. *Decían ayer, decimos hoy, dirán mañana*", Lección Inaugural del curso académico 2018/2019 de la Universidad de Salamanca, Salamanca, 2018.
- BLASCO GIL, Y. Y MANCEBO, M. F. "Niceto Alcalá-Zamora Castillo y Pedro Urbano González de la Calle. Profesores Exiliados y provisión de sus cátedras". Cuestiones Pedagógicas, 19, 2008/2009.
- BUSATO, P. C. "Algunas consideraciones sobre las consecuencias jurídicas del derribo de aviones secuestrados" en Revista Penal 38, 2016.
-CALLEJO HERNÁNDEZ, G. "JAIME BALMES, JERÓNIMO MONTES E ISAÍAS SÁNCHEZ TEJERINA. La continuidad de una propuesta de derecho penal integrista y esencialista en España", en Revista de derecho y proceso penal, nº 26.

[70] Cfr. Vaughan-Williams, N. "The Shooting of Jean Charles de Menezes..." op. cit., p. 187.

- CHOMSKY, N. "Estados canallas. El imperio de la fuerza en los asuntos mundiales", Buenos Aires, 2002.
- CLARET MIRANDA, J. "El atroz desmoche. La destrucción de la universidad española por el franquismo". Barcelona, 2006.
- COCA VILA, Ivó "Tirar a matar en el cumplimiento de un deber", Revista Electrónica de Ciencia Penal y Criminología 19-24, 2017.
- DE LA CUESTA AGUADO, P.M. "La ambigüedad no es programable: racionalización normativa y control interno en Inteligencia Artificial" en Revista Aranzadi de Derecho y Proceso Penal 44, 2016.
- DERRIDA, J. "Fuerza de la ley: el "Fundamento místico de la autoridad". Doxa: Cuadernos de filosofía del derecho, Nº 11, 1992.
- DERRIDA, J. "La filosofía en una época de terror. Diálogos con Jürgen Habermas y Jacques Derrida", (G. Borradori, ed.) Buenos Aires, Taurus, 2004.
- DERRIDA, J. "ROGUES. Two Essays on Reason", Stanford, California, 2005.
- DERRIDA, J. "CANALLAS. Dos ensayos sobre la razón". Madrid, Trotta, 2005.
- ESCUDERO ALDAY, A. "La declaración de ilegitimidad de los tribunales franquistas: una vía para la nulidad de las sentencias" en AAVV, "Derecho y memoria histórica", Madrid, 2008.
- ESCUDERO ALDAY, A. (ed.) "Diccionario de la memoria histórica", Madrid, 2011.
- ESCUDERO ALDAY, R. Y PÉREZ GONZÁLEZ, C. (eds.) "Desapariciones forzadas, represión política y crímenes del franquismo", 2013, Editorial Trotta, Madrid.
- ESCUDERO ALDAY, A. (ed.) "Aviones usados como bombas. Problemas políticos y constitucionales en la lucha contra el terrorismo", Madrid, 2015.
- FERRÉ OLIVÉ, J. C. "Universidad y Guerra Civil". Revista Penal nº 25, 2010.
- FERRÉ OLIVÉ, J. C. "El Derecho penal de la Posguerra y la figura de don Luis Jiménez de Asúa, en AAVV, "El Derecho penal de la posguerra", Valencia, 2016.
- FERRÉ OLIVÉ, J. C. "La corrupción en la Segunda República y el Primer Franquismo", en AAVV. "La corrupción política en la España contemporánea". Barcelona, 2018.
- FLETCHER, G. P. "¿Ciudadanos o personas? Análisis de las sentencias de la Corte Suprema de los Estados Unidos en los casos Hamdi, Padilla y los prisioneros en Guantánamo", Revista Penal nº 16, 2005.

- GARCÍA AMADO, J. A. "Usos de la historia y legitimidad constitucional" en AAVV, "Derecho y memoria histórica", Madrid, 2008.

- GUALLART Y LÓPEZ DE GOICOECHEA, J. "La Escuela de Criminología" en "Una poderosa fuerza secreta. La Institución Libre de Enseñanza", San Sebastián, 1940.

- JAKOBS, G. "¿Terroristas como personas en Derecho?", en Jakobs, G. y Cancio Meliá, M. "Derecho penal del enemigo", 2ª ed., Madrid, 2006.

- LANERO TÁBOAS, M. "Una milicia de la Justicia. La política judicial del franquismo (1936-1945), Madrid, 1996.

- LLOBET RODRÍGUEZ, J. "Nacionalsocialismo y antigarantismo penal (1933-1945), Costa Rica, 2015.

- LÓPEZ SEVILLA, "Revelación y razón", México, 1950.

- MARTÍN PALLÍN, J. A. "La ley que rompió el silencio", en AAVV, "Derecho y memoria histórica", Madrid, 2008.

- MIRAT HERNÁNDEZ, P. "Los valedores del Nuevo Estado. D. Juan del Rosal Fernández", en AAVV, "El derecho penal de la posguerra". Valencia, 2016.

- MUÑOZ CONDE, F. "Edmund Mezger y el Derecho penal de su tiempo" 4ª ed, Valencia, 2003.

- MOORE, S.E., ROBINSON, M., CLAYTON, M.A., ADEDOYIN, CH., BOAMAH, D. KYERE, E. Y HARMON, D, "A Critical Race Perspective of Police Shooting of Unharmed Black Males in the United States: Implications for Social Work", Urban Social Work, Volume 2, Number 1, 2018.

- NAVARRO CARDOSO, F. "Vallejo Nájera, "los niños perdidos del franquismo" y los crímenes contra la humanidad" en AAVV, "El Derecho penal de la posguerra", Valencia, 2016.

- NAVARRO CARDOSO, F. "José María Pemán y Pemartín: poeta y represor" en AAVV, "El Derecho penal de la posguerra", Valencia, 2016.

- PAUST, J.J. "Operationalizing use of Drones Against Non-State Terrorists Under the International Law of Self-Defense" Albany Government Law Review vol. 8, 2015.

- PORTILLA CONTRERAS, G. "La consagración del Derecho penal de autor durante el franquismo", Granada 2009.

- PORTILLA CONTRERAS, G. "Colaboración de la Iglesia católica en la represión penal de la masonería y el comunismo durante el franquismo". Revista Penal México nº 3, 2012.

- QUINTERO OLIVARES, G. "La robótica ante el Derecho penal: el vacío de respuesta jurídica a las desviaciones incontroladas", en Revista Electrónica de Estudios Penales y de la Seguridad 1 (2017).
- RODRÍGUEZ DE SANTIAGO, J. M. "Una cuestión de principios. La Sentencia del Tribunal Constitucional Federal Alemán, de 15 de febrero de 2006, sobre la Ley de Seguridad Aérea, que autorizaba a derribar el avión secuestrado para cometer un atentado terrorista", en Revista Española de Derecho Constitucional nº 77, 2006.
- ROXIN, C. «Der Abschuss gekaperter Flugzeuge zur Rettung von Menschenleben», en Zeitschrift für Internationale Strafrechtsdogmatik, nº 6, 2011.
- RUIZ FUNES, M. "Un caso de genocidio", en Peris Riera (ed.) El pensamiento criminológico en la obra de Mariano Ruiz- Funes García, Murcia, 2006.
- SÁNCHEZ CUERVO, A. "El legado filosófico-político del exilio español del 39" en Isegoría, n º 41, 2009.
- SÁNCHEZ TEJERINA, I. "Derecho Penal Español", 1ª ed. Salamanca, 1937.
- SÁNCHEZ TEJERINA, I. "Oración Inaugural del curso 1940 a 1941 en la Universidad de Salamanca". Salamanca, 1940.
- SAUCA CANO, J. M. "El derecho ciudadano a la memoria histórica: concepto y contenido, en AAVV, "Derecho y memoria histórica", Madrid, 2008.
- SCHAEFFER OMER-MAN, E. "Extrajudicial killing with near Impunity: excessive force by Israeli Law enforcement against Palestinians", Boston University International Law Journal (Vol. 35:115) 2017.
- SILVA SÁNCHEZ, J. "Asesinatos selectivos en la guerra punitiva contra el terrorismo", InDret 1/2017.
-SORIANO GONZÁLEZ, M. L. "La estrategia de seguridad nacional de George Bush y Barack Obama. Seguridad versus Derechos Humanos", Revista Internacional de Pensamiento Político vol 11, 2016.
- SUÑER ORDOÑEZ, E. "Los intelectuales y la tragedia española", Editorial Española, Burgos, 1937.
- VAUGHAN-WILLIAMS, N. "The Shooting of Jean Charles de Menezes: New Border Politics?" Alternatives 32, 20.

Política criminal y el discurso del odio: sobre la propuesta de criminalización de la exaltación del franquismo y fascismo

ELENA NÚÑEZ CASTAÑO
Profesora Titular de Derecho penal. Universidad de Sevilla

I. RAZONES POLÍTICO CRIMINALES DE LA CRIMINALIZACIÓN DEL DISCURSO DEL ODIO

Uno de los principales conflictos que siempre se han planteado en el seno de la sociedad en orden a la pacífica convivencia en la misma, ha sido el respeto hacia las opiniones, los discursos o las ideas de los demás. Cuando surgen las opiniones discrepantes, aquellas que difieren radicalmente de los postulados sostenidos por el grupo social al que se pertenece aparece el problema de la "tolerancia". Resulta muy difícil tolerar aquello con lo que discrepamos y que, en la inmensa mayoría de los casos, nos resulta rechazable, molesto e incluso hiriente. Pero independientemente del sentimiento que podamos tener respecto de estos discursos discrepantes, lo cierto es que, en un Estado Democrático de Derecho, deben tolerarse todos ellos; también los ofensivos, hostiles o antidemocráticos. Porque precisamente en eso consiste la democracia, al menos nuestra democracia que se configura como no militante. Y esa tolerancia del discurso hostil debe predicarse no sólo respecto de la emisión del mismo, sino también de su transmisión y del intento de convencer a otros de la corrección que le ampara. Es el más puro ejercicio del derecho a la libertad de expresión, que bajo ninguna circunstancia, al menos en mi opinión, puede ni debe ser restringido o limitado; salvo, eso sí, que invada el contenido de otro derecho fundamental concretamente identificado, por ejemplo, el honor, o incite a otros directamente a hacerlo o a llevar a cabo actos de violencia por motivos de odio, porque eso ya no es libertad de expresión. Es decir, sólo caben dos opciones desde mi perspectiva: o se trata del ejercicio legítimo de la libertad de expresión y entonces no cabe restricción ni limitación de ningún tipo, sea cual sea el tipo de discurso que se lleve a cabo; o bien, se trata de la lesión o afección de un bien jurídico o derecho de un tercero, o la incitación directa a ello, y entonces ya no es libertad de expresión, sino delito. Dicho de otro modo, la libertad de expresión no puede ser delito[1].

Ahora bien, partiendo de esta postura, que considero la única sostenible en un Estado democrático de Derecho como el nuestro, es innegable que en los últimos tiempos, se ha detectado una clara tendencia legislativa a incidir en la emisión de determinadas expresiones y opiniones que son consideradas "molestas", "perturbadoras", "hostiles" o "antidemocráticas"[2], incorporando tipos penales, excesivamente abiertos y desmesurados, teóricamente encaminados a proteger determinados intereses de sectores sociales vulnerables que podrían verse afectados por las palabras, expresiones u opiniones de otros. Eso sería la teoría, pero en la práctica, en realidad, y precisamente por la concreta tipificación que se ha realizado de estos discursos del odio, lo que realmente implican es la inocuización del disidente o discrepante, de quien sostiene un discurso diferente e incluso reprobable desde la perspectiva del sentimiento generalizado que determina una mayoría política o social; la sanción del mero acto comunicativo que conlleva un contenido rechazable y reprobable, que pudiera resultar hostil o hiriente para los sentimientos de un concreto grupo o de una mayoría o generalidad social. En definitiva, en la práctica se

---

1 Respecto a las relaciones de la libertad de expresión y el Derecho penal y el contenido de la misma, vid. NUÑEZ CASTAÑO, *Libertad de expresión y Derecho penal: la criminalización de los discursos extremos*, Aranzadi, 2022, *passim*.

2 ROIG TORRES, *Delimitación entre libertad de expresión y "discurso del odio". Postura del TEDH, del Tribunal Constitucional Español y del Tribunal Constitucional Alemán*, Tirant lo Blanch, Valencia, 2020, pág. 13.

podría estar atentando contra el derecho fundamental a la libertad de expresión, con la "justificación" de que afecta a los "sentimientos generales", sea eso lo que sea.

Un caso representativo de la situación que se acaba de exponer y notablemente mediático, que implicó graves consecuencias reflejadas en manifestaciones y protestas sociales fue el del rapero Pablo Hásel, que publicó diversos tuits en su perfil de twitter en los que se vertían comentarios insultantes contra la Corona, las Fuerzas y Cuerpos de Seguridad del Estado y otras instituciones, y frases ensalzando a organizaciones terroristas y a sus miembros. Tanto la Audiencia nacional, en su Sentencia de 22 de mayo de 2018, como la Sentencia del Tribunal Supremo 135/2020, de 7 de mayo condenaron por enaltecimiento del terrorismo e injurias a la Corona y a las Fuerzas y Cuerpos de Seguridad del Estado, considerando que la publicación de comentarios denigrantes contra ciertas instituciones y de alabanza a terroristas, no quedan amparados por la libertad, provocando, de hecho, un *clima social de hostilidad.* Se sostiene, de este modo, que determinado tipo de discursos con un contenido cuestionable o reprochable desde la perspectiva de la "moral social", o que simplemente contienen opiniones o posturas discrepantes, heterodoxas o reprochables, deben ser un claro objetivo de erradicación e inocuización que implica la "legitimidad" de cualquier medio o instrumento jurídico o social que avale la posibilidad de lograr tal finalidad, porque se considera que atentan contra los pilares y fundamentos básicos de un Estado democrático de Derecho[3]. Con ello se realizan dos cosas: en primer lugar, restringir un derecho fundamental como es la libertad de expresión y la libertad de discrepar de la postura

---

3 Siguiendo con ello los planteamientos propios de las democracias militantes, como señala GALAN MUÑOZ, "Delitos de odio, discurso del odio y Derecho Penal: ¿hacia la construcción de injustos penales por peligrosidad estructural", en *Revista Penal,* nº 46, 2020, pág. 43 quien afirma que se trata de tendencias que se basan en la idea de que *"los regímenes democráticos no podían tolerar los discursos intolerantes por el riesgo que su proliferación generaría para el mantenimiento de su propia existencia"*

mayoritaria, y, en segundo lugar, olvidar que uno de los principales pilares de un Estado democrático es precisamente ese que se pretende suprimir o restringir: la libertad de expresión.

La incorporación de estos delitos de expresión que encuentran su núcleo en el castigo de ideas o discursos diferentes, alternativos o directamente contrario a las posiciones, concepciones u opiniones dominantes en la mayoría de la sociedad o al sentir social generalizado no responde, a mi modo de ver, a los parámetros de un sistema democrático, sino que, por el contrario, conlleva un peligroso y rechazable paralelismo con los sistemas existentes en épocas pasadas en los que el elemento centras era la restricción de derechos y de censura[4]; y ello resulta, no solo completamente insostenible, sino totalmente incompatible cuando se afirma que el sistema que conforma un determinado ordenamiento jurídico es el de un Estado Democrático y de Derecho. Si hay términos que, en mi opinión, nunca puede conformar una idea o un concepto que sea jurídicamente valido y legítimo son los de "delito" y "expresión" y "opinión". La expresión sólo debería ser delito cuando determine de forma directa a la realización de comportamientos que impliquen un peligro real y cierto para derechos de otras personas. Y precisamente por ello, DIAZ Y GARCIA CONLLEDO[5] señalar categórica y acertadamente que *"resulta absolutamente paradójico hablar de delitos de odio (…) pues el odio es un sentimiento y el Derecho Penal ni protege ni penaliza meros sentimientos. Y, si odiar no es delito, ¿por qué razón ha de serlo incitar al odio?"*. No se puede ser más claro al respecto, porque la expresión o el discurso, sea cual sea su contenido, resulte reprochable o se comparta plenamente, sólo

---

4 DE VICENTE MARTINEZ, *El discurso del odio. Análisis del art. 520 del Código penal*, Tirant, Valencia 2018, pág. 170; PORTILLA CONTRERAS, "El retorno de la censura y la caza de brujas anarquistas", en *Cometer delitos en 140 caracteres. El Derecho penal ante el odio y la radicalización en internet*, Marcial Pons, Madrid 2017, pág. 103.

5 DIAZ Y GARCIA CONLLEDO, "El discurso del odio y el delito de odio de los arts. 510 y 510 bis del Código penal: Necesidad de limitar", en *Boletín Límites a la Libertad de expresión*, Juezas y Jueces para la Democracia, nº 5, mayo 2018, pág. 19.

debería ser delito cuando determine un peligro real y cierto para los derechos de otras personas.

Ahora bien, la tipificación que se encuentra en el Código penal, esencialmente en relación con el art. 510, no deja otra opción que considerar que realizar un simple discurso o acto de comunicación cuyo contenido responda a expresiones u opiniones contrarias a los planteamientos y concepciones mayoritarias e imperantes en la sociedad, podría implicar (y de hecho lo hace) la sanción de las mismas como delitos del discurso del odio[6]. Y ello a pesar de los intentos de quienes defienden la inclusión de estos tipos delictivos por sostener que, en realidad, no se trata de sancionar el acto comunicativo, ni tampoco la posible contribución que podría representar respecto de un hipotético y potencial acto posterior de quienes hayan sido sus receptores, sino que la *ratio* de la sanción radica en que esos discursos, expresiones o mensajes pudieran provocar en sus destinatarios o receptores ideas peligrosas y negativas. Precisamente por ello, afirman la necesidad de impedir su propagación por cualquier medio, incluida la sanción (penal) de quien las emite y/o difunde[7]. Dicho de otro modo, sustentan la inclusión de estos delitos en un potencial riesgo de que se generen hipotéticas y potenciales ideas en un futuro en otros sujetos, y, con ello, se olvida que la libertad de expresión protege no sólo la exteriorización de las opiniones y pensamientos, sino también la posibilidad de persuadir y convencer a otros a través

---

6 Señala a este respecto, LANDA GOROSTIZA, *Los delitos de odio. Arts. 510 y 22.4º CP 1995*, Tirant lo Blanch, Valencia, 2018, pág. 13, que *"los delitos de odio han venido para quedarse (...) se trata más que de un sector político criminal particular sin más, del correlato de protección penal del paradigma del principio de igualdad y de la prohibición de la discriminación con toda la profundidad y complejidad que ello entraña en cuanto nos remite a la cuestión del tratamiento diferencial- o no- del amplio y variado conjunto de colectivos que deben convivir en el espacio democrático"*

7 Críticamente respecto de esta presunta justificación, GALAN MUÑOZ, "Delitos de odio, discurso del odio y Derecho Penal", ob. cit., págs. 45 y 46.

de la fuerza persuasiva de sus argumentos[8]. Nótese que en todo momento se está haciendo referencia a ideas, tanto las emitidas o difundidas como las potenciales y futuras de los receptores.

Puede realizarse un intento de identificación de un elemento común entre los distintos discursos que se consideran susceptibles de sanción o de criminalización: el hecho de que todos ellos resultan rechazables, reprobables o contrarios a la perspectiva o moral social dominante en cada momento determinado. O lo que es lo mismo, contrarias al *"sentir general de la sociedad"*, de manera que no se está sancionando en realidad porque se produzca una lesión, ni siquiera un potencial riesgo de intereses concretos de los ciudadanos, sino que *"se debe sancionar porque la comunidad desaprueba, rechaza ese comportamiento"*[9]. Es decir, estamos ante *delitos contra los sentimientos* configurados como *"aquellos que se pretender justificar en la medida en que las conductas que prohíben causarían daño a los sentimientos legítimos de los ciudadanos produciendo su desagrado, indignación o repugnancia, o incluso generando odio"*[10]. En definitiva, se toma como referencia la "moral" o el "sentimiento" general para construir un ilícito penal, con las dificultades que ello conlleva de concreción y delimitación de qué deba entenderse por tal, y con los problemas que plantea la mutación cultural e histórica a la que necesaria e innegablemente se ven sometidos dichos conceptos. De este modo, será ese moral social dominante y mutable

---

8 DE DOMINGO PEREZ, "La lucha contra el «discurso del odio» desde el respeto a los derechos fundamentales", en *Cometer delitos en 140 caracteres. El Derecho penal ante el odio y la radicalización en internet,* Marcial Pons, Madrid 2017, pág. 295.

9 FUENTES OSORIO, "Concepto de 'odio' y sus consecuencias penales", en *Cometer delitos en 140 caracteres. El Derecho penal ante el odio y la radicalización en Internet,* Miró Llinares (dir.), Marcial Pons, 2017, pág. 150.

10 CARBONELL MATEU, "Critica a los sentimientos como bien jurídico-penal: el enaltecimiento del terrorismo y la humillación a las víctimas «más allá de la provocación y la injuria»", en *Liber Amicorum. Estudios jurídicos en Homenaje al Prof. Dr. Dr. h.c. Juan Mª Terradillos Basoco,* Valencia 2018, pág. 1414.

la que en cada momento histórico, social o político determine qué debe considerarse como discurso de odio y qué no, debiendo erradicarse el discurso discrepante, diferente, grosero e incluso intolerante por el potencial peligro que pudiera suponer para el sistema democrático y para la sociedad.

Desde esta perspectiva, considera el legislador penal que la tolerancia es uno de los valores básicos de la democracia, pero, al mismo tiempo, criminaliza los discursos discrepantes e intolerantes cuyo contenido es, esencialmente, la exclusión del "otro", del grupo que se odia, se discrimina o se menosprecia. Estamos de lleno en la denominada *paradoja de la tolerancia* de POPPER[11] según la cual en los Estados democráticos no puede sostenerse una tolerancia ilimitada respecto de aquellos que son intolerantes y que mantienen un discurso contrario y peligroso para los fundamentos del propio sistema democrático, dado que, en su opinión *"debemos reclamar el derecho a prohibirlos, si es necesario, por la fuerza, pues bien puede suceder que no estén destinadas a imponerse en el plano de los argumentos racionales, sino que, por el contrario, comiencen por acusar a todo razonamiento: así, pueden prohibir a sus adeptos, por ejemplo, que presten oídos a los razonamientos racionales, acusándolos de engañosos, y que les enseñan a responder a los argumentos mediante el uso de los puños o de las armas"*. Obviamente, con este planteamiento, se "legitima" la prohibición y criminalización de determinado tipo de discursos e ideas que se interpreten como contrarias a los fundamentos del sistema político de un Estado, en este caso el sistema democrático, a fin de evitar que puedan llegar a triunfar y terminar con el mismo.

No veo, desde ninguna perspectiva, la posibilidad de aplicar este planteamiento en relación con nuestro Ordenamiento jurídico, por cuanto, por directa aplicación de la Constitución, son sostenibles cualquier tipo de posiciones, opiniones y expresiones, por muy rechazables, groseras o antidemocráticas que puedan re-

---

11 POPPER, *La sociedad abierta y sus enemigos,* Barcelona, 2006, nota 4 al Capítulo 7, pág. 585.

sultar, siempre que no impliquen una lesión o riesgo real para los derechos de otros[12]. De hecho, considero que POPPER parte de una contradicción interna dado que a fin de proteger la tolerancia se reclama no sólo la posibilidad, sino el derecho a ejercer y actuar con intolerancia. Se plantee como se plantee esta posibilidad no es otra cosa que una evidente manifestación de la intolerancia hacia el discurso discrepante, siempre y cuando no sea posible "vencerlo" mediante otros discursos que define como "argumentos racionales" en apoyo del pensamiento social generalizado y de los fundamentos del sistema (democrático en este caso) social y político existente. En mi opinión, en el fondo se está disfrazando la intolerancia con el papel de "defensa de la tolerancia", pero que en el fondo justifica la erradicación de quien "persiste" a pesar de los intentos argumentativos realizados en una "postura contraria al sentir generalizado". Y desde este punto de vista la pregunta resulta evidente: ¿qué nos diferenciaría de aquello que prohibimos? Si legitimamos la prohibición de la intolerancia por cuanto es un discurso que nos resulta inaceptable, estamos realizando el mismo comportamiento de los que hemos calificado como intolerantes. Pero a ello se une otro aspecto, casi tan importante como el que se acaba de exponer. La teoría sostenida por POPPER determina que son rechazables y, por tanto, criminalizables todos aquellos discursos intolerantes o contrarios a un determinado sistema político (obviamente el autor se está refiriendo al democrático, pero nada obsta que la postura sostenida pueda ser argumentada en cualquier otro caso), ello conllevaría que, en el caso de que el sentir generalizado, la moral social o el poder político dominante sustenten un régimen totalitario con restricción de derechos y libertades fundamentales, los discursos, expresiones, ideas u opiniones que se emitan y/o difundan reclamando su respeto y re-

---

12 Por ello, señala ALCACER GUIRAO, "Victimas y disidentes. El «discurso del odio» en EE.UU. y en Europa", en *Revista española de Derecho Constitucional*, nº 103, enero-abril 2015, págs..46 y 47 que son varios los autores que han mantenido una posición radicalmente contraria a la sostenida por POPPER, como RAWLS y DWORKIN.

conocimiento, también estarían "legítimamente" prohibidos por cuanto serían contrarios al sistema político y social imperante. En definitiva, se estarían legitimando los delitos políticos y criminalizando a quienes se pronuncien o actúen en contra de los intereses de lo que se ha dado en denominar la "legalidad vigente".

Pueden aducirse muchas otras razones que avalarían el rechazo de esta criminalización, por ejemplo que la emisión, transmisión o difusión de un discurso ofensivo, hiriente o, incluso, contrario a los fundamento de un sistema democrático, incluso con potencial capacidad o aptitud para incitar a la violencia a sus destinatarios o receptores, sólo podría ser objeto de reproche penal (y ello con muchos matices y limitaciones) cuando efectivamente incite a la violencia, pero no por el simple hecho de "enseñar" a responder con la violencia. Aunque quizás, el elemento central que determinará el sentido de la postura sostenida por cada uno en este debate, venga constituido por la concepción de sistema o Estado democrático que cada uno tenga. Ciertamente, desde mi perspectiva, en un sistema democrático o en una sociedad democrática, el pilar esencial lo constituye la pluralidad, y no sólo la pluralidad, sino la discrepancia, la diversidad y el antagonismo. Es decir, para poder hablar de democracia es preciso que existan, se expresen o se difundan pensamientos y opiniones diversas y antagónicas, convirtiendo al debate en el eje central de la configuración de la opinión social. Intentar que prevalezca una sola opción, un "pensamiento único", aunque éste sea el coincidente con los principios y pautas dominantes, no respondería a las bases de un sistema democrático, precisamente porque determinaría la inexistencia de debate y la ausencia de todo pensamiento.

Ahora bien, sean cuales sean las críticas que se puedan realizar respecto de este tipo de criminalizaciones, o los intentos de defensa de los parámetros de un sistema democrático, la realidad es terca y resulta innegable que la tendencia actual es concebir el Código penal como un instrumento de control de sus ciudadanos, criminalizando todo aquello que se considera no concordante con la línea de pensamiento y/o actuación que se considera "correcta" o "normal" por la generalidad de la sociedad. Se inicia, de este modo, una *"caza de brujas"*, entendiendo como "brujas" a todo aquel que consideran "diferente" o, mejor dicho, que piensa diferente. Y ello conlleva un nuevo problema, que ya no sólo se castiga a la "bruja" en sí, también a quien ayuda, apoya o comparte la ideología rechazada contribuyendo a su difusión y propagación; o llegando aún más lejos, al criminalizar a quien, rechazándola también, sin embargo apoya el derecho de toda persona a expresar y transmitir libremente, sin ningún tipo de censura su opinión, sea esta la que sea[13].

No se trata, al menos desde mi perspectiva, de discutir sobre el hecho de si unos tipos penales legítimos se han expandido ilegítimamente, sino que la propia existencia de un delito que se encamine, de manera directa y exclusiva, a sancionar un discurso, una opinión o una expresión, careciendo de cualquier otro elemento típico que añada un plus de desvalor que justifique su regulación, resulta ilegítimo (o al menos debiera resultarlo) en un Estado de Derecho. No se trata de restringir o ampliar su ámbito de aplicación, se trata de que no exista, porque la pluralidad de ideas, las opiniones antagónicas, los discursos discrepantes son la esencia de la democracia, sea cual sea su contenido; y los poderes públicos no sólo no deben eliminarlos y prohibirlos sino que, por el contrario, deben garantizar que el pluralismo e intercambio de ideas se produzca sin ningún tipo de interferencias, que permita un debate libre y que, con ello, se prevenga el efecto desaliento.

---

13 Señala PAREDES CASTAÑON, "Terrorismo y principio de intervención mínima: una propuesta de despenalización", en *Terrorismo, Sistema penal y derechos fundamentales*, Alonso Rimo/Cuerda Arnau/ Fernández Hernández (dirs.) Tirant lo Blanch, Valencia, 2018, pág. 66 que *"la consecuencia principal de discutir sobre política criminal en el contexto de una situación sociocultural de pánico moral es que se vuelve extraordinariamente difícil- extraordinariamente costoso- discrepar. Parecería, en efecto, que quien se atreve a poner en cuestión la seriedad del riesgo a la racionalidad de las soluciones adoptadas para combatirlo bien está perdiendo la cordura, bien está cooperando con el mal o bien no se toma suficientemente en serio los valores que se pretenden defender".*

Al configurarse la libertad (y por ende también la libertad de expresión) como valor superior del ordenamiento jurídico como señala el art. 1 CE, la única vía válida para "legitimar" una restricción o limitación del mismo debe estar fundamentada en la existencia de una necesidad irrenunciable de proteger otros intereses o valores; obligación que obviamente vincula al legislador en un Estado democrático de derecho[14], porque las garantías y derechos fundamentales recogidos en la Constitución *"constituyen límites que el poder del Estado no puede sobrepasar. Si los sobrepasa, ya no cabe hablar de Derecho en el sentido moderno del término: la ley que permite que el poder del Estado exceda de los límites que le imponen las libertades constitucionales es una ley que no respeta el Derecho, una ley jurídicamente inválida"*[15]. Señala CARBONELL MATEU[16] que *"el problema no es si la decisión política de prohibir ha de ceder ante un derecho fundamental que prevalece sino si existe un derecho fundamental cuya necesidad de tutela justifica la decisión política de prohibir"*.

El planteamiento respecto de la posible legitimidad de la sanción de un acto de comunicación y/o discurso es, en mi opinión claro: el derecho fundamental a la libertad de expresión de un ciudadano no ampararía aquellos casos en los que su ejercicio implicara la lesión o afección de otro u otros derechos merecedores de protección. En caso contrario, esto es, si no resulta posible constatar la potencial lesión u afección de otros intereses de terceros, la criminalización o prohibición del discurso, cualquiera que sea su contenido implicaría la lesión del derecho a la libertad de expresión[17].

---

14 CARBONELL MATEU, "Crítica a los sentimientos como bien jurídico-penal", ob. cit., pág. 1414.

15 VIVES ANTON, "Garantías constitucionales y terrorismo", en *Terrorismo, Sistema penal y derechos fundamentales*, Valencia 2018, pág. 28.

16 CARBONELL MATEU, "Crítica a los sentimientos como bien jurídico-penal", ob. cit., pág. 1416.

17 Señala VIVES ANTON, "Garantías constitucionales y terrorismo", ob. cit., pág. 28 que *"la libertad necesita el espacio más amplio posible: su único límite ha de ser el respeto a la misma libertad en todos los demás"*.

Pero, la realidad social no es esta, sino una muy diversa, la criminalización del discurso del odio, esencialmente a través del art. 510 CP, y la consecuencia y directa lesión del derecho fundamental a la libertad de expresión. De este modo, se castigan conductas ofensivas o reprochables que, en algunas ocasiones, pueden afectar a la sensibilidad de la sociedad o ser contrarias a la moral social imperante[18], cuya capacidad lesiva se potencia por la expansión que conlleva el uso de Internet y las redes sociales al conllevar un efecto multiplicador de la difusión de cualquier tipo de mensaje y, en consecuencia, del presunto "daño" u ofensa que el mismo podría llegar a ocasionar[19]. Desde esta perspectiva se podrían identificar dos fundamentos para la tipificación de los delitos de expresión así como su proliferación: la existencia de un discurso o expresiones que se apartan de las pautas y parámetros generalmente aceptados y, en consecuencia, se identifican como ofensivos o potencialmente dañosos para los sentimientos de la colectividad o, al menos de una parte de esa colectividad; y, por otro lado, que se hayan verificado a través de internet o redes sociales, lo que, innegablemente, contribuirá a aumentar exponencialmente su difusión y presunta capacidad ofensiva.

Ahora bien, dado que resulta difícil, cuando no imposible, la identificación de derechos individuales o colectivos que pudieran verse lesionados en aras de justificar la intervención penal se ha recurrido a argumentos diversos como la creación de un clima de hostilidad hacia determinados colectivos, provocando un temor en los mismos que originaría una situación de desigualdad respecto del resto de los ciudadanos que podría incidir en el libre

---

18 MIRO LLINARES, "Derecho penal y 140 caracteres. Hacia una exégesis restrictiva de los delitos de expresión", en *Cometer delitos en 140 caracteres. El Derecho penal ante el odio y la radicalización en Internet*, Marcial Pons, 2017, pág. 27.

19 CABELLOS ESPIERREZ, "Libertad de expresión y límites penales: una nueva fase en el camino hacia la fijación de criterios interpretativos constitucionalmente coherentes", en *Revista catalana de Dret públic*, nº 61, 2020, pág. 32; MIRO LLINARES, "Derecho penal y 140 caracteres", ob. cit., pág. 32.

ejercicio de sus derechos, de modo que se haría necesario (y a ello contribuyen la creación de delitos de expresión) lograr un clima contrario de seguridad y garantía para esos colectivos, lo que podría tener la consideración de bien público[20].

II. LA CAUSA DE LA EXPANSIÓN: LA DIFUSA Y CUESTIONABLE REGULACION DEL ART. 510 CP

1.- Algunas cuestiones sobre los delitos del discurso del odio del art. 510.1 CP

El legislador de 2015, modifica la regulación del apartado primero del art. 510 CP, pasando de una muy cuestionable tipificación de la "provocación al odio", a un absolutamente desmesurado castigo de quienes *públicamente fomenten, promuevan o inciten directa o indirectamente al odio, hostilidad, discriminación o violencia contra un grupo o colectivo.* Ya no solo sanciona una provocación a comportamientos discriminatorios, sino que en un claro afán de inocuizar todo discurso discrepante castiga cualquier tipo de acto comunicativo que conlleve una incitación; pero esa incitación no va referida a la comisión de *actos* discriminatorios o de odio, sino a la propia *discriminación u odio.* Es decir, la incitación para hacer surgir en otros unos concretos sentimientos, que ni siquiera tienen por qué manifestarse al exterior, y mucho menos concretarse en actos de violencia contra determinados colectivos. Con ello se pretenden proteger sentimientos de los miembros de esos colectivos o grupos diana descritos por el tipo penal, pero con ello también se vulnera el derecho a la libertad de expresión de quienes tienen determinadas ideas u opiniones y las transmiten. La protección/prohibición de los sentimientos de los sujetos involucrados, bien como víctimas bien como autores, no tiene legitimi-

---

20 DE DOMINGO PEREZ, "La lucha contra el «discurso del odio» desde el respeto a los derechos fundamentales", ob. cit., pág. 278.

dad ni fundamento en nuestro ordenamiento jurídico, y menos por el Derecho penal[21]. Precisamente por ello, sostiene LANDA GOROSTIZA[22] que la parte de los genéricamente denominados delitos de odio, relacionados con el discurso del mismo es *"la más delicada en términos de su potencial de fricción con el libre ejercicio de los derechos fundamentales y, en particular, con la libertad de expresión"*.

A fin de dotar de legitimidad y, al menos aportar una aparente restricción a la expansión incontrolada que la regulación típica determina, se ha recurrido a la exigencia de dos elementos fundamentales para interpretar el delito de discurso del odio contenido en el art. 510.1 CP: la incitación idónea y la creación de un clima de hostilidad. Elementos que aparecen expresamente recogidos, tanto la incitación directa o indirecta, como la existencia de un clima de hostilidad, convirtiendo en inevitable la aceptación *lege data* de recurrir, para la interpretación del precepto, al denominado *test de Rabat*[23].

En este punto, resulta necesario resaltar algunos aspectos concretos: en primer lugar, que lo que se sanciona no es la incitación (directa o indirecta) a llevar a cabo comportamientos o actos motivados por el odio (eso de hecho daría lugar a la aplicación del concreto delito cometido con la agravante del art. 22.4 CP), sino que se castiga la propia "incitación a odiar", es decir, a tener un determinado sentimiento y a transmitirlo, y ello, en mi opinión, conlleva una clara y evidente vulneración de la libertad de expre-

---

21 LEON ALAPONT, "La descontrolada expansión de los delitos de odio: acerca de la propuesta de incriminar el odio hacia las víctimas de la Guerra Civil española y del franquismo", en *El odio como motivación penal*, Teijón Alcalá (direct.), La Ley Wolter Kluwer, 2022, pág. 214.

22 LANDA GOROSTIZA, "El discurso de odio criminalizado: propuesta interpretativa del art. 510 CP", en *Delitos de odio: Derecho comparado y regulación española*, Landa Gorostiza/Garro Carrera (direct.), Tirant lo Blanch, Valencia 2018, pág. 221.

23 Plan de Acción de Rabat sobre la prohibición de la apología al odio nacional, racial o religioso que constituya una incitación a la discriminación, a la hostilidad o a la violencia, de 5 de octubre de 2012.

sión; y, en segundo lugar, la amplia descripción de lo colectivos vulnerable y la indeterminación de las concretas finalidades que se persiguen con estas conductas permite amparar a grupos sociales que no responden a las características para las que se pensó este concreto tipo penal, porque no son vulnerables, porque no son discriminados, porque no son minorías, etc. A pesar de ello, y sorprendentemente, las diversas modificaciones que ha sufrido este precepto no se han dirigido a restringir su posible ámbito de aplicación, sino que por el contrario se han encaminado a ampliar el ámbito de conductas típicas sancionando, en su apartado 1 a) a quienes *fomenten, promuevan o inciten directa o indirectamente al odio, hostilidad, discriminación o violencia contra un grupo*, que determina lo que ya se ha señalado reiteradamente, el castigo de la mera incitación, sea ésta del tipo que sea, o lo que es lo mismo, la sanción del mero acto comunicativo. Pero todavía va más lejos la reforma de 2015, incluyendo en el apartado 1. b) lo que se ha denominado *"cadena de difusión del discurso de incitación"*[24].

Como puede apreciarse, en modo alguno la reforma de 2015, ni tampoco posteriores reformas del Código penal, ha contribuido a solucionar la expansión injustificada y la amplitud ilegítima, al menos en mi opinión de este precepto, sino que, por el contrario, la incoherencia desde los postulados de un sistema democrático se incremente de manera exponencial respecto del art. 510.1 CP. Lo que se sanciona, y creo que eso resulta innegable por la propia redacción típica del precepto, es la mera expresión de ideas que tienen un contenido de odio, rechazo, hostil o discriminatorio respecto de determinados grupos o colectivos[25], extendiéndose esta posibilidad de castigo también a quienes distribuyan, difundan, vendan o, en definitiva, aumenten la publicidad o incidencia

---

[24] LANDA GOROSTIZA, *Los delitos de odio*, ob. cit., pág. 64.

[25] De hecho, afirma categóricamente, y con razón, PORTILLA CONTRERAS, "El retorno de la censura", ob. cit., pág. 92, que *"en cuanto a la incitación al odio, no existe bien jurídico alguno, es tan sólo la excusa para reprimir la libertad de expresión"*.

del mensaje o discurso de cualquier forma[26]. Resulta preciso resaltar dos importantes aspectos que identifican este concreto precepto: el primero, es que no se exige que la incitación (directa o indirecta) sea a la realización de actos o comportamientos violentos (tenga ésta o no efectividad, se lleven o no a cabo los referidos actos)[27], sino la incitación a "sentimientos", esto es a sentir odio, hostilidad o discriminación hacia determinados colectivos, o lo que es lo mismo, *incitar a odiar*[28] so pena de socavar el derecho fundamental a la libertad de pensamiento, ideológica y de expresión[29]. Se puede odiar todo lo que se quiera, e incluso se puede transmitir ese odio a otros sujetos, lo que no se puede es incitar, sobre la base de ese odio, a la realización de comportamientos típicos que puedan afectar a un bien jurídico. De este modo, como indica PORTILLA CONTRERAS[30], si con la anterior regulación, la provocación debía interpretarse como una incitación a un delito, y el odio no es un delito, la sanción iba exclusivamente referida *"a la generación de un estado de antipatía y aversión por móviles discriminatorios elevado a tipo autónomo"*, y tras la reforma realizada en 2015, la sanción de los comportamientos descritos no protegen

---

26 Ello podría determinar que el mero hecho de retuitear un tuit con ese tipo de contenido de una tercera persona configurara un delito del art. 510.

27 MIRO LLINARES, "Derecho penal y 140 caracteres", ob. cit., pág. 51; PORTILLA CONTRERAS, "La represión penal del «discurso del odio»", en Quintero Olivares (dir.), *Comentario a la reforma penal de 2015*, Cizur Mayor, 2015, pág. 722.

28 Señala ALASTUEY DORON, "Discurso del odio y negacionismo en la reforma del Código Penal de 1995", en *Revista Electrónica de Ciencia Penal y Criminología*, nº 18-14, 2016, pág. 10 que el odio es *"una emoción humana y, por tanto, la penalización de la provocación al odio supone castigar la incitación al rechazo hacia determinadas personas en razón de su pertenencia a los grupos mencionados en el precepto"*; MIRO LLINARES, "Derecho penal y 140 caracteres", ob. cit., pág. 52 que *"el odio es un sentimiento y no un injusto en sí mismo considerado"*; PORTILLA CONTRERAS, "La represión penal del «discurso del odio»", pág. 723.

29 PORTILLA CONTRERAS, "El retorno de la censura", ob. cit., pág. 93.

30 PORTILLA CONTRERAS, "El retorno de la censura", ob. cit., pág. 95.

bienes jurídicos concretos como pudiera ser la igualdad o la seguridad de los grupos en la fase previa a la lesión, *"sino que representa simplemente la censura de opiniones, hechos, que podrían llegar a ser el germen de actos preparatorios relativos a la discriminación o violencia por móviles discriminatorios (...) Se está penando la presunta peligrosidad de ciertas expresiones o hechos que pueden llegar a ser asumidas por quienes, probablemente, puedan llegar a desencadenar una situación de riesgo para aquellos bienes, esto es, puedan potencialmente representar una puesta en peligro del derecho a no ser discriminado o de la seguridad de los grupos"*[31]. Demasiados potenciales en relación con la exigencia de una afección de un derecho fundamental o interés que legitime la restricción de otro derecho fundamental.

Junto a esa expansión del comportamiento típico, surge un segundo aspecto que contribuye de manera contundente a desdibujar todavía más los límites del tipo penal, como es la descripción que se realiza respecto de los colectivos presuntamente vulnerables o grupos diana que pueden dar, y de hecho así ha ocurrido, amparo a colectivos respecto de los que el tipo penal no estuvo pensado en ningún momento. Y todo ello sobre la base de comportamientos que simplemente contribuyen, al menos en apariencia, a provocar, incitar o crear un *clima de hostilidad* hacia ese determinado grupo o colectivo, sea el que sea, tenga la ideología que tenga o las características o circunstancias que posea.

Son, por tanto, dos los elementos necesarios a tratar en relación con esta concreta figura: la incitación que cree el clima de hostilidad u odio, y la delimitación de los grupos o colectivos vulnerables.

---

31 PORTILLA CONTRERAS, "El retorno de la censura", ob. cit., pág. 96.

2.- *Los difusos elementos del art. 510.1 CP: incitación, clima y grupos diana.*

Como se ha expuesto a lo largo de este trabajo, los delitos del discurso del odio contenidos en el art. 510.1 a) y b) CP son el máximo exponente de lo que implica un claro retorno a la sanción de lo que se piensa y de la exposición y transmisión pública de ello, con las reminiscencias de una vuelta al Derecho penal de autor que ello comporta[32], de sancionar meras tendencias internas de odio, hostiles o discriminadores y su transmisión. Ciertamente, los defensores de la legitimidad de estas figuras delictivas se basan en sostener que el fundamento de su castigo no se encuentra en criminalizar ideas o pensamientos hostiles, sino en *"actos del mundo exterior que menoscaban derechos fundamentales del individuo"* (aunque ciertamente no se indica cuáles ni como), de manera que no se castiga a quien realiza dichos discursos o expresiones porque representan pensamientos o ideologías reprochables (entendiéndose desde la perspectiva de la moral social dominante) sino porque implican *"fomentar en terceros algunas actitudes internas de discriminación, odio o violencias hacia las minorías a las que se refiere el precepto"* en tanto que podrían poner en peligro la dignidad, libertad o seguridad de un colectivo[33]. El problema de esta argumentación, en mi opinión, surge ya en su propia base, esto es, la afirmación de que no se castigan tendencias o pensamientos por el mero hecho de

---

32 GALAN MUÑOZ, "¿Juntos o revueltos? Algunas consideraciones y propuestas sobre la cuestionable fundamentación y distinción de los delitos de odio y del discurso del odio", en *Temas claves de Derecho penal. Presente y futuro de la política criminal en España*, León Alapont (dir.), JM Bosch Editor, 2021, pág. 301; LAURENZO COPELLO, "La discriminación en el CP de 1995", en *Estudios Penales y Criminológicos*, nº 19, 1996, págs. 277 y ss.

33 GOMEZ MARTIN, "Incitación al odio y Género. Algunas reflexiones sobre el nuevo art. 510 CP y su aplicabilidad al discurso sexista", en *Revista Electrónica de Ciencia Penal y Criminología*, nº 18-20, 2016, págs. 10 y 11.

ser discriminatorios, hostiles o reprochables[34], de modo que no se castiga el discurso por su propio contenido, sino por el hecho de transmitirse a los demás y que esa transmisión haga surgir en sus destinatarios ideas similares o parecidas, o lo que es lo mismo, no se sanciona el pensamiento pero si su expresión y comunicación. El derecho de convencer a terceros de las propias ideas, de fomentar en otros las mismas, por muy reprochables que estas sean forma parte del núcleo esencial de la libertad de expresión, y su sanción determina una eliminación de la misma.

Por ello se convierte en necesario, para que no parezca aquello que, al menos en mi opinión, realmente es, encontrar otro fundamento diverso, independientemente de si modificaría o no la lesión del derecho fundamental, pero que, al menos en apariencia sirva para transmitir una salvaguarda del derecho a la libertad de expresión. Y la forma de hacerlo sería entendiendo que sólo resultaría típica, a efectos del art. 510.1 CP aquella incitación, *"manifestaciones o comunicaciones que contribuirán a crear un clima de hostilidad que pondría en peligro precisamente a los integrantes de dichos colectivos minoritarios, bien porque su aparición pudiese dar lugar a ataques delictivos contra los mismo, bien porque podrá generar, cuanto menos, actuaciones o actitudes discriminatorias contra ellos, aunque estas no llegasen a ser delictivas"*[35].

---

34 No se castigan porque no pueden castigarse en un Estado que pretende ser Democrático, pero tampoco puede ni debe castigarse su transmisión a otros, porque esa libertad de expresión como ya se ha señalado no sólo abarca la libertad ideológica de tener las ideas o pensamientos que se quiera, sino la de expresarlas y transmitirlas a terceros, incluso tratando de convencerles de la corrección de las mismas sobre la base de los argumentos.

35 GALAN MUÑOZ, "¿Juntos o revueltos?", ob. cit., pág. 303, aunque reconoce la existencia de importantes problemas en esta propuesta. También aboga por esta idoneidad de la incitación CAMARA ARROYO, "Los delitos de odio: concepto y crítica: ¿límite legítimo a la libertad de expresión", en *La Ley 1800/2018*, pág. 14.

2.1. Incitación y clima: ¿restringen o difuminan?

Como se señaló, los delitos del discurso del odio contenidos en el art. 510.1 CP hacen referencia a la posibilidad de que la incitación al odio, hostilidad, discriminación o violencia sea directa o indirecta, lo que, en esencia, y sin matizaciones añadidas determina que todo discurso discrepante del sentimiento generalizado o moral social dominante pueda considerarse como delito por el mero hecho de emitirse y difundirse. Por ello, incluso quienes defienden la necesidad y corrección de este tipo penal consideran que resulta precia una restricción del tipo penal y para ello alegan la necesidad de entender que el verbo *incitar* implica la existencia de un elemento tendencial encaminado *"a implicar a sectores crecientes de la población en el enfrentamiento colectivo"*[36], o lo que es lo mismo, a crear un *clima social de hostilidad.* Sobre esta base se sostiene que podría afirmarse la existencia de un comportamiento típico cuando *"cualquier observador imparcial afirmaría que el discurso persigue la emulación inminente. No hace falta que la chispa incitatoria lleve a la explosión colectiva de agresión («cacería» en marcha del colectivo diana) pero sí que se necesita poder afirmar que tiene un claro potencial real de ser emulado e incorporar adeptos activos dispuestos a extender el discurso de odio, agresión o discriminación"*[37].

Respecto de este planteamiento, se pueden realizar, en mi opinión dos consideraciones: la primera se deriva de la dificultad de probar un elemento tendencial que permanece en la esfera interna del sujeto sin que se constate (ni se exija la presencia) de una exteriorización de la finalidad concreta, como pudiera ser la de incitar a la realización de actos de violencia; por el contrario, por mucho que se incluya este elemento tendencial hacia la creación de un enfrentamiento colectivo o un clima de hostilidad, en realidad lo que sanciona y persigue el tipo penal, incluso aceptando el elemento referido, es la mera emisión de un discurso absolutamente reprochable, discriminatorio o políticamente incorrecto.

---

36 LANDA GOROSTIZA, *Los delitos de odio*, ob. cit., pág. 68.

37 LANDA GOROSTIZA, *Los delitos de odio*, ob. cit., pág. 70.

La segunda, es un absoluto refrendo de lo que se acaba de exponer, porque se sostiene que lo que se sanciona no es la incitación a actos de violencia, sino la expansión de las ideas desvaloradas[38].

Afirma FUENTES OSORIO[39] que, con base en la regulación actual, *"la incitación al odio ya no es una incitación en un sentido penal estricto (...) incitación en este contexto equivale, en función de lo indicado, a favorecimiento o promoción de un clima"*, y por ello, *"conductas que anteriormente se consideraban impunes ahora podrían ser sancionadas"*, para terminar afirmando que *"una declaración queda excluida del ámbito de la libertad de expresión en cuanto se etiquete como discurso del odio, lo que se produce en cuanto se decida que tiene un contenido aversivo y representa un clima de favorecimiento de un clima de hostilidad o inseguridad. O automáticamente, cuando coincida con las conductas, dentro de las posibles formas de favorecimiento señaladas en el tipo"*[40]. Ciertamente resulta incuestionable que la reforma de 2015 nos lleva considerar que se sancionarán conductas que no se encontraban castigadas con anterioridad, justamente a consecuencia de la desmesurada ampliación de la descripción típica, de manera que la incitación (directa o indirecta) al odio, esto es, a un concreto sentimiento o clima social ya configura el tipo penal en virtud del principio de legalidad. Anteriormente, los sentimientos ni la incitación a los mismos se sancionaban, al menos de una manera tan evidente. Y este es precisamente el problema que determina su falta de legitimidad constitucional, porque, lo que no comparto con el mencionado autor es que aquello que se etiquete como discurso del odio queda fuera del ámbito de la libertad de expresión. Y no lo comparto justo por la propia delimitación que realiza de la figura delictiva que lleva a tener que aceptar que cualquier incitación a un sentimiento está prohibida penalmente. Es, o al

---

38 LANDA GOROSTIZA, "El discurso de odio criminalizado", ob. cit., pág. 228.

39 FUENTES OSORIO, "Concepto de «odio» y sus consecuencias penales", ob. cit., págs. 147 y 148.

40 FUENTES OSORIO, "Concepto de «odio» y sus consecuencias penales", ob. cit., págs. 148 y 149.

menos debería de ser, en mi opinión, justo a la inversa: sólo aquello que no responde a los parámetros del contenido esencial del derecho a la libertad de expresión puede entenderse, y no siempre, como delito.

Por ello, señala GALAN MUÑOZ[41] que dado que en relación con el discurso del odio no se requiere la declaración de idoneidad del mismo para ocasionar delitos concretos, sino simplemente la posible aparición de un clima hostil , estos tipos penales "*podrán ser utilizados para prevenir y castigar las meras incitaciones o favorecimientos ideológicos, incluso indirectos o no expresos, a la realización de cualquier delito o comportamiento discriminatorio*", y ello no implicaría otra cosa que una evidente tensión entre esas figuras y el respeto debido a derechos fundamentales como la libertad de expresión, ideológica, religiosa, etc.

Ante esta situación, un sector doctrinal ha señalado la clara necesidad de limitar o restringir en lo posible la aplicación de estos delitos del discurso del odio en aras del respeto a la libertad de expresión[42], si bien recurriendo a distintos planteamientos. Así, para DAUNIS RODRIGUEZ[43], es necesario constatar que la acción que pretenda sancionarse conlleve la suficiente lesividad (entiendo que para bienes jurídicos ajenos) que legitime la intervención del Derecho penal, de manera que "*no basta con cualquier comportamiento que incite al odio o a la discriminación sino que debe*

41 GALAN MUÑOZ, "¿Juntos o revueltos?", ob. cit., págs. 305 y 306.

42 DAUNIS RODRIGUEZ, "El modelo español de protección penal frente a comportamientos de odio", en *Políticas públicas en defensa de la inclusión, la diversidad y el género,* Guzmán Ordaz/Nieto Librero (coord.), Ediciones de la Universidad de Salamanca, 2020, pág. 1054; GALAN MUÑOZ, "¿Juntos o revueltos?", ob. cit., págs. 311 y ss.; LANDA GOROSTIZA, *Los delitos de odio,* ob. cit., pág. 69; el mismo, "El discurso de odio criminalizado", ob. cit., págs. 228 y 229

43 DAUNIS RODRIGUEZ, "EL modelo español de protección penal frente a comportamientos de odio", ob. cit., págs. 1054 a 1057; en el mismo sentido, LANDA GOROSTIZA, "El discurso del odio criminalizado", ob. cit., págs. 228 y 229.

presentar un especial potencial lesivo". El problema que encuentro en esta propuesta es que, en realidad, reconoce que no se puede sancionar las meras llamadas genéricas o los meros actos comunicativos, tengan estos el contenido que tengan, sino que se encaminan a la necesidad de que ello se manifieste en una serie de actos o comportamientos discriminatorios u hostiles, y, en consecuencia, que afecten a bienes jurídicos ajenos. No deja de ser el *clear and present danger* exigido en el ya analizado *Test de Brandemburgo,* pero, como ya he señalado, no se corresponde con lo descrito en el concreto tipo penal.

Esta imposibilidad provoca que se recurra al denominado *test de Rabat* o *test de severidad* derivado del Plan de Acción de Rabat sobre la prohibición de la apología del odio nacional, racial o religioso que constituya una incitación a la discriminación, la hostilidad o a la violencia, de 5 de octubre de 2012, y que resulta mucho menos exigente en cuanto a los requisitos necesarios para la exclusión de la protección de la libertad de expresión respecto de un determinado discurso, exigiendo la presencia de que se produzcan *tensiones graves* en el contexto en el que se emita, analizando la *capacidad de incitación* efectiva que tenga el emisor del mismo, la naturaleza del lenguaje que se emplee, si se trata de un hecho aislado o reiterado, el medio de difusión y la predisposición de los destinatarios o de la audiencia para verse influenciados por el mismo. De este planteamiento se derivan, en mi opinión, dos cuestiones críticas: la primera, que nuevamente se está tomando como referencia meras circunstancias potenciales e hipotéticas que en algunos casos serán de imposible demostración, y en otros quedarán al arbitrio de una total subjetividad de quien enjuicia o de quien podría ser víctima; y en segundo lugar, que en ningún momento se hace referencia a la necesidad de que se constatar un, al menos potencial, peligro para bienes jurídicos ajenos, sino que tienden a sancionarse los mensajes sobre la base de su capacidad de influencia en otros y la creación de un presunto clima de hostilidad contra determinados grupos o colectivos.

A pesar de todo ello, estos son los criterios delimitadores que se recogen por la Fiscalía General del Estado en su Circular 7/2019, de 14 de mayo sobre las pautas para interpretar los delitos de odio del art. 510 CP[44]. No puedo sustraerme a la necesidad de realizar algunos breves comentarios en relación con el contenido y las pautas interpretadoras de esta Circular, que, siendo plenamente consciente del peligro que la regulación de los delitos contenidos en el art. 510, y más concretamente en su apartado primero, conllevan respecto de derechos fundamentales, como la libertad de expresión, intenta aportar criterios restrictivos a la hora de interpretar los elementos de este tipo penal pero que, en mi opinión, desembocan en la misma esquizofrenia de la que ha hecho gala la jurisprudencia hasta este momento en relación con estas figuras delictivas. El primer problema que, desde mi punto de vista, se plantea con la interpretación dada por la FGE es la identificación del bien jurídico protegido en el art. 510 con la *dignidad humana* que concibe como objeto protección[45]; sin embargo, la dignidad no es en sí mismo un derecho o un bien jurídico a proteger, sino como muy acertadamente expone esa misma Circular aunque posteriormente lo identifique como el bien jurídico protegido, es el *fundamento del orden político y de la paz social* tal como señala el art. 10 CE, es decir, no es un derecho en sí mismo, sino un valor del que se derivan todos los demás derechos o bienes jurídicos, sin el cual los demás derechos carecen de sentido, por cuanto *"la dignidad humana configura el marco dentro del cual ha de desarrollarse el ejercicio de los derechos fundamentales"*[46]. No es, por tanto, la dignidad el bien jurídico que debería verse afectado por los concretos comportamientos realizados, sino que será necesaria la identificación de otros derechos o bienes jurídicos concretos cuyo fundamento se encuentre precisamente en esa dignidad, sean estos la igualdad, el honor, la vida, la integridad física, etc. Pero, partiendo de esa premisa, le permite afirmar la legitimidad de la criminalización incluso de las conductas que describen como

44 BOE nº 124, de 24 de mayo de 2019.

45 Circular de la FGE 7/2019, pág. 55658.

46 Circular de la FGE 7/2019, *ibidem*, citando la STC 235/2007, de 7 de noviembre.

incitación indirecta sobre la base de constatar que tienen potencialidad suficiente para afectar al bien jurídico protegido, esto es, la dignidad, sin necesidad de constatar la posible lesión o peligro de otros derechos o bienes ajenos concretos[47].

Pero, dentro de esa contradicción interna que se mantiene en el documento analizado, se reconoce la necesidad de evitar que la sanción de los meros actos de expresión lesionen o anulen el derecho a la libertad de expresión, y por ello sostiene que *"en un entendimiento cabal de los principios de ultima ratio y de intervención mínima, el Legislador no ha podido pretender una sanción penal para cualquier expresión de lo que, en definitiva, es un sentimiento humano como el odio"*[48], con lo que parece inclinarse por la necesidad de un plus de desvalor en los comportamientos que el mero hecho de un discurso con un contenido hostil, discriminatorio o de odio, y ello, en mi opinión, solo podría derivarse de la constatación de una incitación directa a la realización de actos delictivos motivados por la discriminación o el odio. Pero, nuevamente, da un giro de tuerca y afirma que el concepto de discurso del odio *"se trata de un concepto esencialmente valorativo, que debe estar apegado a una realidad social que, como tal, es cambiante"*[49]. Y, con ello, volvemos a lo que hemos repetido hasta la sociedad, la tipicidad de un comportamiento se hace depender en exclusiva de la moral social en cada momento concreto, con el innegable y elevado peligro de que una concreta ideología o sentimiento social sea quien determine el contenido del ámbito penal.

---

47 Circular de la FGE 7/2019, pág. 55674.

48 Circular de la FGE 7/2019, pág. 55661, citando la STS 4/2017 de 18 de enero, que afirma que "entre el odio que incita a la comisión de delitos, el odio que siembre la semilla del enfrentamiento y que erosiona los valores esenciales de la convivencia y el odio que se identifica con la animadversión o el resentimiento, existen matices que no pueden ser orillados por el juez penal con el argumento de que todo lo que no es acogible en la libertad de expresión resulta intolerable y, por ello, delictivo".

49 Circular de la FGE 7/2019, pág. 55662.

Ante esta situación, GALAN MUÑOZ se plantea la posibilidad de la existencia de alguna forma de restricción, de manera que entiende que guardan relación directa con la *violencia cultural*[50]. En consecuencia "*estas figuras sólo puedan castigar la transmisión de mensajes, en la medida en que éstos resulten idóneos por sí mismos, para dar lugar a la realización de ataques que también tengan dicha trascendencia. Esto es, en la medida en que sancionen mensajes que resulten aptos para inducir la ejecución de actos violentos y delictivos*"[51]. Sólo una matización al respecto, si bien es cierto que este planteamiento puede sostenerse, y de hecho así lo hace el mencionado autor[52] respecto del discurso terrorista, en concreto el delito de enaltecimiento del terrorismo, resulta algo más complicado en relación con el art. 510.1 CP por cuanto éste precepto lo que expresamente sanciona es la creación de un teórico clima de odio, hostilidad o discriminación, sin que tenga relevancia alguna si ello podría derivar o no en la potencial y futura realización de algún tipo de violencia directa.

Pero siguiendo con el planteamiento restrictivo considera que la violencia cultural presenta una "*indudable cercanía con los climas hostiles e indirectamente incitadores de agresiones directas de los que hablan los delitos del discurso del odio*"[53]. De este modo, sólo resultaría legítima la sanción de determinados discursos del odio cuando "*el mensaje o discurso emitido resulte adecuado desde un punto de vista* ex ante, *para dar lugar a efectivas manifestaciones de violencia directa constitutiva de delitos*" y, ello entenderá que ocurre, cuando "*exista un grupo más o menos amplio de posibles receptos que, de hecho, estén ya llevando a cabo dicha clase de ataques, precisamente por seguir los postulados que el mensaje en cuestión vendría a repetir y a respaldar*"[54].

---

50 GALAN MUÑOZ, "¿Juntos o revueltos?", ob. cit., pág. 321 y ss.

51 GALAN MUÑOZ "¿Juntos o revueltos?, ob. cit., págs. 322 y 323.

52 GALAN MUÑOZ, "Delitos de odio, discurso del odio y Derecho penal", ob. cit., pág. 58.

53 GALAN MUÑOZ, "¿Juntos o revueltos?", *ibidem.*

54 GALAN MUÑOZ, "¿Juntos o revueltos?", ob. cit., pág. 325.

Son muchas las cuestiones que, en mi opinión surgen en este punto: la posibilidad de un pronóstico objetivo respecto de una potencial motivación para los destinatarios y receptores del mensaje, la suficiencia de esa simple motivación tanto respecto a su capacidad de convencer a otros o sobre la necesidad de que determine una potencialidad real de comisión de futuros actos de violencia, etc.; y en este punto hay un aspecto que no puede olvidarse ni obviarse como es que el art. 510.1 CP lo que sanciona no es la potencial realización de actos de violencia futura, sino la mera transmisión de ideas discriminatorias o de odio, pero además porque incluso exigiendo esa potencial y futura violencia directa que se pudiera derivar de una incitación indirecta por la emisión de un determinado discurso, los concretos actos violentos llevados a cabo estarían absolutamente desconectados de la actuación de quien emite y transmite ese discurso; dicho de otro modo, dependería de la decisión de actuar o no de un tercero, la licitud o ilicitud del acto comunicativo inicial, con la consiguiente vulneración del principio de culpabilidad que ello implicaría.

Pero es que, en relación con el concreto tipo penal contenido en el art. 510.1, tampoco es necesario realizar ese análisis, por cuanto al legislador le resulta irrelevante el hecho de que la incitación indirecta realizada resulte o no idónea para la comisión de futuros actos de violencia, bastaría simplemente con que se fomente o se favorezcan en otros sentimientos de odio, discriminación u hostilidad, o lo que es lo mismo, se está criminalizando una determinada forma de pensar, unas determinadas ideas, la transmisión de las mismas y que efectivamente convenza a terceros.

Por ello, nuevamente es necesario recurrir a la idea que he ido sostenido a lo largo de todo este trabajo: la incitación, del tipo que sea, debe ser entendida como idónea, pero no para crear un determinado clima social o unos determinados sentimientos, sino para una violencia directa que represente un peligro claro e inminente para los derechos o bienes jurídicos de terceros[55]. Cualquier otro discurso, en mi opinión, es ejercicio de un derecho fundamental que bajo ningún concepto puede ni debe ser coartado por el mero hecho de que un determinado acto comunicativo provoque o pueda provocar en otros unos determinados sentimientos o un concreto clima que no gusta o desagrada a la generalidad de la sociedad.

2.2. Los colectivos vulnerables: ¿otra expansión del ámbito de aplicación?

En relación con los delitos del discurso del odio, uno de sus elementos típicos es que los actos de comunicación deben dirigirse en contra de determinados colectivos vulnerables, y, el principal problema que se deriva a la hora de delimitar el ámbito de aplicación del precepto, es el modelo empleado por el propio Código penal en el art. 510 a la hora de delimitar esos presuntos grupos diana. Señalan CANCIO MELIA y DIAZ LOPEZ que resulta preciso diferenciar dos modelos en relación con los "crímenes de odio", el *modelo de estatus* de la víctima hacia quien se dirige el comportamiento, o el *modelo de grupo o clase* de la misma[56] ; sobre esta base el estatus es una categoría universal, como la raza, el sexo, la religión, mientras que el grupo o clase es una categoría específica de colectivo, que se determina porque comparten un mismo estatus (raza negra, mujeres, musulmanes, etc.).

Nuestro Código penal ha optado por el segundo de los modelos haciendo referencia a los "móviles" por los cuales actúa el

---

55 En este sentido, la SAP de navarra 55/2017, de 21 de marzo sostiene que *"es necesaria una mínima determinación del delito a cuya comisión se provoca. En consecuencia, es preciso que la incitación sea directa y encaminada a la ejecución de hecho dotados de una mínima concreción que permita su identificación y su calificación como delito".*

56 CANCIO MELIA/DIAZ LOPEZ, *¿Discurso de odio y/o discurso terrorista? Música, guiñoles y redes sociales frente al art. 578 del Código* penal, Aranzadi, Pamplona, 2019, págs. 63 y 64.

sujeto. En consecuencia, se opta por identificar los colectivos vulnerables o grupos diana en relación a su estatus (raza, etnia, sexo, género, orientación sexual, ideología, creencias, situación familiar, enfermedad o discapacidad) y no a su clase o grupo (homo o heterosexuales, negros o blancos, musulmanes o católicos, hombres o mujeres, gitanos o payos, etc.), lo que implica que los delitos del discurso de odio protejan a los colectivos que pertenezcan a alguno de los estatus mencionados, resultando indiferente si son o han sido objeto de discriminación. La primera consecuencia que se deriva de ello es la posibilidad de ampliar el ámbito de aplicación de estos delitos a prácticamente cualquier colectivo que, en un concreto momento, la moral social o el poder político dominante considere merecedor de especial protección, como por ejemplo la aporofobia[57] o la gerontofobia, etc. Y la segunda consecuencia, es que, el modelo de igualdad que se plantea determina que, en la motivación concreta por raza, o religión, o sexo, o ideología, también se incluyan tanto los grupos mayoritarios que no son objeto de discriminación, como incluso los que ostentan posiciones predominante en la sociedad, esto es, los blancos, los católicos, los monárquicos, etc. Al recurrir al modelo motivacional, resulta correcta la interpretación realizada por la Circular de la FGE 7/2019[58], por ejemplo, respecto de los motivos relativos a la ideología, religión o creencias[59] sostiene que la ideología al señalar que *"viene referida exclusivamente al ámbito político, es decir, a las distintas concepciones sobre la forma de organización de un Estado,*

---

57 De hecho, la LO 8/21, de 4 de junio, de protección integral a la infancia y la adolescencia frente a la violencia, en su Disposición Final Sexta, modifica el art. 22.4 del Código Penal incorporando dentro de las agravantes genéricas por motivos discriminatorios, la aporofobia y exclusión social; de igual modo, la introduce en los arts. 511 y 512 CP relativos a la denegación de servicios por los referidos motivos. La reforma llevada a cabo por la LO 6/2022, de 12 de julio, también ha incorporado la aporofobia como motivo delimitador de los grupos diana señalados en el art. 510.1 CP.

58 Circular FGE 7/2019, págs. 55666 y ss.

59 Circular FGE 7/2019, pág. 55668.

por la forma en que la víctima cree que debe ser la organización del modelo político. Desde esta perspectiva la ideología incluiría cualquier creencia en una determinada forma de organización política del Estado: ya sea con el mantenimiento del actual Estado español como monarquía parlamentaria, su transformación en un Estado totalitario, su mutación en República federal, su disolución y creación de otros Estados independientes, o cualesquiera otras formas de organización política"[60].

Es, por tanto evidente, como se reconoce expresamente en esta Circular, y ello no puede ser de otro modo por la redacción del tipo penal, la posibilidad de que colectivos que, *ab initio*, no se considerarían vulnerables, como los defensores de ideologías y planteamientos totalitarios o que ensalzan el franquismo o el fascismo, puedan ser grupos diana de los comportamientos contenidos en el art. 510.1 CP[61]. Y ello resulta sorprendente por cuanto, como analizaremos en el siguiente apartado, se ha planteado la posibilidad de considerar la exaltación del franquismo como delito de discurso del odio. Sorprendente y contradictorio. ¿Pueden ser víctimas y al mismo tiempo pueden ser autores de un delito por tener y expresar las mismas ideas? Respecto de la primera de la primera parte de la pregunta, la respuesta es clara: sí pueden serlo. En relación con la segunda parte de la pregunta, en mi opinión tal como he sostenido a lo largo de todo este trabajo, en modo alguno deben serlo. El hecho de tener ideas totalitarias, o más concretamente en nuestro caso, de exaltación del franquismo, y el hecho de transmitirlas y de convencer a otros no pueden ni deben ser constitutivas de delito alguno, porque, salvo incitación directa a la lesión de otros bienes jurídicos, constituyen exclusivamente el ejercicio de la libertad de expresión.

---

60 A ello une supuestos que exceden del ámbito político y que pueden referirse al sistema social, económico o incluso cultural que no precisan necesariamente su adscripción a una determinada ideología política, como ecologistas, feministas, etc.

61 CANCIO MELIA/DIAZ LOPEZ, *¿Discurso de odio y/o discurso terrorista?*, ob. cit., págs. 75 y 76.

En definitiva, si a la injustificable regulación de las conductas típicas contenidas en el art. 510.1 CP que suponen, en mi opinión, una clara y manifiesta lesión de la libertad de expresión, le unimos la delimitación genérica de los denominados grupos diana, el precepto resulta rechazable desde cualquier perspectiva que se enfoque. Porque carece de legitimidad al suponer una anulación injustificada de un derecho fundamental, y porque carece de utilidad dado que amparará supuestos para los que no fue pensado ni concebido pero que, en aras del principio de igualdad, necesariamente se encuentran incluidos en el tipo penal.

III. LA EXALTACIÓN O DEFENSA DEL FRANQUISMO, FASCISMO O REGÍMENES TOTALITARIOS COMO DELITO DE DISCURSO DEL ODIO

Estas tendencias que se han implantado en nuestro ordenamiento jurídico y, lo que es más grave a mi parecer, en nuestra sociedad, han determinado un nuevo golpe expansivo en relación con la afección de la libertad ideológica y de expresión: la propuesta de convertir en delito la exaltación o defensa del franquismo y de otros regímenes totalitarios considerándola como un ejemplo más del discurso del odio *"al entender que vendría a sancionar la difusión de mensajes que se consideran peligrosos para quienes integran la mayoría social, por atacar los valores de la tolerancia que deben primar en el sistema democrático en que dichos sujetos desarrollan a día de hoy sus vidas"*[62]. Ya he repetido reiteradamente a lo largo de todo este trabajo que la mayor manifestación de intolerancia, por mucho que ello se realice con el maquillaje de la defensa de la tolerancia, es la criminalización de los intolerantes. Y este intento, que ha sido abortado parcialmente[63], responde en esencia a esta concepción intolerante.

---

62 GALAN MUÑOZ, "¿Juntos o revueltos?", ob. cit., pág. 310.

63 Al señalar que ha sido abortado parcialmente me refiero, como se expondrá, a que ha desaparecido la propuesta de su tipificación como

Nadie puede negar las terribles acciones, consecuencias y heridas que se derivaron, y que hoy en día continúan abiertas, de la dictadura franquista, o de cualquier otro régimen totalitario que haya existido en el mundo a lo largo de la historia, y nadie puede negar tampoco que resultará muy bueno para la sociedad y para tratar de sanar las heridas aún abiertas, tanto el reconocimiento de los hechos, atrocidades y crímenes ocurridos, como la reparación (en lo posible) de los mismos. Pero lo que no puede pretenderse, bajo ningún concepto, es que la sociedad de forma unánime los rechace y repruebe; cada persona, es libre de pensar al respecto lo que considere oportuno, es libre de expresarlo y es libre de transmitirlo y de tratar de convencer a otros de las "bondades" de un régimen que mayoritariamente consideramos criminal. Ambas partes, los defensores y los críticos, actúan en el ejercicio de sus derechos.

Nuestro Código penal no contempla, al menos hasta el momento, ningún tipo penal que haga referencia a quienes ensalcen, alaben, enaltezcan o soliciten el retorno al régimen franquista o a un régimen totalitario de carácter fascista. Cierto es que, como señala LEON ALAPONT[64] que algunos países de nuestro entorno cultural han optado por criminalizar *"hechos de cariz similar y en los que la defensa de ciertos postulados relacionados con éstos son delictivas"*, pero, como continúa afirmando este autor, esta ausencia de tipi-

---

delito, sin embargo, en la Ley 20/2022, de 19 de octubre, de Memoria Democrática (BOE nº 22 de 20 de octubre de 2022 y que entró en vigor el día 21 de octubre de 2022) se recogen infracciones de carácter administrativo respecto de las que se prevén graves sanciones pecuniarias para quienes realicen este tipo de discursos. Parece que el legislador entiende que la libertad de expresión se puede ver menos lesionada por vía administrativa que por vía penal.

64 LEON ALAPONT, "Enaltecimiento y apología del franquismo, humillación y odio a las víctimas y otras conductas ¿penalmente relevantes?", en *Reformas penales en la península ibérica. ¿A «jangada de pedra» ?*, Acale Sánchez/Miranda Rodrigues/Nieto Martin (coords.), BOE, 2021, pág. 77.

ficación (en nuestro ordenamiento jurídico)[65] puede deberse a variadas razones como la falta de consenso o de oportunidad o la falta de necesidad. Y esta última, que constituye en mi opinión, la principal causa legitima se puede plantear desde dos perspectivas diversas: su innecesaridad porque alguna de las conductas ya estarían contenidas en el propio Código penal[66] y la ausencia de interés de la sociedad o su no percepción como un asunto que cause preocupación. Aunque lo cierto es que, en el momento actual, algunos sectores sociales (y legislativos) se han pronunciado a favor de esta regulación. Sin embargo, con ello se olvida que, aunque el legislador deba responder, con proporcionalidad a las diversas peticiones sociales, ello debe realizarlo dentro de los parámetros establecidos al respecto, esto es, dentro de los límites constitucionales.

Incluso quien se muestra relativamente ambiguo en relación a la configuración de estos comportamientos, señalando que *"aun cuando sería demasiado pretencioso por nuestra parte afirmar que el enaltecimiento o la defensa de regímenes totalitarios sanguinarios forme parte del derecho a la libertad de expresión contenido en el art. 20.1.a) CE"*[67], entiende que el recurso al Derecho penal no es la vía para castigar este tipo de conductas. Realmente no sé si resulta o no rechazable afirmar que la manifestación de una idea sea cual sea su contenido, defensa de un régimen sanguinario o de un asesino en serie o de un violador múltiple, es libertad de expresión, pero entiendo

---

65 LEON ALAPONT, "¿Deben castigarse el enaltecimiento del franquismo y otro tipo de conductas «afines»?: los intentos frustrados del legislador y una vía de escape (la administrativo-sancionadora)", en *Revista Penal,* nº 51, enero 2023, pág. 146.

66 Obviamente, partiendo de la necesidad, como aquí se hace, de la exigencia de una incitación directa a la comisión de actos delictivos, la mera exaltación del régimen franquista, del dictador o de sus crímenes, constituye el libre ejercicio de la libertad de expresión siempre y cuando no insten a la comisión de actos violentos similares.

67 LEON ALAPONT, "Defensa de regímenes totalitarios: aspiraciones punitivas en tiempos democráticos", en *Ley 1908/2020,* pág. 4; el mismo, "Enaltecimiento y apología del franquismo", ob. cit., pág. 82.

que realmente es así, que forma parte del núcleo esencial del derecho que, como se ha expuesto, abarca tanto la expresión de las ideas, sean estas cuales fueran, como la transmisión de las mismas.

En línea con la tendencia instaurada y marcada por el legislador penal respecto de los delitos de odio y del discurso del odio se presentó una Proposición de Ley por el Grupo Parlamentario Socialista[68], en cuya Disposición adicional Segunda se preveía la modificación del Código Penal en el sentido de introducir un art. 510 bis que en su apartado 1 establecía una pena de prisión de uno a cuatro años y multa de seis a doce meses a: *a) quienes públicamente fomenten, promuevan o inciten directa o indirectamente al odio, hostilidad, discriminación o violencia contra las víctimas de la Guerra Civil y del franquismo por su condición de tales, b) quienes produzcan, elaboren, posean con la finalidad de distribuir, faciliten a terceras personas el acceso, distribuyan, difundan o vendan escritos o cualquier clase de material o soportes que por su contenido sean idóneos para fomentar, promover o incitar directa o indirectamente al odio, hostilidad, discriminación o violencia contra las víctimas de la Guerra Civil Española o del franquismo por su condición de tales"*, mientras que en su apartado 2, se imponía la pena de seis meses a dos años y multa de seis a doce meses a: *b) quienes enaltezcan o justifiquen por cualquier medio de expresión pública o de difusión el franquismo, o los delitos que hubieran sido cometidos contra las víctimas de la Guerra Civil Española o el franquismo por su condición como tales o a quienes hayan participado en su ejecución. Los hechos serán castigados con una pena de uno a cuatro años de prisión y multa de seis a cuatro meses cuando de ese modo se promueva*

---

68 Proposición de Ley para la reforma de la Ley 52/2007, de 26 de diciembre, por la que se reconocen y amplían derechos y se establecen medidas en favor de quienes padecieron persecución o violencia durante la guerra civil y la dictadura, BOCG, Congreso de los Diputados, Serie B, XII Legislatura, nº 190-1, 22 de diciembre de 2017. Previamente se había presentado una Proposición no de ley de Esquerra Republicana de Cataluña en similar sentido, BOCG, Congreso de los Diputados, Serie D, XII Legislatura, nº 208, 14 de septiembre de 2017.

o favorezca un clima de violencia, hostilidad, odio o discriminación contra las víctimas de la Guerra Civil Española o del franquismo"[69].

Como puede apreciarse de la simple lectura del precepto propuesto, en realidad se trata de las mismas conductas típicas contenidas en los arts. 510 y 578 CP pero referidas en concreto al franquismo y sus víctimas[70], por lo cual son de aplicación todas las consideraciones realizadas al respecto en relación con la innegable vulneración de la libertad de expresión que ello supone. Afortunadamente, la referida Proposición de Ley, tras la comunicación de disconformidad con la mencionada reforma por parte del Gobierno, la Mesa de la Cámara acuerda en fecha 9 de marzo de 2018, no tomar en consideración por el Pleno la referida Proposición de Ley. Y hasta ahí llego el viaje de ese experimento.

Sin embargo, posteriormente, se vuelve a intentar la sanción de estos comportamientos en el Anteproyecto de Ley de Memoria

---

69 Posteriormente, en el año 2018, el Grupo Parlamentario Confederal de Unidos Podemos- En Comú Podem- En Marea, presentó una nueva Proposición de Ley integral de memoria democrática y de reconocimiento y reparación a las víctimas del franquismo y la Transición, BOCG, Congreso de los Diputados, 13 de Julio de 2018, reformando el art. 510.1 CO para tipificar la negación, trivialización grave o enaltecimiento públicos de los delitos de genocidio, de lesa humanidad o contra las personas y bienes jurídicos protegidos en caso de conflicto armado cometidos por el fascismo, el franquismo y su dictadura, así como el enaltecimiento de sus autores, cuando supusieran una incitación directa a la violencia o el odio contra un grupo sus miembros por motivos discriminatorios". Resulta llamativo que sólo se haga referencia a regímenes totalitarios de un determinado sesgo ideológico, dejando al margen los de otros, como ocurrió previamente con la Propuesta no de Ley presentada por ERC.

70 LEON ALAPONT, "Enaltecimiento y apología del franquismo", ob. cit., pág. 81 afirma, de hecho, que *"el esquema contemplado en la propuesta del PSOE es idéntica a la del art. 510.2 b) CP: regula por un lado el enaltecimiento; y, por otro, crea una agravación como delito de odio, lo cual impediría plantear una situación concursal entre ambos delitos"*.

Democrática elaborado a finales de 2020[71] que sometido al Informe preceptivo del Consejo General del Poder judicial[72] consideró inconstitucionales algunos aspectos del mismo, sobre todo en relación con la celebración de actos públicos de exaltación del franquismo o el cierre de determinadas fundaciones o asociaciones que ensalzan y defienden el mismo, afirmando que *"la exaltación o apología de hechos históricos por dolorosos, reprobables o contrarios a los valores centrales de nuestra convivencia que puedan estimarse constituyen opiniones o juicios de valor que entrarían en el ámbito de protección de la libertad de expresión, salvo cuando suponga una lesión de derechos bienes de relevancia constitucional"*[73], en tanto que *"la apología del franquismo, sin el requisito adicional de menosprecio o humillación de las victimas supone la expresión de ideas respecto de un régimen político contrario a los valores democráticos proclamados en nuestra Constitución, pero, como dice el Tribunal Constitucional,* «al resguardo de la libertad de opinión cabe cualquiera, por equivocada o peligrosa que pueda parecer al lector, incluso las que ataquen al propio sistema democrático. La Constitución –se ha dicho- protege también a quienes la niega» (STC 176/1995, de 11 de diciembre, FJ 2)"[74]. Para terminar afirmando categóricamente que criminalizar " *«la apología del franquismo» invade claramente el derecho a la libertad ideológica consagrada en la Constitución que, como se ha declarado reiteradamente, no impone un modelo de democracia militante y que tales ideas o creencias, en la medida que no comporten «incitación directa o indirecta al odio o violencia contra las víctimas del Golpe de Estado, de la guerra o del franquismo, por su condición de tales», no pueden servir para la extinción de una fundación o asociación*".

---

71 BOCG, Congreso de los Diputados, Serie B, N1 47-1, 31 de enero de 2020.

72 Informe del Pleno del CGPJ en reunión del día 7 de junio de 2021.

73 Informe del CGPJ de 7 de junio de 2021, apartado 131 de las Consideraciones Particulares, pág. 61.

74 Informe del CGPJ de 7 de junio de 2021, apartado 156 de las Consideraciones Particulares, pág. 70.

En el mismo sentido, la STC 192/2020, de 17 de diciembre, en su Fundamento Jurídico Tercero, apartado a) sostiene que "*la libertad de expresión vale no solo para la difusión de ideas u opiniones "acogidas con favor o consideradas inofensivas o indiferentes, sino también para aquellas que contrarían, chocan o inquietan al Estado o a una parte cualquiera de la población", ya que en nuestro sistema "no tiene cabida un modelo de 'democracia militante', esto es, un modelo en el que se imponga, no ya el respeto, sino la adhesión positiva al ordenamiento y, en primer lugar, a la Constitución*".

En definitiva, reprobable o no, la expresión, transmisión y difusión de ideas de defensa, exaltación o enaltecimiento del franquismo o de cualquier otro régimen totalitario, por muy reprochables que resulten, constituyen el ejercicio legítimo del derecho a la libertad de expresión, salvo que a ello se una un *plus* de afección directa de otros bienes o derechos ajenos. Y así, señala LEON ALAPONT[75] que el planteamiento sería diverso cuando el discurso emitido, por *"su naturaleza y circunstancias constituyera una incitación directa a cometer un delito (siguiendo la fórmula del art. 18.1 CP)"*.

Ese Anteproyecto, se convirtió, finalmente en la Ley 20/2022, de 19 de octubre, de Memoria Democrática (BOE nº 22 de 20 de octubre de 2022 y que entró en vigor el día 21 de octubre de 2022) en la cual se recogen infracciones de carácter administrativo respecto de las que se prevén graves sanciones pecuniarias para quienes realicen este tipo de discursos. Concretamente podrán imponerse multas de hasta 150.000 euros dependiendo de la gravedad de la infracción por comportamientos como *"convocatorias de actos, campañas de divulgación o publicidad por cualquier medio de comunicación pública, en forma escrita o verbal, en sus elementos sonoros o en sus imágenes, inciten a la exaltación personal o colectiva, de la sublevación militar, de la Guerra o de la Dictadura, de sus dirigentes, participantes en el sistema represivo o de las organizaciones que sustentaron al régimen dictatorial, cuando entrañe descrédito, menosprecio o humillación*

---

[75] LEON ALAPONT, "Defensa de regímenes totalitarios: aspiraciones punitivas en tiempos democráticos", ob. cit., pág. 4.

de las víctimas o de sus familiares" (art. 62,1 e) de la Ley de Memoria Democrática) que se configura como infracción muy grave y lleva aparejada una multa entre 10.000 y 150.000 euros (art. 63.2 a) de la Ley). Como puede observarse, tampoco se hace referencia a la necesidad de que se lleve a cabo algún acto concreto, distintos del meramente comunicativo, ni a la creación de ningún clima, salvo que impliquen descrédito, menosprecio o humillación a la víctimas (nuevamente la referencia a sentimientos). No resulta muy complicado, al menos en mi opinión, entender que las conductas señaladas (exaltación personal o colectiva de la sublevación militar, la Guerra o la Dictadura, de sus dirigentes, etc.) no son sino la expresión de opiniones, la manifestación de una concreta ideología que, por muy rechazable que pueda ser (y, a mi juicio, lo es), no deja de ser el ejercicio de una libertad de expresión amparada por la CE. Sin embargo, parece que el legislador entiende que la libertad de expresión se puede ver menos lesionada por vía administrativa que por vía penal, entendiendo que se vulnera menos con una multa que con una pena privativa de libertad. Sin embargo, nuestro Tribunal Constitucional ha sido tradicionalmente claro en relación con la consideración de que las opiniones o discursos que exaltaran regímenes totalitarios, e incluso, denostaran en alguna medida a las víctimas de los mismos, estaban amparadas por el ejercicio del derecho a la libertad de expresión. Así, la STC 214/1991 (RTC 1991/214), en relación con el enjuiciamiento de una serie de opiniones relativas a la actuación del régimen nacionalsocialista respecto de los judíos que fueron publicadas en una revista[76] afirma en su Fundamento Jurídico Sexto que respecto de

---

[76] Se hace referencia a las declaraciones del ex Jefe de las Waffen S.S. en 1985, donde realizó entre otras afirmaciones como "los alemanes no se llevaron judíos belgas, sino extranjeros, Yo no tuve nada que ver con eso. Y evidentemente, si hay tanto ahora, resulta difícil creer que hayan salido tan vivos de los hornos crematorios", "el problema con los judíos es que quieren ser siempre las víctimas, los eternos perseguidos, si no tienen enemigos, los inventan", **"falta un líder: ojalá que viniera un día el hombre idóneo, aquel que podría salvar Europa...Pero ya no surgen hombre como el Fürher"**, etc.

la libertad de expresión *"al tratarse de la formulación de opiniones y creencias personales, sin pretensión de sentar hecho o afirmar datos objetivos dispone de un campo de acción que viene delimitado por la ausencia de expresiones indudablemente injuriosas que se expongan y que resulten innecesarias para la exposición de las mismas, campo del acción que se amplía aún más en el supuesto de que el ejercicio de la libertad de expresión afecte al ámbito de la libertad ideológica garantizada por el art. 16.1 CE"*, y sobre esta base, en su Fundamento Jurídico Octavo, analizando las afirmaciones y opiniones realizadas en el caso concreto sostiene que *"por reprobables o tergiversadas que sean- y ciertamente lo son al negar la evidencia de la historia-, quedan amparadas por el derecho a la libertad de expresión (art. 201.1 CE) en relación con el derecho a la libertad ideológica (art. 16 CE), pues, con independencia de la valoración que de las mismas se haga, lo que tampoco corresponde a este Tribunal, sólo pueden entenderse como lo que son: opiniones subjetivas e interesadas sobre acontecimientos históricos"*[77]. En resumen, los discursos emitidos, sea cual sea su contenido, se encuentran amparados por la libertad de expresión en tanto que constituyen su núcleo o contenido esencial, salvo que afecten a otro derecho fundamental, en este caso el honor, dado que ya no constituirían tal contenido esencial[78]. Y es por ello, que la STC 235/2007, de 7 de noviem-

---

77 En sentido similar, la STC 176/1995, de 11 de diciembre (RTC1995/176), en su Fundamento Jurídico Segundo, afirma que *"es evidente que, al resguardo de la libertad de opinión cabe cualquiera, por equivocada o peligrosa que pueda parecer al lector, incluso las que ataquen al propio sistema democrático. La Constitución- se ha dicho- protege también a quienes la niegan, En consecuencia, no se trata aquí de discutir la realidad de hechos históricos, como el Holocausto. La libertad de expresión comprende la de errar y otra actitud al respecto entra en el terreno del dogmatismo, incurriendo en el defecto que se combate, con mentalidad totalitaria"*.

78 No compartimos la afirmación realizada por ROIG TORRES, "El enaltecimiento de la tiranía nacionalsocialista en el derecho alemán. ¿Un referente para penalizar el enaltecimiento del franquismo?", en *Revista electrónica de Ciencia Penal y Criminología*, RECPC 23-07 (2021), pág. 19, cuando señala que *"las expresiones discriminatorios y las injuriosas no están amparadas constitucionalmente"*, y efectivamente no lo estarán cuando, dichas expresiones, constituyan una afección de otro interés o dere-

bre (RTC 2007/235), reiteradamente mencionada, señala que *"el ámbito constitucionalmente protegido de la libertad de expresión no puede verse restringido por el hecho de que se utilice para la difusión de ideas y opiniones contrarias a la esencia misma de la Constitución* (FJ Cuarto)".

Sobre la base de todo ello, resulta claro que, para nuestro Tribunal Constitucional, los discursos o expresiones que exalten, enaltezcan o sean proclives a un régimen totalitario, por muy sanguinario que este haya sido, se encuentran dentro del ámbito de la libertad de expresión. Ni siquiera, como señala ROIG TORRES[79], será suficiente para legitimar la intervención penal el hecho de que dichos discursos de exaltación o defensa de los mencionados regímenes favorezcan la producción de un clima de odio contra las víctimas de los mismos *"en tanto no conlleva un riesgo de provocar actos concretos contra ellas. A mi juicio, el principio de intervención mínima impide utilizar el Derecho penal para evitar meros sentimientos"*, como reiteradamente se ha señalado. Y a ello une esta autora[80], otro aspecto en la línea de negar la legitimidad de la exaltación del franquismo o fascismo como conductas delictivas, basándose para ello en que *"el Tribunal Constitucional Federal* (alemán) *rehúsa declarar la dignidad como bien jurídico, pese a que se requiere su lesión, porque eso supondría subestimar a las víctimas de otras dictaduras que poseen igual dignidad y merecen la misma protección que las del nazismo"*, y, por ello, afirma que el potencial castigo del delito de enaltecimiento del franquismo o de sus crímenes en el art. 510 CP no resulta *"adecuado a los principios democráticos en la*

---

chos fundamental, en este caso el honor, por cuanto si se produce una intromisión ilegítima en el contenido esencial de otro derecho fundamental, ya no se trata del ejercicio legítimo de la libertad de expresión, tal como reiteradamente se ha señalado. Ahora bien, el mero hecho de emitir opiniones o expresiones discriminatorias y ofensivas que no conlleven este *plus* de afección de un derecho o interés ajeno sigue permaneciendo bajo la protección de la libertad de expresión.

79 ROIG TORRES, "El enaltecimiento de la tiranía nacionalsocialista en el derecho alemán", ob. cit., pág. 22.

80 ROIG TORRES. "El enaltecimiento de la tiranía nacionalsocialista en el derecho alemán", ob. cit., pág. 23

medida en que supone dejar fuera de la protección penal a las personas que han padecido la represión de otros gobiernos despóticos. Nuestra legislación debe seguir manteniendo la imparcial propia de un sistema liberal y pluralista en el que las víctimas de todas las autocracias son tratadas por igual, aunque obviamente los abusos del franquismo están especialmente presentes en la sociedad"[81].

Obviamente comparto la conclusión a la que llega la autora mencionada de que no deben criminalizarse los discursos o expresiones de enaltecimiento o exaltación del franquismo o de sus crímenes, pero no por las razones argumentadas de que supondrían una discriminación para con las víctimas de otros regímenes totalitarios, que también, sino por el hecho de que constituyen el ejercicio de la libertad de expresión, y por el hecho de que cada cual es libre de pensar lo que quiera y de transmitirlo. Sólo se pueden castigar aquellos discursos o expresiones que supongan un exceso en el ejercicio de la libertad de expresión por cuanto implican el peligro real e inminente de *"desencadenar conductas violentas, además de las que atenten contra el honor... "*[82], pero porque ello no es que sea un exceso en la libertad de expresión, sino que, simplemente, no es libertad de expresión.

Un aspecto que no puedo dejar de comentar es el del claro sesgo ideológico que conlleva la tipificación propuesta; sesgo ideológico que responde esencialmente a la moral social dominante en nuestro país en este concreto momento histórico y político. El hecho de que sólo se haga referencia al franquismo y al fascismo implica que es la moral ideológica del legislador mayoritario de turno quien decide que estos comportamientos deben constituir un delito; y la pregunta es obvia, ¿qué ocurre con los demás regímenes totalitarios ideológicamente antagónicos a los expuestos, aunque tratándose de radicalización acaban respondiendo a los mismos postulados?, es decir, ¿qué ocurre, por ejemplo, con los

---

81 LEON ALAPONT, "Enaltecimiento y apología del franquismo", ob. cit., págs. 78 y 79.

82 ROIG TORRES, *ibidem*.

regímenes totalitarios de ideología comunista?¿no merecen el mismo reproche, caso que se determine la comisión de delitos de lesa humanidad o actos de violencia o violación de los derechos humanos, que los de ideología fascista? Obviamente el mismo reproche merecen unos y otros, pero el reproche debe quedarse en el plano moral, ideológico y de pluralismo, no debe trascender al ordenamiento jurídico, ni mediante una infracción administrativa, ni mucho menos mediante el recurso al Código penal.

Y, por último, si como hemos expuesto en el apartado anterior, se reconoce la posibilidad de aquellos que profesan ideologías fascistas o totalitarias de ser considerados grupos diana del art. 510.1 CP precisamente por profesar dicha ideología, ¿cómo podría considerarse, al mismo tiempo, que profesar esa ideología, expresarla y tratar de transmitirla sería una infracción jurídica?

En mi opinión es un despropósito absolutamente insostenible entender que quienes pueden cometer un delito por el hecho de expresar determinadas opiniones o ideologías de corte fascista, franquista o totalitario, pueden, al mismo tiempo, ser considerados víctimas precisamente por tener esa determinada ideología. Dicho de otro modo, lo que es objeto de reproche o rechazo que determina su posible sanción como delito de discurso del odio, no puede fundamentar que se considere un grupo diana; y a la inversa, si de la descripción típica no existe inconveniente alguno para considerarlo como grupo diana, no puede sostenerse que expresar públicamente esas convicciones u opiniones constituyan una conducta sancionable penalmente.

IV.- EN CONCLUSIÓN: LA DESPENALIZACIÓN DEL DISCURSO DEL ODIO COMO SOLUCIÓN

Sostiene, muy acertadamente, ALCACER GUIRAO[83] que *"el aplicador del Derecho puede remediar, en el caso concreto los déficits constitucionales del precepto (que deba aplicar) a través de una interpretación restrictiva y conforme a la Constitución del mismo, que evite ya una injerencia en el contenido del Derecho, ya una sanción desproporcionada"*; y por ello, la interpretación del tipo penal debe realizarse de la manera más favorable y menos invasiva y restrictiva para el derecho fundamental[84]. Y ésta sólo puede ser la de impedir cualquier restricción del contenido esencial de la libertad de expresión, de modo que sólo cuando la conducta (discurso) concreto conlleve una incitación directa a la afección de otros derechos o intereses ajenos podrá prohibirse penalmente, en tanto que ya no es libertad de expresión, y determinará cual debe ser la interpretación del tipo penal.

Es evidente que todos los ciudadanos tienen derecho a sus propias convicciones y a expresarlas, incluso cuando *"algunas de esas opiniones puedan alterar coyunturalmente la paz pública, de que algunos ciudadanos puedan sentirse ofendidos"*[85], pero la forma legítima de actuar frente al discurso del odio es el intercambio de ideas, el diálogo y, en último lugar, las urnas, pero nunca la restricción de un derecho fundamental. Porque, señala ALCACER GUIRAO[86] *"la tolerancia hacia el otro ha de inculcarse con la palabra, no puede imponerse con la sanción penal"*.

---

83 ALCACER GUIRAO, "Discurso del odio y discurso político. En defensa de la libertad de expresión de los intolerantes", en *Revista Electrónica de Ciencia Penal y Criminología*, 14-02, 2012, pág. 20.

84 CUERDA ARNAU, "Proporcionalidad penal y libertad de expresión. La función dogmática del efecto desaliento", en *Revista general de Derecho penal*, nº 8, 2007, pág. 30.

85 ALCACER GUIRAO, "Discurso del odio, protección de minorías y sociedad democrática", en *Revista Crítica Penal y Poder*, nº 18, 2019, pág. 26.

86 ALCACER GUIRAO, *ibidem*.

Por ello, la interpretación restrictiva siempre debe realizarse en pro del respeto a los derechos fundamentales; ahora bien, debe realizarse siempre que ello sea posible, y como se ha expuesto, en relación con el delito del discurso del odio contenido en el art. 510.1 CP ello, en modo alguno, resulta posible, porque es evidente que al legislador penal le resulta totalmente irrelevante el hecho de que la incitación directa o indirecta que determine un clima social o la afección de los sentimientos de otro, conlleve siquiera un potencial peligro de realización de actos violentos y/o de riesgo para concretos intereses de terceros. Simplemente se limita a sancionar el hecho de transmitir un determinado tipo de ideas que puedan convencer a terceros y que tengan como contenido el hecho de sentir odio, hostilidad o discriminación respecto de otros[87].

Por esta razón son numerosos los autores que, ante esta situación mantienen la ilegitimidad del tipo penal, en tanto que prohíbe los discursos o expresiones por el simple hecho de que sean adecuadas para incitar al odio o la hostilidad[88], sobre todo en atención al grave peligro que se deriva del mismo respecto del respeto a la libertad de expresión. Así, señala MIRA BENAVENT[89], que resultan contrarios *"al contenido esencial del derecho esencial a la libertad de expresión reconocido en el art. 20 de la Constitución de 1978; por tratarse de injustos que carecen de un mínimo contenido material de lesión o de peligro para los bienes jurídicos tutelados por el Derecho penal de un Estado democrático; y, por su actual instrumentalización político-*

---

87 NUÑEZ CASTAÑO, *Libertad de expresión y Derecho penal*, ob. cit., pág. 278.

88 GALAN MUÑOZ, "¿Juntos o revueltos?", ob. cit., pág. 324; de igual modo, señala ROIG TORRES, *Delimitación entre libertad de expresión y «discurso del odio»*, ob. cit., pág. 220, que *"fomentar un sentimiento en ningún caso debería penalizarse y menos, como hace el precepto, incluso cuando se propicia de forma indirecta"*.

89 MIRA BENAVENT, "Algunas consideraciones político-criminales sobre la función de los delitos de enaltecimiento del terrorismo y humillación a las víctimas del terrorismo", en *Terrorismo y Contraterrorismo en el siglo XXI. Un análisis penal y político criminal*, Portilla Contreras/Pérez Cepeda (dir.), Ratio Legis, Universidad de Salamanca, 2016, págs. 104 y 105.

criminal para tratar de judicializar y criminalizar la actividad política de determinadas organizaciones que defienden posiciones ideológicas consideradas radicales, disidentes o peligrosas *por el pensamiento político dominante".* Porque considera que, en realidad no se trata de injustos que supongan un peligro real e inminente respecto de bienes o intereses protegibles, sino que se trata *"de quitar de en medio a determinadas personas y a determinados planteamientos ideológicos que se mueven en lo que se ha dado en llamar el entorno político e ideológico de una organización terrorista"*[90], o en el caso de los delitos del art. 510.1 CP en un concreto entorno ideológico. Se convierten, de este modo, en un potente instrumento de control de la discrepancia social, política e ideológica, que atenta frontalmente contra el derecho a la libertad de expresión que se verá notablemente restringida cuando no anulada; y ello no puede justificarse sobre la base de la existencia de comentarios ofensivos, repulsivos, hirientes u hostiles por el mero hecho de serlo, ni por la emisión de chistes de mal gusto o por expresiones críticas hacia un determinado sistema político[91].

Todo lo expuesto hasta el momento es lo que implica, al menos en mi opinión, que *lege ferenda,* debería abogarse y exigir la derogación de estos delitos denominados como delitos de expresión[92],

---

90 MIRA BENAVENT, "Algunas consideraciones político-criminales sobre la función de los delitos de enaltecimiento del terrorismo y humillación a las víctimas del terrorismo", ob. cit., pág. 107.

91 CABELLOS ESPIERREZ, "Opinar, enaltecer, humillar: respuesta penal e interpretación constitucionalmente adecuada en el tiempo de las redes sociales", en *Revista española de Derecho Constitucional,* nº 112, enero-abril, 2018, pág. 82; CORRECHER MIRA, "El delito de enaltecimiento del terrorismo y humillación a las víctimas tras la reforma de la LO 2/2015 en materia de delitos de terrorismo", en *Revista General de Derecho Penal,* nº 27, 2017, págs. 15 y 16; GALAN MUÑOZ, "Delitos de odio, discurso del odio y Derecho penal", ob. cit., pág. 47.

92 Sostienen la necesidad de su supresión, entre otros, DIAZ Y GARCIA DE CONLLEDO, "El discurso del odio y el delito de odio", ob. cit., pág. 20; ALASTUEY DORON, "Discurso del odio y negacionismo en la reforma del Código Penal de 1995", ob. cit., pág.; MIRO LLINARES,

"debiendo quedar el Derecho penal sólo para aquellos casos en que pudiera demostrarse una efectiva lesión de la dignidad que afectará realmente a la autonomía personal"[93]; que, en mi opinión, debería traducirse en una directa afección de otros bienes jurídicos.

Esta sería la única forma de otorgar una protección plena y sin sobresaltos al derecho fundamental de la libertad de expresión y, al mismo tiempo, prevenir el claro efecto desaliento que se está produciendo en los últimos tiempos a consecuencia de las distin-

---

"Derecho penal y 140 caracteres", ob. cit., pág. 52; ALCACER GUIRAO, "Discurso del odio, protección de minorías y sociedad democrática", ob. cit., pág. 26; MIRA BENAVENT, "El delito de enaltecimiento del terrorismo", ob. cit., pág.317; CANCIO MELIA/DIAZ LOPEZ, *¿Discurso de odio y/o discurso terrorista?*. ob. cit., , págs. 247 y 248; TAPIA BALLESTEROS, "Transposición de la Directiva 2017/547, de 15 de marzo, relativa a la lucha contra el terrorismo al ordenamiento español: el delito de enaltecimiento del terrorismo", *Revista de Estudios Europeos*, nº extraord. monográfico 1-2019, pág. 320; CABELLOS ESPIERREZ, "Libertad de expresión y límites penales", ob. cit., pág. 47; CARBONELL MATEU, "Crítica a los sentimientos como bien jurídico", ob. cit., pág. 1425; LEON ALAPONT, "Enaltecimiento y apología del franquismo", ob. cit., pág. 82; el mismo, "El enaltecimiento del terrorismo y la humillación de sus víctimas: límites y fundamentos de su punición en un Estado democrático de Derecho", en *Revista Electrónica de Ciencia Penal y* Criminología, nº 24-01, 2022, pág. 37; PASTRANA SANCHEZ, *La nueva configuración de los delitos de terrorismo*, Agencia Estatal Boletín Oficial del Estado, Madrid, 2020, pág. 274; MENENDEZ CONCA, "Estudio de la evolución jurisprudencial del delito de enaltecimiento del terrorismo. Especial referencia a aquellos casos que han adquirido mayor repercusión mediática", en *Revista de Derecho Penal y criminología*, 3ª época, nº 22, 2019., pág. 100; PENA GONZALEZ, "El delito de enaltecimiento del terrorismo y el principio de lesividad", en *La Ley 8050/2019*, pág. 7; PORTILLA CONTRERAS, "El retorno de la censura", ob. cit., pág. 92; el mismo, "La represión penal del «discurso del odio»", pág. 723; ROIG TORRES. "El enaltecimiento de la tiranía nacionalsocialista en el derecho alemán", ob. cit., pág. 23; la misma, "El delito de apología y exaltación del franquismo", ob. cit., pág. 5; CUERDA ARNAU, "Proporcionalidad y libertad de expresión", ob. cit., pág. 7.

93 MIRO LLINARES, "Derecho penal y 140 caracteres", ob. cit., pág. 60.

tas resoluciones jurisprudenciales. Porque en la lucha contra la intolerancia en general no está todo permitido ni puede estarlo, y en un sistema democrático debe defenderse en todo momento los principios básicos y los derechos fundamentales que las identifican. De hecho, concordamos con LEON ALAPONT[94] cuando afirma que *"es del todo incoherente que determinados partidos políticos aboguen o hayan presentado propuestas para despenalizar, por ejemplo, el delito de enaltecimiento del terrorismo y, a su vez, se muestren firmemente convencidos de la incriminación (con penas absolutamente desproporcionadas) del enaltecimiento del franquismo. Y, de otro lado, nos sorprende que, por ejemplo, la pretensión de rehabilitar regímenes o instituciones que amparen prácticas genocidas (anterior art. 607.2 CP) se destipificara con la LO 1/2015, de 30 de marzo, y conductas mucho más nimias e irrelevantes como la negación o banalización de los delitos de genocidio, lesa humanidad, etc., sigan estando castigadas en el actual art. 510.1 c) CP".* A ello podríamos añadir también, la incongruencia que supone que partidos políticos de ideología conservadora o de ultra derecha presenten continuas denuncias por comportamientos que entienden que afectan a sentimientos religiosos, este sería el caso de la denuncia presentada por Vox respecto de un Belén expuesto en una pastelería de Sevilla, cuyas figuras venían representadas por los órganos sexuales masculinos y femeninos, y en cambio, se opongan radicalmente a la tipificación de discursos de exaltación del franquismo o de la justificación de sus crímenes, o la tipificación de conductas de "acoso" ante clínicas que practican abortos. Esta postura es igualmente predicable de quienes se encuentran ideológicamente absolutamente alejados de los ejemplos expuestos proponiendo, por ejemplo, la derogación de los delitos de ofensa a los sentimientos religiosos, enaltecimiento del terrorismo, injurias a la Corona, etc., y, sin embargo, abogan por la validez del art. 510 CP, o la sanción del acoso ante las clínicas de interrupción del embarazo. Todo depende de que nos interese, cual sea nuestra opinión o qué consideremos correcto.

---

94 LEON ALAPONT, "Defensa de regímenes totalitarios: aspiraciones punitivas en tiempos democráticos", ob. cit., pág. 12.

El planteamiento es, pues, evidente. La consideración o no como delito de la expresión o discurso concretos, su criminalización, rechazo, o, por el contrario, su aceptación, dependerá de la ideología, creencias o moral dominante en cada momento. Y ello, a mi modo de ver, no puede permitirse en un sistema democrático. Tampoco se trata de identificar quien tiene razón, o que discurso es más o menos correcto u ofensivo, no se puede funcionar con un sistema binario de bueno/malo, blanco/negro, porque para cada grupo o sector social (y en ninguna sociedad, ni siquiera en las totalitarias, existe un único grupo social), será correcta su propia postura, su propio pensamiento, y todo aquello que no concuerde con ello debería prohibirse. Es decir, estaríamos ante una criminalización de la discrepancia o disidencia, de lo reprochable, de castigar a quien no sigue el "pensamiento único". Y esta es la tendencia actual, que el medio de lucha contra la intolerancia es recurrir a más intolerancia, y con ello no se consigue proteger el sistema democrático, sino justo lo contrario.

BIBLIOGRAFÍA

ALASTUEY DORON, "Discurso del odio y negacionismo en la reforma del Código Penal de 1995", en *Revista Electrónica de Ciencia Penal y Criminología*, nº 18-14, 2016.

ALCACER GUIRAO, "Discurso del odio y discurso político. En defensa de la libertad de expresión de los intolerantes", en *Revista Electrónica de Ciencia Penal y Criminología*, 14-02, 2012.

"Discurso del odio, protección de minorías y sociedad democrática", en *Revista Crítica Penal y Poder*, nº 18, 2019.

"Víctimas y disidentes. El «discurso del odio» en EE.UU. y en Europa", en *Revista española de Derecho Constitucional*, nº 103, enero-abril 2015.

CABELLOS ESPIERREZ, "Libertad de expresión y límites penales: una nueva fase en el camino hacia la fijación de criterios interpretativos constitucionalmente coherentes", en *Revista catalana de Dret públic*, nº 61, 2020.

"Opinar, enaltecer, humillar: respuesta penal e interpretación constitucionalmente adecuada en el tiempo de las redes sociales", en *Revista española de Derecho Constitucional*, nº 112, enero-abril, 2018.

CAMARA ARROYO, "Los delitos de odio: concepto y crítica: ¿límite legítimo a la libertad de expresión", en *La Ley 1800/2018.*

CANCIO MELIA/DIAZ LOPEZ, *¿Discurso de odio y/o discurso terrorista? Música, guiñoles y redes sociales frente al art. 578 del Código* penal, Aranzadi, Pamplona, 2019.

CARBONELL MATEU, "Critica a los sentimientos como bien jurídico-penal: el enaltecimiento del terrorismo y la humillación a las víctimas «más allá de la provocación y la injuria»", en *Liber Amicorum. Estudios jurídicos en Homenaje al Prof. Dr. Dr. h.c. Juan Mª Terradillos Basoco,* Valencia 2018.

CORRECHER MIRA, "El delito de enaltecimiento del terrorismo y humillación a las víctimas tras la reforma de la LO 2/2015 en materia de delitos de terrorismo", en *Revista General de Derecho Penal,* nº 27, 2017.

CUERDA ARNAU, "Proporcionalidad penal y libertad de expresión. La función dogmática del efecto desaliento", en *Revista general de Derecho penal,* nº 8, 2007.

DAUNIS RODRIGUEZ, "El modelo español de protección penal frente a comportamientos de odio", en *Políticas públicas en defensa de la inclusión, la diversidad y el género,* Guzmán Ordaz/Nieto Librero (coord.), Ediciones de la Universidad de Salamanca, 2020.

DE DOMINGO PEREZ, "La lucha contra el «discurso del odio» desde el respeto a los derechos fundamentales", en *Cometer delitos en 140 caracteres. El Derecho penal ante el odio y la radicalización en internet,* Marcial Pons, Madrid 2017.

DE VICENTE MARTINEZ, *El discurso del odio. Análisis del art. 520 del Código penal,* Tirant, Valencia 2018.

DIAZ Y GARCIA CONLLEDO, "El discurso del odio y el delito de odio de los arts. 510 y 510 bis del Código penal: Necesidad de limitar", en *Boletín Límites a la Libertad de expresión,* Juezas y Jueces para la Democracia, nº 5, mayo 2018.

FUENTES OSORIO, "Concepto de 'odio' y sus consecuencias penales", en *Cometer delitos en 140 caracteres. El Derecho penal ante el odio y la radicalización en Internet,* Miró Llinares (dir.), Marcial Pons, 2017.

GALAN MUÑOZ, "Delitos de odio, discurso del odio y Derecho Penal: ¿hacia la construcción de injustos penales por peligrosidad estructural", en *Revista Penal,* nº 46, 2020.

"¿Juntos o revueltos? Algunas consideraciones y propuestas sobre la cuestionable fundamentación y distinción de los delitos de odio y del discurso del odio", en *Temas claves de Derecho penal. Presente y futuro de la política criminal en España,* León Alapont (dir.), JM Bosch Editor, 2021.

GOMEZ MARTIN, "Incitación al odio y Género. Algunas reflexiones sobre el nuevo art. 510 CP y su aplicabilidad al discurso sexista", en *Revista Electrónica de Ciencia Penal y Criminología,* nº 18-20, 2016.

LANDA GOROSTIZA, "El discurso de odio criminalizado: propuesta interpretativa del art. 510 CP", en *Delitos de odio: Derecho comparado y regulación española,* Landa Gorostiza/Garro Carrera (direct.), Tirant lo Blanch, Valencia 2018.

Los delitos de odio. Arts. 510 y 22. 4º CP 1995, Tirant lo Blanch, Valencia, 2018.

LAURENZO COPELLO, "La discriminación en el CP de 1995", en *Estudios Penales y Criminológicos,* nº 19, 1996.

LEON ALAPONT, "¿Deben castigarse el enaltecimiento del franquismo y otro tipo de conductas «afines» ?: los intentos frustrados del legislador y una vía de escape (la administrativo-sancionadora)", en *Revista Penal,* nº 51, enero 2023, pág. 146.

"Defensa de regímenes totalitarios: aspiraciones punitivas en tiempos democráticos", en *Ley 1908/2020.*

"El enaltecimiento del terrorismo y la humillación de sus víctimas: límites y fundamentos de su punición en un Estado democrático de Derecho", en *Revista Electrónica de Ciencia Penal y* Criminología, nº 24-01, 2022.

"Enaltecimiento y apología del franquismo, humillación y odio a las víctimas y otras conductas ¿penalmente relevantes?", en *Reformas penales en la península ibérica. ¿A «jangada de pedra» ?,* Acale Sánchez/ Miranda Rodrigues/Nieto Martin (coords.), BOE, 2021.

"La descontrolada expansión de los delitos de odio: acerca de la propuesta de incriminar el odio hacia las víctimas de la Guerra Civil española y del franquismo", en *El odio como motivación penal,* Teijón Alcalá (direct.), La Ley Wolter Kluwer, 2022.

MENENDEZ CONCA, "Estudio de la evolución jurisprudencial del delito de enaltecimiento del terrorismo. Especial referencia a aquellos casos que han adquirido mayor repercusión mediática", en *Revista de Derecho Penal y criminología,* 3ª época, nº 22, 2019.

MIRA BENAVENT, "Algunas consideraciones político-criminales sobre la función de los delitos de enaltecimiento del terrorismo y humillación a las víctimas del terrorismo", en *Terrorismo y Contraterrorismo en el siglo XXI. Un análisis penal y político criminal,* Portilla Contreras/Pérez Cepeda (dir.), Ratio Legis, Universidad de Salamanca, 2016.

MIRO LLINARES, "Derecho penal y 140 caracteres. Hacia una exégesis restrictiva de los delitos de expresión", en *Cometer delitos en 140 caracteres. El Derecho penal ante el odio y la radicalización en Internet*, Marcial Pons, 2017.

NUÑEZ CASTAÑO, *Libertad de expresión y Derecho penal: la criminalización de los discursos extremos*, Aranzadi, 2022.

PAREDES CASTAÑON, "Terrorismo y principio de intervención mínima: una propuesta de despenalización", en *Terrorismo, Sistema penal y derechos fundamentales*, Alonso Rimo/Cuerda Arnau/ Fernández Hernández (dirs.) Tirant lo Blanch, Valencia, 2018.

PASTRANA SANCHEZ, *La nueva configuración de los delitos de terrorismo*, Agencia Estatal Boletín Oficial del Estado, Madrid, 2020.

PENA GONZALEZ, "El delito de enaltecimiento del terrorismo y el principio de lesividad", en *La Ley 8050/2019*.

POPPER, *La sociedad abierta y sus enemigos*, Barcelona, 2006.

PORTILLA CONTRERAS, "El retorno de la censura y la caza de brujas anarquistas", en *Cometer delitos en 140 caracteres. El Derecho penal ante el odio y la radicalización en internet*, Marcial Pons, Madrid 2017.

"La represión penal del «discurso del odio»", en Quintero Olivares (dir.), *Comentario a la reforma penal de 2015*, Cizur Mayor, 2015.

ROIG TORRES, "El enaltecimiento de la tiranía nacionalsocialista en el derecho alemán. ¿Un referente para penalizar el enaltecimiento del franquismo?", en *Revista electrónica de Ciencia Penal y Criminología*, RECPC 23-07 (2021).

Delimitación entre libertad de expresión y "discurso del odio". Postura del TEDH, del Tribunal Constitucional Español y del Tribunal Constitucional Alemán, Tirant lo Blanch, Valencia, 2020.

TAPIA BALLESTEROS, "Transposición de la Directiva 2017/547, de 15 de marzo, relativa a la lucha contra el terrorismo al ordenamiento español: el delito de enaltecimiento del terrorismo", *Revista de Estudios Europeos*, nº extraord. monográfico 1-2019.

VIVES ANTON, "Garantías constitucionales y terrorismo", en *Terrorismo, Sistema penal y derechos fundamentales*, Valencia 2018.

La persecución penal de las fake news y delitos de odio: trascendencia y delimitación, hacia el sostenimiento del concepto de "verdad digital"

SILVIA MENDOZA CALDERÓN
Profesora Titular de Derecho Penal,
Universidad Pablo de Olavide, de Sevilla

I. INTRODUCCIÓN

Actualmente vivimos en una sociedad altamente digitalizada, habiéndose señalado, que el principal motor de búsqueda en Internet, Google, se caracterizaría por recopilar todo tipo de información, pero que, en ningún caso, verificaría su autenticidad, por lo que no sería difícil que se trasladase a las redes información falsa, o *fake news,* navegando por el buscador. En este sentido, conforme a lo sostenido en el Informe del Instituto Tecnológico de Massachusetts *"The spread of true and false news online"*, estas noticias tendrían hasta un 70% más de probabilidades de ser compartidas que las verídicas, propagándose más rápido y llegando a una mayor audiencia[1].

Sin embargo, como se ha indicado acertadamente, a pesar de que en estos últimos años este fenómeno habría cobrado notable relevancia, respecto a la desinformación, los bulos son un fenómeno que habría existido siempre, pudiendo ser de carácter inocuo, poco creíbles u ofensivos, (o siendo en la mayoría de los

---

1 DIARIO DE DERECHO en su edición de 2 de octubre de 2018. Se recoge asimismo, que Facebook reconoció que se habían creado 80.000 publicaciones falsas que llegaron a 126 millones de estadounidenses a través de su red social.

casos afirmaciones absurdas de personas ociosas o malintencionadas), pero no podrían trasladarse automáticamente, a la comisión de hechos delictivos[2].

En el fondo, lo que trasciende *a priori* en esta cuestión, sería la clásica discusión sobre los límites de la libertad de expresión y de información. Por ello, en el año 2017 se habría producido una Declaración Conjunta Sobre Libertad De Expresión y «Noticias Falsas" *(«Fake News"),* Desinformación y Propaganda, de las Naciones Unidas y de la OEA, en la cual se habría establecido en el apartado 2a) que "las prohibiciones generales de difusión de información basadas en conceptos imprecisos y ambiguos, incluidos «noticias falsas» («fake news») o «información no objetiva», serían incompatibles con los estándares internacionales sobre restricciones a la libertad de expresión"[3].

Por otro lado, en nuestro país, respecto a la manipulación informativa o *"astroturfing"* el 3 de marzo de 2019 en materia de delitos socieconómicos entraba en vigor la reforma del Código

---

2 DE LA MATA BARRANCO, ALMACEN DE DERECHO, en su edición de 19 de abril de 2020. IBERLEY, en su edición de 27 de febrero de 2020. EL DERECHO, Las Fake News o falsas noticias; cómo detectarlas y evitarlas, en su edición de 31 de marzo de 2020. ECONOMIC AND JURIST, Fake news: acciones penales y civiles sobre la divulgación y difusión de noticias falsas, en su edición de 27 de abril de 2020.

3 Cfr. ENFOQUE DERECHO, en su edición de 21 abril, 2020, recogiéndose la información del Ministerio de Justicia y Derechos Humanos de Perú, que anunció que aquellas personas que compartan informaciones falsas para obtener un beneficio o perturbar la tranquilidad pública serían sancionados con una pena privativa de la libertad de 2 a 4 años. Además, precisó que si estas noticias generaban pánico y perturbaban la tranquilidad la pena aumentaría entre 3 a 6 años. En este sentido, la Fiscalía de Barcelona habría presentado por primera vez, una querella contra una usuaria de la red social «Twitter» por difundir, en junio del año pasado de forma masiva e indiscriminada, un vídeo falso que atribuía actitudes violentas a un grupo de menores no acompañados («menas». Cfr. IBERLEY, en su edición de 27 de febrero de 2020. EUROPA PRESS, en su edición de 21 de abril de 2020).

Penal, operada por la Ley Orgánica 1/2019, de 20 de febrero, que abría la puerta a introducir este fenómeno como delito ex artículo 284.1.2º CP[4].

Por "astroturfing" se entiende normalmente, la maniobra desinformativa que se realiza a través de las redes sociales o medios de comunicación, pudiendo encontrarnos ante el "astroturfing" comercial, dirigido a manipular la opinión pública para lograr el apoyo o rechazo masivo a un determinado producto o servicio; el "astroturfing" político, consistente en el empleo de medios de comunicación para difundir rumores y noticias falsas respecto de adversarios políticos; y, finalmente, el "astroturfing" periodístico, dirigido a captar la atención del consumidor de prensa digital mediante el empleo de titulares capciosos y engañosos, a fin de que éste acabe accediendo a la noticia[5].

---

4 Cfr. modificación por la Ley orgánica 1/2019, de 20 de febrero, por la que se modifica la L.O. 10/1995, de 23 de noviembre, del Código Penal, para transponer Directivas de la Unión Europea en los ámbitos financiero y de terrorismo, y abordar cuestiones de índole internacional

5 Cfr. ANDERSEN TAX AND LEGAL, en su edición del 26 de junio de 2019. Cfr. igualmente, FLAX, "Nuevos desafíos para una democracia deliberativa: fake news y lawfare". *Ética y Discurso, Revista científica de la Red Internacional de Ética del Discurso* – Año 5, 2020, p.1-23, se indica que las fake news es una información deliberadamente falsa que tiene el objeto de manipular a aquellos sectores de la población que tienen "voluntad de creer" en todo aquello que, precisamente, confirma sus creencias previas o sus posicionamientos. El efecto de verosimilitud es en general mayor cuando proviene de medios tradicionales, los cuales pueden generar un potente dispositivo de engaño al aparecer un periodista conocido con información que dice obtener de una fuente anónima o se ampara en el secreto de las fuentes. Este periodista actúa como un "influencer" y la información se replica al infinito. Incluso si el periodista desmiente al día siguiente la "noticia", la misma sigue propagándose en un público ávido y crédulo. Por otra parte, también se indica, que en casos más extremos, mediante fake news puede formarse parte de operaciones mayores, como las de lawfare, descrita como continuación de la guerra (warfare) -o de los golpes de Estado- por otros medios, como, los medios judiciales. Las causas judiciales se inician a partir de las noticias falsas publicadas con el propósito de dejar fuera

En la nueva redacción típica se recoge dentro de los delitos relativos al mercado y los consumidores, la conducta de aquellos que mediante el uso de tecnologías de la información y la comunicación, o por cualquier otro medio, difundieren noticias o rumores o transmitieren señales falsas o engañosas sobre personas o empresas, ofreciendo a sabiendas datos económicos total o parcialmente falsos con el fin de alterar o preservar el precio de cotización de un instrumento financiero o un contrato de contado sobre materias primas relacionado o de manipular el cálculo de un índice de referencia, cuando obtuvieran un beneficio para sí o para tercero[6].

Sin embargo, el auge creciente del interés por estas manifestaciones, habría sido incentivado por la pandemia generada por la Covid-19, indicándose que, debido a estas circunstancias sanitarias, la sociedad estaría más expuesta a la difusión de bulos, rumores y teorías conspiratorias, que no harían más que generar una sensación de inseguridad, miedo y desconfianza en la ciudadanía, y que pondría en riesgo la auténtica colaboración en la lucha contra la pandemia. La Organización Mundial de la Salud, hablaría incluso de **"infodemia"** para referirse a la proliferación de *fake news* o bulos que tratan de engañar, confundir, desprestigiar y desinformar a la opinión pública, habiéndose habilitado incluso una página web en la que se desmentirían todos los mitos que habrían circulado por redes sociales. Plataformas como WhatsApp, habrían limitado el reenvío masivo de mensajes y Facebook habría facilitado herramientas de verificación de hechos o *fact-cheking*7.

---

de juego a oponentes políticos a través de una campaña de difamación multiplicada por las redes sociales.

6 Cfr. ANDERSEN TAX AND LEGAL, en su edición del 26 de junio de 2019.

7 Cfr. DIARIO EXPANSION, "Las fake news y el Derecho penal. ¿Mentir es delito?", en su edición de 11 mayo, 2020. Cfr. LEGALITAS, Bulos en internet: ¿es delito difundirlos?, 31 octubre 2018.

Se ha llegado a utilizar principalmente por la prensa, el término, "coronamiedo"[8].

En este contexto pandémico, igualmente en el Informe de la Comisión Europea contra el Racismo y la Intolerancia del Consejo de Europa (ECRI) de 8 de marzo de 2021, se habría puesto de relieve que la COVID-19 habría tenido mayores consecuencias sobre la población vulnerable y los discursos de odio, incluidos los realizados a través de Internet, dirigidos a minorías y a los refugiados e inmigrantes culpándoles infundadamente de la propagación del coronavirus, lo que habría aumentado las tendencias xenófobas, racistas e intolerantes en muchos países europeos[9].

Por ello, en el presente estudio, se pretende realizar una primera aproximación a la problemática ligada a la proliferación de información o noticias falsas y sus posibles repercusiones penales, pero incidiéndose sobre todo, especialmente en materia de discurso del odio.

En primer lugar, se procederá a una delimitación del concepto de "fake news" o noticias falsas, desde la perspectiva sociológica y de Derecho comparado, para posteriormente, abordar los límites a la libertad de expresión y de información y su frontera con el "discurso del odio", para trasladarnos a una reflexión sobre la necesidad de intervención penal en esta materia, así como, la importancia de trasladar este debate a un entorno esencialmente digital, con sus características ligadas a nuestra globalizada sociedad actual.

---

8 REVISTA BYTE, Pandemia viral. Fake news y coronamiedo, en su edición de 17 marzo, 2020. IT USER, ¿Cuándo es delito difundir noticias falsas o 'fake news'?, 22 de abril de 2019.

9 Cfr.igualmente, https://ec.europa.eu/info/sites/default/files/a_union_of_equality_eu_action_plan_against_racism_2020_-2025_es.pdf, consultado en febrero 2021.

II. LIBERTAD DE EXPRESIÓN Y FAKE NEWS: PERSPECTIVA INTERNACIONAL Y DE DERECHO COMPARADO

1. El concepto de "Desinformación"

El cambio de paradigma comunicativo a través de Internet y los canales de difusión masiva, ha permitido que se acuñe en este contexto el término *postverdad*, donde la "emoción determina la percepción de la realidad social, con mayor capacidad de influencia que los hechos y las pruebas contrastadas"[10].

Por otra parte, también deben distinguirse los conceptos de "mis-información" (o *misinformation*, en inglés) así como "desinformación" (*disinformation* en inglés), en el sentido de que el término *"fake news"* no abarcaría toda esta problemática al ser inadecuado para explicar la escala del fenómeno de "contaminación de la información", y porque diversos actores estatales y no estatales le habrían dado un significado esencialmente político. Asimismo, la UNESCO habría añadido un concepto más en este ámbito, como el de "mal-información (*mal-information* en inglés) que sería aquella información que se basa en la realidad, usada para causar un daño a una persona, grupo social, organización o Estado. La desinformación sería cualquier información que es falsa y deliberadamente creada para dañar a una persona, grupo social, organización o Estado, y a la mis-información como cualquier información que es falsa, pero no es creada con la intención

---

10 Cfr. GALDÁMEZ MORALES, "Posverdad y crisis de legitimidad. El creciente impacto de las fake news", en Revista Española de Transparencia, num.8, 2019, pp. 25-44. Citando el término "information disorder", en el Informe del Consejo de Europa: https://rm.coe.int/information-disorder-toward-aninterdisciplinary-framework-for-researc/168076277c. Sobre estos conceptos, cfr. RICHTER, El Ciudadano Digital. Fake News y posverdad en la era digital, México, Editorial Océano, 2018, pp. 25 s.

de causar un daño, siendo información errónea, pero de forma accidental[11].

2. Iniciativas internacionales y europeas sobre el control de las fake news

En *la Declaración conjunta sobre libertad de expresión y "noticias falsas" ("fake news"), desinformación y propaganda del Relator Especial de las Naciones Unidas (ONU) para la Libertad de Opinión y de Expresión, la Representante para la Libertad de los Medios de Comunicación de la Organización para la Seguridad y la Cooperación en Europa (OSCE), el Relator Especial de la OEA para la Libertad de Expresión y la Relatora*

---

11 Cfr. *Reporte sobre las campañas de desinformación, "Noticias falsas (fake news)" y su impacto en el derecho a la libertad de expresión,* Comisión Nacional de los Derechos Humanos. México, 2019, pp. 5 ss. Respecto a la exteriorización de estos contenidos se ha destacado que normalmente sus titulares, imágenes o letras son de un mayor tamaño y los sujetos que publican dichos contenidos son impostores. Es decir, que se circula en redes sociales alguna imagen o artículo de cierto periodista, cuando ellos no redactaron ni formaron dicha fotografía. Es decir, son videos o artículos de impostores en donde la información parecería verdadera, por el periodista o fotógrafo a quien se le atribuye la supuesta publicación de la información. En relación a los acontecimientos que han definido la conceptualización de "Fake News" se citan el referéndum sobre el Brexit de 23 de junio de 2016, el referéndum por el que se objetaron los acuerdos de paz con las FARC de Colombia el 02 de octubre de 2016 y las elecciones presidenciales de los Estados Unidos de 08 de noviembre de 2016. Sobre dicho concepto, cfr. LEON ALAPONT, "La lucha contra la desinformación y las "fake news" a través del Derecho Penal acerca de la ¿conveniencia? y ¿eficacia? de dicha intervención, La ley penal, núm. 152, 2021; NAVARRO CARDOSO, "Aproximación político-criminal a la desinformación" en LEÓN ALAPONT (Director), El Derecho Penal frente a las crisis sanitarias, pp. 433-458; SERRA CRISTOBAL, "Noticias falsas (fakes news) y derecho a recibir información veraz. dónde se fundamenta la posibilidad de controlar la desinformación y cómo hacerlo", Revista de Derecho Político, UNED, núm. 116, enero-abril, 2023, pp. 13-46.

Especial sobre Libertad de Expresión y Acceso a la Información de la Comisión Africana de Derechos Humanos y de los Pueblos (CADHP), de 3 de marzo de 2017[12] ya se habría expuesto muy claramente la preocupación a nivel internacional por la propagación de la desinformación impulsada tanto por Estados como por actores no estatales, pudiéndose dañar la reputación y afectar la privacidad de personas, o instigar la violencia, la discriminación o la hostilidad hacia grupos identificables de la sociedad.

No obstante, se reconocía que los Estados únicamente podrán establecer restricciones al derecho de libertad de expresión cuando **estuvieran estipuladas en la ley, alcancen uno de los intereses legítimos reconocidos por el Derecho internacional y resulten necesarias y proporcionadas para proteger ese interés**. Asimismo, se podrían imponer restricciones a la libertad de expresión, **con el fin de prohibir la apología del odio por motivos protegidos que constituya incitación a la violencia, discriminación u hostilidad** (conforme al artículo 20(2) del *Pacto Internacional de Derechos Civiles y Políticos).*

Desde esta perspectiva, los intermediarios no deberían ser legalmente responsables en ningún caso por contenidos de terceros relacionados con esos servicios, a menos que intervinieran específicamente en esos contenidos o se negaran a cumplir una orden dictada en consonancia con garantías de debido proceso por un órgano de supervisión independiente, imparcial y autorizado (como un tribunal) que ordene a remover tal contenido, y tengan suficiente capacidad técnica para hacerlo.

---

12 Conforme a Declaraciones Conjuntas del 26 de noviembre de 1999, el 30 de noviembre de 2000, el 20 de noviembre de 2001, el 10 de diciembre de 2002, el 18 de diciembre de 2003, el 6 de diciembre de 2004, el 21 de diciembre de 2005, el 19 de diciembre de 2006, el 12 de diciembre de 2007, el 10 de diciembre de 2008, el 15 de mayo de 2009, el 3 de febrero de 2010, el 1 de junio de 2011, el 25 de junio de 2012, el 4 de mayo de 2013, el 6 de mayo de 2014, el 4 de mayo de 2015 y el 4 de mayo de 2016.

De esta manera, se afirmaba que el bloqueo de sitios web completos, direcciones IP, puertos o protocolos de red dispuestos por el Estado sería una medida extrema que solo podría justificarse cuando se estipulase por ley y resultare necesaria para proteger un derecho humano u otro interés público legítimo, **lo que incluye que sea proporcionada, y que no haya medidas alternativas menos invasivas que podrían preservar ese interés y que respete garantías mínimas de debido proceso.**

El derecho de libertad de expresión se aplicaría "sin consideración de fronteras" y el congestionamiento de señales de una emisora de otra jurisdicción, o la cancelación de derechos de retransmisión relativos a programas de esa emisora, únicamente será legítimo cuando un tribunal de justicia u otro órgano de supervisión independiente, autorizado e imparcial haya determinado que el contenido difundido por la emisora comporta una violación grave y persistente de una restricción legítima de contenidos **y otros medios alternativos para resolver el problema, incluido el contacto con las autoridades relevantes del Estado de origen, hubieran resultado claramente ineficaces.**

Se reconocía especialmente, que las prohibiciones generales de difusión de información basadas en conceptos imprecisos y ambiguos, incluidos "noticias falsas" ("fake news") o "información no objetiva", serían incompatibles con los estándares internacionales sobre restricciones a la libertad de expresión y deberían ser derogadas. Las normas de derecho civil relativas al establecimiento de responsabilidades ulteriores por declaraciones falsas y difamatorias únicamente serían legítimas, si se concede a los demandados una oportunidad plena de demostrar la veracidad de esas declaraciones, y estos no realizaran tal demostración, y si además los demandados pudieran hacer valer otras defensas, como la del comentario razonable *("fair comment")*.

De esta forma, en relación a los intermediarios se destaca expresamente que "deberían observar las garantías mínimas de debido proceso, lo que incluye la notificación oportuna a los usuarios cuando los contenidos que hayan creado, cargado o alojado puedan ser objeto de una acción por contenidos, y brindar al usuario la oportunidad de cuestionar la acción, ateniéndose exclusivamente a restricciones prácticas que sean lícitas o razonables, efectuando un control minucioso de las pretensiones planteadas al amparo de tales políticas antes de tomar cualquier medida y aplicando las medidas de manera coherente".

Asimismo, la Corte Europea de Derechos Humanos habría concluido que "la libertad de expresión no sería solo para 'información' o 'ideas' que se reciben favorablemente o como una cuestión indiferente, sino también para las que ofenden, conmocionan o perturban al Estado o a cualquier sector de la población". Sin embargo, también se habrían puesto de relieve las notables complicaciones a la hora de delimitar el contenido ilegal de la información recibida de manera desfavorable. De este modo, una ley solo podría interferir con la libertad de expresión bajo la premisa de que solo debe contrarrestarse el contenido puramente ilegal, mientras se mantiene una delgada línea en todas las anteriores circunstancias[13].

---

13 WEIDENSLAUFER, "La regulación de las "fake news" en el Derecho comparado, Asesoria Legal Parlmentaria, Congreso Nacional de Chile, Enero 2019, pp. 1-14. 1. El art. 10 de la Convención Europea de Derechos Humanos recoge que "toda persona tiene derecho a la libertad de expresión. Este derecho comprende la libertad de opinión y la libertad de recibir o de comunicar informaciones o ideas, sin que pueda haber injerencia de autoridades públicas y sin consideración de fronteras. El presente artículo no impide que los Estados sometan a las empresas de radiodifusión, de cinematografía o de televisión a un régimen de autorización previa. 2. El ejercicio de estas libertades, que entrañan deberes y responsabilidades, podrá ser sometido a ciertas formalidades, condiciones, restricciones o sanciones previstas por la ley, que constituyan medidas necesarias, en una sociedad democrática, para la seguridad nacional, la integridad territorial o la seguridad pública, la defensa del orden y la prevención del delito, la protección de la salud o de la moral, la protección de la reputación o de los derechos ajenos, para impedir la divulgación de informaciones confidenciales o para garantizar la autoridad y la imparcialidad del poder judicia ". Sobre este aspecto, cfr. Asunto: Carme Forcadell i Lluis y otros v. España (75147/17), de

---

28 de mayo de 2019 donde los demandantes reclamaron que el auto del Tribunal Constitucional suspendiendo la convocatoria de la sesión plenaria habría supuesto la vulneración de sus derechos garantizados con arreglo a dichas disposiciones, en la medida en que se les habría impedido expresar el deseo de los votantes que participaron en el referéndum del 1 de octubre de 2017. Basándose en el artículo 6 (derecho a un juicio justo), los demandantes afirmaron que ni el Parlamento ni ellos habrían tenido acceso a un tribunal para exponer sus quejas. El TEDH considera que la injerencia en los derechos de reunión y expresión de los demandantes es considerada "necesaria en una sociedad democrática", principalmente en aras al mantenimiento de la seguridad pública, la defensa del orden y la protección de los derechos de terceros, conforme al art 11.2 del Convenio. En cambio, en el asunto Toranzo Gómez c. España (26922/14), de 20 de noviembre de 2018, el TEDH estima que la naturaleza y la gravedad de la pena (la multa y la amenaza de una pena de prisión si la multa no era satisfecha por el demandante) habrían podido tener un efecto disuasorio sobre su libertad de expresión, desalentando la crítica de la actuación de los agentes de la autoridad pública. Además, exigirle el conocimiento y precisión sobre la definición jurídica de la tortura contenida en el Código Penal sería excesivo. Según el Tribunal, la injerencia en los derechos del imputado no habría sido "necesaria en una sociedad democrática", produciéndose vulneración del artículo 10 CEDH. En el asunto, Jiménez Losantos c. España (53421/10), de 14 de junio de 2016, la jurisdicción penal española había condenado por injurias graves con publicidad consumada en declaraciones efectuadas en el programa radiofónico. Los Tribunales nacionales habían considerado probada la inveracidad de las opiniones e informaciones manifestadas por el periodista. En cuanto al fondo, los Tribunales nacionales, siguiendo la jurisprudencia del Tribunal Constitucional, habían considerado que si bien la libertad de expresión amparaba la divulgación de opiniones que pudieran molestar, inquietar o desagradar, no podía cubrir la emisión de expresiones insultantes e inútiles, calificativos vejatorios que de manera gratuita habrían atentado contra la dignidad del perjudicado. El TEDH reconoce que, en este caso, la injerencia en el derecho a la libertad de expresión está fundada en la Ley (art 208, 209 y 211 del Código Penal) y perseguía fines legítimos (la protección de la reputación de una persona). En el caso concreto, el TEDH considera que las manifestaciones del demandante constituían esencialmente una crítica política en un asunto de interés general. Si bien las manifestaciones efectuadas

Por otra parte, en la Unión Europea en el Dictamen del Comité Europeo de las Regiones[14] de 2019 se habría insistido en que las redes sociales se caracterizarían, sobre todo, por el hecho de que ofrecen a todos sus usuarios la posibilidad completamente nueva, que no brindan los medios de otro tipo, de comunicarse con todos los demás usuarios («many to many»), ya que cada usuario de cualquier plataforma puede hacer llegar su mensaje, al menos potencialmente, a cada uno de los otros millones de usuarios directamente, lo que tendría consecuencias tanto positivas como negativas.

Por ello, en la *Comunicación de la Comisión al Parlamento Europeo de 26 de abril de 2018*[15] se anticipaba que a través de las redes sociales, las nuevas tecnologías podrían utilizarse asimismo,

---

por el demandante podrían ser criticables desde el punto de vista de la deontología periodística no se habrían situado fuera del ámbito de la libertad de expresión, que ampara también una cierta exageración o incluso provocación. El Tribunal considera admisible a trámite la demanda y declara, por seis votos contra uno, que se ha producido una vulneración del art 10 del Convenio, que ampara la libertad de expresión. La Juez disidente (Lozano Cutanda) emite un voto particular poniendo de relieve la necesidad de proteger el derecho a reputación de toda persona, que integra su derecho a la vida privada, protegido por el art 8 del Convenio; considera que el demandante difundió a propósito informaciones inexactas imputando al afectado, exalcalde de Madrid, hechos de extrema gravedad (entorpecer la investigación del atentado terrorista del 11 de marzo de 2011 en Madrid) y dando a entender que deseaba la impunidad de los autores de la masacre.

14 Dictamen del Comité Europeo de las Regiones sobre «La lucha contra la desinformación en línea: un enfoque europeo», de 16 de mayo de 2019, (2019/C 168/04), COM(2018) 236 final. Se recoge que estudios científicos señalan que es un 70 % más probable que los usuarios de Twitter retransmitan la información falsa que la información real.

15 COM (2018) 236 final, Comunicación de la Comisión al Parlamento Europeo, al Consejo, al Comité económico y social europeo y al Comité de las regiones. Se señala que, si las medidas tomadas actualmente (como el código de conducta no vinculante para la lucha contra la desinformación que Facebook, Twitter y otras plataformas adoptaron voluntariamente en 2018) resultaran insuficientes, podría ser necesario

para difundir desinformación a gran escala y con una velocidad y una precisión de selección de los destinatarios sin precedentes, menoscabándose la libertad de expresión, como derecho fundamental consagrado en la Carta de los Derechos Fundamentales de la Unión Europea, en el sentido de respeto por la libertad y el pluralismo de los medios de comunicación, así como el derecho de los ciudadanos a opinar y a recibir y transmitir información e ideas "sin injerencia de autoridades públicas y sin consideración de fronteras".

De este modo, la obligación principal de los agentes estatales sería evitar la interferencia y la censura y garantizar un entorno favorable para un debate público inclusivo y plural. El contenido legal, aunque fuese un contenido presuntamente perjudicial, suele estar protegido por la libertad de expresión y no debería tratarse del mismo modo que el contenido ilegal, cuya eliminación podría estar justificada.

Se habría definido a la desinformación como información verificablemente falsa o engañosa que se crea, presenta y divulga con fines lucrativos o para engañar deliberadamente a la población, y que puede causar un perjuicio público como amenazas contra los procesos democráticos y de elaboración de políticas, así como contra los bienes públicos (protección de la salud, el medio ambiente o la seguridad de los ciudadanos de la UE).

La desinformación **no incluiría los errores de información, la sátira y la parodia ni las noticias y los comentarios claramente identificados como partidistas**. Igualmente, el efecto de la desinformación variaría de una sociedad a otra, en función de los niveles de educación, la cultura democrática, la confianza en las instituciones, la inclusividad de los sistemas electorales y las desigualdades sociales y económicas.

---

utilizar instrumentos jurídicos para imponer medidas apropiadas a los responsables de las redes sociales.

En este sentido, se recoge que existen varios factores que coadyudan a la proliferación de la desinformación como son: en primer lugar, **el uso de algoritmos**, ya que los criterios que utilizan los algoritmos para priorizar la visualización de información están motivados por el modelo de negocio de las plataformas y por el hecho de que dichos algoritmos privilegian un contenido personalizado y sensacionalista, que normalmente es más probable que atraiga la atención y se comparta entre los usuarios aumentando indirectamente la polarización y reforzando los efectos de la desinformación; en segundo lugar, el **modelo actual de publicidad digital,** que suele basarse en los clics del usuario, lo que favorece el contenido sensacionalista y viral; y en tercer lugar, el **uso de servicios automatizados** (denominados «bots» u ordenadores zombis), que amplifican artificialmente la difusión de desinformación, y donde este mecanismo tecnológico puede contar con la ayuda de perfiles simulados (cuentas falsas), detrás de los cuales no habría ningún usuario real, a veces orquestados a una escala masiva (es lo que se conocería como «fábricas de troles»)[16].

Finalmente, en la *Comunicación de 10 de junio de 2020*[17], se habría analizado esta problemática en relación a la pandemia mundial generada por el virus COVID-19 destacándose la existencia de una *«infodemia»* sin precedentes, alertada por la Organización Mundial de la Salud (OMS), habiendo sido alimentada por el uso

---

16 Cfr. a este respecto la importancia del Reglamento n.º 910/2014 del Parlamento Europeo y del Consejo, de 23 de julio de 2014, relativo a la identificación electrónica y los servicios de confianza para las transacciones electrónicas en el mercado interior y por la que se deroga la Directiva 1999/93/CE. Se fomenta el uso de la versión 6 del protocolo de internet (IPv6), que permite la asignación de un único usuario por dirección de protocolo de internet.

17 Comunicación conjunta al Parlamento europeo, al Consejo Europeo, al Consejo, al Comité Económico y Social Europeo y al Comité de las Regiones, de 10 de junio de 2020.

de redes sociales y los "temores más primarios humanos" incrementados por las medidas de confinamiento social[18].

En este contexto, las "teorías de la conspiración" capaces de poner en peligro la salud humana[19], y la incitación ilegal al odio sobre todo de carácter racista y xenófobo, tendrían que someterse a las normas sobre la retirada de contenidos ilegales por parte de las plataformas, reclamándose incluso medidas de carácter penal[20].

---

18 Se pone de relieve la importancia de acciones como el Plan de acción contra la desinformación, y la experiencia adquirida desde 2015 por el Grupo de Trabajo East StratCom, creado en el Servicio Europeo de Acción Exterior (SEAE) para rebatir las campañas de desinformación originarias de Rusia. En marzo de 2019 se creó un Sistema de Alerta Rápida para poner en contacto a los expertos en materia de desinformación de las instituciones de la UE con los de los Estados miembros y facilitar la comunicación entre organismos oficiales de análisis y mejores prácticas sobre aspectos como la comunicación proactiva y la eficacia en la respuesta.

19 Se citan como ejemplo "las creencias conspiratorias y los bulos que afirman que las instalaciones de 5G propagan la COVID-19, dando lugar a actos de vandalismo sobre las torres, o las que señalan a un grupo étnico o religioso concreto como origen de la propagación de la COVID-19, lo que se refleja en el preocupante aumento de contenido antisemítico relacionado con la COVID-19".

20 Se destaca que dentro de sus competencias respectivas, la Comisión y el Alto Representante trabajarán en asociación con la OMS para mejorar su vigilancia epidemiológica mediante un seguimiento eficaz de los medios de comunicación y para fomentar la detección de relatos engañosos y nocivos y la respuesta correspondiente; intensificarán el intercambio de información con los interlocutores pertinentes de la sociedad civil y el sector privado de información acerca de la conciencia situacional y la evolución de las amenazas mediante la organización, entre otras actividades, de consultas, conferencias y actos públicos; intensificarán las asociaciones existentes, como las que nos vinculan al G7 y a la OTAN, y ampliarán la cooperación a las Naciones Unidas y a organizaciones regionales como la OSCE, el Consejo de Europa y la Unión Africana. Como parte del paquete de medidas del «Equipo Europa» se promoverán el acceso a información fidedigna, apoyándose las iniciativas destinadas a abordar el problema de la desinformación y

Por todo ello, se habría puesto de relieve que habría que diferenciar claramente las diversas formas de contenido falso o engañoso, distinguiéndose entre los contenidos ilegales, según se definen en la legislación, y los contenidos dañosos, pero no ilegales[21].

---

la información errónea en terceros países a través de las Delegaciones de la UE y las misiones diplomáticas de los Estados miembros sobre el terreno. Las plataformas en línea han notificado la introducción de ajustes en sus políticas para hacer frente a las nuevas amenazas de desinformación acerca de la COVID-19, promoviendo la difusión de información sobre la COVID-19 procedente de fuentes autorizadas como la OMS, las autoridades sanitarias nacionales y los medios informativos profesionales. Asimismo, se insiste también en la existencia de fraudes a los consumidores (como la venta de productos «milagrosos» con afirmaciones infundadas sobre sus propiedades saludables) o formas de ciberdelincuencia (como el ejercicio de la piratería y el *phishing* a través de enlaces relacionados con la COVID-19 para esparcir programas maliciosos).

21 Se cita como ejemplo que cuando no existe tal intención, por ejemplo, cuando los ciudadanos comparten información falsa con sus amigos y familiares inconscientemente y de buena fe, el contenido puede considerarse información errónea; por el contrario, conforme a la definición de la Comunicación de la Comisión de abril de 2018, la presencia de esa intención convertiría el contenido en desinformación. Confrontar el Dictamen del SUPERVISOR EUROPEO DE PROTECCIÓN DE DATOS (2018/C 233/06) donde se afirma que la digitalización de la sociedad y la economía tiene efectos variados en la inteligencia de datos (big data), ya que los sistemas de inteligencia artificial han permitido recoger, combinar, analizar y conservar por tiempo indefinido ingentes volúmenes de datos. Estos mercados digitales concentrarían en un reducido número de empresas que actúan de hecho como guardianes de internet y obtienen mayores valores de capitalización del mercado ajustados a la inflación que ninguna otra empresa en la historia, afirmándose que la concentración del mercado y la creciente dominación de las plataformas presentan una nueva amenaza para el pluralismo en los medios, generando una "crisis de confianza en el ecosistema digital". Se insiste en que los derechos fundamentales a la intimidad y a la protección de datos son un factor crucial para corregir esta situación, sobre todo en el tratamiento de «datos sensibles relacionados con convicciones o actividades políticas o morales reales o supuestas, o con actividades de votación» y a «la realización invasiva de perfiles

En lo relativo a la implicación y responsabilidad de las redes sociales en la lucha contra el fenómeno de las noticias falsas, se habría planteado igualmente que los intentos de frenar las noticias falsas mediante el filtrado y la retirada de contenidos plantearían la cuestión del establecimiento de una especie de censura derivado del interés por difundir la «verdad», fijándose una realidad oficial y provocando la correlativa restricción de la libertad de expresión[22].

En este sentido, se habría subrayado que aunque los responsables de clasificar y etiquetar la información que los usuarios leen serían las propias redes sociales, (quienes diseñarían los mecanismos de filtrado y bloqueo de contenidos basados en algoritmos), estos estándares insertados en la tecnología de la empresa no serían transparentes para la mayoría de la población ni tampoco estáticos sino que se actualizarían y modificarían frecuentemente, (si bien, el concepto constitucional de censura previo que prevé

---

de varias personas que actualmente están clasificadas (en ocasiones de forma imprecisa o basándose en un contacto superficial) como simpatizantes, partidarios, adherentes o miembros de un partido», demandándose que se trate a los interesados «como personas, no solo como consumidores o usuarios», señalándose los problemas éticos que se derivan de la elaboración de perfiles predictivos y de la personalización determinada por algoritmos. Se insiste en que el intercambio con las principales plataformas en línea está dando sus frutos, pero habrá que perseverar en el futuro desarrollo de la Ley de servicios digitales, ante formas de escapar a la vigilancia de las plataformas para aprovecharse de los puntos débiles de los consumidores, eludir los controles algorítmicos y abrir nuevos sitios web. Estas prácticas se observarían también en sitios web independientes, que atraen a los consumidores a través de los anuncios que aparecen, por ejemplo, en las redes sociales y en portales web o en el ranking patrocinado de los motores de búsqueda.

22 PAUNER CHULVI, "Noticias falsas y libertad de expresión e información. el control de los contenidos informativos en la red", UNED. Teoría y Realidad Constitucional, núm. 41, 2018, pp. 297-318. Cfr. igualmente, TERUEL LOZANO, «Libertad de expresión en Internet, control de contenidos de las páginas web y sus garantías constitucionales», Revista Aranzadi de Derecho y Nuevas Tecnologías, 25, 2011, pp. 81-103.

el artículo 20.2 CE no se aplicaría al filtrado y posterior bloqueo o retirada de contenidos en Internet puesto que estas acciones se producirían una vez la publicación se ha realizado y no proceden de órganos estatales, pero también se habría señalado que sí atentarían contra el derecho de los ciudadanos a acceder a la información en Red y podrían desembocar en un efecto disuasión o *chilling effect*[23]).

Por estos motivos, dado el aumento del número de decisiones que se toman aplicando un algoritmo, el nuevo Reglamento Europeo de Protección de Datos restringiría las decisiones individuales automatizadas, incluyéndose la elaboración de perfiles, que afecten significativamente a los usuarios (artículo 22 REPD) creándose un «derecho a la explicación» que aseguraría que el ciudadano pudiera reclamar una dilucidación sobre cualquier decisión automatizada que le afecte[24].

---

23 PAUNER CHULVI, "Noticias falsas y libertad de expresión e información. el control de los contenidos informativos en la red", UNED. Teoría y Realidad Constitucional, núm. 41, 2018, pp. 297-318. Se cita al TJUE que ha rechazado el establecimiento de sistemas genéricos de filtrados por resultar contrarios al reconocimiento de la libertad de expresión (sentencias SABAM que han declarado contraria al artículo 11.1 de la CDFUE la aplicación concreta de un sistema de filtrado realizado en Bélgica mediante orden judicial para salvaguardar derechos de propiedad intelectual. El TJUE ha subrayado la necesidad de armonización de los distintos derechos fundamentales contenidos en la Carta de Derechos Fundamentales, exigido por el artículo 52, que permite que, por una parte, se adopten medidas de bloqueo sin que las mismas puedan llegar a ser privativas del derecho a acceder a información lícita por parte de los usuarios de Internet.

24 PAUNER CHULVI, "Noticias falsas y libertad de expresión e información. el control de los contenidos informativos en la red", UNED. Teoría y Realidad Constitucional, núm. 41, 2018, pp. 297-318.

3. Perspectiva de Derecho comparado

3.1. Estados Unidos de América

Una vez expuestas las consideraciones en materia de Derecho internacional y europeo, desde una visión de Derecho comparado en torno a este punto, si atendemos a la regulación norteamericana, habría que partir de que la Primera Enmienda de la Constitución de los Estados Unidos protegería la libertad de expresión sin interferencia del Gobierno, incluyendo los derechos a la libertad de palabra, de prensa, de reunión y de petición (que es el derecho que permite a los ciudadanos reclamar ante el gobierno una compensación por agravios), estimándose que el componente más básico de la libertad de expresión sería "el derecho a la libertad de palabra", permitiendo que los individuos se expresen sin intervención ni restricción del gobierno.

Por ello, la Corte Suprema de los Estados Unidos habría exigido que el gobierno brinde una justificación sólida para intervenir, como en los supuestos de prohibiciones de mensajes que alteren la paz o provoquen violencia[25].

De este modo, el derecho a la libertad de prensa permitiría que las personas se expresen a través de una publicación u otro medio de difusión, sin darle a los miembros de los medios de comunicación ningún derecho o privilegio especial que no tengan los ciudadanos en general, especificándose, que la Primera Enmienda protegería el derecho a intercambiar libremente ideas y puntos de vista, independientemente de si estos fueran controvertidos o falsos. Por tanto, la censura, así como la restricción previa

---

25 WEIDENSLAUFER, "La regulación de las "fake news" en el Derecho comparado, Asesoria Legal Parlmentaria, Congreso Nacional de Chile, Enero 2019, pp. 1-14.

del Gobierno a la libertad de expresión, generalmente serían acciones inconstitucionales[26].

En materia de noticias falsas, los Estados Unidos contarían con diversos recursos legales. En concreto, sería posible iniciar una acción por daño o agravio *(tort)* por difamación u otras ofensas relacionadas con la libertad de expresión (por ejemplo, invasión de la privacidad), por infligir intencionalmente "angustia emocional o por interferencia dañosa". En todo caso, la Sección 230 de la Ley Federal de Decencia en las Comunicaciones de 1996 (*Communications Decency Act of 1996,* CDA) cuando la información causante del agravio haya sido proporcionada por otro usuario de Internet, no protegería al autor original de una publicación difamatoria, eximiendo de responsabilidad a los proveedores en línea respecto de acciones por difamación y otros delitos basados en agravios relativos a la libertad de expresión[27].

Se ha expuesto que los tribunales generalmente también extienden la protección de la CDA a los editores en línea cuyos sitios web son meros "conductos neutrales" de contenido generado por el usuario (como perfiles de usuario, comentarios y publicaciones en foros), y si bien la mayoría de los tribunales sostendrían que la Sección 230 otorgaría inmunidad a los servicios informáticos interactivos, algunos tribunales habrían creado excepciones legales, perdiendo el proveedor dicha exención de responsabilidad en las

---

26 WEIDENSLAUFER, "La regulación de las "fake news" en el Derecho comparado, Asesoria Legal Parlmentaria, Congreso Nacional de Chile, Enero 2019, pp. 1-14.

27 WEIDENSLAUFER, *ul.op.cit,* pp. 1-14. No obstante, la línea divisoria para determinar si una entidad es un proveedor de servicios de Internet o un proveedor de contenido de Internet dependerá tanto de la función de publicador/editor como del origen de la declaración respectiva (esto es, que haya sido hecha por el proveedor de contenido). En este sentido, la CDA se aprobó para permitir a los proveedores de servicios de Internet eliminar o monitorear contenidos sin convertirse así en "publicadores" del material elaborado por terceros que usan sus servicios.

siguientes circunstancias: si un proveedor edita el contenido y con ello alterase sustancialmente el significado de una declaración, de modo que la nueva declaración fuera difamatoria; si el sitio web crea o desarrolla una actividad ilegal, y si el proveedor incumple una promesa legal de retirar material de la web[28].

3.2 Gran Bretaña, Alemania y Francia

Si descendemos a una visión en torno a algunas de las iniciativas tomadas por Estados europeos, en Gran Bretaña por parte del Comité Digital, Cultura, Medios y Deporte (*Digital, Culture, Media and Sport Committee*) de la Cámara de los Comunes, en su Informe sobre Desinformación y *fake news*, se habría destacado varios tipos de información falsa: **contenido fabricado**, es decir, contenido completamente falso; contenido manipulado, referido a la distorsión de información o imágenes genuinas, (un titular que se hace más sensacionalista, a menudo popularizado por *"clickbait"*); **contenido impostor**, en cuanto existe suplantación de fuentes genuinas, por ejemplo, mediante el uso de la marca de una agencia de noticias establecida; **contenido engañoso**, en el cual se hace un uso engañoso de la información, (presentando un comentario como un hecho); **contexto de conexión falso**, esto es, contenido objetivo que se comparte con información contextual falsa, (cuando el título de un artículo no refleja el contenido); y, **sátira y parodia**, al presentarse tiendas humorísticas pero falsas como si fueran verdaderas[29].

---

28 WEIDENSLAUFER, *ul.op.cit*, pp. 1-14.

29 WEIDENSLAUFER, “La regulación de las "fake news" en el Derecho comparado, Asesoria Legal Parlmentaria, Congreso Nacional de Chile, Enero 2019, pp. 1-14. Citando, House of Commons (2017:7). GALDÁMEZ MORALES, "Posverdad y crisis de legitimidad. El creciente impacto de las fake news", en Revista Española de Transparencia, num.8, 2019, pp. 25-44. Cfr. *Reporte sobre las campañas de desinformación, "Noticias falsas (fake news)" y su impacto en el derecho a la libertad de expresión, Comisión Nacional de los Derechos Humanos.* México, 2019, pp. 5 ss, señalan que se han creado sitios de internet en donde se verifica la informa-

Por otro lado, en Alemania el Parlamento habría aprobado en junio de 2017 una ley contra la publicación en redes sociales de discursos de odio, pornografía infantil, artículos relacionados con el terrorismo e información falsa *(Netzwerkdurchsetzungsgesetz - NetzDG)*. Esta ley, que habría entrado en vigor en enero de 2018, se aplicaría a los proveedores de servicios de telemedia que cuentan con plataformas con fines de lucro en Internet, para que los usuarios puedan compartir o poner a disposición del público cualquier contenido (redes sociales), siempre que tengan más de dos millones de usuarios registrados.

Esto no se aplicaría a las plataformas de información periodística ni para las plataformas de comunicación individual o que publican contenidos específicos o destinados a usuarios específicos (redes empresariales, plataformas profesionales y técnicas,

---

ción que se encuentra en las distintas redes sociales; a este proceso se le denomina *"fast-cheking"* o chequeo de datos, método que verifica, inclusive en tiempo real, la veracidad de los dichos y de la información publicada, éste fue utilizado por la cadena CNN durante los debates presidenciales de 2016 en Estados Unidos. Otros serían los navegadores de búsqueda que ayudan a los usuarios de internet a identificar las "fake news"; la forma en que funcionan es con base de verificación de fuentes e identificación de imágenes y palabras claves. Los algoritmos, cuentan con una función que compara las capturas de pantalla de una publicación de red social que circulan en Internet con la información que tenga la red social, para verificar si se trata de información real o de un simple montaje. Las redes sociales también han realizado su labor para detectar las noticias falsas y ayudarse de sus usuarios para aumentar dicha detección. Las notificaciones o las banderas o "*flags*", funcionan de tal forma que cualquier usuario de la red social pueda reportar una publicación que considere falsa, como el mecanismo para reportar un "spam". "Cuando un número significativo de usuarios han reportado como falsa una publicación, una parte independiente, de quien se exige haber suscrito el Código de Principios de la International *Fact-Checking Network*, se encarga de decidir si el contenido de la publicación está o no en disputa. Si el contenido está en disputa, se hace visible una bandera ("*flag*") que advierte a los internautas que la publicación se encuentra disputada por un tercero imparcial cuyo trabajo es la verificación de datos *("Disputed by 3rd Party Fact-Checkers")*.

juegos online y sitios web comerciales), estipulándose que cada proveedor de contenidos que hubiera recibido más de cien quejas respecto a contenidos ilícitos en su plataforma (como noticias falsas y discursos de odio), estaría obligado a entregar un informe bianual, respecto de las herramientas utilizadas para contrarrestar esta situación. El informe deberá publicarse en la Gaceta Federal y en la página de inicio de la red social un mes después del final de cada semestre. Además de informar, la ley establece también la obligación de indicar el procedimiento para recibir y tramitar tales quejas[30].

En lo relativo a las redes sociales, éstas deben eliminar los "contenidos claramente ilícitos" e impedir el acceso a ellos, en un plazo de veinticuatro horas, desde la recepción de la queja de un usuario. Si la ilegalidad del contenido no fuera evidente, la red social tiene siete días para investigarlo y eliminarlo, pudiendo extenderse si la empresa contrata a una agencia externa para realizar el proceso de investigación (una Agencia de Autorregulación autorizada)[31].

Para garantizar una interpretación estricta de la noción de "contenido ilícito", el artículo 1 (3) enumera varios delitos según el Código Penal alemán (*Strafgesetzbuch* o StGB) que equivalen a la definición de contenido ilegal en el sentido de esta legislación. Por ejemplo, como discursos de odio, la ley incluye delitos como la incitación pública de delitos (art. 111 StGB), amenazas de cometer delitos (art. 126 StGB), incitación al odio (art. 130 StGB) y difamación de las religiones (art. 166 StGB) o de las personas (art. 186 StGB). Las ofensas que se asemejan a la difusión de noticias falsas son la difamación intencional (art. 187 StGB), la falsificación (art. 100a StGB) y la falsificación de datos (art. 269 StGB)[32].

---

30 WEIDENSLAUFER, "La regulación de las "fake news" en el Derecho comparado, Asesoria Legal Parlmentaria, Congreso Nacional de Chile, Enero 2019, pp. 1-14.

31 WEIDENSLAUFER, *ul.op.cit,* pp. 1-14.

32 WEIDENSLAUFER, *ul.op.cit,* 1-14.

Se ha recalcado que redes sociales como Facebook y Twitter podrían ser castigadas con sanciones administrativas que irían desde 500.000 hasta 50 millones de euros si no cumplen con la obligación de eliminar el contenido ilegal. Los directores también podrían ser multados individualmente hasta con 5 millones de euros[33].

En Francia, el artículo 27 de la Ley de libertad de prensa de 29 de julio de 1881 (*Loi du 29 juillet 1881 sur la liberté de la presse*) sanciona la publicación, difusión o reproducción de noticias falsas cuando sea probable que estas perturben la "paz pública", con una multa de 45.000 euros. El Código Penal (Code pénal), por su parte, en su artículo 226-1, sanciona con pena de un año de prisión y una multa de 45.000 euros a quien voluntariamente viole

---

33 WEIDENSLAUFER, *ul.op.cit*, pp. 1-14. Cfr. respecto a nuevas sanciones empresariales, cfr. EL PAÍS, en su edición digital de 3 de noviembre de 2020, https://elpais.com/economia/2020-11-02/bruselas-castigara-con-multas-a-las-plataformas-digitales-que-toleren-contenidos-ilegales.htm,donde se recoge que la Comisión Europea ultima un proyecto legislativo que establecerá una vigilancia supranacional de las grandes plataformas digitales y castigará la presencia de contenido ilegal en sus páginas aunque el origen del material sea una tercera persona u otra empresa independiente ante la presencia en sus redes de llamadas al odio, ofertas de productos falsificados, o campañas de flagrante desinformación destinadas a desacreditar o desestabilizar los poderes públicos. El plan incluye una norma de servicios digitales, Digital Services Act o DSA, que obligará a las grandes plataformas digitales a responder de manera inmediata a las quejas o denuncias sobre los contenidos que albergan y retirarlos tan pronto como sean requeridas por las autoridades. A pesar del código voluntario, suscrito por plataformas como Facebook, YouTube o Twitter ante la pasividad y la lentitud en ciertos casos se ha decidido imponer por ley las nuevas exigencias y obligaciones. El proyecto prevé la creación de un órgano de supervisión supranacional compuesto por la autoridad del país donde se radique la multinacional, pero con presencia también de las autoridades de los países de destino de sus servicios. Y de manera significativa, en ese colegio de supervisores participará la Comisión Europea, para velar por una dimensión comunitaria en el control de unas empresas que operan de manera simultánea en todo el mercado interior.

la privacidad de otro por cualquier medio. Castiga también con un año de prisión y con multa de 15.000 euros la publicación, por cualquier medio que sea, de las palabras o la imagen de otro sin su consentimiento. Asimismo, el delito de difamación definido por el artículo 29 de la Ley sobre la libertad de prensa, sancionaría "cualquier alegato o imputación de un hecho que socave el honor o a la consideración de la persona u organismo a quien se imputa el acto". Si la falsificación se refiere a un aspecto de la vida privada, la víctima puede recurrir a la justicia, sobre la base de las disposiciones del artículo 9 del Código Civil, según el cual "toda persona tiene derecho al respeto de su vida privada "que incluye la protección contra cualquier infracción del derecho al nombre, imagen, voz, intimidad, honor y reputación, olvido, y a su propia biografía"[34].

Por último, desde la promulgación de la Ley de Fideicomiso de la Economía Digital *(Loi pour la confiance dans l'économie numérique,* LCEN) de 2004, las plataformas, como "anfitriones", tendrían la obligación de mantener y almacenar datos para identificar a las personas que utilizan sus servicios. La ley introduce un procedimiento que permitiría a la autoridad judicial detener un "daño causado al público en línea por el contenido de un servicio de comunicación" al bloquear el acceso al contenido en línea o al suprimirlo[35].

La normativa contenida en las leyes, *Loi organique n° 2018-1201 du 22 décembre 2018 relative à la lutte contre la manipulation de l'information y la Loi n° 2018-1202 du 22 décembre 2018 relative à la lutte contre la manipulation de l'information* pretenderían combatir la manipulación de la información en la era digital y frenar la difusión de noticias falsas durante los períodos de campaña creán-

---

34 WEIDENSLAUFER, "La regulación de las "fake news" en el Derecho comparado, Asesoria Legal Parlmentaria, Congreso Nacional de Chile, Enero 2019, pp. 1-14.

35 WEIDENSLAUFER, "La regulación de las "fake news" en el Derecho comparado, Asesoria Legal Parlmentaria, Congreso Nacional de Chile, Enero 2019, pp. 1-14.

dose una nueva vía judicial civil de emergencia (référé civil) para detener la difusión de información falsa durante los tres meses anteriores a una elección nacional[36].

Por último, la ley entrega al Consejo Superior de Medios Audiovisuales *(Conseil supérieur de l'audiovisuel, CSA)* nuevas funciones, pudiendo unilateralmente suspender los servicios de radiodifusión que operen en Francia, controlados por un Estado

---

36 WEIDENSLAUFER, *ul.op.cit,* pp. 1-14. En estos casos, una vez recibida la solicitud, el juez que resuelve la materia provisionalmente debe evaluar, dentro de las 48 horas, si esta información se está difundiendo "de forma artificial o automatizada" y "masivamente". En la Decisión del 20 de diciembre de 2018, el Consejo Constitucional especificó que el juez podría detener la difusión de una información siempre que tanto la inexactitud o la naturaleza engañosa de la información y el riesgo de afectar la veracidad de la información fueran manifiestas.Las plataformas digitales (Facebook, Twitter, etc.) están sujetas a obligaciones de transparencia cuando distribuyan contenidos a cambio de una tarifa (contenidos auspiciados o anuncios de campaña). Aquellas que excedan un cierto volumen de conexiones diarias deberán tener un representante legal en Francia y hacer públicos sus algoritmos. Cfr. igualmente, ECONOMICS AND JURIST, en su edición de 27/04/2020, que habla del término "Infoxicación", al existir un incremento exponencial respecto de la difusión de informaciones imprecisas, engañosas o directamente falsas respecto de temáticas, la mayoría de las cuales son de absoluta actualidad. Se señala la importancia a nivel sectorial, de la *Red Internacional de Fact-Checking (IFCN)*, una asociación perteneciente a la escuela de periodismo y *ONG Poynter Institute* que se dedica a aglutinar las entidades verificadoras de todos los lugares del planeta. No obstante, se añade que respecto de la tecnología propiamente dicha, no es posible confiar ciegamente en la automatización de la totalidad del proceso de verificación, recibiendo especial atención en el combate contra la desinformación merece el filtro Kalman, comúnmente utilizado en los vehículos autónomos, donde partiendo de la idea de que los sensores de un vehículo no dan exactamente la verdad sino algo que se acerca a la misma, un algoritmo, junto con esta información no completamente cierta, tiene en cuenta los datos del pasado (o de la experiencia), y trata de buscar la realidad y la veracidad, a través de la asignación de unos pesos -o importancias- a distintos factores, como la reputación de la fuente o la fiabilidad del medio.

extranjero o bajo la influencia del mismo, que afecten los intereses fundamentales de la nación[37].

III. LIBERTAD DE EXPRESIÓN Y DISCURSO DEL ODIO EN ESPAÑA

Cuando nos acercamos a la óptica del Tribunal Constitucional español, en torno a la libertad de expresión, se ha reconocido que los derechos que consagraría el artículo 20 CE no tendrían únicamente una dimensión individual sino también otra institucional, puesto que no afectarían solo a una libertad individual básica, sino que se configurarían también como elementos conformadores de nuestro sistema político democrático. El art. 20 CE, además de consagrar el derecho a la libertad de expresión y a comunicar o recibir libremente información veraz, garantizaría igualmente un interés constitucional a la formación y existencia de una opinión pública libre[38].

---

[37] WEIDENSLAUFER, "La regulación de las "fake news" en el Derecho comparado, Asesoria Legal Parlmentaria, Congreso Nacional de Chile, Enero 2019, pp. 1-14. Por otra parte, cfr. www.echr.coe.int/Documents/Guide Art 15 ENG.pdf., en relación a que en situaciones de emergencia, los Estados pueden limitar la libertad de expresión y de información, cuando la situación equivalga a una emergencia pública que amenace la vida de la nación, y se haya proclamado oficialmente el Estado de emergencia y notificado a otros países a través del Secretario General de las Naciones Unidas.

[38] RAMIREZ ORTÍZ, "Apologías débiles y libertad de expresión: hitos de la jurisprudencia más reciente y algunos parámetros interpretativo-aplicativos", Revista Aranzadi de Derecho y Proceso Penal num.53/2019, BIB 2019\855, pp. 1-50. En torno a lo que denomina, la "hipercriminalización del discurso" destaca el Auto de prisión preventiva de 6 de febrero de 2016 por el Juzgado Central de Instrucción de la Audiencia Nacional respecto de dos integrantes de la compañía «Títeres desde abajo», como autores de delitos de enaltecimiento del terrorismo. El Auto del Juez Instructor n.º 42 de Madrid de 2 de marzo de 2017 que prohíbe cautelarmente la circulación de un autobús fletado por una

1. Libertad de expresión y libertad de crítica

Desde esta perspectiva, se ha considerado que **la libertad de expresión se extiende a ideas y opiniones contrarias al sistema democrático**, puesto que comprende **la libertad de crítica**, aun cuando la misma pueda molestar, inquietar o disgustar a quien se dirige, pues así lo requieren el pluralismo, la tolerancia y el espíritu de apertura, sin los cuales no existe "sociedad democrática". Se subraya que el nuestro no es un sistema de "democracia militante", esto es, un modelo en el que se imponga, no ya el respeto, sino la adhesión positiva al ordenamiento y, en primer lugar, a la Constitución. La libertad de configuración del legislador penal encontraría su límite en el contenido esencial del derecho a la libertad de expresión, de tal modo que no se permitiría la tipificación como delito de la mera transmisión de ideas, ni siquiera en los casos en que se trate de ideas execrables por resultar contrarias a la dignidad humana que constituye el fundamento de todos los derechos que recoge la Constitución y, por ende, de nuestro sistema político. Asimismo, se insiste en que en las zonas grises, no integradas en el núcleo del derecho deben ponderarse, antes de recurrir a la sanción penal, si se hace del mismo un factor de disuasión del ejercicio de la libertad de expresión, de tal modo que, si fuere así, habría de acudirse, en su caso, a otros remedios menos gravosos, como la sanción civil o administrativa[39].

---

organización católica («Hazte oír»). El Auto de la sección 1.ª de la Audiencia Provincial de Madrid de 6 de abril de 2017, que ordena reabrir una investigación por si los hechos denunciados pudieran constituir delitos de incitación al odio del artículo 510 o contra los sentimientos religiosos del artículo 525 contra los presentadores del programa de televisión «El intermedio».

39 Puede solicitarse la rectificación de la información difundida conforme a la L.O. 2/1984 de 26 de marzo reguladora del derecho de rectificación, que dispone en su art. 1 que "Toda persona natural o jurídica, tiene derecho a rectificar la información difundida, por cualquier medio de comunicación social, de hechos que le aludan, que considere inexactos y cuya divulgación pueda causarle perjuicio".

Por ello, se recalca que siempre habría que **diferenciar entre actividades contrarias a la Constitución y la difusión de ideas o ideologías contrarias a la Constitución**. Las primeras no son aceptables, pero sí las segundas, ya que el valor del pluralismo y la necesidad del libre intercambio de ideas como fundamento del sistema democrático representativo impedirían cualquier actividad de los poderes públicos tendente a fiscalizar gravemente la pura circulación pública de opiniones o doctrinas.

2. Libertad de expresión y discursos incitadores

Por otro lado, como han resaltado algunos autores, en torno a **los discursos de orientación inequívocamente injuriosa o vejatoria,** se habría afirmado por nuestros tribunales que se situaría fuera del ámbito de protección de dicho derecho, la difusión de las frases y expresiones ultrajantes u ofensivas, sin relación con las ideas u opiniones que se quieran exponer, y, por tanto, innecesarias a este propósito. Por lo que se refiere a los discursos racistas o xenófobos, el art. 20.1 CE no garantizaría el derecho a expresar y difundir un determinado entendimiento de la historia o concepción del mundo con el deliberado ánimo de menospreciar y discriminar, al tiempo de formularlo, a personas o grupos por razón de cualquier condición o circunstancia personal, étnica o social, pues sería tanto como admitir que, por el mero hecho de efectuarse al hilo de un discurso más o menos histórico, la Constitución permitiese la violación de uno de los valores superiores del ordenamiento jurídico, como es la igualdad (art. 1.1 CE) y uno de los fundamentos del orden político y de la paz social: la dignidad de la persona (art. 10.1 CE).

Igualmente, también se entenderían ajenos al ámbito de la libertad de expresión, los discursos de vertiente incitadora, como el «discurso del odio», en los términos en que se ha referido a él el TEDH, a aquél desarrollado en términos que supongan una incitación directa a la violencia contra los ciudadanos en general o contra determinadas razas o creencias en particular. Sin embargo, se especifica que no puede dejar de observarse, que el concepto «discurso del odio», de origen sociológico, sería de contornos difusos, por lo que debe ser manejado con cautela en el ámbito jurídico penal. Por otra parte, para el TEDH, hay que distinguir entre el discurso del odio que se verifica con la voluntad expresa de destruir con su ejercicio las libertades y el pluralismo o de atentar contra las libertades reconocidas en el Convenio, que no tiene cabida en el CEDH, y cuya exclusión se fundamenta en el artículo 17 del mismo, y el discurso del odio que no sería apto para destruir los valores fundamentales del Convenio, en el que habrá de examinar en cada caso, si la sanción o prohibición del discurso está prevista en la ley interna, persigue algún objetivo legítimo y es necesaria en una sociedad democrática para alcanzar tales objetivos (artículo 10 CEDH)[40].

---

40 Cfr. Ampliamente, RAMÍREZ ORTIZ, "Apologías débiles y libertad de expresión: hitos de la jurisprudencia", Revista Aranzadi de Derecho y Proceso penal, núm. 53/2019 BIB 2019\855. Se ha resaltado que la Sentencia del Tribunal Constitucional 177/2015 (caso sobre la quema de fotos del rey) partía de la consideración de que los hechos eran constitutivos de un delito de injurias a la Corona del art. 490.3 CP. Los votos particulares y la STEDH caso Stern Taulats y Roura Capellera c. España, de 13 de marzo de 2018, recogían que en cuanto al discurso del odio, la jurisprudencia del Tribunal Europeo de Derechos Humanos reproducía la definición que ofrece la Recomendación núm. R (97) 20 del Consejo de Europa, abarcando cualquier forma de expresión que propague, incite, promueva o justifique el odio racial, la xenofobia, el antisemitismo u otras formas de odio basadas en la intolerancia que se manifiestan a través del nacionalismo agresivo y el etnocentrismo, la discriminación y la hostilidad contra las minorías y los inmigrantes o personas de origen inmigrante". Por ello, calificar la quema del retrato real como una expresión del "discurso de odio", no podría considerarse más que un ejercicio errático en la búsqueda de una cobertura jurídica que se antoja imposible, tratando de justificar de cualquier manera la desestimación del presente recurso de amparo. Equiparar bajo el mismo concepto el discurso antimonárquico con el discurso dirigido a fomentar la discriminación y exclusión social de colectivos secularmente vulnerables, "revela una lamentable utilización de conceptos acuñados sobre realidades dramáticas que en modo alguno admiten comparación con los insultos a una institución o a unas personas de

3. Libertad de expresión y discurso del odio violento

a) La incitación directa a la violencia

En esta materia, en uno de los ámbitos en los que se han producido más sentencias, de diferentes órganos jurisdiccionales, nacionales o internacionales, algunas de carácter contradictorio, ha sido el entorno de la delimitación del delito de enaltecimiento del terrorismo, debiendo destacarse lo previsto por la Sentencia del Tribunal Constitucional 112/2016, relativa a lo previsto en los artículos 578 y 579.2 CP. En ella, se habría expuesto que el discurso del odio se caracterizaría por desarrollarse en términos que «**supongan una incitación directa a la violencia contra los ciudadanos en general o contra determinadas razas o creencias en particular**». Por otra parte, dada la similitud entre el artículo 607.2 (apología del genocidio) y el 578 (enaltecimiento del terrorismo), se habría considerado que serían de aplicación las exigen-

---

tan alta relevancia pública». Asimismo, se subraya, que la STEDH de 13 de marzo de 2018 estimó la demanda interpuesta por los condenados al considerar que la acción que realizaron estaba amparada en el legítimo ejercicio de la libertad de expresión, por lo que condenó a España por la violación del derecho. En síntesis, consideró que el acto se había organizado y celebrado en un contexto en el que se debatían cuestiones de interés general, como la independencia de Cataluña y la estructura monárquica de la Jefatura del Estado, de tal modo que no se advertía tanto un ataque injurioso a la persona del monarca como una crítica al mismo en tanto que representante del aparato estatal y de las fuerzas que habían ocupado Cataluña, a juicio de los manifestantes. Por otra parte, se estimó que no hubo incitación al odio o a la violencia, sino que lo que se pretendía era atraer la atención de los medios de comunicación, utilizando una provocación permisible para transmitir un mensaje crítico. Hubo, en definitiva, una expresión simbólica de la insatisfacción y protesta en el marco de un debate sobre un tema de interés político. Dicha expresión formaba parte de la libertad protegida por el Convenio, que comprende la transmisión de ideas que pueden ofender o perturbar, como exigencia del pluralismo, la tolerancia y la amplitud de miras, sin la cual no existe una «sociedad democrática»

cias de "una situación de riesgo para las personas o derechos de terceros o para el propio sistema de libertades como condición para justificar su compatibilidad con el estándar del derecho de la libertad de expresión por ser necesaria esa injerencia en una sociedad democrática".

Sin embargo, en ocasiones, el Tribunal Constitucional habría indicado, que la sanción penal de las conductas de enaltecimiento del terrorismo sancionadas en el art. 578 CP supondría una legítima injerencia en el ámbito de la libertad de expresión de sus autores en la medida en que puedan ser consideradas como una manifestación del discurso del odio por propiciar o alentar, aunque sea de manera indirecta, una situación de riesgo para las personas o derechos de terceros o para el propio sistema de libertades», estimándose que no habría un legítimo ejercicio del derecho a la libertad de expresión, cuando la conducta fuera una expresión de odio basado en la intolerancia manifestado a través de un nacionalismo agresivo; con inequívoca presencia de hostilidad hacia otros individuos en un acto público; y existiendo una instigación a la violencia[41].

---

[41] Cfr. RAMÍREZ ORTIZ, "Apologías débiles y libertad de expresión: hitos de la jurisprudencia", Revista Aranzadi de Derecho y Proceso penal, núm. 53/2019 BIB 2019\855. En este sentido, se razona: «acciones como las que nos ocupan crean un determinado caldo de cultivo, una atmósfera o ambiente social proclive a acciones terroristas, antesala del delito mismo, singularmente si se tienen en cuenta las circunstancias en las que cursaron los hechos: fue un acto público, previamente publicitado mediante carteles pegados en las calles, en un contexto en el que la actividad terrorista seguía siendo un importante problema social ». Sobre este aspecto, cfr. ampliamente, GALÁN MUÑOZ, "El delito de enaltecimiento terrorista. ¿Instrumento de lucha contra el peligroso discurso del odio terrorista o mecanismo represor de repudiables mensajes de raperos, twietteros y titiriteros?, en GALAN MUÑOZ, MENDOZA CALDERÓN, Globalización y lucha contra las nuevas formas de criminalidad transnacional, Valencia, 2019, pp. 179 ss, señala que el empeño del legislador por castigar los meros intentos de inducción intentada para que cometan delitos terroristas, en el art. 579.1 CP, requiriéndose no obstante que el mensaje resulte idóneo desde el punto

b) La utilización selectiva del concepto discurso del odio a colectivos vulnerables

En torno a la valoración de esta polémica, asimismo se ha considerado que la utilización selectiva del concepto «discurso del odio», (creado para abordar el odio racial, fundamentado en la doctrina de la superioridad de unas razas frente a otras, como el artículo 4 de la Convención sobre la eliminación de todas las formas de discriminación racional de 1965) habría provocado que, de modo progresivo, se hayan ido incorporando otros colectivos como sujetos merecedores de protección penal, cuando la Recomendación General n.° 35 de 2013 del Comité para la Eliminación de la Discriminación Racial habría especificado que "la criminalización de las formas de expresión racistas debe ser reservada para casos serios, probados más allá de toda duda razonable, mientras los casos menos serios deberían ser tratados por medios diferentes a la ley penal». En definitiva, se habría especificado que, no cualquier colectivo o grupo social de personas puede ser tributario de la protección que le dispensa la prohibición del denominado «discurso del odio», sino que debería circunscribirse a los colectivos vulnerables e históricamente discriminados en el contexto concreto en el que se emita el discurso[42].

---

de vista ex ante para incitar a sus posibles destinatarios a cometer un concreto y determinado delito de terrorismo. Ante la dudosa técnica de tipificación, indica que puede provocarse un efecto desaliento o chilling effect, en los ciudadanos respecto a legítimos actos propios de la libertad de expresión. Cfr. igualmente, pp. 199 ss, en relación a la STC 112/2016 de 20 de junio, en relación a la tipificación de "delitos de clima", debiendo requerirse una situación de riesgo para las personas o derechos de terceros como consecuencia del discurso terrorista.

42 Cfr. RAMÍREZ ORTIZ, "Apologías débiles y libertad de expresión: hitos de la jurisprudencia", Revista Aranzadi de Derecho y Proceso penal, núm. 53/2019 BIB 2019\855.

c) El componente incitador. La importancia de las nuevas tecnologías

Por otra parte, en esta controversia en torno a la delimitación del discurso del odio, también se ha distinguido la polémica relativa a la penalización de las denominadas "apologías débiles" (y aquellas otras que deberían ser insignificantes desde el punto de vista penal) y la trascendencia de la adecuada conformación de un componente "incitador" desde el punto de vista de la valoración del principio de lesividad y de intervención mínima penal en este tipo de discursos.

De este modo, se ha destacado que debe demostrarse la concurrencia de un componente incitador, en el sentido de propiciarse o alentarse una situación de riesgo, entendiéndose que en los artículos 578, 607.2 CP y 510 CP sería esencial la valoración de las circunstancias de contexto[43] insistiéndose en el aspecto de

---

[43] Cfr. RAMÍREZ ORTIZ, "Apologías débiles y libertad de expresión: hitos de la jurisprudencia", Revista Aranzadi de Derecho y Proceso penal, núm. 53/2019 BIB 2019\855. En cambio, en la STS 378/17 de 25 de mayo de 2017 (tuits sobre los GRAPO) parte de una sentencia de instancia condenó al acusado como autor de un delito de enaltecimiento del terrorismo. La Sala Segunda casa la sentencia y absuelve al condenado, estimándose que la antijuridicidad material de la conducta enaltecedora o justificadora exige la concurrencia de elementos adicionales que hagan constitucionalmente tolerable la sanción penal; se requiere, en primer lugar, la presencia de un elemento tendencial, referido a la intención, finalidad o motivación del sujeto activo, que debe ser inequívocamente de enaltecimiento. En segundo lugar, y en relación con aquél, debe constatarse objetivamente una situación de riesgo para las personas o derechos de terceros o para el propio sistema de libertades, abarcada por el dolo del autor. En la valoración sobre el riesgo que se crea con el acto imputado. Por más que tal riesgo haya de entenderse en abstracto como "aptitud" ínsita en la actuación imputada, pero no referida a un concreto delito de terrorismo, acotado en tiempo, espacio, por referencia a personas afectadas». Se considera que en el caso enjuiciado, no se aprecia en la voluntad del autor la tendencia a querer incitar efectiva y realmente la comisión de delitos de terrorismo. Ni aún de manera directa, afirmándose que hay que diferenciar entre **proclamar, incluso vociferar, lo que el sujeto "siente", es decir sus deseos o**

que actualmente las nuevas tecnologías inciden en un gran modo en la difusión del discurso, agravando el daño de afirmaciones o mensajes que, en otro momento, podían haber limitado sus perniciosos efectos a un reducido y seleccionado grupo de destinatarios, considerándose que incitar a la violencia en las redes telemáticas puede tener vocación de perpetuidad y carecerse de control sobre su zigzagueante difusión, "pues desde que el mensaje llega a manos de su destinatario, éste puede multiplicar su impacto mediante sucesivos y renovados actos de transmisión"[44].

Igualmente, en la Sentencia del Tribunal Supremo núm. 52/2018, de 31 de enero, en torno al delito de enaltecimiento del terrorismo se habría insistido en que a aptitud para generar **un riesgo debe ser objetiva y no subjetiva,** por lo tanto, deberá prestarse especial **atención al eco de los mensajes45**.

---

emociones y otra cosa que tal expresión se haga, no para tal expresión emotiva, sino, más allá, para la racional finalidad de procurar que el mensaje, al menos indirectamente, mueva a otros a cometer delitos de terrorismo».

44 Cfr. RAMÍREZ ORTIZ, "Apologías débiles y libertad de expresión: hitos de la jurisprudencia", Revista Aranzadi de Derecho y Proceso penal, núm. 53/2019 BIB 2019\855. En lo relativo a la jurisprudencia del Tribunal Supremo, en la STS 4/2017, de 18 de enero de 2017 (Caso Strawberry) se casó la sentencia de la Audiencia Nacional y se condenó como autor de un delito de enaltecimiento al terrorismo y humillación a las víctimas del terrorismo, estimándose que los elementos de contexto son probatoriamente irrelevantes. Se citan diversas sentencias a modo de precedentes, recogiendo la doctrina expuesta en la STS 820/2016 Cfr. igualmente, SÁEZ VALCÁRCEL, R.: Amenazas a la libertad de expresión en el ámbito penal. La represión de los discursos peligrosos. Revista de derecho social n.º 74, 2016.

45 Cfr. RAMÍREZ ORTIZ, "Apologías débiles y libertad de expresión: hitos de la jurisprudencia", Revista Aranzadi de Derecho y Proceso penal, núm. 53/2019 BIB 2019\855. Se insiste en que la mejor demostración de la ausencia de riesgo alguno es que los tuits solo fueron detectados cuando los investigadores policiales realizaron prospecciones en la red social, que se convirtieron en destinatarios de los mensajes. Por lo tanto, no habían tenido impacto alguno en la opinión pública». En la STS 72/2018, de 9 de febrero (yihadistas y machistas) el acusado fue con-

En este sentido, se ha recalcado que en este concreto ámbito, puede ser de utilidad la **Recomendación de Política General n.º 15 de la Comisión Europea contra el Racismo y la Intolerancia (ECRI)**, que suministra los puntos a tomar en consideración para contextualizar las conductas de incitación al odio y evaluar si exis-

---

denado por haber publicado en su cuenta de Twitter diversos mensajes como autor de un delito de enaltecimiento del terrorismo y de otro de incitación al odio por razón de género. La Sala II estimó parcialmente el recurso del acusado y le absolvió del delito de enaltecimiento del terrorismo, al tiempo que estimó el recurso del Ministerio Fiscal y aplicó el tipo agravado de comisión del hecho a través de internet. Los mensajes publicados fueron los siguientes: La Sala efectuó el siguiente razonamiento: a) El artículo **578 CP constituye un caso de apología débil**. La conducta de enaltecer o justificar el terrorismo del artículo 578 se estructura como una forma autónoma de apología caracterizada por su carácter genérico, sin llegar a integrar una provocación, ni directa ni indirecta del delito. La diferencia esencial radica en el adelanto de la barrera de protección que supone el 578 respecto al 579 del Código penal. Ahora bien, la conducta para que sea típica requiere una cierta concreción de lo que se enaltece o justifica de manera que suponga no un comentario genérico, sino una justificación del acto o de la banda terrorista. b) El artículo 510 CP constituye otro supuesto de apología débil en el que las exigencias típicas se satisfacen por el solo hecho de que el discurso emitido sea subsumible en la tipología del «discurso del odio». Se trata de un tipo penal estructurado bajo la forma de delito de peligro, bastando para su realización, la generación de un peligro que se concreta en el mensaje con un contenido propio del "discurso del odio", que lleva implícito el peligro al que se refieren los Convenios Internacionales de los que surge la tipicidad. En la STS de 15 de febrero de 2018, (caso Valtonic) la sentencia de instancia condenó al acusado como autor de tres tipologías distintas de delitos: enaltecimiento del terrorismo y humillación a las víctimas, calumnias e injurias graves a la Corona y amenazas. En cambio, sobre apología y discursos del odio por motivos religiosos, cfr. sobre el denominado test de Rabat, cfr. LANDA GOROSTIZA, Delitos de odio y estándares internacionales: una visión crítica a contra corriente, RECPC 22-19 (2020). Sobre sus directrices, cfr. https://documents-dds-ny.un.org/doc/UNDOC/GEN/G13/101/51/PDF/G1310151.pdf?OpenElement, consultada en diciembre 2022.

te o no el riesgo de que se produzcan estos actos, tomándose en consideración el contexto en el que se utiliza el discurso de odio en cuestión (especialmente si ya existen tensiones graves relacionadas con este discurso en la sociedad); la capacidad que tiene la persona que emplea el discurso de odio para ejercer influencia sobre los demás (con motivo de ser por ejemplo un líder político, religioso o de una comunidad); la naturaleza y contundencia del lenguaje empleado (si es provocativo y directo, si utiliza información engañosa, difusión de estereotipos negativos y estigmatización, o si es capaz por otros medios de incitar a la comisión de actos de violencia, intimidación, hostilidad o discriminación); el contexto de los comentarios específicos (si son un hecho aislado o reiterado, o si se puede considerar que se equilibra con otras expresiones pronunciadas por la misma persona o por otras, especialmente durante el debate); el medio utilizado (si puede o no provocar una respuesta inmediata de la audiencia como en un acto público en directo); y la naturaleza de la audiencia (si tiene o no los medios para o si es propensa o susceptible de mezclarse en actos de violencia, intimidación, hostilidad o discriminación)[46].

IV. REPERCUSIÓN EN DERECHO PENAL ESPAÑOL DE LAS FAKE NEWS Y DISCURSO DEL ODIO

A pesar de todo lo expuesto respecto a las repercusiones internacionales en torno a la delimitación adecuada de la necesidad de

---

[46] Cfr. RAMÍREZ ORTIZ, "Apologías débiles y libertad de expresión: hitos de la jurisprudencia", Revista Aranzadi de Derecho y Proceso penal, núm. 53/2019 BIB 2019\855. Cfr. sobre los límites, STEDH, de 7 de julio de 2020, (Caso Rusia), en torno a discurso político en el que se atribuía responsabilidad de los crímenes contra las personas a los poderes fácticos en general y no a individuos en particular. Se considera sanción excesiva que obligó al demandante a vender parte de su patrimonio para hacerla efectiva con ruptura del justo equilibrio entre la protección de los derechos de la reputación del denunciante y la libertad de expresión del demandante.

intervención en la proliferación de noticias falsas dadas y la trascendencia de la importancia del legítimo derecho a la libertad de expresión, opinión o información; en materia penal, únicamente en principio, cabe destacarse la existencia de una *Nota de la Secretaría Técnica de la Fiscalía General del Estado, de 17 de abril de 2020,* donde se habría recogido la importancia de hechos relacionados con la publicación o divulgación de noticias falsas en Derecho penal español, motivada por el contexto de la pandemia de la Covid-19[47].

---

[47] En ella se especifica que cuando estas noticias falsas se relacionen con la posible causación de un delito de descubrimiento y revelación de secretos, cuando la desinformación fuera acompañada de revelación de datos personales -estos últimos auténticos-, podría darse la concurrencia de los arts. 197.3 CP y subtipos agravados de los apartados 5 y 6 CP. Considerándose igualmente, que las *fake news* podrían integrar los tipos penales del delito de injurias del art. 209 CP (con publicidad se castigarán con la pena de multa de 6 a 14 meses y, en otro caso, con la de 3 a 7 meses) y el delito de calumnias del art. 206 CP (6 meses a 2 años o multa de 12 a 24 meses, si se propagaran con publicidad y, en otro caso, con multa de 6 a 12 meses).

Asimismo, se especificaba que en casos de muy extrema gravedad y siendo la víctima una persona individual, las falsas noticias podrían llegar a integrar el delito contra la integridad moral del art. 173.1 CP (prisión de 6 meses a 2 años. Conforme a la jurisprudencia del Tribunal Supremo los elementos que conforman el concepto de atentado a la integridad moral serían los siguientes: un acto de claro e inequívoco contenido vejatorio para el sujeto pasivo; la concurrencia de un padecimiento físico o psíquico; que el comportamiento sea degradante o humillante con especial incidencia en el concepto de dignidad de la persona-víctima. Y todo ello unido a modo de hilo conductor de la nota de gravedad, que exigiría un estudio individualizando caso a caso, pudiendo derivarse de una sola acción particularmente intensa que integre las notas que vertebran el tipo, o bien una conducta mantenida en el tiempo; sin que se requiera que este quebranto grave se integre en el concepto de lesión psíquica. De igual modo se añade, que, aunque la conducta no tenga la entidad lesiva suficiente para constituir un delito contra la integridad moral, otra serie de "daños morales" podrían ser resarcidos a través de la responsabilidad civil.

Sin embargo, a pesar de esta nota de prensa[48], cuya finalidad

---

El delito contra la integridad moral del artículo 173 permitiría el castigo, tanto de aquellas conductas aisladas que por su naturaleza tienen entidad suficiente para producir un menoscabo grave de la integridad moral de la víctima, cuanto de aquellas otras que, si bien aisladamente consideradas no rebasarían el umbral exigido por este delito, sin embargo en tanto reiteradas o sistemáticas, realizadas habitualmente y consideradas en su conjunto, terminan produciendo dicho menoscabo grave a la integridad moral. Son conductas, éstas últimas, de trato degradante, entendiendo por "trato degradante" aquel que pueda crear en las víctimas sentimientos de terror, de angustia y de inferioridad susceptibles de humillarles, de envilecerles y de quebrantar, en su caso su resistencia física o moral , o, en síntesis, cualquier atentado a la dignidad de la persona-, que en su individual consideración pueden no ser calificables de graves, pero que al ser reiteradas terminan menoscabando gravemente por erosión dicha integridad moral

48 En materia de desórdenes públicos, en el caso de *fake news* que contengan mensajes de alarma, atentados terroristas o catástrofes, las cuales implican situaciones de peligro para la sociedad o hacen necesario el auxilio y la activación de los servicios de emergencia, la afirmación falsa o la simulación podría ser constitutiva del delito de desórdenes públicos de los arts. 561 y/o 562 CP (prisión de 3 meses y 1 día a 1 año o multa de 3 a 18 meses).

Por otra parte, se reconoce que durante la pandemia la Unidad de Criminalidad Informática de la Fiscalía General del Estado habría denunciado en ocasiones las noticias sobre métodos curativos sin contrastar médicamente o claramente ineficaces por si pudieran integrar alguno de los delitos contra la salud pública previstos en los arts. 359 y ss. CP incidiéndose en que la acción de estos tipos incluye verbos como "fabricar, importar, exportar, suministrar, intermediar, comercializar", de modo que no podría condenarse a quienes simplemente los dan a conocer atribuyéndoles falsas propiedades. Se habría subrayado que, si la anterior conducta fuera acompañada, como es lo habitual, de la existencia de un negocio a partir de las *fake news* sobre las propiedades curativas de una determinada sustancia sin contrastar científicamente, estaríamos ante un delito de estafa de los arts. 248 y ss. CP (prisión de 6 meses a 3 años en el tipo básico). Esta conducta podría constituir también el delito de intrusismo (art. 403 CP, castigado con pena de multa de 12 a 24 meses). Si la actividad profesional desarrollada exigiere un título oficial que acredite la capacitación necesaria y habilite legalmen-

era simplemente la de informar sobre las posibilidades que podría ofrecer el Código penal, sin entrar en ningún tipo de detalle técnico de relevancia sobre esta cuestión, desde nuestro punto de vista, concordamos con la doctrina que ha defendido que lo que subyacería en torno a la penalización de las *fake news* sería la denominada "criminalización de la palabra", sosteniéndose que esta problemática debería quedar situada en torno al plano de la tipicidad, con respecto a las "interrelaciones de los bienes jurídicos atacados por la mentira frente a la libertad de expresión y los principios constitucionales superiores relativos a la libertad, igualdad y pluralismo, presentes en el art. 1.1 CE"[49].

---

te para su ejercicio, y no se estuviere en posesión de dicho título, se impondrá la pena de multa de 6 a 12 meses). Por último, se habría detallado que podría apelarse en algún caso a la aplicación del delito relativo al mercado y los consumidores del art. 282 CP que castiga a los fabricantes o comerciantes que, en sus ofertas o publicidad de productos o servicios, hagan alegaciones falsas o manifiesten características inciertas sobre los mismos, de modo que puedan causar un perjuicio grave y manifiesto a los consumidores. Desde el punto de vista de los mercados y/o los consumidores, según esta información, existirían diversos tipos penales que castigan la falsedad informativa. Entre otros, el delito del art. 284.1.2º CP que dice castiga (prisión de 6 meses a 2 años o multa de 12 a 24 meses) a quien por sí, de manera directa o indirecta o a través de un medio de comunicación, por medio de internet o mediante el uso de tecnologías de la información y la comunicación, o por cualquier otro medio, difundieren noticias o rumores o transmitieren señales falsas o engañosas sobre personas o empresas, ofreciendo a sabiendas datos económicos total o parcialmente falsos con el fin de alterar o preservar el precio de cotización de un instrumento financiero o un contrato de contado sobre materias primas relacionado o de manipular el cálculo de un índice de referencia, cuando obtuvieran, para sí o para tercero, un beneficio, siempre que concurra alguna de las siguients circunstancias. Se indica que este precepto está concretamente dirigido a salvaguardar el devenir de los mercados financieros.

49 DE LAS HERAS, "Las fake news ante el Derecho penal español", Actualidad Jurídica Iberoamericana Nº 12 bis, mayo 2020, pp. 70-77. Recuerda en este sentido el derogado delito de tendencia del art.165 bis b) del CP 1973, que castigaba, junto a otros conceptos de índole política, la publicación de noticias falsas o informaciones peligrosas para la moral

Por ello, desde nuestra perspectiva, entendemos que debe delimitarse cada supuesto en concreto, a la hora de valorar la relevancia penal de las noticias falsas vertidas en Internet[50], sobre todo, sin caer en el recurso fácil al populismo punitivo reclamándose nuevas vías de penalización sin ulterior reflexión, analizándose en los siguientes apartados sus interconexiones con delitos contra el honor, así como formas ligadas al denominado "discurso del odio" que constituye el objeto central de este estudio:

1. Las fake news y los delitos contra el honor

La doctrina penal habría destacado que el honor no sería una realidad material, aprehensible o apreciable directamente por los sentidos, sino un concepto jurídico que ha sido interpretado desde muy diferentes enfoques. Tradicionalmente se han confrontado, por una parte, la perspectiva fáctica desde la cual el honor se equipararía a la autoestima, (es decir, lo que cree el sujeto que los demás piensan de él mismo; por otro lado, normativamente se definiría como lo que los demás piensan de uno, esto es, la fama del sujeto. Según el Tribunal Constitucional este sería un «concepto indeterminado que depende de las normas, valores e ideas sociales vigentes en cada momento», amparando «la buena reputación, la buena fama de una persona, protegiéndola frente a expresiones o mensajes que puedan hacerla desmerecer en la consideración ajena al ir en su descrédito o menosprecio o al ser tenidas en el concepto público por afrentosas»[51].

---

y las buenas costumbres y contrarias, entre otras, a la seguridad del Estado, el mantenimiento del orden público o la integridad de los Principios del Movimiento Nacional o de las Leyes Fundamentales, citando en este sentido la STS 18 marzo 1976.

50 Sobre la atipicidad de la gran mayoría de estas conductas, cfr. DE LA MATA BARRANCO, ALMACEN DE DERECHO, https://almacendederecho.org/bulos-derecho-penal-y-estado-de-alarma,consultado en junio 2020.

51 FERNÁNDEZ BAUTISTA, "La tutela de las libertades de expresión e información versus honor ¿jurisprudencias convergentes? Consecuen-

cias en el ámbito Jurídico-Penal". BIB 2013\9702, en El Tribunal de Estrasburgo en el Espacio Judicial Europeo. BIB 2013\1340, Julio de 2013. Se señala que los menores e incapaces son titulares del derecho al honor, pero el consentimiento deberá ser prestado por ellos mismos si su madurez lo permite y, en caso contrario, deberá ser otorgado por escrito a través su representante legal, comunicándolo previamente al Ministerio Fiscal. El consentimiento prestado no evitará la vulneración del derecho al honor cuando se utilice la imagen del menor o su nombre en los medios de comunicación en menoscabo de su honra o reputación o de forma contraria a sus intereses. En relación a la posibilidad de entender a las personas jurídico-privadas como posibles sujetos pasivos de los delitos contra el honor la cuestión no ha sido doctrinalmente pacífica. En el ámbito de las injurias, se expone que cabría diferenciar, dos supuestos. Por un lado, el relativo al honor de las personas jurídico-públicas y, por otro, el de las personas jurídico-privadas. Con respecto al primero la doctrina mayoritaria niega esta posibilidad, utilizando argumentos tales como el carácter personalista de honor mantenido por el Tribunal Constitucional o el hecho de que dichas personas jurídicas son más bien órganos o parte de órganos pertenecientes a una persona jurídica como es el Estado. En relación al honor de las personas jurídico-privadas existiría una opinión favorable a la protección jurídico-penal, si bien, hay discrepancias sobre quién es el realmente el injuriado, (si lo es la persona jurídica como tal, los representantes legales de la misma, sus órganos directivos o en general todos sus miembros). En el supuesto de los personajes públicos, el Tribunal Constitucional sostiene que los personajes públicos están expuestos a un control más riguroso de sus actitudes y manifestaciones que los particulares, que carecen de proyección pública. El Tribunal Europeo de Derechos Humanos reconoce a los políticos y los personajes con relevancia pública. Los primeros, deben permitir intromisiones en su honor siempre que los hechos sean veraces y que los juicios de valor emitidos tengan base fáctica suficiente incluso cuando sean exagerados o provocativos; llegándose, incluso, a permitir el uso de términos claramente insultantes o expresiones especialmente agresivas o críticas cuando la emisión del juicio de valor se produce como consecuencia de declaraciones provocativas por parte del político afectado. En el caso de los personajes con relevancia pública se reconoce que éstos deben permitir ciertas limitaciones en el ejercicio de su derecho, pero el margen para la exageración y provocación tolerado disminuye sensiblemente, se exige mayor diligencia en la base fáctica de la emisión de juicios o imputación de hechos y

En este sentido, el Tribunal Constitucional habría sostenido que la libertad de expresión prevalecería sobre el derecho al honor siempre que se limite a la manifestación de opiniones o juicios de valor que no sean injuriosos o vejatorios. A su vez, la libertad de información prevalecería sobre el derecho al honor siempre que la información difundida fuera veraz y de interés público, sustituyéndose el concepto de «hecho» por el de «base fáctica» a partir de la cual, se realizarán los juicios de valor. La base fáctica podría ser sometida a la «prueba de veracidad» mientras los juicios de valor únicamente a la prueba de la «buena fe»[52].

El carácter de noticiable de una información dependerá de que esa información tenga interés o relevancia pública, exclu-

---

las limitaciones al ejercicio de este derecho fundamental han de estar vinculadas a las razones por las cuales han adquirido dicha proyección pública. Cfr. DE PABLO SERRANO, Honor, injurias y calumnias. Los delitos contra el honor en el Derecho histórico y en el Derecho vigente español, DOCUMENTO TOL6.494.752, consultado en fecha julio 2020, señala que la pena de infamia implicaba una pérdida del buen nombre y reputación que un hombre tiene entre los demás hombres con quienes vive: es una especie de excomunión civil, que priva al que ha incurrido en ella de toda consideración, y rompe todos los vínculos civiles, que le unían a sus conciudadanos, dejándole como aislado en medio de la misma sociedad.

52 FERNÁNDEZ BAUTISTA, "La tutela de las libertades de expresión e información versus honor ¿jurisprudencias convergentes? Consecuencias en el ámbito Jurídico-Penal". BIB 2013\9702, en El Tribunal de Estrasburgo en el Espacio Judicial Europeo. BIB 2013\1340, Julio de 2013. Cfr. asimismo, GARCÍA ARÁN, Libertad de información y procesos penales en curso, Teoría y derecho: revista de pensamiento jurídico, Nº. 24, 2018 (Ejemplar dedicado a: Garantías constitucionales, prensa y Derecho penal), págs. 14-33. En torno a este punto, cfr. igualmente, CARMONA SALGADO, "Calumnias, injurias y otros atentados al honor. Perspectiva doctrinal y jurisprudencial, Valencia, 2012, pp. 59 ss. Cfr. asimismo, CARBONELL MATEU, "Las libertades de información y expresión como objeto de tutela y como límites a la actuación del Derecho Penal». Estudios Penales y Criminológicos, vol. XVIII (1995). Cursos e Congresos nº 87, Servizo de Publicacións da Universidade de Santiago de Compostela, pp. 8-44.

yéndose, por tanto, aquella información dirigida únicamente a satisfacer el espíritu morboso de algunos lectores. El requisito de veracidad sería absolutamente esencial, constituyendo un límite interno a dicha libertad, dependiendo ésta no de la total exactitud en el contenido de la información. Se aceptan como adecuadas al legítimo ejercicio, las informaciones erróneas que serían inevitables en un debate libre, sustituyéndose el criterio de la exactitud por el de diligencia valorada dese un juicio objetivo *ex ante*, resultando irrelevante que *ex post* se demuestre que la información transmitida no se ajusta objetivamente a la realidad. En el examen de la diligencia se tendrá en cuenta las posibilidades efectivas de contrastar la información y la fiabilidad de las fuentes de información utilizadas[53].

Asimismo, la libertad de información prevalecería sobre el derecho al honor cuando la información difundida pudiera también considerarse un reportaje neutral, es decir, aquel relato en el que el medio de comunicación se limitaría a reproducir una información ya conocida, actuando como mero transmisor de lo acaecido (el objeto de la noticia ha de hallarse constituido por declaraciones que imputan hechos lesivos del honor, pero que han de ser por sí mismas, noticia y han de ponerse en boca de personas determinadas responsables de ellas; y el medio informativo ha de ser mero transmisor de tales declaraciones, limitándose a narrarlas sin alterar la importancia que tengan en el conjunto de la noticia, sin reelaborarla o provocarla)[54]. En torno a los denomi-

53 FERNÁNDEZ BAUTISTA, "La tutela de las libertades de expresión e información versus honor ¿jurisprudencias convergentes? Consecuencias en el ámbito Jurídico-Penal". BIB 2013\9702, en El Tribunal de Estrasburgo en el Espacio Judicial Europeo. BIB 2013\1340, Julio de 2013.

54 FERNÁNDEZ BAUTISTA, "La tutela de las libertades de expresión e información versus honor ¿jurisprudencias convergentes? Consecuencias en el ámbito Jurídico-Penal". BIB 2013\9702, en El Tribunal de Estrasburgo en el Espacio Judicial Europeo. BIB 2013\1340, Julio de 2013. Cfr. asimismo, FUENTES OSORIO, Elementos subjetivos en los delitos contra el honor", Estudios Penales y Criminológicos, vol. XXIX (2009), pp. 271-310, mantiene que la necesaria ponderación entre el derecho

nados "personajes públicos", éstos deberán tolerar, en consecuencia, las críticas dirigidas a su labor como tal, incluso cuando éstas puedan ser especialmente molestas o hirientes[55].

Finalmente, en torno a la conformación de una opinión pública libre, se establece que dicho criterio no tendría un contenido distinto al «carácter noticiable» que se exige jurisprudencialmente en el ámbito de la valoración del legítimo ejercicio de la libertad de información, por eso se tendrá en cuenta tanto la relevancia pública de la información o expresión vertida como las personas implicadas en las mismas. Cuanto más trascendencia tenga el asunto y mayor notoriedad pública el personaje, mayores serán también las limitaciones en el derecho al honor[56].

---

al honor y las libertades de expresión e información, reconoce puede haber lesiones del honor autorizadas por la existencia de un interés preferente, no requiere esa distinción subjetiva sino que exige una delimitación objetiva de los derechos concurrentes en sede de antijuricidad (conflicto de derechos). Es en ese ámbito en el que hay realizar los tres test que determinan, según el TC, la posición preferente de la libertad de expresión e información frente al honor: relevancia, proporcionalidad y veracidad. Para ello hay que recurrir a una serie de criterios: al subjetivo o al personaje (servidor público, personaje o figura pública). Al objetivo o material: interés general de la información. Al medio de difusión del discurso: emitido por un medio de comunicación de masas o que esté orientado a crear o mantener un debate público. La libertad de expresión tiene por objeto la manifestación de pensamientos, ideas u opiniones (donde se incluyen las creencias y juicios de valor). No está sometida a la exigencia de veracidad, su límite fundamental es el respeto del principio de necesidad o proporcionalidad de lo expresado. El análisis de proporcionalidad dependerá de la naturaleza de la expresión, de las circunstancias del caso concreto, y siempre teniendo en cuenta el interés público.

55 FERNÁNDEZ BAUTISTA, "La tutela de las libertades de expresión e información versus honor ¿jurisprudencias convergentes? Consecuencias en el ámbito Jurídico-Penal". BIB 2013\9702, en El Tribunal de Estrasburgo en el Espacio Judicial Europeo. BIB 2013\1340, Julio de 2013.

56 FERNÁNDEZ BAUTISTA, "La tutela de las libertades de expresión e información versus honor ¿jurisprudencias convergentes? Consecuencias en el ámbito Jurídico-Penal". BIB 2013\9702, en El Tribunal de

En torno a la tipificación penal de los delitos de calumnias e injurias se ha destacado que los tipos de calumnia e injurias omitieron referirse a cualquier elemento subjetivo especial o dolo específico, pero no habría inconveniente en incluir el ánimo de difamar o injuriar en el propio dolo genérico, como parte integrante de su aspecto volitivo por afectar a elementos de los respectivos tipos objetivos de calumnias e injurias, que, de esta forma, se traduciría en la expresión de la voluntad del sujeto de asumir el riesgo que supone atentar contra el honor de una persona cuando se le imputan ciertos hechos o se le dirigen determinadas opiniones o juicios devalor[57]. De ahí, que jurisprudencialmente se

---

Estrasburgo en el Espacio Judicial Europeo. BIB 2013\1340, Julio de 2013. FUENTES OSORIO, Elementos subjetivos en los delitos contra el honor", Estudios Penales y Criminológicos, vol. XXIX (2009), pp. 271-310, afirma que los problemas probatorios determinan la aparición de criterios formales o presunciones (que parten de los elementos objetivos de la injuria o calumnia: circunstancias, modo y ocasión), lo que implica establecer una responsabilidad cuasi-objetiva e invertir la carga de la prueba (vulneración del principio de presunción de inocencia). Se considera implícito en ciertas declaraciones que no pueden tener otro sentido que el injurioso. Se deduce del sentido gramatical de la expresión y de las circunstancias contextuales concurrentes, anteriores y coetáneas a la manifestación (las relaciones entre sujeto activo y pasivo; el grado de reflexión, etc.. Se dice que tal ánimo aparece atenuado o anulado cuando las frases proferidas responden a un estado anímico de ofuscación o arrebato pasional. Así, se distingue entre injurias imprecativas (insulto en un momento de ofuscación) e ilativas (implican cálculo y meditación y por ello se afirma que poseen una clara finalidad difamatoria). Se recalca que la exigencia típica de falsedad, según la interpretación del tipo subjetivo, consistiría en difundir información objetivamente no contrastada (bien porque no se haya realizado esta operación, bien porque no sea posible llevarla a cabo) o que ex ante cualquier persona consideraría falsa, con conocimiento de dicha falsedad o planteándosela como probable. A sensu contrario será atípica la información objetivamente contrastada o que, incluso faltando este requisito, el sujeto conociera que es verdadera (por ejemplo la proveniente de fuentes cualificadas.

57 CARMONA SALGADO, "Calumnias, injurias y otros atentados al honor. Perspectiva doctrinal y jurisprudencial, Valencia, 2012, pp.68 ss.

distinga entre injurias imprecativas, emitidas en un momento de ofuscación, en las que el ánimo de injuriar aparece atenuado o anulado, e ilativas, a las que se atribuye una importante carga difamatoria en base a la premeditación y frío cálculo que conllevan[58].

En relación a la profesión periodística, se ha indicado que dicha infracción existirá cuando el periodista conozca la falsedad de la imputación o actúe con temerario o absoluto desprecio hacia la realidad transgrediendo el "riesgo permitido" al no haber realizado comprobación alguna sobre su veracidad. Respecto al denominado periodismo de investigación y la utilización, por ejemplo, de cámaras ocultas, la Sentencia del Tribunal Supremo de 16 de enero de 2009, habría sostenido que aunque la información sea veraz y de interés general, no puede obtenerse a través de cualquier medio, como tampoco a "cualquier precio", y su consecución ha de ser estrictamente legítima, quedando excluida de este concepto por su evidente ilegalidad la utilización de mecanismos que consistan en la colocación de dispositivos o aparatos de escucha y filmación, siempre y cuando no conste el asentimiento para ello del titular de esos derechos fundamentales[59].

Cfr. igualmente, ampliamente, FUENTES OSORIO, Elementos subjetivos en los delitos contra el honor", Estudios Penales y Criminológicos, vol. XXIX (2009), pp. 271-310.

58 CARMONA SALGADO, "Calumnias, injurias y otros atentados al honor. Perspectiva doctrinal y jurisprudencial, Valencia, 2012, pp.68 ss.

59 CARMONA SALGADO, "Calumnias, injurias y otros atentados al honor. Perspectiva doctrinal y jurisprudencial, Valencia, 2012, pp.104 ss. Mantiene que los casos de inveracidad subjetiva, relativos a informaciones no contrastadas personalmente por su autor, pero que resulten ser objetivamente verdaderas, cabría calificarlos como típicos en la modalidad ejecutiva de tentativa inidónea. Distinto sería el papel a desarrollar por esta figura si la falsedad objetiva hubiera sido legalmente considerada elementodel tipo, pues en esa coyuntura la prueba en el proceso penal de la verdad de lo imputado equivaldría a la carencia de su falsedad y, por lo tanto, a la declaración de atipicidad de la conducta. En relación a la apreciación antes realizada sobre la posible comisión del tipo del art. 205 en grado de tentativa inidónea, la aplicación dela

En lo que respecta a la aplicación del tipo cualificado por publicidad la diferencia punitiva radicaría, en la mayor entidad inherente al hecho de proferirla a través de la imprenta, radiodifusión u otro medio de eficacia semejante, como es internet. Sin olvidar la responsabilidad penal en cascada que prevé el art. 30 CP para los casos en los que tanto la calumnia como la injuria se hayan cometido utilizando medios o soportes de difusión mecánicos[60].

En torno a las injurias se ha recalcado que el art. 208 CP, alude a la dignidad de la persona, desglosándose el contenido del mismo en dos de sus manifestaciones concretas: de una parte, la fama, que se corresponde con su concepto público y objetivo, y, de otra, la autoestima, que se identifica con su acepción personal y subjetiva. La lesión no puede solo recaer en que su titular se sienta subjetivamente afectado, pues, entonces no se tutelaría un bien jurídico de naturaleza penal sino un mero sentimiento personal[61].

En torno al concepto de ofensas que "se tengan públicamente por graves", se ha destacado que la delimitación de ese elemento cuantitativo depende del criterio del intérprete en atención al concepto público vigente, el cual se correspondería con "las reglas del sentir social, según tiempo, ética y moral del momento, junto al ámbito de las relación personal existente entre las partes[62].

---

exceptio veritatis, concebida esta como causa de exclusión de la pena, conllevaría la impunidad de la misma.

60 CARMONA SALGADO, "Calumnias, injurias y otros atentados al honor. Perspectiva doctrinal y jurisprudencial, Valencia, 2012, pp.133 ss.

61 CARMONA SALGADO, "Calumnias, injurias y otros atentados al honor. Perspectiva doctrinal y jurisprudencial, Valencia, 2012, pp.133 ss y 153 ss.

62 CARMONA SALGADO, "Calumnias, injurias y otros atentados al honor. Perspectiva doctrinal y jurisprudencial, Valencia, 2012, pp.170 ss.

2. *Fake news y discurso del odio. Especial consideración a las conductas de "ciberodio".*

En la anterior regulación penal, en el art. 510.1 CP, se sancionaba a *los que provocaren a la discriminación, al odio o a la violencia contra grupos o asociaciones, por motivos racistas, antisemitas u otros referentes a la ideología, religión o creencias, situación familiar, la pertenencia de sus miembros a una etnia o raza, su origen nacional, su sexo, orientación sexual, enfermedad o minusvalía, con la pena de prisión de uno a tres años y multa de seis a doce meses.*

Como ha sintetizado ALASTUEY DOBÓN la *Ley orgánica 1/2015, de 30 de marzo,* habría conllevado una profunda modificación los preceptos del Código penal destinados a sancionar conductas que se vincularían con los fenómenos del «discurso del odio» y del «negacionismo». El extenso art. 510 CP regularía el ámbito típico de los delitos de provocación a la discriminación, al odio y a la violencia, y de justificación del genocidio e introduciría nuevos tipos penales[63].

En el art. 510 se castiga con penas de prisión de uno a cuatro años y multa de seis a doce meses en primer lugar, al fomento, promoción o incitación directa o indirecta públicos al odio, hostilidad, discriminación o violencia contra un grupo o individuos pertenecientes a él por motivos racistas, antisemitas u otros referentes a la ideología, religión, creencias, situación familiar, etnia, nacionalidad, sexo, orientación o identidad sexual, género, enfermedad o discapacidad (letra a) del art. 510.1); en segundo lugar, a la producción, elaboración, posesión con la finalidad de distribución, facilitación del acceso a terceras personas, distribución, difusión o venta de materiales que por su contenido sean

---

[63] ALASTUEY DOBÓN, "Discurso del odio y negacionismo en la reforma del código penal de 2015", RECPC 18-14 (2016), pp. 1 ss. Cfr. Ley Orgánica 6/2022, de 12 de julio, complementaria de la Ley 15/2022, de 12 de julio, integral para la igualdad de trato y la no discriminación, de modificación de la L.O. 10/1995, de 23 de noviembre, del Código Penal.

aptos para realizar las conductas descritas en la letra a) (letra b) del art. 510.1). En tercer y último lugar, se sancionaría la negación, trivialización grave o enaltecimiento públicos de los delitos de genocidio, de lesa humanidad o contra las personas y bienes protegidos en caso de conflicto armado, o enaltecimiento de sus autores, cuando esos delitos se hubieran cometido contra un grupo o individuos pertenecientes a él por los motivos ya mencionados, cuando de ese modo se promueva o favorezca un clima de violencia, hostilidad, odio o discriminación contra los mismos (letra c) del art. 510.1)[64].

En el apartado segundo del mismo precepto, se describen dos grupos de conductas castigadas con penas de prisión de seis meses a dos años y multa de seis a doce meses. Primero, se sanciona lesionar la dignidad de las personas mediante actos que entrañen humillación, menosprecio o descrédito de alguno de los grupos ya mencionados o de individuos pertenecientes a ellos por los mismos motivos enumerados en el apartado primero del precepto. Se incluye igualmente la producción, elaboración, posesión o difusión de materiales idóneos para causar una lesión a la dignidad de las personas a través de ese tipo de conductas (letra a) del art. 510.2). La misma pena corresponde, asimismo, a los actos de enaltecimiento o justificación por cualquier medio de expresión pública de los delitos que hubieran sido cometidos contra un grupo o miembros del grupo por los motivos aludidos, así como el enaltecimiento de quienes hubieran participado en la ejecución de esos delitos (letra b) del art. 510.2). Estos hechos se castigan con penas de prisión de uno a cuatro años y multa de seis a doce meses cuando promuevan o favorezcan un clima de violencia, hostilidad, odio o discriminación contra los mencionados grupos[65].

---

64 ALASTUEY DOBÓN, "Discurso del odio y negacionismo en la reforma del código penal de 2015", RECPC 18-14 (2016), pp. 1 ss.

65 ALASTUEY DOBÓN, "Discurso del odio y negacionismo en la reforma del código penal de 2015", RECPC 18-14 (2016), pp. 1 ss. Cfr. ampliamente sobre el concepto, MENDOZA CALDERÓN, "Discurso del odio e inmigración. La criminalización de la intolerancia en Derecho penal

El apartado tercero del art. 510 contiene un tipo agravado de aplicación a todos los anteriores, en virtud del cual las penas deben imponerse en su mitad superior cuando los hechos se hubieran llevado a cabo a través de un medio de comunicación social que los hagan accesibles a un elevado número de personas. Por otro lado, se dispone en el siguiente apartado que si los hechos resultan idóneos para alterar la paz pública o crear un grave sentimiento de inseguridad o temor entre los integrantes del grupo, se impondrá la pena en su mitad superior, pudiendo elevarse hasta la superior en grado[66].

Este precepto había recibido constantes críticas doctrinales, habiéndose abogado por la necesidad de trazar una línea de interpretación restrictiva del mismo[67].

No obstante, la superación de los límites de los ámbitos protegidos por las libertades ideológica y de expresión no implicaría directamente la tipicidad de las conductas, y tan solo no se daría

---

español", en GALÁN MUÑOZ, MENDOZA CALDERÓN, (Directores), Globalización y lucha contra las nuevas formas de criminalidad transnacional, Valencia, 2019, págs. 265-308.

66 ALASTUEY DOBÓN, "Discurso del odio y negacionismo en la reforma del código penal de 2015", RECPC 18-14 (2016), pp. 1 ss, señala que como pena acumulada a las anteriores, el apartado quinto prevé la imposición de una inhabilitación especial para profesión u oficio educativos, en el ámbito docente, deportivo y de tiempo libre, por un tiempo superior entre tres y diez años al de la duración de la pena de prisión impuesta en la sentencia. Finalmente, al apartado sexto del precepto impone, a modo de consecuencia accesoria, la destrucción, borrado o inutilización de los libros, documentos y otros soportes utilizados para la comisión de los delitos anteriores, así como la retirada de los contenidos si el delito se cometió a través de las tecnologías de la información. Si se trata de portales de acceso a internet dedicados exclusivamente o preponderantemente a la difusión de contenidos de tales características, se ha de ordenar el bloqueo del acceso o la interrupción de la prestación del mismo.

67 Cfr. ampliamente al respecto, ALASTUEY DOBÓN, "Discurso del odio y negacionismo en la reforma del código penal de 2015", RECPC 18-14 (2016), pp. 8 ss.

este caso, cuando la difusión, (atendiendo a la forma y el ámbito en que se llevara a cabo y a lo que se difundiera), implicara **un peligro cierto de generar un clima de hostilidad que pudiera concretarse en actos de violencia, odio o discriminación contra aquellos grupos o sus integrantes.** De esta forma, para que el bien jurídico se viera afectado como consecuencia de la difusión de esta serie de ideas, se consideraba preciso que el autor acudiera a medios que no solo facilitaran la publicidad y el acceso de terceros, que pudieran alcanzar a un mayor número de personas, o que lo hiciera más intensamente, sino que **además pudieran por las características de la difusión o del contenido del mensaje, mover su sentimientos, primero y su conducta después en una dirección peligrosa para aquellos bienes**[68].

En torno a las modificaciones introducidas en el actual art. 510 CP, la doctrina habría insistido, en que para justificar la reforma el Preámbulo de la *Ley orgánica 1/2015, de 30 de marzo,* habría alegado la necesidad de adaptar la legislación española a lo dispuesto por la *Decisión Marco 2008/913/JAI del Consejo, de 28 de noviembre, relativa a la lucha contra formas y manifestaciones del racismo y xenofobia mediante el Derecho penal,* cuando desde hacía tiempo se recogía en textos internacionales una tendencia político-criminal de carácter expansivo, y además, dicha Decisión Marco facultaba a una regulación penal como la vigente, pero no obligaba a una trasposición de su contenido en los términos efectuados[69].

En relación al bien jurídico en el delito previsto en el art. 510 CP, se habría defendido que éste debería ponerse en relación con el conjunto de condiciones que determinarían el sentimiento efectivo de seguridad de un colectivo especialmente vulnerable[70].

---

68 CONTRERAS MAZARÍO, “Libertad religiosa vs.libertad de expresión: análisis jurisprudencial”, en Laicidad y Libertades: Escritos jurídicos, num. 17, diciembre, 2017, pp. 113 ss.

69 ALASTUEY DOBÓN, “Discurso del odio y negacionismo en la reforma del código penal de 2015”, RECPC 18-14 (2016), pp. 4 s.

70 ALASTUEY DOBÓN, “Discurso del odio y negacionismo en la reforma del código penal de 2015”, RECPC 18-14 (2016), p. 8 ss. Cfr. sobre la ne-

Asimismo, también se habrían invocado otra serie de bienes jurídicos como la dignidad, el honor o el derecho a no ser discriminado. El sostenimiento de la dignidad como bien jurídico oponible al ejercicio abusivo de la libertad de expresión se habría enfrentado a la problemática de que como bien jurídico, la dignidad sería un concepto bastante difuso; el honor, habría recibido las críticas de que podría carecer por sí mismo, del suficiente peso para enfrentarse a la libertad de expresión de igual a igual, y por ello sería preciso reforzarlo con ataques a otros bienes; mientras que había recibido mejor acogida las opiniones relativas a defender la legitimidad de la restricción penal del discurso del odio sobre el bien jurídico igualdad y el derecho a no ser discriminado. El discurso del odio provoca discriminación, sin necesidad de que incite a la realización de actos discriminatorios[71].

Por otro lado, como ha indicado ALASTUEY DOBÓN la inmensa mayoría de las propuestas de interpretación del delito contenido en el art. 510 CP se centraban en aproximar los elementos típicos al concepto de provocación recogido en el art. 18.1 CP. Existían dos posturas principales: por una parte, los que identificaban la provocación propia del art. 510.1 CP con los requisitos exigidos de publicidad, carácter directo de la incitación y que ésta se dirigiera hacia la realización de un acto constitutivo de delito, entendiendo que provocar a la discriminación implicaba incitar a realizar algún acto discriminatorio constitutivo de delito y provocar a la violencia como incitar a la realización de actos violentos

---

cesidad de interpretación desde una óptica propia del principio de intervención mínima, TERUEL LOZANO, La lucha del Derecho contra el Negacionismo: una peligrosa frontera, Madrid: Centro de Estudios Políticos y Constitucionales, 2015, pp. 448 ss; PORTILLA CONTRERAS, La represión penal del «discurso del odio», en QUINTERO OLIVARES, Gonzalo (director), Comentario a la Reforma Penal de 2015, Cizur Menor, 2015, p. 737.

71 DE PABLO SERRANO, TAPIA BALLESTEROS, "Discurso del odio: problemas en la delimitación del bien jurídico y en la nueva configuración del tipo penal", Diario La Ley, Nº 8911, Sección Doctrina, 30 de Enero de 2017, pp. 1-19.

igualmente constitutivos de delito, y todo ello, de manera directa y ante un colectivo de personas o por medios que facilitaran la publicidad. Por otra, los que defendían que debían mantenerse los requisitos de publicidad e incitación directa, pero bastando con que la provocación tuviera por objeto hechos antijurídicos, si bien, no exclusivamente penales[72].

No obstante, el principal debate se centraba en la modalidad típica de la "provocación al odio", considerando que el odio sería una emoción humana y el castigo de un sentimiento chocaba con el derecho a la libertad de expresión. De ahí que se elaborasen formulas restrictivas de interpretación típica[73], reconduciendo el concepto de odio a la creación de actitudes hostiles o a la realización de hechos lesivos para los miembros del grupo[74].

---

72 ALASTUEY DOBÓN, "Discurso del odio y negacionismo en la reforma del código penal de 2015", RECPC 18-14 (2016), p. 8 ss.

73 En relación a interpretaciones restrictivas de este tipo delictivo, cfr. MIRÓ LLINARES, "Derecho penal y 140 caracteres. Hacia una exégesis restrictiva de los delitos de expresión", en MIRÓ LLINARES (Dir,), Cometer delitos en 140 caracteres El Derecho penal ante el odio y la radicalización en Internet, Madrid, 2017, pp.45 ss.

74 ALASTUEY DOBÓN, "Discurso del odio y negacionismo en la reforma del Código penal de 2015", RECPC 18-14 (2016), p. 8 ss. Cfr. Informe sobre incidentes relacionados con los delitos de odio en España, Secretaria de Estado de Seguridad, Ministerio del Interior, 2015, p. 6 s, destaca asimismo la promulgación de la Ley 4/2015, del Estatuto de la Víctima del Delito mediante la que se transpone la Directiva 2012/29/UE del Parlamento Europeo y del Consejo de 25 de octubre de 2012, por la que se establecen normas mínimas sobre los derechos, el apoyo y la protección de las víctimas de delitos; y el Real Decreto 1109/2015, de 11 de diciembre, por el que se desarrolla la Ley 4/2015, de 27 de abril, del Estatuto de la víctima del delito, y se regulan las Oficinas de Asistencia a las Víctimas del Delito. Se resalta asimismo la Ley Orgánica 13/2015, de modificación de la Ley de Enjuiciamiento Criminal para el fortalecimiento de las garantías procesales y la regulación de las medidas de investigación tecnológica; y la Ley 41/2015, de modificación de la Ley de Enjuiciamiento Criminal para la agilización de la justicia penal y el fortalecimiento de las garantías procesales. En concreto, la Ley Orgánica 13/2015, de modificación de la Ley de Enjuiciamiento Crimi-

En este sentido, se habría hecho especial incidencia que con la nueva redacción tras la *Ley orgánica 1/2015, de 30 de marzo,* se habría perdido por completo el vínculo con la provocación definida en el art. 18.1 CP, puesto que el verbo típico seria fomentar, promover o incitar y además se indica expresamente que caben modalidades directas o indirectas. A la provocación al odio, se habría unido la incitación a la hostilidad, complicando aún más su interpretación típica, al no incluirse tampoco otra serie de criterios reclamados por la doctrina de carácter restrictivo, como serían un efecto amenazante ni un contexto de crisis[75].

---

nal, ha creado la figura del agente encubierto informático y medidas de investigación tecnológica, facultando a los agentes a investigar bien la difusión en las redes sociales de mensajes ofensivos que incitan al odio y la violencia o aquellas publicaciones en Internet que contengan contenidos que puedan constituir delitos de odio (amenazas, injurias, etc.). Asimismo, la Ley Orgánica 8/2015, y la Ley 26/2015 de modificación del sistema de protección de la infancia y adolescencia ha venido a contemplar, en relación a las víctimas menores de edad, la necesidad de garantizar su igualdad y no discriminación por su especial vulnerabilidad, ya sea por la carencia de entorno familiar, sufrir maltrato, su discapacidad, su orientación e identidad sexual, su condición de refugiado, solicitante de asilo o protección subsidiaria, su pertenencia a una minoría étnica, o cualquier otra característica o circunstancia relevante. Cfr. Modificaciones introducidas en torno a aporofobia y antigitanismo por *la Ley Orgánica 6/2022, de 12 de julio, complementaria de la Ley 15/2022, de 12 de julio, integral para la igualdad de trato y la no discriminación,* de modificación de la L.O. 10/1995, de 23 de noviembre, del Código Penal.

75 ALASTUEY DOBÓN, "Discurso del odio y negacionismo en la reforma del código penal de 2015", RECPC 18-14 (2016), p. 16 ss. Se señala que en la reforma de 2015 surge una clara inspiración en las propuestas del Fiscal Coordinador del Servicio de Delitos de Odio y Discriminación de la Fiscalía Provincial de Barcelona, D. Miguel Ángel Aguilar García. Cfr. asimismo, BERNAL DEL CASTILLO, "La justificación y enaltecimiento del genocidio en la Reforma del Código Penal de 2015", Indret, 2/2016, pp.8 ss. Respecto a las conductas de quienes públicamente nieguen, trivialicen gravemente o enaltezcan los delitos de genocidio, de lesa humanidad o contra las personas y bienes protegidos en caso de conflicto armado, o enaltezcan a sus autores, se habría expuesto que

Por otra parte, se ha denominado ciberodio a "cualquier uso de las comunicaciones electrónicas de la información para diseminar mensajes o informaciones antisemitas, racistas, intolerantes, extremistas o terroristas. Estas comunicaciones electrónicas incluirían Internet, (páginas webs, redes sociales, web 2.0, contenidos generados por los usuarios, páginas de contactos, blogs, juegos on–line, mensajería instantánea y e–mail), así como otras tecnologías basadas en ordenadores y móviles (cómo mensajes de texto y teléfonos móviles). Se resalta que el ciberodio sería un fenómeno creciente y global que crea un clima que normaliza la intolerancia hacia inmigrantes, personas sin hogar, musulmanes, judíos, gitanos, personas LGTBI y, en definitiva, de todas las personas que no encajen en sus perspectivas de poder y de exclusión, estimándose formas de ciberodio enviar mensajes desagradables, degradantes o amenazantes; publicación de comentarios, fotos o videos desagradables en un perfil, una página web o un Chat; suplantación de identidad a la hora de realizar comentarios desagradables, en un foro de mensajes, en un Chat, etc[76].

---

no se protegería en este delito la prevención del genocidio u otros crímenes contra la humanidad, sino que el objeto de la política criminal que se refleja en esta norma, sería evitación de una situación de rechazo o violencia contra determinados grupos o personas que lesiona sus derechos fundamentales en el marco de una sociedad plural o multicultural, que sería el modelo que pretendería reflejar la Unión Europea. Por ello, se habría recalcado que en actual texto penal la conducta «negacionista» deberá ser entendida como aquella opinión que, por rechazar unos hechos históricos, encierra contextualmente un contenido de ofensa a las víctimas de los mismos, de una forma que al menos genere una posibilidad de desconfianza hacia ellas o que las ofenda o que induzca al menos indirectamente a su rechazo. Informe sobre incidentes relacionados con los delitos de odio en España, Secretaria de Estado de Seguridad, Ministerio del Interior, 2015, pp. 39 ss. Cfr. Ley Orgánica 6/2022, de 12 de julio, complementaria de la Ley 15/2022, de 12 de julio, integral para la igualdad de trato y la no discriminación, de modificación de la L.O. 10/1995, de 23 de noviembre, del Código Penal.

76 ALISES, Guía de Delitos de Odio LGTBI, Consejería de Igualdad y Asuntos Sociales, Junta de Andalucía, 2017, pp. 56 ss.

El discurso del odio en Internet tendría una serie de particularidades como sería la sobreabundancia comunicativa, (ya que por medio de las redes sociales, la comunicación de mensajes que antes estaban limitados al ámbito privado, se habría convertido en pública de manera absolutamente masiva). En segundo lugar, la descentralización de la comunicación, que "democratiza" las comunicaciones, (en el sentido de cualquiera puede emitir un mensaje con un enorme potencial de audiencia). El efecto multiplicador de las redes sociales permite convertir un determinado mensaje en un fenómeno de trasmisión exponencial, dando lugar a lo que se denomina metafóricamente como "viralizaciones". Por otra parte, cobrarían relevancia factores como la permanencia de los contenidos, la itinerancia entre diferentes plataformas, el uso de pseudónimos, el anonimato y la transnacionalidad, dificultándose su persecución y ofreciendo una sensación de impunidad que alentaría la proliferación del discurso del odio, aludiéndose **a la falacia del dualismo digital**, como falsa separación entre el mundo online y el mundo off line[77].

De este modo, principalmente las redes sociales se habrían transformado en una plataforma de auto-comunicación de masas actuando como canalización de movimientos sociales, si bien, también presentarían la característica de poseer capacidades de control de la información y de manipulación[78]. Se considera a los

---

77 CABO ISASI, GARCÍA JUANETEY, El discurso de odio en las redes sociales: un estado de la cuestión, Ayuntamiento de Barcelona, Área de Derechos de Ciudadanía, Cultura, Participación y Transparencia Dirección de Servicios de Derechos de Ciudadanía y Diversidad, Barcelona, diciembre de 2017, pp. 7 s.

78 BUSTOS MARTÍNEZ, DE SANTIAGO ORTEGA, MARTÍNEZ MIRÓ, RENGIFO HIDALGO, "Discursos de odio: una epidemia que se propaga en la red. Estado de la cuestión sobre el racismo y la xenofobia en las redes sociales", Mediaciones Sociales Vol. 18 (2019): 25-42. http://dx.doi.org/10.5209/MESO.64527, se señala que en una investigación llevada a cabo por la Universidad de Oxford se cuantificó que uno de cada 15.000 tuits escritos en inglés, lo que es se traduce en cerca de 10.000 tuits diarios, contenían insultos racistas (Cfr. Gagliardone, Da-

haters como "individuos que se dedican obsesivamente a atacar y agredir verbalmente a individuos concretos (en gran medida, personas famosas), o a colectivos a los que desprecian por su origen étnico, su religión, etc., si bien se incide en que sus motivaciones y sus prejuicios hostiles provendrían del espacio *off line*[79].

Se insiste en que un aspecto esencial para comprender este fenómeno sería el sentimiento de pertenencia a una comunidad que apoya e insta a este tipo de actitudes. La sensación de estar en un círculo reducido, (pese a que los mensajes son completamente públicos en la mayoría de ocasiones), superaría a los recelos de los interlocutores en revelar la identidad. Asimismo, también se produciría el cifrado de términos xenófobos o racistas para que no pudieran ser localizados[80].

En torno a la perseguibilidad, se ha indicado que las redes sociales más usadas en Europa, son empresas que tendrían su sede en los Estados Unidos, y este hecho influye en materias como protección de datos o colaboración con la justicia. Se ha recalcado,

---

nit, Thiago y Martínez, 2015). Se recoge también que en España, tras los atentados de París en noviembre de 2015, el tercer tema más comentado en las redes sociales se recogía bajo la almohadilla #matadatodoslosmusulmanes, situación que se repitió tras los atentados de Barcelona y Cambrils de agosto de 2017, acompañado de otras tendencias relacionadas tales como #stopIslam, #musulmanes terroristas, o #TerroristasWelcome o #Refugeesnotwelcome, dándole la vuelta a la campaña que le daba la bienvenida a los refugiados que huían de sus países en guerra.

79 CABO ISASI, GARCÍA JUANETEY, El discurso de odio en las redes sociales: un estado de la cuestión, Ayuntamiento de Barcelona, Área de Derechos de Ciudadanía, Cultura, Participación y Transparencia Dirección de Servicios de Derechos de Ciudadanía y Diversidad, Barcelona, diciembre de 2017, pp. 7 s.

80 Cfr. BUSTOS MARTÍNEZ, DE SANTIAGO ORTEGA, MARTÍNEZ MIRÓ, RENGIFO HIDALGO, "Discursos de odio: una epidemia que se propaga en la red. Estado de la cuestión sobre el racismo y la xenofobia en las redes sociales", Mediaciones Sociales Vol. 18 (2019): 25-42. http://dx.doi.org/10.5209/MESO.64527.

que mientras en los Estados Unidos los proveedores de servicios están prácticamente exentos de responsabilidad por los contenidos publicados, la atribución de responsabilidad a los prestadores de servicios intermediarios en la Unión Europea se basaría principalmente en el conocimiento del carácter ilícito de los contenidos publicados en su servicio, indicándose que sólo serán responsables cuando no retiraran o impidieran el acceso a un contenido ilícito con prontitud, habiendo tenido conocimiento de su ilicitud por medio de una notificación del titular de los derechos o por medio de una orden de un órgano competente[81].

Igualmente, la mayoría de las redes sociales tendrían sistemas de denuncia que permiten a los usuarios poner en conocimiento de las empresas la presencia de contenido abusivo que vulnere las normas de uso de las plataformas, para que las compañías va-

---

81 CABO ISASI, GARCÍA JUANETEY, El discurso de odio en las redes sociales: un estado de la cuestión, Ayuntamiento de Barcelona, Área de Derechos de Ciudadanía, Cultura, Participación y Transparencia Dirección de Servicios de Derechos de Ciudadanía y Diversidad, Barcelona, diciembre de 2017, pp. 25 s. Se cita la Sentencia de la Corte Europea de Derechos Humanos, caso Delfi, que establece una diferenciación entre estableciendo una diferenciación entre proveedores de servicios técnicos, con un rol pasivo, como las redes sociales, y los proveedores de servicios de contenidos como una web de noticias o un medio de comunicación online. Cfr. sobre esta temática ampliamente, GALÁN MUÑOZ, Libertad de expresión y responsabilidad penal por contenidos ajenos en Internet: un estudio sobre la incidencia penal de la Ley 34/2002 de servicios de la sociedad de la información y el comercio electrónico, Valencia, 2010, p. 115 s, señala que los preceptos 16.1 y 17.1 de la LSSI mantienen dentro del ámbito de lo generalmente permitido a todas las prestaciones de servicios de almacenamiento y de enlaces que se hubiesen efectuado sin tener conocimiento de que un órgano competente hubiera declarado la ilicitud de los datos, ordenado su retirada o que se imposibilite el acceso a los mismos, o se hubiera declarado la existencia de la lesión, y que el prestador conociera la correspondiente resolución. Cfr. Reglamento (UE) 2022/2065 del Parlamento Europeo y del Consejo de 19 de octubre de 2022 relativo a un mercado único de servicios digitales y por el que se modifica la Directiva 2000/31/CE (Reglamento de Servicios Digitales).

loren su eliminación. No obstante, a pesar de estos medios, se ha demostrado que la práctica de estas competencias ha resultado ser disfuncional, sobre todo debido a falta de transparencia sobre el proceso (si se realizan mediante algoritmos, equipos humanos o con una mezcla de ambos) o sobre el número de denuncias o cuentas eliminadas)[82].

V. CONCLUSIONES

Una vez expuestas las principales perspectivas en las que puede proyectarse la posible repercusión penal de las *fake news* en materia ligada al discurso del odio, entendemos que debe también procederse a una serie, aunque sea de primeras conclusiones sobre esta delicada e importante cuestión.

En primer lugar, entendemos que en torno a las *fake news*, con su amplia concepción, debe seguirse, como ha destacado la doctrina especializada[83], lo dispuesto por el Tribunal Constitucional cuando distingue expresamente entre los conceptos de libertades de expresión e información, entendiendo que la primera sería más amplia por no operar, en su ejercicio el límite interno de

---

82 CABO ISASI, GARCÍA JUANETEY, El discurso de odio en las redes sociales: un estado de la cuestión, Ayuntamiento de Barcelona, Área de Derechos de Ciudadanía, Cultura, Participación y Transparencia Dirección de Servicios de Derechos de Ciudadanía y Diversidad, Barcelona, diciembre de 2017, pp. 25 ss. Cfr. en materia de protección de datos personales, PLATERO ALCÓN, "La responsabilidad de las redes sociales: el caso de ASHLEY MADISON, Boletín Mexicano de Derecho Comparado, nueva serie, año XLIX, núm. 150, septiembre-diciembre de 2017, pp. 1284 ss, señala que en muchos casos los usuarios de una red social, pueden ser considerados como consumidores de las mismas en el sentido de la existencia de contratos de adhesión y la posible casuística de cláusulas abusivas tanto de elección de fueros como de ley aplicable y de exención de responsabilidad a las redes sociales.

83 CARMONA SALGADO, "Calumnias, injurias y otros atentados al honor. Perspectiva doctrinal y jurisprudencial, Valencia, 2012, pp.133 ss.

veracidad. No constituye una lesión al honor, cualquiera manifestación que implique una crítica «aun cuando la misma sea desabrida y pueda molestar, inquietar o disgustar a quien se dirige» aceptándose la libertad de crítica.

Respecto a la libertad de información definida, como «derecho a difundir información noticiable y veraz, que no contenga expresiones vejatorias o afrentosas por cualquier medio de difusión», se ha considerado que la libertad de información prevalecería sobre el derecho al honor si reúne las características de "noticiable" y "veraz", sustituyéndose el criterio de la exactitud por el de diligencia valorada desde un juicio objetivo *ex ante*, resultando irrelevante que *ex post* se demuestre que la información transmitida no se ajusta objetivamente a la realidad. En el examen de la diligencia se tendrá en cuenta las posibilidades efectivas de contrastar la información; y la fiabilidad de las fuentes de información utilizadas.

Por otra parte, como ha puesto asimismo de relieve la jurisprudencia en torno a la discusión del alcance del "discurso del odio terrorista" la extensión actual de las nuevas tecnologías al servicio de la comunicación intensifica de forma exponencial el daño de afirmaciones o mensajes que, en otro momento, podían haber limitado sus perniciosos efectos a un reducido y seleccionado grupo de destinatarios, pero, por ello, **cobraría importancia desde el punto de vista penal el respeto al principio de lesividad y de *ultima ratio* penal, aspectos ligados con la presencia de un elemento tendencial, referido a la intención, finalidad o motivación del sujeto activo, y la constatación objetiva de una situación de grave riesgo para las personas o derechos de terceros o para el propio sistema de libertades, abarcada por el dolo del autor.** Se ha insistido, en que a aptitud para generar **un riesgo debe ser objetiva y no subjetiva,** por lo tanto, debe prestarse **atención al eco de los mensajes**[84], y a los criterios establecidos en la **Recomendación de**

---

[84] Cfr. RAMÍREZ ORTIZ, "Apologías débiles y libertad de expresión: hitos de la jurisprudencia", Revista Aranzadi de Derecho y Proceso penal,

Política General n.º 15 de la Comisión Europea contra el Racismo y la Intolerancia (ECRI), sobre todo, dentro **de un contexto principalmente de instigación directa a actos violentos contra el colectivo diana especialmente protegido en la norma penal.**

Desde nuestro punto de vista, entendemos que respecto a las *fakes news* y su persecución penal, tenemos que partir, que ni tan siquiera la situación de una grave alarma social podría servir de paraguas para encubrir ataques al ejercicio legítimo a la libertad de expresión e información, instaurándose *a priori* controles más propios de sistemas de censura que de Estados democráticos de Derecho. En torno a la ponderación con respecto, por ejemplo, al derecho al honor, habrá que estar a lo dispuesto tanto por el Tribunal Constitucional como por el Tribunal Europeo de Derechos Humanos, para deslindar cuando primaría la defensa del derecho a la información y a la libertad de expresión, teniendo en cuenta, que el primero gira en torno al mantenimiento de una rigurosidad en la búsqueda de la verdad, y su correspondiente exposición[85].

En este sentido, habría que distinguir, en cualquier caso, los supuestos en los que realmente las *fake news* o noticias falsas, atacan directamente al derecho a la información, y colateralmente a la libertad de expresión, reconociendo que la desinformación en el mundo contemporáneo sería un problema de primer orden en las sociedades avanzadas, pero sin que ello conlleve a que se valore exclusivamente a la amenaza penal en primera o única instancia y de una forma absolutamente indiscriminada.

Por lo tanto, sería ineludible que los ordenamientos jurídicos nacionales, y sus correspondientes órganos jurisdiccionales, incluida la jurisdicción constitucional como el Derecho de la Unión

---

núm. 53/2019 BIB 2019\855.

85 Cfr. Sentencias del Tribunal Europeo de Derechos Humanos, de 28 de agosto de 2018 (caso Savva Terentyev v. Rusia), en las que se reconoce que las instituciones públicas deben tener mayor grado de tolerancia ante las palabras ofensivas.

Europea y sus instituciones, continúen comprometidos en el desarrollo y en la tutela más amplia y eficaz de los mencionados derechos a la libre expresión y a la libre información[86] ofreciendo herramientas jurídicas realmente adaptadas a la compleja sociedad digital en la que nos insertamos.

Asimismo, el derecho a recibir información veraz, habría sido entendido como el fundamento para una **reformulación** de los límites que se imponen actualmente a la libertad de información y, en concreto, para un ajuste de la propia idea de veracidad de la información adaptada al contexto de nuestra digitalizada sociedad actual[87].

Así, se ha defendido que en la era digital las libertades de expresión y de información deben avanzar hacia la afirmación de un *ius communicationis*, un derecho a la comunicación en el que se dé tutela a todo el proceso comunicativo entendido en toda su extensión, reconociendo la libertad de expresarse en su vertiente activa, pero también la dimensión pasiva y los derechos a recibir y acceder a la información, entendida ésta a su vez en su sentido más amplio (informaciones, opiniones, valoraciones, etc), recla-

---

86 Cfr. La libertad de expresión, una perspectiva de Derecho Comparado, EPRS | Servicio de Estudios del Parlamento Europeo Unidad Biblioteca de Derecho Comparado PE 642.241– Octubre 2019, pp. 47 ss, recogiendo asimismo la doctrina sobre "el derecho al olvido en Internet", aludiendo a la STC 58/2018, de 4 de junio que indica que cuando "la noticia relata hechos pasados sin ninguna incidencia en el presente. No se trata de una noticia nueva sobre hechos actuales, ni de una nueva noticia sobre hechos pasados, que puedan merecer una respuesta constitucional distinta. Su difusión actual en poco contribuye al debate público. Por tanto, la retransmisión de la noticia en cuestión, transcurridos más de treinta años desde que los hechos ocurrieron, carece a día de hoy de toda relevancia pública".

87 GALDÁMEZ MORALES, "Posverdad y crisis de legitimidad. El creciente impacto de las fake news", en Revista Española de Transparencia, num.8, 2019, pp. 25-44. Citando el Informe de la Unión Europea, https://ec.europa.eu/digitalsingle-market/en/news/final-report-high-level-expert-group-fake-news-and-online-disinformation.

mándose incluso un legítimo derecho de acceso a la sociedad de la información y a las nuevas tecnologías de la información y la comunicación (TICs), como derecho fundamental inherente al propio reconocimiento de la libertad de expresión y de información, debiendo examinarse el actual alcance del concepto de veracidad en la Red o la importancia del medio y del modo de comunicación para el tratamiento jurídico[88].

BIBLIOGRAFÍA

ALASTUEY DOBÓN, "Discurso del odio y negacionismo en la reforma del código penal de 2015", RECPC 18-14 (2016).

ALISES, Guía de Delitos de Odio LGTBI, Consejería de Igualdad y Asuntos Sociales, Junta de Andalucía, 2017.

ALONSO RIMO, en MATALLÍN EVANGELIO, GÓRRIZ ROYO, GONZÁLEZ CUSSAC (Coordinadores), Comentarios a la reforma del Código Penal de 2015. Actualizada con la corrección de errores (BOE 11 de junio de 2015), Valencia, 2015, DOCUMENTO TOL5.009.875.

---

88 Cfr. TERUEL LOZANO, "Libertad de expresión y censura en Internet", Estudios de Deusto, 62, Núm. 2 (2014). Sobre verificación de veracidad en la red, cfr. BALLARD SPAHR ANDREWS e INGERSOLL, LLP. (2002). Evaluating the quality of information on the Internet: groups that alert the public to Internet fraud, fanaticism and bad information. En relación a pautas básicas, cfr. INCIBE, cfr. https://www.aepd.es/sites/default/files/2019-09/guia-privacidad-y-seguridad-en-internet.pdf. Cfr. igualmente, GALÁN MUÑOZ, "El delito de enaltecimiento terrorista. ¿Instrumento de lucha contra el peligroso discurso del odio terrorista o mecanismo represor de repudiables mensajes de raperos, twietteros y titiriteros?", en GALAN MUÑOZ, MENDOZA CALDERÓN, Globalización y lucha contra las nuevas formas de criminalidad transnacional, Valencia, 2019, pp.209 s, donde recoge en materia de discurso del odio terrorista, que la enorme amplitud e indeterminación de los nuevos delitos ha generado que nuestro sistema se coloque al borde de las fronteras que delimitan el necesario respeto y garantía de los derechos a la libertad ideológica y de expresión que debe acatar todo Estado democrático que no sea ejemplo de una democracia autoritaria o meramente formal.

ARROYO ZAPATERO, "La supresión del delito de propagación maliciosa de enfermedades y el debate sobre la posible incriminación de las conductas que comportan riesgo de transmisión del sida", REVISTA DERECHO Y SALUD VOLUMEN 4. NÚMERO 1 – 1996.

BERNAL DEL CASTILLO, "La justificación y enaltecimiento del genocidio en la Reforma del Código Penal de 2015", Indret, 2/2016.

BALLARD SPAHR ANDREWS e INGERSOLL, LLP. Evaluating the quality of information on the Internet: groups that alert the public to Internet fraud, fanaticism and bad information, 2012.

BUSTOS MARTÍNEZ, DE SANTIAGO ORTEGA, MARTÍNEZ MIRÓ, RENGIFO HIDALGO, "Discursos de odio: una epidemia que se propaga en la red. Estado de la cuestión sobre el racismo y la xenofobia en las redes sociales", Mediaciones Sociales Vol. 18 (2019): 25-42. http://dx.doi.org/10.5209/MESO.64527.

CABO ISASI, GARCÍA JUANETEY, El discurso de odio en las redes sociales: un estado de la cuestión, Ayuntamiento de Barcelona, Área de Derechos de Ciudadanía, Cultura, Participación y Transparencia Dirección de Servicios de Derechos de Ciudadanía y Diversidad, Barcelona, diciembre de 2017.

CARBONELL MATEU, "Las libertades de información y expresión como objeto de tutela y como límites a la actuación del Derecho Penal». Estudios Penales y Criminológicos, vol. XVIII (1995). Cursos e Congresos nº 87, Servizo de Publicacións da Universidade de Santiago de Compostela, pp. 8-44.

CARMONA SALGADO, "Calumnias, injurias y otros atentados al honor. Perspectiva doctrinal y jurisprudencial, Valencia, 2012.

CONTRERAS MAZARÍO, "Libertad religiosa vs.libertad de expresión: análisis jurisprudencial", en Laicidad y Libertades: Escritos jurídicos, num. 17, diciembre, 2017.

CORTÉS BECHIARELLI, Delitos contra la salud pública, en GÓMEZ RIVERO, *Nociones fundamentales de Derecho penal, Parte especial,* Madrid, 2019.

DE LA MATA BARRANCO, ALMACEN DE DERECHO, en su edición de 19 de abril de 2020. IBERLEY, en su edición de 27 de febrero de 2020. EL DERECHO, Las Fake News o falsas noticias; cómo detectarlas y evitarlas, en su edición de 31 de marzo de 2020.

DE LAS HERAS, "Las fake news ante el Derecho penal español", Actualidad Jurídica Iberoamericana Nº 12 bis, mayo 2020, pp. 70-77.

DE PABLO SERRANO, Honor, injurias y calumnias. Los delitos contra el honor en el Derecho histórico y en el Derecho vigente español, DOCUMENTO TOL6.494.752, consultado en fecha julio 2020.

DE PABLO SERRANO, TAPIA BALLESTEROS, "Discurso del odio: problemas en la delimitación del bien jurídico y en la nueva configuración del tipo penal", Diario La Ley, N° 8911, Sección Doctrina, 30 de Enero de 2017, pp. 1-19.

FERNÁNDEZ BAUTISTA, "La tutela de las libertades de expresión e información versus honor ¿jurisprudencias convergentes? Consecuencias en el ámbito Jurídico-Penal". BIB 2013\9702, en El Tribunal de Estrasburgo en el Espacio Judicial Europeo. BIB 2013\1340, Julio de 2013.

FUENTES OSORIO, Elementos subjetivos en los delitos contra el honor", Estudios Penales y Criminológicos, vol. XXIX (2009), pp. 271-310.

FERRANDIS CIPRIAN, en GONZALEZ CUSSAC, (Director), GORRIZ ROYO, MATALLÍN EVANGELIO (coordinadoras), Comentarios a la reforma del Código penal de 2015,Valencia, 2015.

GALÁN MUÑOZ, "El delito de enaltecimiento terrorista. ¿Instrumento de lucha contra el peligroso discurso del odio terrorista o mecanismo represor de repudiables mensajes de raperos, twietteros y titiriteros?, en GALAN MUÑOZ, MENDOZA CALDERÓN, Globalización y lucha contra las nuevas formas de criminalidad transnacional, Valencia, 2019.

GALAN MUÑOZ, NÚÑEZ CASTAÑO, *Manual de Derecho penal económico y de la empresa, Valencia, 2019.*

GALDÁMEZ MORALES, "Posverdad y crisis de legitimidad. El creciente impacto de las fake news", en Revista Española de Transparencia, num.8, 2019, pp. 25-44.

GARCIA ALBERO, en QUINTERO OLIVARES (Director), *Comentarios al Código penal,* Cizur Menor, 2015, pp. 980 ss.

GARCÍA ARÁN, Libertad de información y procesos penales en curso, Teoría y derecho: revista de pensamiento jurídico, N°. 24, 2018 (Ejemplar dedicado a: Garantías constitucionales, prensa y Derecho penal), págs. 14-33.

GOMEZ RIVERO, Revueltas, multitudes y Derecho penal, Valencia, 2019.

LANDA GOROSTIZA, Delitos de odio y estándares internacionales:una visión crítica a contra corriente, RECPC 22-19 (2020)

MAQUEDA ABREU, en GÓRRIZ ROYO, GONZÁLEZ CUSSAC, MATALLÍN EVANGELIO (Coordinares), Comentarios a la reforma del Código Penal de 2015. Actualizada con la corrección de errores (BOE 11 de junio de 2015), Valencia, 2015, DOCUMENTO TOL5.009.87.

MANZANARES SAMANIEGO, *Comentarios al Código penal,* Madrid, 2016.

MENDOZA CALDERÓN, *La responsabilidad penal por medicamentos defectuosos,* Valencia, 2011.

MENDOZA CALDERÓN, "Discurso del odio e inmigración. La criminalización de la intolerancia en Derecho penal español", en GALÁN MUÑOZ, MENDOZA CALDERÓN, (Directores), Globalización y lucha contra las nuevas formas de criminalidad transnacional, Valencia, 2019.

MIRÓ LLINARES, "Derecho penal y 140 caracteres. Hacia una exégesis restrictiva de los delitos de expresión", en MIRÓ LLINARES (Dir,), Cometer delitos en 140 caracteres El Derecho penal ante el odio y la radicalización en Internet, Madrid, 2017.

MUÑOZ CONDE, *Derecho penal, Parte especial,* Valencia, 2022.

PAUNER CHULVI, "Noticias falsas y libertad de expresión e información. el control de los contenidos informativos en la red", UNED. Teoría y Realidad Constitucional, núm. 41, 2018, pp. 297-318.

PAREDES PORRO, "Operativa penal. Covid-19", CONSEJERÍA DE AGRICULTURA, DESARROLLO RURAL, POBLACIÓN Y TERRITORIO, DIRECCIÓN GENERAL DE EMERGENCIAS, PROTECCIÓN CIVIL E INTERIOR JUNTA DE EXTREMADURA, 19 de abril de 2020.://www.laregion.es/articulo/a-limia/denunciada-injurias-acuso-vecina-haber-contagiado-suegra-coronavirus/20200325235013934973.html, consultado en fecha 25 de marzo de 2020.

PLATERO ALCÓN, "La responsabilidad de las redes sociales: el caso de ASHLEY MADISON, Boletín Mexicano de Derecho Comparado, nueva serie, año XLIX, núm. 150, septiembre-diciembre de 2017, pp. 1284 ss.

PORTILLA CONTRERAS, La represión penal del «discurso del odio», en QUINTERO OLIVARES, Gonzalo (director), Comentario a la Reforma Penal de 2015, Cizur Menor, 2015.

RAMIREZ ORTÍZ, "Apologías débiles y libertad de expresión: hitos de la jurisprudencia más reciente y algunos parámetros interpretativo-aplicativos", Revista Aranzadi de Derecho y Proceso Penal num.53/2019,BIB 2019\855, pp. 1-50.

RICHTER, El Ciudadano Digital. Fake News y posverdad en la era digital, México, Editorial Océano, 2018, pp. 25 s.

ROMEO CASABONA, "Los delitos contra la salud pública: ¿ofrecen una protección adecuada a los consumidores'", en Revista de Derecho penal, número 4, septiembre, 2001.

SÁEZ VALCÁRCEL, R.: Amenazas a la libertad de expresión en el ámbito penal. La represión de los discursos peligrosos. Revista de derecho social n.º 74, 2016.

TERUEL LOZANO, «Libertad de expresión en Internet, control de contenidos de las páginas web y sus garantías constitucionales», Revista Aranzadi de Derecho y Nuevas Tecnologías, 25, 2011, pp. 81-103.

TERUEL LOZANO, La lucha del Derecho contra el Negacionismo: una peligrosa frontera, Madrid: Centro de Estudios Políticos y Constitucionales, 2015.

TERUEL LOZANO, "Libertad de expresión y censura en Internet", Estudios de Deusto, 62, Núm. 2 (2014).

WEIDENSLAUFER, "La regulación de las "fake news" en el Derecho comparado, Asesoria Legal Parlmentaria, Congreso Nacional de Chile, Enero 2019, pp. 1-14.

La actuación del líder político y el discurso de odio como delito

ALEXIS COUTO DE BRITO
Professor de Direito penal, processual penal e execução penal,
Universidade Presbiteriana Mackenzie

I. INTRODUCCIÓN.

El tema del discurso de odio siempre ha encontrado importantes debates cuando si relaciona con la libertad de expresión. La literatura filosófica y jurídica abunda en ambos sentidos, tanto la permisión del discurso de cualquier naturaleza, incluso odioso, como la restricción de la libertad de expresión frente a otros intereses. Y por supuesto, la principal duda es siempre sobre la legitimidad del Derecho penal para resolver posibles conflictos.

Quienes defienden la libertad a toda costa niegan el papel del Derecho penal, y plantean sus soluciones para evitar las evidentes consecuencias que tal discurso puede acarrear, sobre todo en un momento en que aún no se han producido efectos físicos como la segregación o incluso la violencia. Este momento al que me refiero es el de la "simple" manifestación de un mensaje prejuicioso, dirigido a un individuo o a todo un grupo, que demuestra el desprecio por una cualidad como el color, la nacionalidad, la religión, la orientación sexual, la etnia o el género de una persona, entre otros factores. Pero otros, también con sus fundamentos, justifican la dignidad delictiva del discurso *per se* para configurar un delito.

En las líneas que siguen, pretendo analizar los argumentos que giran en torno al tema, trabajando los conceptos de odio, dignidad humana, convivencia armónica y dignidad criminal, especialmente del mundo de la vida latinoamericano – en particular, Brasil – y el orden jurídico constitucional y penal, específicamente en el enfoque del discurso oficial pronunciado por el gobierno y sus representantes. Una cosa es hablar de discursos de odio en ciertos grupos privados, con su mayor o menor poder de propagación, y otra completamente diferente es una plataforma gubernamental utilizar el odio como proyecto de Estado.

II. EL ORDEN POSITIVO BRASILEÑO Y SU INTERPRETACIÓN JURISPRUDENCIAL

Incluso antes de la retomada de la democracia en Brasil en 1986, el país ya era signatario del Pacto Internacional para la Eliminación de todas las Formas de Discriminación Racial, aprobado por el Decreto 65.810 del 8 de diciembre de 1969. Recuerdo que en su art. II, 1, "a" el Pacto establece que "cada Estado Parte se compromete a no realizar ningún acto o práctica de discriminación racial contra personas, grupos de personas o instituciones y a hacer que todas las autoridades, sean nacionales o locales, cumplan con esta obligación", y en el mismo artículo, la letra "b" determina que "cada Estado Parte se compromete a no alentar, defender o apoyar la discriminación racial practicada por cualquier persona u organización". Pero lo más significativo es que por el art. IV, letra "a" del mismo Pacto, los Estados-parte se comprometen a "declarar delitos punibles por la ley, toda difusión de ideas basadas en la superioridad o el odio racial" y "toda incitación a la discriminación racial"[1].

---

1 En complemento, el Pacto Internacional sobre Derechos Civiles y Políticos, válido en Brasil por el Decreto 592 de 6 de julio de 1992, en su artículo 19 determina que "1. 1. Nadie puede ser molestado por sus opiniones. 2. Toda persona tiene derecho a la libertad de expresión; este derecho incluirá la libertad de buscar, recibir y difundir información e ideas de todo tipo, sin consideración de fronteras, ya sea oralmente, por escrito, en forma impresa, en forma de arte o por cualquier otro medio de su elección. 3. El ejercicio del derecho previsto en el apartado 2 de este artículo conllevará deberes y responsabilidades especiales. En consecuencia, puede estar sujeto a ciertas restricciones, que deben, no

Con la restauración de la democracia, Brasil promulgó su 7ª Constitución en 1988, y tiene en su artículo 3º los siguientes como objetivos fundamentales de la República:

> Art. 3º. Son objetivos fundamentales de la República Federativa de Brasil:
>
> I - construir una sociedad libre, justa y solidaria;
>
> II - garantizar el desarrollo nacional;
>
> III - erradicar la pobreza y la marginación y reducir las desigualdades sociales y regionales;
>
> **IV - promover el bien de todos, sin perjuicio de origen, raza, sexo, color, edad y cualquier otra forma de discriminación.**

El texto constitucional también protege la libertad de expresión, puntualmente en su artículo Art. 220:

> La manifestación del pensamiento, la creación, la expresión y la información, en cualquier forma, proceso o vehículo, no estarán sujetas a restricción alguna, salvo a lo dispuesto en esta Constitución.
>
> § 1º Ninguna ley podrá contener dispositivo que pueda constituir un impedimento a la plena libertad de información periodística en cualquier medio de comunicación social, observándose lo dispuesto en el art. 5º, IV, V, X, XIII y XIV.

Hay, por lo tanto, unas excepciones a la libertad de expresión, de las que los incisos IV y X del artículo 5º – de las garantías fundamentales – representan las principales: no se permite el a anonimato (IV) y la intimidad, la vida privada, el honor y la imagen

---

obstante, estar expresamente previstas por la ley y que son necesarias para:
a) asegurar el respeto de los derechos y la reputación de otras personas;
b) proteger la seguridad nacional, el orden público, la salud o la moral públicas.
También la Convención Interamericana contra el Racismo, la Discriminación Racial y Formas Conexas de Intolerancia, valida en Brasil por el Decreto 10.932 del 10 de enero de 2022, prohíbe en su art. 20. 2. "toda apología del odio nacional, racial o religioso que constituya incitación a la discriminación, la hostilidad o la violencia".

de las personas son inviolables, asegurándose el derecho a la reparación del daño material o moral que resulte de su violación (X). La interpretación de los artículos supra citados nos permite una primera conclusión que, en Brasil, la libertad de expresión debe someterse a la no discriminación ya la no inviolabilidad de la individualidad.

A partir de estas constataciones, la indagación es sobre si el sistema jurídico-penal debe actuar en la resolución de los conflictos de ahí derivados.

Históricamente, el racismo, como el odio a los demás por el color de su piel, ha sido siempre el principal y más destacado delito de odio también en Brasil. Tanto es así que en la Constitución de 1988 solo se consideran imprescriptibles dos tipos de delitos, uno de los cuales es el racismo.

En consonancia con esta posición, la primera ley que la democracia produjo oficialmente en 1989 fue precisamente la tipificación del Racismo: la Ley 7716/89, cuyas penas pueden llegar hasta los 5 años de prisión. Desde entonces hay una forma sencilla y no típicamente completa de criminalización del discurso de odio en el artículo 20, que castiga a quienes inducen o instigan el prejuicio. En su redacción original, la ley sólo mencionaba el prejuicio por la raza y el color de la piel. En 1997 se modificó la ley para incluir los prejuicios por la etnia, la religión o el origen nacional. Muy recientemente – 2023 – la Ley ha cambiado para penalizar la incitación practicada en las redes sociales o en contexto de actividades esportivas[2].

---

[2] Art. 20. Praticar, induzir ou incitar a discriminação ou preconceito de raça, cor, etnia, religião ou procedência nacional. Pena de 1 a 3 anos. [...] § 2º Se qualquer dos crimes previstos neste artigo for cometido por intermédio dos meios de comunicação social, de publicação em redes sociais, da rede mundial de computadores ou de publicação de qualquer natureza: e § 2º-A Se qualquer dos crimes previstos neste artigo for cometido no contexto de atividades esportivas, religiosas, artísticas ou culturais destinadas ao público: 2 a 5 anos.

El proyecto original también preveía el delito por prejuicio por razones económicas, sociales o políticas, lo que fue vetado por el presidente de la República en aquel momento. El tema de género, en cambio, nunca fue discutido, y solamente en 2006, con la promulgación de la Ley contra la violencia doméstica contra la mujer (Ley 11340), que el tema empezó a tomar fuerza, hasta la inclusión en 2015 del femicidio, como un delito calificado de homicidio, con penas de hasta 30 años.

Hasta los días de hoy, la comunidad LGBTQIAP+ no cuenta con protección legal, lo que llevó al Supremo Tribunal Federal (STF) a una decisión sin precedentes y sumamente controvertida.

Por mayoría, la Corte reconoció la tardanza del Congreso Nacional en tipificar actos que vulneran los derechos fundamentales de los miembros de la comunidad y decidió por el reconocimiento de que la homofobia y la transfobia si están cubiertas por los tipos de la Ley contra el Racismo (Ley 7716/1989) hasta que el Congreso Nacional edite ley sobre la materia. En resumen, utilizaran oficialmente la analogía en materia penal. Analogía *in malam partem* que sigue siendo aplicada por la policía e los jueces del país.

¿Y porque especialmente el STF fue provocado a manifestarse al respecto? Porque los casos de delitos de odio comenzaron a aumentar exponencialmente con el surgimiento de un movimiento de extrema derecha en Brasil que tuvo como propulsor directo e inmediato el expresidente del país Jair Bolsonaro.

Según datos del Foro Brasileño de Seguridad Pública (FBSP), que es una organización no gubernamental, apartidista y sin fines de lucro dedicada a la construcción de un ambiente de referencia y cooperación técnica en el área de seguridad pública, hubo un aumento promedio del 50% en los casos de violencia desde la llegada al poder de la extrema derecha del expresidente Jair Bolsonaro:

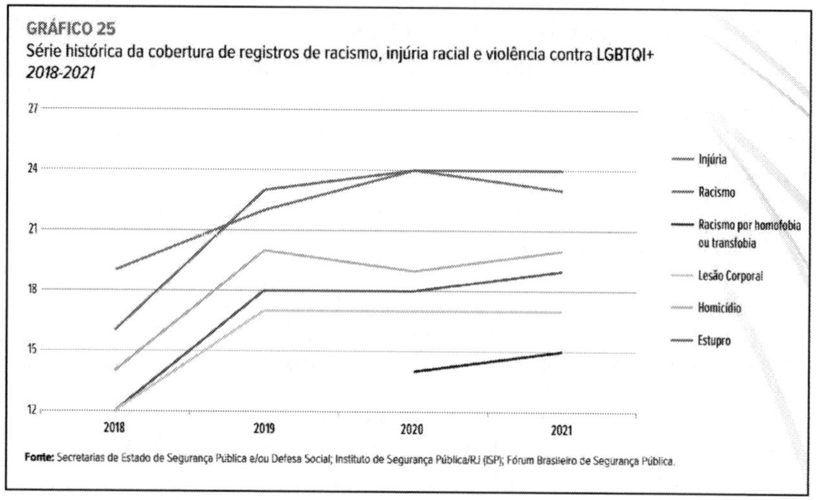

De hecho, en Brasil, en relación con los delitos de odio, las estadísticas aumentaron con el ascenso de un grupo político llamado "Bullet Banquet" al Congreso, formado por policías y militares prejuiciosos y detractores de los derechos humanos, personas que recurren constantemente al discurso del odio, inicialmente contra los delincuentes, pero que a menudo se expande a todos los que consideran "diferentes". Uno de los precursores de este tipo de política e integrante de esta "bancada" es el expresidente Bolsonaro[3].

---

3 A fines de la década de 1990, Bolsonaro ya declaraba en una cadena de televisión que "el error de la dictadura fue torturar y no matar" y en una revista de amplia circulación dijo que "Pinochet debería haber matado a más personas". Durante su campaña a la presidencia de Brasil la situación se intensificó. En uno de sus mítines utilizó un trípode de cámara para simular un arma y gritó "Ametrallemos la petrallada", en alusión a personas afiliadas o votantes del partido de los trabajadores - PT. Otra afirmación agresiva de Bolsonaro fue que los que viven en el nordeste de Brasil deberían comer hierba: "Votante de Lula, como se acabó la mortadela, os queda hierba". En relación con la comunidad LGBTQIAP+, declaró a TV Cámara -órgano oficial de comunicación de la Cámara de Diputados- que "al hijo que empieza a ser un poco gay,

Por lo tanto, es claro que existe una relación directa entre el discurso de odio y la violencia desatada. Y este hecho debe llevarnos a reflexionar sobre el tratamiento adecuado del tema, incluida la necesidad de criminalizar el discurso de odio.

III. DEFINIENDO EL DISCURSO DE ODIO

Hay muchas y abundantes definiciones de discurso de odio. Pero esencialmente es la transmisión de cualquier mensaje que tenga un contenido discriminatorio, prejuicioso, dirigido a un individuo o grupo específico. Este es el mínimo, ya que el discurso del odio también puede pretender humillar e incluso incitar a la práctica de actos violentos. Pero hay que estar de acuerdo con LAPOUTRE cuando define el discurso del odio como comunicaciones

---

se hace coro, y cambiará de comportamiento". A una diputada federal con la que discutió, Bolsonaro le dijo "no te violo porque no te lo mereces". Para Bolsonaro, los inmigrantes son una amenaza para la seguridad nacional, porque "su comportamiento y cultura es completamente diferente a la nuestra". "No podemos abrir las puertas de Brasil a todo tipo de personas. Esto se convertirá en la casa de la *madre Joana*", una expresión como que un sitio desgobernado. En un mitin, espontáneamente declaró: "Fui a un quilombo en Eldorado Paulista. Mire, la afrodescendiente más liviana allí pesaba siete arrobas. Ellos no hacen nada. No creo que ya ni siquiera sirvan para procrear". Pero probablemente uno de los peores momentos de su trayectoria como diputado fue el día de la votación por el *empeachment* al expresidente Dilma Russef. Cuando solo debía manifestarse con un "sí" o un "no", Bolsonaro dijo: "en este día de gloria para el pueblo, hay un hombre que pasará a la historia.... en memoria del coronel Brilhante Ulstra, el terror de Dilma Rousseff, mi voto es sí". Ultra fue uno de los únicos torturadores reconocidos y condenados por la justicia brasileña, responsable por no menos de 434 muertes y desapariciones durante la dictadura. Este tipo de discurso se repitió varias veces durante 20 años, principalmente en cuanto ejercía la presidencia.

que niegan enfáticamente el estatus básico de otros miembros de la sociedad como ciudadanos libres e iguales[4].

El mismo LAPOUTRE reconoce que tal definición es demasiado amplia, y para el ámbito del derecho penal ha sido común que la legislación exija un poco más sobre el discurso de odio, no solo que el contenido expresado del discurso regulado contradice profundamente la posición básica de los grupos vulnerables, pero también que se pronuncie en circunstancias en las que es probable que produzca ciertos efectos, como violencia o desagrado[5]. En mi opinión, el artículo 510 del Código Penal español permite que el discurso de odio, aunque esté desvinculado de las consecuencias materiales posteriores de la violencia, sea castigado con una pena de prisión de uno a cuatro años.[6]

Pero ¿hay tanta ofensa en el discurso del odio como para requerir la intervención del Derecho penal?

Son elocuentes las consideraciones de WALDRON. El autor parte de una imagen atractiva de la justicia, según la cual la justicia requiere tratar a los seres humanos con dignidad en primer lugar, esto significa que el estatus de los ciudadanos como miembros libres e iguales de la sociedad – su dignidad – debe ser reconocido

---

4 LEPOUTRE, M., Hate speech in public discourse: a pessimistic defense of counterspeech. In: Social Theory and practice, p. 853.

5 LEPOUTRE, M., Hate speech in public discourse: a pessimistic defense of counterspeech. In: Social Theory and practice, p. 855.

6 Artículo 510.
1. Serán castigados con una pena de prisión de uno a cuatro años y multa de seis a doce meses:
a) Quienes públicamente fomenten, promuevan o inciten directa o indirectamente al odio, hostilidad, discriminación o violencia contra un grupo, una parte del mismo o contra una persona determinada por razón de su pertenencia a aquel, por motivos racistas, antisemitas, antigitanos u otros referentes a la ideología, religión o creencias, situación familiar, la pertenencia de sus miembros a una etnia, raza o nación, su origen nacional, su sexo, orientación o identidad sexual, por razones de género, aporofobia, enfermedad o discapacidad.

y mantenido, por otros ciudadanos. Sin embargo, basándose en la idea de RAWLS de una sociedad bien ordenada, WALDRON argumenta que la justicia requiere algo más. Los ciudadanos también deben saber que sus pares mantienen su estatus. Sin la garantía de que su dignidad esté asegurada, los ciudadanos no pueden disfrutar plenamente su vida. De hecho, esta garantía es necesaria para que los ciudadanos persigan sus objetivos y participen en la vida civil y política sin temor ni vergüenza[7]. El discurso de odio influye causalmente en cómo otros miembros de la sociedad ven y actúan hacia el grupo objetivo, para que dejen de defender su condición de iguales, socava la seguridad del grupo y de lo público de que el grupo objetivo es respetado por sus pares. Así, en definitiva, el discurso de odio constituye un ataque a la dignidad.

La definición de dignidad es algo perseguido desde la ilustración. Es tan polisémico como necesario para conducir sociedades democráticas, y aun sin una definición unánime siempre se invoca como argumento principal en el reconocimiento de la equivalencia entre las personas. Repito aquí lo que he defendido en otro lugar. El *Ser* persona no depende del grado de presencia o realización empírica de determinadas cualidades o funciones, sino del su carácter ontológico o esencial. Desde este ángulo, es absolutamente inadmisible la existencia de individuos pertenecientes a la especie humana que no sean al mismo tiempo personas humanas, así como todo lo contrario. Y esto no es posible porque la esencia del *Ser* no puede confundirse con sus cualidades, adquiridas en mayor o menor medida. Por el contrario, la esencia del *Ser* tiene que ver con su naturaleza, en este caso, la naturaleza humana[8].

Por tanto, es necesario comprender, desde este punto de vista, que el individuo humano (porque está dotado de naturaleza humana) es *per se* una persona. Así, un ciego no es menos persona que un vidente, lo que existe entre los dos es sólo una diferencia

---

7 WALDRON, J., The harm in hate speech, p. 94.

8 No puede desprenderse de lo ontológico, como señala PÉREZ LUÑO, in: *Derechos Humanos, Estado de Derecho y Constitución*, p. 166-167.

de capacidad y no de sustancia; y por la misma razón un enfermo mental o una persona inconsciente no ve disminuida en modo alguno su "personalidad" y por tanto su dignidad. En las palabras tantas veces citadas por MIGUEL REALE, es a partir de la autoconciencia del hombre como el ser *que es y debe ser* que toma conciencia de su dignidad y de todo ello nace la idea de persona, según el cual no se es hombre por el mero hecho de existir, sino por el significado o sentido de la existencia[9].

El énfasis en lo sustancial impide cualquier tipo de graduación: hay personas y hay cosas. No hay niveles, no hay grados y, dado que ningún individuo humano puede ser considerado una "cosa", entonces todos, sin excepción, son personas. La vulneración de lo humano entraña una situación de peligro para la solidaridad y la convivencia entre los hombres. La dignidad humana "se muestra como la garantía no sólo de las condiciones fundamentales y elementales del desarrollo, sino también de la conservación de la individualidad en su conjunto y según la plétora de aspectos y dimensiones de la personalidad, es decir, la singularidad primitiva, la sociabilidad y la humanidad de todo lo real y auténticamente humano"[10].

Si adoptamos este argumento filosófico y lo armonizamos con el aspecto legal, podemos utilizar el entendimiento de WALDRON: la dignidad puede entenderse como una especie de estatus jurídico: tiene que ver con la posición que una persona tiene en la sociedad y sus relaciones con los otros. La ley protege, reconoce, justifica o promueve la dignidad humana en diversas formas basado en el hecho de que se le reconoce la capacidad de controlar y regular sus acciones de acuerdo con su propia comprensión de las normas y razones que se aplican a ella; asume que es capaz y tiene derecho a rendir cuentas de sí mismo (y de la forma en que está regulando sus acciones y organizando su vida), una cuenta a la que los demás deben prestar atención; y significa, finalmente, que

---

9 REALE, M., *Filosofia do Direito*, p. 190.

10 MAIHOFER, W., *Estado de Derecho y Dignidad Humana*, p. 104.

tiene los medios para exigir que su arbitrio y su presencia entre nosotros como ser humano sean tomados en serio y acomodados en la vida de los demás, en las actitudes y acciones de los demás hacia él, y en la vida social en general[11].

En este orden innegable se recuerda la función del Estado, la esencia de su surgimiento. Ya en ARISTÓTELES y más tarde en TOMÁS DE AQUINO encontramos la naturaleza gregaria y social del hombre, que en consecuencia se ve naturalmente abocado a la asociación, como forma única e indispensable para su realización personal. En palabras de ANSELMO BORGES, "el hombre es, ante todo, ser para sí mismo, pero su ser también es ser *para-otros*: *ser-para-sí-para-otros*, necesitando de otro para plasmarse en todas las estructuras de su ser"[12]. Así, el Estado, antes de constituirse en la máquina superior o en el centro del poder político, se constituye en una reunión finalista. Desde TOMÁS DE AQUINO, el hombre ha sido percibido como un animal político por naturaleza y el Estado se revela como una necesidad natural para su vida. Esta estructura es de suma importancia de tal manera que, si este Estado constituido no condujera a sus miembros al bien común y al respeto de los derechos de la persona humana, estaría sujeto a un colapso, justificando la revolución, si necesario; y la historia ya ha demostrado, incluso tomándose las armas. El Estado idealmente perfecto tendría como finalidad la realización del bien común, que hace posible la plena realización de cada hombre individual. Cabe señalar que junto a la individualidad el hombre es también fundamentalmente sociedad. Y lo es por su ontología y por ansiar la plenitud. Ninguna persona humana se realiza sin intersubjetividad y sin participación en un proyecto que involucre y sea solidario con todas las personas. El Estado es pues inevitable, pero esto no lo califica como fin último de la existencia humana. Al contrario, debe ser el medio por el cual cada ser pueda alcanzar su plenitud. Y a él sólo deben entregarse las actividades esenciales

---

11 WALDRON, J., How law protects dignity, in: The Cambridge Law Journal, p. 201-202.

12 BORGES, A., *Corpo e Transcendência*, p. 107.

e indispensablemente colimadas ante su propia razón creadora, esto es, de lo que individualmente es doloroso de consumar. En este sentido, la "República es una organización política al servicio del hombre, no es el hombre al servicio de los aparatos político-organizativos"[13].

La creación del Estado así explicada impone una primera consecuencia: nunca podrá obrar en sentido contrario a la realización individual, pues estaría negando su propia creación, peor aún, negando a su creador. De ahí que el Estado siempre deba garantizar el cumplimiento de cada uno de los individuos que lo componen, tarea indiscutiblemente compleja que presupone un máximo de derechos y un mínimo de intervención. Esto es lo que acertadamente subrayó CASTANHEIRA NEVES sobre el respeto incondicional a la dignidad humana que se deriva de su dimensión personal, del valor que emana de esta dimensión. Esta dignidad de la persona "debe ser respetada más allá e independientemente de los contextos integrales y situaciones sociales en que se inserta concretamente". Así, "Si el hombre es siempre miembro de una comunidad, de un grupo, de una clase, lo que es en dignidad y valor no puede reducirse a estos modos de comunidad o de existencia social. Será por tanto nulo, e inadmisible, el sacrificio de su valor y dignidad personal simplemente en beneficio de la comunidad, del grupo, de la clase. En otras palabras, el sujeto que tiene valor absoluto no es la comunidad o la clase, sino el hombre personal, aunque existencial y socialmente en la comunidad y en la clase. Por tanto, el juicio que histórica y socialmente merece una determinada comunidad, un determinado grupo o una determinada clase no puede implicar un juicio idéntico sobre uno de los miembros considerados personalmente – su dignidad y responsabilidad personal no puede confundirse con el mérito o demérí-

---

[13] GOMES CANOTILHO, J.J., *Direito Constitucional e Teoria da Constituição*, p. 225.

to, el papel y la responsabilidad histórico-social de la comunidad, grupo o clase a la que pertenece"[14].

Tal vez ese sea el diferencial del estudio presentado en este texto. Mucho se discute sobre la criminalización del discurso de odio frente a la libertad de expresión, cuando ciudadanos o grupos privados deciden justificar su odio a esa libertad. Y los argumentos son fuertes y válidos para ambos lados. En general, quienes defienden a toda costa la libertad de expresión presentan soluciones que implicarían una acción coordinada del Estado, especialmente un contra-discurso contundente y sistematizado. Pero de acuerdo con el objeto de este trabajo, la investigación versa precisamente sobre el discurso de odio dado por quien detén el poder, quien representa al Estado. Pero, aunque no lo fuera, deberíamos indagar sobre la capacidad real de resolver el problema a través del contra-discurso.

Con el contra-discurso el Estado se opone con autoridad al discurso de odio, aunque no lo prohíbe. Este tipo de discurso contrario parece una forma preferible de promover la dignidad y la justicia. Pero estoy con LAPOUTRE que, defender el contra-discurso del Estado puede parecer ingenuo. En condiciones no ideales, parece probable que se logre demasiado poco[15]. Según LAPOUTRE, esta solución es inadecuada especialmente porque parece ineficaz para proteger a los objetivos del discurso degradante. Para empezar, la evidencia empírica indica que los destinatarios del discurso de odio público rara vez responden directamente a los hablantes del odio. Esto sugiere que la misma nocividad del discurso de odio hace que la respuesta inmediata sea muy difícil para sus objetivos[16].

---

14 *Apud*, MIRANDA, J., A Dignidade da pessoa humana e a unidade valorativa do sistema de Direitos Fundamentais, in: *Tratado luso-brasileiro da dignidade humana*, p. 174.

15 LEPOUTRE, M., Hate speech in public discourse: a pessimistic defense of counterspeech, In: Social Theory and practice, p. 882.

16 LEPOUTRE, M., Hate speech in public discourse: a pessimistic defense of couinterspeech, In: Social Theory and practice, p. 862.

Otra solución sería esperar a que se practiquen actos concretos de violencia o injurias, por ejemplo, para así configurar un delito. El problema – como bien nota CAMARGO – radica, sin embargo, "en la consecuencia inverosímil de castigar a los detractores por todos y cada uno de los delitos cometidos bajo la influencia del discurso que pronuncian". La autora no cree que haría sentido castigar al político por todos los delitos en los que pueden haber influido sus prejuiciosos discursos[17].

De hecho, el discurso de odio que viene directamente del Estado lleva consigo una fuerza enorme. BENESCH estima que la probabilidad de que el discurso desencadene la violencia en cualquier situación dada puede depender de estos cinco criterios: el orador, la audiencia, el discurso en sí, el contexto social e histórico y los medios de entrega. En cada caso, uno o más de estos criterios pueden ser especialmente importantes. Un orador puede tener una gran influencia en una audiencia determinada, mientras que ciertas audiencias pueden ser especialmente vulnerables debido a las dificultades económicas, el miedo o los agravios existentes[18]. Estos son factores utilizados desde el movimiento de ley y orden, que ya los conocimos muy bien. En lo que interesa a este texto, es mucho más probable que un orador cometa una incitación exitosa si tiene alguna forma de influencia o autoridad preexistente sobre la audiencia. Los estudios de casos sugieren que este es un indicador particularmente poderoso. Además, la incitación se caracteriza por ciertos recursos retóricos, muy utilizados por políticos, que al público dice que corre el riesgo de ser atacado o destruido por las presuntas víctimas. Y una audiencia que tiene miedo, por una variedad de razones, es más vulnerable a la incitación[19].

---

17 CAMARGO, B. C., Incitação pública, apologia ao crime e exigência de pessoa certa na instigação, In: Intolerância e Direito penal, p. 89.

18 BENESCH, S., WORDS as weapons, in: World policy Journal, vol. 29, 2012, p. 11-12.

19 BENESCH, S., Election-related violence: The role of dangerous speech, p. 391.

IV. EL DISCURSO DE ODIO COMO NECROPOLÍTICA Y SU DIGNIDAD PENAL

Es posible afirmar – como lo hace MEDEIROS – que el delito de odio no es individual en el sentido de que no afecta a una sola persona, sino una advertencia de terror para todo el grupo. Y tomado como política del Estado, se cualifica como una práctica de necropolítica, "en la medida en que quienes viven, al tomar conciencia de la muerte y/o agresión de miembros de su grupo social, comienzan a temer por su vida y tienen sus subjetividades y expresiones controladas como técnica de supervivencia. Los cuerpos se regulan en base al miedo a la muerte"[20].

A diferencia de los ejercicios propios del biopoder, que regula la vida social a través de la gestión de la vida, la necropolítica invierte en el control de los cuerpos a partir de la muerte o del miedo a que ésta ocurra. En el contexto político, los delitos de odio contra las minorías sociales dilucidaron esta dimensión de la necropolítica, en la que los asesinatos y las agresiones físicas agudas pretendían demostrar qué cuerpos son más matables, qué vidas son menos aceptadas. El grupo al que pertenece una víctima de un delito de odio recibe, entonces, una especie de alerta de que su clase está siendo herida por no ser bien visto o no encajar en las convenciones sociales, ya sea por orientación sexual, raza, identidad de género, posicionamiento político. Así, se crean ciertas políticas del miedo entre las minorías sociales, para que cualquier individuo que pertenezca a ellas pueda ser el próximo[21].

Si en un hipotético principio la "raza" (o el "racismo") ocupaba un lugar destacado en la propia racionalidad del biopoder, hoy cualquier minoría padece del mismo discurso. El prejuicio se

---

20 MEDEIROS, E.S Necropolítica tropical em tempos pró-Bolsonaro: desafios contemporâneos de combate de ódio LGBTfóbicos. In: Revista Eletrônica de Comunicação, Informação e Inovação em Saúde, p. 297.

21 . MEDEIROS, E.S , Necropolítica tropical em tempos pró-Bolsonaro: desafios contemporâneos de combate de ódio LGBTfóbicos. In: Revista Eletrônica de Comunicação, Informação e Inovação em Saúde, p.294.

convierte en una tecnología diseñada para permitir el ejercicio del biopoder, el derecho soberano de la muerte. Parafraseando a MBEMBE, en la economía del biopoder, la función del prejuicio es regular la distribución de la muerte y posibilitar las funciones asesinas del Estado. Sobre el mejor modelo desarrollado por la Alemania nazi, por una extrapolación biológica sobre el tema del enemigo político, al organizar la guerra contra sus adversarios y, al mismo tiempo, exponer a sus propios ciudadanos a la guerra, se convirtió en el arquetipo de una formación de poder que combina las características de un estado racista, un estado asesino y un estado suicida[22].

El discurso de odio pode mantenerse en un primer estadio en que se caracterizaría como un terrorismo psicológico, que afecta directamente la libertad de las personas por el simple hecho de que se propaga el discurso. Y la libertad siempre ha sido indiscutiblemente un bien jurídico protegido por la ley penal. El mero discurso afecta la libertad del individuo y su grupo que se sienten amenazados en un nivel amplificado debido a la capacidad del gobierno para influir en otros ciudadanos. Las palabras promueven algo difícil de controlar cuando se está en un nivel de representación política tan poderoso, como es el caso de la presidencia.

Pero si camina a otro estadio, puede configurar una incitación indirecta a otros actos graves como el genocidio o puede ser un requisito previo para ello. Cada caso moderno de genocidio ha sido precedido por una campaña de propaganda difundida por los medios de comunicación y dirigida por un puñado de líderes políticos. Si se pudiera detener estas campañas, o disuadir a sus autores intelectuales, se podría evitar el genocidio[23]. En la Alemania de Hitler, pasando por Bosnia y Ruanda, fueron los discursos de odio de los políticos los que desencadenaron los hechos físicos posteriores. Todos estos políticos utilizaron discursos prejui-

---

22 MBEMBE, A., Necropolítica, in: Arte & ensayos, p. 128.

23 BENESCH, S., Inciting genocide, pleading free speech, in: World policy Journal vol. 21, p. 63.

ciados, estableciendo la idea de que los impopulares no eran las personas, sino distintos seres carentes de dignidad como las cucarachas, los cuervos o las ratas.

Los discursos y la música pueden ser poderosos catalizadores para la acción humana de todo tipo, y su significado e impacto dependen enormemente del contexto y de quién habla o escucha[24]. El líder "representa la historia de un grupo de personas o asociación, sea en sentido territorial (Estado, región o municipio), sea en sentido funcional (partido, sindicato u organización sociopolítica)". Su poder de mover personas es algo concreto, pues "el líder es parte de la historia de una institución o sociedad hecha cuerpo, interiorizada, a través de su voz, gestos, movimientos corporales, discursos, prácticas políticas, formas de sentir, formas de percibir la realidad y modos de valorar la misma". Si una persona llega a ser líder "es el encargado, en tanto que es reconocido por otros agentes sociales por una especie de 'ministerio', de representar las voluntades particulares"[25]. Cuando el líder ocupa un cargo público como el de presidente "la apropiación privada de bienes y servicios públicos implica la acumulación de poder material y poder simbólico". Este poder simbólico agregado al poder político de la presidencia "implica la imposición de una visión de la realidad sobre los actores desprovistos de los recursos monopolizados por unos pocos (los líderes), en detrimento de los muchos (sus seguidores, opositores y competidores); Así, el líder se caracteriza por poseer una decisiva capacidad para la construcción y definición de la realidad sociopolítica con su lenguaje, sus palabras y sus clasificaciones"[26].

Cuando el líder sólo busca su propio éxito o el de su grupo, trata de alcanzar sus objetivos influyendo externamente, a través de palabras, armas o bienes, amenazas o recompensas, en la de-

---

24 BENESCH, S., Words as weapons, in: World policy Journal vol. 29, p. 8.

25 JIMÉNEZ DÍAZ, J.F., Enfoque sociológico para el estudio del liderazgo político, in: Revista Castellano-Manchega de Ciencias Sociales, p. 194.

26 JIMÉNEZ DÍAZ, J.F., Enfoque sociológico para el estudio del liderazgo político, in: Revista Castellano-Manchega de Ciencias Sociales, p. 199.

finición de la situación o en las decisiones o motivaciones de sus oponentes. Estas son acciones estratégicas, impulsadas por intereses, en una disputa para maximizar ganancias o minimizar pérdidas. El participante de la interacción no se presenta como un alter ego, cuyas expectativas puedo cumplir o no según normas reconocidas intersubjetivamente, sino como un oponente cuyas decisiones pueden ser influenciadas indirectamente a través de la disuasión o la recompensa[27]. Las acciones estratégicas son egocéntricas y la cooperación entre los actores y la estabilidad de la comunicación dependerán de los intereses involucrados.

Desde Austin, el análisis filosófico del lenguaje nos alerta sobre la realización de un acto perlocucionario cuando realizamos un acto de habla (ilocucionario). "Decir algo con frecuencia, o incluso normalmente, producirá ciertos efectos o consecuencias en los sentimientos, pensamientos o acciones de los oyentes, del hablante o de otras personas; y esto podrá hacerse con el propósito, intención o fin de producir tales efectos" [28]. El odio no aporta nada a la convivencia armónica y quienes hacen discursos de odio no solo quieren registrar algo, el discurso presupone el uso de argumentos para convencer al otro para segregar. Me parece que el acto de habla que proviene del gobernante está dotado de tal fuerza perlocutiva que sólo una acción estratégica equivalente – el derecho penal – podría servir como contra-discurso y restaurar las expectativas sociales.

Criminalizar el discurso de odio no afectará las actitudes de las personas ni controlará sus pensamientos sobre sus convicciones morales. Las restricciones al discurso del odio son restricciones a las formas más tangibles de comunicación. El tema es la publicidad y el daño que se hace a individuos y grupos al desfigurar el entorno social mediante anuncios visibles, públicos y semipermanentes de que, en la opinión de un determinado grupo de la

---

27 HABERMAS, J., *Vorstudien und Ergänzungen zur Theorie des kommunikativen Handelns*, p. 22-23.

28 AUSTIN, J. L., Quando dizer é fazer, Palavras e ação, p. 89-90.

comunidad, los miembros de otro grupo no son dignos de ser reconocidos igualitariamente como ciudadanos[29], algo impensable si colocamos como grupo discriminador precisamente al que ejerce la política de Estado. Una democracia liberal debe asumir la responsabilidad afirmativa de proteger la atmósfera de respeto mutuo contra ciertas formas de ataques perversos. Pero, como lo indaga WALDRON, la verdadera pregunta es sobre los sujetos directos de los abusos. ¿Pueden vivir sus vidas, educar a sus hijos, mantener sus esperanzas y disipar sus peores temores, en un entorno social contaminado por estos materiales? [30]. La respuesta es evidentemente no, y de esto comprendemos la real intención de un gobierno que toma el discurso de odio como su plataforma: Establecer una necropolítica.

V. CONCLUSIÓN

Como nos dijo el Asesor Especial para la Prevención del Genocidio, Adama Dieng, en 2019, "todos debemos recordar que los delitos de odio están precedidos por un discurso de odio; todos deben recordar que el genocidio de los tutsis en Ruanda comenzó con un discurso de odio; el Holocausto no empezó con las cámaras de gas, sino mucho antes, con el discurso del odio".

Bolsonaro, con relación a su discurso de odio, fue condenado en varias ocasiones a indemnizar a quienes se consideraban ofendidos. Pero aparentemente la ley civil no ha sido efectiva para prevenir tan grave comportamiento. Aparentemente, desde el punto de vista penal, hay dignidad para que se aplique la *ultima ratio.* Sobre todo, cuando se hace evidente que el odio perpetrado por el gobernante no se limita a la libertad de opinión, sino a un proyecto gubernamental de exclusión. No hay la alternativa del

---

29 WALDRON, J., Dignity and Defamation: the visibility of hate, Harward Law Review, mayo de 2010, vol. 123, p. 1601.

30 WALDRON, J. Dignity and Defamation: the visibility of hate. Harward Law Review, maio de 2010, vol. 123, p. 1598.

contra-discurso o de acciones gubernamentales sistematizadas justamente por ser el gobernante el sujeto activo del discurso.

Podemos apreciar, entonces, el importante daño que genera el discurso público del odio. Al negar públicamente el estatus de los sujetos como iguales sociales, el discurso de odio afecta la apariencia de la sociedad de maneras que socavan la seguridad pública de que su estatus es seguro. Además, el discurso de odio público reúne a otros que odian para asegurarles que no están solas. Al hacerlo, reemplaza la garantía de la dignidad por la garantía del odio.

Soy consciente de que la escalada del odio y de la extrema derecha no es exclusiva de Brasil, pero definitivamente hay un fenómeno que debe ser observado y enfrentado penalmente, que es la participación directa del discurso político en el fomento del odio. El expresidente no solo no ha hecho cumplir el artículo 3° de la constitución – que rechaza el odio como ya se ha señalado – sino que además promovió el odio y la discriminación. Por lo tanto, salimos del ámbito de la mera opinión, y sus actos se convierten en política de Estado: una necropolítica.

REFERENCIAS

AUSTIN, John L., Quando dizer é fazer: Palavras e ação, Porto Alegre: Artes Médicas, 1990.

BENESCH, Susan, "Election-related violence: The role of dangerous speech", en Proceedings of the Annual Meeting (American Society of International Law), Vol. 105, 2011, pp. 389-391.

BENESCH, Susan. "Inciting genocide, pleading free speech", en World Policy Journal, Vol. 21, N° 2, 2004, pp. 62-69.

BENESCH, Susan. "Words as weapons", en World policy Journal, Vol. 29, N°1, 2012, pp 7-12.

BORGES, Anselmo, Corpo e Transcendência, Coimbra: Almedina, 2011.

CAMARGO, Beatriz Corrêa. Incitação pública, apologia ao crime e exigência de pessoa certa na instigação. In: SOUZA, Regina Cirino Alves Ferreira de (org.). Intolerância e Direito penal. Belo Horizonte: D'Plácido, 2019.

CANOTILHO, J. J. Gomes, Direito Constitucional e Teoria da Constituição, 7. ed., Coimbra: Almedina, 2003.

HABERMAS, Jürgen, Vorstudien und Ergänzungen zur Theorie des kommunikativen Handelns, 3. ed., Frankfurt a.M.: Suhrkamp, 1989.

JIMÉNEZ DÍAZ, José Francisco, "Enfoque sociológico para el estudio del liderazgo político", en Revista Castellano-Manchega de Ciencias Sociales, Nº 9, 2008, pp. 189-203.

LEPOUTRE, Maxime, "Hate speech in public discourse: a pessimistic defense of couinterspeech", en Social Theory and practice, Vol. 43, Nº 4, 2017, pp. 851-883.

PÉREZ LUÑO, António Henrique, Derechos Humanos, Estado de Derecho y Constitución, 7. ed., Madri: Tecnos, 2001.

MBEMBE, Achille, "Necropolítica", en Arte & Ensayos - Revista PPGAV/EBA/UFRJ, Nº 32, 2016, pp. 123-151.

MEDEIROS, Ettore Stefani "Necropolítica tropical em tempos pró-Bolsonaro: desafios contemporâneos de combate de ódio LGBTfóbicos", en Revista Eletrônica de Comunicação, Informação e Inovação em Saúde, Nº 13, 2019, pp. 287-300.

REALE, Miguel, Filosofia do Direito, 4. ed., São Paulo: Saraiva, 1965.

MIRANDA Jorge, "A Dignidade da pessoa humana e a unidade valorativa do sistema de Direitos Fundamentais", en Tratado luso-brasileiro da dignidade humana, São Paulo: Quartier Latin, 2008.

WALDRON, Jeremy, "Dignity and Defamation: the visibility of hate", en Harward Law Review, Vol. 123, Nº 7, 2010, pp.1596-1657.

WALDRON, Jeremy, "How law protects dignity", en The Cambridge Law Journal, Vol. 71, Nº 1, 2012, pp. 200-222.

WALDRON, Jeremy, The harm in hate speech, Cambridge: Harvard University Press, 2014.

MAIHOFER, Werner, Estado de Derecho y Dignidad Humana, Montevideo: B. de F., 208.

Delitos de odio. Elementos teóricos fundamentales

MANUEL VIDAURRI ARÉCHIGA[1]
Profesor investigador en la Universidad La Salle Bajío (México)

I. INTRODUCCIÓN

Los discursos de odio y su manifestación delictiva constituyen temas que vienen despertando cada vez más un interés de la dogmática penal. La complejidad de su configuración dogmática plantea un reto a los especialistas, tanto desde la propia estructura dogmática como la línea político criminal desde la cuál deba abordarse.

Los discursos de odio polemizan con la libertad de expresión, pero también entran en relación conflictiva con la noción de dignidad humana. Más aún, le presentan al Derecho penal la necesidad de precisar si, con base en principios rectores fundamentales como el de mínima intervención y de exclusiva protección de bienes jurídicos, resulta pertinente su tipificación.

En la misma línea de complejidad, el legislador tendría que establecer con toda la precisión posible cual es el bien jurídico que se quiere proteger, así como la consecuencia jurídica con la que habría de sancionarse la eventual comisión de un delito de odio. Con estas páginas se quiere abonar a la determinación de los con-

---

1 Profesor investigador en la Universidad La Salle Bajío (México). Doctor en Derecho por la Universidad de Sevilla. Pertenece al Sistema Nacional de Investigadores (N. 1). Miembro correspondiente de la Academia Mexicana de Ciencias Penales. mvidaurri@lasallebajío.edu.mx El autor agradece a la Maestra Zara Beatriz Vargas Montelongo, Profesora de la Universidad La Salle Bajío, sus comentarios y sugerencias en relación con este trabajo.

ceptos que resultarían útiles ante la probable tipificación penal de los discursos de odio y su materialidad delictiva.

II. DISCURSOS DE ODIO Y LIBERTAD DE EXPRESIÓN

Garantizada por los artículos 6 y 7 de la Constitución Política de los Estados Unidos Mexicanos (CM), así como en el artículo 19 de la Declaración Universal de los Derechos Humanos –(DUDH), la libertad de expresión es entendida como el derecho de pensar y compartir opiniones y reflexiones, así como de buscar, recibir y difundir ideas, opiniones e informaciones, por cualquier medio y con personas de cualquier lugar.

Se trata de un derecho sustancial o básico de cualquier democracia, especialmente porque la posibilidad de expresarse con libertad asegura un clima social propicio para la libre discusión y la reflexión de cualquier tema o asunto. Y aunque el texto constitucional (art. 6) es claro al señalar que "la manifestación de las ideas no será objeto de ninguna inquisición judicial o administrativa", también se precisa que las excepciones estarán determinadas "en el caso de que ataque a la moral, la vida privada o los derechos de terceros, provoque algún delito, o perturbe el orden público".

Conceptualizada como se ha registrado arriba, la libertad de expresión no puede contener a los llamados discursos de odio, especialmente si estas manifestaciones discursivas implican una transgresión del orden jurídico en general, atacan la moral, afectan la vida privada o los derechos de terceros, perturban el orden público o, llegado el caso, provocan algún delito. Pero, cabe preguntarse, ¿qué se entiende por discurso de odio?[2] A este respecto,

---

[2] El Diccionario de la Lengua Española indica que el vocablo *odio* proviene del latín *Odium*, y significa antipatía y aversión hacia algo o hacia alguien cuyo mal se desea; un análisis del concepto de odio desde la perspectiva del Derecho penal puede verse en FUENTES OSORIO, J.L, *Concepto de "odio" y sus consecuencias penales*, en MIRÓ LINARES, F. (director), *Cometer delitos en 140 caracteres. El Derecho penal ante el odio y*

conforme a la Recomendación General N° 15 de la *Comisión Europea contra el Racismo y la Intolerancia* (ECRI), el llamado discurso de odio ha sido definido como la

> Defensa, promoción o instigación del odio, la humillación o el menosprecio de una persona o grupo de personas, así como el acoso, descrédito, difusión de estereotipos negativos o estigmatización o amenaza con respecto a dicha persona o grupo de personas y la justificación de esas manifestaciones, basada en una lista no exhaustiva de características personales o estados que incluyen raza, color, idioma, religión o creencias, nacionalidad u origen nacional o étnico al igual que la ascendencia, edad, discapacidad, sexo, género, identidad de género y orientación sexual[3].

Aunque extensa, la definición aporta elementos para comprender la compleja dimensión implícita en esta, no tan aceptable, forma de expresión misma que pueda darse de forma oral o mediante escritos, aunque no solamente. También se advierte de la manifestación de odio a través del lenguaje musical, teatral, o a través de dibujos, pinturas o grafitis. No obstante, en el caso de las obras artísticas es preciso cerciorarse del propósito perseguido por sus autores, la que no siempre y necesariamente estaría dirigida a menoscabar, humillar, discriminar o lesionar la dignidad de una persona o grupo de personas, en el sentido antes expuesto de un discurso de odio. Así, por ejemplo, hacer notar la existencia de

---

la radicalización en Internet, Madrid, Marcial Pons, 2017, p. 131 y siguientes; MARINA, J. A. Y LÓPEZ PENA, M., *Diccionario de los Sentimientos,* 4ª edición, España, Editorial Anagrama, 2007, en el capítulo VII, titulado: *Odio y El Fracaso del Amor,* explican que el odio es antónimo del amor, y ponen: "el primer paso del amor era la presencia de un objeto agradable, atractivo, deseable y bueno. En el odio sucede todo lo contrario: el objeto resulta desagradable, aversivo malo (…) al igual que el amor, el odio implica deseos. Uno de ellos es hacer daño" (…) "el odio anhela la lejanía de aquello que le repugna", y como concepto lo emparentan con los de aborrecer, desafecto, desamor, desdén, antipatía, enojo, misoginia.

3 Citada por SÁNCHEZ GÓMEZ, R. Y CONTRERAS MAZARÍO, J.M, *El tratamiento normativo del discurso de odio,* España, Editorial Aranzadi, 2021, p. 46.

ideas y comportamientos racistas a través de un documental informativo, es diferente a promover el racismo simple y llanamente[4].

Muy oportuna resulta la aclaración de Sánchez y Contreras en el sentido de distinguir entre discursos de odio y discursos impopulares u ofensivos. En el caso de los citados en segundo término, queda claro que sí están protegidos por la libertad de expresión, en tanto no incurran en denigraciones o atentados a la dignidad humana. Los autores citados aluden a los criterios sostenidos por el TEDH a propósito de los discursos ofensivos o impopulares, prescribiendo que bajo la noción de libertad de expresión abarca tanto aquellas ideas inofensivas o indiferentes como aquellas otras que "chocan, ofenden o inquietan" a un sector social, lo anterior en consonancia con los valores de la tolerancia, el pluralismo y la apertura, emblemas del Estado democrático[5].

---

4 Sobre este punto, son de mencionarse dos ejemplos citados por SÁNCHEZ GÓMEZ, CONTRERAS MAZARÍO, *El tratamiento normativo del discurso de odio,* op. cit., p. 48-48, mismos que fueron analizados por el Tribunal Europeo de Derechos Humanos (TEDH); el primero (*M´Bala c. Francia*), donde el demandante había utilizado un espectáculo teatral cómico para para ridiculizar a la comunidad judía, entregando a un académico que negaba el holocausto un premio -candelabro con 3 ramificaciones en forma de manzana- que recibía de manos de una persona en pijama de rayas con una estrella cosida con la palabra judío. Tal espectáculo fue considerado como una actuación contraria al Convenio Europeo de Derechos Humanos, estimando el TEDH que la representación realmente era una forma disfrazada de un discurso antisemita y negacionista que iba más allá de los límites de la libertad de expresión; y en el segundo caso (*Jersild c. Dinamarca*), el TEDH determino la inexistencia de un discurso de odio al no darse una finalidad discriminatoria. El caso habla de un periodista que había sido sancionado en el ámbito interno por un documental donde tres de sus entrevistados habían realizado comentarios racistas. El TEDH consideró que la motivación del documental no era la de propagar ideas racistas, sino informar al público sobre un tema de especial relevancia social.

5 SÁNCHEZ GÓMEZ, R. Y CONTRERAS MAZARÍO, J.M, *El tratamiento normativo del discurso de odio,* op. cit., p. 51.

Interesantes son, sin duda, los criterios adoptados por el TEDH para identificar la existencia de un discurso de odio frente a un discurso puramente ofensivo, torpe o impopular. Sobre el particular, se hace referencia a las circunstancias de emisión del mensaje, siendo tales las del *contexto* y las de su *impacto*.

Un ejemplo relativo al *contexto* se obtiene en el caso *Balsyté-Lideikiené c. Lituania* informa acerca de la condena que recibió una mujer lituana dueña de una editorial que publicó y distribuyó en 2001 el Calendario Lituano, documento que el TEDH apreció como medio desde el cual se promovía el odio étnico contra la población polaca, rusa y judía, justificándose la condena en virtud de procurar la protección de derechos de los referidos grupos étnicos. En este caso, comentan Sánchez y Contreras, el TEDH asumió tal criterio a partir de un análisis del contexto ya que después de la independencia de Lituania, la cuestión del territorio y de las minorías étnicas mostraban aspectos sumamente sensibles[6].

Ahora bien, tratándose del *impacto* del discurso, se parte de:

> la capacidad que tiene la persona que emplea el discurso de odio para ejercer influencia sobre los demás (con motivo de ser por ejemplo un líder político, religioso o de una comunidad); la naturaleza y contundencia del lenguaje empleado (si es provocativo y directo, si utiliza información engañosa, difusión de estereotipos negativos y estigmatización, o si es capaz por otros medios de incitar la comisión de actos de violencia, intimidación, hostilidad o discriminación); el contexto de los comentarios específicos (si son un hecho aislado o reiterado, o si se puede considerar que se equilibra con otras expresiones pronunciadas por la misma persona o por otras, especialmente durante el debate; el medio utilizado (si puede o no provocar una respuesta inmediata de la audiencia como en un acto público en directo); y la naturaleza de la audiencia (si tiene o no los medios para o si es propensa o susceptible de mezclarse en actos de violencia, intimidación, hostilidad o discriminación[7].

---

6 SÁNCHEZ GÓMEZ, R. Y CONTRERAS MAZARÍO, J.M, *El tratamiento normativo del discurso de odio*, op. cit., p. 52-53

7 SÁNCHEZ GÓMEZ, R. Y CONTRERAS MAZARÍO, J.M, *El tratamiento normativo del discurso de odio*, op. cit., p. 53.

La libertad de expresión constituye un elemento sustancial en cualquier democracia. Debe garantizarse con oportunidad y eficacia en la medida que, a través de su ejercicio, se materializan visiones, inquietudes y aspiraciones del colectivo social y del individuo en particular. La *Declaración de Principios sobre Libertad de Expresión*[8] es muy puntual cuando señala que la libertad de expresión, en todas sus formas y manifestaciones, es un derecho fundamental e inalienable, inherente a todas las personas, y es, además, un requisito indispensable para la existencia misma de una sociedad democrática. Este principio se sustenta, entre otras disposiciones internacionales, en lo establecido en el artículo 13 de la *Convención Americana Sobre Derechos Humanos*, en especial su apartado 5, que literalmente dispone la prohibición legal "de toda propaganda en favor de la guerra y toda apología del odio nacional, racial o religioso que constituyan incitaciones a la violencia o a cualquier otra acción ilegal similar contra cualquier persona o grupo de personas, por ningún motivo, inclusive los de raza, color, religión, idioma u origen nacional".

La referencia a la *apología del odio nacional, racial o religioso que constituyan incitaciones a la violencia o a cualquier otra acción ilegal similar* claramente puede reconducirse a aquellas conductas que han sido tipificadas penalmente, particularmente las de conductas que sancionan la discriminación, como es el caso del Código Penal Federal 149 ter[9], o el Código penal del Distrito Federal (sic)

---

8 Adoptada por la Comisión Interamericana de Derechos Humanos con base en la propuesta de la Relatoría para la Libertad de Expresión de la CIDH, en su periodo ordinario de sesiones número 108, de octubre de 2000.

9 "Se aplicará sanción de uno a tres años de prisión o de ciento cincuenta a trescientos días de trabajo a favor de la comunidad y hasta doscientos días multa al que por razones de origen o pertenencia étnica o nacional, raza, color de piel, lengua, género, sexo, preferencia sexual, edad, estado civil, origen nacional o social, condición social o económica, condición de salud, embarazo, opiniones políticas o de cualquier otra índole atente contra la dignidad humana o anule o menoscabe los derechos y libertades de las personas mediante la realización de cual-

en su artículo 206[10]. Como queda visto, la importancia de la liber-

---

quiera de las siguientes conductas: **I.** Niegue a una persona un servicio o una prestación a la que tenga derecho; **II.** Niegue o restrinja derechos laborales, principalmente por razón de género o embarazo; o límite un servicio de salud, principalmente a la mujer en relación con el embarazo; o **III.** Niegue o restrinja derechos educativos. Al servidor público que, por las razones previstas en el primer párrafo de este artículo, niegue o retarde a una persona un trámite, servicio o prestación a que tenga derecho se le aumentará en una mitad la pena prevista en el primer párrafo del presente artículo, y además se le impondrá destitución e inhabilitación para el desempeño de cualquier cargo, empleo o comisión públicos, por el mismo lapso de la privación de la libertad impuesta. No serán consideradas discriminatorias todas aquellas medidas tendentes a la protección de los grupos socialmente desfavorecidos. Cuando las conductas a que se refiere este artículo sean cometidas por persona con la que la víctima tenga una relación de subordinación laboral, la pena se incrementará en una mitad. Asimismo, se incrementará la pena cuando los actos discriminatorios limiten el acceso a las garantías jurídicas indispensables para la protección de todos los derechos humanos. Este delito se perseguirá por querella.

10 "Se impondrán de uno a tres años de prisión o de veinticinco a cien días de trabajo en favor de la comunidad y multa de cincuenta a doscientos días al que, por razón de edad, sexo, estado civil, embarazo, raza, procedencia étnica, idioma, religión, ideología, orientación sexual, color de piel, nacionalidad, origen o posición social, trabajo o profesión, posición económica, características físicas, discapacidad o estado de salud o cualquier otra que atente contra la dignidad humana y tenga por objeto anular o menoscabar los derechos y libertades de las personas: **I.-** Provoque o incite al odio o a la violencia; **II.-** Niegue a una persona un servicio o una prestación a la que tenga derecho. Para los efectos de esta fracción, se considera que toda persona tiene derecho a los servicios o prestaciones que se ofrecen al público en general; **III.-** Veje o excluya a alguna persona o grupo de personas; o **IV.-** Niegue o restrinja derechos laborales. Al servidor público que, por las razones previstas en el primer párrafo de este artículo, niegue o retarde a una persona un trámite, servicio o prestación al que tenga derecho, se le aumentará en una mitad la pena prevista en el primer párrafo del presente artículo, y además se le impondrá destitución e inhabilitación para el desempeño de cualquier cargo, empleo o comisión públicos, por el mismo lapso de la privación de la libertad impuesta. No serán consideradas discrimina-

tad de expresión, su protección y garantía, ha encontrado en el Derecho penal nacional tipificaciones que reprimen con penas privativas de libertad comportamientos asociados con discursos o manifestaciones de odio, en particular aquellos que tienden a la discriminación.

III. DIGNIDAD HUMANA Y DISCURSOS DE ODIO

No puede soslayarse la noción de dignidad y su significado al tratar los discursos de odio y su eventual manifestación delictiva. Incitar al odio, la humillación o al menosprecio de la persona por razones de raza, color, idioma, religión o creencias, nacionalidad u origen nacional o étnico al igual que la ascendencia, edad, discapacidad, sexo, género, identidad de género y orientación sexual, entraña un serio agravio a la dignidad humana.

Hablar de dignidad humana es hablar de Derechos Humanos, aspecto que se evidencia con su persistente invocación en muchos instrumentos internacionales, tanto del sistema interamericano, como del universal y del africano[11]. Si bien hay consenso en reconocer que la dignidad constituye el fundamento de los Derechos Humanos y que es un importante criterio de interpretación jurídica de los mismos, no sucede igual con su conceptualización[12].

---

torias todas aquellas medidas tendientes a la protección de los grupos socialmente desfavorecidos. Este delito se perseguirá por querella".

11 Entre otros, así lo tiene consignado SALVIOLI, F, *Introducción a los Derechos Humanos. Concepto, fundamentos, características, obligaciones del Estado, y criterios de interpretación jurídica*, Valencia, Tirant lo Blanch, 2020, p. 100 y siguientes.

12 ATIENZA, M, *Sobre la dignidad humana*, Madrid, Editorial Trotta, 2022, pasa revista a las conceptualizaciones promovidas por la Iglesia católica (uso ideológico y retórico), pasando por las tesis de Jesús Mosterín (la dignidad implica un concepto que "no significa nada"), la de Steven Pinker (la dignidad es *casi* un concepto inútil); la de Ernesto Garzón Valdés (la dignidad es un concepto puente y un valor), y la del propio Atienza, p. 37.

Para Atienza, el concepto de dignidad puede ser comprendido como un *término de enlace* que se usa con dos funciones básicas: para decir que determinadas entidades poseen dignidad y para adscribir determinadas consecuencias normativas o valorativas a las entidades así calificadas[13]. Ahora bien, como explica el autor invocado, el problema radica en precisar cuáles son las condiciones de una entidad para atribuirle dignidad pues, en ocasiones, son criterios *religiosos o teleológicos* (haber sido creado a la imagen y semejanza divina), otras son *propiedades biológicas* (pertenencia a la especie humana), o *psicológicas* (poseer sensibilidad, capacidad de decisión), o bien relativas a la *propiedad de ser racional.* Sin embargo, el concepto de dignidad -afirma Atienza- "no puede analizarse simplemente en términos descriptivos (por ejemplo, un concepto psicológico), sino que debe hacerse también en términos normativos. La dignidad no sólo *explica,* sino también *justifica.* Es un concepto normativo, y por eso puede ser usado para justificar los derechos humanos"[14].

La noción normativa de la dignidad referida por el autor citado expresa un contenido en doble sentido: en un caso, será como fundamento de los derechos, definiendo el límite de la moralidad y prescribiendo "*no* tratarnos a nosotros mismos ni a los demás exclusivamente como medios", y, en otro sentido, se traduce en derechos fundamentales concretos, como los derechos de la personalidad o las garantías procesales.[15] El núcleo de la dignidad, según Atienza, reside:

---

13 ATIENZA, M., *Sobre la dignidad humana,* op. cit., p. 37

14 ATIENZA, M, *Sobre la dignidad humana,* op. cit., p. 37

15 Atienza, Manuel, *Sobre la dignidad humana,* op. cit., p. 39; en otra parte de su texto, escribe: "Esa manera de entender la dignidad viene a coincidir con el imperativo categórico kantiano (la segunda de sus formulaciones) o, si se quiere, es una interpretación del mismo. Kant lo expresaba así: "obra de tal modo que uses la humanidad tanto en tu persona como en la persona de cualquier otro, siempre como un fin al mismo tiempo y nunca solamente como un medio", p. 78; véase Jurisprudencia de la Suprema Corte de Justicia de la Nación, **DIGNIDAD HUMANA. CONSTITUYE UNA NORMA JURÍDICA QUE CONSAGRA UN DE-**

> En el derecho y la obligación que tiene cada individuo (cada ente moral) de desarrollarse a sí mismo como persona (un desarrollo que admite obviamente una pluralidad de formas, de maneras de vivir; aunque no cualquier forma de vida sea aceptable) y, al mismo tiempo una obligación, en relación con los demás, con cada uno de los individuos humanos, de contribuir a su libre (e igual) desarrollo[16].

Según Pérez Luño[17], la dignidad contiene dos garantías puntuales, por un lado, la de todo ser humano de no ser ofendido o humillado y, por otro lado, la garantía positiva del pleno desarrollo de la personalidad. En su visión, bajo el paradigma del Estado social de Derecho, el valor de la dignidad se ha resignificado adquiriendo una dimensión dinámica, interpersonal y comunitaria, todo lo cual condujo a entender la dignidad como un fin a realizar entre los individuos.

Por otra parte, partiendo de la tendencia hacia la constitucionalización del Derecho, explica Atienza que hoy se habla de una concepción post-positivista del Derecho que busca articular la dimensión autoritativa del Derecho (conjunto de normas válidas) con la dimensión axiológica (el Derecho en cuanto práctica social dirigida al logro de ciertos fines y valores), siendo la dignidad uno de esos valores, al que se le vinculan los de libertad e igualdad[18]. De este modo, dignidad, libertad e igualdad serán, conforme piensa Atienza, formas distintas de una misma ley moral, pero donde la dignidad como principio tendría un carácter más básico que los otros dos; así entonces: "el deber de tratar a cualquiera de acuerdo con su dignidad humana no está sujeto a excepciones, pero, sin embargo, sí que nos parece intuitivamente aceptable ha-

---

RECHO FUNDAMENTAL A FAVOR DE LAS PERSONAS Y NO UNA SIMPLE DECLARACIÓN ÉTICA. Décima época. Primera Sala. Gaceta del Semanario Judicial de la Federación, libro 33, agosto de 2016, Tomo II, Pág. 605.

16 ATIENZA, M, *Sobre la dignidad humana*, op. cit., p. 81

17 Citado por GONZÁLEZ PIÑA, A., *Los derechos humanos en perspectiva*, México, Tirant lo Blanch, 2015, p. 234-235.

18 ATIENZA, M, *Sobre la dignidad humana*, op. cit., p. 81

blar de límites (justificados) a la libertad o a la igualdad de los individuos"[19].

Al fin, y como ya se tiene señalado en otro lugar, en un Estado constitucional de Derecho, "el reconocimiento y respeto a la dignidad humana como valor jurídico viene a legitimar tanto al Estado que la reconoce y respeta, como al ordenamiento del que procede (...) la dignidad es considerada como un principio constitucional integrador" [20].

La consideración de la dignidad como principio constitucional reafirma el interés preponderante del Estado por garantizar su respeto y garantía ante eventuales ataques o agravios, entre los cuales caen, justamente, los discursos de odio en tanto cuanto tales expresiones podrían vulnerar el derecho de la persona a no ser humillada u ofendida o afectar el desarrollo de su personalidad,

---

19 Atienza, M, *Sobre la dignidad humana,* op. cit., p. 79, conviene considerar la reflexión de FONSECA LUJÁN, R.C, *Concepción constitucional de los derechos humanos en México,* México, Universidad Nacional Autónoma de México y Tirant lo Blanch, 2022, p. 151, quien señala certeramente: "la constitucionalización de contenidos de origen moral (como el valor de la dignidad humana) en los Estados contemporáneos es un fenómeno innegable (...). Sin embargo, de esta situación empírica no se desprende necesariamente la tesis de la reconexión conceptual entre derecho y la moral, como proponen las perspectivas postpositivistas. El fenómeno de la positivación de contenidos morales admite una lectura iuspositivista, si se considera un aspecto que resulta una obviedad: **la positivación no es una moralización directa, sino una suerte de traducción, que consiste en la reescritura del contenido moral en un lenguaje distinto, que es el lenguaje del derecho**" (...) "los contenidos con una significación moral originario que aparecen en la constitución (o en cualquier legislación como el código penal), **ya no son elementos morales: son elementos jurídicos que han de explicarse como conceptos jurídicos**" (énfasis añadido).

20 VIDAURRI ARÉCHIGA, M. y MÁRQUEZ RIVAS, F, *Notas sobre la noción de dignidad en la persona en el Estado constitucional,* en Vidaurri Aréchiga, Manuel y Cuarezma Terán, Sergio J., *Dimensiones del Estado constitucional y Control de Convencionalidad,* México, Centro de Estudios Constitucionales de la Suprema Corte de Justicia de la Nación, 2018, p. 170.

especialmente cuando este tipo de manifestaciones se concretan mediante acciones violentas, intimidantes, hostiles o de discriminación contra una persona o grupos de personas específicos. En palabras de Pérez Luño, la dignidad humana representa "el núcleo axiológico de los derechos de la personalidad dirigidos a tutelar su *integridad moral* (derecho al honor, a la propia imagen, a la intimidad, abolición de tratos inhumanos o degradantes...), así como su *integridad física* (derecho a la vida, garantías frente a la tortura...)"[21].

Los discursos de odio pugnan, claramente con la noción de dignidad humana. Inciden negativamente tanto en su integridad moral y, eventualmente, en la integridad física de los destinatarios, aspecto este último que reviste mayor gravedad. Estos discursos contradicen, además, un derecho constitucional fundamental y, con esto, propician el desequilibrio de la convivencia armónica y respetuosa a la que se aspira en términos generales.

IV. DERECHO PENAL: EL PRINCIPIO DE MÍNIMA INTERVENCIÓN

Para decidir acerca de la pertinencia de tipificar cualquier conducta es imprescindible tener presente la función de protección de bienes jurídicos asignada al Derecho penal, así como el cumplimiento de los principios que regulan el poder punitivo estatal. De todos los principios aplicables al Derecho penal, interesa ahora el de intervención mínima, cuyo contenido se esboza en sostener que el Derecho penal solo debe intervenir en aquellos casos de ataques muy graves a los bienes jurídicos más importantes, mientras que las lesiones leves serían objeto de atención por otras ramas del ordenamiento jurídico[22].

---

21 PÉREZ LUÑO, A.E, *Teoría del Derecho. Una concepción de la experiencia jurídica*, 18ª edición, Madrid, Tecnos, 2019, p. 222.

22 MUÑOZ CONDE, F. y GARCÍA ARÁN, M., *Derecho penal. Parte General*, 8ª edición, Valencia, Tirant lo Blanch, 2010, p. 73

Con base en esta comprensión, se aprecian dos características del Derecho penal: la *subsidiariedad y la fragmentariedad.* Afirmar su carácter *subsidiario* o *accesorio* significa que, ante el fracaso de otras ramas jurídicas en la tarea de protección de bienes jurídicos, la norma jurídico penal cumpliría un papel secundario (subsidiario, pues), cuya nota distintiva será el uso de la sanción[23] como reacción frente a las conductas que contradicen un determinado interés jurídico.

También se pregona del Derecho penal su carácter *fragmentario,* en alusión a la parte o porción de conductas que le son de especial interés por su mayor relevancia social[24]. Tal característica se presenta en la legislación penal en una triple perspectiva: a) en general, defendiendo al bien jurídico sólo contra ataques muy graves, aunque también podría excluir la punibilidad en supuestos de comisión imprudente; b) tipificando sólo algunas expresiones de lo que en el total ordenamiento jurídico se considera antijurídico, y c) dejando si castigo algunas acciones (las inmorales, por ejemplo) [25].

El principio de mínima intervención condiciona la acción legislativa estableciendo parámetros concretos mismos que, al tiempo que dotan de racionalidad a la norma jurídico penal, también

---

23 MUÑOZ CONDE, GARCÍA ARÁN, *Derecho penal. Parte General,* 8ª edición, Valencia, Tirant lo Blanch, 2010, p. 74; véase también, PRITTWITZ, C, *El Derecho penal alemán: ¿fragmentario? ¿subsidiario? ¿ultima ratio?,* traducción de María Teresa Castiñeira Palou, en Instituto de Ciencias Criminales de Frankfurt (ed.), *La insostenible situación del Derecho penal,* Granada, Editorial Comares, 2000, p. 431, donde señala: "se interpreta la subsidiariedad del Derecho penal en el sentido de que éste únicamente tiene lugar donde otros medios han fracasado".

24 PRITTWITZ, C, *El Derecho penal alemán: ¿fragmentario? ¿subsidiario? ¿ultima ratio?,* recoge las palabras de Naucke sobre este punto, y quien señaló: "el carácter fragmentario del Derecho penal obliga a la contención en la legislación penal, es decir, obliga a convertir en delito a través de la ley el menor número posible de hechos", p. 429.

25 MUÑOZ CONDE, GARCÍA ARÁN, *Derecho penal. Parte General,* 8ª edición, Valencia, Tirant lo Blanch, 2010, p. 81;

obligan a identificar lo que otras ramas jurídicas pueden hacer frente a eventuales comportamientos aflictivos de la humana convivencia.

Mención especial merece, por otro lado, la noción de bien jurídico, la que se constituye como fundamento insalvable de la intervención penal. Definir el bien jurídico a proteger es condición básica en el diseño de las tipificaciones penales, pero no es la única, ya que también vale la utilización del criterio de *merecimiento de pena,* consistente en "el juicio de si un comportamiento concreto que afecta un determinado bien jurídico debe, por la gravedad del ataque, por la propia importancia del bien jurídico, etc., ser sancionado penalmente. En esta decisión el legislador se guía no sólo por criterios de justicia, sino también de oportunidad y utilidad social"[26].

Al colocar en la mesa de discusión la relevancia y trascendencia social de los discursos de odio, con los efectos particulares que pueden alcanzar en el entramado social, las anteriores consideraciones demuestran la conveniencia de precisar ya no se diga el bien jurídico que podría estarse lesionando, sino también la capacidad del Derecho penal de hacerse cargo de este tipo de conductas, dada su gravedad y repercusión social, amén del merecimiento de pena. Análisis que determinará si, en efecto, debe ser el Derecho penal la mejor alternativa de intervención frente a la que pudieran representar otras manifestaciones del orden jurídico.

La configuración de un Derecho penal de corte democrático contempla, sin duda, la aplicación del principio de mínima intervención, desplegado en las perspectivas de subsidiariedad, fragmentariedad y de *última ratio.* Tal afirmación hace sentido con el reconocimiento uniforme de la doctrina de que el Derecho penal debe limitarse de modo estricto. Razonablemente, Prittwitz afirma que "el postulado decisivo para la limitación del Derecho

---

26 MUÑOZ CONDE, GARCÍA ARÁN, *Derecho penal. Parte General,* 8ª edición, Valencia, Tirant lo Blanch, 2010, p. 80

penal se formula por tanto con la proposición de *ultima ratio*, que se ve completada por el principio de subsidiariedad sólo en la medida en que queda claro que **el Estado que sanciona tiene también un deber de ayuda**"[27].

V. LA CRIMINALIZACIÓN Y LA TOLERANCIA COMO VALOR DEMOCRÁTICO

"Las leyes penales no sirven solamente para los fines instrumentales de la efectiva persecución penal, sino que deben fortalecer los valores y las normas sociales", esta frase de Peter-Alexis Albrecht[28] resulta más que adecuada para iniciar este apartado.

No es incorrecto establecer que el Derecho penal también se ocupa de los valores sociales, se entiende los prevalecientes en el espacio social democrático. Acaso, algunos de esos valores sociales sean aquellos que propugna el respeto por la dignidad de la persona humana, la no discriminación, la igualdad y la solidaridad, valores asociados a la noción de justicia y derechos humanos. Valores que contradicen expresiones de odio, y más aún, conductas que alientan, incitan o promueven el odio hacia una persona o grupo social especifico.

El poder punitivo del Estado, especialmente en el paradigma democrático, identifica como punto de partida la insalvable obli-

---

27 PRITTWITZ, C., *El Derecho penal alemán: ¿fragmentario? ¿subsidiario? ¿ultima ratio?*, p. 446, énfasis añadido.

28 ALBRECHT, Peter-Alexis, *El Derecho penal en la intervención de la política populista*, en Instituto de Ciencias Criminales de Frankfurt (ed.), *La insostenible situación del Derecho penal*, op. cit., p. 478. Vale decir que, sin embargo, lo afirmado por el autor alemán debe ser matizado, básicamente porque sus palabras aluden al uso político del Derecho penal, señalando que "no sólo la normativa penal efectiva, sino también la propuesta de criminalización presentada en el parlamento o discutida de forma extraparlamentaria indican cuáles son las valoraciones sociales especialmente significativas y susceptibles de protección", p. 479.

gación de consumar acciones que tenga como destinatario final al individuo, relegando la posibilidad de su instrumentalización. En tal sentido, aludir a los principios de dignidad, humanidad de las penas, a los valores de la igualdad, solidaridad y no discriminación constituye un elemento estructural de su acción legislativa, incluyendo la propiamente jurídico penal.

Teniendo presente lo antes señalado, la forma en la que se manifiesta el poder penal estatal es a través de un elaborado y complejo proceso selectivo de criminalización, que reconoce dos etapas: *criminalización primaria* y *criminalización secundaria*. La primera consiste en la formulación de una ley penal material que incrimina y determina la punición de una persona. Zaffaroni la describe así: "se trata de un acto formal, fundamentalmente programático, pues cuando se establece que una acción *debe ser penada*, se enuncia un *programa*, que *debe ser* cumplido por agencias diferentes a las que la formulan". La *criminalización secundaria*, por otra parte, es la acción punitiva ejercida sobre personas concretas, sobre la que actúan las agencias estatales definidas para tal propósito (policía, jueces, prisión), según sus competencias específicas[29].

Para lo que aquí interesa, es en la *criminalización secundaria* cuando realmente se ejecuta el mencionado proceso selectivo sobre quienes serán las personas que criminalice y las que serán las víctimas potenciales, en palabras de Zaffaroni "la selección no sólo es de los criminalizados, sino también de los victimizados"[30]. De este modo, el poder punitivo estatal -como indica el autor argentino- criminaliza generalmente a personas que encuadran en los estereotipos criminales (*criminalización conforme estereotipos*), pero también lo hace, en menor proporción, respecto de personas que, sin encuadrar en el estereotipo, han realizado conductas de cierta gravedad como homicidios intrafamiliares, robos, etc. (*criminalización por comportamiento grotesco o trágico*), y, de modo ex-

---

29 ZAFFARONI, E., *Derecho penal. Parte general*, México, Editorial Porrúa, 2001, p. 6.

30 ZAFFARONI, E, *Derecho penal. Parte general*, op. cit. p. 7.

cepcional, criminaliza a quien habría gozado de cierta inmunidad o protección, hasta que queda inmerso en una pugna de poder hegemónico y resulta criminalizado (*criminalización por retiro de cobertura*) [31].

Tratándose de las víctimas, destaca el autor invocado, que la victimización también es un proceso selectivo: es clasista, de género, etaria, racista y prejuiciosa, describiéndolo de esta manera:

> **a)** Las mujeres son criminalizadas en menor número que los hombres, pero son victimizadas en medida igual o superior. En general, el reparto de la selección criminalizante las beneficia, pero el de la selección victimizante las perjudica; **b)** los jóvenes varones son los preferidos para la criminalización, pero la victimización violenta se reparte entre éstos, los adolescentes, los niños y los ancianos. Los dos primeros, por su mayor exposición a situaciones de riesgo; los dos últimos por su mayor indefensión física; **c)** los grupos migrantes latinoamericanos, en especial los inmigrantes ilegales, a cuya condición suelen sumar la de *precaristas* (ocupantes precarios de predios ajenos), cuya situación de ilegalidad les priva de acceso a la justicia, suelen ser particularmente vulnerables a la criminalización pero también a la victimización, en especial por la incapacidad de denunciar los delitos cometidos contra ellos y la necesidad de trabajar en forma de servidumbre; **d)** la marginalidad y la represión a que se somete a las prostitutas, a sus clientes, a las minorías sexuales, a los toxicodependientes (incluyendo a los alcohólicos), a los enfermos mentales, a los niños de la calle, a los ancianos de la calle, y el general descuido de las agencias ejecutivas respecto de su seguridad (fenómeno que se racionaliza con la *devaluación de la víctima*), aumentan enormemente su riesgo de victimización; **e)** en los delitos no violentos contra la propiedad, el pequeño ahorrista es el que lleva la peor parte en cuanto al riesgo victimizante, pues carece de recursos técnicos y jurídicos de que disponen los operadores de capital de mayor entidad[32].

Como ya se ha mencionado, el proceso de selección criminalizante se ocupa del sujeto criminalizado, esto es, quien afecta intereses primordiales de la sociedad, pero, igualmente, selecciona a la persona victimizada, la que podría ser, ni más ni menos, aquella

---

[31] ZAFFARONI, E, *Derecho penal. Parte general,* op. cit. p. 10-11.

[32] ZAFFARONI, E, *Derecho penal. Parte general,* op. cit. p. 14-15

que resiente la perpetración de un delito de odio. Llegados a este punto, se impone hacer una aclaración más que pertinente: en opinión certera de Docal, los delitos de odio son una construcción doctrinal, y agrega:

> Los delitos de odio o delitos motivados por intolerancia al diferente, ya sea por prejuicios o sesgos de diferente raíz, refieren a la negación delictiva de la igual dignidad intrínseca de la persona y la universalidad de derechos humanos en base al rechazo de nuestra diversidad, hacia personas o grupos a los que, desde profunda intolerancia, se puede llegar a concebir como subalternos e incluso "prescindibles", como nos mostró el genocidio nazi[33].

Las conductas englobadas en la noción genérica de delitos de odio son portadoras de un ánimo de afectación del valor de la tolerancia[34]. De este valor o principio, se desprende la comprensión de que se trata de "un componente indispensable de la convivencia democrática", además de representar "un ejercicio de apertura mental que es fundamental para entender las razones de los demás y que tiene que ver con una virtud cívica de carácter democrático", en suma, la tolerancia puede concebirse "como el reconocimiento del derecho intelectual y práctico de los otros a convivir con creencias morales, éticas o religiosas que no aceptan como propias"[35].

---

33 DOCAL GIL, D, *Definición de delitos de odio y prospectiva,* en Docal Gil, David y Caballero Casas, Joan (Coordinadores), *Criminología y delitos de odio,* España, Delta publicaciones, 2019, p. 2-3.

34 El concepto muestra proyecciones diversas, cuestión de la que se da cuenta en el Bobbio, Norberto y Mateucci, Nicola, Diccionario de Política, México, Editorial Siglo XXI, 1982, voz: tolerancia, ahí señalan que "los elementos relativistas, historicistas y pluralistas del pensamiento liberal conducen al reconocimiento de la legitimidad de posiciones opuestas dentro de un sistema de conflictos regidos por *reglas del juego* acordadas. La teoría de la tolerancia difundió, por otra parte, una acepción distinta del principio de tolerancia, que consiste en abstenerse de hostigar a los que profesan ideas políticas, morales o religiosas consideradas reprobables";

35 CISNEROS, I., *Los recorridos de la tolerancia,* México, Editorial Océano, 2000, p. 19.

Vulnerar el valor de la tolerancia significa contradecir un "derecho de la ciudadanía", como afirma Cisneros, ya que, en efecto, la tolerancia exige aceptar visiones diversas, bajo el entendido de que todas las opiniones tienen el mismo valor[36]. Por otra parte, es lógico que el concepto de tolerancia haya ido adquiriendo diversos contenidos y alcances a lo largo del tiempo. En el presente, se plantea la idea de una tolerancia asociada con el multiculturalismo, que en una de sus vertientes apela al "consenso entre las diferencias, es decir, privilegia el acuerdo sobre las coincidencias y pospone el conflicto sobre las diferencias" [37]. En palabras de Cisneros

> El multiculturalismo es un hecho social que representa un desafío que deberá enfrentar la democracia del siglo XXI; por lo tanto, hablar de multiculturalismo hoy significa referirse a la teoría política de la complejidad que establece fórmulas que establece fórmulas para conciliar la unidad política con la diversidad social. El multiculturalismo plantea un dilema de cómo la vida asociada debe ser vivida y por qué[38].

En el horizonte ideal, esa tolerancia multicultural de la que habla Cisneros se convierte en un objetivo por lograr. Y no son pocas las razones que podrían aducirse en tal sentido, baste señalar de la mano del referido autor, que la tolerancia multicultural cumple una función integradora de la multiplicidad de identi-

---

36 CISNEROS, I., *Los recorridos de la tolerancia*, op. cit., p. 20; ilustrativas son las reflexiones expuestas por el sociólogo francés Alaine Touraine, en el prólogo del texto del citado Cisneros: "tolerar no significa renunciar a las convicciones personales, a su defensa y a su difusión, sino a hacerlo sin recurrir a imposiciones violentas. La tolerancia implica el respeto y la consideración hacia las opiniones o acciones de los demás, así como un reconocimiento de inmunidad para los que profesan costumbres, tradiciones y creencias distintas a las admitidas oficialmente".

37 CISNEROS, I., *Los recorridos de la tolerancia*, op. cit., p. 24; la noción de multiculturalismo se aprecia ya en la Constitución Mexicana (art. 2), como resultado del movimiento zapatista y las posteriores reformas constitucionales que caracterizaron al Estado mexicano, finalmente, como una nación pluriétnica y multicultural.

38 CISNEROS, I., *Los recorridos de la tolerancia*, op. cit., p. 143.

dades características de las sociedades complejas, representa ese mínimo consenso social necesario para que un régimen funcione renunciando expresamente al uso de la violencia para resolver los conflictos y discrepancias, representa también expresa el necesario equilibrio entre las distintas fuerzas y presupone el rechazo de cualquier tipo de violencia como método de interacción[39].

Si como se puso al inicio de este apartado (*las leyes penales no sirven solamente para los fines instrumentales de la efectiva persecución penal, sino que deben fortalecer los valores y las normas sociales*), la referencia a la noción de tolerancia cobra sentido, básicamente porqué se trata, como también se ha consignado antes, de un componente sustancial de la democracia y un derecho de la ciudadanía.

La cuestión fundamental estriba, de plano, en resolver si es pertinente o no utilizar el Derecho penal como herramienta de protección social contra los llamados delitos de odio, se trata de responder a la pregunta de si, en efecto, el Derecho penal constituye la mejor opción para plantarle cara a este tipo de manifestaciones intolerantes y de diversa dañosidad social. En otras palabras, cabe preguntarse si, en este caso, es a través de la sanción penal como se quiere contribuir a la consolidación de sociedades democráticas (de las que se espera alienten y promuevan el pluralismo, el respeto por la diversidad y la tolerancia, y son, además, incluyentes, y solidarias), sobre todo si hay coincidencia en la importancia, vigencia y trascendencia del principio de última ratio.

VI. SOBRE LA TIPIFICACIÓN PENAL

Para tipificar penalmente un comportamiento humano se requiere que tal comportamiento represente cierta dañosidad social o que, en su caso, ponga en peligro un determinado bien jurídico. Al margen de las exigencias sociales motivadas por la alarma social (real o imaginaria) o por intereses específicos de grupo,

---

39 CISNEROS, I., *Los recorridos de la tolerancia*, op. cit., p. 175-176.

tendría que ser la estricta necesidad y la sobrada pertinencia de protección de los bienes jurídicos en riesgo la razón para su tipificación.

Aunque ya se hizo referencia al principio de mínima intervención, conviene recordar que su principal contenido radica en señalar que a través del Derecho penal se quiere mantener una concepción hegemónica democrática[40]. En tal sentido, se visualiza al instrumental jurídico penal como apto para asegurar la prevalencia de aquellos intereses colectivos de mayor relevancia, o en todo caso de aquellos que se busca proteger frente a ataques indeseados por su potencial afectación social. No obstante, ante la multiplicidad de comportamientos posibles, corresponde al legislador seleccionar (tipificar) aquellos que, bajo ciertas consideraciones, estima intolerables razón por la que les amenaza con una sanción.

Para la correcta acción legiferante en materia penal cobra sentido la triple función que la doctrina penal le ha asignado al tipo, a saber: a) una *función seleccionadora* de comportamientos humanos relevantes; una *función de garantía,* según la cual sólo los comportamientos subsumibles en el tipo pueden ser sancionados, y c) una *función motivadora,* mediante la cual se indica al colectivo social cuales son los comportamientos están prohibidos y amenazados con una pena, buscando que tales comportamientos no se ejecuten[41].

Motivar al individuo para que se abstenga de incurrir en los comportamientos considerados indeseados, por perniciosos socialmente hablando, denota la vocación del Derecho penal por fortalecer los valores y las normas sociales. La razón por la que se acude a la más enérgica de las expresiones jurídicas con las que cuenta el Estado no puede ser otra que aquella que alienta

---

40 En este sentido, SÁNCHEZ ROMERO, C, ROJAS CHACÓN, J.A, *Derecho penal. Aspectos teóricos y prácticos,* Costa Rica, Editorial Juricentro, 2009, p. 33

41 MUÑOZ CONDE, GARCÍA ARÁN, *Derecho penal. Parte general,* op. cit., p. 252.

y garantiza la vigencia de condiciones mínimas de seguridad, en todos los órdenes. Saber que la vida, la propiedad, la libertad de elección sexual, la integridad física, el libre desarrollo de la personalidad, o el valor de la tolerancia y la dignidad de la persona humana, entre otros, son bienes jurídicos protegidos por el Derecho penal, supone la existencia de condiciones básicas y propiciatorias de la una ideal coexistencia humana.

Si bien para algunos comportamientos humanos la actividad tipificadora no encuentra grandes problemas a la hora de identificar y definir el bien jurídico a proteger, no sucede lo mismo con estos que ahora se identifican genéricamente como delitos de odio. Ya en otra parte se había señalado que los delitos de odio son más bien una especie de construcción doctrinal, meramente descriptiva y con propósitos de agrupamiento de tipos penales que tienen en común una particular motivación del sujeto activo respecto de un sujeto pasivo específico. Aunque, con sobrada razón Fuentes Osorio nos hace notar que la problemática de su sanción "reside en determinar los motivos de odio, justificar que no se está sancionando al sujeto por su forma de ser (machista, xenófoba, etc.,) sino por el desvalor adicional de su conducta" [42]. Como es notorio, la distinción entre Derecho penal de actor y derecho penal de hecho está más que clara.

Ser (actuar, conducirse, proceder como) machista, xenófobo, homofóbico, antisemita, aporofóbico, disfobia, cristianofóbico, etc., no obstante que evidencia antipatías y aversiones cuestionables, injustas o incomodas, no alcanza para que el Derecho penal se ocupe de estas convicciones emotivas de sujetos cuya visión del mundo es tan deficiente desde el punto de vista de la diversidad y el multiculturalismo imperante. Ahora bien, si tales sentimientos o percepciones se traducen en la vida real en agresiones directas

---

42 En este sentido, FUENTES OSORIO, J.L, *Concepto de "odio" y sus consecuencias penales*, en MIRÓ LINARES, F. (director), *Cometer delitos en 140 caracteres. El Derecho penal ante el odio y la radicalización de internet*, op. cit., p. 131.

como podría ser la incitación al odio, o proferir discursos de este tipo que podrían provocar la puesta en peligro de bienes jurídicos de aquellos colectivos contra los que se pronuncian, es innegable que el orden jurídico deberá ocuparse efectivamente, en previsión de probables lesiones o afectaciones sobre quienes son víctimas de tal comportamiento.

Los discursos de odio, en tanto suman a escenarios criminógenos y de inseguridad[43], no pueden dejarse de lado sobre todo porque, con su perpetración, se abre la puerta a la eventual consumación de conductas diversas que podrían encuadrar en otros tipos penales (discriminación, amenazas, lesiones, daños, homicidio, feminicidio, por ejemplo), motivados justamente por el odio. Se refrenda lo ante señalado, con las palabras de Garro Carrara:

> Los ataques a personas por características que les significan del resto (casi siempre características que no dependen de su elección, y que no pueden cambiar) suelen venir precedidas por la fuente de ignición poderosa que son los discursos. Las palabras sirven para reforzar estereotipos, para categorizar estigmatizadoramente a grupos enteros, para trivializar la intolerancia, y, por supuesto, para prender la llama de la violencia[44].

De suyo, convocar al odio contra una persona o colectivo específico, ya entraña una contrariedad a la norma constitucional (artículo 1 de la CM) que prohíbe todo tipo de discriminación, sancionable según algunos códigos penales del país. En efecto, nadie duda que la libertad de expresión debe garantizarse, en tanto es un derecho inalienable y consustancial al esquema democrático, pero esto no significa que merezca igual tratamiento aquel discurso que pone en riesgo o afecta directamente los valores de libertad, igualdad y no discriminación.

---

43 FUENTES OSORIO, J.L, *Concepto de "odio" y sus consecuencias penales*, op. cit., p. 132.

44 GARRO CARRERA, *Los discursos de odio en el ordenamiento jurídico penal alemán: el "laberinto dogmático" del tipo de incitación a la población del 130 StGB*, en LANDA GOROSTIZA, J.M. y GARRO CARRERA, E, (directores), *Delitos de odio: derecho comparado y regulación española*, Valencia, Tirant lo Blanch, 2018, p. 76.

Entre las razones para considerar de relevancia o interés jurídico las expresiones de odio que inciden en los bienes jurídicos individuales y sociales estarían la intolerancia y la discriminación. Desprecio y prejuicio, si se quiere ver de este modo. Las motivaciones del sujeto activo de estos comportamientos son variadas y van desde cuestiones raciales, religiosas, políticas, sexuales, entre otras. El odio aparece, pues, como muestra de aversión o antipatía[45] que se vierte hacia alguien o algo cuyo mal se desea[46].

Pero el odio también puede manifestarse de forma más preocupante, tal es el caso del odio como amenaza de daño futuro, lo que desde la lógica propia de la dogmática y la política criminal implica hacer reflexiones en torno al adelantamiento de la tutela penal, en tanto cuanto adquieren la forma de delitos de peligro abstracto[47].

Otra razón para reflexionar acerca de su consideración jurídica radica en el hecho de que los delitos de odio encarnan la versión más ruda de la discriminación y la intolerancia, esto es, la violenta negación del sentido de humanidad y la soberbia denostación de la otredad. Las consecuencias sociales de los comportamientos motivados por el odio no son desdeñables, y deben tenerse presentes en las decisiones político-criminales. Acaso, aparte de la paz pública, también se afecta la seguridad colectiva y los sentimientos morales más generales[48].

---

45 Para tener presente la definición de ambos conceptos; véase RAE, **Aversión**: rechazo o repugnancia frente a alguien o algo; **Antipatía**: sentimiento de aversión que, en mayor o menor grado, se experimenta hacia alguna persona, animal o cosa.

46 FUENTES OSORIO, J, *Concepto de "odio" y sus consecuencias penales*, op. cit., realiza una revisión del concepto de odio y sus elementos asociándolos con el Derecho penal, p. 133 y siguientes.

47 En este sentido, FUENTES OSORIO, J., *Concepto de "odio" y sus consecuencias penales*, op. cit., p. 138.

48 Fuentes Osorio, J.L, *Concepto de "odio" y sus consecuencias penales*, op. cit., p. 141 y siguientes.

VII. ESTRUCTURA DEL TIPO PENAL: APUNTES MÍNIMOS

Con propósitos de conceptualización mínima, el delito de odio ha sido entendido por la Organización para la Seguridad y Cooperación en Europa, por sus siglas OSCE, como:

> Toda infracción penal, incluidas las infracciones contra las personas y la propiedad, cuando la víctima, el lugar y el objeto de la infracción son seleccionados intencionadamente a causa de su conexión, relación, afiliación, apoyo o pertenencia real o supuesta a un grupo tal (...) un grupo puede estar basado en la raza, origen nacional o étnico, el idioma, el color, la religión, la edad, la minusvalía (sic) física o mental, la orientación sexual u otro factor similar, ya sean reales o supuestos[49].

Resaltan de este concepto dos elementos: por un lado, que el acto realizado constituya necesariamente una afectación a la ley penal ordinaria, se entiende a algún tipo penal del Código penal de referencia; por otra parte, que ese acto sea cometido por una motivación prejuiciosa[50], que es lo que les distingue de los delitos ordinarios[51]. Es obvio, pues, que la esencia de los delitos de odio

---

49 En la Decisión 4/2003, del Consejo Ministerial de la OSCE, de diciembre de 2003, citada por SÁNCHEZ GÓMEZ, CONTRERAS MAZARÍO, *El tratamiento normativo del discurso de odio,* op. cit., p. 35; véase también BARRERA BLANCO, G., *¿Qué es un delito de odio? Pequeña reflexión sobre sus elementos identificativos y los proyectos que podrían modificar su regulación actual,* en DAUNIS RODRÍGUEZ, Alberto, (director), *Odio y discriminación en tiempos compulsivos,* Granada, Editorial Comares, 2022, p.166, para quien estos delitos consisten en "la difusión de los discursos de odio, siendo esto un abuso del ejercicio de libertad de expresión".

50 La OSCE define motivación prejuiciosa a las "opiniones negativas preconcebidas, suposiciones estereotipadas, intolerancia u odio directo hacia un grupo particular que comparte características comunes, como la raza, étnica, lenguaje, religión, nacionalidad, orientación sexual, género o cualquier otra característica fundamental. Las personas con discapacidad pueden ser también víctimas de delitos de odio", en SÁNCHEZ GÓMEZ, CONTRERAS MAZARÍO, *El tratamiento normativo del discurso de odio,* op. cit., p. 37.

51 Oportuna es la aclaración que presentan Sánchez Gómez, Raúl y Contreras Mazarío, José María, *El tratamiento normativo del discurso de odio,*

se encuentra en la motivación, y que al cometerse se atacan principios básicos de la sociedad democrática que vela (debería hacerlo) por asegurar un trato justo a los grupos minoritarios.

La experiencia internacional en la materia que se revisa en este texto denota que la respuesta a la problemática relacionada con las expresiones de odio y la reacción penal al mismo han sido variadas[52]. Mientras que en unos casos se alude a un tipo penal autónomo (incitación al odio), en otros casos la medida adoptada consiste en establecer el odio como circunstancia agravante.

Datos revelados por Téllez Padrón[53] indican lo siguiente: en países del continente americano[54], el tratamiento de estos comportamientos se presenta como una circunstancia agravante, y en términos más o menos generales, los elementos característicos serian que: a) se pueden cometer mediante violencia física, psicológica y moral; b) la penalidad se incrementará si el sujeto activo es servidor público; y c) las circunstancias agravantes, calificativas o

op. cit., p. 35 cuando escriben: "Muchos delitos son motivados por el odio y no se categorizan como delitos de odio. Los asesinatos, por ejemplo, frecuentemente son motivados por el odio, pero no son *delitos de odio* a menos que la víctima fuera elegida por una característica protegida. En cambio, un delito donde el perpetrador no sienta *odio* hacia la víctima concreta todavía podría considerarse delito de odio".

52 Una revisión al respecto puede verse en TÉLLEZ PADRÓN, E., *Propuesta de regulación de los delitos motivados por odio y modificación al tipo penal de discriminación,* en CARREÓN PEREA, H., (coordinador), *Estudios contemporáneos sobre ciencias penales,* México, INEPA y Tirant Lo Blanch, 2022, p. 471 y siguientes; una revisión detenida de las regulaciones jurídicas en Alemania, Estados Unidos, Austria, Francia, Reino Unido e Hispanoamérica, puede verse en Landa Gorostiza, J.M. y Garro Carrera, Enara, (directores), *Delitos de odio: derecho comparado y regulación española,* op cit.

53 TÉLLEZ PADRÓN, *Propuesta de regulación de los delitos motivados por odio y modificación al tipo penal de discriminación,* op. cit., p. 478 y siguientes,

54 Argentina, Bolivia, Canadá, Chile, Colombia, Ecuador, El Salvador, Honduras, Nicaragua, Perú, Estados Unidos y Uruguay.

circunstancias modificatorias del delito se refieren a los tipos de homicidio y lesiones.

Enunciados por Téllez Padrón, en países de Europa[55] también se aprecia la circunstancia agravante, destacando la Ley de Agravación de Delitos por Prejuicio de Escocia[56], que define por cuales motivos de agravará el delito, además de considerar todos los delitos y no sólo los de homicidio o lesiones. Del balance realizado por el autor citado, se tiene en claro que los siguientes elementos configuran el delito de odio: se puede cometer por la fuerza o por la amenaza de la fuerza para hacer, no hacer o soportar algo; y para la comprobación del delito, es necesario: evaluar la personalidad del delincuente; el grado de maltrato cometido por el sujeto activo; la conducta perpetrada durante el acto y después del acto particular; arrepentimiento demostrado por el activo y la voluntad de remediar las cosas.

Ejemplo sumamente ilustrativo del tratamiento de los delitos de incitación al odio, puede verse en el Código Penal Español, en su Capítulo IV, *De los delitos relativos al ejercicio de los derechos fundamentales y libertades públicas,* artículo 510. 1 dispone pena de prisión de uno a cuatro años y multa de seis a doce meses a:

a) Quienes públicamente fomenten, promuevan o inciten directa o indirectamente al odio, hostilidad, discriminación o violencia contra un grupo, una parte del mismo o contra una persona determinada por razón de su pertenencia a aquel, por motivos racistas, antisemitas, antigitanos u otros referentes a la ideología, religión o creencias, situación fa-

---

55 Albania, Andorra, Bélgica, Croacia, Dinamarca, Eslovaquia, España, Finlandia, Georgia, Grecia, Hungría, Kosovo, Lituania, Luxemburgo, Malta, Mónaco, Montenegro, Noriega, Países Bajos, Portugal, Reino Unido, Rumania, San Marino, Serbia, Suecia y Suiza.

56 Con señalamientos críticos, especialmente al considerar que puede representar afectaciones a la libertad de expresión, véase: https://www.actuall.com/democracia/la-nueva-ley-de-delitos-de-odio-en-escocia-pone-en-riesgo-las-libertades-fundamentales/ consultado en internet (31/agosto/2022).

miliar, la pertenencia de sus miembros a una etnia, raza o nación, su origen nacional, su sexo, orientación o identidad sexual, por razones de género,aporofobia, enfermedad o discapacidad.

b) Quienes produzcan, elaboren, posean con la finalidad de distribuir, faciliten a terceras personas el acceso, distribuyan, difundan o vendan escritos o cualquier otra clase de material o soportes que por su contenido sean idóneos para fomentar, promover, o incitar directa o indirectamente al odio, hostilidad, discriminación o violencia contra un grupo, una parte del mismo, o contra una persona determinada por razón de su pertenencia a aquel, por motivos racistas, antisemitas, antigitanos u otros referentes a la ideología, religión o creencias, situación familiar, la pertenencia de sus miembros a una etnia, raza o nación, su origen nacional, su sexo, orientación o identidad sexual, por razones de género, aporofobia, enfermedad o discapacidad.

c) Quienes públicamente nieguen, trivialicen gravemente o enaltezcan los delitos de genocidio, de lesa humanidad o contra las personas y bienes protegidos en caso de conflicto armado, o enaltezcan a sus autores, cuando se hubieran cometido contra un grupo o una parte del mismo, o contra una persona determinada por razón de su pertenencia al mismo, por motivos racistas, antisemitas, antigitanos, u otros referentes a la ideología, religión o creencias, la situación familiar o la pertenencia de sus miembros a una etnia, raza o nación, su origen nacional, su sexo, orientación o identidad sexual, por razones de género, aporofobia, enfermedad o discapacidad, cuando de este modo se promueva o favorezca un clima de violencia, hostilidad, odio o discriminación contra los mismos.

Y en su apartado 2, del mismo artículo 510, señala que serán castigados con la pena de prisión de seis meses a dos años y multa de seis a doce meses:

a) Quienes lesionen la dignidad de las personas mediante acciones que entrañen humillación, menosprecio o descrédito de alguno de los grupos a que se refiere el apartado anterior, o de una parte de los mismos, o de cualquier persona determinada por razón de su pertenencia a ellos por motivos racistas, antisemitas, antigitanos u otros referentes a la ideología, religión o creencias, situación familiar, la pertenencia de sus miembros a una etnia, raza o nación, su origen nacional, su sexo, orientación o identidad sexual, por razones de género, aporofobia, enfermedad o discapacidad, o produzcan, elaboren, posean con la finalidad de distribuir, faciliten a terceras personas el acceso, distribuyan, difundan o vendan escritos o cualquier otra clase de material o soportes que por su contenido sean idóneos para lesionar la dignidad de las personas por representar una grave humillación, menosprecio o descrédito de alguno de los grupos mencionados, de una parte de ellos, o de cualquier persona determinada por razón de su pertenencia a los mismos.

b) Quienes enaltezcan o justifiquen por cualquier medio de expresión pública o de difusión los delitos que hubieran sido cometidos contra un grupo, una parte del mismo, o contra una persona determinada por razón de su pertenencia a aquel por motivos racistas, antisemitas, antigitanos u otros referentes a la ideología, religión o creencias, situación familiar, la pertenencia de sus miembros a una etnia, raza o nación, su origen nacional, su sexo, orientación o identidad sexual, por razones de género, aporofobia, enfermedad o discapacidad, o a quienes hayan participado en su ejecución.

Los hechos serán castigados con una pena de uno a cuatro años de prisión y multa de seis a doce meses cuando de ese modo se promueva o favorezca un clima de violencia, hostilidad, odio o discriminación contra los mencionados grupos.

Llama la atención el encuadramiento legislativo de este tipo penal, concretamente en un capítulo referido a los derechos fundamentales y las libertades públicas, así como la amplia enunciación de colectivos que pudieran ser victimizados, además de que clarifica las formas de la conducta del sujeto activo, a quien se castiga cuando públicamente fomente, promueva o incite directa o indirectamente al odio, hostilidad, discriminación o violencia contra un grupo. Se aprecia, pues, una amplitud tanto de conductas comisivas, como de víctimas potenciales.

VIII. ELEMENTOS CARACTERÍSTICOS DEL DELITO DE ODIO

En otra parte de este documento se hacía remembranza de la existencia de sendos tipos penales en los Códigos penales del Distrito Federal y del Federal, aunque más bien referidos a la discriminación, aspecto que sería el más próximo a los llamados delitos de odio. No obstante, vale aclarar que los delitos de odio no deben confundirse con la discriminación. En todo caso, la discriminación resulta ser una consecuencia de la intolerancia, es decir de expresiones de odio[57].

La complejidad implícita en los delitos que se cometen por motivos de odio indica que sería absurdo, inoperante y expresivo de una inadecuada técnica legislativa el configurar tipos penales para cada situación o formas de perpetrar la conducta indeseada. Esta reflexión pasa, necesariamente, por la mirada del principio de mínima intervención, de la que ya se dijeron aquí algunas cosas.

---

[57] En similar sentido, DOCAL GIL, D., *Definición de os delitos de odio y prospectiva*, op. cit., p. 3.

1. Bien jurídico

Interesa dejar claro que, en nuestra percepción, los delitos de odio identifican como bien jurídico a proteger la dignidad humana[58]. Los discursos de odio atentan contra esa dignidad de la persona, que en los modelos de sociedad democrática constituyen el centro, fin y destinataria de la acción estatal. Y lo mismo podríamos decir de la víctima, que bajo la lógica de los derechos humanos reclama una especial consideración, más aún cuando, como en el caso que nos ocupa, se la coloca en una posición de vulnerabilidad por diversas razones (racismo, antisemitismo, ideología, religión o creencias, situación familiar, la pertenencia de sus miembros a una etnia, raza o nación, su origen nacional, su sexo, orientación o identidad sexual, por razones de género, aporofobia, enfermedad o discapacidad).

Habrá que reconocer, de plano, que no será tarea de fácil acometida precisar la comisión de un delito de odio, especialmente por la sutil diferencia que existe entre discursos impopulares o groseros a secas, de los discursos que efectivamente atentan contra la dignidad de la persona. Luego, siendo ésta (la dignidad) un valor de suprema significación, las afectaciones que pudiera experimentar por motivos de odio dan marco a la intervención jurídicopenal. Es, pues, la dignidad humana el bien jurídico a proteger; tal consideración no implica desconocer que un efecto derivado de las conductas criminales de odio pueda ser la discriminación,

---

58 Es comprensible que, según sea la orientación dogmática desde la cual se analice el tema, la identificación del bien jurídico por proteger será diversa. De este modo, para quienes asumen la tesis funcionalista promotora del derecho penal del enemigo, el bien jurídico será el derecho a la no discriminación, mientras que en las teorías no funcionalista se inclinan más por asumir la noción de dignidad humana como bien jurídico requerido de protección, sobre este punto, véase BARRERA BLANCO, G., *¿Qué es un delito de odio? Pequeña reflexión sobre sus elementos identificativos y los proyectos que podrían modificar su regulación actual*, op. cit., p. 167.

que para algunas corrientes doctrinales podría ser el bien jurídico protegido[59].

2. *Sujeto pasivo*

La falta de respeto, léase intolerancia, con la que se produce el sujeto activo en relación con la víctima actualiza una injusta negación de la dignidad inherente con la que la persona debe ser tratada, con independencia de sus específicas circunstancias. En la formulación de un discurso de odio se engloba una intencionalidad concreta: quebrantar la dignidad de la persona elegida, generando un efecto discriminatorio que, por ende, trastoca los principios de igualdad formal ante la ley. El mensaje del que son portadores busca extender la idea de que ciertas personas no tienen los mismos derechos que otras. Los delitos de odio están pensados, dice Contreras Mazarío, "para intimidar a las víctimas y a la comunidad de la víctima sobre la base de sus características principales"[60]. Por lo demás, es obvio que estos pronunciamientos pueden ser lanzados de forma oral, pero también mediante escritos, imágenes, representaciones, y hasta ciertas expresiones artísticas.

Un aspecto por demás relevante tiene que ver con lo que opinan y sienten las víctimas de este tipo de delitos. Esto es lo que un grupo de investigadores se propusieron conocer, realizando un estudio con el objetivo de ofrecer información de utilidad en la formulación de acciones contra este fenómeno social[61]. De los

---

59 En esta materia la doctrina no ha alcanzado una comprensión uniforme, pues lo mismo se argumenta que el bien jurídico que protege el delito de odio es el **honor** en sentido colectivo, otros que es la **dignidad de la persona** y otros más el **derecho a no ser discriminado**.

60 CONTRERAS MAZARÍO, *Discursos (delitos) de odio en la OSCE*, en Sánchez Gómez, Raúl y Contreras Mazarío, José Mª, *El tratamiento normativo del discurso del odio*, op. cit., p. 38.

61 VARIOS, *¿Qué opinan y sienten las víctimas de delitos de odio en España?*, en Daunis Rodríguez, Alberto, *Odio y discriminación en tiempos convulsos*, op.cit., p. 19 y siguientes.

resultados obtenidos destaca el hecho de que el conocimiento de estos delitos podría incentivar a las víctimas a denunciar, sobre todo si son capaces de saber cuándo se está en presencia del delito y cuando no. También pudieron conocer que muchas personas temen volver a ser víctimas; además que este fenómeno conlleva sentimientos de ira, nerviosismo, inseguridad, falta de concentración y pérdida de confianza en sí mismos[62]. Con toda seguridad, esta vertiente de estudio aportará más y mejores elementos explicativos para la comprensión de este fenómeno, en tal empeño la victimología tiene la palabra.

3. Naturaleza jurídica de los delitos de odio

En la búsqueda de explicitar la naturaleza jurídica de estos delitos podemos valernos de la experiencia extranjera. Así, por ejemplo, en la praxis jurídica española, la regulación de los delitos de odio ha merecido la realización de análisis emergentes que indiquen al funcionariado como proceder técnicamente ante la eventualidad de la comisión de aquellos. Ilustrativo de lo anterior es la circular 7/2019, emitida por la Fiscalía General del Estado, sobre las pautas para interpretar los delitos de odio tipificados en el artículo 510 del Código penal, donde se instruye a los fiscales para que les interpreten como delitos de peligro abstracto[63].

En palabras de Sánchez García de Paz, los delitos de peligro abstracto

> Se consuman con la realización de la conducta abstracta o generalmente peligrosa descrita en el tipo. El peligro es un mero motivo, "ratio" de creación del delito, no el resultado típico del mis-

---

62 VARIOS, *¿Qué opinan y sienten las víctimas de delitos de odio en España?*, op. cit.m p. 28.

63 Con cuestionamientos y críticas, véase: RODRÍGUEZ RAMOS, M. *La circular 7/2019, sobre pautas para interpretar los delitos de odio tipificados en el artículo 510 CP. Requisitos comunes aplicables a los delitos de odio*, en DAUNIS RODRÍGUEZ, A., *Odio y discriminación en tiempos convulsos*, op.cit., p. 155 y siguientes.

> mo, luego la producción del peligro no es un elemento esencial del tipo de injusto. El comportamiento se tipifica en atención a su peligrosidad general para el bien jurídico, basado en datos de la experiencia común[64].

Desde otra perspectiva, buscando explicitarles mejor, Mendoza Buergo adelanta esta definición, según la cual los delitos de peligro abstracto son:

> un conjunto de diferentes delitos cuyo común denominador es que el tipo solo sanciona un comportamiento, no exigiendo una efectiva puesta en peligro -juzgada *ex post*- para el objeto de la acción o el bien jurídico protegido, aunque sí que la realización de tal comportamiento suponga -desde una perspectiva *ex ante*- un riesgo de producción de una concreta puesta en peligro o de la lesión del bien jurídico[65].

Los delitos de peligro forman parte de una tendencia político criminal observable en la actualidad, no exenta por cierto de cuestionamientos y dudas. El argumento para su consideración en la actividad legislativa estriba en la identificación de algunas necesidades propias de las sociedades modernas, interesadas y preocupadas por manifestaciones criminales en el ámbito de los delitos económicos y medioambientales, del tráfico de estupefacientes, la seguridad pública, terrorismo, etc. Consisten en anticipar la intervención penal en momentos anteriores a la puesta en peligro concreto o lesión de un determinado bien jurídico.

El recurso a los llamados delitos de peligro ha dado lugar al uso de una categoría doctrinal denominada *Derecho penal del riesgo,* concepto que

> se asigna a un concreto marco de tratamiento penal en el que se agrupan diversos delitos, tanto imprudentes como de carácter doloso, que se encaminan, desde el punto de vista de su configuración formal y material, a objetivos esencialmente preventivos, pues con ellos no se tiene otra finalidad que la de atender las de-

---

64 SÁNCHEZ GARCÍA DE PAZ, M., *El moderno Derecho penal y la anticipación de la tutela penal,* Valladolid, Universidad de Valladolid, 1999, p. 39.

65 MENDOZA BUERGO, B., *Límites dogmáticos y político-criminales de los delitos de peligro abstracto,* Granada, Editorial Comares, 2001, p. 20.

> mandas de seguridad que traen consigo las sociedades modernas. Esto es, los riesgos atómicos, nucleares, genéticos, químicos, informáticos, financieros, económicos y ecológicos[66].

Ubicar a los delitos de odio como delitos de peligro abstracto, como se sugiere a los fiscales españoles, en opinión de Rodríguez Ramos concuerda mejor con la figura de delitos de peligro hipotético, al exigir que la conducta desplegada por el sujeto activo sea de tal entidad que, en efecto, suponga la creación de un "clima de odio y discriminación, así como que conlleve el riesgo de materializarse en comportamientos intolerantes concretos[67]".

4. El tipo subjetivo

En abono al trabajo legislativo, en el eventual supuesto de que se decida a legislar en la materia, conviene una breve referencia al tipo subjetivo. Al respecto, no se tiene duda que este tipo de delitos refleja una acción consciente del sujeto activo. Quien actúa, sabe que, claramente, está promoviendo o incitando al odio contra una persona o grupo. De algún modo, el que incita al odio busca humillar, denostar, discriminar a otro, esto es, tiene una motivación concreta. Con todo, bien entendido se tiene el hecho de que odiar a alguien o a algo no es, *per se*, motivo de reproche penal, salvo que con las palabras se afecten o pongan en riesgo derechos fundamentales de otra persona[68]. En este punto, es obvia

---

66 MERINO HERRERA, J., *Tendencias de la política criminal contemporánea*, Madrid, Marcial Pons, 2018, p. 191.

67 RODRÍGUEZ RAMOS, M, *La circular 7/2019, sobre pautas para interpretar los delitos de odio tipificados en el artículo 510 CP. Requisitos comunes aplicables a los delitos de odio*, op. cit. p. 160.

68 DOMÍNGUEZ ROCHA, D., *El discurso de odio penal desde la teoría del bien jurídico. Sociedad de desprecio, violencia estructural y crisis social*, en Sánchez Gómez, Raúl y Contreras Mazarío, José Mª, *El tratamiento normativo del discurso del odio*, op. cit., p. 118; en el mismo sentido, FERNÁNDEZ VILLAZALA, Tomás, *Los delitos de odio y discriminación*, en Zamora Grant, José y García Mercader, José Emilio (Coordinadores), *Cultura de derechos victimales para Iberoamérica*, México, Ubijus, 2022, p. 189.

la referencia al Derecho penal de acto, propio de nuestro sistema jurídico. Una persona que odia no necesariamente es una persona que delinque.

El odio, como sentimiento, solo tiene sentido jurídico penal en la medida que afecta un determinado bien jurídico. El punto es que, este tipo de delitos van más allá de un mero pensamiento o sentimiento, ya que "agreden y arriesgan la seguridad individual y colectiva", además de que esta tipología delictiva "vulnera directamente los principios de igualdad, libertad, dignidad, democracia, respeto a los derechos humanos y libertades fundamentales" [69].

5. *Consecuencias jurídicas*

El populismo penal, otra compleja tendencia político criminal, lo hemos definido así:

> Denominación con la que se identifican aquellas medidas legislativas adoptadas por la clase política para, presuntamente, satisfacer demandas (reales o ficticios) de la ciudadanía. Generalmente, son medidas legislativas consistentes en incrementar las sanciones jurídico-penales y formular nuevas tipificaciones penales, denotando un uso abusivo del Derecho penal, básicamente con el objetivo de obtener votos y satisfacer los intereses de un partido político o de un grupo social en particular[70].

Es de suponer, fundadamente, que con el afán de satisfacer esas exigencias sociales, el legislador responda ante la problemática de los delitos de odio con medidas de naturaleza penal, y no

---

69 MÉNDEZ LORENZO, R. C., y SUÁREZ MARTÍNEZ, A., *Odio, sociodiversidad y delincuencia. La perspectiva de la intervención*, en Viedma Rojas, Antonio y Del Val Cid, Consuelo (dirección y coordinación), *Odio VS. Derechos Humanos: sociodiversidad, delitos y derechos*, Madrid, Tecnos, 2019, p.

70 VIDAURRI ARÉCHIGA, M., *Vademécum de criminología*, México, Tirant lo Blanch,2018; una visión de conjunto en el plano nacional sobre la tendencia al populismo punitivo puede verse en VIDAURRI ARÉCHIGA, M, (director), *Indagaciones en torno al populismo penal en México*, México, Tirant lo Blanch, 2020.

cualquier medida, pues lo suyo ha sido la utilización de la pena privativa de libertad, en consonancia con la lógica del populismo punitivo. Pretender que con una pena privativa de libertad este tipo de delitos remita en su comisión, está más cerca de la ingenuidad que de la real eficacia pretendida con el uso de Derecho penal. La amenaza penal, en este caso, da a pensar que a lo mucho puede lograr actitudes hipócritas[71], y no necesariamente convencidas de la relevancia social y cultural de respetar la dignidad y derechos de los otros, de aquellos que el sujeto activo considera (incorrectamente por supuesto) diferentes y no merecedores de un trato igualitario.

El sentido y función de la pena, como consecuencia jurídica en el Estado constitucional y democrático, se ve circunscrito por el principio de reinserción social, consignado en el segundo párrafo del artículo 18 de la CM[72]. A partir de esta previsión constitucional, cabe preguntarse si a través de la imposición de una pena, la persona portadora de prejuicios y animadversiones sociales cambiará de actitud o alcanzará una vision diferente, una que le

---

[71] En un texto diverso, respecto del derecho a la no discriminación y la pretendida garantía del mismo a través del Derecho penal, señalábamos: "Si alguien prefiere ocultar sus prejuicios o sus sentimientos racistas y se abstiene de materializarlos porque sabe de la existencia de una norma penal que le amenaza con la imposición de una sanción nos puede llevar a pensar que algo se ha logrado, aunque ese algo sea nada menos que una actitud hipócrita, y no necesariamente la racional introyección del valor social de la no discriminación y lo que ello implica: el respeto a la dignidad humana", así en VIDAURRI ARÉCHIGA, Manuel, "*Indagaciones a propósito del derecho a la no discriminación y su protección penal*", en Revista Penal España, Enero 2009, número 23, Editorial La Ley, España, p. 216.

[72] Que indica: "El sistema penitenciario se organizará sobre la base del respeto a los derechos humanos, del trabajo, la capacitación para el mismo, la educación, la salud y el deporte como medios **para lograr la reinserción del sentenciado a la sociedad y procurar que no vuelva a delinquir**, observando los beneficios que para él prevé la ley" (énfasis añadido).

permita observar de modo diferente a los otros, sin importar las especiales circunstancias en las que se encuentran.

Al margen de la necesaria reflexión en torno al uso de la pena u otra consecuencia jurídica, resulta oportuno adelantar que, si un discurso de odio propicia la afectación de bienes jurídicos como la integridad física, la vida, daños graves, u otros de especial significado por su capacidad lesiva, la respuesta penal tendría que estar acorde con la concreta afectación o la gravedad de su puesta en peligro, según los cánones del principio de proporcionalidad.

No obstante, ante la huida frecuente al Derecho penal por todo y para todo, siempre desde el nivel de mera especulación, surge la duda de si resulta aplicable la metodología propia de la llamada justicia restaurativa ante casos de delitos de odio, sobre todo por la duda legítima acerca de la efectividad de la pena (en especial la privativa de libertad) de cara a la reinserción de quien, por el medio que fuera, expresa contra otros su animadversión y odio (que suponemos tributaria de sus propias convicciones), frente al uso de otros mecanismos de abordaje del problema.

En cierto modo, pensar el hecho del que se viene hablando desde la perspectiva de la víctima[73] puede sugerir respuestas institucionales diversas, no necesariamente basada en la sanción penal. Como mera hipótesis, podría plantearse la pregunta de cuando sí es posible valerse de las herramientas utilizadas por la justicia restaurativa, o frente a que conductas concretas resulta pertinente y cuando no lo es. Lo anterior, bajo el entendido de que la justicia retributiva tiende a la sanción penal del infractor (delincuente) por el delito cometido, mientras que la justicia res-

---

[73] VARIOS, *¿Qué opinan y sienten las víctimas del delito de odio en España?*,op. cit. Aunque el ejercicio se circunscribió a una serie de preguntas orientadas a conocer la opinión y sentimientos de las personas encuestadas, con preguntas de carácter general sobre las personas que han sido víctimas, acerca de las medidas establecidas en el Código penal, su temor a ser nuevamente victimizados, las veces en que había sido víctima, etc.

taurativa (que es una forma de mediación) busca reparar el daño, quiere la reconciliación entre el delincuente y su víctima[74].

La manifestación de un discurso de odio denota la existencia de un conflicto entre uno o varios individuos contra otros, sustentada en la incompatibilidad de visiones; se trata de la confrontación (agresiva y grosera) entre diferentes puntos de vista, que coloca en polos opuestos a los que odian y los que son odiados. La mediación generalmente funciona en delitos de menor gravedad y donde las partes manifiestan su interés en utilizar esta forma de solución del conflicto, aspecto que obliga a determinar previamente -desde el plano legislativo, se entiende- que tan graves son los discursos de odio y los delitos cometidos con dicha motivación.

IX. DERECHO PENAL, CULTURA DE PAZ Y DERECHOS HUMANOS

Las nociones que titulan este epígrafe mantienen entre si una innegable y estrecha relación. A través del Derecho penal, se procura un estado de cosas que fortalece una convivencia pacífica, garantizando la preservación de bienes jurídicos de la más alta relevancia para el cuerpo social.

Por un lado, el Derecho penal determina las condiciones infaltables según las cuales puede imponerse al autor de un hecho ilícito una determinada sanción; por otro lado, esta expresión jurídica precisa la forma en que deben resarcirse los daños causados a la víctima del delito. Así pues, víctima y victimario reciben del Derecho penal la correspondiente respuesta, tanto por las consecuencias que su acción produjo, como por la especial circunstancia de resentir la afectación a sus bienes jurídicos.

---

74 BARBA ÁLVAREZ, R., GUERRERO FRAUSTO, J.C, *Perspectivas del Derecho penal y los procesos de la justicia restaurativa,* en Gorjón Gómez, Gabriel de Jesús (coordinador), *Tratado de justicia restaurativa,* México, Tirant lo Blanch, 2017, p. 259.

En esta relación, presentada acá en una ajustadísima versión, se configura un esquema de reacción legal que busca restablecer las condiciones de paz a la que aspira la sociedad en su conjunto. Este esquema nos muestra los rasgos distintivos de un sistema de justicia retributivo, según el cual, a la violación de una norma sigue la aplicación de un castigo. De este modo, el castigo al responsable del delito se convierte en el elemento de -supuesta- satisfacción reparatoria a la víctima.

Frente al modelo de justicia retributiva se ubica el modelo de justicia restaurativa[75]. Con este último se quiere, mediante la restauración, eliminar cualquier vestigio del delito. Este mecanismo requiere de la participación de todos los individuos afectados, directa o indirectamente, "buscando el perdón, la reconciliación, la reparación de los daños"[76]. Bajo esta modalidad, las personas involucradas en el delito tienen la oportunidad de discutir aspectos relacionados con el mismo, especialmente el cómo fueron afectadas y decidir qué debe hacerse para reparar el daño.

Destaca de modo especial esta modalidad en el momento de la ejecución de sanciones, donde podrán llevarse a cabo procesos de justicia restaurativa:

> en los que la víctima u ofendido, la persona sentenciada y, en su caso, la comunidad afectada, en el libre ejercicio de su autonomía, participan de forma individual o conjuntamente de forma

---

75 Siguiendo el paradigma restaurativo, se abren camino propuestas como la creación del instituto de la restauración a través del hecho jurídico restaurable; en este sentido, CONFORTI, F., *Estudios para la paz desde el Derecho penal*, Madrid, Dykinson, 2020, donde asegura que de esta forma el "Derecho penal y el Derecho procesal penal colaborarán a erradicar la violencia generada por el delito y a mantener la Paz social", p. 47.

76 GORJÓN GÓMEZ, .F, y SÁNCHEZ GARCÍA, A., *Vademécum de mediación y arbitraje*, México, Tirant lo Blanch, 2016, p. 142; GORJÓN GÓMEZ, RODRÍGUEZ RODRÍGUEZ, *La justicia restaurativa como vía de pacificación social*, en GORJÓN GÓMEZ, G. (coordinador), *Tratado de justicia restaurativa*, op. cit., p. 50; también véase, Vidaurri Aréchiga, Manuel, *Vademécum de Criminología*, op. cit., p. 76.

> activa en la resolución de cuestiones derivadas del delito, con el objeto de identificar las necesidades y responsabilidades individuales y colectivas, así como coadyuvar en la reintegración de la víctima u ofendido y del sentenciado a la comunidad y la recomposición del tejido social[77].

Enmarcada en la política criminal con enfoque hacia la reinserción social, la justicia restaurativa puede ser un elemento de especial trascendencia, sobre todo de cara al objetivo de lograr una convivencia pacífica. Sobre este punto, Franco Conforti apela a una idea de Paz como valor, objetivo y principio de un proyecto democrático, y agrega:

> la política de convivencia debe verse reflejada en un programa de reinserción, debe formar parte de una política penitenciaria pro-social. El valor de la convivencia permite una aproximación a esta cuestión desde la perspectiva de la sociedad. La legalidad y el más amplio consenso posible deben ser los pilares en los que repose una política penitenciaria que también sea una política de convivencia[78].

Que el Derecho penal sea una de las más enérgicas herramientas jurídicas legítimas con las que actúa el Estado no impide, en modo alguno, que paralelamente puedan aprovecharse las ventajas de mecanismos como el que se acaba de mostrar, esto en aras de lograr algo mejor que la pura y dura represión del delito.

---

77 VIDAURRI ARÉCHIGA, M., *Vademécum de Criminología*, op. cit., p. 76.

78 CONFORTI, F., *Estudios para la paz desde el Derecho penal*, op. cit., p. 69

Consideraciones jurídico-penales sobre los delitos del discurso de odio

ANTONIO RODRÍGUEZ MOLINA
Profesor Asociado de Derecho Penal
Universidad Pablo de Olavide

I. PRECISIONES SOBRE LA CRIMINALIZACION DE LOS DISCURSOS EXTREMOS

Se está produciendo en la actualidad una clara tendencia a la criminalización de algunos tipos de expresiones o emisión de opiniones que conllevan una clara colisión con derechos fundamentales recogidos por nuestra Constitución[1]. De hecho, se propone sin ningún tipo de matiz ni restricción por parte de la normativa supranacional la sanción de conductas que, por su presencia en determinados medios de comunicación o redes sociales y su emisión en línea, contribuyen exponencialmente al incremento de la difusión de discursos extremos y, más en concreto, los que consisten en una "incitación ilegal al odio"[2].

---

1 ROIG TORRES, *Delimitación entre libertad de expresión y discurso del odio. Postura del TEDH, del Tribunal Constitucional Español y del Tribunal Constitucional* Alemán, Tirant lo Blanch, Valencia, 2020, pp. 13 y ss.; NUÑEZ CASTAÑO, *Libertad de expresión y Derecho Penal. La criminalización de los discursos extremos,* Aranzadi, 2022, pp. 20 y ss.; GALAN MUÑOZ, "Delitos de odio, discurso del odio y Derecho penal, ¿hacia la construcción de injustos penales por peligrosidad estructural?", en *Revista Penal,* nº 46, 2020, pp. 44 a 46; ALCACER GUIRAO, "Símbolos y ofensas. Crítica a la protección de los sentimientos religiosos", en *Revista electrónica de Derecho Penal y Criminología,* 21-15, 2019, p. 19.

2 Respecto a la mayor propagación que determina el empleo de las nuevas tecnologías en relación con la expansión de los delitos del discurso del odio, vid. GALAN MUÑOZ, "Redes sociales, discurso terrorista y

A ello se une una cuestión más como es la posibilidad de recurrir a la inteligencia artificial como "juzgador" de qué discursos serán o no reprobables, incluso penalmente, por trasladar un mensaje de odio o de incitación al mismo. Y ello, a través del análisis de la palabra, de la frase o de aquellos otros parámetros que el programador haya decidido que deben tenerse en cuenta para identificar la existencia o no de una conducta tipificada. En nuestra opinión, la mera posibilidad teórica de que esta situación se produzca resulta realmente preocupante, sobre todo desde la perspectiva de quién será el que decida las expresiones o palabras concretas que deben ser rechazadas por responder a un discurso del odio o, incluso aún más grave, que permitan la posibilidad de la intervención penal. Pudiera parecer una entelequia, pero lo cierto es que la Unión Europea ha previsto la posibilidad de que las propias compañías de redes sociales o de nuevas tecnologías, tengan la posibilidad de "filtrar" lo que se diga en sus plataformas. Y ello conlleva dos importantes y cuestionables consecuencias. La primera es que la posibilidad de que la corrección o incorrección de las opiniones, expresiones o ideas que se publiquen o difundan a través de las distintas redes sociales o TIC quedarían sometidas a la autorización, inspección y vigilancia por parte de las compañías propietarias de estas tecnologías, y ello implica que las mismas tengan capacidad no sólo de controlar, sino de "espiar" opiniones ajenas por mucho que se hayan realizado en sus plataformas; a ello se otra consecuencia, directamente relacionada que resulta aún más grave, porque no sólo inspeccionan, controlan o espían, sino que podrían censurar determinadas afirmaciones, es decir,

---

Derecho Penal. Entre la prevención, las libertades fundamentales y ¿los negocio?", en *La represión penal del discurso* terrorista, Galán Muñoz/ Gómez Rivero (direct.), Tirant lo Blanch, Valencia 2021, p. 257 y ss.; MIRO LLINARES, "Derecho penal y 140 caracteres. Hacia una exégesis restrictiva de los delitos de expresión", en *Cometer delitos en 140 caracteres. El Derecho penal ante el odio y la radicalización en Internet*, Marcial Pons, 2016, p. 24.; GOMEZ MARTIN, "Odio en la Red. Una revisión crítica de la reciente jurisprudencia sobre Ciberterrorismo y Ciberodio", en *Revista de Derecho Penal y Criminología*, nº 20, 2018, p., 412

podrían decidir lo que puede o no puede decirse en un Estado de Derecho, por el único hecho de que la comunicación se lleva a cabo a través de una (su) red social[3].

De este modo llegamos a una situación en la cual se puede producir que el propio sentimiento u opinión que se plasme en un mensaje en una red social se pueda considerar delito de discurso del odio con la consiguiente intervención inmediata de ordenamiento jurídico penal y todas las consecuencias que ello lleva aparejado, por la expresión pública de lo que no es sino un sentimiento: el odio. Y ello a consecuencia de que se han incorporado determinados algoritmos, generalmente interesados y sesgados según quien sea el que los introduce, en un instrumento de inteligencia artificial que le determina a considerar que determinadas palabras, expresiones u opiniones constituyen incitación al odio. No podemos olvidar que *el odio es un sentimiento*[4] que innegablemente puede afectar a otros sentimientos, e incluso que puede afectar, en tanto que resulta hiriente, a la dignidad de quien lo escucha o de quien constituye el grupo diana al que se refiere el mensaje. Señala NUÑEZ CASTAÑO[5] que siendo innegable la necesidad que tiene el Estado de garantizar la convivencia y de compaginar tanto los principios morales como los sentimientos que existan en la sociedad o en un colectivo, ello *"no justifica, en modo alguno, la penalización del odio, que no deja de ser otra cosa que*

---

3 DE VICENTE MARTINEZ, *El discurso del odio, Análisis del art. 510 del Código Penal,* Tirant lo Blanch, Valencia 2018, pp. 170 y ss.; PORTILLA CONTRERAS, "El retorno de la censura y la caza de brujas anarquistas", en *Cometer delitos en 140 caracteres. El Derecho penal ante el odio y la radicalización en internet,* Marcial Pons, Madrid, 2017, p. 103.

4 DIAZ Y GARCIA CONLLEDO, "El discurso del odio y el delito de odio de los arts. 510 y 510 bis del Código penal: Necesidad de limitar", en *Boletín Límites a la Libertad de expresión,* Juezas y Jueces para la Democracia, nº 5, 2018, p. 19, sostiene que resulta cuestionable hablar de delito de odio, dado que *"el odio es un sentimiento y el Derecho penal ni protege ni penaliza meros sentimientos. Y, si odiar no es delito, ¿por qué razón ha de serlo incitar al odio?"*

5 NUÑEZ CASTAÑO, *Libertad de expresión y Derecho penal,* cit., pp. 23 y 24.

un sentimiento, una apreciación, una forma de aprehender aquello que sienten o dicen los demás, y mucho menos si para ello el único recurso que se emplea es un recorte de la libertad de expresar lo que se siente u opina, la libertad de defenderlo con argumentos e incluso la libertad de tratar de convencer a otros"; efectivamente, consideramos que la forma de garantizar una coexistencia pacífica no puede consistir en sancionar o criminalizar a quien opina de manera diferente a la mayoritaria, incluso cuando la opinión pueda llegar a ser ofensiva e hiriente, o incluso en el caso de que pudieran llegar a hacer surgir en terceros ideas negativas o peligrosas hacia determinados grupos o colectivos[6].

Odiar no es sino un sentimiento, y como tal sentimiento puede ser o no compartido. Partiendo de esta concepción, lo cierto es que los sentimientos no suelen surgir de manera individual, es decir, respecto de un único sujeto, sino que se trata de emociones que siempre son compartidas por grupos más o menos numerosos de un colectivo. De este modo, cuando el grupo es cuestión que tiene ese determinado *sentimiento* es el mayoritario socialmente, por mucho que sea ofensivo o agresivo para otro grupo o sector, en este caso minoritario, no se entiende como reprobable ni hostil por cuanto, al tratarse del sentir social mayoritario en ese momento, es *socialmente aceptado.* Por ejemplo, si las expresiones o manifestaciones hostiles se refieren a grupos que se identifican por compartir ideas fascistas o franquistas, cualquier expresión hostil u ofensiva dirigida a los mismos no se entiende rechazable por cuanto, en este momento actual, y desde el punto de vista de la moral social y de los poderes públicos, no es malo en tanto que responde al sentir mayoritario de la sociedad, o de los órganos de poder. No ocurre lo mismo, sin embargo, si el sentimiento en cuestión, es únicamente compartido por un grupo minoritario de la sociedad y que resulta contrario a la moral social dominante; en este caso, cualquier tipo de expresión u opinión que exteriorice ese sentimiento es concebida de manera automática como *hostil,*

---

6 GALAN MUÑOZ, "Delitos de odio, discurso del odio y Derecho penal", cit., pp. 45 y 46.

ofensiva o *hiriente* y, por lo tanto, rechazable hasta el punto de poder ser criminalizada. Este es el caso de la homofobia, la misoginia, etc. Ahora bien, la realidad objetiva es que ambos sentimientos, el "bueno" por ser adecuado socialmente y el "malo" por resultar contrario a la moral social, son lo mismo, es decir, actitudes de unos sujetos frente a una determinada cuestión, a un determinado grupo o a unas determinadas circunstancias. Entre ambos sólo puede identificarse una única diferencia, que uno se compadece con la moral y concepciones sociales mayoritarias y, consecuentemente es aceptado de manera general, mientras que el otro no responde a esos parámetros sociales tal y como los concibe la sociedad y, por tanto, resulta rechazable. En nuestra opinión, las emociones o los sentimientos no son buenos o malos porque cada persona o grupo social es libre para sentir lo que quiera sentir. El punto radica en las conductas, no en lo que se siente; es decir, lo que es bueno o malo, o mejor dicho, lícito o ilícito son los actos concretos que se llevan a cabo motivados por esos sentimientos. En definitiva, expresar el odio a los homosexuales o el odio a los fascistas, intentar convencer a otros de que odien igualmente, no debe estar prohibido, porque es un sentimiento y la expresión del mismo. Lo que si debe estar prohibido y sancionado es agredir a otro por homosexual o fascista, o incitar a terceras personas a que hagan lo mismo. La diferencia radica en que los primeros son actos de comunicación, y los segundos actos de violencia o de incitación a la violencia. Los primeros deberían estar amparados por la libertad de expresión, y los segundos son la comisión de un hecho delictivo.

Este planteamiento que consideramos es el que resultaría compatible con los principios inspiradores de un Estado Democrático de Derecho, provoca la existencia de numerosos aspectos problemáticos y cuestionables en relación con una tipificación expresa (como ocurre en nuestro ordenamiento jurídico) de los delitos de discurso del odio: así, desde la inicial dificultad a la hora de identificar un concreto objeto de tutela dado que no puede constatarse que con estos comportamientos resulten afectados derechos o intereses de terceros, hasta la realidad de que la tipificación se basa en la sanción de simples actos de comunicación cuyo contenido puede ser ofensivo o hiriente y reprochable desde la perspectiva del sentir generalizado de la sociedad, que no deja de constituir un sentimiento generalizado de la sociedad, pero que parece constituir el único aspecto que avale la expresa sanción de estas opiniones o expresiones. A ese expreso rechazo social que se argumenta como fundamento de esta criminalización se une un aspecto más cual es el exponencial incremento del impacto y difusión de estos mensajes, así como del potencial número de destinatarios del mismo que se derivan del empleo, habitual en la actualidad, de las TIC, internet y las redes sociales, que hacen crecer de manera importante la posibilidad de ofensa o de mayor generalización de determinado tipo de ideas, por cuanto se trataba de *un instrumento fácil y accesible para la transmisión de los mensajes*[7].

En nuestra opinión, cuando el legislador se centra en el castigo de un simple discurso, esto es, de un acto comunicativo, incluso aunque el mismo pueda conllevar la afección de sentimientos o emociones de terceros, bien de manera individual o bien colectiva, podría conllevar, y generalmente es así, una afección del derecho a la libertad de expresión. Libertad de expresión que vería limitada la posibilidad de ser ejercitada libremente sin que pueda identificarse, ni sea preciso hacerlo desde la actual regulación típica existente, que efectivamente se está lesionado algún derecho de un tercero como única forma de legitimar la restricción de un

7 GARCIA ARROYO, "Algunas cuestiones político-criminales sobre el discurso del odio terrorista, ¿el fin de las garantías del Derecho penal democrático?", en *La represión penal del discurso terrorista*, Tirant lo Blanch, Valencia 2021, pp. 154 y ss.; GALAN MUÑOZ, "Redes sociales, discurso terrorista y Derecho Penal", cit., p. 257; MIRO LLINARES, "Derecho penal y 140 caracteres", cit., p. 32; GOMEZ MARTIN, "Odio en la red", cit.., p. 411.

derecho fundamental[8]. Por ello sostiene CARBONELL MATEU[9] que *"el problema no es si la decisión política de prohibir ha de ceder ante un derecho fundamental que prevalece sino si existe un derecho fundamental cuya necesidad de tutela justifica la decisión política de prohibir"* y el derecho a la libertad de expresión constituye un derecho fundamental reconocido tanto por nuestra CE como, entre otras disposiciones, el CEDH, configurándose como *"uno de los fundamentos de las sociedades democráticas, pues sólo a través de la libertad de expresión se podría crear una opinión pública libre y responsable, siendo el presupuesto necesario para el correcto funcionamiento de una democracia"*[10].

Ello nos conduce a una, en nuestra opinión, convicción en relación con los delitos del discurso del odio, cual es que, su mera calificación como reprochables o hirientes, no debiera sustentar la posibilidad de prohibir su expresión o manifestación, salvo que pueda constatarse la presencia de algún elemento, matiz o plus de desvalor añadido que legitime la posible restricción del ejercicio de un derecho fundamental. Es muy claro a este respecto VIVES ANTON[11] al afirmar que *"es evidente que por esa vía, por la penalización de las expresiones de odio, el delito se ha expandido fuera de*

---

8 DOMINGO PEREZ, "La lucha contra el discurso del odio desde el respeto a los derechos fundamentales", en *Cometer delitos en 140 caracteres. El Derecho penal ante el odio y la radicalización en internet,* Marcial Pons, Madrid, 2017, p. 278.

9 CARBONELL MATEU, "Crítica a los sentimiento como bien jurídico-penal", cit., p. 1416.

10 MENDOZA CALDERON, "Discurso del odio e inmigración. La criminalización de la intolerancia en Derecho penal español", en *Globalización y lucha contra las nuevas formas de criminalidad transnacional,* Tirant lo Blanch, Valencia, 2019, p. 273.

11 VIVES ANTON, "Garantías constitucionales y terrorismo", en *Terrorismo, sistema penal y Derechos fundamentales,* Valencia 2018, p. 30 quien expresamente señala que *"pueden castigarse si constituyen incitación al delito. Pueden castigarse en los casos en que por sí mismos provoquen a la gente a cometer delitos. Pueden castigarse ahí, pero no más allá"*. Porque ello, al involucrar en la conducta del sujeto de manera clara la instigación a la realización de un hecho delictivo quedaría constatado ese plus de desvalor que supondría la afección de intereses y derechos de terceros.

sus límites, castigando conductas, sin duda, indeseables, porque, al estar amparadas por el amplísimo espacio que precisa la libertad de expresión no pueden ser castigadas".

Por ello, consideramos que sólo en aquellos casos en los que el ejercicio del derecho a la libertad de expresión determine la concurrencia de un mayor desvalor en tanto que afecta directamente a un derecho fundamental de un tercero, la intervención del derecho penal estaría legitimada. Sin embargo, también es preciso señalar que en estos supuestos sería muy probable la innecesaridad de la tipificación expresa de los delitos de odio, por cuanto existen en nuestro ordenamiento jurídico suficientes tipos penales como para dar respuesta adecuada a estas situaciones, delitos contra el honor, provocación o apología, etc.

Ahora bien, siendo ésta la que, a nuestro juicio, debería ser la opción más acorde con los principios, derechos y garantías constitucionales, no es, en cambio, lo que ha ocurrido con nuestra legislación que ha dado entrada de manera absolutamente desmesurada y expansiva a los delitos del discurso del odio.

II. DELIMITACION DE LOS ASPECTOS ESENCIALES DEL DISCURSO DEL ODIO DEL ART. 510 CP.

El problema a la hora de identificar qué se protege y cómo se protege deriva en realidad de la regulación que hace el legislador del concreto tipo penal que, como expondremos, implica la sanción de actos preparatorios de actos preparatorios con el consiguiente adelantamiento de la barrera de intervención penal y, como se ha señalado, con el único fundamento de la ofensa o afección de sentimientos[12]. Y ello nos aboca a la necesidad de

---

[12] LEON ALAPONT, "La descontrolada expansión de los delitos de odio: acerca de la propuesta de incriminar el odio hacia las víctimas de la Guerra civil española y del franquismo", en *El odio como motivación penal*, La Ley Wolters Kluwer, 2022, p. 214.

identificar y analizar los diversos problemas que, como se ha señalado, se plantean en relación con este concreto delito, comenzando, obviamente por la necesidad de concretar cual pudiera ser el posible bien jurídico que se pretende proteger con el mismo.

1. La conflictiva identificación del interés objeto de tutela

A la hora de comenzar el estudio de cualquier delito, se convierte en punto de partida irrenunciable la necesidad de identificación de aquello que se pretende proteger con la regulación típica. Sin embargo, cuando nos enfrentamos a los delitos del discurso el odio, no existe una clara referencia a cuál sería el objeto de tutela, y ello ha dado lugar a una importante controversia al respecto, probablemente porque no exista ninguno que responda a las características típicas de un concreto bien jurídico que potencialmente se pudiera ver afectado por las actuaciones o comportamientos regulados en el tipo penal. El art. 510 CP se encuentra ubicado en el Título XXI, Capítulo IV, Sección Primera bajo la rúbrica "De los delitos cometidos con ocasión del ejercicio de los derechos fundamentales y las libertades públicas garantizadas por la Constitución". El título de la Sección da pocas pistas en relación a cuál sea el interés que se protege salvo que debe tener relación con los derechos fundamentales y las libertades públicas, aunque más parece que no se trata de un objeto de tutela derivado de ellos, sino de hechos delictivos que pudieran producirse por el ejercicio de los derechos y libertades constitucionales.

Una de las opciones que ha sido sustentada a la hora de intentar identificar un concreto interés a proteger que avale la legitimidad de la existencia de este tipo penal fue el recurso a la dignidad como objeto de tutela. Este "derecho a la dignidad de las personas", se ha incluido, por la ONU entre los derechos humanos, pero, a nuestro juicio, al amparo de nuestro ordenamiento jurídico su consideración como "derecho fundamental" no puede afirmarse de manera tan evidente y categórica y, en consecuencia, tampoco puede afirmarse de manea irrebatible su posible configuración como bien jurídico protegido; efectivamente la dignidad es inmanente a las personas por el mero hecho de serlo, y, precisamente por ello, se configura como un valor fundamental que se encuentra reconocido constitucionalmente como tal en el art. 10 CE, dentro de los valores constitucionales que sustentan y fundamentan nuestro Estado de Derecho. Justamente, esta regulación constitucional y su conformación como valor fundamental, determina que no pueda considerarse como bien jurídico en sí mismo, o incluso que no es un derecho fundamental en sí mismo, sino que los derechos fundamentales reconocidos por la Constitución española y los bienes jurídicos que se protegen o se deben proteger jurídico penalmente tienen su sustento en ese valor constitucional, pero no son ese valor constitucional, ni a la inversa. Los derechos fundamentales, aquellos que pueden servir de base inicial para identificar bienes jurídicos, se encuentran recogidos en el Capítulo II del Título I del Texto constitucional, a partir del art. 14, y aún más esencialmente los contenidos en la Sección Primera "De los derechos fundamentales y las libertades públicas" (arts. 15 a 29 CE). De este modo, derechos fundamentales y posibles objetos de tutela son la vida, la integridad física, la libertad, etc., siempre desde ese fundamento de la dignidad, pero en modo alguno ésta última debe considerarse un bien jurídico penal.

A pesar de ello, por ejemplo, la Fiscalía General del Estado en su Circular 7/2019, sostiene que es la dignidad el bien jurídico que se tutela[13]. En nuestra opinión, tal postura, por las razones antedichas, no resulta factible. Así, tras muchas argumentaciones parte de considerar que el objeto de tutela es la *dignidad humana*[14], pero junto a esta afirmación, con posterioridad en el mismo

---

13 Circular de la FGE 7/2019, de 14 de mayo, sobre pautas para interpretar los delitos de odio tipificados en el art. 510 del Código Penal, apartado 2.1.

14 Concretamente afirma en su apartado 2.1. que "para que concurra una infracción de odio será necesario, además, que la acción y omisión sólo pueda ser entendida desde el desprecio a la dignidad intrínseca que todo ser humano posee por el mero hecho de serlo. Surge, en

apartado 2.1., señala la dignidad en realidad lo que constituye es el fundamento del orden político y la paz social (art. 10 CE), de modo que lo que configura es *"el marco dentro del cual ha de desarrollarse el ejercicio de los derechos fundamentales"*[15], es decir, no estamos, como ya se señaló, ante un derecho en sí mismo, sino ante un valor superior en el que se sustentan y del que se derivan los derechos.

Otro sector doctrinal[16] aboga por la seguridad de los colectivos o grupos diana para los que se han regulado esos delitos del discurso del odio. Obviamente resulta innegable que la seguridad es un derecho fundamental que necesita protección penal, pero al igual que con el resto de delitos que pueden afectar o que afectan a intereses o derechos de otras personas, resulta necesario constatar que efectivamente las conductas realizadas resultan potencialmente ofensivas respecto de esos objetos de tutela, y, como señala NUÑEZ CASTAÑO[17] *"en modo alguno puede afirmarse automáticamente respecto de conductas que consisten en la expresión o manifestación de determinados mensajes, pensamientos y/o ideas"* que contribuyan a la creación de un clima de inseguridad y miedo respecto de los grupos, colectivos o individuos a los que va dirigido, y que ni si-

definitiva un ataque al diferente como expresión de una intolerancia incompatible con la convivencia. Precisamente por ello, serán objeto de persecución penal aquellas conductas que supongan una infracción de las normas más elementales de tolerancia y convivencia que afectan a los valores y principios comunes a la ciudadanía, invadiendo la esfera de dignidad propia de cualquier ser humano y que, como tales, deben ser consideradas como un ataque a los elementos estructurales y vertebradores del orden constitucional y, en definitiva, a todo el sistema de derechos y libertades propio de una sociedad democrática.

15 Circular de la FGE 7/2019, apartado 2.1. donde hace expresa referencia a la STC 235/2007, de 7 de noviembre.

16 En relación con los distintos objetos de protección que se han barajado señala GALAN MUÑOZ, la paz pública, la seguridad de los integrantes de determinados colectivos, su dignidad, sus sentimientos de tranquilidad o la moral social mayoritaria, cfr. "Delitos de odio, discurso del odio y Derecho penal, cit., p. 46.

17 NUÑEZ CASTAÑO, *Libertad de expresión y Derecho penal*, cit., p. 41.

quiera puede acreditarse de manera automática que vayan a provocar un clima de hostilidad. En consecuencia, si al menos *ab initio* la conductas típicas que contiene el precepto que analizamos no reúnen capacidad lesiva respecto del teórico objeto de tutela, o bien es que ese no es el bien jurídico que se protege, o bien es que las conductas no deberían considerarse delictivas.

La realidad, tal como sostiene FUENTES OSORIO[18], es que lo que se está protegiendo, o al menos lo que sirve de justificación para la intervención penal, es *"la sensibilidad social, agraviada por manifestaciones que por su contenido (contrario a la moral dominante o al modelo de convivencia plural constitucional) generan o pueden generar desagrado y malestar, pero que todavía no representan* per se, *una lesión de los intereses concretos de los ciudadanos"*. Se protegen, por tanto *sentimientos*, lo que determinaría que la sanción de estos comportamientos careciera de legitimidad si las expresiones u opiniones hostiles o hirientes *"constituyen el único fundamento de la tipificación penal"*[19], porque si son sentimientos no son bienes jurídicos; el Derecho penal no puede proteger sentimientos, entre otras cosas porque se trataría de "intereses" que carecerían de objetividad quedando la posibilidad de que concurran o no, de que se afecten o no, en manos de quien los experimente con la consiguiente vulneración de la seguridad jurídica. Pero, tampoco pueden interpretarse a la inversa, es decir, no pueden ser un objeto de tutela, pero tampoco pueden configurar el elemento esencial de una conducta típica merecedora de sanción penal.

Es, por tanto, el primero de los problemas que puede apreciarse respeto de la concreta regulación típica del delito contenido

---

18 FUENTES OSORIO, "Concepto de odio y sus consecuencias penales", en *Cometer delitos en 140 caracteres. El Derecho penal ante el odio y la radicalización en internet*, Marcial Pons, 2017, p. 150.

19 CARBONELL MATEU, "Crítica a los sentimientos como bien jurídico-penal: el enaltecimiento del terrorismo y la humillación a las víctimas más allá de la provocación y la injuria", en *Liber Amicorum. Estudios Jurídicos en Homenaje al Prof. Dr. Dr. h.c. Juan Mª Terradillos Basoco*, Valencia 2018, p. 1414.

en el art. 510 CP, la teórica imposibilidad de identificar un claro y concreto objeto de tutela.

2. La conducta típica: posibilidades de concreción.

Ya desde sus inicios, la regulación típica de este concreto delito fue objeto de una importante controversia en relación con el verbo típico a emplear a la hora de plasmar positivamente la sanción de los comportamientos que contemplaría el art. 510 CP[20] por cuanto, se hiciera la interpretación que se hiciera, se trataba de sancionar ideas, opiniones y la transmisión de las mismas; de este modo se estaba avalando el recurso y la intervención del Derecho penal respecto de ámbitos reservados al ejercicio de derechos fundamentales, como la libertad de pensamiento, ideológica, de expresión, etc.. A ello se sumaban otra serie de problemas como una clara indeterminación de los elementos típicos, así como la superposición con otras figuras jurídico-penales, como podría ser la provocación regulada en el art. 18 CP[21]. La inicial regulación del tipo penal hacía referencia expresa a *los que provocaren a la discriminación, al odio o a la violencia contra grupos o asociaciones* por diversos motivos expresamente señalados en el precepto. El problema del recurso a este verbo "provocar" determinaba, como señalaba GOMEZ MARTIN[22] que se hiciera referencia a un concepto, como el de provocación que ya estaba recogido en el texto penal en el art. 18.1 con el cual concurriría, pero a ello, se unía

---

20 Precepto que ya desde el Código Penal de 1995 recogía lo que se ha denominado como *Derecho penal antidiscriminatorio*, cfr. DAUNIS RODRIGUEZ, "El modelo de protección penal frente a comportamientos de odio", en *Políticas públicas en defensa de la inclusión, la diversidad y el género*, Ediciones Universidad de Salamanca, 2020, p. 1053.

21 NUÑEZ CASTAÑO, *Libertad de expresión y Derecho penal*, cit., p. 221; CANCIO MELIA, "Art. 510", en *Comentarios al Código penal*, Rodriguez Mourullo (Direct.), Madrid, 1997, p. 1274.

22 GOMEZ MARTIN, "Incitación al odio y género. Algunas reflexiones sobre el nuevo art. 510 CP y su aplicabilidad al discurso sexista", en *Revista Electrónica de Ciencia Penal y Criminología*, 18-20, 2016.

el hecho de que, atendiendo a una interpretación sistemática y en un intento de separar ambos tipos penales, debería concluirse que el art. 510.1 CP contendría *"un acto preparatorio punible: la provocación a la comisión de delitos de discriminación, de odio o con violencia contra grupos o asociaciones por los motivos previstos por el legislador"* que estaría sancionado con una pena autónoma e independiente del concreto acto discriminatorio, de odio o de violencia al que se provocase[23]. Esta posibilidad podría implicar una innegable y evidente vulneración del principio de proporcionalidad cuando el acto preparatorio contenido en el art. 510.1 CP implicase una pena más grave que el concreto delito al que se provoca, porque, por ejemplo se trate de un delito leve.

Esta paradoja que implicaría una lesión del principio de proporcionalidad sería todavía más grave, a nuestro juicio, que la expuesta por GOMEZ MARTIN. Efectivamente, este autor considera que el art. 510.1 CP en su regulación inicial recogía un acto preparatorio de provocación a la comisión de delitos, pero, a nuestro modo de ver, no resulta del todo exacto, porque el art. 510.1 CP en su regulación inicial no castigaba la provocación a *actos o delitos de discriminación*, que podrían implicar la afección directa de bienes jurídicos concretos, sino que sancionaba *la provocación a la discriminación, odio o violencia*, esto es, a la creación o surgimiento de ideas o actitudes de rechazo hacia determinados colectivos[24], esto es, se criminalizaba una determinada forma de pensar y la transmisión de ese pensamiento, de manera que *"su prohibición bajo la amenaza de la pena representaba una manifestación de un Derecho penal de autor que protegía (y protege) los intereses sociales, políticos o económicos moralmente dominantes"*[25]. Ya no se trataba de un acto preparatorio de un delito de discriminación, de odio o de

---

23 La provocación a la comisión de delitos contenida en el art. 18 CP preveía la imposición de la pena inferior en uno o dos grados a la señalada para el delito correspondiente al que se dirigiera la provocación.

24 BERNAL DEL CASTILLO, *La discriminación en el Derecho penal*, Comares, 1998, p. 76.

25 NUÑEZ CASTAÑO, *Libertad de expresión y Derecho penal*, cit., p. 223.

violencia, sino del acto preparatorio (la provocación) de un acto preparatorio (la creación de discriminación, odio o violencia) que pudiera dar lugar a la comisión de un delito (los concretos delitos de discriminación, odio o violencia). En el hipotético supuesto de que, de alguna manera, pudiera identificarse un bien jurídico concreto, la lejanía del comportamiento tipificado respecto de una potencial afección del mismo resulta totalmente innegable.

A pesar de todas las críticas suscitadas en relación con la descripción típica de este delito, la LO 1/2015, de 30 de marzo, procede a realizar una profunda modificación del art. 510 CP, pero lejos de reducir su ámbito de aplicación, en realidad lo amplia de manera notable, si bien prescindiendo, eso sí, de la referencia al término *provocación* que tantas críticas había ocasionado. Por ello, y tal como se establece en la Exposición de Motivos de la Ley Orgánica 1/2015, en la necesidad de trasponer la Decisión Marco 2008/913/JAI del Consejo, de 28 de noviembre, relativa a la lucha contra determinadas formas y manifestaciones de racismo y xenofobia mediante el Derecho penal, se produce una radical reforma del precepto incluyendo nuevos verbos típicos que no sólo no contribuyen a aclarar la situación, sino que provocan una mayor confusión y, lo que es más grave, una mayor extensión de los comportamientos sancionables. A este respecto resulta necesario señalar que el Art. 1, a) de la mencionada Decisión Marco establece la obligación de los Estados Miembros de adoptar las medidas necesarias para castigar *la incitación pública a la violencia o al odio dirigidos contra un grupo de personas o un miembro de tal grupo, definido en relación con la raza, el color, la religión, la ascendencia o el origen nacional o étnico.* Desde esta perspectiva, en nuestra opinión, debería entenderse que la incitación se refiere a una instigación a la violencia o al odio, y al emplear el término instigación consideramos que se debe reducir a los supuestos en los que ésta sea directa; de hecho, la normativa europea no hace referencia alguna a la modalidad en la que la mencionada incitación se lleve a cabo (directa o indirecta, que sí encontraremos en la regulación nacional). Esta Decisión Marco determinará la modificación del art. 510.1 a) CP sancionado a *quienes públicamente fomenten, promue-*

van o inciten directa o indirectamente al odio, hostilidad, discriminación o violencia contra un grupo por las causas expresamente previstas en el precepto.

Son varias las consideraciones que resulta obligado realizar en este punto. En primer lugar, que como suele realizar el legislador español, la regulación contenida en nuestro Ordenamiento jurídico va mucho más lejos y es mucho más amplia que la prevista en la propia normativa europea. Efectivamente, la Decisión Marco de 2008 refiere exclusivamente a *incitar públicamente*, mientras que nuestro art. 510.1 a) al comportamiento de incitación añade dos verbos típicos más como *fomentar o promover*. Ante esta concreta descripción típica contenida en el precepto mencionado son sostenibles dos posturas: o bien entender que se trata de comportamientos sinónimos de manera que lo esencial consiste en hacer surgir en otros determinadas ideas o pensamientos considerados peligrosos, concepción que implicaría un claro desbordamiento del mandato europeo que consideramos se refiere a la instigación directa; o bien, considerar que efectivamente el término incitar si se limita a ese comportamiento de instigar directamente, pero en este caso, volvería a desbordarse por el legislador español el mandato europeo al añadir los comportamientos de fomentar o promover. No es, a nuestro juicio factible, mediante una interpretación gramatical de los verbos fomentar o promover, sostener que se traten de formas directas de incitación, sino que su contenido se refiere a aleccionar o transmitir determinado tipo de ideas o actitudes internas que podrían considerarse peligrosas para los sentimientos o sensibilidades de determinados colectivos[26] por cuando podrían afectar la dignidad, libertad o seguridad de un colectivo. En este punto concordamos con la crítica

---

26 GOMEZ MARTIN, "Incitación al odio y género", cit., pp. 10 y 11 señala que el castigo de este tipo de discurso no encuentra su fundamento en el castigo de determinados comportamientos, sino en *"fomentar en terceros algunas actitudes internas de discriminación, odio o violencias hacia las minorías a las que se refiere el precepto"*.

que realiza NUÑEZ CASTAÑO[27] al sostener que *"el problema de esta argumentación, en mi opinión, surge ya en su propia base, esto es, en la afirmación de que no se castigan tendencias o pensamientos por el mero hecho de ser discriminatorios, hostiles o reprochables, de modo que no se castiga el discurso por su propio contenido, sino por el hecho de transmitirse a los demás y que esa transmisión haga surgir en sus destinatarios ideas similares o parecidas, o lo que es lo mismo, no se sanciona el pensamiento pero sí su expresión y comunicación. El derecho a convencer a terceros de las propias ideas, de fomentar en otros las mismas, por muy reprochables que estas sean forma parte del núcleo esencial de la libertad de expresión"*. Efectivamente, en un Estado de Derecho los pensamientos reprochables, censurables u hostiles no deben sancionarse, pero del mismo modo, tampoco es legítimo castigar la transmisión de esos pensamientos a otras personas, porque la libertad de expresión no sólo abarca la libertad de pensar y de expresar lo que se piensa, sino la de tratar de convencer a otros de la corrección de nuestros pensamientos. La situación resulta tan cuestionable que incluso los defensores de la regulación incorporada a nuestro Código penal, también se cuestionan en cierto modo la legitimidad de estas sanciones, y así, GOMEZ MARTIN[28] llega a aceptar expresamente que *"desde la perspectiva liberal del Derecho penal del hecho, no es legítimo intervenir penalmente para sancionar personalidades moralmente censurables, como, por ejemplo, la personalidad racista, el homófobo, etc. No es admisible sancionar penalmente al racista o al homófobo por el hecho de mostrar una actitud interna de desprecio hacia quienes son de otra raza u orientación sexual"*, y ello resulta innegable, pero también resulta innegable que no debieran sancionarse los intentos de convencer a otros de esas actitudes internas.

Ante esta situación, algunos autores, como GALAN MUÑOZ[29] considerar que el hecho de *"fundamentar la pena que se podría llegar a aplicar a quienes difunden tales discursos en el mero peligro de que sus*

---

27 NUÑEZ CASTAÑO, *Libertad de expresión y Derecho penal*, cit., p. 227.

28 GOMEZ MARTIN, *ibidem*.

29 GALAN MUÑOZ, "¿Juntos o revueltos? Algunas consideraciones y propuestas sobre la cuestionable fundamentación y distinción de los delitos

manifestaciones podrían dar lugar a que sus ideas calasen en terceros, tal y como mantienen estos autores, lo único que se hace es trasladar de lugar el problema relativo al cuestionable fundamento último de tal castigo, ya que, al sustentarlo no en las ideas de sus emisores, pero sí en la aparición de las mismas en terceros" acabaría sancionándose el mero hecho de pensar y manifestar públicamente este planteamiento. Sería, por tanto necesario algún tipo de restricción a este respecto.

La segunda de las cuestiones que se plantea es la relativa a la referencia expresa que el art. 510.1 a) CP realiza a la posibilidad de que la incitación pueda ser *directa o indirecta*, delimitación que, en modo alguno recoge la normativa europea. Los problemas a este respecto surgen en relación con cualquiera de las dos opciones: en primer lugar, la *incitación directa* en realidad se trata de una conducta idéntica a la regulada en los arts. 17 y 18 CP, con la exclusiva diferencia, muy relevante eso sí, de que la incitación no tiene por qué ser a la comisión de actos delictivos, como se requiere en la provocación y/o apología genéricas, sino al *odio*, esto es, a un sentimiento. La eliminación de la necesidad de que aparezca, al menos potencialmente, la instigación a la lesión efectiva de un bien jurídico concreto determina la ampliación de la intervención penal al ámbito de la mera opinión y transmisión de la misma. Más grave resulta aún si nos referimos a la *incitación indirecta*, porque aquí ya ni siquiera se sanciona el intento de hacer surgir en otra persona mediante opiniones o expresiones que instiguen directamente a odiar o discriminar, sino que basta la emisión de actos comunicativos que de alguna forma, en alguna manera, puedan resultar discriminatorios o puedan hacer surgir en otros un sentimiento de odio.

La descripción típica no deja margen alguno a una interpretación diversa, pero *"es sorprendente que la incitación (directa o indirecta) a actitudes discriminatorias que no puedan considerarse delito, si configuran un delito de discurso del odio; es decir, los concretos comportamientos*

---

de odio y del discurso del odio", en *Temas claves de Derecho penal. Presente y futuro de la política criminal en España,* JM Bosch Editor, 2021, p. 302.

discriminatorios a los que se incita podrían no ser constitutivos de delito, pero en cambio, la mera incitación a esos comportamientos si lo sería. Sorprendente cuanto menos"[30]. Esta desmesurada amplitud que se deriva directamente de los parámetros y elementos incluidos en el art. 510 CP, obliga a la necesidad de tratar de restringir en lo posible el posible ámbito de aplicación del tipo penal.

A nuestro modo de ver, y como se ha sustentado a lo largo de este trabajo, el delito de discurso del odio regulado en el art. 510 CP, encuentra su fundamento exclusivo en la sanción de un sentimiento; en concreto, odiar; y como también se ha señalado resulta desde todo punto imposible, no sólo desde el punto de vista naturalístico, sino también jurídico, prohibir un sentimiento, prohibir sentir (odiar, amar, menospreciar, alabar, etc.). Partiendo de esta máxima, que sin embargo el legislador parece obviar en relación con el art. 510, resulta necesario distinguir dos situaciones diversas en las que el "odio" se convierte en elemento común. Señala GALAN MUÑOZ[31] que resulta necesario distinguir entre los *delitos de odio* y los *delitos del discurso del odio,* entendiendo que *"mientras que los delitos de odio sancionarían actuaciones que atentarían o lesionarían la igualdad de determinadas minorías, los del discurso del odio lo harían con manifestaciones o comunicaciones que contribuirán a crear un clima de hostilidad que pondría en peligro, precisamente, a los integrantes de dichos colectivos minoritarios, bien porque su aparición pudiese dar lugar a ataques delictivos contra los mismos, bien porque podrá generar, cuanto menos, actuaciones o actitudes discriminatorias contra ellos, aunque éstas no llegasen a ser delictivas"*[32]. Aparecen en esta definición los dos elementos sobre los que girará la potencial justificación e intento de legitimar la existencia de delitos de expresión, o delitos del discurso del odio: la incitación y el clima de hostilidad[33], y

---

30 NUÑEZ CASTAÑO, *Libertad de expresión y Derecho penal,* cit., p. 228.

31 GALAN MUÑOZ, "Delitos de odio, discurso del odio y Derecho penal", cit., p. 46.

32 GALAN MUÑOZ, "¿Juntos o revueltos?", cit., p. 303.

33 Este es el denominado *modelo de hostilidad* que encuentra su fundamento en la concepción de que la emisión de un discurso hostil, hiriente,

ello implica que la constatación de que en el concreto discurso o expresión se identifique la presencia de una idea hostil o hiriente con idoneidad incitadora de un clima de hostilidad, resultaría suficiente para legitimar la sanción del discurso emitido.

Ello conlleva dos cuestiones de relevancia[34]: en primer lugar, que con la regulación actual del art. 510 y la referencia a la incitación (directa o indirecta) idónea para la creación de un clima de hostilidad se está optando por la sanción del mero acto comunicativo y de transmisión de determinadas ideas con un concreto contenido que resulte rechazable en tanto que idóneas para la creación de un determinado y concreto clima, y, además, que ello implica no sólo la lesión del derecho fundamental a la libertad de expresión, sino la criminalización de comportamientos que conllevan una escasa lesividad[35].

Para salvar la posible lesión que la criminalización de estos comportamientos podría determinar se han mantenido dos grandes líneas interpretativas del concreto alcance del tipo penal[36]. En

---

ofensivo, discriminatorio o antidemocrático es una incitación idónea para la creación de un determinado clima de hostilidad, de manera que sería suficiente con la constatación de que en el concreto acto comunicativo se encuentra presente esa idea hostil con idoneidad incitadora de un clima de hostilidad, cfr. GALAN MUÑOZ, "¿Juntos o revueltos?", cit., p. 307. Hace referencia a la creación de un *clima de odio* en la base de la criminalización de estas conductas, GARCIA ARROYO, "Algunas cuestiones político-criminales sobre el discurso del odio terrorista", cit., pp. 154 y ss.

34 NUÑEZ CASTAÑO, *Libertad de expresión y Derecho penal*, cit., p. 127.

35 Precisamente ello ha llevado a considerar que nos encontramos ante delitos de peligro abstracto, cfr. GALAN MUÑOZ, "Delitos de odio, discurso del odio y Derecho penal", cit., p. 47; FUENTES OSORIO, "El odio como delito", en *Revista electrónica de Ciencia Penal y Criminología,* 19-27. 2017, p. 14.

36 GALAN MUÑOZ, "El delito de enaltecimiento terrorista. ¿Instrumento de lucha contra el peligroso discurso del odio terrorista o mecanismo represor de repudiables mensajes de raperos, twitteros y titiriteros", en *Estudios penales y Criminológicos*, XXXVIII, 2018, pp. 272 y ss.

primer lugar la sanción de discursos intolerantes o de odio que generan un sentimiento de rechazo social y que contribuyen a aportar una sensación general de inseguridad colectiva afectando a un bien jurídico instrumental, lo que denomina *delito de conducta* donde se sanciona la mera emisión de determinados discursos que simplemente conllevan una ofensa de los sentimientos, valores o moral colectiva. En nuestra opinión, dos son las razones por las que entendemos que la postura mencionada no sería sostenible: que ninguno de los objetos, intereses o elementos mencionados constituye un bien jurídico que deba protegerse a través del Derecho penal y porque el mero acto comunicativo no conlleva la afección, siquiera potencial de intereses jurídicos individuales concretos[37].

Junto a ello, una segunda postura, pero que tampoco resulta unánime en sus planteamientos estableciéndose una división dentro de la misma. Se identifican por ambas líneas doctrinales dos elementos esenciales: en primer lugar la ausencia de legitimidad de las sanciones de los simples actos comunicativos, y en segundo lugar, que resulta imprescindible la presencia de algún tipo de *incitación* en relación con el acto discriminatorio o de odio. Y aquí es donde surge la división de las dos posturas, es decir, respecto a cual deba ser el tipo de incitación al que se refiere el tipo penal; por un lado, un sector doctrinal entiende que necesariamente debe tratarse de una incitación *directa* a la comisión de un acto de violencia que implique la afección de derechos o bienes

---

[37] Señala MIRA BENAVENT, "Algunas consideraciones político-criminales sobre la función de los delitos de enaltecimiento del terrorismo y humillación a las víctimas del terrorismo", en *Terrorismo y Contraterrorismo en el siglo XXI. Un análisis penal y Político criminal*, Ratio Legis, Universidad de Salamanca, 2016, p. 104 que se trata de injustos que carecen de un contenido material de lesión o peligro para los bienes jurídicos tutelados por el Derecho penal de un Estado democrático, implicando la instrumentalización político criminal que se dirige a la criminalización de planteamiento ideológicos radicales, disidentes, peligrosas o simplemente diferentes.

jurídicos[38] siguiendo con ello los parámetros y requisitos establecidos por el conocido como *test de Brandemburgo*, mientras que el sector mayoritario considera que resulta adecuada la constatación de una *incitación idónea que produzca un clima social*[39] tal y como se desprendería de la aplicación del *test de Rabat*.

Siguiendo los postulados implementados por el *test de Brandenburgo*, encaminados a asegurar el máximo respeto al derecho fundamental a la libertad de expresión, debe respetarse la doctrina del *direct incitement to a clear and present danger* sostenida en diversas resoluciones el Tribunal Supremo Federal de Estados Unidos[40]. En consecuencia, los discursos del odio sólo podrán ser prohibidos cuando constituyan una *"incitación directa al odio violento y sólo en aquellos casos excepcionales en que esa incitación directa provoque inequívocamente a acciones violentas inmediatas e incluso en tal caso, sólo ante la aún más excepcional circunstancia de que los miembros de la audiencia se muestren, de hecho, dispuestos a responder de modo inmediato a la proposición del hablante"*[41]. Sobre la base de este planteamiento, para poder afirmar la legitimidad de la intervención penal en relación con los delitos de expresión, se hace necesario identificar dos elementos irrenunciables: la existencia

---

38 MIRO LLINARES, "Derecho penal y 140 caracteres", cit., p. 60; CARBONELL MATEU, "Crítica a los sentimientos como bien jurídico-penal", cit., p. 1431; VIVES ANTON, "Garantías constitucionales y terrorismo", cit., p. 30; NUÑEZ CASTAÑO, *Libertad de expresión y Derecho penal*, cit., pp. 133 y ss.

39 GALAN MUÑOZ, "¿Juntos o revueltos?", cit., p. 303; CAMARA ARROYO, "Delitos de odio: concepto u crítica: ¿límite legítimo a la libertad de expresión?", en *La Ley 1800/2018*, P. 14; GOMEZ MARTIN, "Incitación al odio y género", cit., pp. 10 y ss.

40 En concreto el *test de Brandemburgo* adquiere total fuerza efectiva tras la Sentencia Brandenburg vs Ohio de 1969 (395 U.S 444 1969) donde se señala que la protección constitucional a la libertad de expresión no permitía ni siquiera la prohibición de la apología del uso de la fuerza o de la violación de la ley, salvo cuando esa apología estuviera encaminada y dirigida a incitar o provocar una inminente acción ilícita.

41 NUÑEZ CASTAÑO, *Libertad de expresión y Derecho penal*, cit., p. 58.

de una incitación directa a la violencia y la efectividad de la misma respecto de la determinación de otros (los destinatarios) a cometer actos delictivos. Sólo desde esta perspectiva estaría justificada la criminalización de los discursos y la consecuente restricción de la libertad de expresión. Ahora bien, a pesar de su corrección a nuestro juicio, esta postura no puede sostenerse en relación con la regulación típica contenida en el art. 510 CP por cuanto, aunque se menciona expresamente la incitación directa (y también la indirecta) esta no se refiere a la realización de concretos actos de violencia (*clear and presen danger*), sino a la incitación al odio que constituye un mero sentimiento que no tiene por qué acarrear la realización de actos violentos.

En relación con la segunda de las posturas, la doctrina mantiene la necesidad de que la incitación a la que se hace referencia, bien directa, bien indirecta, lo que debe ser es *idónea* para crear un determinado *clima social*, porque, de otro modo, se estarían castigando los meros actos comunicativos[42]. De hecho, señala LANDA GOROSTIZA[43] que *"sólo puede perfilarse la prohibición penal de conformidad con el mandato de taxatividad del principio de legalidad si se lleva a cabo una articulación restrictiva de interpretación conforme con sus bases de constitucionalidad que pasa, simultáneamente, por una reducción teleológica del tipo atenta a la dimensión colectiva de su objeto de tutela. Con otras palabras, se debe recurrir a ver en el verbo típico* incitar *un elemento tendencial"* que vaya encaminado *"a implicar a sectores crecientes de la población en el enfrentamiento colectivo"*; es decir, que se estuviera creando un determinado *clima social de hostilidad* que conllevara un claro potencial real de ser imitado y con capacidad de incorporar adeptos que expandan el discurso de odio u hostilidad. Consideramos que, independientemente de que el tipo penal obligue o no a esta concreta interpretación, este planteamiento determina nuevamente la persecución exclusiva del discurso reprochable u hostil y junto a ello la expansión del mismo,

---

42 GALAN MUÑOZ, "¿Juntos o revueltos?", cit., p. 302.

43 LANDA GOROSTIZA, *Los delitos de odio. Arts. 510 y 22. 4º Cp 1995*, Tirant lo Blanch, Valencia, 2018, pp. 67 y ss.

es decir, convencer a otros de la corrección de las ideas expuestas sin exigir ningún tipo de instigación o inducción a la realización de actos de violencia concreta, con independencia de que estos llegaran o no a llevarse a cabo.

Desde esta perspectiva, queda claro que conductas o actos de comunicación que antes resultaban impunes por considerarse el ejercicio legítimo del derecho a la libertad de expresión, hoy en día serán sancionables cuando se considere que tienen un contenido hostil que puede implicar un clima de hostilidad o inseguridad, dado que, como sostiene FUENTES OSORIO[44] la regulación típica del art. 510 CP determina que *"la incitación al odio ya no es una incitación en un sentido penal estricto"*, sino que *"equivale, en función de lo indicado, a favorecimiento o promoción de un clima"*. Con ello, se perdería también la perspectiva de la "*idoneidad para la generación de delitos concretos*" conectándose exclusivamente con la producción o "*posible aparición de un simple clima hostil*" respecto de sus destinatarios, convirtiendo este tipo penal en un instrumento preventivo y sancionador desmesuradamente amplio que está encaminado a castigar cualquier tipo de comportamiento discriminatorio, discursos políticamente incorrectos o molestos, pero que no conllevan lesividad ni peligro alguno respecto de los bienes jurídicos de los ciudadanos[45].

Esta situación innegable de desmesurada expansión del potencial ámbito de aplicación de los delitos del discurso del odio[46] *obliga,* en pro del derecho a la libertad de expresión, a tratar de restringir en lo posible de lege data la interpretación de los elementos que configuran el tipo penal. Entiende

---

[44] FUENTES OSORIO, "Concepto de odio y sus consecuencias penales", cit., pp. 147 y ss.

[45] GALAN MUÑOZ, "¿Juntos o revueltos?", cit., pp. 305 y ss.

[46] DAUNIS RODRIGYEZ, "El modelo español de protección penal frente a comportamientos de odio", cit., p. 1054; GALAN MUÑOZ, "¿Juntos o revueltos?", cit., pp. 311 y ss.; LANDA GOROSTIZA, *Los delitos de odio*, cit., p. 69.

DAUNIS RODRIGUEZ[47] que la única forma de poder afirmar la legitimación de la intervención penal es mediante la constatación de que la conducta que pretenda sancionarse conlleve lesividad, de modo que no cualquier comportamiento que incite al odio o a la discriminación resulta adecuado para configurar el tipo delictivo, sino que necesariamente debe constatarse un especifico potencial lesivo. Para tratar de reducir el ámbito de aplicación de este concreto delito, se recurre al denominado *test de Rabat* o *test de severidad*[48] que resulta mucho más flexible que el *test de Brandemburgo* respecto de la posibilidad de restringir el ejercicio legítimo del derecho a la libertad de expresión, entendiendo que podría tener relevancia penal en el caso de que concurran determinados requisitos[49]: que el contexto en el que se emplea el discurso del odio en cuestión evidencie la existencia de tensiones graves, atender a la capacidad que tenga quien emite el discurso para ejercer influencia sobre los demás, tomar en consideración la naturaleza y contundencia del lenguaje empleado, así como el contexto de los comentarios específicos, es decir, si se trata de un hecho aislado o reiterado, la relevancia del medio que se emplea para transmitir en discurso respecto de la publicidad y capacidad de difusión, y, por último, atender a la propensión de la audiencia o destinatarios del mismo a verse o no influenciada por el mensaje.

---

47 DAUNIS RODRIGUEZ, "El modelo español de protección penal", cit., pp. 1054 y ss. Igualmente sostiene LANDA GOROSTIZA, "El discurso del odio criminalizado", cit., pp. 228 y 229 que *"no basta una llamada a los malos sentimientos, incluso a una vaga e imprecisa coacción o incluso a la discriminación en forma, por poner un ejemplo, de simple boicot, si de ello no se colige, además, de forma clara que todo lo anterior son medios idóneos y buscados dolosamente para colocar a todo un colectivo- o una parte significativa del mismo- en una situación sistemática de inferioridad y de denegación potencial de derechos fundamentales del más alto rango…"*.

48 El test de Rabat se deriva del Plan de Acción de Rabat sobre la prohibición de la apología al odio nacional, racial o religioso que constituya una incitación a la discriminación, la hostilidad o a la violencia, de 5 de octubre de 2012.

49 DAUNIS RODRIGUEZ, "El modelos español de protección penal frente a comportamientos de odio", cit., pp. 1055 y ss.

Tampoco queda exento de crítica el planteamiento que se fundamenta en el test de Rabat, pudiendo realizarse diversas consideraciones respecto de estos requisitos señalados. En primer lugar la indeterminación de alguna de las expresiones empleadas, como por ejemplo que debiera entenderse por *tensiones graves*, que no clarifica en modo alguno qué debe entenderse por tal, si se está refiriendo a una mera incomodidad o molestia o sería necesario que se produjesen actos de enfrentamiento claros y directos. Porque si la opción es esta última, probablemente podrían calificarse conforme a otros tipos penales ya existentes y que vulneran de manera clara bienes jurídicos individuales como injurias, amenazas, coacciones, acoso, etc. En segundo lugar, la inseguridad jurídica que acarrea, por ejemplo, la referencia a la naturaleza y contundencia del lenguaje empleado, porque resulta innegable que la misma va a depender directamente de la valoración subjetiva del destinatario o de quien la escuche, independientemente de la concreta intención o finalidad que llevara el emisor del discurso. En tercer lugar, en relación con el contexto de los comentarios específicos, considerando que tendrá relevancia en el caso de que se realice de manera reiterada y no así cuando sea un hecho aislado, entendemos que no puede considerarse adecuada esta concreta interpretación por cuanto la capacidad incitadora del discurso puede producirse con una única incitación (si por ejemplo esta fuera directa o llevada a cabo por alguien con una elevada influencia en un contexto de conflicto social) o también puede ser necesaria la reiteración del mensaje para tratar de convencer a terceros si no concurren los elementos indicados. En cuarto lugar, respecto a la propensión de la audiencia a verse o no influenciada por el mensaje, implica nuevamente una vulneración de la seguridad jurídica por cuanto, tampoco quedarían determinados los parámetros para medir esa propensión en concreto. En definitiva, como señala NUÑEZ CASTAÑO[50] *"nuevamente, como puede apreciarse, los criterios empleados para tratar de restringir la aplicación de la figura contenida en el art. 510.1 CP, no responden en absoluto a la*

50 NUÑEZ CASTAÑO, *Libertad de expresión y Derecho penal*, cit., p. 233.

exigencia de un, al menos potencial, peligro para bienes jurídicos ajenos, sino que tienden a sancionarse los mensajes sobre la base de su capacidad de influencia en otros y la creación de un presunto clima de hostilidad contra determinados grupos o colectivos".

El planteamiento impuesto por el *test de Rabat* es, así mismo, el sostenido por la Fiscalía General del Estado en su Circular 7/2019, de 14 de mayo sobre la pautas para interpretar los delitos de odio del art. 510 CP, pero, entendemos que aporta mayor confusión que claridad en su interpretación. Así, por ejemplo, pone de relieve el potencial peligro que el art. 510 CP implica para la libertad de expresión considerando que resulta necesario establecer criterios restrictivos para la interpretación de esta figura típica[51], pero al mismo tiempo interpreta de manera amplia cada uno de los elementos típicos que componen el concreto delito de discurso del odio. Sostener la dignidad como bien jurídico del delito que estamos analizando le permite afirmar la legitimidad de criminalizar comportamientos consistentes en incitación indirecta siempre que se permita constatar que ostentan una potencialidad lesiva respecto de la dignidad, sin referencia alguna a derechos o bienes concretos.

Ello no obstante, y siendo consciente de la incontrolable ampliación que esta interpretación supondría, reconoce expresamente que no deben sancionarse los simples actos de expresión porque *"el legislador no ha podido pretender una sanción penal para cualquier expresión de lo que, en definitiva es un sentimiento humano como el odio. Como señala de forma muy expresiva la STS 4/2017, de 18 de enero, entre el odio que incita a la comisión de delitos, el odio que siembra la semilla del enfrentamiento y que erosiona los valores esenciales de la convivencia y el odio que se identifica con la animadversión o el resentimiento, existen matices que no pueden ser orillados por el juez penal con el argumento de que todo lo que no es acogible en la libertad de expresión resulta intolerable y, por ello, necesariamente delictivo"*[52]. Esta

[51] Circular de la FGE 7/2019, apartado 2.2.

[52] Circular de la FGE 7/2019, apartado 2.2.

afirmación parece implicar que exige la presencia de un elemento adicional que determine un mayor desvalor que el simple acto de comunicación o la emisión de un discurso, pero no opta por exigir la presencia de la incitación directa a la realización de actos delictivos, sino que entiende que *"se trata de un concepto esencialmente valorativo, que debe estar apegado a una realidad social que, como tal, es cambiante"*.

Ante esta situación, busca otorgar unos parámetros, más o menos estables, que permitan eludir la clara indefinición, la inseguridad jurídica y la vulneración de derechos fundamentales, pero que, en nuestra opinión, en absoluto son válidos para lo que se pretende ni permiten otorgar mayor legitimidad a la tipificación penal[53]. No obstante, intenta llevar a cabo la ponderación entre la libertad de expresión y el discurso del odio debe llevarse a cabo a través de cinco criterios[54]: a) que el autor seleccione a sus víctimas por motivos de intolerancia, y dentro de los colectivos vulnerables a los que alude la norma, lo cual tiene poca interpretación dado que el discurso criminalizable es el que sustenta ideas de odio, hostilidad o discriminación hacia otros, en definitiva, que es intolerante y porque en virtud del principio de legalidad los colectivos a los que se refiere no pueden ser otros que aquellos que expresamente contiene la norma; b) que la conducta atemorice no sólo al concreto destinatario, sino a *todo el colectivo* al que pertenece creando sentimientos de lesión de la dignidad, de inseguridad y de amenaza, recurriendo nuevamente a una actitud interna como es un sentimiento y no ya de una sola persona, sino de todo un colectivo que resultará aún más difícil de constatar; c) que la expresiones o discursos atenten contra las normas básicas de convivencia basadas en el respeto y la tolerancia, de manera que toda la sociedad se vea concernida por la expresión de las ideas que contrarían abiertamente los mensajes de tolerancia que el orde-

53 Parte para ello de la Recomendación nº 15 de la ECRI que son esencia los establecidos por el *test de Rabat* y complementados por la STS 648/2018, de 14 de diciembre.

54 Circular de la FGE 7/2019, apartado 2.2., párrafo final.

namiento jurídico, como instrumento de control social, expone a la ciudadanía que los hace propios, recurriendo nuevamente a conceptos indeterminados e indeterminables, como el hecho de constatar que *toda* la sociedad se vea concernida por las ideas y la directa conexión con la moral social o el sentir general que en modo alguno pueden fundamentar la criminalización de un discurso rechazable desde su perspectiva[55]; d) que se trate de mensajes graves y serios para la generación del sentimiento de odio[56], y e) el ánimo que persigue el autor es el de agredir, lo que permitiría excluir las manifestaciones pretendidamente hilarantes y las que se efectúan desde la venganza puntual, desprovistas de la necesaria mesura, limitación que no alcanzamos a entender, por cuanto si el término "agredir" se interpreta como atentar contra un concreto bien o derecho individual, estamos ante la incitación directa a la comisión de actos de violencia, y si se entiende como afectar de manera genérica los sentimientos o la dignidad o la moral social por el contenido reprochable del discurso concreto, obviamente se estará sancionando el mero acto comunicativo que expresamente se había indicado por la Circular FGE 7/2019 que no podía ser objeto de castigo. En el fondo, nos encontraríamos de nuevo en el punto de partida, de manera que de un modo u otro acaba sancionándose justo aquello que se afirmó que no po-

---

55 Señala la STC 176/1995, que *"la libertad de expresión comprende la de errar y otra actitud al respecto entra en el terreno del dogmatismo, incurriendo en el defecto que se combate, con mentalidad totalitaria"* (FJ Segundo).

56 Dos consideraciones en relación con este cuarto criterio: en primer lugar, en nuestra opinión, si se trata de mensajes graves y serios para incitar a la realización de actos violentos (terroristas o no), ya no estamos ante una incitación indirecta idónea para crear un clima social, sino ante un supuesto de incitación directa relacionado con el *clear and present danger*, si, por el contrario, seguimos entendiendo que el desvalor del comportamiento radica en la generación de unos concretos sentimiento, por mucha incitación directa o indirecta a un determinado clima de hostilidad, se están sancionando ideas y su transmisión, sean estas correctas o incorrectas, aceptables o intolerables y ello supone una afección clara y manifiesta de la libertad de expresión.

día ser objeto de sanción: el discurso, el mero acto comunicativo, en tanto que afecta a un concreto sentimiento o moral colectiva.

Ante esta incapacidad tanto de la Fiscalía como de la jurisprudencia de restringir la interpretación de esta figura delictiva a la hora de aplicar el art. 510 CP, GALAN MUÑOZ[57] intenta realizar una interpretación que permita frenar la imparable expansión de los delitos del discurso del odio, y al mismo tiempo dar respuesta a los problemas que los mismos tratan de solventar en relación con el Derecho penal de la discriminación. De este modo, y siguiendo el planteamiento realizado por GALTUNG respecto de lo que denomina el *triángulo de la violencia*[58], considera que el tipo penal que estamos analizando guarda relación directa con la denominada *violencia cultural*; por tanto, según entiende, sólo será legítima la sanción de discursos o mensajes *"si su ejecución viene a poner en tela de juicio otros valores fundamentales por representar una forma de incitación, cuanto menos, indirecta o no explicita a la comisión de ataques violentos y graves contra terceros, como sucederá cuando generen una atmósfera, un clima de hostilidad hacia determinados colectivos que favorezca la realización de tales ataques contra quienes los integran"*, de manera que lo que se deriva directamente de este planteamiento es que *"estas figuras sólo pueden castigar la transmisión de mensajes en la medida en que éstos resulten idóneos por sí mismos para dar lugar a la realización de ataques que también tengan esta trascendencia. Esto es, en la medida en que sancionen mensajes que resulten aptos para inducir la ejecución de actos violentos y delictivos"*[59]. En resumen, considera este autor que sólo podrán criminalizarse actos de incitación indirecta a cometer determinados delitos violentos por haber generado un clima de hostilidad que los favorecen e impulsan. El problema, en nuestra opinión, es que el art. 510 CP no sanciona la incitación directa, indirecta o idónea que cree un clima que pueda determinar la comisión de actos violentos, es decir, una violencia cultural

---

57 GALAN MUÑOZ, "¿Juntos o revueltos?", cit., pp. 311 y ss.

58 GALTUNG diferencia tres tipos de violencia: estructural, cultural y directa, cfr. GALAN MUÑOZ, "¿Juntos o revueltos?", cit., p. 311.

59 GALAN MUÑOZ, "¿Juntos o revueltos?", cit., pp. 321 y ss.

que pueda degenerar en una violencia directa, sino que lo que expresamente se sanciona es la creación del propio clima de odio, hostilidad o discriminación, sin que sea necesario que de ello se derive una potencial y futura realización de una violencia directa.

En realidad, como señala NUÑEZ CASTAÑO[60], respecto al art. 510 CP, al legislador *"le resulta irrelevante el hecho de que la incitación indirecta realizada resulte o no idónea para la comisión de futuros actos de violencia, bastaría simplemente con que se fomenten o favorezcan otros sentimientos de odio, discriminación u hostilidad"*. Por tanto, se está sancionado una determinada forma de pensar, unas opiniones o ideas, la transmisión de las mismas y la potencialidad de convencer a terceros de su corrección, sanción que en opinión de GALAN MUÑOZ[61] carece de legitimidad alguna, y aceptando la existencia de la regulación típica, considera que deben aplicarse con la máxima restricción y cautela, aunque reconoce que, realmente no es lo que ocurre en la realidad[62]. Tal vez la opción fuera la de aceptar exclusivamente la posibilidad de incitación directa a la comisión de actos violentos, y eliminar del texto penal el castigo de discursos que no respondan a estos parámetros.

3. La delimitación de los colectivos protegidos: determinación del modelo de grupos diana

El último de los aspectos controvertidos al que haremos referencia en relación con la regulación típica del art. 510 CP, es el relativo a la delimitación de los colectivos protegidos, es decir,

---

60 NUÑEZ CASTAÑO, *Libertad de expresión y Derecho penal*, cit., p. 239.

61 GALAN MUÑOZ, "¿Juntos o revueltos?", cit., p. 324, donde sostiene que no tiene legitimidad la prohibición de discursos, opiniones, actos de apoyo o fomento de alguna forma de violencia cultural por el mero hecho de serlo, porque ello implicaría considerar *"no acorde a nuestra Constitución que el art. 510.1 a) CP sancione, como de hecho hace, la difusión de expresiones por el simple hecho de que éstas sean adecuadas para incitar al odio o a la hostilidad"*.

62 GALAN MUÑOZ, "¿Juntos o revueltos?", cit., p. 328.

aquellos que el legislador ha considerado especialmente vulnerables en relación con los discursos o expresiones que conllevan odio, hostilidad, discriminación, etc.

Los delitos contenidos en la art. 510 CP no tienen relevancia exclusivamente por el contenido de un discurso más o menos reprochable, sino porque el mismo se realice (motivación) para provocar un determinado clima de hostilidad hacia los integrantes de determinados colectivos (grupos diana) que, en principio, se han considerado especialmente vulnerables en comparación con otros. Esta motivación discriminatoria aparece expresamente mencionada en la Circular de la FGE 7/2019, en su apartado 2.2. que la define como elemento esencial diferenciador respecto de otros comportamientos delictivos, configurando una *"expresión de la intolerancia excluyente frente a un determinado grupo o sus integrantes. Lo que se sanciona es el odio que denota una cosificación de otro ser humano, un desprecio hacia su dignidad, por el mero hecho de ser diferente"*, razón por la cual sostiene la inclusión de cualquier tipo de colectivo o grupo social independientemente de que constituya o no una minoría vulnerable[63].

Como pone de relieve LANDA GOROSTIZA[64] se trata de determinados grupos que, habiendo partido inicialmente del ámbito étnico o racial (esencialmente se hablaba de motivos racistas), sin embargo se ha ampliado hacia otros *"colectivos sociales construidos sobre el sexo y otras circunstancias (discapacidad, situación familiar, profesional…)"*, a los que habría que añadir, ideología, creencias, género y, tras la LO 6/2022, de 12 de julio, aporofobia, de manera que, en su opinión, *"la normativa anti-odio mantiene una orientación de protección de minorías vulnerables pero se va expandiendo a proyectarse sobre todo tipo de colectivos (minorías o no, vulnerables o no) que en el contexto se vean amenazados y agredidos"*.

El problema, en nuestra opinión, tal como señala el autor que se acaba de mencionar, radica precisamente en la concreta

63 Circular de la FGE 7/2019, apartado 2.5.

64 LANDA GOROSTIZA, *Los delitos de odio*, cit., pp. 137 y ss.

descripción típica que realiza nuestro legislador que, al configurar como elemento de los delitos del discurso del odio la motivación con la que actúa el sujeto, pone el acento en el móvil respecto de un determinado estatus o característica que identifica la motivación de quien actúa: motivos ideológicos, religiosos, étnicos, etc., y no en la discriminación respecto de un concreto grupo o colectivo.

En relación con el Derecho penal antidiscriminatorio, o más concretamente, respecto de los delitos de odio o del discurso del odio, pueden diferenciarse dos modelos de regulación o identificación de los grupos que deben ser protegidos: el *modelo de estatus* que ocupa la víctima hacia la que se dirige la conducta realizada y el *modelo de grupo o clase* concreta de la misma[65]. El modelo de estatus se configura como una categoría universal que define de manera genérica la seña de identidad que motiva el odio o la discriminación, es decir, la raza, el sexo, la religión, la ideología, etc., sin hacer referencia alguna a la posible clase minoritaria que dentro de ese estatus pueda resultar más vulnerable y, en consecuencia, más necesitada de protección; por el contrario, el modelo de clase o grupo, se refiere a una categoría específica del colectivo, que si bien comparten un mismo estatus (raza, sexo, religión), sin embargo tienen una característica especial diferenciadora dentro de ese concreto estatus que los convierte en especialmente vulnerables en relación con otras personas, por ejemplo, raza (estatus) negra (clase), sexo (estatus) mujer o femenino (clase), religión (estatus) musulmana (clase), etc.

Ante esta situación, dependerá de qué modelo concreto contenga la regulación jurídico penal de los delitos de odio y del discurso del odio para poder determinar quiénes serán los grupos diana respecto de los que serán sancionables estos comportamien-

---

65 La diferenciación de ambos modelos es más ampliamente desarrollada por CANCIO MELIÁ/DIAZ LÓPEZ, *¿Discurso de odio y/o discurso terrorista? Música, guiñoles y redes sociales frente al art. 578 del Código Penal*, Aranzadi, 2019, pp. 63 y ss.

tos realizados. En relación con esta situación, señalan CANCIO MELIA/DIAZ LOPEZ[66] que si consideramos que el precepto *"pertenece al* discriminatory selection model *legislativo de crímenes de odio, entonces cuando en su listado figuren las palabras "etnia" o "sexo", las mismas irían referidas a una concreta étnica y a un concreto sexo del colectivo tradicionalmente discriminado al que perteneciera la víctima (e.g. etnia gitana o sexo femenino). Si el tipo penal en cuestión lo interpretamos desde la óptica del* animus model *(del principio de igualdad sean cuales sean nuestras condiciones personales, y no de la protección de colectivos tradicionalmente discriminados), entonces "etnia" y "sexo" se referirán a cualquier étnica o cualquier sexo, incluso los de los colectivos mayoritarios".*

Consideramos que nuestro Código penal ha optado por el modelo que hace referencia a la motivación o móviles con los que actúa el sujeto, y así lo pone de manifiesto la Circular de la FGE 7/2019 en su apartado 2.5, de manera que los grupos diana vendrán determinados por su *estatus* (raza, etnia, sexo, género, orientación sexual, ideología, creencias, situación familiar, enfermedad, discapacidad o aporofobia) y no por la concreta clase o grupo al que pertenezcan (negros, homosexuales, mujeres, musulmanes, gitanos, etc.)[67]. De este modo se protegen a todos colectivos que aparezcan expresamente mencionados en la regulación penal, independientemente de si son especialmente vulnerables u objeto de una especial discriminación, o no.

Una primera consecuencia de la elección de este modelo, es la posibilidad de ampliación del mismo a cualquier tipo de colectivo que la moral social dominante en un momento concreto o el poder político de turno entienda que necesita especial protección[68]. Pero, como segunda consecuencia, quizás más cuestionable que

---

66 CANCIO MELIÁ/DIAZ LÓPEZ, *¿Discurso de odio y/o discurso terrorista?*, cit., p.73.

67 GALAN MUÑOZ, "¿Juntos o revueltos?", cit., p. 308; NUÑEZ CASTAÑO, *Libertad de expresión y Derecho penal*, cit., pp. 242 y ss.

68 Claro ejemplo de ello es la LO 6/2022, de 12 de julio que incorpora la aporofobia entre los motivos regulados en el art. 510 CP.

la primera, es el hecho de que el atención al modelo de igualdad y estatus que se plantea que sanciona la actuación por una concreta motivación basada en raza, religión, sexo, ideología, etc., se incluyan no sólo los grupos minoritarios o tradicionalmente discriminados, sino también los grupos mayoritarios que, al menos en principio, no son objeto de violencia cultura, estructural o discriminación alguna (blancos, heterosexuales, católicos, hombres, etc.), e, incluso, grupos que ostentan posiciones predominantes en relación con el resto (monárquicos, militantes de uno de los partidos políticos dominantes, etc.)[69]. Así, afirma NUÑEZ CASTAÑO[70] que *"desde esta perspectiva, absolutamente correcta, nada impediría la posibilidad de apreciar la existencia de un delito de odio en una manifestación antimonárquica en la que se quema la foto de los retes, o una manifestación antifascista en la que se emiten discursos denostadores de ideologías de extrema derecha o de quienes ensalzan o defienden el franquismo"*, y evidentemente no podría impedirse porque el art. 510 CP no otorga una exclusiva protección a grupos minoritarios o vulnerables que han sido tradicionalmente objeto de discriminación, sino que atendiendo al modelo motivacional basado en el estatus otorga protección a todos los colectivos, discriminados o no[71].

De hecho, la propia Circular de la FGE 7/2019 en su, ya reiteradamente mencionado, apartado 2.5 avala esta interpretación al analizar cada uno de los motivos discriminatorios contenidos en el art. 510 CP, y sostiene claramente que la referencia debe ser respecto del estatus y no respecto de la clase o grupo concreto, afir-

---

69 GALAN MUÑOZ, "¿Juntos o revueltos?", cit., p. 308; LEON ALAPONT, "La descontrolada expansión de los delitos de odio", cit., p. 218.

70 NUÑEZ CASTAÑO, *Libertad de expresión y Derecho penal*, cit., pp. 243 y ss.

71 De opinión contraria es TAPIA BALLESTEROS, "Discurso del odio: España ante el TEDH", en *Políticas públicas en defensa de la inclusión, la diversidad y el género*, Ediciones Universidad de Salamanca, 2020, p. 1093, quien sostiene que los delitos de odio tienen origen en delitos antidiscriminatorios y por ello los colectivos afectados necesariamente deben situarse en una posición de vulnerabilidad dentro de la sociedad que necesariamente debe ser acreditada.

mando, por ejemplo, en relación con la ideología como motivo discriminatorio que *"viene referida exclusivamente al ámbito político, es decir, a las distintas concepciones sobre la forma de organización de un Estado, por la forma en que la víctima cree que debe ser la organización del modelo político. Desde esta perspectiva la ideología incluiría cualquier creencia en una determinada forma de organización política del Estado: ya sea con el mantenimiento del actual Estado español como monarquía parlamentaria, su transformación en un Estado totalitario, su mutación en República Federal, su disolución y creación de otros Estados independientes, o cualesquiera otras formas de organización política"*. En definitiva, siempre que el discurso o la expresión venga motivada por el odio o desprecio hacia un determinado grupo en relación con el estado concreto que ostenta, ocupa o le es inmanente, se podría afirmar la existencia de un delito del art. 510 CP, aunque en modo alguno exista ningún tipo de vulnerabilidad ni de discriminación hacia ese concreto grupo que se sustente en una violencia cultura y/o estructural. Habría, por tanto, discurso del odio respecto de la crítica de grupos de extrema derecha, o respecto de considerar a todos los hombres como agresivos o violadores, o entender que los católicos son represores o que los ateos o agnósticos están condenados al infierno eterno, etc.

Pero es que no cabe otra interpretación, porque como pone de relieve de forma absolutamente categórica la Circular de la FGE 7/2019, si bien es cierto que la ratio criminis original del art. 510 CP se encuentra en el intento de protección de colectivos minoritarios, discriminados o desfavorecidos y, por ello, considerados especialmente relevantes, la realidad es que el legislador penal plasmó una regulación penal en la que *"la vulnerabilidad del colectivo no es un elemento del tipo delictivo que requiera ser acreditado"*, de modo que llevando a cabo un juicio de valor previo *"ha partido de esa vulnerabilidad intrínseca o situación de vulnerabilidad en el entorno social. Tampoco lo es el valor ético que pueda tener el sujeto pasivo. Así una agresión a una persona de ideología nazi, o la incitación al odio hacia tal colectivo, puede ser incluida en este tipo de delitos*"[72].

En resumen, la opción que realiza el legislador español en la regulación del art. 510 CP por el modelo motivacional determina los grupos diana en atención al *estatus* al que pertenecen, sin tomar en consideración en forma alguna la vulnerabilidad o no de los mismos. Pero, consideramos, que incluso en el hipotético caso de aceptar que la vulnerabilidad pudiera ser un elemento a tomar en consideración si, como se ha señalado con anterioridad, el comportamiento que se sanciona es la incitación que crea un determinado clima de hostilidad, esta vulnerabilidad debería estar relacionada con el clima creado, y en consecuencia, siempre que se determine la existencia de un clima hostil hacia el colectivo concreto podría afirmarse la vulnerabilidad del mismo. Afirma en este sentido NUÑEZ CASTAÑO[73] que ello podría ocurrir, por ejemplo, con *"los de ideología franquista o neonazi, dado que tanto institucional (violencia estructural) como socialmente (violencia cultural) sufren una mayor hostilidad que otros grupos que tradicionalmente si se han considerado vulnerables como homosexuales, inmigrantes, mujeres, etc."*, porque actualmente gozan de un elevado amparo institucional y social.

III. ALGUNAS CONCLUSIONES SOBRE LA CRIMINALIZACION DEL DISCURSO DEL ODIO

Tras todo lo que se ha expuesto, resulta evidente que a pesar de los numerosos e indiscutibles intentos para tratar de restringir o limitar la aplicación de los delitos de discurso del odio, estos no han tenido un resultado aceptable, y que los jueces y Tribunales, con excesiva frecuencia, han recurrido a una interpretación literal de los tipos penales con condenas por la emisión de discur-

72 Circular de la FGE 7/2019, apartado 2.5.

73 NUÑEZ CASTAÑO, *Libertad de expresión y Derecho penal*, cit., p. 246.

sos o actos comunicativos que carentes de lesividad en realidad constituyen un ejercicio legítimo de la libertad de expresión[74], de manera que se ha producido un importante retroceso respecto del mismo[75]. Ya señalaba VIVES ANTON[76], aunque refiriéndose al delito de apología del terrorismo del art. 578 CP, que la alabanza o enaltecimiento del delito o de sus autores no puede ser castigado en un Estado democrático porque ello implicaría erradicar la libertad de expresión; obviamente lo mismo cabe sostener respecto de discursos en los que el sentimiento que se transmite no es de alabanza o enaltecimiento, sino de odio hacia otros por determinadas causas o circunstancias.

El punto de partida a la hora de analizar la legitimidad o no de la tipificación de los discursos del odio radica en la delimitación de lo que debe entenderse por tal, y así, podría definirse como cualquier expresión de opinión o idea que tenga como base la antipatía, hostilidad o la aversión hacia algunos colectivos o grupos cuyo mal se desea. Si se parte de que se desea el mal de un tercero y que el motivo radica en una antipatía, aversión u hostilidad por su pertenencia a un determinado colectivo, no dejamos de encontrarnos ante sentimientos, y con ello retornamos de nuevo al principio, ¿por qué los sentimientos deben ser penados? Obviamente no existe fundamento jurídico penal que sustente la sanción de los sentimientos que tiene el sujeto activo, pero tampoco los que provoque en terceras personas o en los miembros de los colectivos que se "odian". Porque ello no supone la afección ni siquiera potencialmente lejana de los presuntos bienes jurídicos que han pretendido identificarse: la dignidad o la seguridad de los colectivos.

El ejercicio de la libertad de expresión nunca puede ser delito de odio, salvo que directamente incite a la realización de actos

---

74 MIRO LLINARES, "Derecho penal y 140 caracteres", cit., p. 60.

75 ROIG TORRES, *Delimitación entre libertad de expresión y discurso del odio*, cit., p. 207.

76 VIVES ANTON, "Sobre la apología del terrorismo como discurso del odio", en *Libertad de expresión y discurso del odio. Cuadernos Democracia y Derechos Humanos*, 2015, pp. 509 y ss.

violentos desde la perspectiva de lo sostenido por el *test de Brandemburgo,* desde el *clear and present danger.* Los planteamientos que presuntamente pretenden restringir el ámbito de aplicación del art. 510 CP desde los criterios establecidos por el *test de Rabat,* la *idoneidad* o el *clima social,* no son sino una restricción de la libertad de expresión, y el intento de legitimar la sanción de meros actos comunicativos y transmisores de ideas que resultan rechazables, hostiles o peligrosas desde la perspectiva del sentimiento generalizado en el momento social, histórico y político concreto. No podemos olvidar que la incitación a la que se refiere el art. 510 no es la de realizar actos de violencia, sino la de incitar al odio, a un sentimiento.

Y ello, junto con la expresa referencia que contiene el mencionado precepto a la posibilidad de que la incitación al odio, pueda ser directa o indirecta, implica la imposibilidad de cualquier interpretación restrictiva del mismo que posibilite la indemnidad del derecho a la libertad de expresión. No resulta posible identificar ningún otro elemento típico específico, al margen del acto comunicativo de incitación al odio, que permita realizar una interpretación restrictiva del delito contenido en el art. 510 CP, salvo la determinación de si resulta o no precisa la creación de un concreto clima social de rechazo respecto de los identificados como grupos diana, y eso incluso de manera cuestionable, porque tampoco encuentra respaldo normativo expreso. No es sorprendente en realidad esta situación, porque al legislador penal le resulta totalmente irrelevante en relación con los delitos del discurso del odio si la incitación (directa o indirecta) es o no idónea para cometer futuros actos de violencia porque sanciona simplemente fomentar, favorecer o incitar a determinados sentimientos respecto de otros; es decir, se castigan *"ideas que provocan sentimientos convirtiendo en delito el hecho de odiar y transmitir ese odio y anulando con ello el derecho a la libertad de expresión"*[77].

---

[77] NUÑEZ CASTAÑO, *Libertad de expresión y Derecho penal,* cit., p. 278.

Por el contrario, entendemos que la legitimidad de la criminalización del discurso del odio desde el respeto a la libertad de expresión, debe partir de considerar que la incitación debe ser idónea, pero no para crear un determinado clima social hostil o provocar unos determinados sentimientos, sino para que generar violencia directa que determine la producción de un peligro claro e inminente para los derechos y bienes jurídicos individuales de terceros. En consecuencia, debe exigirse y constatarse la existencia de un plus de desvalor específico para que pueda ser considerado delito; desvalor que de ninguna de las posibles interpretaciones que puedan realizarse cabe sostener en relación con el art. 510 CP.

Ante la imposibilidad de realizar una interpretación restrictiva que impida la sanción de los actos comunicativos, de los discursos y mensajes y de su transmisión, por el mero hecho de considerar que tienen un determinado contenido identificado por un sector social o político, mayoritario eso sí, como ofensivo y hostil, la única opción válida desde la perspectiva del respeto al derecho fundamental a la libertad de expresión, y del cumplimiento de los principios inspiradores del Derecho penal de un Estado de Derecho, es abogar por la derogación del art. 510 CP en tanto que en su actual configuración, por todas las razones expuestas no resulta legítimo. En realidad, son muchos los autores que mantienen esta postura respecto de un tipo penal que criminaliza determinados discursos por la única razón de que pudieran ser adecuados para incitar al odio y a la hostilidad, por cuanto implican una evidente y notoria vulneración de la libertad de expresión[78]. La única opción, desde nuestro punto de vista, de poder abogar por la legitimidad de esta regulación, sería reducir su ámbito de aplicación a la incitación directa a realizar actos de violencia, pero aquí ya no adolecería de ilegitimidad, sino de innecesaridad en tanto que ya encuentra acomodo el comportamiento en la apología y/o provocación para delinquir contenidas en el art. 18 CP.

---

78 GALAN MUÑOZ, "¿Juntos o revueltos?", cit., p. 324; NUÑEZ CASTAÑO, *Libertad de expresión y Derecho penal*, cit., p. 279.

No puede ni debe emplearse el Derecho penal como medio exclusivo de restricción de los derechos fundamentales de los ciudadanos, porque tal como afirma ALCACER GUIRAO[79] todos los ciudadanos tienen derecho a sus propias convicciones y a expresarlas, incluso cuando puntual o coyunturalmente puedan alterar la paz pública, atentar contra la moral social u ofender a otros ciudadanos, y la forma legítima de luchar contra esos discursos no es la criminalización de los mismos, ni la restricción de un derecho fundamental, sino que *"la tolerancia hacia el otro ha de inculcarse con la palabra, no puede imponerse con la sanción penal"*. Una interpretación diversa, determinaría que, mediante este tipo de legislación, el Código penal se convierte en un instrumentos de control y eliminación de la discrepancia, sea del tipo que sea, social, política o ideológica, atentando de manera frontal contra el derecho a la libertad de expresión[80]; opción no encuentra justificación alguna, ni siquiera en la existencia de discursos, opiniones o comentarios ofensivos, reprochables u hostiles por el mero hecho de serlo[81].

En definitiva, en nuestra opinión, la salvaguarda del derecho a la libertad de expresión pasa por la derogación *lege ferenda* de los delitos del discurso del odio evitando con ello el existente *efecto desaliento* en la sociedad que se ve claramente coartada a la hora de expresar su opiniones e ideas[82]. Y ello, porque, como señala

---

79 ALCACER GUIRAO, "Discurso del odio, protección de minorías y sociedad democrática", en *Revista Critica penal y poder*, n1 28, 2019, p. 26.

80 MIRA BENAVENT, "Algunas consideraciones político-criminales", cit., p. 104 y ss.

81 CABELLOS ESPIERREZ, "Opinar, enaltecer, humillar: respuesta penal e interpretación constitucionalmente adecuada en el tiempo de las redes sociales", en *revista española de Derecho Constitucional*, nº 112, 2018, p. 82; GALAN MUÑOZ, "Delitos de odio, discurso del odio y Derecho penal", cit., p. 47.

82 Son numerosos los autores que abogan por la supresión de este delito, entre otros, ALCACER GUIRAO, "Discurso del odio, protección de minorías y sociedad democrática", cit., p. 26; DIAZ Y GARCIA DE CONLLEDO, "El discurso del odio y el delito de odio", cit., p. 20; NUÑEZ CASTAÑO, *Libertad de expresión y Derecho penal*, cit., pp. 281 y ss.; MIRO

NUÑEZ CASTAÑO[83] *"en la lucha contra la intolerancia en general no está todo permitido ni puede estarlo, y en un sistema democrático debe defenderse en todo momento los principios básicos y los derechos fundamentales que lo identifican"*, porque, en el fondo, el rechazo del discurso concreto, como se ha señalado, va a depender de la moral social, del sentir general, de la ideología o creencias dominantes en cada momento de modo que se procederá a rechazar, a tratar de eliminar el pensamiento contrario, reduciendo las relaciones sociales a un sistema binario de buenos y malos que dependerá de qué sector domine en cada momento.

La única forma de luchar contra el discurso intolerante u hostil, es desde la tolerancia y los postulados y principios que fundamentan un Estado de Derecho, de manera que toda aquella criminalización de comportamientos que carezca de fundamento en la afección de un concreto e identificable bien jurídico, y que se sustente exclusivamente en la emisión de opiniones contrarias a las mayoritarias, o dicho de otro modo, que se trate del ejercicio legítimo de la libertad de expresión, deberían eliminarse del ordenamiento jurídico por carecer por completo de la legitimidad necesaria que fundamenta la intervención penal.

LLINARES, "Derecho penal y 140 caracteres", cit., p. 52; CARBONELL MATEU, "Crítica a los sentimientos como bien jurídico", cit., p. 1425; CANCIO MELIA/DIAZ LOPEZ, *¿Discurso de odio y/o discurso terrorista?*, cit., pp. 247 y ss.; PORTILLA CONTRERAS, "El retorno de la censura", cit., p. 92.

83 NUÑEZ CASTAÑO, *Libertad de expresión y Derecho penal*, cit., p. 282.

BIBLIOGRAFIA

ALCACER GUIRAO, "Discurso del odio, protección de minorías y sociedad democrática", en *Revista Critica penal y poder,* nº 28, 2019

ALCACER GUIRAO, "Símbolos y ofensas. Crítica a la protección de los sentimientos religiosos", en *Revista electrónica de Derecho Penal y Criminología,* 21-15, 2019.

BERNAL DEL CASTILLO, *La discriminación en el Derecho penal,* Comares, 1998.

CAMARA ARROYO, "Delitos de odio: concepto u crítica: ¿límite legítimo a la libertad de expresión?", en *La Ley 1800/2018.*

CANCIO MELIA, "Art. 510", en *Comentarios al Código penal,* Rodriguez Mourullo (Direct.), Madrid, 1997.

CANCIO MELIÁ/DIAZ LÓPEZ, *¿Discurso de odio y/o discurso terrorista? Música, guiñoles y redes sociales frente al art. 578 del Código Penal,* Aranzadi, 2019.

CARBONELL MATEU, "Crítica a los sentimientos como bien jurídico-penal: el enaltecimiento del terrorismo y la humillación a las víctimas más allá de la provocación y la injuria", en *Liber Amicorum. Estudios Jurídicos en Homenaje al Prof. Dr. Dr. h.c. Juan Mª Terradillos Basoco,* Valencia 2018.

DAUNIS RODRIGUEZ, "El modelo de protección penal frente a comportamientos de odio", en *Políticas públicas en defensa de la inclusión, la diversidad y el género,* Ediciones Universidad de Salamanca, 2020.

DE VICENTE MARTINEZ, *El discurso del odio, Análisis del art. 510 del Código Penal,* Tirant lo Blanch, Valencia 2018.

DIAZ Y GARCIA CONLLEDO, "El discurso del odio y el delito de odio de los arts. 510 y 510 bis del Código penal: Necesidad de limitar", en *Boletín Límites a la Libertad de expresión,* Juezas y Jueces para la Democracia, nº 5, 2018.

DOMINGO PEREZ, "La lucha contra el discurso del odio desde el respeto a los derechos fundamentales", en *Cometer delitos en 140 caracteres. El Derecho penal ante el odio y la radicalización en internet,* Marcial Pons, Madrid, 2017.

FUENTES OSORIO, "Concepto de odio y sus consecuencias penales", en *Cometer delitos en 140 caracteres. El Derecho penal ante el odio y la radicalización en internet,* Marcial Pons, 2017.

FUENTES OSORIO, "El odio como delito", en *Revista electrónica de Ciencia Penal y Criminología,* 19-27. 2017.

GALAN MUÑOZ, "¿Juntos o revueltos? Algunas consideraciones y propuestas sobre la cuestionable fundamentación y distinción de los delitos de odio y del discurso del odio", en *Temas claves de Derecho penal. Presente y futuro de la política criminal en España,* JM Bosch Editor, 2021.

GALAN MUÑOZ, "Delitos de odio, discurso del odio y Derecho penal, ¿hacia la construcción de injustos penales por peligrosidad estructural?", en *Revista Penal,* nº 46, 2020.

GALAN MUÑOZ, "El delito de enaltecimiento terrorista. ¿Instrumento de lucha contra el peligroso discurso del odio terrorista o mecanismo represor de repudiables mensajes de raperos, twitteros y titiriteros", en *Estudios penales y Criminológicos,* XXXVIII, 2018.

GALAN MUÑOZ, "Redes sociales, discurso terrorista y Derecho Penal. Entre la prevención, las libertades fundamentales y ¿los negocios?", en *La represión penal del discurso* terrorista, Galán Muñoz/Gómez Rivero (direct.), Tirant lo Blanch, Valencia 2021.

GARCIA ARROYO, "Algunas cuestiones político-criminales sobre el discurso del odio terrorista, ¿el fin de las garantías del Derecho penal democrático?", en *La represión penal del discurso terrorista,* Tirant lo Blanch, Valencia 2021

GOMEZ MARTIN, "Incitación al odio y género. Algunas reflexiones sobre el nuevo art. 510 CP y su aplicabilidad al discurso sexista", en *Revista Electrónica de Ciencia Penal y Criminología,* 18-20, 2016.

GOMEZ MARTIN, "Odio en la Red. Una revisión crítica de la reciente jurisprudencia sobre Ciberterrorismo y Ciberodio", en *Revista de Derecho Penal y Criminología,* nº 20, 2018.

LANDA GOROSTIZA, *Los delitos de odio. Arts. 510 y 22. 4º Cp 1995,* Tirant lo Blanch, Valencia, 2018.

LEON ALAPONT, "La descontrolada expansión de los delitos de odio: acerca de la propuesta de incriminar el odio hacia las víctimas de la Guerra civil española y del franquismo", en *El odio como motivación penal,* La Ley Wolters Kluwer, 2022.

MENDOZA CALDERON, "Discurso del odio e inmigración. La criminalización de la intolerancia en Derecho penal español", en *Globalización y lucha contra las nuevas formas de criminalidad transnacional,* Tirant lo Blanch, Valencia, 2019

MIRA BENAVENT, "Algunas consideraciones político-criminales sobre la función de los delitos de enaltecimiento del terrorismo y humillación a las víctimas del terrorismo", en *Terrorismo y Contraterrorismo en el siglo XXI. Un análisis penal y Político criminal,* Ratio Legis, Universidad de Salamanca, 2016.

MIRO LLINARES, "Derecho penal y 140 caracteres. Hacia una exégesis restrictiva de los delitos de expresión", en *Cometer delitos en 140 caracteres. El Derecho penal ante el odio y la radicalización en Internet*, Marcial Pons, 2016.

NUÑEZ CASTAÑO, *Libertad de expresión y Derecho Penal. La criminalización de los discursos extremos*, Aranzadi, 2022.

PORTILLA CONTRERAS, "El retorno de la censura y la caza de brujas anarquistas", en *Cometer delitos en 140 caracteres. El Derecho penal ante el odio y la radicalización en internet*, Marcial Pons, Madrid, 2017.

ROIG TORRES, *Delimitación entre libertad de expresión y discurso del odio. Postura del TEDH, del Tribunal Constitucional Español y del Tribunal Constitucional* Alemán, Tirant lo Blanch, Valencia, 2020.

TAPIA BALLESTEROS, "Discurso del odio: España ante el TEDH", en *Políticas públicas en defensa de la inclusión, la diversidad y el género*, Ediciones Universidad de Salamanca, 2020.

VIVES ANTON, "Garantías constitucionales y terrorismo", en *Terrorismo, sistema penal y Derechos fundamentales*, Valencia 2018.

VIVES ANTON, "Sobre la apología del terrorismo como discurso del odio", en *Libertad de expresión y discurso del odio. Cuadernos Democracia y Derechos Humanos*, 2015.

SEGUNDA PARTE

MANIFESTACIONES DE ODIO PENALMENTE RELEVANTES Y SU PERSECUCIÓN EN LA SOCIEDAD DIGITAL

El enaltecimiento del terrorismo: ¿Un delito inconstitucional, incoherente e inútil, o simplemente incomprendido?[1]

ALFONSO GALÁN MUÑOZ
Catedrático de Derecho penal
Universidad Pablo de Olavide, de Sevilla

I. UN DELITO, MIL PROBLEMAS.

El enaltecimiento del terrorismo no es, pese a lo que se pudiera pensar, un delito de reciente creación o introducción en nuestro ordenamiento. Fue ya en el año 2000, cuando la Ley Orgánica 7/2000 introdujo dicha figura en nuestro Código penal, tras un prolongado periodo de ausencia de delitos específicamente sancionadores de actuaciones apologéticas de dicho fenómeno criminal. Una ausencia que muy posiblemente se derivó de sucesivas Sentencias emitidas por nuestro TC con respecto al delito de apología del terrorismo vigente con anterioridad a la aprobación del Código del 95 que restringieron su posible ámbito de aplicación de forma significativa[2].

---

1 Trabajo resultado del proyecto "Análisis interdisciplinar de la represión penal del discurso terrorista" (AIRPENDIT), Ref. PGC2018-094602-B-100, financiado por Fondo Europeo de Desarrollo Regional (FEDER), el Ministerio de Ciencia e Innovación y la Agencia Estatal de Investigación.

2 Véase, en este sentido, la STC 159/1986, de 16 de septiembre, (ECLI:ES:TC:1986:159) referida al recurso de amparo planteado por el director del Diario EGIN tras su codena por haber reproducido unos comunicados de la organización terrorista ETA, en la que nuestro máximo interprete constitucional estimó que el derecho a la información obligaba a considerar como lícita dicha actividad reproductora y la STC

De hecho, también es más que probable que fuese este precedente jurisprudencial el que llevó a que el delito de enaltecimiento del terrorismo, aprobado en el año 2000, fuese, durante años, una figura que, pese a llevar bastante tiempo ya vigente, tuvo una escasa presencia en el día a día de nuestros tribunales.

Todo cambió, sin embargo, hace relativamente poco. De pronto, se empezó a producir una verdadera avalancha de procedimientos penales e incluso de sentencias condenatorias referidas a este delito. Se llegó incluso a afirmar que esta figura había pasado a vivir una especie de “edad de oro”, dada la profusa utilización que nuestros tribunales estaban realizando de la misma[3]. Muchos fueron los casos en los que se utilizó para perseguir e incluso para condenar penalmente desde a raperos, a twitteros hasta a simples titiriteros por difundir algunos mensajes, tal vez polémicos y no de muy buen gusto, pero que presentaban una lesividad, cuanto menos, cuestionable a la hora de justificar que se les pudiese imponer la severa pena que el enaltecimiento preveía para sus autores.

Los ejemplos son numerosos y de sobra conocidos. Casandra Vera, el grupo teatral La Disidencia, Zapata, Cesar Strawberry, Valtonic o Pablo Hasel son solo algunos de los nombres que dieron lugar a resoluciones polémicas que fomentaron el debate doctrinal y social sobre los problemas que la aplicación de la figura de la que venimos hablando venía a plantear, sobre todo, como consecuencia de la aparición de aquella tendencia jurisprudencial que mantuvo, apoyándose en lo que el texto de la propia Exposición

---

199/1987, de 16 de diciembre, (ECLI:ES:TC:1987:199) en la que se analizaron varios recursos de inconstitucionalidad planteados contra la Ley 9/1984, que extendía el régimen excepcional creado para el terrorismo al delito de apología, afirmando que dicha extensión resultaba inconstitucional, entre otras razones, porque *“La manifestación pública, en términos de elogio o de exaltación, de un apoyo o solidaridad moral o ideológica con determinadas acciones delictivas, no puede ser confundida con tales actividades, ni entenderse en todos los casos como inductora o provocadora de tales delitos.”*

3 GALÁN MUÑOZ, (2018), p. 262.

de motivos de Ley Orgánica que creó esta figura[4], que era un delito que castigaría cualquiera de las manifestaciones de las que hablaba, (las enaltecedoras o justificadoras del terrorismo o de los terroristas y también las humillantes de sus víctimas o de sus familiares), por el mero hecho de que generaban un sentimiento de rechazo social generalizado y eran consideradas como inadmisibles para la mayor parte de la población[5].

Evidentemente, así entendido, el delito de enaltecimiento gozaba de una extensión que le permitiría castigar, por ejemplo, a toda expresión glorificadora de los actos delictivos cometidos por cualquier manifestación terrorista o de sus autores, ya fuese dicho terrorismo un movimiento actual y vigente, como el yihadista, o uno que, por el contrario, hubiese desaparecido o dejado de actuar, como sucedía con ETA o incluso con el de los mucho más lejanos GRAPO y que los sancionaría con total independencia de quien fuera el que la emitiese y como lo hiciese. Cualquiera de estas expresiones se entendía generarían un sentimiento de rechazo y repudio por parte de la mayoría social y, por ello, podían y debían ser sancionadas penalmente.

---

4 En este sentido, la exposición de la LO 7/2007 afirmaba que con la creación del delito de enaltecimiento "*se trata de algo tan sencillo como perseguir la exaltación de los métodos terroristas, radicalmente ilegítimos desde cualquier perspectiva constitucional, o de los autores de estos delitos, así como las conductas especialmente perversas de quienes calumnian o humillan a las víctimas al tiempo que incrementan el horror de sus familiares. Actos todos ellos que producen perplejidad e indignación en la sociedad y que merecen un claro reproche penal.*".

5 Así, MIRA BENAVENT, señalaba que la amplitud del tipo del delito de enaltecimiento y la tendencia jurisprudencial a no interpretarlo de forma restrictiva fueron las que llevaron a que no se aplicase ya exclusivamente a los entornos de apoyo ideológico directo al terrorismo, sino también a personas que nada tenían que ver con dichos entornos ni con las organizaciones o grupos terroristas, lo que determinó que el número de procedimientos abiertos por este delito por la AN se llegasen a cuadruplicar en menos de un año (2016), p. 320.

¿Qué decir entonces del otro grupo de expresiones que también castigaba el delito de enaltecimiento del terrorismo, las tendentes a humillar a las víctimas? Si las justificadoras o glorificadoras del terrorismo y de los terroristas ya generaban un sentimiento generalizado de rechazo social, aún más lo harían aquellas expresiones que ahondaban en el dolor y padecimiento de quienes habían sufrido las consecuencias de tan execrable fenómeno delictivo, bien por haberlo padecido en sus propias carnes, bien por haberlo hecho en las de alguno de sus familiares. Las expresiones que humillaban a las víctimas del terrorismo o sus familiares, se decía, no solo generaban un sentimiento de rechazo absoluto por parte de la mayoría social, lo que ya de por sí justificaría que se castigasen incluso sin tener que contar con la denuncia de los ofendidos o aunque éstos hubiesen perdonado a sus ofensores[6], sino que, además, ponían en cuestión la propia dignidad de las personas contra las que se dirigían, con lo que se entendía que debían ser sancionadas con la pena que el delito de enaltecimiento preveía para quienes los emitieran sin tener siquiera que analizar si dichos sujetos actuaron con intención o finalidad de injuriar o afectar a dichas personas o si, por el contrario, lo habían hecho, por ejemplo, con un mero ánimo jocoso.

Ahora bien, la verdadera avalancha de casos polémicos y controvertidos perseguidos y, en ocasiones, condenados por nuestros tribunales siguiendo esta tendencia interpretativa, no puede hacernos olvidar que existía otra corriente jurisprudencial paralela

---

6 Precisamente por ello, este delito permitía castigar a sus responsables aun cuando hubiese una completa ausencia de interés de las víctimas o, incluso, cuando hubiesen aceptado y tolerado la expresión referida a ellas, como sucedió, por ejemplo, en el caso de Irene Villa que tomó con humor alguna "broma" realizada con respecto ella por el concejal de Podemos, Guillermo Zapata, quien publicó en Twitter un mensaje que decía *"Han tenido que cerrar el cementerio de las niñas de Alcacer para que no vaya Irene Villa a por repuestos"*, a lo que la aludida respondió diciendo que incluso le hacían gracia alguno de los chiste que se hacían sobre ella, lo que no impidió que se juzgase a Zapata que fue absuelto finalmente por STAN 35/2016, de 15 de noviembre, (ECLI:ES:AN:2016:4038).

y mucho más restrictiva en relación con el delito que venimos comentando. En concreto, aquella que mantenía que, para que esta figura no resultase contraria al derecho fundamental a la libertad de expresión garantizado por nuestra constitución, solo podría castigar las manifestaciones de las que habla si, además de ser justificadoras o enaltecedoras del terrorismo o de los terroristas o de ser humillantes para las víctimas de sus actuaciones o sus familiares, se mostrasen también como aptas o idóneas para inducir a sus posibles receptores a cometer nuevos delitos terroristas, aunque lo hiciesen de forma meramente indirecta, esto es, no explícita; una interpretación que pareció encontrar el respaldo de nuestro Tribunal Constitucional en su ya celebre STC 112/2016, de 20 de junio[7].

Esta sentencia partía de que el derecho a la libertad de expresión, contemplado en nuestra constitución, no solo ampara "...*la difusión de ideas u opiniones «acogidas con favor o consideradas inofensivas o indiferentes, sino también (...) aquellas que contrarían, chocan o inquietan al estado o a una parte cualquiera de la población"*, ya que en nuestro sistema *"no tiene cabida un modelo de 'democracia militante', esto es, un modelo en el que se imponga, no ya el respeto, sino la adhesión positiva al ordenamiento y, en primer lugar, a la Constitución"*. Se partía, por tanto, de que, en nuestro sistema constitucional, no es posible excluir del ámbito de protección del referido derecho fundamental y sancionar penalmente ciertas expresiones o mensajes por el mero hecho de que nos parezcan chocantes, resulten repudiables para la mayoría o incluso vayan contra el mantenimiento de nuestro sistema democrático, algo que sí se puede hacer en otros ordenamientos jurídicos (p. ej. el alemán) y que también resulta sostenible atendiendo a lo establecido en algunos convenios internacionales (p. ej. la Convención europea de derechos humanos), que, a diferencia de nuestra Carta magna, contemplan determinadas clausulas restrictivas de la libertad de expresión que excluyen expresamente de la protección de tal

7 (ECLI:ES:TC:2016:112).

derecho fundamental a ciertas manifestaciones (p. ej. antidemocráticas o de odio) por considerarlas como usos abusivos de dicho derecho[8], algo no se contempla, ni, por tanto, no resulta factible en nuestro Derecho[9].

Ahora bien, este hecho, continuaba señalando nuestro TC, no supone, evidentemente, que la libertad de expresión reconocida por nuestra Constitución goce de una protección desmedida y carezca de límite alguno. Dicha libertad, como todos los derechos fundamentales, puede restringirse por el legislador, incluso penalmente, pero solo puede serlo de forma legítima si ello se hace para evitar que se emitan expresiones o discursos que pongan en tela de juicio otros derechos o valores legítimos, cuya protección frente a tales discursos justifique y haga proporcionada la limitación de la libertad fundamental que su prohibición conllevaría.

Precisamente, partiendo de esta base y apoyándose en otra resolución anterior (la STC 235/2007[10]), que había analizado la compatibilidad de otro cuestionable delito de expresión (el de justificación o negación del genocidio) con el referido derecho fundamental, nuestro TC terminó por afirmar, en la referida STC 112/2016, que se podían prohibir y sancionar penalmente los discursos justificadores o enaltecedores del terrorismo y de los terroristas, cuando fuesen manifestaciones de lo que se denomina como discursos del odio. Esto es, de discursos que se caracterizan, conforme afirmó la citada STC de 2007, por entrar en *"conflicto con bienes constitucionalmente relevantes de especial transcendencia que hayan de protegerse penalmente"*, lo que permitirá su posible prohibición y sanción penal y se dará, como afirmó la referida sentencia con respecto a la justificación del genocidio, "*...cuando la justifica-*

8 Sobre esta situación y su incidencia en la aparición de lo que se denominan democracias militantes o intolerantes, véase, por ejemplo, lo comentado por ALCACER GUIRAO, (2015) pp. 48 y ss; DE VICENTE MARTÍNEZ,. (2018), pp. 54 y ss o ESQUIVEL ALONSO, (2016), pp. 31 y ss.

9 ALCACER GUIRAO, (2012), pp. 02:8 y ss.

10 STC 235/2007, de 10 de diciembre, (ECLI:ES:TC:2007:235)

ción de tan abominable delito suponga un modo de incitación indirecta a su perpetración" y *"...también, en segundo lugar, cuando con la conducta consistente en presentar como justo el delito de genocidio se busque alguna suerte de provocación al odio hacia determinados en grupos definidos mediante la referencia a su color, raza, religión u origen nacional o étnico, de tal manera que represente un peligro cierto de generar un clima de violencia y hostilidad que puede concretarse en actos específicos de discriminación»*

Fue partiendo de estas premisas que nuestro máxime interprete constitucional se decantó por entender, con respecto al delito de enaltecimiento del terrorismo que, dado que *" incitar supone siempre llevar a cabo una acción que ex ante implique elevar el riesgo de que se produzca tal conducta violenta (...) acciones como las que nos ocupan crean un determinado caldo de cultivo, una atmosfera o ambiente social proclive a acciones terroristas, antesala del delito mismo"*, que justifican y legitiman el castigo penal de su realización.

Parecía entonces que nuestro TC se decantaba por la segunda propuesta de interpretación que tanto algunos tribunales, como parte de la doctrina habían mantenido con respecto a dicha figura, mientras rechazaba, por contraria a nuestra carta magna, aquella otra que trataba de legitimar la prohibición y sanción penal de los discursos de los que este delito habla atendiendo simplemente al rechazo social o los sentimientos de repulsa que tales expresiones podrían generar, lo que, evidentemente, ampliaba de forma notable su posible ámbito de aplicación.

Podría pensarse que el respaldo que nuestro Tribunal constitucional dio a la comentada interpretación habría convertido, por fin, al delito del que venimos hablando en una figura segura y ajena a la polémica.

Sin embargo, nada hay más lejos de la realidad.

No es solo que el propio pronunciamiento del TC haya sido objeto de severas críticas e incluso haya dado lugar a una sentencia del Tribunal Europeo de Derechos Humanos (La STEDH de 22 de junio de 2021, relativa al caso Erkizia Almandoz c. España) que consideró su confirmación del fallo condenatorio del referido líder independentista como contraria al derecho fundamental a la libertad de expresión garantizado por el art. 10 del Convenio europeo para la Protección de los Derechos Humanos y de las Libertades Fundamentales al entender que no se había probado de forma suficiente que el mensaje emitido por dicho líder fuese realmente idóneo para instigar delitos[11]. Es que, además y por otra parte, la comentada resolución de nuestro máximo interprete constitucional mantuvo una fundamentación, con respecto al delito de enaltecimiento, para considerarlo acorde a nuestra carta Magna, que ha terminado llevando a que muchos hayan pasado a considerarlo como un ejemplo más de los denominados "delitos de clima", trasladando así a este delito todos aquellos problemas que tradicionalmente han acompañado a las figuras incardinadas en dicha categoría de delitos.

Los denominados delitos de clima son figuras que se caracterizan por castigar conductas que crean o se consideran aptas para crear un clima social de hostilidad u odio hacia determinadas personas o colectivos que sería el que incentivará la comisión de delitos contra ellos[12]. Su injusto típico se configura, por tanto, por estar referido y verse completado con la realización de actividades comunicativas que no solo se encuentran alejadas del comienzo de la efectiva ejecución de alguno de los delitos que el Derecho

---

11 En concreto, la referida Sentencia (ECLI:CE:ECHR:2021:0622JUD000586917) considera vulnerado el art. 10 del Convenio europeo de derecho humanos en este supuesto, porque *"A la vista de cuanto antecede y, en particular, de que no se ha probado la existencia de una incitación directa o indirecta a la violencia terrorista y de que el discurso del demandante parecía más bien abogar por una vía democrática para alcanzar los objetivos políticos de la izquierda abertzale, la injerencia de las autoridades públicas en el derecho a la libertad de expresión del demandante no puede calificarse de "necesaria en una sociedad democrática""*.

12 Sobre este polémico el grupo de delitos, véase, lo comentado, por ejemplo, por JAKOBS, quien señala que la doctrina alemana los empleó para justificar la existencia de los delitos contra la paz pública y también para los que sanciona la instigación contra sectores de la población y la apología de la violencia, (1997), pp. 313 y ss.

penal pretende evitar con su sanción (p. ej. de un ataque terrorista), sino también e incluso, por estarlo de la preparación propiamente dicha de alguno de estos ataques en concreto, algo que ha sido cuestionado tanto por quienes conciben el Derecho penal como mecanismo necesariamente protector de bienes jurídicos y que, por ello, ponen en tela de juicio la compatibilidad de la existencia de estos delitos con las exigencias básicas derivadas del principio de lesividad y de intervención mínima[13], como incluso por algún autor que parte de fundamentaciones del Derecho penal y de las penas sustentadas en el mero quebranto y la reafirmación de las expectativas de conductas contenidas en las normas penales y que, pese a ello, ha criticado estos delitos por entender que, en realidad, son figuras que castigan la mera infracción de unas normas de franqueo de las verdaderas normas penales de conducta que configuran y deben configurar, conforme a su concepción, a los verdaderos delitos[14].

Son figuras, por tanto, cuestionables y cuestionadas, entre otras cosas, porque dan lugar a un adelantamiento de la interven-

---

13 Crítico se muestra, en este sentido y recientemente, DÍAZ Y GARCÍA CONLLEDO, quien considera sorprendente que, en su empeño de castigar los denominados discurso de odio, ciertos sectores políticos y mediáticos hayan pasado por encima del peligro abstracto tratando de justiciar el posible castigo de los delitos de clima, pese a los problemas que ello genera desde el punto de vista del principio de lesividad u ofensividad, (2021), pp. 39 y 40.

14 JAKOBS, quien considera que los delitos de clima se caracterizan por tener un injusto meramente parcial al no infringirse las normas principales *"sino normas de flanqueo cuya misión es garantizar las condiciones de vigencia de las normas principales"*, dado que su infracción solo mermaría la confianza de la víctima en la vigencia de la norma (la seguridad cognitiva), pero no la norma en sí ni cuestionaría su vigencia, algo que le lleva poco después a señalar que, a su modo de ver, que los delitos productores de un clima no casan en el Derecho penal de un Estado de libertades , ya que, por más que la correspondiente conducta no *"sea deseable o al menos socialmente neutral, (...) no tiene ningún efecto coactivo", con lo que tampoco se debería reaccionar contra ella con la coacción del Derecho penal"*, (2007) 313 y 322.

ción penal tan enorme que no solo hace que el peligro instigador que supuestamente debe configurar sus injustos se aleje significativamente del comienzo de la ejecución o incluso de la propia preparación del delito o delitos que su prohibición pretende prevenir, sino que también lleva a que dicho peligro no tenga que estar ya referido a la posible instigación de uno o varios de dichos delitos concretos (asesinatos, secuestros, lesiones, etc...), lo que desdibuja el referente del peligro instigador que configurará su injusto hasta tal punto que hace ciertamente difícil e insegura su concreta delimitación y apreciación[15].

Precisamente este hecho es el que, a nuestro modo de ver, ha llevado a que la jurisprudencia posterior a la comentada STC, incluso de nuestro TS, no haya sido ni mucho menos uniforme a la hora de determinar cómo habría de influir la exigencia constitucional de la idoneidad incitadora de los mensajes contemplados en el delito del art. 578 CP sobre el concreto ámbito de aplicación de dicha figura[16]. No lo ha sido, ni ha podido serlo, porque la comentada resolución de nuestro TC no ha dejado nada claro cómo habría que definir y delimitar el peligro instigador que se tendría que constatar en el concreto acto comunicativo realizado para entender que el mismo podría ser legítimamente castigado mediante la aplicación del delito de enaltecimiento, algo que ha llevado a que dicho peligro se haya definido de muchas y muy diversas maneras.

Así, mientras algunas sentencias del nuestro TS han optado por entender que, en realidad, los discursos o mensajes prohibidos por este delito han de tener por referente directamente al clima hostil o de odio del que hablaba la citada STC y no a los delitos que dicho clima podría generar, otras han sostenido que para apreciar su realización bastará con que el mensaje difundido

---

15 Sobre este tema, véase, por ejemplo, FUENTES OSORIO, (2017), pp. 9 y ss.

16 Respecto a las reiteradas contradicciones jurisprudenciales que generó la aplicación de la STC 112/2016 (ECLI:ES:TC:2016:112), véase, lo comentado por ROLLNERT LIERN, (2020), p. 205.

(enaltecedor, justificador, etc...) simplemente contribuya a crear o alimentar dicho clima, aunque no pueda crearlo por sí mismo[17], habiendo también un significativo número de resoluciones que han afirmado que, en realidad, todos los mensajes de los que habla el tipo objetivo de este delito serían, siempre y en todo caso, idóneos o aptos para generar el clima al que estaría referido el peligro instigador configurador su injusto, con lo que cualquier publicación de los mismos tendría que ser considerada automáticamente como típica de dicha figura y habrá de ser castigada conforme a la misma[18].

Volveríamos así, como fácilmente se puede constatar, a la casilla de salida, ya que, por más que nuestro Tribunal Constitucional hubiese exigido la constatación de una idoneidad incitadora de las publicaciones de los mensajes contemplados en el delito del

---

17 En este sentido, la STS 59/2019, de 5 de febrero, (ECLI:ES:TS:2019:348) señala que *"se castiga la contribución a generar o alimentar un determinado clima o atmósfera (delito de peligro abstracto); no un influjo en acciones terroristas concretas"* (FD 2), mientras que la STS 646/2018, 14 de diciembre, (ECLI:ES:TS:2018:4133) llega a afirmar que *"La tipicidad del art. 578 CP,* ***aun requiriendo la generación de un riesgo, en esta tipicidad su exigencia tiene una menor intensidad, no es de incitación a la comisión, sino de aptitud del discurso para generar ese riesgo 'aunque sea de manera indirecta, una situación de riesgo*** *para las personas o derechos de terceros o para el sistema de libertades"* (la negrita es nuestra); sentencia que deja muy claro el cambio de referente del riesgo fundamentador del injusto o de este delito, pasando a ser uno relativo a un clima que a su vez pueda generar delitos y no uno referido a estos, con lo que su injusto se pasa a sustentar en un verdadero peligro de un peligro.

18 Así, por ejemplo, la STS 185/2019, de 2 de abril, (ECLI:ES:TS:2019:1070) pone de manifiesto que la *"potencialidad de riesgo abstracto se desprende de los propios mensajes (...) sin que afecte a ello el hecho de que sea este retuiteado"* (FD 3) ni que el número de seguidores sea escaso (250) y que los mismos no reaccionen al mensaje retuiteándolo o dándole *likes*. Comparte así la Sala el criterio de la Sala de Apelación de la Audiencia Nacional que afirma que *"en cuanto al riesgo abstracto ínsito en el tipo, la literalidad, la reiteración y la claridad de las expresiones determina este alto grado de peligrosidad intrínseca a este tipo de mensajes, suponiendo una incitación indirecta a la comisión de hechos de naturaleza terrorista"*.

art. 578 CP para considerar que podían ser prohibidas y castigadas legítimamente por esta figura, al interpretarse y apreciarse de forma completamente amplia la presencia de dicha idoneidad incitadora en estas últimas sentencias, se habría terminado por entender que, en realidad, todas o la inmensa mayoría de las publicaciones que se hiciesen de alguno de dichos mensajes responderían a dicha exigencia constitucional, con lo que, podrían y habrían de ser castigadas conforme al referido delito.

Ahora bien, este tipo de planteamientos, como no podía ser de otra forma, ha sido severa y fundadamente criticado por parte de la doctrina. Entre otros, y de forma destacada, por ejemplo, por FUENTES OSORIO.

Señalaba este autor que, en realidad, muchas de las resoluciones comentadas parecen obviar no solo que, de hecho, resulta difícil que un único mensaje emitido por una sola persona pueda generar, por sí solo, uno de los climas colectivos y hostiles de los que venimos hablando, sino también que tampoco todos esos climas hostiles son, siempre y en todo caso, predelictivos, ya que no siempre dan lugar o inspiran la realización de delitos[19]. Esto resulta innegable y es lo que lleva a FUENTES OSORIO a afirmar que cuando las sentencias de las que venimos hablando afirman que todos los mensajes contemplados en el delito de enaltecimiento son siempre y en todo caso idóneos para instigar climas colectivos y que, además, todos estos climas son predelictivos, lo que realmente están haciendo es realizar una doble presunción. Una respecto a la idoneidad del mensaje para generar climas y otra en relación al carácter predelictivo de dichos climas[20]; presunciones ambas que, al darse de forma acumulada, neutralizarán cualquier posible efecto restrictivo que la exigencia de la idoneidad incitadora requerida por nuestro TC respecto hubiese podido tener sobre el concreto ámbito de aplicación de esta figura y permitirán que el mismo pueda continuar siendo aplicada sin mayores pro-

19 FUENTES OSORIO, (2017), pp.12 y ss.

20 FUENTES OSORIO, (2017), p. 10.

blemas a cualquier discurso formalmente subsumible entre aquellos de los que su tipo de injusto habla.

Dada la debilidad que la exigencia objetiva de la faceta incitadora que venimos comentando ha mostrado a la hora de restringir el ámbito típico del delito de enaltecimiento, no puede sorprender que apareciese otra corriente jurisprudencial y doctrinal que tratase de delimitar su cuestionablemente amplio ámbito de aplicación desde un punto de vista eminentemente subjetivo, exigiendo que, para que se pueda apreciar su realización, quien lo cometa haya de hacerlo con determinadas intenciones.

Para algunos, el propio significado de las conductas comisivas del delito de enaltecimiento es el que lleva a que se tenga que exigir que los actos de enaltecimiento se tengan que realizar de forma intencional, ya que consideran que no enaltece el que no actúa con intención de glorificar o respaldar aquello de lo que habla, ni humilla el que no quiere ni pretende denigrar a aquel con respecto al que está referido el chiste que se mofa de él, interpretaciones que sacaría del ámbito típico de esta figura, por ejemplo, a las publicaciones de mensajes con dicha clase de contenidos que se llevasen a cabo con un mero animus *jocandi*[21] o con una finalidad meramente crítica o irónica y sin intención real de respaldar las actuaciones realizadas por los terroristas, a quienes las realizaron o de humillar a sus víctimas[22].

---

21 En este sentido se manifiesta LASCURAIN SÁNCHEZ, (2021), pp. 27 y ss. Interesante resulta, en esta línea, la propuesta realizada por RAMOS VÁZQUEZ de considerar que las expresiones humorísticas están amparadas por la libertad artística y no por la libertad de expresión, lo que, a su juicio, convertiría en legítimas todas las manifestaciones humorísticas que se manifiesten como tales (2020), pp. 713 y ss.

22 Así, señalaba PASQUAU LIAÑO, (2017) que, aun cuando el tipo delictivo de enaltecimiento no exija expresamente que se actúe con la intención de justificar el terrorismo, de enaltecer a sus autores o de humillar a sus víctimas, dichas intenciones son inherentes al propio significado de estas conductas típicas, ya que sin su concurrencia nunca se podría afirmar que se esté realmente justificando, ni que se esté enalteciendo el terrorismo o a los terroristas, ni que se esté humillando a sus víctimas;

Otros, por su parte, consideraban que solo podrá apreciarse este delito cuando las actuaciones de las que habla se realicen con la intención de incitar la comisión de delitos terroristas en general, lo que entienden se deduce del hecho de que la normativa inter- y supranacional referida a este tipo de conductas instigadoras exijan, para poder castigarlas, que se realicen de forma "intencional"[23], mientras que tampoco faltan voces que mantienen que solo exigiendo la intención de instigar la comisión de uno o varios delitos concretos se podría considerar que el enaltecimiento venga, tal y como entienden recomienda el principio de intervención mínima, a castigar actos inductores de delitos terroristas que se muevan en el ámbito preparatorio, propiamente dicho, de alguno de dichos delitos[24].

Ahora bien, la introducción de todas estas exigencias subjetivas también ha encontrado la frontal oposición de aquellos que las rechazan señalando, entre otras cosas, que, en realidad, en ningún lugar del tipo delictivo de enaltecimiento se contempla su exigencia o necesidad[25].

---

postura que es compartida por GÓMEZ MARTÍN, y que le lleva a afirmar, en contra de lo sostenido por algunas sentencias del TS relativas a esta materia, que, en realidad, dichas finalidades no son ni pueden ser tenidos como verdaderos elementos subjetivos de estos delitos, sino que forman parte del dolo que configuran y delimitan su injusto ya que son referentes fundamentales las actuaciones sancionadas por este delito, haciendo que solo se pueda cometer con dolo directo. (2018), p. 439. En el mismo sentido, LEÓN ALAPONT, (2022), p. 61.

23 ROLLNERT LIERN, (2020), p. 201.

24 ALONSO RIMO, (2017), p. 40.

25 Así, por ejemplo, la STS la STS 4/2017, de 18 de enero, (ECLI:ES:TS:2017:31) anuló la previa absolución de César Strawberry emitida por la AN, basada en que a no realizó las manifestaciones por las que se le juzgó con finalidad de enaltecer o justificar al terrorismo, por entender que "*...la sentencia de instancia habrá confundido, en realidad, el dolo típico con un elemento subjetivo de tendencia interna que, en realidad, el delito de enaltecimiento del terrorismo no requeriría. Resultaría irrelevante conocer, en este sentido, cuál fue la intención de la autora de los mensajes, y si esta fue, en concreto, la de defender los postulados de una organización*

Se abrió así un nuevo debate tanto doctrinal, como jurisprudencial que, en realidad y por desgracia, no ha hecho sino acrecentar la inseguridad jurídica que preside la aplicación práctica de la figura analizada.

Sin embargo, no acaban aquí los problemas que afronta el referido delito. Otro aspecto del mismo que ha sido objeto de crítica y controversia es el relativo a la concreta configuración y coordinación de su tipo básico y alguno de sus modalidades cualificadas.

Así, por ejemplo, se ha criticado que el tipo básico de este delito solo pueda aplicarse a los mensajes que se difundan de forma pública, mientras el art. 578.2 CP sanciona como tipo cualificado que su comisión "...*se hubieran llevado a cabo mediante la difusión de servicios o contenidos accesibles al público a través de medios de comunicación, internet, o por medio de servicios de comunicaciones electrónicas o mediante el uso de tecnologías de la información*", algo que, a juicio de algunos autores, al tenerse el uso de estos medios como el absolutamente dominante a día de hoy para distribuir de forma pública cualquier mensaje, llevará, de hecho, a convertir a este tipo cualificado en el verdadero tipo básico del delito analizado y a su tipo básico en un tipo completamente residual que solo se aplicaría a los muy limitados casos de difusión presencial y colectiva de los mensajes[26].

Si a todo ello se le une que, a juicio de muchos, las conductas que castiga el delito de enaltecimiento y se consideran lo suficientemente graves como para poder ser legítimamente sancionadas por el Derecho penal deben considerarse perfectamente sancionables por otras figuras mucho menos cuestionadas y cuestionables que ésta (p. ej. las injurias con respecto a las humillaciones

---

terrorista o la de humillar a las víctimas del terrorismo. Bastaría, por tanto, con una voluntad consciente de estar realizando actos objetivamente enaltecedores del terrorismo o humillantes o injuriosos para las víctimas del terrorismo."

26 CORRECHER MIRA, (2019b), p. 329; TAPIA BALLESTEROS, (2019), p. 318 o MIRA BENAVENT, (2018), p. 312; PASTRANA SÁNCHEZ, (2020), p. 263.

de las víctimas), que castigan, además, su realización con penas significativamente menores que las que el enaltecimiento prevé para sus responsables[27], no puede sorprender que haya quien se haya mostrado partidario no solo de reformar el delito del que venimos hablando, sino de proceder a su directa derogación, por entender que es una figura además de tener una insegura delimitación, que restringe de forma, cuanto menos, cuestionable derechos tan fundamentales como el de la libertad de expresión de los ciudadanos, y de presentar una estructura de sus tipos cualificados que resultan incongruentes con su tipo básico, también es un delito que resulta absolutamente innecesario o inútil, a efectos prácticos, dado que su desaparición no llegaría a producir ninguna verdadera laguna de punibilidad con respecto a las conductas verdaderamente lesivas de las que habla[28].

De hecho, esta postura ha quedado claramente reflejada, por ejemplo, en la no demasiado lejana proposición de reforma del Código penal presentada por el Grupo parlamentario de Unidas Podemos-En Comú Podem-Galicia en Común, según se dice, *"para la protección de la libertad de expresión"*. Una proposición que tilda al enaltecimiento, entre otras cosas, de ser un delito "nada definido" y "ambiguo" y que señala, además, que su desaparición no produciría laguna de punibilidad alguna por entender que mientras "*... Nuestro ordenamiento jurídico ya dispone de otras figuras jurídicas, como la apología del delito, que castiga la provocación directa para la comisión de delitos terroristas, o lo indicado en el vigente artículo 170.2 del Código Penal, que castiga a los que reclamen públicamente la comisión de acciones violentas por parte de organizaciones terroristas*" que podrían sancionar la publicación de muchos de los mensajes instigadores de otros delitos que el enaltecimiento castiga, también tendría otras,

27 CANCIO/DÍAZ quienes entienden que la humillación de las víctimas del terrorismo que castiga dicho precepto poco o nada tiene que ver con sus otras dos modalidades comisivas, al ser una simple injuria gravísima, lo que les llevaba a considerar necesario sacar esta modalidad del dicho precepto de *lege ferenda.* (2019), pp.155 y ss. y 247.

28 En esta línea, por ejemplo, LEÓN ALAPONT, (2022), p. 173.

como la de injurias, que serviría para proteger adecuadamente a las víctimas del terrorismo frente a posibles humillaciones que sanciona este controvertido delito[29].

Pero ¿es todo esto realmente así? ¿El delito de enaltecimiento del terrorismo es realmente un delito inconstitucional, incongruente y, además, completamente innecesario, y, por tanto, inútil?

II. LA CONTROVERTIDA DELIMITACIÓN OBJETIVA DEL DELITO DE ENALTECIMIENTO COMO FIGURA SANCIONADORA DE ACTOS INSTIGADORES DE CONDUCTAS TERRORISTAS DE TERCEROS.

Lo primero que hay que señalar con respecto al delito de enaltecimiento del terrorismo es que, pese a la insistencia de algunos por seguir considerándolo como tal, no es un delito que sea *per se* inconstitucional[30]. Así, lo demuestra, a nuestro modo de ver, que la ya citada STC 112/2016 lo declarase acorde con nuestra constitución y, especialmente con el derecho fundamental a la libertad de expresión garantizado por la misma; postura que, además, se ha visto refrendada por otras resoluciones posteriores de nuestro máximo interprete constitucional que han persistido en mantener su compatibilidad con nuestra Carta Magna (p. ej. la STC 35/2020, referida al caso Strawberry) o, incluso, por la emitida por el Tribunal Europeo de Derechos Humanos, en su ST de 22 de junio de 2021, cuyo fallo mayoritario admitió el recurso contra

---

29 Vd. Proposición de Ley Orgánica por la que se modifica la Ley Orgánica 10/1995, de 23 de noviembre, del Código Penal para la protección de la libertad de expresión 122/000042 (BOCG nº 69-1, de 6 de marzo de 2021), donde también se propone también reformar la agravante del art. 22. 4ª CP para incluir entre los colectivos que vendría a proteger especialmente al conformado por dichos sujetos

30 Lo consideran como tal, entre otros, por NÚÑEZ CASTAÑO, (2022), pp. 183 y ss; MIRA BENAVENT, (2016), pp. 104 y ss.

la STC 122/2016 sin cuestionar en ningún momento la legitimidad del delito que ésta aplicaba, viniendo solo a rechazar la concreta aplicación que del mismo había hecho nuestro TC en dicha sentencia, por considerar que este no había analizado y constatado de forma suficiente el carácter instigador de delitos terroristas de los mensajes que dieron lugar a la condena que nuestro máximo interprete constitucional vino a ratificar. Todas estas resoluciones admiten la compatibilidad de la existencia de este delito con el derecho fundamental a la libertad de expresión, pero la condicionan, eso sí, siempre y en todo caso, al cumplimiento de un requisito fundamental. A que solo castigue aquellos mensajes publicados, de los que su tipo objetivo habla, que actúen como instrumentos incitadores indirectos, es decir, no explícitamente instigadores, de la comisión de los graves delitos que caracterizan al terrorismo como fenómeno criminal[31].

---

[31] Una aclaración conceptual. A lo largo de este trabajo se utiliza la expresión incitación directa como sinónimo de explícita o manifiesta, como contraposición a aquella que se realiza de forma implícita o no expresa, esto es, la indirecta, delimitación que contrasta con aquella otra acepción que se ha dado al concepto de incitación directa o indirecta, atendiendo a si la conducta instigadora estuviese dirigida o fuese idónea para producir la realización de delitos por parte de sus receptores (la directa) o lo fuese simplemente para generar una situación o atmosfera que podría terminar llevando a generar dichos delitos. En este último sentido, que, recordemos no es en el que se utiliza en este trabajo, la emplea, por ejemplo, ALCACER GUIRAO, al analizar las diferentes fórmulas que ha utilizado el TS norteamericano para legitimar la prohibición y castigo de los delitos de discursos de odio, señalando dicho autor que mientras el denominado *Brandemburg test* exige la constatación de la idoneidad de la conducta realizada para inducir actos violentos y graves con inmediación, el mucho menos exigente *Bad tendency test,* seguido en los años veinte por el TS norteamericano, permitía castigar aquellos mensajes que se consideran que tienen una tendencia o deriva general a poder instigar actos violentos. Es decir, bastaría con que se presentase como un mensaje que fuese muestra de una tendencia que podría llevar a generar alteraciones sociales que desembocasen en actos violentos para poder castigarlo, propuesta esta última que, como bien señala el referido autor, recuerda mucho a aquella que ha tratado

El posible problema de constitucionalidad que afecta al enaltecimiento, por tanto, no se deriva de su mera existencia, sino del hecho que, si no se interpreta y emplea dentro de las fronteras que hacen su tipo acorde a las libertades de expresión o información garantizadas en nuestra Carta magna, su aplicación pasará a restringir desproporcionadamente tales derechos, con lo que resultará inconstitucional. La cuestión entonces pasa a estar centrada en cómo delimitar dichas fronteras. Esto es, en cómo definir con precisión cuándo nos encontraremos ante la publicación de uno de los mensajes de los que habla el delito ahora analizado que, al constituir una forma de inducción indirecta, presentará el contenido de antijuridicidad que legitimaría que su emisión se pueda castigar penalmente.

Lo primero que habrá que hacer para alcanzar dicho objetivo es, evidentemente, determinar el referente al que la idoneidad instigadora, configuradora y legitimadora del injusto de este delito, tiene que estar referida. Es decir, fijar cuál habría de ser resultado cuya pronosticable producción, a consecuencia de la emisión de un mensaje, legitimaría que el Derecho penal pueda prohibir y a sancionar su publicación como delito de enaltecimiento, precisamente, por considerarla como apta o idónea, desde un punto de vista *ex ante*, para ocasionarlo.

Como ya vimos, algunos interpretes judiciales han entendido que lo que se necesita para que estos delitos sean legítimos es que castiguen mensajes que resulten aptos para generar los denominados climas de odio predelictivos o criminógenos, considerándose así a dichos climas en el verdadero referente último de la idoneidad instigadora que puede legitimar su existencia y posible aplicación.

Cuando hablamos de climas o atmósferas de odio lo hacemos sobre la existencia de una situación social en la que un determi-

---

de sustentar la legitimidad del castigo de los discursos de odio en su idoneidad o mera "tendencia" a dar lugar o a apoyar la aparición de meros climas sociales hostiles. (2021), p. 58.

nado grupo o colectivo siente y comparte unas ideas de rechazo o incluso de abierta hostilidad hacia los integrantes de otro grupo.

Todos estos climas tienen, por tanto, una naturaleza eminentemente colectiva por más que puedan impulsar actos violentos individuales. Esto, a nuestro modo de ver, hace muy aconsejable, acudir a los trabajos que dedicó en su día el sociólogo noruego GALTUNG al estudio de la violencia como fenómeno no pura y exclusivamente individual, sino también, y esta es la parte que más nos interesa, de naturaleza eminentemente colectiva.

En concreto, y de forma muy resumida, el referido autor afirmaba que, junto a la violencia directa, esto es, a la que ejercen algunos sujetos individuales sobre otros (p. ej. agresiones, robos, homicidios, etc...), podrían existir otras formas de violencia que normalmente se generan tras largos procesos sociales y que tienen una naturaleza eminentemente colectiva que ha llevado a que pasen más desapercibidas y tengan una visibilidad mucho menor que la directa.

En este sentido, y según GALTUNG, podría existir, por una parte, una violencia estructural de naturaleza colectiva que, a veces, a través de reglas formales (p. ej. leyes discriminatorias directas), pero también, y en muchas ocasiones, mediante instituciones o convencionalismos sociales, provocaría que un determinado grupo social tuviese mucho más difícil que otro el acceso a aquellos medios que le permitirían cubrir sus principales necesidades (educativas, económicas, de desarrollo profesional, etc...). Se daría así lugar a una verdadera forma de violencia colectiva que, sin embargo, generalmente se califica de mera desigualdad social, empleando, al hacerlo, un eufemismo que, en realidad, resta visibilidad a esta forma de violencia y hace que no se combata, ni se busque a posibles responsables de su existencia, por más que resulte evidente que se deriva de unas conductas humanas que generaran unos efectos muy perjudiciales y perfectamente evitables para quienes la padecen, pudiendo incluso llegar a respaldar y fomentar que los integrantes del grupo contra el que la violencia estructural se dirige sufran también ataques de violencia directa por parte de quienes se integran en el grupo dominante para mantener y reafirmar su privilegiada posición.

Mientras tanto y, por otra parte, también podría existir otra forma de violencia colectiva, la que GALTUNG denomina como violencia cultural, que se caracterizaría por mantener y extender dentro de un grupo o colectivo social y a lo largo del tiempo toda una serie de discursos, ideas o doctrinas contrarias a otro u otros grupos y que pueden respaldar o incluso ayudar a que aparezcan y se mantengan manifestaciones de violencia estructural o de violencia directa por parte de los integrantes del colectivo que sigue dichas ideas contra aquellos contra las que las mismas que se dirigen, algo, esto último, que la violencia cultural no siempre hace, pero que puede conseguir bien dando argumentos a sus seguidores que justifiquen por qué los sujetos contra los que se dirige tienen que sufrir o incluso merecen padecer los tratos discriminatorios o lesivos que sufren, bien glorificando a quienes ejecutan tales ataques, lo que los sitúa como ejemplos a seguir o imitar, o bien humillando o deshumanizando a los que los padecen, algo, esto último que hace que quienes siguen dichos planteamientos dejen de sentir empatía hacia las posibles víctimas de sus ataques y, por ello, hace mucho más fácil que puedan atacarlos o discriminarlos[32].

Resulta evidente que esta última forma de violencia colectiva de la que habla GALTUNG, presenta indudables similitudes con los "climas" o atmósferas hostiles de los que hablaba nuestro TC al delimitar los discursos que podrían castigar delitos como el de enaltecimiento del terrorismo. Tanto la violencia cultural como los referidos climas tienen un carácter y un origen colectivo y no individual. Los dos suelen aparecer como consecuencia del respaldo y de la difusión, acumulada y prolongada en el tiempo de unos mensajes o ideas por parte y entre un colectivo más o menos grande de sujetos contra los que integran uno diferente. Pero, además y lo que es más importante, para el caso que nos ocupa,

---

32 GALTUNG, (2016), pp. 156 y ss.

tanto los climas hostiles o de odio de los que venimos hablando, como la violencia cultural, de la que habla GALTUNG, aluden a la existencia y mantenimiento de unas ideas y unos mensajes por parte de un colectivo, como los justificadores o glorificadores de la violencia o los de humillación de sus víctimas, que, pese a no incitar de forma clara y explícita a sus seguidores a realizar manifestaciones de otras formas de violencia, como la directa o individual, hacia aquellos sujetos contra quienes se dirige, pueden llegar a generarlas y respaldarlas de forma muy eficaz, siendo, de hecho, fundamentales para que puedan aparecer fenómenos de violencia directa ejecutados por unos colectivos contra otros, como los que definen terrorismo y a otras formas de criminalidad tan grave como podría ser la del genocidio.

Ahora bien, una vez que se reconoce que el terrorismo, como estas otras graves formas delictivas, solo se pueden entender atendiendo a la existencia de dichos climas o violencias culturales, la pregunta surge de forma casi inmediata. ¿Qué papel desempeñan entonces tales climas o violencias culturales en la delimitación de los discursos que el delito de enaltecimiento del terrorismo puede sancionar legítimamente?

Lo primero que hay que decir a este respecto es que, como bien señalaba GALTUNG, dichos climas suelen aparecer tras la acumulación y difusión colectiva y prolongada en el tiempo de ideas y mensajes que caracterizan a dicha forma de violencia, con lo que no suelen ser un "suceso", sino que un "proceso"[33], haciéndose así realmente difícil que se pueda responsabilizar de su aparición a la conducta realizada por un solo individuo o mediante un único mensaje[34].

Bien es cierto, sin embargo, que lo anterior no quiere decir que no puede haber casos excepcionales en los que será factible que un único mensaje individual pueda ser idóneo por sí mismo

---

33 GALTUNG, (2016), p. 154.

34 V. FUENTES OSORIO, (2016) p. 28, GALÁN MUÑOZ, (2020a), p. 47, ALCACER GUIRAO, (2021) p. 65.

para dar lugar a la aparición de un verdadero clima hostil contra terceros. Esto es, de una verdadera violencia cultural colectiva. Así, sucederá, por ejemplo, cuando quien emite de forma pública un mensaje justifique el ataque sufrido por un determinado colectivo (p. ej. sujetos que tienen una determinada nacionalidad, tendencia política, religiosa etc...), uno que glorifique a quienes lo realizaron o uno que deshumanice a los que lo padecieron sea un conocido político (p. ej. el presidente de un país) o un líder religioso (p. ej. el líder máximo de una determinada confesión o corriente religiosa) que tenga un amplio grupo de fieles seguidores o partidarios que le sigan casi ciegamente.

Cuando uno de estos líderes emite uno de estos mensajes realiza una actuación que es perfectamente idónea por sí misma para dar lugar a la instalación entre el grupo de sus múltiples seguidores de uno de los climas colectivos de rechazo y hostilidad a los integrantes del colectivo señalado que podría incluso llevar a alguno o a muchos de ellos a ejecutar nuevos ataques de violencia directa hacia los sujetos contra los que el mensaje se manifiesta.

Sin embargo, parece más que obvio que no son estos pocos los únicos mensajes que pretende castigar el tipo básico del delito de enaltecimiento. De hecho, si el tipo básico del enaltecimiento solo pretendiese castigar los mensajes que son aptos por sí solos para dar lugar a la aparición de estos climas carecería de cualquier sentido que, poco después, contemple un tipo cualificado, en el art. 578. 3 CP, que incrementará la pena que se habría de imponer a quien publique los mensajes de los que habla su tipo básico cuando "*...a la vista de sus circunstancias, resulten idóneos para alterar gravemente la paz pública o crear un grave sentimiento de inseguridad o temor a la sociedad o parte de ella*", algo, esto último que, evidentemente, todo mensaje apto para producir la implantación de un clima hostil en un colectivo que podría llevar a sus integrantes a realizar delitos terroristas contra otros también será, ya que si es idóneo para dar lugar a dicha atmosfera colectiva, también lo será para generar un grave y justificado sentimiento de inseguridad entre los integrantes de aquel otro colectivo al que el mensaje en cuestión hubiese situado como diana[35].

Mucho más lógico parece entonces entender que, en realidad, el tipo básico del delito aquí analizado no restringe, ni pretende restringir su ámbito de aplicación exclusivamente a las publicaciones de discursos o mensajes capaces de generar climas colectivos predelictivos, sino que lo que castiga son las publicaciones de las que habla que simplemente sean aptas o idóneas, desde un punto de vista *ex ante,* para instigar aquel resultado mucho más concreto y asequible para las comunicaciones que pueden realizar la generalidad de las personas que nos vendrá dado por la posible generación de la decisión, en alguno o algunos de sus potenciales receptores, de cometer delitos terroristas, aun cuando todavía no fuese posible pronosticar cuál o cuántos serían los que podría decidir cometer.

De hecho, esta delimitación del referente definidor de la idoneidad instigadora propia de este delito no solo se corresponde con el hecho de que las anteriormente comentadas Sentencias de nuestro TC o del TEDH no hayan dejado de repetir que lo que permite la legítima sanción penal de los discursos enaltecedores del terrorismo es que los mismos se presenten como aptos para instigar la realización de nuevos ataques terroristas y no la de otros hechos, tal vez reprochables, pero que no tuviesen dicha naturaleza. Es que, además, también se corresponde con que la Directiva

---

35 En este sentido, ya señalaba CORRECHER MIRA, que resultaba incongruente que el tipo cualificado se configure atendiendo a la afectación grave de la paz pública, ya que ello parece abocar a que se considere que el tipo básico de dicho delito solo representa una afectación leve de dicho valor, (2019a), p. 497; mientras que CANCIO/DÍAZ afirmaban con respecto al 578.1 CP que "*Se mantiene la opción legislativa española de desvincular en este ámbito la descripción de la conducta con independencia de los efectos de la misma -como demuestra el hecho que la existencia de una alteración grave de la paz pública o la génesis de inseguridad o temor sean elementos de la cualificación (art. 578.2 CP) del delito, no parte de sus elementos típicos-*", (2019), p. 169.

2017/54/UE (DCT), que obliga a los Estados miembros de la UE a castigar todas las comunicaciones públicas que resulten idóneas para instigar la comisión de delitos terroristas (art. 5 DCCT), entre las que se incluyen expresamente a las enaltecedores, las justificadoras del terrorismo y a las ofensivas para sus víctimas (el considerando 10 DCT), lo haga exigiendo que tales publicaciones se castiguen penalmente aun cuando presenten una capacidad inductora que no esté referida o guarde relación con la posible instigación de la comisión de uno o de varios delitos terroristas en concreto (art. 13 DCT)[36] y con el hecho de que el vigente delito de enaltecimiento del art. 578 CP sancione a los responsables de su realización con una pena propia y completamente autónoma de la prevista para la del resto de delitos terroristas, clara muestra, a nuestro modo de ver, de que el delito enaltecimiento castiga actuaciones comunicativas cuya capacidad incitadora no está específicamente referida a la posible instigación en terceros de la decisión de cometer ninguno de ellos en concreto[37].

Habrá que entender, por tanto, que el delito de enaltecimiento sanciona las publicaciones de los mensajes de los que habla solo si se manifiestan como idóneas para llevar a sus potenciales

---

36 No debe olvidarse que, mientras el art. 5 DCT obliga a castigar la difusión intencional de mensajes destinados a incitar la comisión de delitos terroristas, *"siempre que tal conducta preconice directa o indirectamente, a través, por ejemplo, de la apología de actos terroristas", el considerando 10 de la DCT afirma que provocación pública a la comisión de un delito de terrorismo del que habla su art. 5c* "...comprenden, entre otros, la apología y la justificación del terrorismo o la difusión de mensajes o imágenes, ya sea en línea o no, entre ellas las relacionadas con las víctimas del terrorismo, *"...cuando conlleve el riesgo de que puedan cometerse actos terroristas", viniendo su artículo 13 a establecer que para que los actos de provocación pública de los que habla el art. 5 sean sancionables no será* necesario *"...que se cometa efectivamente un delito de terrorismo, ni tampoco, en lo que respecta a los delitos enumerados en los artículos 5 a 10 y 12,* ***que guarden relación con otro delito específico*** *establecido en la presente Directiva".* (la negrita es nuestra)

37 De otra opinión, ALONSO RIMO, (2010), p. 65 o, el mismo (2017) p. 38.

receptores a tomar la decisión genérica de cometer delitos terroristas o incorporarse a una organización de dicha naturaleza para cometerlos, pese a que no se pueda todavía saber ni predecir, en el momento de su emisión, cuáles o cuántos habrían de ser los delitos que la comunicación realizada finalmente podría inducir a cometer. Es decir, castiga la publicación de mensajes que resulten idóneas para poder producir la decisión genérica de cometer delitos terroristas en alguno de sus posibles receptores; decisión que, en el caso del terrorismo, no es extraño que se adopte con carácter previo a aquella otra que se daría cuando el sujeto en cuestión opte, posteriormente, por cometer uno u otro delito en concreto de dicha naturaleza (p. ej. un asesinato, un secuestro, etc...). Se debilita así en gran medida la accesoriedad del injusto propio del delito de enaltecimiento con respecto a aquellos que configurarían los concretos delitos que su realización podría llegar a instigar, convirtiéndose, de este modo, el delito del art. 578 CP en una figura autónoma del resto de delitos terroristas, que se ocupa y sanciona actuaciones que se mueven en el ámbito protopreparatorio y no en el preparatorio, propiamente dicho, de dichos delitos[38].

Ahora bien, una vez determinado el referente del peligro instigador que necesariamente ha de caracterizar y definir las publicaciones de los mensajes de los que habla el art. 578 CP que pueden ser castigadas legítimamente por el delito que venimos analizado, se hace necesario determinar cuándo los mensajes de los que este delito habla presentarán dicha idoneidad, algo que, al tratarse, siempre y en todo caso, de mensajes que no instan directa y expre-

---

[38] De hecho, a nuestro modo de ver, al ser una figura que castiga la realización de actuaciones idóneas para generar la idea de cometer delitos terroristas en general y no la de cometer uno o varios de ellos en concreto, nos encontramos ante un delito que no tiene ya como bien jurídico protegido a aquel contra el que atacaría el concreto delito que pudiese llegar a inspirar, sino al valor que nos vendría dado por la suma de todos aquellos intereses difusos que se podrían ver afectados por los delitos que el potencial instigado podría cometer. En contra de esta interpretación, ALONSO RIMO, (2017). p. 40

samente a cometer delitos terroristas, hace que los climas sociales hostiles de los que nuestros tribunales vienen hablando pasen a jugar un papel fundamental.

Resulta significativo, en tal sentido y en relación al terrorismo, que, como señalaba HORGAN, si bien no existe ningún estudio que realmente haya aportado pruebas de que existan semejanzas en los perfiles psicológico-individuales de los terroristas que los hagan especialmente proclives a convertirse en tales y les lleven a realizar los graves ataques que ejecutan, sí que hay varios factores grupales que se muestran como decisivos para que un sujeto se decida finalmente a hacerse terrorista y opte, en consecuencia, por cometer o ayudar a cometer los graves ataques que caracterizan dicha forma de delincuencia[39].

El primero es el factor que podríamos denominar como "reconocimiento grupal". El sujeto que decide cometer un ataque terrorista o simplemente opta por ayudar a otros u otros a que lo cometan, no solo no recibe el rechazo del grupo que respalda el movimiento en el que dichos actos se enmarcan, sino que tanto él, como, en muchas ocasiones, el resto de los integrantes de su familia reciben la solidaridad, el apoyo e incluso el elogio del grupo o colectivo en que se encuentran inferidos. De hecho, el terrorista pasa a ser considerado y tratado por dichos sujetos como un referente, como un verdadero héroe al que seguir e imitar, lo que determina que la opción de cometer delitos pase a generar unas expectativas de ventajas y recompensas sociales, en términos de estatus, prestigio y sentimiento de pertenencia y solidaridad que harán, sin duda, que dicha opción pase a presentarse como algo realmente atractivo[40].

Mientras tanto, y por otra parte, el respaldo grupal también puede favorecer y puede impulsar a los integrantes del grupo a realizar actuaciones terroristas al hacer que dichos sujetos puedan difuminar o diluir toda o gran parte de su responsabilidad indivi-

---

39 HORGAN, (2009), p 313.

40 HORGAN, (2009), p. 683.

dual por los hechos que vayan a cometer siguiendo los postulados del grupo, dando lugar así a lo que podríamos denominar como un efecto de "difuminación grupal de la responsabilidad".

En concreto, el grupo hace que el individuo difumine su responsabilidad por los ataques que se decida a realizar siguiendo sus ideas, en primer lugar, porque, al ir a efectuarlos en *pro* del movimiento, pasará a considerar que él y su conducta serían tan solo piezas o eslabones de una obra o lucha mucho mayor (la del grupo), con lo que entendería que no sería ya él, realmente, ni el único ni el principal responsable de los daños que su conducta llegaría a generar. Pero además, y por otra parte, el influjo grupal también le permitirá difuminar su responsabilidad por los ataques que realice porque, al pasar el sujeto en cuestión a ver a las posibles víctimas de los actos violentos que realiza, pero que el colectivo apoya, como meros objetos, instrumentos o incluso simples obstáculos carentes de cualquier valor que deben ser eliminados para la consecución de los objetivos del colectivo, empezará a deshumanizarlas y a reducir la empatía y la responsabilidad que podría sentir frente a ellas, facilitándose así que pueda mostrarse más dispuesto o menos reacio a decidirse a dañarlas[41].

La influencia de estos factores grupales en la aparición de los ataques terroristas y de otros fenómenos delictivos violentos de marcado carácter colectivo no es en modo alguno menor. De hecho, como bien señala HORGAN, aludiendo a algunas de las conclusiones que alcanzaron los estudios que se realizaron sobre las causas que permitieron y llevaron a que se pudiese realizar el más conocido ejemplo de delito de violencia ejercida por un colectivo contra otro, precisamente, sobre la base del previo respaldo de un clima hostil, el del holocausto judío efectuado durante la dictadura nazi, para entender cómo se llegan a producir este tipo de fenómenos violentos grupales muy posiblemente no haya "... *que fijarse tanto en los presuntos factores que intensifican el impulso hacia*

41 HORGAN, (2009), p. 948.

la violencia como en los que restan poder a las fuerzas que restringen la violencia"[42].

De modo similar a lo que sucedió en este caso, la violencia terrorista no se puede entender ni explicar sin tener en cuenta y atender a la existencia de estos factores grupales. A la existencia de los climas de odio que respaldan e impulsan su realización.

Ahora bien, lo anterior no puede llevarnos a considerar, como vimos hicieron algunas resoluciones jurisprudenciales, que todos los mensajes enaltecedores, glorificadores o humillantes de los que dicho precepto habla que apoyen y/o se apoyen en la existencia de dichos climas deban ser considerados como penalmente relevantes.

Es verdad que cuando uno de esos mensajes se apoya en la previa existencia de uno de estos climas, que no lo olvidemos, no tienen por qué poder llegar a crear, es bastante probable que pueda llevar a alguno de sus potenciales receptores a asumir y a sentir el odio y la hostilidad que el mensaje transmitía, pero este resultado, que puede parecernos rechazable o repudiable, no permite, en modo alguno, considerar las conductas idóneas para generarlo como penalmente relevantes, ya que si odiar o sentir hostilidad, como acto interno que es, no solo no es, ni puede ser delito en nuestro ordenamiento, sino que está completamente permitido mientras no se pase a la acción, incitar simplemente a odiar a terceros tampoco puede castigarse penalmente[43].

En realidad, para que se pueda penar legítimamente la difusión de este tipo de mensajes es necesario, como hemos visto, que se pueda afirmar que su realización resulta apta, desde un punto de vista *ex ante*, para llegar a generar la idea de cometer delitos terroristas en sus potenciales receptores y esto no puede afirmarse con respecto a todas las publicaciones realizadas por cualquier

---

42 HORGAN, (2009), p. 960.

43 Así lo entiende, GALÁN MUÑOZ, (2020 a), p. 46. Sin embargo, admite el posible castigo de este tipo de inducciones GÓMEZ MARTÍN, (2016), pp. 10 y 11.

persona de un mensaje de odio, ya que, entre otras cosas, muchos de estos mensajes se apoyarán y serán muestras de formas violencia cultural (de climas colectivos hostiles o de odio) que, como bien puso de manifiesto GALTUNG, pese a dar respaldo o apoyar el mantenimiento de prejuicios o incluso situaciones estructurales de discriminación social, no generan la realización de actos de verdadera violencia directa, con lo que cuando se emiten resulta imposible pronosticar que puedan llevar por sí solos a alguno o algunos de sus posibles receptores a decidirse a realizar alguna clase de ataque violento.

Realmente, para que podamos afirmar que los mensajes, como los que castiga el vigente art. 578.1 CP, que, repetimos, no incitan a cometer delitos terroristas de forma expresa o directa, sino que lo hacen de forma indirecta y no se emiten por personas con previsible capacidad para mover o inspirar a las masas, resultan idóneos, desde un punto de vista *ex ante,* para instigar la decisión de ejecutar dichas conductas entre sus posibles receptores, no bastará con que constituyan manifestaciones de cualquier forma de violencia cultural o de climas de odio, por rechazable que nos pueda aparecer, sino que resulta absolutamente necesario que se pueda predecir que existen sujetos entre quienes siguen y respaldan dichos climas, que previsiblemente podrían decidirse a ejecutarlos al recibir tales mensajes. Es más, y en el caso que nos ocupa para ejecutar delitos terroristas y no otros de naturaleza diversa a estos, algo que, en realidad, solo podrá pronosticarse y ser considerado como realmente previsible, desde un punto de vista *ex ante,* cuando el mensaje en cuestión sea precisamente uno de aquellos que configuran aquella violencia cultural que había limitado las barreras inhibidoras de la violencia entre los seguidores de dichos discursos y, de hecho, estaba ya apoyando e impulsando la efectiva y actual realización de dicha clase de ataques por parte de sus seguidores.

Piénsese entonces, por ejemplo y llevando al extremo, en la posible realización de actos enaltecedores de alguno de los delitos realizados por el terrorismo anarquista de finales del siglo XIX[44]. Pero también y trayendo los ejemplos a tiempos mucho más recientes y controvertidos en los que aún hoy glorifican a los miembros de una organización terrorista desaparecida hace años como los GRAPO o en los que "bromean" o directamente menosprecian a alguna de las víctimas de los ataques realizados en su día por la afortunadamente ya desaparecida ETA. Decir que dicha clase de mensajes, sin duda manifestaciones de discursos o climas de odio que incluso persisten entre determinados colectivos en la actualidad, son idóneos, desde un punto de vista *ex ante* y por sí solos, para dar lugar a la decisión de realizar nuevos actos terroristas por parte de alguno de sus posibles receptores, por ser manifestaciones de aquellos discursos de odio que en su día respaldaron los actos realizados por tales organizaciones o movimientos, es simplemente irreal, ya que, una vez que los movimientos que dichos mensajes respaldaban y los grupos que los siguen o seguían ya no emplean la violencia para perseguir sus fines, difícilmente se va a poder considerar como previsible que el mensaje en cuestión pueda llevar a alguno de tales sujetos a retomar la lucha armada y a cometer nuevos delitos.

---

44 Con ironía, señala CARBONEL MATEU que ignorar la distancia temporal que existe entre el momento en que se realizan las manifestaciones enaltecedoras de atentados realizados en tiempos pasados como, por ejemplo, señala que hay que hacer la STS 4/2017, (ECLI:ES:TS:2017:31) podría llevar a que se considerase como delito del art. 578 CP un acto justificador del asesinato del general Prim o, incluso, ¿por qué no?, el que lo haga con respecto a la muerte de Viriato, (2018) p. 351, aunque claro está, en este último caso, habría que ver si el célebre pastor Lusitano debería ser considerado como la víctima del terrorismo romano o, por el contrario, como el terrorista neutralizado por el que finalmente fue el régimen dominante durante siglos en la península, algo que llevó a CANCIO MELIÁ a cuestionarse también hasta qué punto podría considerarse como enaltecimiento terrorista la justificación del atentado realizado contra Carrero Blanco, el representante ejecutivo de la dictadura militar franquista, o el que justifique el intentó acabar con Hitler realizado en 1939, (2020), nota al pie 16, p. 1506.

Evidentemente, siempre es posible que alguno de quienes continúen siguiendo los postulados de dichos climas pueda ser el primero en decidirse a retomar la lucha armada y a realizar algún ataque de violencia directa como consecuencia de haber recibido el concreto mensaje difundido, pero dicho resultado es algo que, pese a ser posible, no resultará en modo alguno predecible, ni pronosticable desde un punto de vista *ex ante* y analizando las concretas circunstancias que concurrían en el momento en que el mensaje en cuestión se emitió, con lo que hablar en estos casos de la emisión o publicación de mensajes idóneos para incitar la realización de delitos es simplemente inviable.

En realidad, para que se pueda afirmar que los mensajes de los que habla el enaltecimiento son previsiblemente aptos o idóneos para poder instigar la decisión de cometer nuevos delitos terroristas en alguno de sus receptores, se necesitará que exista un movimiento terrorista activo y que éste esté apoyado en un clima hostil verdaderamente predelictivo, en términos usados por FUENTES OSORIO, ya que solo entonces se podrá predecir que existirán sujetos entre sus posibles receptores que pronosticablemente podrían decidirse a cometer nuevos delitos terroristas cuando reciban alguno de dichos mensajes, lo que, como no nos cansamos de repetir, resulta absolutamente necesario para legitimar el posible castigo de su emisión.

Ahora bien, pese a que, como acabamos de ver, los mensajes de los que hablamos solo van a poder ser considerados generalmente como aptos para determinar a alguno de sus receptores a decidirse a efectuar delitos terroristas, cuando se apoyen en aquellas ideas o doctrinas que, precisamente, están llevando a quienes las defienden y mantienen a ejecutarlos, ello tampoco debe llevarnos automáticamente a considerar que toda emisión de alguno de estos mensajes concurriendo alguno de dichos climas sea ya de por sí apta para generar tal resultado.

Lo cierto y verdad es que si se difunde públicamente uno de estos mensajes, muestra de una violencia cultural realmente predelictiva y que se apoya en la misma, pero se hace ante un auditorio exclusivamente compuesto por personas que no solo no se puede pronosticar que puedan decidirse a emplear o a apoyar de forma efectiva, los medios violentos del movimiento terrorista en cuestión, sino que incluso resulta absolutamente previsible que los rechazarán de forma tajante (por ejemplo, se comunica un mensaje justificador de un ataque terroristas yihadista ante un auditorio de policías especializados y dedicados a la lucha antiterrorista o se exhibe uno glorificador ante un auditorio de antiguas víctimas), no quedará más remedio que entender que la difusión realizada carecerá de cualquier idoneidad incitadora *ex ante* con respecto a la posible comisión por parte de sus destinatarios de nuevos delitos terroristas. Sin embargo, y en clara contra posición con lo anterior, si en el supuesto en cuestión, ese mismo mensaje se divulga ante un grupo de sujetos que siguen los postulados del clima hostil en el que se apoya y defienden los métodos empleados por sus seguidores o por un medio que haga previsible o pronosticable o incluso garantice que pueda llegar a alguno de dichos sujetos (p. ej. el publicado en abierto en una red social)[45], resultará perfectamente posible considerar que la difusión o comunicación públicas realizadas serán adecuadas, por sí mismas, para producir el referido resultado instigador, por más que, finalmente y por las causas que fueran, no lo llegasen a hacer.

Para valorar la idoneidad incitadora del mensaje en cuestión y de su publicación habrá que tener en cuenta, por tanto, no solo su contenido, el contexto social o histórico en que se divulga de forma pública o el clima social en que se apoya, sino también, y entre otras cosas, las cualidades que tenga quien lo haga, el medio que se utilice para hacerlo o los caracteres que tendrían sus posibles receptores, algo que, de hecho, ha sido reconocido por las normas internacionales que han tratado de definir cómo se deben enjuiciar la idoneidad instigadora de los mensajes castigados por

---

45 Sobre cómo influye el uso de estos medios en la recepción de los mensajes de los que estamos hablando por sujetos especialmente proclives a verse motivados por ellos, véase GALÁN MUÑOZ, (2022), pp. 261 y ss.

este delito y por otras figuras del discurso del odio[46], pero que, además y por otra parte, resulta fundamental para poder dotar de sentido y poder interpretar de forma coherente los tipos cualificados de este delito que se han utilizado para poner en cuestión la configuración técnica de su propio tipo básico.

Así, por ejemplo, y como vimos, las características del emisor (p. ej. un líder político o religioso) resultarán fundamentales a la hora de distinguir las publicaciones que tendrían que ser castigadas por el tipo básico del enaltecimiento y las que tendrían que serlo por su tipo cualificado contemplado en el art. 578.3 CP que, como ya vimos castiga con mayor pena la realización de este delito cuando se efectúa publicando mensajes que resultan idóneos por sí mismos para crear un grave sentimiento de inseguridad en la sociedad o en una parte de ella, lo que las diferencia de aquellas

---

46 Así, como bien señala, la Directiva 2017/541, de 15 de marzo, relativa a la lucha contra el terrorismo, para valorar la peligrosidad incitadora del mensaje provocador que su art. 5 obliga a castigar cuando sea tal, esto es incitador de la comisión de delitos terroristas en general, se tendrán que "*...tener en cuenta las circunstancias específicas del caso, como el autor y el destinatario del mensaje, así como el contexto en el que se haya cometido el acto. También deben considerarse la importancia y la verosimilitud del riesgo al aplicar la disposición sobre provocación pública de acuerdo con el Derecho nacional* " (Considerando 10 de Directiva,); expresión normativa que, curiosamente, alude a parámetros muy similares, aunque no idénticos, a los que del denominado test de Rabat estableció a la hora de definir cuando nos encontraremos ante un mensaje indirectamente instigador de actos delictivos y, por tanto al fijar el umbral que permitiría prohibir los discursos de incitación al odio de los que habla el art. 20 PIDCP respetando el derecho fundamental a la libertad de expresión. En concreto, dicho test sugiere que para que dichos discursos puedan ser considerados como delitos haya de valorarse el contexto en el que se emite, el orador que lo hace, l**a intención** con que lo hace, descartando el posible castigo de la efectuada de forma imprudente, el contenido y la forma del mensaje en cuestión, la extensión del discurso, valorando, por ejemplo, el medio empleado para difundirlo y la probabilidad de la efectiva incitación. https://www.ohchr.org/sites/default/files/Documents/Issues/Opinion/Articles19-20/ThresholdTestTranslations/Rabat_threshold_test_Spanish.pdf (últ. vis. 2-3-2022).

otras, mucho más comunes que sanciona el art. 578.1 CP. Mientras tanto, el medio utilizado resultará, por su parte y a nuestro modo de ver, esencial a la hora de resolver los problemas que algunos autores han visto a la hora de delimitar las conductas comunicativas que tendrían que ser castigadas por el tipo básico de este delito y las que tendrían que serlo por el tipo cualificado del art. 578.2 CP.

Este último precepto, recordémoslo, incrementa la pena de esta figura cuando las conductas castigadas por su tipo básico "*... se hubieran llevado a cabo mediante la difusión de servicios o contenidos accesibles al público a través de medios de comunicación, internet, o por medio de servicios de comunicaciones electrónicas o mediante el uso de tecnologías de la información*", lo que, como vimos, llevó a algunos autores a entender que, dado que la mayoría de las comunicaciones públicas se realizan actualmente utilizando dicha clase de medios, terminaría convirtiendo este tipo agravado en el más frecuentemente utilizado y haría que el tipo básico del enaltecimiento desempeñase un papel sancionador puramente residual.

Esta postura, a nuestro modo de ver, no solo olvida, como demuestran nuestros tribunales (p. ej. caso Tasio Erkizia o el de los titiriteros de del grupo teatral La disidencia, entre otros), que son muchos los actos de difusión pública de los mensajes de los que venimos hablando que se realizan o se pueden realizar, a día de hoy, utilizando medios no tecnológicos (mítines, obras de teatro, conciertos, etc...), sino también que el incremento de pena establecido por este tipo cualificado no se fundamenta simplemente, y tal y como algunos mantienen, en que los medios de los que habla permitan la difusión de lo publicado de forma amplia, permanente y prolongada en el tiempo[47], ya que esto, evidentemente, también se puede dar y, de hecho, se dará con el uso de

[47] Así, por ejemplo, afirma la STS 65/2019, de 7 de febrero, (ECLI:ES:TS:2019:345) que "*la utilización de las redes sociales como instrumento de difusión de sus mensajes, posibilita un esparcimiento generalizado y permanente del ideario captatorio y, con ello, una mayor exposición colectiva al riesgo que el tipo penal trata de evitar*".

otros medios puramente analógicos que pueden incluso tener un potencial difusor infinitamente más amplio y efectivo que algunos modernos medios tecnológicos, sin dar lugar a la apreciación de dicho tipo cualificado (piénsese, por ejemplo, en la difusión y permanencia que podrá alcanzar el contenido difundido a través de un periódico físico de gran tirada frente a aquel que podría alcanzar el que se distribuya. por ejemplo, de forma efímera en una videoconferencia seguida por un número cerrado y limitado de destinatarios).

En realidad, y si prestamos un poco de atención a la descripción legal de este tipo cualificado, rápidamente nos daremos cuenta de que lo que define las publicaciones de las que ocupa no es solo que se hayan realizado utilizando medios tecnológicos, sino también, y no debe olvidarse, que éstos dejen "accesibles al público" los contenidos o servicios difundidos empleándolos. Esta expresión, que parece haber sido relegada a un completo segundo plano o directamente al olvido por la doctrina, obliga, a nuestro modo de ver, a entender que el comentado tipo cualificado solo podrá apreciarse cuando el medio empleado en la publicación de mensajes de la que habla su tipo básico, además de ser tecnológico, ponga los referidos mensajes a disposición del público en general difundiéndolos, por tanto, en abierto y no solo al de un grupo más o menos amplio de posibles receptores y lo haga, además, de una forma que permita a dichos sujetos acceder a los mismos en momentos posteriores a su inicial emisión, algo que solo se dará cuando se difundan utilizando un medio que los ponga a disposición de dicho público de una forma estable y permanente.

Estos factores resultan fundamentales a la hora de definir el campo de aplicación del tipo cualificado del art. 578.2 CP y también a la de justificar su mayor castigo, ya que no solo hará que las actuaciones realizadas utilizando los medios de los que este tipo habla tengan una difusión potencial amplia o generalizada, algo que, como hemos visto, también pueden tener otros medios no digitales, sino que, por la propia forma de funcionar que tiene Internet donde los contenidos publicados en abierto y con carácter permanente se reproducen y almacenan incluso de forma automatizada en multitud de servidores para facilitar el rápido acceso los mismos mediante los servicios de *Caching*, también llevará a que los mensajes que se publiquen empleando los comentados servicios resulten mucho más difíciles de eliminar o controlar que los que se distribuyan utilizando otros medios, electrónicos o no, con lo que el uso de dichos mecanismos dotará a la publicación realizada empleándolos de una potencialidad instigadora mucho mayor y mucho más difícil de controlar que las realizadas por otras vías.

Habrá que partir, por tanto, de que lo que define las tecnologías cuyo uso cualificará el delito de enaltecimiento es el hecho de que su empleo ampliará y hará perdurar la capacidad instigadora de la publicación realizada mucho más que si la misma se hubiese realizado utilizando otros medios, incluso digitales, que no hacen accesible y ponen a disposición del público en general, con carácter duradero, los contenidos que ayudan a difundir, lo que nos llevará, entre otras cosa, a excluir del ámbito de aplicación de este tipo cualificado, por ejemplo, a todas aquellas publicaciones efectuadas empleando medios digitales que pongan a disposición de un grupo más o menos amplio de sujetos el mensaje en cuestión, pero no lo hagan respecto al público en general, por no difundirlos en abierto (p. ej. un foro o un blog con contenidos permanentes pero de acceso restringido) y también a las que transmitan el mensaje en abierto, pero lo hagan con carácter efímero como sucederá con la difusión pública y en *streaming* de un discurso enaltecedor del terrorismo, publicación ambas que bajo ningún concepto podrán ser castigadas por el tipo cualificado del que venimos hablando, por más que se hubiesen llevado a cabo empleando medios eminentemente digitales.

Quedaría así definido el delito de enaltecimiento del terrorismo como un delito cuyo tipo básico solo castigaría aquellos actos comunicativos cuya publicación represente un verdadero peligro hipotético respecto a la posible generación en sus receptores de la decisión genérica de cometer delitos terroristas y que podrá, además, castigar algunas de las conductas comunicativas de las que habla aunque se realicen utilizando modernas tecnologías de la comunicación, resolviéndose así la crítica que algunos hicieron a su concreta configuración actual.

Ahora bien, todo lo anterior no puede hacernos olvidar que la delimitación de este delito todavía se enfrenta a otro problema de configuración con una enorme relevancia práctica. En concreto, al referido a la concreta delimitación de su tipo subjetivo.

III. INTENCIONES Y ENALTECIMIENTO DEL TERRORISMO.

Para algunos, y como varias resoluciones judiciales también han mantenido, el enaltecimiento del terrorismo es una figura eminentemente dolosa que se considerará cometida tan pronto el sujeto que difunda públicamente el mensaje o discurso prohibido lo haga conociendo su contenido[48]. Otros, sin embargo, y como también otras sentencias han sostenido[49], entienden que el tipo subjetivo de este delito requiere que el autor de las publicaciones de las que habla su tipo objetivo actúe no solo con dolo, sino con la intención, esto es con dolo directo, de enaltecer, justificar al terrorismo o a los terroristas o de humillar a sus víctimas[50]. Tampoco faltan voces que, atendiendo a la normativa internacional referida a la materia, exigen que quien realice dichas publicaciones deba hacerlo con la finalidad o intención de conseguir la incitación de delitos terrorista en general[51] o que, al entender que esta figura

---

48 Así, por ejemplo, la STS 4/2017, de 18 de enero (ECLI:ES:TS:2017:31), donde se afirmaba que para apreciar el tipo subjetivo de este delito *"Bastaría, por tanto, con una voluntad consciente de estar realizando actos objetivamente enaltecedores del terrorismo o humillantes o injuriosos para las víctimas del terrorismo."*

49 SAN 20/2016, de 19 de julio, (ECLI:ES:AN:2016:2767).

50 PASQUAU LIAÑO, (2017); GÓMEZ MARTÍN, (2018) p. 439 o LEÓN ALAPONT, (2022), p. 61.

51 ROLLNERT LIERN, (2020), p. 201.

ha de castigar actos realmente preparatorios de delitos concretos, exigen incluso que quien publique los referidos mensajes tenga que hacerlo con dolo directo de instigar algún delito terrorista en concreto[52].

Lo primero que hay que señalar en relación con todas estas propuestas es que, una vez que hemos descartado que sea constitucional considerar que el tipo objetivo propio de este delito pueda quedar configurado simplemente por la mera emisión de cualquier discurso enaltecedor, justificador o humillante de las víctimas del terrorismo, se excluye completamente que se pueda mantener, como hacían los defensores de la primera de las comentadas propuestas, que su dolo pueda quedar también limitado al mero conocimiento del contenido del mensaje emitido. El tipo objetivo de injusto del delito de enaltecimiento, como hemos visto, delimita y ha de delimitar su conducta típica exigiendo que la misma presente un peligro hipotético con respecto a la posible generación de la idea de cometer delitos terroristas, mientras en su aspecto subjetivo prevé su comisión dolosa, factores ambos que nos llevan a entender que solo podrá apreciarse su realización cuando el sujeto que difunda públicamente los mensajes idóneamente incitadores de los que su tipo objetivo habla lo haga, cuanto menos, habiendo conocido su idoneidad instigadora y habiéndose decidido, pese a conocerla, a difundirlos.

Tampoco parece, por otra parte, que, una vez que hemos delimitado el tipo objetivo de este delito exigiendo la presencia en las publicaciones de las que habla de una idoneidad incitadora general y, por tanto, sin requerir, para su apreciación, que la comunicación realizada presente una idoneidad instigadora específicamente referida a un concreto delito resulte posible considerar, como también se ha mantenido que el dolo de este delito requiera, para ser apreciado, que el sujeto que publica dichos peligroso mensajes tenga que hacerlo, no solo sabiendo que su conducta era idónea para instigar delitos terroristas en general, sino también

52 ALONSO RIMO, (2020), p. 40.

teniendo el dolo directo de incitar de forma efectiva a la comisión de alguno o algunos de ellos en concreto.

Esto último, a nuestro modo de ver, no se corresponde, en modo alguno, con la naturaleza netamente protopreparatoria de delitos terroristas en general que tiene el delito de enaltecimiento y no realmente preparatorio de delitos concretos; naturaleza que, como ya vimos, no solo se desprende de la descripción típica de este delito o de la interpretación integradora que se debe realizar de su tipo atendiendo a lo exigido por la normativa europea, sino que también lo hace de que estemos ante un delito que castiga a su autor con una pena completamente independiente de la que podría corresponder al delito o a los concretos delitos terroristas cuya incitación, según la teoría ahora comentada y rechazada, debería perseguir el autor de estas conductas para que se le pueda tener como tal.

Habrá que entender, en consecuencia, que no existe ningún argumento que respalde la exigencia de que el autor de la publicación de los peligrosos mensajes que delimitan el tipo objetivo del delito de enaltecimiento deba actuar con la finalidad o intención de conseguir que los mismos lleguen efectivamente incitar la comisión de uno o de varios delitos terroristas concretos y determinados por parte de sus receptores para poder castigarle por este delito.

Tampoco parece que deban correr mejor suerte aquellas propuestas que han considerado que esta figura solo podrá apreciarse cuando quien la cometa lo haga con la intención de justificar, enaltecer al terrorismo o a los terroristas o de humillar a sus víctimas, algo que poco o nada tiene que ver con el hecho de que lo que dote de relevancia penal a los mensajes de los que este delito habla sea su idoneidad instigadora y no solo la naturaleza de su contenido, pero que, además y a nuestro modo de ver, en modo alguno se desprende, tal y como pretenden quienes propugnan la necesidad de dichas intenciones, de la propia descripción típica de sus conductas, por cuando, al afirmar el propio artículo 578 CP que castigará *"los actos que entrañen descrédito"* de las víctimas, deja completamente claro que esta figura pretende castigar los comportamientos que sean objetivamente injuriosos o humillantes para dichos sujetos, con total independencia de si se emitieron con intención de ofenderlos o no.

Finalmente, solo resta por señalar que, a nuestro modo de ver, tampoco existe argumento alguno que obligue a entender, como algunos han propuesto, que dicha figura requiera que quien cometa el peligroso acto comunicativo contemplado en su tipo objetivo, deba haberlo hecho, además de conociendo su idoneidad instigadora general, con la intención de llegar a incitar efectivamente la comisión de delitos terroristas en general y no de uno o varios de ellos en concreto, algo que quienes defienden la necesidad de la constatación de dicha intención han tratado de sustentar en el hecho de que la normativa supranacional que exige el castigo de las conductas de enaltecimiento, como la DCT anteriormente citada, o las internacionales que definen cuando se pueden castigar legítimamente otros mensajes del discurso odio, como el denominado Test de Rabat predicable con respeto a estas figuras, lo hacen siempre exigiendo que dichas actuaciones se tengan que efectuar de forma intencional.

Frente a ello, hay que señalar que, en realidad, cuando la DCT obliga a castigar las difusiones de los mensajes indirectamente instigadores de ciertas conductas terroristas de las que habla su art. 5, cuando se realicen de forma "intencional", lo que realmente pretende es dejar completamente claro que no existe mandato incriminador europeo alguno de castigarlas si se efectúa de forma meramente imprudente, mientras que cuando otros referentes internacionales, como el citado Test de Rabat, establecen que a la hora de poder prohibir y castigar, de forma legítima y como delitos de discurso del odio, la difusión de determinados mensajes se tiene que tener en cuenta la intención con que actuó quien los difundió, no están tratando limitar el posible castigo de las actuaciones de las que hablan a aquellos casos en que se realicen con intención de incitar, sino que lo que pretenden es poner manifiesto que el castigo de la difusión de discursos del odio meramente imprudente debe rechazarse, ya que resulta absolutamente incompatible con el debido respeto a la libertad de expresión[53].

No existe, por tanto, mandato internacional alguno de limitar el castigo de los discursos de odio a aquellos que se realicen con una intención instigadora general, algo que, de hecho y a nuestro modo de ver, ha quedado reflejado en la concreta configuración típica que alguno de los delitos que nuestra normativa nacional estableció, precisamente, para responder al mandato incriminador europeo de la difusión de mensajes provocadores, esto es, indirectamente instigadores de delitos terroristas, contemplado ya en la normativa europea precedente a la DCT[54]. En concreto, lo

---

53 En este sentido, y en relación con la posible creación general de delitos del discurso del odio establece el test de Rabat que para considerar que uno de estos delitos límite de forma admisible la libertad de expresión, conforme a lo establecido en el art 20, párrafo 2º del Pacto Internacional de Derechos Civiles y Políticos (ICCPR por sus siglas en inglés), que recordémoslo indica que "*Toda apología del odio nacional, racial o religioso que constituya incitación a la discriminación, la hostilidad o la violencia estará prohibida por la ley*", el mensaje en cuestión tendrá que superar el umbral protegido por dicho derecho fundamental; umbral que tendrá que tener en cuenta determinados factores y circunstancias relativas al mensaje entre los que se tendrá que valorar la intención de su emisor, ya que, como expresamente afirma dicho test *"La negligencia y la imprudencia no son suficientes para que un acto constituya delito según el artículo 20 del ICCPR, ya que éste incluye disposiciones sobre la "apología" e "incitación" en lugar de la sola distribución o circulación de material"*, con lo que se deja claro que lo que pretende la exigencia de la valoración de la intención del emisor es excluir la viabilidad de la difusión meramente imprudente de tales mensajes.

54 Así, el art. 3.1. a) de la Decisión Marco 2002/475/JAI, tras su reforma efectuada por la Decisión Marco 2008/919/JAI, afirmaba que se debía entender como *"provocación a la comisión de un delito de terrorismo la distribución o difusión pública, por cualquier medio, de mensajes destinados a inducir a la comisión de cuales quiera de los delitos enumerados en el artículo 1, apartado 1, letras a) a h), cuando dicha conducta, independientemente de que promueva o no directamente la comisión de delitos de terrorismo, conlleve el riesgo de comisión de uno o algunos de dichos delitos"*, viniendo el apartado 2.a de

hace, por ejemplo, en la figura de colaboración terrorista del art. 577.2 CP vigente desde la reforma realizada por la LO 2/2015.

Este precepto, como es sabido, castiga las comunicaciones, públicas o no, de los mensajes captadores o adoctrinadores de los que habla tanto si están "dirigidas" o "tienen por finalidad" incitar a otros a cometer delitos terroristas, como si, simplemente, resultan por su contenido idóneas para alcanzar dicho efecto; expresiones ambas que, una vez que se parte, como aquí se hace y exige expresamente la normativa europea de que los mensajes que puede castigar esta figura se tienen que caracterizar por ser aptos para alcanzar tal resultado[55], lo que pretenden es dejar claro que este delito sancionará tanto las actividades comunicativas de las que habla que realicen quienes las efectúen con finalidad de inducir (los "dirigidos"), como las que lleven a cabo aquellos otros que las hubiesen realizado simplemente conociendo su capacidad instigadora, pero sin buscar alcanzar tal resultado o incluso pensando o queriendo que no se llegará a producir. Esto es, tanto los que los transmiten con intención de incitar, como los que los comunican con un mero dolo de peligro hipotético con respecto a tal pronosticable resultado de instigación.

Así pues, habrá que entender que no existe razón alguna que obligue a limitar el ámbito de aplicación del art. 578 CP a las conductas realizadas con alguna intención especial, bastando para apreciar su comisión con que quien publique los peligrosos mensajes de los que dicha figura habla lo haga teniendo un verdadero dolo de peligro. Es decir, bastando con que sepa que el mensaje que difundía públicamente era uno de los que habla el referido delito y que, al publicarlo en el tiempo y de la forma en que lo hacía, era un mensaje apto o idóneo, desde un punto de vista *ex ante,*

---

dicha DM a obligar a los Estados miembros a castigar la comisión dolosa de dicha conducta como delito.

55 Compartimos lo manifestado por CUERDA/FERNÁNDEZ (2019), pp. 212, 242 y 262.

para llevar a alguno de dichos sujetos a cometer delitos terroristas que todavía estarían por determinar.

Quedaría así, por fin, completamente delimitado el injusto propio del delito de enaltecimiento y lo estaría de una forma clara, coherente, acorde a nuestra constitución y también con las exigencias incriminadoras europeas.

Sin embargo, este hecho tampoco nos debería hacer olvidar que todavía queda por determinar si podrían tener razón aquellos que propugnan la derogación de este delito, no tanto por considerarlo un precepto demasiado amplio, técnicamente incorrecto o incluso inconstitucional, como por entender que, en realidad, es una figura redundante e inútil que debería, por serlo, desaparecer de nuestro ordenamiento.

IV. LA DISCUTIDA UTILIDAD Y ESPACIO SANCIONADOR DEL DELITO DE ENALTECIMIENTO.

La delimitación del delito de enaltecimiento del terrorismo que hemos realizado en los apartados anteriores nos ha permitido concertar los aspectos objetivos y subjetivos que definen a el tipo básico de esta figura de una forma coherente con sus tipos cualificados, respetuosa con las exigencias derivadas de los principios de lesividad y culpabilidad, lo que es más importante, acorde con el derecho fundamental a la libertad de expresión garantizado por nuestra constitución.

Ahora bien, y como ya hemos señalado, lo anterior no debe hacernos olvidar que quienes proponen la derogación del delito de enaltecimiento, en muchas ocasiones, lo hacen no solo por considerarla una figura delictiva inconstitucional o dotada de una defectuosa configuración, sino también y, sobre todo, por entender que su existencia no resulta necesaria, ya que mientras castiga algunas actuaciones que no tienen la suficiente lesividad como para poder ser penalmente relevantes, también lo hace con otras (como las de humillación a las víctimas) que sí que la tendrían, pero que se entiende que pueden ser perfectamente sancionadas utilizando otros delitos, mucho menos cuestionables que el de enaltecimiento y que, de hecho, sancionarán la realización de tales actuaciones con unas penas mucho menos graves, con lo que su aplicación se considera mucho más acorde a su verdadera lesividad[56].

Precisamente en esta línea, resulta conveniente recordar, que, como ya vimos, la Exposición de motivos de proposición de reforma del Código penal presentada, en su día, por el grupo parlamentario condeferal de Unidas Podemos-En Comú Podem-Galicia en Común, propugnaba la derogación de este delito, entre otras razones, por considerar que *"Nuestro ordenamiento jurídico ya dispone de otras figuras jurídicas, como la apología del delito, que castiga la provocación directa para la comisión de delitos terroristas, o lo indicado en el vigente artículo 170.2 del Código Penal, que castiga a los que reclamen públicamente la comisión de acciones violentas por parte de organizaciones terroristas"*, mientras señalaba que por lo que *"...respecta a la cuestión de las acciones tipificables como humillación a las víctimas del terrorismo, la derogación del artículo 578 del Código Penal no supone ningún tipo de desprotección respecto de este colectivo en lo concerniente a las conductas tendentes a vejar o menoscabar su dignidad. Por un lado, en esta ley se reforma el agravante 4ª del artículo 22 al introducir entre los colectivos protegidos en este punto al de víctimas del terrorismo, y por otro lado ante cualquier conducta vejatoria o humillante a las víctimas existe para su protección el delito de injurias".*

En definitiva, proponía su derogación por considerarla una figura no solo cuestionable, sino también redundante e inútil y, por tanto, carente de sentido.

Ahora bien, como ya hemos visto, una vez delimitado el referido delito de forma adecuada rápidamente nos percataremos no solo de que, en realidad, todas sus posibles modalidades comisivas (y no solo algunas) presentan una antijuridicidad suficiente para poder ser sancionadas penalmente, sino también de que, por

---

56 CANCIO/DÍAZ (2019), p. 246.

ejemplo, las humillaciones a las víctimas que esta figura castiga presentan un contenido de injusto que no resulta plenamente coincidente con el que contempla y sanciona el delito de injurias, ni tampoco con las que podrían ser subsumidas y castigadas en el tipo delictivo del atentado grave a la integridad moral del art. 197.1 CP. En concreto, las expresiones humillantes de las que habla el delito de enaltecimiento, además de afectar al honor o a la integridad moral de los sujetos a los que alude (las víctimas del terrorismo y sus familiares), tendrán necesariamente que presentar una idoneidad incitadora indirecta respecto a la posible ejecución de futuros delitos terroristas para poder ser castigadas por dicho delito. Serán humillaciones, entonces, que presentarán una lesividad mayor y parciamente diferente a la que configura los tradicionales delitos contra el honor o la integridad moral. Una que, además, de convertirlas en unas humillaciones más graves que las que castigan estos últimos delitos, también hará que su emisión alcance una trascendencia pública (la derivada de su idoneidad instigadora de delitos terroristas) que no se da en dichos delitos, haciendo así perfectamente comprensible no solo que el art. 578 CP castigue la difusión pública de las humillaciones de las que se ocupa con mayor pena que el delito de injurias a las suyas, sino también que lo haga sin dejar su posible persecución y sanción penal en manos de los concretos sujetos a los que dichas expresiones estarían referidas, como sí sucederá, por ejemplo, con las injurias que, como es sabido, solo pueden perseguirse a instancia de sus ofendidos[57]. Ambas decisiones legislativas se explican porque las humillaciones que castiga el delito de enaltecimiento del terrorismo presentan una faceta supraindividual que se añade y trasciende los intereses puramente personales que afectan las castigadas por los referidos delitos contra el honor, haciendo que sean más graves que el resto de humillaciones y que no se pueda dejar su persecución en manos de aquellos concretos individuos a los que su comisión inicialmente había ofendido.

---

57 GALÁN MUÑOZ, (2020), p. 63.

Más controvertido puede parecer, sin embargo, fundamentar la necesidad de que el delito de enaltecimiento castigue las expresiones enaltecedoras o justificadoras del terrorismo, cuando existe una amplia gama de delitos e instituciones delictivas que sancionan determinadas actuaciones, precisamente, por ser incitadoras de la comisión de delitos terroristas.

Así, por ejemplo, no es solo que, conforme a lo establecido en los art. 18 y 579 de nuestro Código penal, se pueda castigar como provocación de un delito terrorista cualquier acto de apología que incite pública y directamente a su realización[58] o que el art. 170.2 CP permita sancionar como amenaza a los que, con finalidad de atemorizar a un grupo o colectivo, reclamen públicamente la comisión de hechos delictivos. Es que, tras la reforma realizada sobre nuestro Código penal por la LO 2/2015, existe en el mismo una amplia batería de figuras delictivas que están dirigidas o pueden servir para castigar la emisión de determinados mensajes incitadores de la posible comisión de delitos terroristas.

En efecto, la referida reforma no solo contempló la posibilidad de castigar penalmente las formas tradicionales de participación intentada y, entre ellas, las de apología como modalidad de provocación a la posible comisión de un delito terrorista. Además, también sancionó, por ejemplo, en el vigente art. 579.1 CP el hecho de difundir públicamente, por cualquier medio *"mensajes o consignas que tengan por finalidad o que, por su contenido, sean idóneos para incitar a otros a la comisión de alguno de los delitos de este capítulo"* y en el art. 577.2 CP como acto de colaboración terrorista, el llevar a cabo cualquier actividad de captación o incluso de mero adoctrinamiento que *"...esté dirigida o que, por su contenido, resulte idónea para incitar a incorporarse a una organización o grupo terrorista, o para cometer cualquiera de los delitos contenidos en este capítulo"*.

---

58 En esta línea se manifiestan NÚÑEZ CASTAÑO, (2022), p. 219 o PASTRANA SÁNCHEZ, (2020), p. 274. Sobre esta cuestión, véase lo comentado por ALONSO RIMO, (2010), p. 20 y ss.

Si a este impresionante arsenal punitivo se le une que se continúa pudiendo castigar la integración tanto pasiva, como activa en organización terrorista (art. 572. 2 CP), algo, esto último, que parece permitirá sancionar las actuaciones indirectamente instigadoras de delitos que realicen por sus miembros, y que el art. 575. 2 CP también sanciona el mero hecho de autoadoctrinarse o dejarse adoctrinar para *"capacitarse para llevar a cabo cualquiera de los delitos tipificados en este Capítulo"*, lo que, a juicio de algunos, podría abrir las puertas a que esta figura pueda castigar al que se adoctrina o se hace adoctrinar para cometer posteriores delitos de enaltecimiento que instiguen indirectamente a terceros a realizar delitos terroristas incluso antes de que lo hagan[59], podríamos llegar a pensar que nuestro ordenamiento ya cuenta con un arsenal de instrumentos punitivos anticipados los suficientemente amplio

---

[59] Admiten dicha posibilidad CUERDA/FERNÁNDEZ, aunque señalando que dará lugar a disparatados resultados punitivos, ya que llevará a que se castigue con mayor pena al que se adoctrina o adiestra para enaltecer que al que realiza esta última conducta de forma efectiva, si bien posteriormente consideran que no siempre se dará una relación de consunción entre el delito de enaltecimiento y la del 577 CP pudiendo entrar ambos en concurso real. (2019), p. 223 y 299. Lo niega, sin embargo, GONZÁLEZ VAZ, por considerar que el delito de enaltecimiento es una figura de opinión y dado que *"no se puede aprender una opinión, o se tiene o no se tiene", resulta "especialmente complejo hacer encajar en este patrón mental un proceso de aprendizaje, de formación técnica,,, "*, (2021), p. 272; postura que olvida, a nuestro entender, dos hechos fundamentales. El primero que el enaltecimiento no castiga opiniones o ideas, sino la dolosa exteriorización de mensajes peligrosos, con lo que no castiga meros procesos internos, pudiendo ser cometido incluso por personas que no compartan o sigan tales ideas. Pero el segundo y fundamental es que es perfectamente posible que quienes difunden este tipo de mensajes, busquen previamente en las redes formas de dar mayor eco a sus manifestaciones, para hacerlas más efectivas al captar combatientes para su causa, con lo que no parece que haya demasiado problema conceptual para poder concebir conductas de autocapacitación que se puedan cometer, precisamente, con la intención realizar posteriores actos de enaltecimiento idóneos para instigar nuevos delitos terroristas como exige el art. 578 CP.

y variado como para que la desaparición del delito de enaltecimiento no llegue a ocasionar ninguna laguna punitiva.

Así, aun cuando quien enaltezca o justifique el terrorismo no pudiese ser castigado por la apología de estos delitos o como autor del delito de amenazas del art. 170.2 CP por reclamar pública y directamente a alguna organización o grupo terrorista que los cometa, todavía podría serlo por el delito del art. 572.2 CP, si difundiese dicha clase de mensajes estando integrado en una organización terrorista, y, si no lo estuviese, por el art. 579.1 CP si la difusión que efectuase fuese idónea para poder instigar la posible realización de delitos terroristas, por el delito del art. 577.2 CP, siempre y cuando se pudiese entender que con sus mensajes había realizado una actuación de captación o adoctrinamiento activo de terceros que buscaría o, cuando menos, resultaría idónea para incitarlos a ejecutar dichos delitos o, incluso, por el art. 575.1 CP si, antes de enviar los peligrosos mensajes delictivos, se hubiese autoadoctrinado o hubiese recibido adoctrinamiento para capacitarse para poder hacerlo.

La batería de figuras que, cuanto menos aparentemente, resultan aplicable a las conductas inductoras del terrorismo que sanciona el actual art. 578 CP es enorme y hace que parezca razonable pensar que no sea necesario mantener como figura autónoma a este último delito[60].

---

60 En este sentido, resulta llamativo que, tras la proliferación de figuras a que dio lugar la reforma de la LO 2/2015, afirmase BERNAL DEL CASTILLO, que "*...el problema del art. 578 en relación al enaltecimiento de la yihad islámica radica más bien en el hecho de que puede preverse una escasa aplicación del mismo, debido a que normalmente los actos de apología del terrorismo islamista y de sus autores no se limitan a la simple divulgación general del mensaje del odio, sino que están mezclados o forman parte de un modus operandi más complejo, en cuanto el enaltecimiento se dirige, por ejemplo, a fines más amplios de captación, adoctrinamiento o reclutamiento, o cuando esas alabanzas de doctrinas violentas constituyen verdaderas formas de participación en grupos u organizaciones, o bien porque constituyen actos provocación directa o indirecta a la comisión de actos terroristas. Las últimas reformas del Código Penal han buscado una prevención del terrorismo*

Sin embargo, cuando uno analiza con mayor detenimiento el concreto ámbito de aplicación de todas estas figuras y estudia también como interactúan las unas con las otras, rápidamente se da cuenta de que, en realidad, muy pocas de ellas puede llegar a sancionar algunas de las peligrosas actuaciones comunicativas que el delito de enaltecimiento del terrorismo castiga a día de hoy y de que, de hecho, las que lo hacen, lo consiguen de una forma muy parcial o incluso de una que resulta hartamente cuestionable.

Así, por ejemplo, debe destacarse, frente a lo que mantiene la anteriormente citada propuesta de derogación de este último delito, que, dado que el delito del art. 170.2 CP solo permite sancionar penalmente la publicación de mensajes que directamente, luego de forma explícita, "*...reclamen públicamente la comisión de acciones violentas a organizaciones o grupos terroristas*" para atemorizar a los integrantes de un colectivo o grupo de personas y lo haga de forma lo suficientemente grave como para poder conseguirlo[61], nos encontramos ante una figura que no solo no podría llegar a sancionar todas o la mayor parte las conductas comunicativas e instigadoras que sanciona a día de hoy el delito de enaltecimiento, sino que, en realidad, no podría hacerlo con ninguna de ellas.

Como hemos visto, si algo caracteriza a los mensajes castigados por el delito de enaltecimiento del terrorismo es que no instan, ni reclaman, de forma explícita o directa, la comisión de delitos terroristas a sus posibles receptores, sino que lo que hacen, -bien justificando o glorificando su ejecución o a los que los realizaron

islamista tan extensa que apenas quedan conductas que no estén tipificadas como delitos concretos de colaboración, adoctrinamiento, etc., figuras que serán de aplicación preferente sobre el enaltecimiento, en virtud del principio de especialidad", (2016), p. 39.

61 MUÑOZ CONDE, (2021), pp. 156 y 167. Este delito, como señala acertadamente, ALONSO RIMO, es un delito que "*...a pesar de que integra una incitación a la comisión de acciones violentas se sanciona con la base de la incidencia en la libertad o en el sentimiento de tranquilidad del grupo de personas afectadas y no en el peligro de promoción de acciones terroristas",* (2017). p. 37.

con anterioridad, bien cosificando a sus víctimas-, es hacer pronosticable, desde un punto de vista *ex ante,* que alguno de dichos sujetos podrían decidirse a realizarlos. Teniendo esto en cuenta, resulta evidente que la existencia de figuras como la del artículo 170.2 CP no solo no servirán para sancionar todas las conductas comunicativas que dejarían de estar castigadas penalmente en caso de que se derogase el delito de enaltecimiento, sino que, de hecho, no podría hacerlo con ninguna de ellas, ya que, en ninguna, por definición, se reclama directamente la comisión de delitos. Si a ello se le añade que el comentado delito solo podrá apreciarse cuando la petición de realización de acciones violentas de las que habla se dirija a organizaciones o grupos terroristas, algo que, en modo alguno, requieren los mensajes castigados por el de enaltecimiento, lo que permite que este cuestionado delito castigue la publicación de mensajes que podrían inducir a efectuarlos a algún "lobo solitario" no integrado en una organización o grupo de dicha naturaleza, pero que sí siga las ideas que sustentan el movimiento terrorista de que se trate, y que, además y por otra parte, el art. 170.2 CP solo castiga la petición pública de delitos de la que habla cuando se efectúe con la intención y de forma adecuada para atemorizar a los grupos puestos como diana de tales ataques, algo esto último que, si bien puede darse también con algunas de las publicaciones que castiga el art. 578 CP, no se requiere para apreciar la ejecución de su tipo básico, sino la de su tipo cualificado del art. 578.3 CP, no quedará más remedio que entender que, en realidad, el delito del art. 170.2 CP en modo alguno puede cubrir la laguna punitiva que la derogación del delito de enaltecimiento del terrorismo vendría de dejar.

Tampoco parece, por otra parte, que otras figuras, como la de apología que castiga el art. 579.3 CP como forma de provocación y que, por serlo, solo sanciona actos comunicativos apologéticos que sean expresamente inductores de concretos delitos terroristas[62] o, como la del art. 579.1 CP que, si bien permite castigar la

---

62 ALONSO RIMO, (2010) p. 22; CUERDA/FERNÁNDEZ (2019). pp. 252 y 274; GALÁN MUÑOZ, (2016), pp. 116 y ss,.

difusión pública de mensajes meramente aptos o idóneos para inducir la comisión de delitos terroristas, con lo que podrá sancionar actos de instigación delictiva no expresa, pero lo hace exigiendo que tales mensajes sean aptos para instigar la realización delitos concretos y determinables que fijen la pena desde la que se determinará la aplicable a aquellos sujetos que sean castigados conforme a esta figura, puedan servir para sancionar el amplio conjunto de publicaciones que a día de hoy pune el delito de enaltecimiento y que, como vimos, se caracterizan y delimitan, precisamente, por ser idóneas o aptas, desde un punto de vista *ex ante*, para poder instigar la comisión de delitos terroristas que no están determinados en el propio mensaje, ni puedan ser determinados o determinables, en el momento en que se difunde, atendiendo a su contenido y a las circunstancias que rodearon su emisión.

De hecho, esta diferente delimitación de los mensajes que castiga una y otra figura delictivas debería llevar, a nuestro entender, a que si se difunde un mensaje de forma pública que, pese a no instar de forma directa a cometer uno o varios delitos terroristas concretos, sí que permitía determinar, de una forma *ex ante*, los concretos delitos terroristas podría incitar a cometer a sus receptores (p. ej. el secuestro de un determinado político, el asesinato de un juez, ect…) se tenga que castigar al autor de su difusión aplicándole la figura y la pena del art. 579.1 CP; mientras que si, por el contrario, la publicación efectuada fuese adecuada para poder inspirar la decisión de cometer delitos terroristas en general, pero no se pudiese pronosticar cuál o cuáles podrían ser dichos delitos, no se le pueda castigar aplicándole el delito anterior, por más que sí que se le podría sancionar atendiendo a lo dispuesto en el delito del art. 578 CP, eso sí, siempre y cuando se diesen, evidentemente, el resto de circunstancias exigidas por dicho tipo delictivo (p. ej. que fuese un mensaje justificador de ataques previos, humillante para las víctimas, etc…)[63].

---

63 A una solución parecida, pero por vías bien diferentes a las aquí seguidas, ha llegado, por ejemplo, la STS 646/2018, 14 de diciembre,

Estaremos entonces ante figuras que castigan la publicación de mensajes completamente diferentes y excluyentes entre sí, poniéndose así de manifiesto que nunca se podrá entender que el delito del art. 579.1 CP pueda cubrir la laguna de punición que provocaría la hipotética derogación del de enaltecimiento del art. 578 CP, pero también que cuando nos encontremos ante un caso en el que se pueda constatar la acumulada o sucesiva difusión de mensajes de una y otra clase se tendría que apreciar el correspondiente concurso de real delitos y no de leyes entre las figuras de las que venimos hablando, ya que la apreciación de una sola de ellas nunca podría llegar a valorar y a sancionar, por sí sola, el completo injusto generado con la sucesiva y acumulada emisión de las peligrosas publicaciones realizadas[64].

(ECLI:ES:TS:2018:4133) que afirma que "*...si existe una incitación a la comisión de hechos delictivos, a través de consignas y mensajes, la subsunción es la del art. 579 CP. Si la potencialidad de riesgo es de aptitud, no requiriendo la incitación a la comisión de actos terroristas, la subsunción es en el art. 578 CP*", con lo que el Alto tribunal se decanta, por entender que será la diferente idoneidad incitadora que define a las figuras de los art. 578 y 579 CP la que habrá de determinar que un mensaje pueda y deba ser castigado por uno u otro delito.

64 En efecto, dado que, mientras la exclusiva apreciación de enaltecimiento no valoraría ni sancionaría el peligro de incitación del concreto o de los concretos delitos que castigaría el art. 579.1 CP, la simple aplicación de esta última figura dejaría sin valorar ni castigar el hecho de que los mensajes trasmitidos, además de poder inducir el o los concretos delitos previsiblemente instigados, también podrían haber dado lugar a la ejecución de otros muchos delitos terroristas, no definidos, ni concretables, desde un punto de vista *ex ante*, pero de pronosticable realización, con lo que el peligro relativo a su efectiva instigación sería tan amplio que nunca podría verse completamente absorbido por la simple apreciación de la particular figura preparatoria que castiga el referido art. 579.1 de nuestro Código penal. Así sucederá, por ejemplo, cuando un sujeto difunda mensajes enaltecedores en un contexto y con unos destinatarios que podrían motivarse por los mismos a cometer delitos terroristas todavía no definidos ni delimitables, pero de previsible realización y, además, difunda paralela o posteriormente otros que, si bien no insten expresamente a cometer ningún delito en concreto, sí

Algo diferente sucede, sin embargo, con aquellas figuras realmente protopreparatorias que, por serlo y en clara contraposición con las anteriormente comentadas, sí que castigan actuaciones dirigidas o que son simplemente idóneas para facilitar o favorecer la realización de delitos terroristas en general y no la de uno o varios de dichos delitos en concreto.

Este es el caso, por ejemplo, del delito de integración activa en una organización terrorista. Es evidente que quienes se convierten en miembros de una organización terrorista y participan de forma activa en sus actividades podrán realizar desde ella, entre otras conductas, actos públicos enaltecedores o justificadores de los delitos cometidos por la misma y/o de quienes los ejecuten que podrían ser idóneos para inspirar su repetición por parte de terceros. Ahora bien, de este hecho en modo alguno puede deducirse que el referido delito sea capaz de cubrir el amplio abanico de conductas comunicativas que sanciona el enaltecimiento terrorista. No puede hacerlo por cuanto resulta evidente que los actos comunicativos que sanciona el enaltecimiento pueden ser realizados por sujetos que no estén integrados en ninguna organización de dicha naturaleza, pudiendo llevarlos a cabo tanto me-

---

que permita considerar cuál podría ser el que podrían instar a realizar (p. ej. el que, en un momento de gran conflictividad, pese a no instar expresamente a que se mate a un determinado cargo político o judicial, sí que lo identifica como responsable de una decisión que quienes respaldan el movimiento terrorista en cuestión repudian, situándolo así como posible objetivo de un previsible homicidio terrorista). En este tipo de casos, la existencia del peligro instigador genérico propio del enaltecimiento y del más delimitado y específico que sanciona el art. 579.1 CP solo puede ser completamente valorado y sancionado aplicando los dos delitos muestra evidente de que ambos en modo alguno se vendrían a solapar. De otra opinión, CUERDA/FERNÁNDEZ que aprecian un concurso de leyes entre estas figuras, estando en una relación de especialidad con respecto a este último precepto, dado que, al castigar expresamente la justificación o el enaltecimiento del terrorismo, deberá aplicarse preferentemente, (2019), p. 307.

ros colaboradores o simples simpatizantes de la misma[65], como quienes, sin tener relación alguna con una organización de dicha naturaleza e incluso sin seguir realmente las ideas que sustentan el movimiento terrorista en que se enmarcan, difundirían el mensaje en cuestión voluntariamente y siendo plenamente consciente de su peligrosidad[66] . Pero es que, además, y lo que es más importante, no puede hacerlo porque, si bien resulta innegable que las conductas enaltecedoras se pueden cometer por los integrantes de dichas organizaciones, lo cierto y verdad es que son conductas que no pueden ser consideradas como realmente propias, consustanciales e inherentes a la condición de integrante activo de una de dichas organizaciones y de las contribuciones que como tales suelen realizar a las mismas (p. ej. tareas no directivas de apoyo administrativo, de gestión u organizativas)[67], lo que, a nuestro juicio,

---

65 MIRA BENAVENT, J. (2018). p. 320

66 Un caso interesante, en este sentido, fue el analizado por la STAN 4/2020, de 2 de marzo, (ECLI:ES:AN:2020:795) en la que se ratificó la condena de un sujeto que realizó reiterados comentarios de apoyo y justificación de los atentados y actividades de DAESH y Al Qaeda, como si fuese partidario de dichas organizaciones, pese a que no solo no era seguidor de dichas organizaciones, sino que ni era musulmán.

67 De otra opinión, FARALDO CABANA, quien entiende que mientras la mera integración en este tipo de organizaciones requiere de la realización de actos objetivos de aporte a la organización para la consecución de sus fines y la adhesión ideológica, la integración activa necesita que el sujeto en cuestión realizase actos de participación en la preparación o ejecución de los delitos propios de dichas organizaciones (2012), pp. 271, 279. Esta postura llevaría a que se tuviese que entender que, el injusto propio del delito de integración activa en organización terrorista sí que castigaría los actos de enaltecimiento que realizasen aquellos que realizasen los actos comunicativos de los que venimos hablando estando integrados en dicha clase de organizaciones, algo que no podemos compartir, entre otras razones, porque daría lugar a que el delito analizado terminase castigando con la misma pena abstracta a quien realiza, por ejemplo, una tarea organizativa que favorece los fines y la subsistencia de la organización terrorista, que aquel otro que pasa a realizar actuaciones ya ejecutivas, ya preparatorias de los graves delitos que definen al terrorismo. Mucho más adecuado nos parece entender que el delito

debe llevar a que se tenga que entender que, en realidad, cuando el adscrito a una de estas agrupaciones realice alguna actividad enaltecedora penalmente relevante, efectuará una conducta que trascenderá el injusto que castiga el delito de integración activa en dichas organizaciones que, consecuentemente, solo podrá ser castigada mediante la apreciación del correspondiente concurso de delitos entre esta figura y la de enaltecimiento del terrorismo.

Algo similar, aunque con algunos matices, sucede con el delito de adoctrinamiento pasivo del art. 575 CP.

Dejando ahora a un lado, por motivos de espacio, la más que cuestionable definición legal que nuestro Código da a este delito

---

del art. 572.2 CP castiga como integrantes no activos a los sujetos que se integran en la organización criminal y, por tanto, se ponen a disposición de las actividades criminales que se vayan a realizar desde la misma y sanciona como activos a los que, de forma permanente y estando también a disposición de la organización, realizan actividades organizativas y de gestión de la organización, sin ser uno de sus dirigentes ni haber participado en la ejecución, ni en la preparación de ningún delito específico, haciendo así que tanto los unos como los otros si ejecutan o preparan otras conductas delictivas (enaltecimiento, financiación etc…), tengan que responder por el delito de integración en organización y del concreto delito que viniese a castigar dichos hechos efectivamente realizados. En similares términos a la postura aquí sostenida se manifiestan las STS 1346/2001, de 28 de junio (ECLI:ES:TS:2001:5581), y STS 1127/2002, de 17 de junio, (ECLI:ES:TS:2002:4428), en las que se afirma que, en principio, la pertenencia supone, por sí misma, una prestación de algún tipo de servicio para los fines de la banda, sin que sea exigible la actuación directa en acciones de armas, sino que basta la disponibilidad para tales acciones, o la realización de otros servicios a favor del éxito de tales acciones, a cualquier nivel) (vid. la STS 503/2008, de 17 de julio (ECLI:ES:TS:2008:4587). Esta postura, que nos parece la más acorde con la redacción vigente del delito, lleva, sin embargo, a que esta figura deba ser objeto de severas críticas, no solo por la severidad con la que castiga este tipo de actuaciones tan alejadas de la efectiva realización o incluso el efectivo comienzo de los graves delitos propios del terrorismo, sino también porque hacen que se presente como un delito que presenta caracteres muy cercanos al, a todas luces rechazable, Derecho penal del enemigo.

y a algunas de sus modalidades comisivas, entre las que incluso se encuentra la de mera posesión de documentos que resulten idóneos para que quienes los tengan pueda adoctrinarse[68], resulta evidente que para que cualquiera de ellas pueda ser típica de esta figura habrá de realizarse *"con la finalidad de capacitarse para llevar a cabo cualquiera de los delitos tipificados en este Capítulo"*. Es decir, con la intención de realizar algún delito terrorista, por más que el sujeto que así actúe aún no hubiese decidido cuál o cuáles de dichos delitos, en concreto, serían los que finalmente iría a realizar[69]; elemento subjetivo este que resulta fundamental para

---

68 Vid. CUERDA/FERNÁNDEZ (2019) p. 208; GONZÁLEZ VAZ, (2021), pp. 105 y ss. o MUÑOZ CONDE, quien califica esta modalidad como de verdadero delito de sospecha, (2021), p. 865.

69 Señalar que, como bien apuntan, CUERDA/FERNÁNDEZ, para apreciar la presencia de esta intención será necesario que el sujeto se haya decidido a "pasar a la acción", lo que supone que se tenga que constatar que *"...quede acreditada la resolución delictiva, porque la mera inclinación a cometer delitos de terrorismo (...) no es suficiente para integrar el tipo"*, (2019), p. 221. Ahora bien, también resulta necesario reseñar que, a nuestro modo de ver, dado que el art. 575 CP habla de tener la finalidad de capacitarse para cometer *"cualquiera de los delitos de este capítulo"* y no de "alguno" como establecen otros preceptos, (p. ej. 579 CP), y asigna a sus responsables una pena propia y completamente independiente de la que pudiera tener el delito o los delitos que pretendiesen cometer, debe considerarse que no nos encontremos realmente ante una figura que venga simplemente a castigar un mero acto preparatorio punible de uno o de varios delitos terroristas concretos, sino ante una nueva figura protopreparatoria que permite castigar a quien está decidido a cometer de delitos terroristas, aunque todavía no esté decidido ni sepa cuáles, ni cuántos llegarían a de ser. Esto, evidentemente, permite adelantar la intervención penal a momentos previos a la decisión del sujeto que concrete los delitos que iba a cometer, lo que incide en la configuración del dolo que habrá de tener el autor de esta figura para poder ser considerada como tal (no necesitaría tener un dolo referido a uno o varios delitos concretos, como requieren los actos preparatorios propiamente dichos, sino uno mucho más general) y, además, también permite que el art. 575 CP, que también castiga el adiestramiento pasivo, pueda responder a lo exigido por los art. 8 y 13 de la Directiva 2017/541/UE, que obliga a castigar tales comportamientos cuando se

definir esta figura, ya que, en caso de no concurrir, haría que las conductas objetivas de las que su tipo objetivo habla, como, por ejemplo, la de aprender y seguir determinadas doctrinas, la de poseer determinados documentos o la de simplemente acceder a ellos en Internet, tuviesen que ser consideradas como completamente lícitas y permitidas en un Estado como el nuestro, que, al ser una democracia no militante o tolerante, debe permitir su realización por ser legítimas manifestaciones externas de los derechos fundamentales a la libertad de expresión, ideológica o religiosa en tanto en cuanto no se efectúen, cuanto menos, con finalidad de realizar una actividad delictiva posterior[70].

Precisamente, la cuestionable amplitud típica de esta figura, tanto objetiva (bastará, por ejemplo, con el mero hecho de poseer ciertos documentos), como subjetiva (será suficiente con que se haga dolosamente y estando resuelto a cometer delitos terroristas, aunque no se haya todavía decidido cuál o cuántos), junto al hecho de que no sea en modo alguno infrecuente que su realización preceda a la realización de los actos de enaltecimiento, ya que no es inhabitual que aquel que difunde mensajes enaltecedores lo haga tras haber sido o haberse previamente adoctrinado, podrían llevarnos a pensar que nos encontraríamos ante un delito que podría castigar todas las actuaciones comunicativas de las que habla el art. 578 CP incluso antes de que se realicen.

Sin embargo, esta posición resulta, a nuestro modo de ver, manifiestamente errada. Lo es, en primer lugar, porque es obvio que resulta perfectamente posible que quien difunde públicamente uno de los mensajes sancionados por el enaltecimiento lo pueda

---

realicen para cometer o contribuir a la comisión de delitos terroristas y aunque su ejecuciones no *"guarden relación con otro delito específico establecido en la presente Directiva"*.

70 Habrá que entender, por tanto, como bien señalan CUERDA/FERNÁNDEZ que la ausencia del referido elemento subjetivo en dichas conductas comportaría su ilicitud, "*...pues el dato subjetivo es el único modo en que pueden configurarse tales conductas como una preparación delictiva*", (2019) p. 219.

haber hecho sin haberse adoctrinado, ni haber recibido adoctrinamiento, pudiendo ejecutarla, incluso y como hemos visto, sin seguir, ni compartir las doctrinas en cuestión[71]. Pero, además y por otra parte, también lo es porque, incluso cuando el sujeto que difunda tales mensajes hubiese recibido adoctrinamiento o se hubiese autoadoctrinado, resulta perfectamente posible y, de hecho, no es nada infrecuente, que lo hubiese hecho sin tener todavía intención alguna de cometer un delito de enaltecimiento, ni estar aún decidido a efectuar delitos terroristas en general, lo que evidentemente impediría que se le pudiese castigar como autor del delito de adoctrinamiento pasivo del art. 575 CP, por más que su comportamiento posterior sí que supusiese la realización del de enaltecimiento.

Así pues, no todas las conductas que sanciona el vigente delito de enaltecimiento terrorista podrán ser castigadas, incluso con carácter previo, por el, por otra parte, más grave, delito contemplado en el art. 575 CP, poniéndose así de manifiesto que la existencia de este último delito no hace que el enaltecimiento pueda ser considerado como una figura redundante e inútil, cuya derogación no supondría la destipificación de ninguna de las conductas que actualmente sanciona.

Ahora bien, todavía queda un delito que parece que podría cubrir el espacio protector que la derogación del enaltecimiento vendría a dejar y que las figuras anteriormente comentadas no llegarían a cubrir. Se trata del ya citado delito de colaboración terrorista del art. 577 CP; un delito que, tras la reforma realizada sobre el mismo por la LO 2/2015, castiga, entre otras cosas, tanto el adoctrinamiento activo, como la mera captación terrorista y que parece incluso permitir, en el apartado 3 de dicho precepto, que dichas actuaciones se puedan castigar cuando se realicen de forma meramente imprudente.

La verdad es que, entre los muchos tipos delictivos cuestionables creados con relación al terrorismo, éste ocupa, a nuestro

---

71 Vid. la ya comentada SAN 4/2020, de 2 de marzo (ECLI:ES:AN:2020:795).

modo de ver, un puesto especialmente destacado. Castiga, como hemos dicho, entre otras conductas, la captación y el adoctrinamiento activo, actuación ésta última que básicamente consiste en trasmitir o comunicar doctrinas, esto es, ideas que se incluyen y son ejemplos de aquellas que son sustentadas por un grupo, ya sea de forma puramente individual o de forma pública, siempre y cuando, eso sí y por expresa exigencia legal, ello se haga de forma que dicha comunicación esté dirigida a incitar la comisión genérica de delitos terroristas o, cuanto menos, resulte idónea, por su contenido, para poder hacerlo.

La enorme amplitud de la delimitación de las conductas comunicativas y de los mensajes que podrían ser subsumibles en esta figura hace que parezca que nos encontramos, por fin, ante un delito perfectamente adecuado para castigar no solo todas las comunicaciones que sanciona el enaltecimiento (justificadoras, enaltecedoras, etc...), sino también muchas otras imaginables que se caracterizarían simplemente por ser idóneas, atendiendo a las circunstancias que rodean su emisión, para generar la idea en sus receptores de cometer delitos terroristas en general, con lo que sería un delito que podría cubrir, sin mayor problema, cualquier posible laguna que la derogación del enaltecimiento pudiese llegar a producir y, además lo haría aplicando a tales actuaciones una pena notablemente superior a la que le impone el enaltecimiento, convirtiendo así a esta última figura en un instrumento jurídico completamente inoperante e inútil que podría derogarse sin más.

Sin embargo, fue precisamente la enorme amplitud típica del delito de colaboración terrorista actualmente vigente y, especialmente, la de su modalidad comisiva referida al adoctrinamiento activo, conducta cuyo castigo, curiosamente, no aparece exigido en ninguno de los muy variados y amplios instrumentos inter- y supranacionales referido a esta materia[72], la que, hace tiempo, lle-

---

72 Así lo señala, de forma reiterada, precisamente la STS 466/2019, de 14 de octubre (ECLI:ES:TS:2019:3189).

vó a que se cuestionase el posible acomodo de esta figura con lo establecido en nuestra constitución y en concreto, su posible compatibilidad con el debido respeto a las libertades de expresión, ideológica y religiosa que tutela nuestra constitución[73]; problema que fue precisamente abordado por nuestro Tribunal Supremo en su no demasiado lejana STS 466/2019, de 14 de octubre.

Partía esta sentencia de entender que lo que el adoctrinamiento activo del art. 577.2 CP castiga no puede ser ni "*...es la adhesión ideológica ni la prosecución de determinados objetivos políticos o ideológicos, sino el poner a disposición de la banda armada determinadas aportaciones, conociendo que los medios y métodos empleados por la organización consisten en hacer uso de la violencia, es decir, del terror y de la muerte*"; aportaciones que, como la comentada sentencia afirma a continuación, consistirán precisamente en captar nuevos combatientes para su causa mediante la transmisión continuada y constante de ideas o doctrinas que estén dirigidas o que resulten adecuadas para conseguir tal objetivo.

Así entendido, el adoctrinamiento activo solo podría castigarse, como señala dicha sentencia, cuando constituya "*...una modalidad de captación de nuevos miembros para la organización terrorista*", con lo que la expresa tipificación del adoctrinamiento solo vendría a castigar una modalidad de tentativa, evidentemente, dolosa, de la conducta de captación[74]. Pero, además y por lo que ahora nos interesa, se pondría de manifiesto que esta última conducta, la captación, sería la modalidad comisiva del delito de colaboración

---

73 GALÁN MUÑOZ, (2016), pp. 129 y ss.

74 GALÁN MUÑOZ, (2020b), p. 387, interpretación plenamente acorde con el hecho de que el art. 14.3 de la DCT exija a los legisladores de los Estados miembros que castiguen la mera tentativa del delito de captación de su art. 6, algo que, cuando nos encontramos ante un delito de mera actividad, como es el allí establecido, parece obligar a sancionar aquellos actos ejecutivos, como los adoctrinadores, que si bien no "instan" a cometer delitos, sí que van abonando el camino para que ello se haga y, además, se haga de forma adecuada para tener éxito en la instigación.

terrorista que habría que tener en cuenta a la hora de analizar si esta figura podría realmente llegar a sancionar o no todas las conductas que, a día de hoy, sanciona el de enaltecimiento en caso de que esta figura desapareciese.

En concreto, captar es, conforme establece el art. 6 de la DCT, instar intencionalmente *"...a otra persona a que cometa o contribuya a la comisión"* de algunos delitos terroristas que la Directiva delimita, sin que sea necesario, para apreciar la realización de esta actuación, que llegue a conseguir que el tercero lo haga, ni que esté definido todavía cuál o cuáles podrían ser los concretos delitos que la realización de dicha actividad podría llegará incitar (art. 13 DCT). Sin embargo, y como ya vimos, en nuestro ordenamiento, por obra y gracia de nuestro legislador y atendiendo a lo establecido en el art. 577 de nuestro código penal, la captación no solo castigará aquellas conductas comunicativas que instan o están dirigidas directamente a incitar a otra persona a cometer delitos terroristas en general, sino también aquellas otras que simplemente resulten, por su contenido, idóneas *"para incitar a incorporarse a una organización o grupo terrorista, o para cometer cualquiera de los delitos comprendidos en este Capítulo"*, algo que, claramente, no exigía la citada normativa europea que se viniese a castigar[75] pero que será, precisamente, lo que, a nuestro modo de ver, permitirá subsumir en el tipo de injusto de este delito a cualquier actuación comunicativa meramente idónea para instigar delitos terroristas en general; conductas entre las que, evidentemente, se podrían encontrar las publicaciones indirectamente instigadoras que, a día de hoy, castiga el delito de enaltecimiento del art. 578 CP.

---

[75] GALÁN MUÑOZ, (2020b) p. 373._No le faltaba razón, entonces, a GÓRRIZ ROYO, cuando afirmaba que la aprobación de la Directiva 2017/541/UE no generó una nueva reforma de nuestros delitos terroristas, porque nuestro ordenamiento contaba, desde mucho antes de su aprobación, con delitos que superaban con creces lo que la normativa europea reclamó para luchar contra los discursos terroristas, (2020), p. 28.

Habría que entender, por tanto, que la amplia y cuestionable redacción dada por nuestro legislador a la captación terrorista castigada por el art. 577 CP hará que este delito sí que pueda servir para cubrir cualquier posible laguna de punición de las conductas indirectamente incitadoras de delitos en general que dejase tras de sí la desaparición del delito de enaltecimiento.

Ahora bien, la derogación de este último delito y la subsunción y castigo de sus conductas típicas por el de colaboración terrorista daría lugar a efectos que deben ser tenidos muy en cuenta.

En concreto, y en primer lugar, el referido cambio llevaría a que el art. 577 CP sancionase los mensajes de los que habla el actual delito de enaltecimiento con una pena significativamente mayor que la que les otorga actualmente el enaltecimiento. Pero, además y lo que es más importante, también determinaría que la comunicación de dichos mensajes se pudiese sancionar sin necesidad de hubiesen de ser difundidos de forma pública, dado que el delito de colaboración permite castigar la transmisión de los mensajes captadores o adoctrinadores de los que habla tanto si se realizan de dicha forma, como si lo hacen de forma privada[76] e, incluso puede llegar a sancionarlos cuando se hubiesen realizado de forma meramente imprudente (art. 578.3 CP).

Se produciría así, no solo una importante intensificación de la intervención penal existente frente a estos discursos, sino también y lo que es más grave, una enorme ampliación del número y de la variedad de las emisiones de mensajes enaltecedores que podrían llegar a tener relevancia penal. Una ampliación que, al permitir castigar la comunicación incluso individual de unos mensajes que solo se definen por su idoneidad instigadora indirecta de delitos terroristas en general, algo que, como hemos visto, depende de múltiples y muy variados factores y, además hacerlo, incluso,

---

76 En este sentido, señalan CUERDA/FERNÁNDEZ que el delito se podrá apreciar cuando haya un único sujeto adoctrinado, sin que el adoctrinamiento de varios incremente el número de delitos cometidos, (2019), pp. 242 y 243.

cuando se transmitan de forma imprudente, hará que, este delito pueda llegar a castigar al sujeto que transmita los mensajes que actualmente castiga el art. 578 CP, aun cuando los mismos hubieran sido comunicados por alguien que no hubiera sido consciente de su peligrosidad o que ni tan si quiera se la hubiera planteado, con lo que los habría transmitido con una mera imprudencia inconsciente respecto.

Precisamente esto, el posible castigo de conductas de discurso de odio meramente imprudentes era, como ya vimos, lo que trataban de evitar las normas inter- y supranacionales al establecer que las transmisiones de esta clase de mensajes solo deberían y podrían ser castigadas penalmente cuando se realizasen de forma intencional. Y lo hacían, en concreto, porque partían, acertadamente a nuestro modo de ver, de que prever el castigo de las comunicaciones de estos discursos efectuadas por mera imprudencia, previsiblemente, llevaría a los ciudadanos no solo a no difundir los mensajes enaltecedores que considerasen aptos o idóneos para instigar la posible realización de futuros delitos terroristas, sino también a no hacerlo con aquellos otros que no tuviesen por peligrosos y que puede que incluso no lo fuesen, pero que se abstendrían de transmitir ante temor de poder equivocarse en su valoración y que ello les pudiese generar alguna responsabilidad penal. Se provocaría así un inadmisible efecto de desaliento que llevaría a que los ciudadanos dejasen de realizar muchos ejercicios perfectamente legítimos del derecho a la libertad de expresión, lo que daría lugar a una restricción absolutamente desproporcionada de dicho derecho fundamental y haría que la norma que la produjese, en este caso la que castigase la mera transmisión imprudente de estos mensajes, hubiese de ser considerada como incompatible con el referido derecho y, por tanto, como manifiestamente inconstitucional[77].

Siendo esto así, habrá que admitir que, si bien no les falta razón a aquellos que señalan que la derogación del delito de enalte-

---

77 V. GALÁN MUÑOZ, (2016), pp. 129 y ss.

cimiento del terrorismo no vendría a generar ninguna verdadera laguna de punición, ya que todas sus conductas podrían pasar a ser castigadas por el delito de colaboración terrorista vigente en nuestro Código, quienes así se manifiestan parecen olvidar que ello tendría como coste el derivado de que los irresolubles problemas de constitucionalidad que plantea el vigente delito de colaboración terrorista del art. 577 CP se extiendan al tratamiento penal que se habría de otorgar a las conductas que, a día de hoy, sanciona el muy criticado, pero, curiosamente, mucho más preciso, delimitado y constitucionalmente admisible delito de enaltecimiento del terrorismo establecido en el artículo 578 de nuestro Código penal. Un indeseable efecto que, de hecho, se ha conseguido evitar hasta el momento, y esto hay que remarcarlo, precisamente, porque, al haber entendido nuestros tribunales que, al ser el delito del art. 577 CP un delito de tracto sucesivo y notablemente más grave que el de enaltecimiento, era un delito que solo debería aplicarse a aquellos casos en los que se constatase que los mensajes enaltecedores, justificadores o humillantes e idóneamente incitadores, de los que habla el vigente art. 578 CP, se habían transmitido o comunicado de forma reiterada, sucesiva y acumulada, quedando así las trasmisiones meramente puntuales de tales contenidos y, por tanto, menos graves, en el ámbito de aplicación del mucho menos severo, amplio y controvertido delito de enaltecimiento que, entre otras cosas y como hemos puesto de manifiesto, solo las castigará cuando se realicen de forma pública y dolosa, manteniendo así en el ámbito de la absoluta irrelevancia penal a sus transmisiones puntuales realizadas de forma individual e/o imprudente[78].

---

[78] Véase, en este sentido, lo afirmado por la SAN 30/2019, de 30 de diciembre, (ECLI:ES:AN:2019:5286) referida a un supuesto de comunicación reiterada y acumulada, tanto pública como particular, de contenidos indirectamente incitadores de la comisión de delitos terroristas, donde precisamente se afirmó que, mientras la reiteración de estos mensajes realizada al margen de una organización o grupo terrorista, permitían aplicar el delito de colaboración terrorista, la apreciación de este delito impedía apreciar la simultanea y acumulada del delito

Habrá que entender, por tanto, que la cacareada propuesta de derogación del delito de enaltecimiento sustentada en la inutilidad de esta figura y supuestamente impulsada para favorecer y garantizar un más seguro, amplio y libre ejercicio de la libertad de expresión no solo no daría lugar a que las actuaciones actualmente sancionadas por dicho delito dejasen de ser castigadas penalmente, sino que llevaría a que lo fuesen más severa y ampliamente a como lo están siendo en la actualidad, dándose así la verdadera paradoja de que esta reforma, lejos de salvaguardar en mayor medida la libertad de expresión, llevase a que nuestro ordenamiento jurídico terminase por saltar de la caliente sartén en la que la deficiente, pero subsanable, interpretación y aplicación práctica de del enaltecimiento del terrorismo ha puesto a dicho derecho fundamental, a las ardientes brasas en que el de colaboración terrorista directa e irremediablemente lo carboniza, algo que, evidentemente y a nuestro modesto entender, hay que evitar a toda costa.

V. CONCLUSIÓN: EL ENALTECIMIENTO DEL TERRORISMO, UN DELITO LEGÍTIMO, COHERENTE Y APLICABLE, PERO TAMBIÉN INCOMPRENDIDO Y CLARAMENTE MEJORABLE.

Como hemos podido comprobar, el delito de enaltecimiento del terrorismo enfrenta multitud de problemas prácticos y críticas que han llevado a que se haya colocado en el ojo de huracán no solo jurídico, sino también político en que, por múltiples motivos, vivimos en los últimos tiempos. De hecho, ha sido objeto, como era esperable, dada la polarización existente, de grandes alabanzas y de intentos de aplicación desmedida por parte de algunos y

---

de enaltecimiento terrorista, al verse absorbido su injusto por el de la figura del art. 577 CP o lo comentado por GALÁN MUÑOZ, (2020b) p. 387.

de críticas despiadadas y exigencias de derogación por parte de otros[79].

Sin embargo, a lo largo de las páginas precedentes hemos podido comprobar como la comentada figura puede cumplir una función real y legítima a la hora de prevenir y reprimir un fenómeno criminal tan grave y tan desgraciadamente real, como es el del terrorismo.

Ahora bien, dicho hecho no supone ni quiere decir que consideramos que este delito tenga obligatoriamente que existir, ni, menos aún, que tenga que estar contemplado en nuestro ordenamiento tal y como lo está actualmente. Lo que aquí se afirma es que es una figura que, además, de poder cumplir un relevante papel en la prevención de los graves ataques que caracterizan al terrorismo como fenómeno criminal[80] y de responder a algunas de las exigencias incriminadoras de la Unión europea referidas a los discursos indirectamente instigadores de acciones terroristas, es perfectamente compatible con el debido respeto a la libertad de expresión que exige y garantiza nuestra constitución.

Cosa bien distinta de la anterior, es que el actual delito de enaltecimiento cumpla con la función que dota de legitimidad a su existencia de una forma plenamente adecuada.

Los problemas que su actual configuración presenta, como hemos podido comprobar, son múltiples y variados, como lo demuestra, de hecho, la ciertamente errática y cuestionable inter-

---

79 No le falta razón a DÍAZ Y GARCÍA CONLLEDO, cuando señala que existe un manifiesto sectarismo en el apoyo o el rechazo a los diferentes delitos de odio según quien sea el protagonista y la víctima del delito del que se trate, (2021) pp. 39 y 40.

80 En este sentido, compartimos las palabras de IGLESIAS VILA, cuando afirma que la "*estrecha relación entre el grupo y los actos de sus miembros torna insuficiente adoptar una dimensión estrictamente individual en el análisis y valoración de un resultado lesivo. En suma, las actitudes y razones, cuando son compartidas dentro de un grupo, tienen una trascendencia práctica difícil de negar*", por lo *que "Tomar en serio este punto exige replantear la cuestión de la responsabilidad por los daños.* (2003) p. 10.

pretación y aplicación práctica que de este delito realizan nuestros tribunales.

Para evitar este tipo de problemas interpretativos y aplicativos sería muy conveniente que la descripción típica del delito de enaltecimiento dejase clara y expresamente establecido que esta figura solo puede aplicarse a la publicación de los mensajes enaltecedores, justificadores o humillantes de los que habla, cuando éstos resulten idóneos, desde un punto de vista *ex ante*, para incitar a terceros a decidirse a cometer delitos terroristas en general[81]. Pero, además y por otra parte, también resulta absolutamente necesario que el hecho de que el comentado delito persiga manifestaciones propias de los climas hostiles o violencias culturales que caracterizan a los denominados discursos del odio no pueda ser, ni sea utilizado, como lo ha sido en muchas ocasiones por nuestro tribunales, para presumir que toda difusión pública de cualquiera de los mensajes de los que habla presente la idoneidad

---

81 En este sentido, resulta interesante recordar que el Juez Lemmens, en su voto concordante, con respecto a la STEDH de 22 de junio de 2021, referida al caso Erkizia, (ECLI:CE:ECHR:2021:0622JUD000586917), señalaba con respecto al tenor literal del vigente art. 578 del Código penal español que"…*Es comprensible el sufrimiento de quienes, directa o indirectamente, han sido víctimas de atentados terroristas. El terrorismo no puede justificarse jamás. Sin embargo, la disposición mencionada es demasiado amplia en términos del artículo 10 del Convenio.* ***Tipifica como delito el enaltecimiento o la justificación del terrorismo, sin exigir que la opinión expresada pueda considerarse incitación a la violencia o discurso de odio****. No obstante, esta consideración es un "elemento esencial" de la justificación de la injerencia basada en la exaltación del terrorismo (véase el apartado 5 anterior). De hecho, la ley española ha sido duramente criticada por esta misma razón, incluso por el Comisario de Derechos Humanos del Consejo de Europa, que se refirió a una posición anterior de cinco relatores especiales de la ONU sobre la modificación de las disposiciones del Código Penal español en materia de terrorismo",* lo que le lleva a concluir *"Hubiera preferido que el Tribunal afirmara explícitamente que el problema de la injerencia desproporcionada tiene su origen en la propia ley. En cualquier caso, las autoridades competentes del Estado demandado deberán extraer todas las consecuencias de la condena formulada por el Tribunal en esta sentencia."* (la negrita es nuestra)

instigadora que exigirá y legitimará su sanción penal por dicha figura delictiva.

Para conseguir que esto no se vuelva a producir resulta fundamental, a nuestro modo de ver, que se rechacen aquellas interpretaciones que muchos tribunales están haciendo del delito de enaltecimiento como una simple "figura de clima", cuya exigida idoneidad instigadora de delitos se apreciará siempre que el mensaje emitido sea manifestación y/o venga a apoyar cualquier atmósfera colectiva hostil referida a algún grupo o colectivo social.

En realidad, y como hemos visto, los climas predelictivos a los que aluden muchas resoluciones judiciales e incluso también lo hacen, de forma expresa, alguno de los tipos referidos a discursos de odio actualmente vigentes (p. ej. art. 510 CP) no son los referentes de la idoneidad instigadora que dota de la lesividad y que permite legitimar la existencia del enaltecimiento del terrorismo, sino que actúan, en muchas ocasiones, como presupuestos imprescindibles para que las expresiones, no directa y expresamente instigadoras de la comisión de delitos concretos, de las que esta figura habla puedan llegar a ser consideradas como realmente idóneas, desde un punto de vista *ex ante*, para incitar a sus pronosticables receptores a tomar la decisión de cometer nuevos delitos terroristas, aunque aún no sepan, ni se pueda predecir cuales serían los que querrían realizar, algo que, por otra parte, dependerá, en muchos casos, de otros muchos factores como quiénes podrían ser dichos receptores, quienes los difunden, el concreto momento temporal en que lo haga, el medio utilizado para hacerlo, etc...; aspectos todos ellos que, como señalan los textos internacionales en la materia, jugarán un papel fundamental la hora de afirmar o negar dicha idoneidad[82].

Esto debe quedar completamente claro y para lograrlo hay que evitar que estas cuestionables interpretaciones se vuelvan a dar, objetivo que no se podrá alcanzar mientras no se precisen de forma adecuada los referentes de la idoneidad instigadora que debe

---

[82] Vid. nota 43.

definir el contenido de antijuridicidad del enaltecimiento del terrorismo, pero también el del resto de delitos de los discursos del odio, para poder considerarlos como verdaderamente constitucionales y legítimos.

Así debería hacerse, por ejemplo con el delito del art. 510 CP, figura que castiga, a día de hoy y entre otras cosas, la justificación o la mera negación del delito de genocidio cuando tal tipo de mensajes "*...promueva o favorezca un clima de violencia, hostilidad, odio o discriminación contra*" los integrantes de determinados colectivos, con lo que parece castigar la emisión de mensajes que simplemente apoyen la posible aparición o la existencia de un clima colectivo hostil contra dichos sujetos, a pesar de que, como hemos tenido ocasión de comprobar, resulta evidente que el hecho de que un mensaje apoye un clima colectivo hostil en modo alguno supone que cree, ni sea realmente idóneo para dar lugar a la aparición de verdaderos climas hostiles predelictivos, ni tampoco que haya de ser considerado como necesariamente apto para dar lugar a la generación en sus receptores de la idea de cometer delitos tan graves, como los de genocidio, que este tipo de figuras pretenden prevenir. Mantener, entonces, una redacción típica como la establecida actualmente en el delito del art. 510 CP genera el evidente peligro de que las inadmisibles interpretaciones de las que venimos hablando se sigan manteniendo y se extiendan a figuras como la de enaltecimiento del terrorismo, algo que se podría y que, de hecho, se debería evitar definiendo un claro y único referente fundamentador y delimitador de la idoneidad instigadora legitimadora del castigo de todos los delitos del discurso del odio. En concreto, el referido a la posible y pronosticable instigación, aunque sea indirecta, de la decisión de cometer delitos graves, violentos y de naturaleza colectiva, como los terroristas o los de genocidio, por parte de sus potenciales receptores, dado que solo cuando se den estos factores (que el mensaje sea idóneo para incitar la realización de delitos y que estos sean graves, violentos y consecuencia y reflejo de fenómenos sociales de carácter colectivo) sería proporcional y se legitimará que el legislador pueda dar lugar a la significativa restricción de la libertad de expresión que provoca la creación de cualquier delito del discurso del odio que prohíba y sancione penalmente la mera difusión de unos mensajes, como los mencionados en el delito de enaltecimiento, que no incitan directamente a cometer delitos y que, además, se encuentran tan alejados de la posible realización de aquellos cuya ejecución pretende impedir que solo pueden considerarse como actuaciones puramente protopreparatorias de su posible realización .

Ahora bien, todavía quedaría un debate abierto respecto a cómo se debería delimitar la conducta típica el delito de enaltecimiento del terrorismo del que nos venimos ocupando. El referido a si dicho delito debería exigir, para poder ser apreciado, que las publicaciones de los mensajes de los que habla se tuviesen que realizar con un dolo directamente referido y dirigido a conseguir incitar a sus posibles receptores a cometer delitos terroristas, con uno orientado a enaltecer o justificar a los verdugos y sus acciones o a humillar a sus víctimas, o si, por el contrario, se debería seguir exigiendo, como hemos mantenido hace el tipo actualmente vigente, simplemente que se publiquen sabiendo que dicha conducta era apta y adecuada para producir dicho resultado.

Es evidente, en este sentido que, pese a que no exista la obligación inter- ni supranacional de introducir este tipo de exigencias subjetivas en el vigente delito de enaltecimiento y que el legislador español no las haya introducido e incluso haya delimitado algunos tipos delictivos sancionadores de discursos indirectamente incitadores de delitos terroristas de forma que excluyen su exigencia, ello no implica que no esté en su mano decidirse a hacerlo en una futura reforma. De hecho, resulta indudable que la introducción de esta clase de exigencias subjetivas podría servir para restringir el ámbito de aplicación de esta figura.

Sin embargo, y a nuestro modo de ver, esta aparente ventaja esconde también un evidente peligro. En concreto, el de que el delito de enaltecimiento pueda terminar aplicándose tan solo a aquellos sujetos que, por exteriorizar su apoyo o seguimiento de los postulados de los terroristas, -lo que, no lo olvidemos, está completamente permitido-, hacen más factible, no solo que se pueda afirmar que los divulgaron con dolo directo de justificar o glorificar el terrorismo o a los terroristas, sino también que lo hicieron, precisamente, con la intención de conseguir incitar indirectamente a terceros a cometer delitos de dicha naturaleza, mientras que mantendría, sin embargo, al margen de tipo de injusto de esta figura las actuaciones efectuadas por quienes, al no presentar indicios claros de radicalización o de afinidad con los postulados terroristas, muy posiblemente terminarían siendo absueltos por entenderse que no actuaron con tales intenciones, por más que lo hubiesen hecho de forma incluso objetivamente más idóneamente incitadora y peligrosa que los anteriores sujetos y siendo plenamente conscientes de la peligrosidad de su actuación.

Esto abriría las puertas a que el delito de enaltecimiento pudiese terminar castigando a los que difunden los mensajes de los que venimos hablando no tanto por la peligrosidad de la actuación comunicativa que realizaron, como por lo que eran o pensaban cuando las efectuaron y adentraría, consecuentemente, a esta figura en los cenagosos territorios del Derecho penal de autor.

Mucho más adecuado y efectivo nos parece, entonces, entender que, dado que nos encontramos ante una figura que sanciona actuaciones realmente alejadas incluso de la propia preparación de un delito terrorista[83] y que, además, presenta una amplitud

---

83 Este hecho, el estar referida a la generación en sus potenciales receptores de la decisión general de cometer delitos terroristas, previa y, por tanto, menos grave a la de realizar uno o varios delitos concretos de dicha naturaleza y no otro es el que, a nuestro modo de ver, debería llevar a que se consideré la inducción indirecta a cometer delitos del art. 578 CP como una forma menos grave que las incitaciones explicitas o la implícitas de cometer delitos concretos que se contempla en el art. 579 CP, lo que debería verse reflejado también en su menor pena. No, por tanto, como mantiene ALONSO RIMO, que las incitaciones indirectas del enaltecimiento tengan una capacidad incitadora menor que las explícitas, (2010) p. 65.

típica que le permitirá castigar las publicaciones de mensajes que, de haberse realizado de otra forma o por otros medios a como se difundieron, dejarían de ser instigadoras de delitos terroristas y deberían ser, por tanto, consideradas como manifestaciones amparadas por un derecho tan fundamental como es la libertad de expresión, se pasase a castigar su realización con una pena de reducida gravedad (p. ej. un mera multa), algo que, sin duda, minimizaría el riesgo de que su existencia pudiese motivar la no realización de algunos ejercicios legítimos de dicho derecho fundamental, pero que, además, evitará los problemas que puede producir la restricción de esta figura mediante la exigencia de que se aplique exclusivamente a difusiones realizadas con determinadas finalidades de carácter netamente subjetivo.

Todas estas posibles reformas mejorarían, indudablemente, la aplicación práctica y la propia configuración técnica de este delito que, mucho nos tememos, anda realmente lejos de estar moribundo, como algunos sostienen, ya que, su existencia y configuración no solo responde a algunas exigencias incriminadoras europeas, como algún autor ha señalado[84], sino que, además y como hemos podido comprobar, ni resulta incongruente, ni es inútil y redundante, ni, por más que algunos y algunas se empeñen, es inconstitucional.

De hecho, a nuestro entender, si lo que realmente se pretende es garantizar y proteger la libertad de expresión de los ciudadanos, mucho más urgente y necesario que "enterrar" el delito de enaltecimiento resulta realizar una reforma en profundidad de otros delitos, como el del citado art. 510 CP o, especialmente, el de adoctrinamiento activo y captación terrorista del art. 577.2 CP; figura, esta última, que, de hecho, si permanece "vivita y coleando", mientras se "mata" sin compasión, ni posibilidad de redención el, tal vez, político-criminalmente cuestionable, sin duda, mejorable, pero también indudablemente constitucional y legítimo delito de

---

84 Considera la normativa europea una excusa perfecta para su no destipificación LEÓN ALAPONT, (2022), pp. 178 y 179.

enaltecimiento del terrorismo actualmente vigente, expandirá su campo de aplicación provocando una restricción de nuestra libertad de expresión mucho mayor que la que el enaltecimiento ocasiona a día de hoy y lo que es peor, una que sí que resultará completamente desproporcionada y absolutamente incompatible con el debido respeto a dicho derecho fundamental.

En una situación así, solo nos queda esperar y desear que nuestro legislador no se deje arrastrar por el ruido que generan quienes claman contra el enaltecimiento del terrorismo, porque se ha aplicado, bien es cierto que en muchas ocasiones de forma incorrecta, a algunos sujetos que les resultan ideológicamente cercanos, mientras defienden la actual configuración de otros delitos del discurso de odio mucho más cuestionables, como el del art. 510 CP y reclaman su ampliación o incluso llegan a promover la creación de nuevas figuras tan controvertidas y, lo que es incluso peor, tan absolutamente inútiles e innecesarias como la de apología y enaltecimiento del franquismo[85], y haga una reforma meditada y coordinada de todos estos delitos que les permita cumplir con la finalidad preventiva que están llamados a desempeñar en nuestra sociedad sin que limiten de forma desproporcionada e inconstitucional una libertad tan básica, para cualquier democracia que realmente quiera ser tenida como tal, como es la de la libertad de expresión.

85 Sobre las diversas propuestas legislativas planteadas en esta línea y sus problemas, véase, LEÓN ALAPONT, (2020) o NÚÑEZ CASTAÑO, (2022), pp. 247 y ss.

BIBLIOGRAFÍA.

ALCACER GUIRAO, R. (2012) "Discurso del odio y discurso político. En defensa de la liberta de los intolerantes", en RECPC 14-02 en http://criminet.ugr.es/recpc (últ. vis. 17-3-2022), pp. 01-032

ALCACER GUIRAO, R. (2015) "Víctimas y disidentes. El "discurso del odio" en EE.UU. y Europa", en Revista Española de Derecho constitucional, nº 103, pp.45-86.

ALCACER GUIRAO, R. (2021). "Ideas execrables", en Queralt Jiménez; Cardenal Montraveta (coord.): *Derecho penal y libertad de expresión,* Barcelona, pp. 55-77

ALONSO RIMO, A. (2010) "Apología, enaltecimiento del delito y principios penales", en *RDPC* n.º 4, pp- 13-80.

ALONSO RIMO, A. (2017) "¿Impunidad general de los actos preparatorios? La expansión de los delitos de preparación", en InDret 4/2017. en https://raco.cat/index.php/InDret/article/view/332592/423371 (últ. vis. 2-6-2022), pp. 1-78.

BERNAL DEL CASTILLO, J. (2016) "El enaltecimiento del enaltecimiento y la humillación a las víctimas como formas del discurso del odio", RDPC, n 16, pp.13-44

CANCIO MELIA, M. (2020) "¿Strawberry o Cassandra? Sobre la imposible convivencia de dos visiones antagónicas del arr. 578 CP en la jurisprudencia del Tribunal Supremo", en de Vicente Remesal; Díaz y García Conlledo; + Paredes Castañón; Olaizola Nogales; Trapero Barreales (dir.): *Libro Homenaje al profesor Diego-Manuel Luzón Peña con motivo de su 70ª aniversario,* Vol. II, Madrid, pp. 1497-1506.

CANCIO MELIÁ, M./ DÍAZ LÓPEZ, J. A. (2019) *Discurso del odio y/o discurso terrorista. Música, guiñoles y redes sociales frente al artículo 578 del Código penal.* Cizur Menor.

CARBONEL MATEU, J. C. (2018) "Crítica a los sentimientos como bien jurídico", en Alonso Rimo; Cuerda Arnau; Fernández Hernández (dir.): *Terrorismo, sistema penal y derechos fundamentales,* Valencia, pp.331-258.

CORRECHER MIRA, J. (2019a), "¿Los delitos de opinión como alteración del orden público? La sobrecriminalización de la libertad de expresión en pro de la seguridad", en Alonso Rimo (Dir): *Derecho penal preventivo, orden público y seguridad ciudadana,* Cizur Menor, pp. 481-509

CORRECHER MIRA, J. (2019b) "Límites penales a la libertad de expresión: sobre el enaltecimiento del terrorismo en redes sociales" Cuadernos electrónicos de Filosofía del Derecho, nº 39, pp-322-339.

CUERDA ARNAU, M.L./ FERNÁNDEZ HERNÁNDEZ, A. (2019) *Adoctrinamiento, adiestramiento y actos preparatorios en materia terrorista*, Cizur Menor,

DE VICENTE MARTÍNEZ, R. (2018) *El discurso del odio. Análisis del art. 510 del Código penal.* Valencia.

DÍAZ Y GARCÍA CONLLEDO, M. (2021) "Aproximación a los límites de la libertad de expresión desde la teoría general de la antijuridicidad penal. Los delitos "de odio" y los ultrajes a España", en Queralt Jiménez; Cardenal Montraveta (coord.): *Derecho penal y libertad de expresión*, Barcelona, pp. 37-51.

ESQUIVEL ALONSO, Y. (2016) "El discurso del odio en la jurisprudencia del tribunal europeo de derechos humanos", Cuestiones constitucionales. Revista mejicana de Derecho constitucional, nº 35, pp-3-44.

FARALDO CABANA, P. (2012) *Asociaciones ilícitas y organizaciones criminales en el Código penal español, Valencia, 2012,*

FUENTES OSORIO, J. L. (2017) "El odio como delito", en RECPC 19.27 (2017) en http://criminet.ugr.es/recpc/19/recpc19-27.pdf (últ. vis. 10-3-2022), pp. 1-52.

GALÁN MUÑOZ, A. (2016) "¿Leyes que matan ideas frente a las ideas que matan personas?: Problemas de la nueva represión de los mecanismos de captación terrorista tras la reforma del Código penal de la LO 2/2015". RDPC, 15, pp.95-138.

GALÁN MUÑOZ, A. (2018) "El delito de enaltecimiento terrorista. ¿Instrumento de lucha contra el peligroso discurso del odio terrorista o mecanismo represor de repudiables mensajes de raperos, twitteros y titiriteros?", en Estudios Penales y Criminológicos, vol. XXXVIII (2018). http://dx.doi.org/10.15304/epc.38.5127. (últ. vis. 12-7-2022), pp. 245-304.

GALÁN MUÑOZ, A. (2020a) "Delitos de odio, Discurso del odio y Derecho penal: ¿Hacia la construcción de injustos penales por peligrosidad estructural?", RP nº46, pp. 41-66.

GALÁN MUÑOZ, A. (2020b) "Unión europea y represión penal del discurso terrorista. ¿Origen, excusa o posible referente restrictivo?", en González Cussac (Dir.): *Estudios Jurídicos en Homenaje a la profa. Dra. Elena Górriz Royo*, Valencia, pp.351-388.

GALÁN MUÑOZ, A. (2022) "Redes sociales, discurso terrorista y derecho penal: Entre la prevención, las libertades fundamentales y ¿los negocios?", en Galán Muñoz; Gómez Rivero (Dir.): *La represión y persecución penal del discurso terrorista*, Valencia, pp. 255-309.

GALTUNG, J. (2016) "La violencia: cultural, estructural y directa" Cuadernos de estrategia, nº. 183, pp.146-168.

GÓMEZ MARTÍN, V. (2018), "Odio en la red. Una revisión crítica de la reciente jurisprudencia sobre ciberterrorismo y ciberodio", RDPC, 20, pp. 411-449.

GONZÁLEZ VAZ, C. (2021) *El delito de autocapacitación terrorista*, Barcelona,

GÓRRIZ ROYO, E. (2020) "Contraterrorismo emergente a raíz de la reforma penal de LO 1/2019 de 20 de febrero y la directiva 2017/541/EU: ¿europeización del Derecho penal del enemigo", en RECPC 22-01 (2020) en http://criminet.ugr.es/recpc/22/recpc22-01.pdf (últ. vis. 23-3-2021), pp.1-55.

HORGAN, J. (2009) "Psicología del terrorismo", Barcelona, (Ebook).

IGLESIAS VILA, M. L. (2003) "Violencia ambiental y responsabilidad", en Yale Law School Legal Repository, en https://openyls.law.yale.edu/bitstream/handle/20.500.13051/17516/SELA03IglesiasDCSp20101029.pdf?sequence=2 (últ. vis. 12-6-2022), pp.1-17

JAKOBS, G. (1997) "Criminalización en el estadio previa la lesión de un bien jurídico", en *Estudios de Derecho penal*, Madrid, pp. 293-324.

LASCURAIN SÁNCHEZ, J. A. (2021) "Cinco tesis sobre los límites de la libertad de expresión" Queralt Jiménez; Cardenal Montraveta (coord.): *Derecho penal y libertad de expresión*, Barcelona, pp. 15-28.

LEÓN ALAPONT, J. (2020) "Defensa de regímenes totalitarios: aspiraciones punitivas en tiempos democráticos", en Diario La Ley, nº 9572, 2020, en https://diariolaley.laleynext.es

LEÓN ALAPONT, J. (2022) *Los delitos de enaltecimiento del terrorismo y de humillación de las víctimas*, Valencia,

MIRA BENAVENT, J. (2016) "Algunas consideraciones político-criminales sobre la función de los delitos de enaltecimiento del terrorismo y humillación a las víctimas del terrorismo", en Portilla Contreras; Pérez Cepeda (dirs.) *Terrorismo y contraterrorismo en el siglo XXI: un análisis penal y político criminal.* Salamanca, pp. 103-114.

MIRA BENAVENT, J. (2018) "El delito de enaltecimiento del terrorismo, el de humillación a las víctimas del terrorismo y la competencia de la Audiencia Nacional: ni delito, ni terrorismo, ni competencia de la Audiencia Nacional" en Alonso Rimo; Cuerda Arnau; Fernández Hernández (dir.): *Terrorismo, sistema penal y derechos fundamentales*, Valencia, pp. 299-330.

MUÑOZ CONDE, F. (2021) *Derecho penal. Parte Especial*, Valencia.

NÚÑEZ CASTAÑO, E. (2022) *Libertad de expresión y Derecho penal: La criminalización de los discursos extremos*, Cizur Menor.

PASTRANA SÁNCHEZ, M. A. *La nueva configuración de los delitos de terrorismo*, Madrid, 2020,

PASQUAU LIAÑO, M. (2017) "La intención en lo que se dice (a propósito de Strawberry y una barra de mortadela)", en CTXT, nº 100, 2017, https://ctxt.es/es/20170118/Firmas/10689/Cesar-Strawberry-sentencia-Tribunal-Supremo-enaltecimiento-del-terrorismo-humillacion-victimas-intencionalidad-libertad-de-expresion.htm (últ. vis. 3-5-2022)

RAMOS VÁZQUEZ, J. A. (2020) "Una aproximación a los límites penales del humor (si es que los tiene)" en González Cussac (Dir.): *Estudios Jurídicos en Homenaje a la profa. Dra. Elena Górriz Royo*, Valencia,, pp. 701-720.

ROLLNERT LIERN, G. (2020) "El enaltecimiento del terrorismo: desde el caso de Juana Chaos a César Strawberry. La recepción de la doctrina constitucional en la jurisprudencia del Tribunal Supremo" *Revista de Derecho Político* N.º 109, septiembre-diciembre 2020, pp. 191-227.

TAPIA BALLESTEROS, P. (2019) "Transposición de la directiva 2017/541, de 15 de marzo, relativa a la lucha contra el terrorismo, al ordenamiento español", Revista de Estudios Europeos, nº extra 1, 2019, pp.305-322.

La constante reforma de la agravante de odio o de obrar por motivos discriminatorios[1]

MIGUEL ABEL SOUTO
Catedrático de Derecho penal
Universidad de Santiago de Compostela

I. DELITOS DE DISCURSO DEL ODIO, DELITOS DE ODIO Y POLÍTICA CRIMINAL.

Se suele distinguir entre delitos de discurso del odio[2], los recogidos en los artículos 510[3] y 510 bis del Código penal –que se

---

1 La presente contribución se corresponde, básicamente, con la conferencia que pronuncié en Huelva, el día 28 de octubre de 2022, en el marco del III congreso andaluz de Justicia penal sobre "El discurso del odio en Andalucía: intervención y persecución penal", organizado por las universidades de Huelva y Pablo de Olavide.

2 *Vid.* ABEL SOUTO, M., "Delitos contra la dignidad del ser humano", en SILVA SÁNCHEZ, J.-M., Código penal boliviano. Cuestiones fundamentales. Parte especial. Tomo II, Resistencia, Chaco: Contexto, 2019, pp. 281-302. El Texto punitivo boliviano, bajo la rúbrica "Delitos contra la dignidad del ser humano", castiga la restricción, menoscabo, anulación e impedimento del ejercicio de derechos individuales o colectivos por racismo (art. 281 quinquies) u otros motivos discriminatorios (art. 281 sexies), la difusión e incitación al racismo o a la discriminación (art. 281 septies), la participación en organizaciones o asociaciones que los promuevan o justifiquen (art. 281 octies) así como los insultos y otras agresiones verbales por estos motivos (art. 281 nonies).

3 *Vid.* BERDUGO GARCÍA-MAESTRO, M.J., "El artículo 510 del Código penal", en FERRÉ OLIVÉ, J.C., SERRANO-PIEDECASAS FERNÁNDEZ, J.R., DEMETRIO CRESPO, E., PÉREZ CEPEDA, A.I., NÚÑEZ PAZ, M. A., ZÚÑIGA RODRÍGUEZ, L. y SANZ MULAS, N., Homenaje al profesor Ignacio Berdugo Gómez de la Torre. *Liber discipulorum schola iuris*

refiere a la responsabilidad criminal de las personas jurídicas y por error se declara aplicable a los dos artículos anteriores[4], buena muestra de que en esta materia la técnica legislativa brilla por su ausencia–, discutibles por su colisión con el contenido esencial de la libertad de expresión, y delitos de odio, es decir, cualquier delito cometido con la circunstancia agravante 4ª del artículo 22, de "odio"[5] o "discriminación"[6].

Evidentemente, la diversidad cultural, enriquecedora y necesaria, puede generar conflictos de integración contrarios a la convivencia pacífica que conciernen al sistema penal y también debe protegerse la diversidad frente a algunos ataques con normas penales antidiscriminatorias, como la circunstancia agravante genérica de obrar con finalidades excluyentes[7], para responder a discriminaciones contrarias al sistema de valores democráticos constitucionalmente protegidos[8].

Sin embargo, en la medida en que la política criminal constituye, desde Von Liszt, una fuente de criterios para valorar las

---

criminalis salmanticensis. Tomo II, Salamanca: Ediciones Universidad de Salamanca, 2022, pp. 499-519.

4 *Cfr.* ABEL SOUTO, M., "Algunas discordancias legislativas sobre la responsabilidad criminal de las personas jurídicas en el Código penal español", en *Revista General de Derecho Penal,* nº 35, 2021, p. 8.

5 RODRÍGUEZ MESA, M.J., "La prueba de la motivación en los delitos de odio en un Derecho penal garantista", en FERRÉ OLIVÉ J.C., SERRANO-PIEDECASAS FERNÁNDEZ, J.R., DEMETRIO CRESPO, E., PÉREZ CEPEDA, A.I., NÚÑEZ PAZ, M.A., ZÚÑIGA RODRÍGUEZ, L. y SANZ MULAS, N., *op. cit.,* p. 792.

6 GUARDIOLA GARCÍA, J., "La agravante de discriminación y sus reformas: criterios interpretativos", en *Revista de Derecho Penal y Criminología,* nº 28, 2022, p. 118.

7 *Cfr.* FERRÉ OLIVÉ, J.C., "Diversidad cultural y sistema penal", en *Revista Penal,* nº 22, julio de 2008, pp. 33 y 34.

8 *Cfr.* ORTS BERENGUER, E. y GONZÁLEZ CUSSAC, J.L., Compendio de Derecho penal. Parte general, Valencia: Tirant lo Blanch, 2022, p. 534.

normas actuales y revelar el Derecho del porvenir[9], exige al penalista una actitud crítica[10] tendente a la reforma del Código vigente y la construcción del futuro Derecho penal, estudia "los valores que sigue o protege, o que debiera seguir o proteger, la legislación penal"[11], se ocupa del Derecho penal como valor[12] y aporta criterios de Justicia, eficacia o utilidad al legislador para la reforma racional de las leyes[13], dedicaré las próximas líneas a analizar críticamente la circunstancia 4ª del artículo 22 del Código penal.

II. LA PERMANENTE REFORMA.

Pese a haber sufrido atormentadas tramitaciones legislativas, constantes reformas y una "reiterada expansión"[14], la agravante de obrar por motivos discriminatorios tiene una "historia reciente"[15],

---

9 *Cfr.* LISZT, F. VON, "*Die Aufgaben und die Methode der Strafrechtswissenschaft"*, en *Strafrechtliche Aufsätze und Vorträge, Zweiter Band, 1892 bis 1904, Berlin: J. Guttentag, 1905, Photomechanischer Nachdruck, Berlin: Walter de Gruyter,* 1970, pp. 293 y 294.

10 *Cfr.* MIR PUIG, S., Estado, pena y delito, Montevideo/Buenos Aires: B de F, 2006, p. 34; MUÑOZ CONDE, F., "Dogmática penal afortunada y sin consecuencias", en ESER, A., HASSEMER, W., BURKHARDT, B. (coords. de la versión alemana) y MUÑOZ CONDE, F. (coord. de la versión española), La ciencia del Derecho penal ante el nuevo milenio, Valencia: Tirant lo Blanch, 2004, p. 243; del mismo autor, "De nuevo sobre el «Derecho penal del enemigo»", en CANCIO MELIÁ, M. y GÓMEZ-JARA DÍEZ, C. (coords.), Derecho penal del enemigo. El discurso penal de la exclusión, vol. 2, Madrid/Montevideo/Buenos Aires: Edisofer/B de F, 2006, pp. 367 y 368, nota 37.

11 BORJA JIMÉNEZ, E., Curso de política criminal, Valencia: Tirant lo Blanch, 2003, p. 22.

12 *Cfr.* MIR PUIG, S., Derecho penal. Parte general, 10ª ed., Reppertor, Barcelona, 2015, p. 53, marginal 32.

13 *Cfr.* BORJA JIMÉNEZ, E., *op. cit.*, p. 23.

14 *Cfr.* GUARDIOLA GARCÍA, J., *op. cit.*, p. 118.

15 QUINTERO OLIVARES, G., Parte general del Derecho penal, con la colaboración de Morales Prats, F., 2ª ed., Cizur Menor: Thomson/Aranzadi, 2007, p. 741.

pues se remonta a la penúltima modificación operada en el anterior Texto punitivo[16], por la que se introdujo la circunstancia 17ª del artículo 10 mediante la Ley orgánica 4/1995, de 11 de mayo[17], incorporada al proyecto de Código penal de 1992 debido a las reivindicaciones sociales ante el asesinato en Madrid de la joven dominicana Lucrecia Pérez[18]. De ahí pasó al proyecto de 1994 y al texto posteriormente aprobado[19]. No se pudo aguardar, medio año, a la promulgación del Código penal de 1995[20], sino que se dotó a la agravante de obrar por motivos racistas de un "perfil de urgencia"[21], justificado por la necesidad de adelantar las propuestas del proyecto[22], en el marco de una tendencia internacional fortalecida por brotes de violencia xenófoba[23], de los que se hizo

---

16 *Cfr.* PUENTE SEGURA, L., Circunstancias eximentes, atenuantes y agravantes de la responsabilidad criminal, Madrid: Colex, 1997, p. 507.

17 *Cfr.* LORENZO SALGADO, J.M., "Circunstancias modificativas de la responsabilidad criminal", en Jueces 3er turno, Temario III, Derecho penal y procesal penal, Madrid: Adams, 2000, p. 104.

18 *Cfr.* LÓPEZ GARRIDO, D. y GARCÍA ARÁN, M., El Código penal de 1995 y la voluntad del legislador. Comentario al texto y al debate parlamentario, Madrid: Closas-Orcoyen, 1996, p. 55.

19 *Ibidem.*

20 *Cfr.* DÍAZ Y GARCÍA CONLLEDO, M., OLAIZOLA NOGALES, I., TRAPERO BARREALES, M.A., BARBER BURUSCO, S., DURÁN SECO, I., JERICÓ OJER, L., en DÍAZ Y GARCÍA CONLLEDO, M. (dir.), Protección y expulsión de extranjeros en Derecho penal, Madrid: La Ley, 2007, p. 336, que califican semejante política criminal de "errática".

21 PRATS CANUT, J.M., en QUINTERO OLIVARES, G. (dir.), Comentarios al Código penal. Tomo I. Parte general (artículos 1 a 137), 5ª ed., Cizur Menor: Thomson/Aranzadi, 2008, p. 324.

22 *Cfr.* CUERDA ARNAU, M.L., en VIVES ANTÓN, T.S. (coord.), Comentarios al Código penal de 1995. Volumen I (arts. 1 a 233), Valencia: Tirant lo Blanch, 1996, p. 238, que cita el *B.O.C.G.,* Congreso de los diputados, V legislatura, serie B, 17 de octubre de 1994, nº 52-7, p. 15.

23 *Cfr.* LAURENZO COPELLO, P., "La discriminación en el Código penal de 1995, en *Estudios Penales y Criminológicos,* nº XX, 1996, pp. 223 y 224.

eco la doctrina[24] al hablar del "aumento preocupante"[25] en los últimos años de delitos cometidos con motivaciones discriminatorias[26] y especialmente contra personas de raza negra, magrebíes o sudamericanos[27]. Así el legislador respondió con una rápida reforma a la "alarma social"[28].

De suerte que la agravante, en palabras de Prats Canut, "obedece más a un «dolo de ímpetu» legislativo, que a una adecuada reflexión de su sentido y alcance"[29], es fruto de una política criminal excesivamente vinculada a la opinión pública, tranquilizadora de la ciudadanía, aunque nada se solucione, y que justifica a un Estado que actúa frente a los problemas[30], pese a no resolverlos. He aquí la explicación de cómo los movimientos internacionales, políticos y culturales junto a la ciudadanía, concienciada por los medios de comunicación de masas, influyeron en la respuesta de los poderes públicos[31] para prevenir y reprimir la criminalidad racista primero en la reforma del antiguo Código penal y luego en el Texto punitivo de 1995. Sin embargo, para el Derecho penal, según advierte el Grupo de Estudios de Política Criminal en su *Manifiesto sobre diversidad cultural y política criminal*, "las soluciones rápidas y al hilo de los acontecimientos, sin una reflexión profunda de sus consecuencias, pueden resultar insatisfactorias e incluso contradictorias"[32].

---

24 *Vid.* LANDROVE DÍAZ, G., "Racismo y xenofobia", en el mismo autor, Temas penales, Barcelona: PPU, 1994, p. 157.

25 QUINTERO OLIVARES, G., Parte general..., *cit.*, p. 741.

26 *Cfr.* BERNAL DEL CASTILLO, J., La discriminación en el Derecho penal, Granada: Comares, 1998, pp. 59 y 60.

27 *Cfr.* CUERDA ARNAU, M.L., *op. cit.*, p. 239.

28 LÓPEZ GARRIDO, D. Y GARCÍA ARÁN, M., *op. cit.*, p. 55; LORENZO SALGADO, J.M., "Circunstancias...", *cit.*, p. 104.

29 PRATS CANUT, J.M., *op. cit.*, p. 325.

30 *Ibidem.*

31 *Cfr.* BORJA JIMÉNEZ, E., *op. cit.*, p. 16.

32 *Cfr.* Grupo de Estudios de Política Criminal, Alternativas al tratamiento jurídico de la discriminación y de la extranjería, Málaga: Imagraf, 1998, p. 13.

Por otra parte, la agravante genérica, de origen anglosajón[33], no se encontraba en las convenciones internacionales sino que fue una importación americana[34], con lo que sigue un modelo político-criminal estadounidense[35], que se fusiona con un patrón centroeuropeo[36], adornados por los avatares parlamentarios hispánicos, que han producido una "notable ampliación"[37] de su ámbito aplicativo, dado que a los delitos impulsados por ideologías racistas se añadieron otros motivos de discriminación[38] y la limitación inicial a los delitos contra las personas y el patrimonio fue suprimida[39]. En efecto, respecto a las infracciones a las que resulta aplicable, el proyecto de Código penal de 1992 circunscribía la agravante a los delitos contra las personas, ámbito que el proyecto de 1994 y la Ley orgánica 4/1995 extendieron también a la criminalidad patrimonial y el Texto punitivo de 1995 expandió a todo delito; de otro lado, en punto a las causas o motivos, la agravante parte en un principio solamente de una perspectiva antixenófoba, que se amplía durante la tramitación del proyecto de 1994 así como en la Ley orgánica 4/1995 a causas de tipo ideológico con la sustitución de la referencia a la "profesión religiosa de la víctima" por la alusión a la "ideología, religión o creencias", posteriormente se añade un inciso relativo a la "orientación sexual" que luego

---

33 *Cfr.* DOPICO GÓMEZ-ALLER, J., "Delitos cometidos por motivos discriminatorios: una aproximación desde los criterios de legitimación de la pena", en *Anuario de Derecho Penal y Ciencias Penales,* tomo LVII, MMIV, 2006, p. 143.

34 *Cfr.* BORJA JIMÉNEZ, E., *op. cit.,* p. 290.

35 *Cfr.* LANDA GOROSTIZA, J.-M., La política criminal contra la xenofobia y las tendencias expansionistas del Derecho penal. (A la vez una propuesta interpretativa de la «normativa antidiscriminatoria» del CP 1995 y un análisis crítico de la incipiente jurisprudencia), Granada: Comares, 2001, p. 178.

36 *Vid.* GUARDIOLA GARCÍA, J., *op. cit.,* pp. 122-124.

37 LAURENZO COPELLO, P., *op. cit.,* p. 272.

38 *Cfr.* MUÑOZ CONDE, F. y GARCÍA ARÁN, M., Derecho penal. Parte general, 11ª ed., Valencia: Tirant lo Blanch, 2022, p. 458.

39 *Cfr.* CUERDA ARNAU, M.L., *op. cit.,* p. 245.

se completa con otras menciones a la "discriminación", "sexo", "enfermedad" y "minusvalía"[40].

Después, la Ley orgánica 5/2010, de 22 de junio, "en referencia"[41] a la *Ley 3/2007, de 15 de marzo, reguladora de la rectificación registral de la mención relativa al sexo de las personas*[42], añade a la "orientación sexual" la "identidad"[43] ("orientación o identidad sexual") y cambia la "minusvalía" por la "discapacidad", que ya no se padece, pues antes se decía "la enfermedad o minusvalía que padezca" y ahora "la enfermedad que padezca o su discapacidad", concepto al que aluden tanto el artículo 25 del Código penal como la *Ley 41/200344, de 18 de noviembre, de protección patrimonial de las personas con discapacidad*[45].

Posteriormente, siguiendo el Convenio de Estambul[46], la Ley orgánica 1/2015, de 30 de marzo[47], adiciona[48] la discriminación[49] referente a "razones de género", entendido, por este convenio del Consejo de Europa sobre prevención y lucha contra la violencia contra las mujeres y la violencia doméstica, como "los papeles, comportamientos o actividades y atribuciones socialmente construidos que una sociedad concreta considera propios de mujeres o de hombres", que a juicio del preámbulo de la reforma "puede constituir un fundamento de acciones discriminatorias diferente del que abarca la referencia al sexo"[50].

---

40 *Cfr.* LANDA GOROSTIZA, J.-M., *op. cit.*, pp. 180-183; PUENTE SEGURA, L., *op. cit.*, pp. 507 y 508.

41 ORTS BERENGUER, E. y GONZÁLEZ CUSSAC, J.L., *op. cit.*, p. 534.

42 *Vid.* BOE nº 65, de 16 de marzo de 2007, pp. 11251-11253.

43 MUÑOZ CONDE, F. y GARCÍA ARÁN, M., *op. cit.*, p. 458.

44 *Cfr.* ORTS BERENGUER, E. y GONZÁLEZ CUSSAC, J.L., *op. cit.*, p. 534.

45 *Vid.* BOE nº 277, de 19 de noviembre de 2003, pp. 40852-40863.

46 *Cfr.* GUARDIOLA GARCÍA, J., *op. cit.*, p. 119, nota 6.

47 *Vid.* BOE nº 77, de 31 de marzo de 2015, pp. 27061-27176.

48 *Cfr.* MUÑOZ CONDE, F. y GARCÍA ARÁN, M., *op. cit.*, p. 458.

49 *Cfr.* ORTS BERENGUER, E. y GONZÁLEZ CUSSAC, J.L., *op. cit.*, p. 534.

50 Preámbulo, apartado XXII, párrafo 2º.

Luego, la *Ley orgánica 8/2021, de 4 de junio, de protección integral a la infancia y la adolescencia frente a la violencia*[51] incorpora la discriminación referente a la "edad"[52] y las razones de "aporofobia"[53] o la "tan difusa"[54] categoría de "exclusión social" para responder al rechazo, aversión o desprecio a las personas pobres que subyace en la actuación delictiva, motivo mencionado en el artículo 21 de la Carta de Derechos Fundamentales de la Unión Europea, según el preámbulo de la reforma[55], también añade la discriminación por identidad "de género"[56], "sin quitar las razones de género"[57], creando una evidente redundancia, y remata la agravante con el inciso final "con independencia de que tales condiciones o circunstancias concurran efectivamente en la persona sobre la que recaiga la conducta".

En último lugar, de momento, la *Ley orgánica 6/2022, de 12 de julio, complementaria de la Ley 15/2022, de 12 de julio, integral para la igualdad de trato y la no discriminación, de modificación de la Ley orgánica 10/1995, de 23 de noviembre, del Código penal*[58], incorpora los "motivos"[59] "antigitanos"[60].

Así se llega a la excesiva ampliación final producto de una poco reflexiva incorporación de enmiendas[61] y adición de reformas. A pesar de su "carácter omnicomprensivo"[62], como pone de relieve Quintero Olivares, carece de sentido vincular dichos motivos con

---

51 *Vid.* BOE nº 134, de 5 de junio de 2021, pp. 68657-68730.

52 MUÑOZ CONDE, F. y GARCÍA ARÁN, M., *op. cit.*, p. 458.

53 ORTS BERENGUER, E. y GONZÁLEZ CUSSAC, J.L., *op. cit.*, p. 533.

54 GUARDIOLA GARCÍA, J., *op. cit.*, p. 120, nota 7.

55 *Cfr.* preámbulo, apartado II, párrafo 49º.

56 MUÑOZ CONDE, F. y GARCÍA ARÁN, M., *op. cit.*, p. 458.

57 GUARDIOLA GARCÍA, J., *op. cit.*, p. 120.

58 *Vid.* BOE nº 167, de 13 de julio de 2022, pp. 98068-98070

59 MUÑOZ CONDE, F. y GARCÍA ARÁN, M., *op. cit.*, p. 458.

60 ORTS BERENGUER, E. y GONZÁLEZ CUSSAC, J.L., *op. cit.*, p. 533.

61 *Cfr.* DÍAZ Y GARCÍA CONLLEDO, M., OLAIZOLA NOGALES, I., TRAPERO BARREALES, M.A., BARBER BURUSCO, S., DURÁN SECO, I. Y JERICÓ OJER, L., *op. cit.*, pp. 313, 327 y 336.

62 QUINTERO OLIVARES, G., Parte general..., *cit.*, p. 741.

el objeto delictivo "de una gran cantidad de infracciones"[63]. Las extensas posibilidades teóricas de aplicación se reducirán mucho en la práctica[64], pero habría sido preferible reservar la agravante para un restringido grupo de delitos vinculados a bienes jurídicos personales, como la vida, salud o libertad[65]. Así lo exige el principio de intervención mínima y en tal sentido el Grupo de Estudios de Política Criminal propone incluir en la agravante 4ª del artículo 22 una limitación a los delitos "contra la vida, la integridad, la libertad, la libertad sexual, la intimidad, la inviolabilidad del domicilio, el honor o el patrimonio"[66] con la que se reduciría la aplicación a delitos protectores de bienes jurídicos personales para fundamentar la agravación en una tutela adicional necesaria de marginados especialmente vulnerables cuyos derechos fundamentales poseen menores expectativas de respeto[67].

III. MOTIVOS, RAZONES Y CLASES DE DISCRIMINACIÓN.

En lo que atañe a la configuración de la agravante, la doctrina pone de relieve que al legislador le ha acompañado "poca fortuna"[68] en su redacción, que se tacha de "prolija"[69], indeterminada[70], "muy amplia"[71], imprecisa[72], de taxatividad "más

63 *Ibidem.*

64 *Cfr.* BERNAL DEL CASTILLO, J., *op. cit.*, p. 69.

65 *Cfr.* LAURENZO COPELLO, P., *op. cit.*, p. 279, nota 115 y p. 288.

66 Grupo de Estudios de Política Criminal, Alternativas al tratamiento jurídico de la discriminación..., *cit.*, p. 33.

67 *Ibidem.*

68 LORENZO SALGADO, J.M., "Circunstancias...", *cit.*, p. 104.

69 CUERDA ARNAU, M.L., *op. cit.*, p. 242.

70 *Cfr.* LANDA GOROSTIZA, J.-M., *op. cit.*, pp. 195 y 204.

71 QUINTERO OLIVARES, G., Parte general..., *cit.*, p. 742.

72 *Cfr.* DÍAZ Y GARCÍA CONLLEDO, M., OLAIZOLA NOGALES, I., TRAPERO BARREALES, M.A., BARBER BURUSCO, S., DURÁN SECO, I. y JERICÓ OJER, L., *op. cit.*, p. 327.

que problemática"[73] y hasta se habla de un "listado repetitivo y farragoso"[74] de motivos.

Concretamente, la referencia al antisemitismo resulta innecesaria por incluible ya en los motivos racistas, la religión, creencias[75] o etnia de la víctima[76]. Las razones históricas que se encuentran en la base de la mención no justifican tal redundancia[77], por lo que fue "fuertemente criticada por la doctrina"[78]. Precisamente, el Grupo de Estudios de Política Criminal estima aquí contradictoria la intervención penal al establecer distintos rangos de tutela cuando prima a los judíos y propone suprimir en la circunstancia 4ª del artículo 22 la alusión al antisemitismo por suficientemente recogida en los términos "etnia" o "religión"[79].

Lo mismo habría que afirmar de la última ocurrencia del legislador, los motivos "antigitanos", introducidos por la Ley orgánica 6/2022, de 12 de julio, mención que debería eliminarse por redundante, al incluirse ya en los "motivos racistas" o en la discriminación por la "etnia". Afortunadamente otras propuestas, de añadir la "afrofobia, negrofobia, islamofobia"[80], no prosperaron

---

73 PRATS CANUT, J.M., *op. cit.*, p. 325.

74 LANDA GOROSTIZA, J.-M., *op. cit.*, p. 195.

75 *Cfr.* CUERDA ARNAU, M.L., *op. cit.*, p. 242, que cita la enmienda nº 174 del grupo mixto-ERC, *B.O.C.G.*, Congreso de los diputados, serie A, 6 de marzo de 1995, nº 77-6 y a GONZÁLEZ CUSSAC; DÍAZ Y GARCÍA CONLLEDO, M., OLAIZOLA NOGALES, I., TRAPERO BARREALES, M.A., BARBER BURUSCO, S., DURÁN SECO, I. y JERICÓ OJER, L., *op. cit.*, pp. 321 y 322, con ulteriores indicaciones bibliográficas en nota 42; LORENZO SALGADO, J.M., "Circunstancias...", *cit.*, p. 104.

76 *Cfr.* LAURENZO COPELLO, P., *op. cit.*, p. 248.

77 *Cfr.* PUENTE SEGURA, L., *op. cit.*, p. 510.

78 GUARDIOLA GARCÍA, J., *op. cit.*, p. 127, nota 31, con indicaciones bibliográficas.

79 *Cfr.* Grupo de Estudios de Política Criminal, Alternativas al tratamiento jurídico de la discriminación..., *cit.*, pp. 16 y 32.

80 Propuesta del Grupo Parlamentario Confederal de Unidas Podemos-En Comú Podem-Galicia en Común, *cit.* por GUARDIOLA GARCÍA, J., *op. cit.*, p. 120, nota 8.

en la enmienda transaccional que dio lugar al texto vigente[81]. Aun cuando simplemente se trate de una llamada de atención para visibilizar la discriminación gitana, que no amplía el ámbito aplicativo de la agravante, la mención es improcedente y provocará demandas de tutela expresa por otros colectivos discriminados[82] que condenan la circunstancia a la permanente reforma.

Tampoco tiene "fácil explicación"[83] mentar los "motivos racistas" junto a "otra clase de discriminación referente a la... raza", que comporta la afirmación de una inverosímil discriminación racial no abarcada en el obrar por motivos racistas[84].

Seguramente, la mención a los "motivos racistas o antisemitas" se explica como una tentativa del legislador por resaltar su propia motivación al crear la agravante, pero una vez decidida y justificada la reforma en su oportuna exposición de motivos no se deben recoger expresamente esas razones en la formulación legal para evitar confusiones interpretativas[85]. Conviene, por tanto, replantearse la indeterminada formulación de la agravante conforme a los principios de intervención mínima, lesividad y responsabilidad por el hecho para descartar cualquier despreciable Derecho penal de autor que penalice el pensamiento y contradiga la protección constitucional de la libertad ideológica mediante la sustitución, en la circunstancia 4ª del artículo 22, de la referencia a los motivos, que propicia una interpretación puramente subjetiva, por una fórmula, favorecedora de una hermenéutica objetiva, que vincule el hecho delictivo con características de la víctima[86].

---

81 *Ibidem.*

82 *Cfr.* GUARDIOLA GARCÍA, J., *op. cit.,* p. 127, nota 32.

83 CUERDA ARNAU, M.L., *op. cit.,* p. 243.

84 *Cfr.* LORENZO SALGADO, J.M., "Circunstancias...", *cit.,* p. 104.

85 *Cfr.* LAURENZO COPELLO, P., *op. cit.,* pp. 248 y 249 y nota 54.

86 *Cfr.* Grupo de Estudios de Política Criminal, Alternativas al tratamiento jurídico de la discriminación..., *cit.,* pp. 16, 32 y 33, que suprime todo ese exceso actual de palabras relativo a los "motivos racistas, antisemitas, antigitanos u otra clase de discriminación" y alude solo a la

Asimismo, se ha admitido la apreciación de la agravante en supuestos de discriminación no mencionados en la circunstancia 4ª del artículo 22 con fundamento legal en la expresión "otra clase de discriminación"[87]. Pero, a mi juicio, semejante posibilidad tiene que descartarse no solo porque no deba extenderse la incriminación o agravación a todo el ámbito perteneciente al vasto principio de la igualdad y la no discriminación[88] sino porque contradice el dogma legalista, pues el tenor literal del Código circunscribe la "otra clase de discriminación" a la "referente a la ideología, religión o creencias de la víctima, la etnia, raza o nación a la que pertenezca, su sexo, edad, orientación o identidad sexual o de género, razones de género, de aporofobia o de exclusión social, la enfermedad que padezca o su discapacidad", catálogo cerrado que se adecua mejor a las exigencias de taxatividad[89].

Las tres primeras clases de discriminación son reconducibles al mundo del "pensamiento, las opiniones o los juicios"[90]. La "ideología" parece apuntar a la política[91], la "religión" constituye el "conjunto de dogmas o doctrinas referentes a la comprensión o aproximación a la divinidad"[92] y las "creencias" se identifican con "un determinado sistema ético de vida"[93].

A continuación alude la agravante a la "etnia, raza o nación". Por la primera debe entenderse cualquier grupo que, sin ser raza ni nación-Estado, posea singularidades físicas y culturales, como

---

comisión de determinados delitos "por razón de la ideología, religión o creencias de la víctima, la etnia, raza o nación..."

87 *Cfr.* BERNAL DEL CASTILLO, J., *op. cit.*, p. 68.

88 *Cfr.* LANDA GOROSTIZA, J.-M., *op. cit.*, p. 206.

89 *Cfr.* DÍAZ Y GARCÍA CONLLEDO, M., OLAIZOLA NOGALES, I., TRAPERO BARREALES, M.A., BARBER BURUSCO, S., DURÁN SECO, I. y JERICÓ OJER, L., *op. cit.*, p. 327.

90 CUERDA ARNAU, M.L., *op. cit.*, p. 243.

91 *Cfr.* LORENZO SALGADO, J.M., "Circunstancias...", *cit.*, p. 105.

92 PUENTE SEGURA, L., *op. cit.*, p. 510.

93 CUERDA ARNAU, M.L., *op. cit.*, p. 243.

los gitanos[94], por lo que los motivos "antigitanos", incorporados por la reforma de 12 de julio de 2022, son redundantes. La segunda, por su contraposición a etnia, parece aludir a los cuatro grandes grupos humanos o raza blanca, amarilla, cobriza y negra[95]. Aun cuando la legislación penal antirracista pretenda tutelar a las minorías marginadas y exista el peligro de que, paradójicamente, la agravante proteja al grupo hegemónico[96], no debe limitarse la circunstancia a los agresores de víctimas que pertenezcan a razas minoritarias en España, dado que la exacerbación racial no es privativa de los blancos ni de ninguna otra raza[97]. Finalmente, el término "nación" tiene que entenderse en sentido estricto[98], que agrave solo conductas xenófobas[99], como alusivo a los "extranjeros"[100] o a la "población de un Estado País regido por un gobierno, con personalidad jurídica internacional y soberanía propia"[101]. Ciertamente, entran en el tenor literal posible de la norma las personas nacidas u originarias de un lugar con una tradición cultural común que suelen compartir un idioma, los grupos nacionales que dentro de un mismo Estado se distinguen por una marcada identidad cultural, *v. gr.* el pueblo vasco, gallego o catalán, pero tal interpretación extensiva obliga a ser cautelosos[102], especialmente porque nos hallamos en sede de agravantes que, según advierte Lorenzo Salgado, hace preferible acogerse a la interpretación restrictiva de la voz como nación-Estado[103].

---

94 *Ibidem.*

95 *Cfr.* LORENZO SALGADO, J.M., "Circunstancias...", *cit.,* pp. 104 y 105.

96 *Cfr.* BORJA JIMÉNEZ, E., *op. cit.,* pp. 291 y 292.

97 *Cfr.* CUERDA ARNAU, M.L., *op. cit.,* p. 242.

98 *Cfr.* DÍAZ Y GARCÍA CONLLEDO, M., OLAIZOLA NOGALES, I., TRAPERO BARREALES, M.A., BARBER BURUSCO, S., DURÁN SECO, I. y JERICÓ OJER, L., *op. cit.,* pp. 324 y 325, que ante la indeterminación de las nacionalidades internas optan por una interpretación restrictiva.

99 *Cfr.* LORENZO SALGADO, J.M., "Circunstancias...", *cit.,* p. 105.

100 LAURENZO COPELLO, P., *op. cit.,* p. 246.

101 PUENTE SEGURA, L., *op. cit.,* p. 511.

102 *Cfr.* CUERDA ARNAU, M.L., *op. cit.,* pp. 243 y 244.

103 *Cfr.* LORENZO SALGADO, J.M., "Circunstancias...", *cit.,* p. 105.

Después menciona la Ley el "sexo", que se refiere, obviamente, al masculino y femenino[104], "sin distinciones"[105]. No puede entenderse como la antigua agravante de desprecio de sexo, a modo de conducta delictiva del hombre contra la mujer y el particular respeto que se le debe por razón del sexo, sino de forma plural, conforme a las exigencias constitucionales[106]. El Grupo de Estudios de Política Criminal propone suprimir la alusión al sexo en la agravante debido a que la discriminación por esta causa no es equiparable a otras circunstancias personales o sociales de marginación, lo que aconseja un trato diferenciado en ámbitos jurídicos menos represivos[107]. El exclusivo valor simbólico de la mención arroja un excesivo paternalismo que ignora otras alternativas que realmente cambien la situación actual[108].

Luego añade asistemáticamente la Ley orgánica 8/2021, de 4 de junio, la edad, entre el "sexo" y la "orientación o identidad sexual", como si el catálogo de la circunstancia 4ª del artículo 22 fuese un cajón de sastre sin orden ni concierto, discriminación referente a la edad que, pese al título de la Ley de protección integral de la infancia y la adolescencia, según el preámbulo de la reforma, se aplica tanto a los niños y adolescentes como a las personas de edad avanzada[109] y tal vez a los parlamentarios les traicionó el subconsciente para hacer una pausa entre sexo y sexo, por razón de la edad. Bromas aparte, podría haberse prescindido de la mención a la edad en esta agravante al ser reconducible a la circunstancia 2ª del artículo 22, el abuso de superioridad.

---

104 *Ibidem.*

105 PUENTE SEGURA, L., *op. cit.*, p. 511.

106 *Cfr.* CUERDA ARNAU, M.L., *op. cit.*, p. 244.

107 *Cfr.* Grupo de Estudios de Política Criminal, Alternativas al tratamiento jurídico de la discriminación..., *cit.*, pp. 32 y 33. Para una exclusión de la agravante en los casos de violencia doméstica desde una perspectiva supraindividual *vid.* DOPICO GÓMEZ-ALLER, J., *op. cit.*, pp. 175 y 176.

108 *Cfr.* DÍAZ Y GARCÍA CONLLEDO, M., OLAIZOLA NOGALES, I., TRAPERO BARREALES, M.A., BARBER BURUSCO, S., DURÁN SECO, I. y JERICÓ OJER, L., *op. cit.*, p. 328.

109 *Cfr.* preámbulo, apartado II, párrafo 49º.

Seguidamente contiene la agravante las palabras "orientación sexual", incorporadas al Código penal de 1995 en el informe de la ponencia sin que ninguna enmienda hubiera solicitado su inclusión[110], expresión tan amplia que abarca cualquier opción sexual del sujeto pasivo[111], no solo la homosexualidad, bisexualidad y heterosexualidad[112] sino también el celibato, la promiscuidad, la prostitución[113] y hasta la pederastia[114].

Tras la orientación sexual la Ley orgánica 5/2010, de 22 de junio, agregó la "identidad sexual", la percepción psicológica que el individuo tiene sobre su sexo, y la Ley orgánica 8/2021, de 4 de junio, añadió la identidad "de género", sin advertir que ya la Ley orgánica 1/2015, de 30 de marzo, había incorporado las "razones de género".

Concluía la agravante 4ª del artículo 22 con el enunciado "la enfermedad o minusvalía que padezca", que la Ley orgánica 5/2010, de 22 de junio, cambió por "la enfermedad que padezca o su discapacidad", un nuevo alarde legislativo de "desmesurada"[115] amplitud que alcanza a "alcohólicos, toxicómanos o enfermos de sida"[116], sobre los que la doctrina se muestra especialmente preocupada[117],

---

110 *Cfr.* LANDA GOROSTIZA, J.-M., *op. cit.*, p. 182.

111 *Cfr.* LORENZO SALGADO, J.M., "Circunstancias...", *cit.*, p. 105.

112 *Cfr.* PUENTE SEGURA, L., *op. cit.*, p. 512.

113 En contra *vid.* LAURENZO COPELLO, P., *op. cit.*, p. 247, que, en un loable esfuerzo por limitar la amplitud desmedida de la redacción, distingue entre tendencias sexuales, incluidas en la agravante, y modo de ejercer la sexualidad, excluido de la circunstancia, lo que le lleva a descartar casos en los que existe evidente marginación de la agravante, como la prostitución.

114 *Cfr.* CUERDA ARNAU, M.L., *op. cit.*, p. 244.

115 LORENZO SALGADO, J.M., "Circunstancias...", *cit.*, p. 105.

116 *Ibidem.*

117 *Cfr.* DÍAZ Y GARCÍA CONLLEDO, M., OLAIZOLA NOGALES, I., TRAPERO BARREALES, M.A., BARBER BURUSCO, S., DURÁN SECO, I. y JERICÓ OJER, L., *op. cit.*, p. 326, con referencias bibliográficas en nota 57.

minusválidos o discapacitados físicos o psíquicos[118] y toda alteración más o menos grave de la salud, sin que la literalidad de la norma permita distinguir entre las enfermedades y minusvalías o discapacidades que son fuente de marginación y las carentes de semejante aptitud[119]. Ciertamente resulta criticable que estos supuestos podrían reconducirse a la fundamentación agravatoria del abuso de superioridad[120]. En tal sentido, una interpretación restrictiva debería descartar la circunstancia de obrar por motivos discriminatorios cuando se delinca a causa de la mayor debilidad física de la víctima o con aprovechamiento de un desequilibrio que facilite la realización del hecho, porque la debilidad física, inferioridad o desvalimiento ya fundamentan la agravante de abuso de superioridad y debido a razones sistemáticas[121]. Tampoco cualquier trato desigual fundado en una enfermedad da lugar a la circunstancia, habida cuenta de que discriminación es algo más que trato arbitrario: se requiere, en opinión de Laurenzo Copello, colocar a una persona en situación de inferioridad y marginación social[122]. No es lo mismo incitar a los padres a no llevar a sus hijos al colegio hasta que se expulse a una niña con sida que alentarlos a exigir el despido de un profesor depresivo que falta mucho a clase, en que la enfermedad, aunque desemboque en un trato desigual, no lo margina respecto a sus semejantes[123]. En todo caso, quedaban fuera de los términos "minusvalía" y "discapacidad" los ataques a mendigos desvalidos[124], por eso, con "excelente criterio"[125], en palabras de Ferré Olivé, la Ley orgánica 8/2021, de 4 de junio, añadió a la circunstancia 4ª del artículo 22 las razones

---

118 *Cfr.* PUENTE SEGURA, L., *op. cit.*, p. 512.

119 *Cfr.* LAURENZO COPELLO, P., *op. cit.*, p. 247.

120 *Cfr.* BERNAL DEL CASTILLO, J., *op. cit.*, p. 68.

121 *Cfr.* CUERDA ARNAU, M.L., *op. cit.*, pp. 240 y 245.

122 *Cfr.* LAURENZO COPELLO, P., *op. cit.*, p. 247.

123 *Ibidem.*

124 *Cfr.* CUERDA ARNAU, M.L., *op. cit.*, p. 245.

125 FERRÉ OLIVÉ, J.C., "Indagaciones sobre aporofobia y plutofilia en Derecho penal", en *Revista Penal México,* nº 20, 2022, p. 61.

de "aporofobia[126] o de exclusión social"[127], para agravar la pena cuando en el delito "subyace el rechazo, aversión o desprecio a las personas pobres"[128].

IV. DISCRIMINACIÓN POR ASOCIACIÓN O REFLEJA Y POR ERROR.

En esta sede la doctrina pone el acento, nuevamente, en que el legislador debería haber tratado la redacción de la agravante "de una forma más cuidadosa"[129] para evitar "dificultades interpretativas"[130].

En efecto, la literalidad de la norma hasta la reforma de 4 de junio de 2021 parecía exigir que la víctima poseyese los caracteres diferenciales señalados en la circunstancia 4ª del artículo 22[131],

---

126 *Vid.* BENITO SÁNCHEZ, D. y GIL NOBAJAS, M.S. (coords.), Alternativas político-criminales frente al Derecho penal de la aporofobia, Valencia: Tirant lo Blanch, 2022; BENITO SÁNCHEZ, D. y PÉREZ CEPEDA, M.A. (coords.), Propuestas al legislador y a los operadores de la Justicia para el diseño y la aplicación del Derecho penal en clave anti-aporófoba, Salamanca: Ratio Legis, 2022; BUSTOS RUBIO, M., Aporofobia y delito. La discriminación socioeconómica como agravante (art. 22. 4ª, CP), Barcelona: Bosch, 2020; del mismo autor, "Aporofobia, motivos discriminatorios y obligaciones positivas del Estado: el art. 22. 4ª CP entre la prohibición de infraprotección y la subinclusión desigualitaria", en *Revista Electrónica de Ciencia Penal y Criminología,* nº 23-01, 2021, pp. 1-42.

127 *Vid.* PAREDES CASTAÑÓN, J.M., "La lucha contra la aporofobia en la Ley orgánica de protección de la seguridad ciudadana: abordaje del trabajo sexual", en BENITO SÁNCHEZ, D. y PÉREZ CEPEDA, A.I., *op. cit.,* pp. 169-178.

128 Preámbulo, apartado II, párrafo 49º.

129 LORENZO SALGADO, J.M., "*O fundamento da agravante de obrar por motivos discriminatorios como presuposto da súa interpretación*", en *Revista Xurídica Galega,* nº 54, *1º trimestre,* 2007, p. 137.

130 *Ibidem.*

131 *Cfr.* DÍAZ Y GARCÍA CONLLEDO, M., OLAIZOLA NOGALES, I., TRAPERO BARREALES, M.A., BARBER BURUSCO, S., DURÁN SECO, I. y

que el delito se cometiese por motivos vinculados con cualidades o condiciones, mencionadas en la Ley, que la víctima debía portar[132], de manera que sería discutible la aplicación de la circunstancia en los casos en los que el motivo de raza no concurriera en el agredido sino en su acompañante negro[133] o en los ataques contra periodistas o autoridades por mantener políticas de defensa de minorías raciales, ideológicas u otras[134], casos conocidos como discriminación por asociación o refleja[135].

La Ley orgánica 8/2021, de 4 de junio, incluyó en la circunstancia 4ª del artículo 22 el inciso final "con independencia de que tales condiciones o circunstancias concurran efectivamente en la persona sobre la que recaiga la conducta", con lo que parecía zanjar la polémica al "acentuar una compresión desde los motivos o móviles del agresor y no sobre el dato objetivo presente realmente en la víctima"[136], de modo que la agravante "se espiritualiza aún más al bastar con el móvil discriminatorio del responsable, sin necesidad de ofensa a la condición real de la víctima"[137]. Con todo, se ha afirmado que el inciso final de la circunstancia 4ª únicamente "da cobertura a los supuestos de discriminación por error"[138] y no resuelve los casos de discriminación por asociación o refleja.

Aun cuando se haya apuntado que tales supuestos podrían reconducirse a la circunstancia si se considera atacada la víctima por sus "creencias" o sistema ético de vida que no admite discriminaciones[139],

---

JERICÓ OJER, L., *op. cit.*, p. 351.

132 *Cfr.* CUERDA ARNAU, M.L., *op. cit.*, p. 240.

133 *Ibidem.*

134 *Cfr.* BERNAL DEL CASTILLO, J., *op. cit.*, p. 67.

135 *Cfr.* BUSTOS RUBIO, M., "Discriminación por error y discriminación por asociación en el nuevo art. 22.4ª CP: reflexiones al albur de la STS 66/2022, de 27 de enero", en *La Ley Penal*, nº 155, 2022, p. 2.

136 ORTS BERENGUER, E. y GONZÁLEZ CUSSAC, J.L., *op. cit.*, p. 533.

137 MUÑOZ CONDE, F. y GARCÍA ARÁN, M., *op. cit.*, p. 458.

138 GUARDIOLA GARCÍA, J., *op. cit.*, p. 118,

139 *Cfr.* LORENZO SALGADO, J.M., "Circunstancias...", *cit.*, p. 105; del mismo autor, "*O fundamento...*", *cit.*, p. 137.

exégesis que resuelve gran parte de los problemas hermenéuticos, la falta de claridad de la norma sigue generando diversas interpretaciones condicionadas por la fundamentación subjetiva u objetiva de la agravante.

La mayoría de la doctrina estima que el fundamento de la circunstancia 4ª del artículo 22 resulta esencialmente subjetivo[140], con lo que, si la agravante se funda en la mayor culpabilidad o la motivación especialmente despreciable, lo decisivo sería el móvil abyecto o particularmente reprobable que orienta la conducta y el "error al revés", o discordancia entre lo que el sujeto activo considera condición de la víctima y la realidad, devendría irrelevante; esto es: habría que admitir la circunstancia, *v. gr.*, en las amenazas proferidas contra un heterosexual por razón de su supuesta homosexualidad[141]. Tal es la voluntad manifiesta del legislador de 4 de junio de 2021 respecto a la discriminación por error. Así las cosas, se trataría de una "agravación basada exclusivamente en los «motivos»"[142], en "algo que pertenece al fuero interno del autor"[143] sin que se incremente la gravedad objetiva del delito[144]. La circunstancia entrañaría una inconstitucional[145] y paradójica resurrección del "rechazable"[146] Derecho penal de autor nacionalsocialista, descartado en la postguerra por su autoritarismo, un Derecho penal de autor "potenciado por las grandes dictaduras"[147] que se aplica

---

140 *Vid.* la bibliografía citada por DÍAZ Y GARCÍA CONLLEDO, M., OLAIZOLA NOGALES, I., TRAPERO BARREALES, M.A., BARBER BURUSCO, S., DURÁN SECO, I. y JERICÓ OJER, L., *op. cit.*, en p. 328, notas 94 y 96 a 98 así como por DOPICO GÓMEZ-ALLER, J., *op. cit.*, pp. 144-146, con referencias bibliográficas en notas 5 a 14.

141 *Cfr.* LORENZO SALGADO, J.M., "*O fundamento...*", *cit.*, pp. 135 y 136.

142 LÓPEZ GARRIDO, D. y GARCÍA ARÁN, M., *op. cit.*, p. 55.

143 MUÑOZ CONDE, F. y GARCÍA ARÁN, M., *op. cit.*, p. 458.

144 *Ibidem.*

145 *Cfr.* DOPICO GÓMEZ-ALLER, J., *op. cit.*, p. 152.

146 DÍAZ Y GARCÍA CONLLEDO, M., OLAIZOLA NOGALES, I., TRAPERO BARREALES, M.A., BARBER BURUSCO, S., DURÁN SECO, I. y JERICÓ OJER, L., *op. cit.*, p. 328.

147 FERRÉ OLIVÉ, J.C., "Indagaciones sobre aporofobia...", *cit.*, p. 53.

al sujeto por lo que es y no por lo que hace[148], al que se vuelve para combatir la intolerancia[149] y generaría, al dar entrada exasperadamente a complejos y dogmáticamente problemáticos[150] elementos de actitud interna[151] o *Gesinnungsmerkmale*[152], peligrosas interpretaciones incompatibles con el principio de responsabilidad por el hecho[153]. Ante ello no puede ampararse el legislador en un descuido, pues la enmienda nº 231 del grupo mixto llamó la atención en el senado sobre el riesgo de que la agravante representase un "delito de pensamiento" eludible mediante la redacción "cometer el delito con expresión manifiesta de menosprecio a la víctima por razón de su pertenencia a determinado grupo étnico, cultural, nacional, orientación sexual, ideología o creencias"[154] o con la propuesta doctrinal posterior, que remarca los efectos sobre la víctima, "cometer el delito *contra* determinadas personas por razón de..."[155]. En definitiva, según indica el Grupo de Estudios de Política Criminal, la tutela penal de colectivos marginales debe respetar, en todo caso, el contenido esencial de la libertad ideológica[156] y la "res-

148 *Ibidem.*

149 *Cfr.* LAURENZO COPELLO, P., *op. cit.*, p. 272.

150 *Cfr.* CUERDA ARNAU, M.L., *op. cit.,* p. 238.

151 Sobre las posiciones en la doctrina germánica respecto a la polémica naturaleza jurídica de los elementos de disposición anímica *vid.* BOLDOVA PASAMAR, M.A., La comunicabilidad de las circunstancias y la participación delictiva, Madrid: Civitas, 1995, pp. 81 y 82, nota 146.

152 *Vid.* SCHMIDHÄUSER, E., *Gesinnungsmerkmale im Strafrecht, Tübingen: J.C.B. Mohr, Paul Siebeck,* 1958.

153 *Cfr.* LORENZO SALGADO, J.M., "Circunstancias...", *cit.,* p. 104; del mismo autor, "*O fundamento...*", *cit.,* p. 135.

154 Senado, Proyectos de Ley, 21 de septiembre de 1995, nº 87 (c), p. 167, *cit.* por LANDA GOROSTIZA, J.-M., *op. cit.,* p. 184, nota 355.

155 LAURENZO COPELLO, P., *op. cit.,* p. 281, a cuya propuesta se adhiere LANDA GOROSTIZA, J.-M., *op. cit.,* pp. 191 y 192.

156 *Cfr.* Grupo de Estudios de Política Criminal, Alternativas al tratamiento jurídico de la discriminación..., *cit.,* p. 32.

ponsabilidad por el hecho, eliminando toda incriminación fundada en la idea de un Derecho penal de autor"[157].

Por otra parte, cabe fundamentar la agravante no solo en la motivación sino también en el incremento del injusto o desvalor adicional del resultado[158]. Así, Bustos Ramírez y Hormazábal Malarée subjetivamente requieren que se actúe con motivación discriminatoria, pero además exigen, objetivamente, la pertenencia de la víctima a una raza, ideología, etc.[159], el grupo de investigación dirigido por Díaz y García Conlledo también precisa, en el marco de la antijuridicidad, como desvalor objetivo de injusto añadido, que las características legales concurran en la víctima[160] y Laurenzo Copello juzga más próximo a los principios penales explicar el mayor castigo en la lesión de un bien jurídico adicional o derecho de la víctima a un trato como ser humano igual a cualquier otro, de modo que si el agredido no pertenece al colectivo tutelado no se le aplicaría la agravante porque su derecho a no ser tratado como un ser inferior a los demás no resultaría afectado[161], lo cual implicaba no sancionar la discordancia entre la cualidad que se suponía a la víctima y la realidad, la relevancia del error inverso[162] o no apreciación de la circunstancia ante la creencia errónea de que en la víctima concurre alguna de las cualidades expresadas en la Ley[163]. No obstante, para captar en tales casos el desvalor adicional de acción que el legislador ha querido reprobar, la motivación reflejada

---

157 *Ibidem*. En contra *vid*. DÍAZ Y GARCÍA CONLLEDO, M., OLAIZOLA NOGALES, I., TRAPERO BARREALES, M.A., BARBER BURUSCO, S., DURÁN SECO, I. y JERICÓ OJER, L., *op. cit.*, p. 353.

158 *Cfr.* LORENZO SALGADO, J.M., "*O fundamento...*", *cit.*, p. 136.

159 *Cfr.* BUSTOS RAMÍREZ, J.J. Y HORMAZÁBAL MALARÉE, H., Lecciones de Derecho penal. Parte general, Madrid: Trotta, 2006, p. 506.

160 *Cfr.* DÍAZ Y GARCÍA CONLLEDO, M., OLAIZOLA NOGALES, I., TRAPERO BARREALES, M.A., BARBER BURUSCO, S., DURÁN SECO, I. y JERICÓ OJER, L., *op. cit.*, pp. 349 y 353.

161 *Cfr.* LAURENZO COPELLO, P., *op. cit.*, pp. 281 y 282.

162 *Cfr.* LORENZO SALGADO, J.M., "*O fundamento...*", *cit.*, p. 136.

163 *Cfr.* CUERDA ARNAU, M.L., *op. cit.*, p. 246.

en la conducta externa[164], se proponía acudir al "concurso ideal entre la tentativa del delito agravado y el correspondiente delito consumado"[165]. Igualmente inciden en el mayor injusto o desvalor adicional de resultado, aunque desde una perspectiva supraindividual, Landa Gorostiza, que exige "la idoneidad de la conducta para conmocionar las condiciones de seguridad existencial del colectivo especialmente vulnerable al que pertenece el sujeto"[166], y Borja Jiménez, que requiere la aptitud para lesionar la dignidad humana y la convivencia pacífica[167].

Esta sigue siendo la posición del Tribunal Supremo en la sentencia de 27 de enero de 2022, incluso después de la reforma de 4 de junio de 2021, al exigir que la actuación se proyecte sobre la víctima integrante de un colectivo discriminado, el cual considera que la cláusula de cierre de la circunstancia 4ª del artículo 22 simplemente alude a los casos de error y deja fuera la discriminación por asociación. También parte de la doctrina se ha pronunciado en el mismo sentido después de la Ley orgánica 8/2021[168].

Realmente, si atendemos al tenor literal de la norma y al principio de vigencia que dé valor a todos los términos de la Ley, debería distinguirse, como ya apunté hace tiempo[169], entre la comisión del delito por motivos racistas o antisemitas, en que se apreciaría la agravante con independencia de que la víctima pertenezca a esos grupos, casos a los que habría que añadir, desde la reforma de 12 de julio de 2022, la comisión delictiva por motivos antigita-

---

164 *Cfr.* LAURENZO COPELLO, P., *op. cit.*, p. 283.

165 *Ibidem.* En contra *vid.* DÍAZ Y GARCÍA CONLLEDO, M., OLAIZOLA NOGALES, I., TRAPERO BARREALES, M.A., BARBER BURUSCO, S., DURÁN SECO, I. y JERICÓ OJER, L., *op. cit.*, p. 353.

166 LANDA GOROSTIZA, J.-M., *op. cit.*, p. 188.

167 *Cfr.* BORJA JIMÉNEZ, E., *op. cit.*, pp. 291 y 293.

168 *Cfr.* BUSTOS RUBIO, M., "Discriminación por error y discriminación por asociación...", *cit.*, pp. 5-9.

169 *Vid.* ABEL SOUTO, M., "Política criminal de la diversidad cultural: la agravante de obrar por motivos discriminatorios", en *Revista Penal,* nº 25, 2010, p. 10.

nos, tras la Ley orgánica 1/2015, de 30 de marzo, la discriminación por razones de género y, desde la Ley orgánica 8/2021, de 4 de junio, la discriminación por razones de aporofobia o exclusión social, y el delinquir por las otras clases de discriminación mencionadas en la circunstancia, que exigiría para la agravación un comportamiento directo sobre la víctima discriminada[170], dado que la dicción legal alude a "ideología, religión o creencias de la víctima", la "nación a la que pertenezca" (la víctima), "su sexo, edad, orientación o identidad sexual o de género" (los de la víctima), "la enfermedad que padezca" (la víctima) o "su discapacidad" (de la víctima), interpretación con la que se salvan, aunque solo en parte, las contradicciones de aludir a la comisión del delito "por motivos racistas" junto a la "discriminación referente a la... raza" a la que pertenezca la víctima[171] y de mencionar la comisión por motivos "antigitanos" junto a la "discriminación referente a… la etnia… a la que pertenezca" la víctima.

También se ha defendido, desde la teoría significativa de la acción, que "el carácter discriminatorio no dependa del fuero interno del autor sino de las reglas sociales que reconocen sentido a sus actos"[172].

V. CONSIDERACIONES FINALES DE POLÍTICA CRIMINAL.

En la medida en que el racismo y la xenofobia no conocen fronteras, puede considerarse lógica y legítima la internacionalización de la legislación penal antirracista española, pero su redacción debe adaptarse a nuestras concretas necesidades[173] y observar un mínimo de corrección. La amplitud de la agravante exige

---

170 *Cfr.* PUENTE SEGURA, L., *op. cit.*, pp. 512 y 513.

171 *Ibidem.*

172 GUARDIOLA GARCÍA, J., *op. cit.*, p. 150, el cual igualmente advierte en p. 127 que no se predican de la víctima las "razones de género, de aporofobia o de exclusión social".

173 *Cfr.* BORJA JIMÉNEZ, E., *op. cit.*, p. 296.

evitar una aplicación indiscriminada y la salvaguarda de la seguridad jurídica requiere que la motivación de la sentencia precise el móvil del delito[174], lo cual plantea a la jurisprudencia el difícil reto de determinar la concurrencia de los motivos mencionados en la Ley[175], tarea que "no es sencilla"[176] y en la que parecen confirmarse algunos de los peores augurios sobre aproximación a un despreciable Derecho penal de autor[177].

Nuestra política criminal en materia de discriminación sigue "una dirección equivocada"[178], pues la excesiva extensión de la tan genérica agravante 4ª del artículo 22 hace de ella un precepto ineficaz[179], de "previsible inaplicación"[180] a muchos de los supuestos recogidos en su dicción, que corre el peligro de convertirse en "letra muerta"[181]. Semejantes fórmulas, demasiado generales y con elementos de difícil prueba, abocan a la inaplicación y revelan una despreciable instrumentalización simbólica del Derecho penal como mecanismo de pedagogía social con el que se pretende enseñar a respetar a las minorías[182], como medio para tranquilizar la conciencia o para mostrar una falsa preocupación frente a una discriminación oficialmente practicada en leyes, *v. gr.* las de asilo o extranjería, y en un contradictorio Derecho penal aplicado a los sectores más marginales que, a la vez, aspira a protegerlos de la discriminación que él mismo incrementa[183].

---

174 *Cfr.* PRATS CANUT, J.M., *op. cit.*, p. 326.

175 *Cfr.* QUINTERO OLIVARES, G., Parte general..., *cit.*, p. 742.

176 ORTS BERENGUER, E. y GONZÁLEZ CUSSAC, J.L., *op. cit.*, p. 534.

177 *Cfr.* LANDA GOROSTIZA, J.-M., *op. cit.*, p. 196.

178 BERNAL DEL CASTILLO, J., *op. cit.*, p. 69.

179 *Cfr.* LANDA GOROSTIZA, J.-M., *op. cit.*, pp. 182-184 y 206.

180 BERNAL DEL CASTILLO, J., *op. cit.*, p. 68.

181 *Ibidem.*

182 *Cfr.* Grupo de Estudios de Política Criminal, Alternativas al tratamiento jurídico de la discriminación…, *cit.*, pp. 17 y 32.

183 *Cfr.* DÍAZ Y GARCÍA CONLLEDO, M., OLAIZOLA NOGALES, I., TRAPERO BARREALES, M.A., BARBER BURUSCO, S., DURÁN SECO, I. y JERICÓ OJER, L., *op. cit.*, p. 314.

Como pone de manifiesto Ferré Olivé, existe una política criminal para los ricos y otra para los pobres, una política criminal "que tiende a la plutofilia, a la autodefensa del mundo de los negocios"[184], que solo se ensaña con los ángeles caídos "como Mefistófeles"[185], que Goethe parodia en su Fausto trasladando al griego la etimología latina de Lucifer, una política criminal indulgente con la corrupción pública y privada, la defraudación tributaria, la cual requiere una condición objetiva de punibilidad que exige defraudar más de 120.000 euros y ofrece la excusa absolutoria de regularización tributaria que todo lo perdona, el fraude de subvenciones, que precisa un valor superior a 100.000 euros conforme al artículo 308, el fraude a la seguridad social, que requiere a los empresarios superar 50.000 o 120.000 euros según los artículos 307 y 307 bis cuando el fraude de prestaciones a la seguridad social, que puede cometer cualquiera, no exige una cuantía mínima a tenor del artículo 307 ter, o la exención de responsabilidad criminal para las personas jurídicas por la adopción de programas de cumplimiento[186]. Con esta política criminal coexiste otra aporofóbica[187], para los excluidos y marginales, que castiga con durísimas penas el narcotráfico, el contrabando y las estafas, que eleva a delitos leves las anteriores faltas de hurto, defraudación de energía eléctrica, gas, agua o telecomunicaciones y contra la propiedad industrial e intelectual, como las conductas de los *top manta* que venden CDs piratas o bolsos falsos, que sustituye la prisión a los extranjeros por su expulsión si delinquen y que expande el blanqueo de dinero a las antiguas faltas, el cual por su versatilidad también se utiliza para los ángeles caídos en el canibalismo plutofílico, cuando los peces grandes se comen entre sí[188].

---

184 FERRÉ OLIVÉ, J.C., "Indagaciones sobre aporofobia...", *cit.*, p. 52.

185 *Ibidem.*

186 *Cfr.* FERRÉ OLIVÉ, J.C., "Indagaciones sobre aporofobia...", *cit.*, pp. 52, 56, 57 y 58.

187 *Vid.* TERRADILLOS BASOCO, J.M., "Política criminal de la exclusión: aporofobia y plutofilia", en *Revista Penal,* nº 46, 2020, pp. 230-244.

188 *Cfr.* FERRÉ OLIVÉ, J.C., "Indagaciones sobre aporofobia...", *cit.*, pp. 52, 53, 55, 59 y 60.

En definitiva, el legislador con la redacción de esta agravante "ha ido demasiado lejos"[189], tanto que cabría cuestionarse si la relativamente nueva circunstancia, como alguna de las viejas, no posee más fundamento político-criminal que la alarma social o una concepción moralizante, según puso de relieve González Cussac[190].

Ya, antes de la incorporación a nuestro Ordenamiento jurídico de la agravante, denunció Landrove Díaz la "ingenuidad"[191] de pretender que el Derecho penal constituía "el medio más idóneo"[192] para combatir el racismo o la xenofobia y después advirtió Ferré Olivé que la circunstancia solo debe considerarse "un mero complemento de otras políticas de Estado"[193]. El Derecho penal no puede prevenir ni hacer frente a toda discriminación, "no desempeña ni debe desempeñar el papel central"[194]. Mucho más eficaces resultan las medidas económicas, sociales, educativas y culturales tendentes, *v. gr.*, a concienciar a la población para que acepte a los extranjeros como al resto de sus conciudadanos, la publicidad, programas juveniles de intercambio cultural, profundizar en el estudio escolar de los derechos humanos y las disposiciones jurídicas, pero no penales, limitativas de la libertad de contratación que establezcan condiciones discriminatorias en las ofertas de trabajo o preceptos civiles que restrinjan la libertad contractual por esas causas[195]. Este fue el camino tomado por la directiva comunitaria contra la discriminación, de 2 de abril de 2009, que, renunciando a cualquier recurso a la vía penal, amplió

---

189 LAURENZO COPELLO, P., *op. cit.*, p. 288.

190 *Cfr.* GONZÁLEZ CUSSAC, J.L., Teoría general de las circunstancias modificativas de la responsabilidad criminal, Valencia: Universidad de Valencia, Reproval, 1988, pp. 151 y 152.

191 LANDROVE DÍAZ, G., *op. cit.*, p. 159.

192 *Ibidem.*

193 FERRÉ OLIVÉ, J.C., "Diversidad cultural...", *cit.*, p. 35.

194 *Cfr.* DÍAZ Y GARCÍA CONLLEDO, M., OLAIZOLA NOGALES, I., TRAPERO BARREALES, M.A., BARBER BURUSCO, S., DURÁN SECO, I. y JERICÓ OJER, L., *op. cit.*, p. 314.

195 *Cfr.* BORJA JIMÉNEZ, E., *op. cit.*, pp. 24 y 287.

el principio de no discriminación a la protección social, incluida la seguridad social y la asistencia sanitaria, beneficios sociales, educación, acceso y suministro de bienes y servicios, incluida la vivienda y el transporte así como a la afiliación y las actividades en asociaciones[196].

En suma, debe respetarse el carácter subsidiario y fragmentario del Derecho penal, puesto que, según enseña el Grupo de Estudios de Política Criminal, los principios de intervención mínima y lesividad junto a la responsabilidad por el hecho representan barreras infranqueables de la intervención punitiva[197]. El principio de intervención mínima exige remitir la prevención de conductas discriminatorias a ámbitos más idóneos del Ordenamiento jurídico y a estrategias sociales que eviten una ineficaz huida hacia el Derecho penal[198], y la responsabilidad por el hecho descarta cualquier despreciable Derecho penal de autor que penalice el pensamiento y contradiga la protección constitucional de la libertad ideológica y de expresión, la cual ha dejado fuera de su protección todo lo que se etiquete como "discurso del odio", "denominación que se impone en la práctica pese a su profunda imprecisión"[199], dado que, según afirma el Grupo de Estudios de Política Criminal en su manifiesto publicado en 2019, el omnicomprensivo artículo 510 del Código penal, con conceptos metajurídicos de difícil definición, como "clima", "hostilidad" u "odio", pretende evitar interpretaciones restrictivas, ante lo que la juris-

---

196 *Cfr.* art. 3 de la resolución legislativa del parlamento europeo, de 2 de abril de 2009, sobre la propuesta de directiva del consejo por la que se aplica el principio de igualdad de trato entre personas independientemente de su religión o convicciones, discapacidad, edad u orientación sexual, COM(2008)0426-C6-0291/2008-2008/0140(CNS), en http://www.europarl.europa.eu.

197 *Cfr.* Grupo de Estudios de Política Criminal, Alternativas al tratamiento jurídico de la discriminación..., *cit.*, pp. 16 y 32.

198 *Ibidem.*

199 GUARDIOLA GARCÍA, J., *op. cit.*, pp. 124 y 125.

prudencia vacilante siembra más dudas que lo que aclara sobre la libertad de expresión[200].

La "extensísima regulación"[201] vulnera, sin duda, la "libertad de expresión"[202], pues no se pueden castigar las ideas y opiniones, por reprochables que sean, ya que "aplastar la serpiente en el huevo", como recordaba Vives Antón, "revela una inadmisible falta de confianza en la capacidad de la sociedad democrática para formar sus propias convicciones"[203] y "otorgar sentido discriminatorio a un acto neutro"[204] por realizarlo alguien que, aplicando los tan de moda indicadores de polarización[205], identifiquemos como racista, a modo de ejemplo, no es castigar un acto de racismo sino a un racista por algo impune para otras personas, con lo se volvería a etapas superadas y, "paradójicamente, habríamos negado precisamente lo que queremos vetar: discriminar"[206].

---

200 *Cfr.* Grupo de Estudios de Política Criminal, Una alternativa a la regulación de los delitos de expresión, Valencia: Tirant lo Blanch, 2019, pp. 7, 9 y 11.

201 PENA GONZÁLEZ, W., "La necesaria (pero imposible) supresión del artículo 510 CP", en FERRÉ OLIVÉ, J.C., SERRANO-PIEDECASAS FERNÁNDEZ, J.R., DEMETRIO CRESPO, E., PÉREZ CEPEDA, A.I., NÚÑEZ PAZ, M.A., ZÚÑIGA RODRÍGUEZ, L. y SANZ MULAS, N., *op. cit.*, p. 744.

202 *Ibidem.*

203 VIVES ANTÓN, T.S., "Sistema democrático y concepciones del bien jurídico: el problema de la apología del terrorismo", en *Estudios Penales y Criminológicos,* nº XXV, 2004, p. 433, que cita a MARTÍNEZ SOSPEDRA y CUERDA ARNAU en notas 52 y 53.

204 GUARDIOLA GARCÍA, J., *op. cit.,* p. 149.

205 *Vid.* RODRÍGUEZ MESA, M.J., *op. cit.,* pp. 796 y 797.

206 GUARDIOLA GARCÍA, J., *op. cit.,* p. 149.

La determinación de la competencia en la persecución y castigo del discurso del odio

IGNACIO FLORES PRADA
Catedrático de Derecho Procesal
Universidad Pablo de Olavide de Sevilla

I. DISCURSO DEL ODIO Y ESTADO SOCIAL

Una de las principales características del moderno Estado de bienestar consiste en la ampliación de las tradicionales garantías del Estado liberal, estrictamente políticas, a la protección social y económica de los ciudadanos, especialmente de los más desfavorecidos, y a la defensa de las minorías, profundizando así en los valores de libertad, igualdad, dignidad personal, tolerancia y paz social. A partir de la segunda mitad del siglo XX surge un nuevo sistema político que hemos dado en llamar "Estado social de Derecho", en el que los valores que impulsan la promoción y corrección de las desigualdades cobran una importancia relevante en la estructura constitucional —valores superiores del ordenamiento, derechos económicos, sociales y culturales, introducción de principios ideológicos de dirección de la actividad económica, componente promocional del derecho como instrumento de transformación y mejora de las condiciones— de tal modo que condicionan el perfil del propio sistema político. Si las constituciones del Estado liberal se ocupaban de regular "*quién* manda y *hasta dónde*", las modernas constituciones del Estado social, además, señalan "*cómo* y *para qué* se manda". El "para qué" se manda -el *indirizzo político* de la Constitución[1]- hace referencia, en la actualidad, también, y de modo muy relevante, al objetivo del Estado de bienestar.

Se trata de un modelo político, como se puede imaginar, ciertamente expansivo. La igualdad, la solidaridad, la corrección de los desequilibrios, la garantía de los derechos sociales, la protección y el respeto a las minorías, la integración de los discapacitados o la prohibición del discurso de la exclusión, no son metas que se puedan conseguir, ni a medio plazo, ni de una manera plena. Mientras que se apuntalan las conquistas en educación plural, en sanidad universal, en empleo de calidad o en vivienda digna, aparecen nuevos frentes que demandan atención pública. Se puede decir que estamos, pues, ante un modelo de Estado en continua construcción. En esa construcción expansiva del Estado social debemos situar, entre otros muchos frentes, la garantía pedagógica de la tolerancia y, más concretamente, la tensión entre la libertad de expresión y la protección penal contra el llamado "discurso del odio".

Como se sabe, la defensa penal contra la discriminación no es nueva en nuestros sistemas penales. Puede decirse que arranca en Europa tras la segunda guerra mundial[2], especialmente en los países más afectados por el nazismo, castigando la apología, la defensa, o la negación del genocidio. En España, los delitos que recogen las conductas discriminatorias contra las personas por motivos de ideología, religión, nacionalidad o raza se introdujeron en el código penal en fechas relativamente recientes, a través de la Ley Orgánica 4/1995, de 11 de mayo, de modificación del código penal, mediante la que se tipifica la apología de los delitos de genocidio[3]. En la exposición de motivos que precede

---

1 Vid. MARTINES, «indirizzo politico» (voz), en Enciclopedia del diritto, Tomo XXI, Giuffrè, Milano, 1971.

2 Vid. MATUTE CHAMARRO, *Tratamiento procesal de los delitos de odio en las redes sociales*, TFM, (Bueno de Mata dir.), inédito, Universidad de Salamanca, Salamanca, 2017, p. 8.

3 Mediante esta reforma se introduce en el código penal una agravante genérica en el art. 10.17: «Cometer cualquiera de los delitos contra las

a la citada ley orgánica expresamente se señala que «La proliferación en distintos países de Europa de episodios de violencia racista y antisemita que se perpetran bajo las banderas y símbolos de ideología nazi obliga a los Estados democráticos a emprender una acción decidida para luchar contra ella[4]. Ello resulta tanto más urgente cuando se presencia la reaparición, en la guerra que asola la antigua Yugoslavia, de prácticas genocidas que los pueblos europeos creían desterradas para siempre. Por desgracia, España no ha permanecido ajena al despertar de este fenómeno, circunstancia que se agrava por el hecho de que la legislación española no contempla suficientemente todas las manifestaciones que este fenómeno genera».

Con posterioridad, a la citada reforma, el Código Penal ha sido objeto de otras importantes modificaciones que han tenido como

---

personas o el patrimonio por motivos racistas, antisemitas u otros referentes al origen étnico o nacional, o a la ideología, religión o creencias de la víctima», completándose la modificación normativa con la inclusión de los delitos de apología previstos en los arts. 137 bis b) c) y en el art. 165 ter.

4 Como señala la Circular 7/2019, de 14 de mayo, de la Fiscalía General del Estado, sobre pautas para interpretar los delitos de odio tipificados en el artículo 510 del Código Penal (p. 7; a efectos de paginación, consulto el documento electrónico publicado por el BOE) «existe un consenso generalizado en que la conciencia colectiva sobre las conductas de odio surge a partir de la Segunda Guerra Mundial y evoluciona como respuesta frente al fascismo, el nazismo, el antisemitismo o el comunismo. Posteriormente se puso de manifiesto por motivos racistas o de segregación racial, para concretarse más adelante en torno a conflictos étnicos o mediante la utilización de métodos terroristas como instrumento para la consecución de fines políticos. En la actualidad, el discurso del odio se expresa en diversas formas como la homofobia, la transfobia, la discriminación sexista o de género, la xenofobia derivada de los movimientos migratorios, o la intolerancia religiosa, sin obviar manifestaciones como la romafobia (el odio a la etnia gitana), la mesofobia (el odio a la mezcla o la interculturalidad), la aporafobia (el odio al «pobre», o persona sin recursos o en riesgo de exclusión social) o la gerontofobia (el odio a las personas mayores)».

objeto, entre otros, los delitos que castigan las conductas discriminatorias, entre las que destacan las introducidas por las leyes orgánicas 5/2010 y 1/2015. En la actualidad, puede afirmarse que, sin estar sistemáticamente ordenados en torno al castigo de la discriminación, existe en el código penal un conjunto de delitos cuyo hilo conductor es, precisamente, la motivación discriminatoria del sujeto activo del delito. Entre ellos figuran los previstos en los arts. 170.1 -amenazas a colectivos-, 173.1-contra la integridad moral-, 314 -discriminación en el ámbito laboral-, 510 -discurso de odio punible-, 511 y 512 -denegación discriminatoria de prestaciones de servicios-, 515.4 -asociación ilícita para cometer un delito discriminatorio-, 522 a 525 -delitos que afectan a los sentimientos religiosos- y 607.2 -negación o justificación del genocidio-.

II. ALGUNAS CONSIDERACIONES INICIALES SOBRE LA TIPIFICACIÓN PENAL DEL "DISCURSO DEL ODIO"

De entre el conjunto de delitos que giran en torno al móvil de la discriminación, destaca por su singularidad el art. 510 cp, en el que se castiga el llamado "discurso del odio", introducido por la LO 1/2015, de 30 de marzo, de modificación del Código Penal. Con relación al art. 510, la justificación de la reforma es doble[5]: en primer lugar, la sentencia del Tribunal Constitucional 235/2007, de 7 de noviembre, impuso, como se recordará, una interpretación del delito de negación del genocidio que habría de limitar su aplicación a los supuestos en los que esta conducta constituyese una incitación al odio u hostilidad contra minorías; en segundo lugar, resultaba necesario trasponer, con relación a las conductas de odio, la Decisión Marco 2008/913/JAI, relativa a la lucha contra determinadas formas y manifestaciones contra el racismo y la xenofobia mediante el Derecho penal[6].

---

5 Vid. Exposición de Motivos, p. 20 (documento digital, BOE del 31 de marzo de 2015).

6 Vid. DOUE-L-2008-82444.

Por una parte, el art. 510cp tipifica la difusión, la promoción, el fomento, la apología o la justificación de un sentimiento. En la dinámica ideal de la discriminación, puede decirse que el art. 510 cp adelanta el castigo al antecedente jurídicamente punible, que consiste en la justificación, defensa y difusión pública de su fundamento: el odio -rechazo, desprecio, humillación- hacia determinados colectivos, grupos o minorías. A juicio del legislador, resulta necesario atacar la discriminación desde la raíz que puede combatirse: la difusión del sentimiento de odio como conducta que, en sí misma, resulta potencialmente lesiva contra la dignidad de la persona, pudiendo además generar miedo, inseguridad o amenaza para la seguridad y la paz pública. Por otro lado, la singularidad del art. 510cp también deriva de su heterogeneidad interna. Se trata de un precepto que describe conductas muy variadas, que giran en torno a la "intolerancia excluyente", cuya mera difusión, amparo, justificación o banalización no puede resultar admisible en nuestro Estado de Derecho.

Como punto de partida, conviene tener presente la dificultad para encontrar una definición pacífica y unívoca del discurso del odio[7]. Desde un marco general, en la sentencia STC 214/1191 de 11 de noviembre de 1991, nuestro Tribunal Constitucional define el odio como el «deliberado ánimo de menospreciar y discriminar a personas o grupos por razón de cualquier condición o circunstancia personal». A partir de esta definición inicial, podría decirse que no hay propiamente delitos de odio, sino delitos motivados por el odio, entre los que figura la difusión pública del desprecio o animadversión con el propósito de incitar, alentar o justificar la comisión de delitos impulsados por este sentimiento.

Desde una perspectiva amplia, la Organización para la Seguridad y Cooperación en Europa (OSCE) define los delitos de odio como «toda infracción penal, incluidas las infracciones contra las

---

[7] Vid. DÍEZ BUESO, «Discurso del odio en las redes sociales. La libertad de expresión en la encrucijada», en *Revista catalana de Derecho Público,* núm. 61 de 2020, pp. 52 y ss.

personas y la propiedad, cuando la víctima, el lugar o el objeto de la infracción son seleccionados a causa de su conexión, relación, afiliación, apoyo o pertenencia real o supuesta a un grupo que pueda estar basado en la "raza", origen nacional o étnico, el idioma, el color, la religión, la edad, la minusvalía física o mental, la orientación sexual u otros factores similares, ya sean reales o supuestos».

Por su parte, la Resolución de la Asamblea General de Naciones Unidas de 21 de julio de 2021, relativa a la prevención del discurso del odio, identifica como tal «toda apología del odio que constituya incitación a la discriminación, la hostilidad o la violencia, ya sea por conducto de medios impresos, audiovisuales o electrónicos, medios sociales o cualquier otro medio»[8].

Algo más específica en cuanto a la conducta punible -penalmente autónoma de la ejecución de delitos por razones de odio[9]- resulta la definición que propone el Consejo de Europa[10], conforme a la cual el "delito de odio" comprende «el fomento, promoción o

---

8 Vid. A/RES/75/309

9 En la línea de definir con cierta precisión el delito del "discurso del odio", diferenciándolo de los "delitos de odio" genéricamente considerados, cabe citar la Recomendación R (97) 20 del Comité de Ministros, de 30 de octubre de 1997, que definió la incitación al odio como comprensivo de «todas las formas de expresión que propagan, incitan, promueven o justifican el odio racial, la xenofobia, el antisemitismo y otras formas de odio basadas en la intolerancia, entre otras, la intolerancia expresada por el nacionalismo agresivo y el etnocentrismo, la discriminación y la hostilidad contra las minorías, los inmigrantes y las personas de origen inmigrante». Por su parte, la DM 2008/913/JAI señaló los pilares fundamentales del "discurso del odio", pilares que giran en torno a «la incitación pública a la violencia o al odio dirigidos contra un grupo de personas o un miembro de tal grupo, definido en relación con la raza, el color, la religión, la ascendencia o el origen nacional o étnico», un reproche penal que resultaba extensivo a la «apología pública, negación o trivialización flagrante» de crímenes contra la humanidad.

10 La Recomendación de Política General N.º 15 (en adelante, RPG 15), de 8 de diciembre de 2015, relativa a la lucha contra el discurso del odio recoge una definición de esta expresión, conforme a la cual

instigación, en cualquiera de sus formas, del odio, la humillación o el menosprecio de una persona o grupo de personas, así como el acoso, descrédito, difusión de estereotipos negativos, estigmatización o amenaza con respecto a dicha persona o grupo de personas y la justificación de esas manifestaciones por razones de raza, color, ascendencia, origen nacional o étnico, edad, discapacidad, lengua, religión o creencias, sexo, género, identidad de género, orientación sexual y otras características o condición personales».

En cuanto a su formulación, la citada Recomendación señala que el discurso del odio puede «adoptar la forma de negación, trivialización, justificación o condonación públicas» pudiendo tener por objeto «incitar a otras personas a cometer actos de violencia, intimidación, hostilidad o discriminación contra aquellos a quienes van dirigidas, o cabe esperar razonablemente que produzca tal efecto».

La jurisprudencia del Tribunal Europeo de Derechos Humanos, que ha tenido la oportunidad de pronunciarse en no pocas ocasiones acerca del "discurso del odio", no termina de ofrecer un concepto claro y concreto de esta conducta, que encerraría un doble efecto: incitar a la violencia inmediata y, también, a una hostilidad a medio y largo plazo. Como ha señalado DÍEZ BUESO[11], la jurisprudencia contenida en las sentencias del TEDH «es buena muestra de que el TEDH no utiliza una noción unívoca de discurso del odio, pues en unos casos vincula este discurso directamente con la violencia física e inmediata y, en otros, con la violencia física que a largo plazo pueden provocar ciertos mensajes, como consecuencia de la creación de una atmósfera discriminatoria».

Nuestro Tribunal Constitucional ha tenido la oportunidad de pronunciarse en diferentes ocasiones acerca del "discurso del odio"[12]. En cuanto a su concepto, partiendo de la jurisprudencia del TEDH conforme a la cual, podríamos calificar como discurso de odio a «aquel desarrollado en términos que supongan una in-

---

11 Vid. «Discurso del odio den las redes sociales…», cit., p. 56.

12 Vid. SSTC 285/2007, 177/2016 y 112/2016.

citación directa a la violencia contra los ciudadanos en general o contra determinadas razas o creencias en particular»[13], el TC ha afirmado que el discurso del odio se caracteriza por contener un «peligro potencial para los bienes jurídicos tutelados por la norma» o una «incitación indirecta a la comisión de delitos» o una «provocación de modo mediato a la discriminación, al odio o a la violencia»; estos elementos permiten considerar «constitucionalmente legítimo» el castigo del negacionismo o la justificación del genocidio[14].

Para el TS, se trata de un conjunto de conductas que, en síntesis, persiguen:

STS, de 2 de noviembre de 2016

> «[...] la justa interdicción de lo que tanto el Tribunal Europeo de Derechos Humanos (v.gr. SSTEDH de 8 de Julio de 1999 (TEDH 1999, 28), Sürek vs. Turquía , y de 4 de Diciembre de 2003 (TEDH 2003, 81), Müslüm vs. Turquía), como nuestro Tribunal Constitucional (STC 235/2007, de 7 de Noviembre (RTC 2007, 235) y esta misma Sala (STS 812/2011, de 21 de julio (RJ 2011, 5546) vienen denominando en sintonía con una arraigada tendencia de política criminal «discurso del odio»: alabanza o justificación de acciones

---

13 Vid., entre otras, (casos Garaudy contra Francia, de 24 de junio de 2003; contra Turquía, de 4 de diciembre de 2003; Norwood contra el Reino Unido, de 16 de noviembre de 2004; Alinak contra Turquía, de 29 de marzo de 2005; y otros contra Francia, de 10 de julio de 2008; Féret contra Bélgica, de 16 de julio de 2009. Una selección y análisis de esta jurisprudencia puede consultarse en AGUILAR GARCÍA (dir.), *Manual práctico para la investigación y enjuiciamiento de delitos de odio y discriminación,* Centro de Estudios Jurídicos y Formación Especializada, Generalidad de Cataluña, 2015, pp. 38 y ss.

14 Vid. STC 235/2007. Más recientemente, la STS 72/2018, de 9 de febrero, ha afirmado que la inclusión de unas ofensas en el discurso del odio «ya supone la realización de una conducta que provoca, directa o indirectamente, sentimientos de odio, violencia, o de discriminación. De alguna manera son expresiones que, por su gravedad, por herir los sentimientos comunes a la ciudadanía, se integran en la tipicidad». Sobre la jurisprudencia acerca del "discurso del odio" vid. Circular 7/2019... cit., p. 8.

terroristas. Comportamientos de ese tenor no merecen la cobertura de derechos fundamentales como la libertad de expresión (art. 20 CE (RCL 1978, 2836)) o la libertad ideológica (art. 16 CE), pues el terrorismo constituye la más grave vulneración de los derechos humanos de la comunidad que lo sufre; su discurso se basa "en el exterminio del distinto, en la intolerancia más absoluta, en la pérdida del pluralismo político y, en definitiva, en generar un terror colectivo que sea el medio con el que conseguir esas finalidades" (STS 224/2010, de 3 de marzo (RJ 2010, 1469). Como apostilla la STS 676/2009, de 5 de junio (RJ 2009, 4213), no se trata de criminalizar opiniones discrepantes sino de combatir actuaciones dirigidas a la promoción pública de quienes ocasionan un grave quebranto en el régimen de libertades y daño en la paz de la comunidad con sus actos criminales, atentando contra el sistema democrático establecido».

En conjunto, cabe afirmar que los delitos de odio se identifican por una doble característica: se trata de conductas prohibidas por el ordenamiento penal -infracciones penales tipificadas como delitos- y motivadas por el prejuicio hacia una característica específica de la víctima, vinculada con la raza, sexo, religión, nacionalidad, ideología, edad o condición económica. Como se ha señalado «las víctimas se eligen en función de lo que representan, no de quiénes son. El sujeto pasivo de estos delitos lo es por su pertenencia a un colectivo. Como tal, el delito de odio transmite un mensaje tanto a la víctima como a su grupo: no os queremos y corréis peligro. Este efecto generalizado hace que estos delitos sean más graves que los mismos delitos cometidos sin que exista intolerancia en su motivación»[15].

---

15 Vid. *La persecución penal de los delitos de odio* (Guía práctica), Ministerio de Empleo y Seguridad Social, Madrid, 2016, pp. 22 y 29. Este documento fue publicado originalmente por la Oficina de Instituciones Democráticas y Derechos Humanos de la OSCE en el año 2014 bajo el título *Prosecuting Hate Crimes: A Practical Guide*. La versión en español es una traducción no oficial, preparada por la Oficina de Interpretación de Lenguas del Ministerio de Asuntos Exteriores y Cooperación y la Fiscalía General del Estado, y publicada por el Ministerio de Empleo y Seguridad Social de España. En el mismo sentido TAMARIT SUMALLA, «Los delitos de odio en las redes sociales», en *Revista de Internet, Derecho*

El elemento que caracteriza a los delitos de odio es el ánimo subjetivo que conduce al autor a la comisión del hecho agresivo. El ánimo consiste en la animadversión hacia la persona, o hacia colectivos que, unificados por el color de su piel, por su origen, su etnia, su religión, su discapacidad, su ideología, su orientación o su identidad sexual, o por su condición de víctimas conforman una aparente unidad que permite configurar una serie de tipos de personas.

Es el odio el que impulsa, explica y justifica la conducta delictiva, caracterizada por la intención de difundir el odio, la hostilidad, la discriminación o la violencia hacia grupos o personas por razón de su raza, ideológicos, religiosos, situación familiar, nacionalidad, sexo, orientación sexual, género, enfermedad o discapacidad, en sus distintas modalidades de publicidad directa o mediante escrito, de negación, trivialización, o enaltecimiento, y de lesión de la dignidad de personas o grupos por las razones mencionadas, de forma directa o mediante la producción o publicación de contenidos idóneos para producir dicha lesión.

Desde un punto de vista técnico-dogmático, no estamos, como ha aclarado la jurisprudencia, ante un elemento subjetivo "singularizado o especial" a añadir al dolo genérico. En los delitos previstos por el art. 510 cp, es suficiente con acreditar el dolo genérico, concretado el conocimiento del contenido humillante y discriminatorio de los contenidos y en el propósito de difundirlo mediante su publicación.

---

y Política, UOC, núm. 27, septiembre de 2018, p. 19: «La investigación criminológica ha señalado que un elemento intrínseco a esta experiencia de victimización es el mensaje intimidatorio, en que las características individuales de la víctima no son relevantes en comparación con el significado social que esta tiene. El objeto de la agresión por odio no es lo que la víctima es individualmente, sino lo que representa (Garland, 2011).»

STS de 30 de diciembre de 2015

> «No es exigible una especie de *animus* singularizado de buscar específica y exclusivamente humillar a esas dos víctimas como si fuese un añadido al dolo genérico: basta con conocer el carácter objetivamente humillante y vejatorio de las expresiones consideradas aislada y contextualmente, y asumirlo y difundirlo haciéndolo propio. La doctrina más moderna y también el Código Penal de 1995 han abandonado las añejas construcciones sobre elementos subjetivos especiales en los delitos paralelos de injuria y calumnia, levantadas sobre una frágil base gramatical (el término en interpretado en clave finalística). La teoría del *animus iniuriandi* en los delitos de injuria y calumnia ya se abandonó. Basta un dolo genérico. Cosa distinta es que el contexto, el momento, el tono, las circunstancias hayan de tenerse en cuenta al evaluar la idoneidad del texto para evidenciar humillación o desprecio"».

Una primera lectura del art. 510 cp nos pone ya sobre aviso de las dificultades de aplicación práctica del precepto: las conductas descritas solo son susceptibles de castigo cuando pueda acreditarse que están motivadas por el odio y que, además, la intención del autor es promover, fomentar, incitar o favorecer un clima de violencia, hostilidad, odio o discriminación contra las personas o grupos que constituyen los potenciales sujetos pasivos del delito. Motivación -razón o causa para actuar: odio- e intencionalidad -determinación de la voluntad en orden a un fin: difusión- constituyen, pues, dos elementos necesarios, y difíciles de acreditar, en la prueba de los delitos comprendidos en el llamado "discurso del odio".

En este sentido, ha señalado la Fiscalía General del Estado que «a la hora de abordar el tipo subjetivo de los delitos de odio, adquiere especial relevancia el elemento de la motivación, que caracteriza de forma singular a estas infracciones penales. En efecto, como es conocido, una cosa es la intención y otra, diferente, la motivación. En los delitos de odio el sujeto activo ha de actuar con conocimiento y voluntad de cometer el hecho típico (dolo), pero sólo es responsable penalmente si, como ya se expuso anteriormente, la conducta se realiza por un motivo de odio o discriminación contra determinado grupo o alguno de sus integrantes (motivación). Se trata de un elemento subjetivo tendencial que se ha introducido en la descripción típica de la acción y que, como tal, ha de concurrir para que ésta pueda ser perseguida penalmente. En este punto, el nuevo art. 510 CP concreta el listado de situaciones que pueden integrar la motivación discriminatoria. Son los denominados por la doctrina como "grupos diana". Se trata de los siguientes: "motivos racistas, antisemitas u otros referentes a la ideología, religión o creencias, situación familiar, la pertenencia de sus miembros a una etnia, raza o nación, su origen nacional, su sexo, orientación o identidad sexual, por razones de género, enfermedad o discapacidad"».

Este doble componente en el elemento subjetivo del injusto -motivación e intencionalidad- se traduce, como puede imaginarse, en una compleja actividad probatoria en la vertiente procesal, que exige acreditar tanto el sentimiento que impulsa la conducta, como la finalidad que se persigue con ella. Como sigue señalando la Fiscalía General del Estado «no se puede desconocer la dificultad que, tradicionalmente, ha existido para valorar la concurrencia de un sentimiento tan íntimo como es la intención que guía al sujeto activo de un hecho delictivo, para lo que debe recurrirse al juicio de inferencia a través de la prueba indiciaria»

STC 8/2006

> «En ningún caso el derecho a la presunción de inocencia tolera que alguno de los elementos constitutivos del delito se presuma en contra del acusado, sea con una presunción *iuris tantum* sea con una presunción *iuris et de iure*» (por todas, STC 87/2001, de 2 de abril [RTC 2001, 87] , F. 8). De tal afirmación se desprende inequívocamente que no cabe condenar a una persona sin que tanto el elemento objetivo como el elemento subjetivo del delito cuya comisión se le atribuye hayan quedado suficientemente probados, por más que la prueba de este último sea dificultosa y que, en la mayoría de los casos, no quepa contar para ello más que con la existencia de prueba indiciaria. Pues si bien «el objeto de la prueba han de ser los hechos y no normas o elementos de derecho» (STC 51/1985, de 10 de abril [RTC 1985, 51], F. 9), y la presunción de inocencia «es una presunción que versa sobre los hechos, pues sólo los hechos pueden ser objeto de prueba» (SSTC 150/1989, de 25 de septiembre [RTC 1989, 150], F. 2.b;120/1998, de 15 de junio [RTC 1998, 120], F. 6), y no sobre su calificación

> jurídica (STC 273/1993, de 27 de septiembre [RTC 1993, 273], F. 3), ello no obstante, en la medida en que la actividad probatoria que requiere el art. 24.2 CE (RCL 1978, 2836) ha de ponerse en relación con el delito objeto de condena, resulta necesario que la prueba de cargo se refiera al sustrato fáctico de todos los «elementos objetivos del delito y a los elementos subjetivos del tipo en cuanto sean determinantes de la culpabilidad» (SSTC 127/1990, de 5 de julio [RTC 1990, 127], F. 4;93/1994, de 21 de marzo [RTC 1994, 93], F. 2; 87/2001, de 2 de abril [RTC 2001, 87], F. 8). De manera que únicamente cabe considerar prueba de cargo suficiente para desvirtuar la presunción de inocencia «aquella encaminada a fijar el hecho incriminado que en tal aspecto constituye el delito, así como las circunstancias concurrentes en el mismo... por una parte, y, por la otra, la participación del acusado, incluso la relación de causalidad, con las demás características subjetivas y la imputabilidad» (SSTC 33/2000, de 14 de febrero [RTC 2000, 33], F. 4; 171/2000, de 26 de junio [RTC 2000, 171], F. 3); características subjetivas que, a su vez, únicamente pueden considerarse suficientemente acreditadas cuando «el engarce entre los hechos directamente probados y la intención que persigue el acusado con esta acción se deduce de una serie de datos objetivos que han posibilitado extraer el elemento subjetivo del delito a través de un razonamiento lógico, no arbitrario y plasmado motivadamente en las resoluciones recurridas» (STC 91/1999, de 26 de mayo [RTC 1999, 91], F. 4).

Por otra parte, los delitos que integran el discurso del odio se conforman sobre una acusada circunstancialidad de la tipología, lo que obliga a interpretar la calificación jurídica de los hechos en función de la realidad social del tiempo en el que ha de aplicarse la norma. Desde la tipicidad objetiva, las expresiones y actos han de tener una gravedad suficiente para lesionar la dignidad de los colectivos contra los que se actúa. Cuando la variedad del discurso del odio se concreta en el terrorismo, a ese ánimo subjetivo, agresivo, se suma la finalidad terrorista exigiendo la generación de un peligro que será concreto (art. 579 CP) o de aptitud de riesgo y peligro (art. 578 CP)[16].

---

16 Vid., entre otras, SSTS de 14 de diciembre de 2018, de 12 de abril de 2011 y de 18 de enero de 2018.

STS de 2 de abril de 2019

Lo que es objeto de castigo en los delitos de odio, no puede ser la expresión de una idea, sino cuando se haga de modo que incorpore una provocación al odio, a la discriminación, o a la violencia, infringiendo los valores constitucionales de la dignidad humana y de la no discriminación por causa de nacimiento, origen racial, sexo o religión, o por cualquier otra circunstancia de carácter personal o social a los que se refieren los artículos 10 y 14 de la Constitución. El problema de la tipicidad de estos delitos surge a la hora de dar contenido a la provocación al odio o a la comisión de delitos en concreto. La diferencia entre "el delito de odio" y los delitos específicos cometidos por "razón o causa de odio" puede ser un principio básico para entender la singularidad del art. 510 cp dentro del conjunto de delitos vinculados con la discriminación; cabe afirmar que se trata de una especie autónoma dentro de la categoría de la intolerancia excluyente, a través de la que se castiga la difusión, provocación, justificación o incitación al odio, completando así la protección de la igualdad y no discriminación como manifestaciones del derecho a la dignidad de la persona[17]. Estamos, en síntesis, ante lo que el Tribunal Constitucional ha denominado "intolerancia excluyente"[18]; más en concreto, ante lo que puede calificarse como la justificación pública de la intolerancia excluyente que, en sí misma y en sus potenciales peligros, atenta contra la libertad, la igualdad y la dignidad de la persona: "la expresión pública de una intolerancia incompatible con la convivencia"[19]. Como se ha advertido con precisión[20] «Lo que es objeto de castigo no es la expresión en sí de unas ideas, por execrables que sean, sino que esta expresión se haga de modo y en circunstancias que supongan una provocación al odio, la discriminación o la violencia, infringiendo los valores constitucionales de la dignidad humana y de la no discriminación por razón de

---

17 Sobre la diferencia entre "delitos de odio" y el delito de "discurso de odio", vid. ampliamente, *Manual práctico*..., cit., pp. 33 y ss.; «los delitos de odio poseen dos elementos básicos: un delito base y un motivo basado en prejuicios de diverso tipo [...] es importante la adopción del término "delitos de odio" porque permite distinguirlos de otros tipos penales comunes, siendo la motivación de quien los perpetra lo que realmente les da carta de naturaleza propia».

18 Vid. STC 177/2015, de 22 de julio.

19 Vid. Circular 7/2019..., cit., p. 5.

20 Vid. *Manual práctico*..., cit., p. 35.

> nacimiento, origen racial, sexo, religión, opinión o cualquiera otra condición o circunstancia personal o social contenidos en los arts. 10 y 14 CE».

En cuanto a la estructura interna del precepto, la exposición de motivos que precede a la reforma del código penal introducida por la LO 1/2015, de 30 de marzo, distingue en el art 510 dos tipos de conductas: «de una parte, y con una penalidad mayor, las acciones de incitación al odio o la violencia contra grupos o individuos por motivos racistas, antisemitas u otros relativos a su ideología, religión, etnia o pertenencia a otros grupos minoritarios, así como los actos de negación o enaltecimiento de los delitos de genocidio, lesa humanidad o contra las personas o bienes protegidos en caso de conflicto armado que hubieran sido cometidos contra esos grupos, cuando ello promueva o favorezca un clima de violencia, hostilidad u odio contra los mismos; y de otra parte, los actos de humillación o menosprecio contra ellos y el enaltecimiento o justificación de los delitos cometidos contra los mismos o sus integrantes con una motivación discriminatoria, sin perjuicio de su castigo más grave cuando se trate de acciones de incitación al odio o a la hostilidad contra los mismos, o de conductas idóneas para favorecer un clima de violencia».

Desde la doctrina y los profesionales que trabajan en este ámbito de la criminalidad se ha señalado, no sin razón, la complejidad intrínseca de este tipo delictivo, tanto desde su dimensión constitucional, como desde la dogmática penal, no faltando sectores que señalan la inconveniencia o desacierto de su inclusión en el código penal[21]. Su exégesis plantea, como decíamos, relevantes

---

[21] Sobre el debate acerca de esta cuestión en el ámbito internacional y sobre la dificultad de encontrar un consenso sobre la necesidad y formas de tipificación vid. *La persecución penal de los delitos de odio...*, cit., p. 33. Acerca de la polémica doctrinal sobre su tipificación vid. TAMARIT SUMALLA, «Los delitos de odio...», cit., p. 20. Entre las opiniones contrarias a su tipificación generalizada puede verse ALCACER GUIRAO, *Discurso del odio,* 2019, pp. 19 ss., citado por LANDA GOROSTIZA, «Delitos de odio y estándares internacionales», en *Revista Electrónica de Ciencia*

cuestiones de orden constitucional en la determinación del bien jurídico protegido y la posible colisión entre derechos fundamentales como la libertad de expresión, la libertad ideológica o de conciencia y el pluralismo político frente los también derechos fundamentales al honor, a la igualdad y no discriminación y a la dignidad de la persona[22].

En el ámbito exclusivamente penal, la tipificación del "discurso del odio" en el art. 510 cp suscita también cuestiones complejas como son, entre otras, la naturaleza del delito, su concurrencia con delitos específicos vinculados con la discriminación, la heterogeneidad de conductas tipificadas en el art. 510 cp, la concreción de la publicidad de los actos, la necesaria relevancia del riesgo o peligro de las conductas descritas, valorando su entidad y debiendo distinguir entre el peligro concreto y el abstracto, la condición plural o individual del sujeto pasivo, la necesaria concurrencia de la vulnerabilidad, la aptitud del material como idóneo para las finalidades descritas, o la propia estructura penológica del precepto[23].

Penal y Criminología, 22-19 (2020), p. 2. También en contra PORTILLA CONTRERAS (2015), citado por TAMARIT SUMALLA.

22 Como señala DOLZ LAGO, «Algunas cuestiones claves sobre de la reforma del art. 510 CP por LO 1/2015», *Diario La Ley*, n. 8712, de 2016: «El eterno debate del Derecho Penal moderno, que desembocó en la máxima de que solo se castigan los actos y no las ideas o las personas en sí mismas consideradas, se pone a prueba en los delitos del odio, ya que, indudablemente, son las ideologías del odio las reprobables penalmente. El adelanto de la barrera punitiva que suponen los tipos penales de estas características no debería ser neutralizado al amparo de una libertad de expresión, que, en definitiva y para estas ideologías, forma el caldo de cultivo del odio y que, tarde o temprano, se traduce en horrendos crímenes como los recientes atentados de Noruega (julio 2011), ante la impávida mirada de un Derecho Penal que no pudo realizar una de sus funciones básicas como es la de prevenir el delito y que se muestra impotente ante una adecuada represión del mismo»

23 Vid. Circular 7/2019..., cit., p. 2 «Sin embargo, las diversas infracciones contenidas en el nuevo art. 510 CP todavía presentan en su tipicidad unos contornos difusos que, sin duda, dificultan su detección y

Como puede imaginarse, no son menos, ni de menor importancia, los problemas procesales que plantea la investigación y castigo de las conductas tipificadas en el art 510 cp[24]. Entre ellos cabría destacar los que se refieren al bajo número de denuncias y a la consiguiente bolsa negra de criminalidad que se genera en estos delitos, a la dificultad para establecer claramente la jurisdicción nacional y la competencia, señaladamente en los delitos que se cometen a través de medios de comunicación, de las redes sociales o a través de internet; a la eficacia de las medidas cautelares, en concreto a las destinadas a evitar o amortiguar la difusión de determinadas informaciones o contenidos que pudieran ser constitutivos de delito; a la dificultad de la obtención de fuentes de prueba suficientes y eficaces acerca de la motivación de la conducta, cuya acreditación es pilar fundamental para el castigo del delito previsto en el art. 510 cp y, por último, a la necesidad de una especial y muy fundada motivación de la sentencia, en la que deben evidenciarse de manera clara y suficiente las bases de las que se deduce la convicción a la que llega el tribunal a partir de una prueba, por lo general indiciaria, que debe ser capaz de acreditar con claridad el elemento subjetivo del injusto.

De entre todos estos problemas, por razones lógicas de extensión, me centraré en este trabajo en el que se plantea a la hora de determinar la jurisdicción y competencia en los delitos que

---

que, quizá, no permiten que afloren penalmente toda la variedad de conductas que presenta el fenómeno de la "intolerancia excluyente"»,

24 Se trata, según afirma el *Manual práctico...*, cit., p. 67, «Problemas que si no son conocidos ni estudiados por los profesionales que tienen que garantizar la Seguridad e impartir la Justicia suelen comportar, bien la no apertura de investigaciones, bien investigaciones deficientes, o sobreseimientos y pronunciamientos absolutorios que, con una adecuada capacitación y sensibilización de los profesionales implicados, podrían tener un sentido diferente, generando con ello un sentimiento de injusticia y, en cierto modo, el fracaso del sistema de protección de sus derechos, con la consiguiente frustración y un aumento de la ya secular desconfianza que tienen en los cuerpos policiales y en quienes administran Justicia.»

integran el discurso de odio cometidos a través de Internet o de las redes sociales. Se trata de una cuestión a la que, por lo general, se suele dedicar poca atención, pero de la que depende, sin embargo, una parte importante del éxito en la persecución y castigo de este tipo de delincuencia. La pronta y razonada determinación de la jurisdicción nacional idónea y del tribunal competente constituye un factor que facilita la inmediatez en la actuación, la cooperación de órganos, autoridades e instancias con competencias en la persecución del delito, la obtención de las fuentes de prueba esenciales y el pleno respeto por las garantías procesales, señaladamente el derecho de defensa y la prohibición del *non bis in idem.*

Los problemas a la hora de determinar adecuadamente la jurisdicción y competencia cobran además importancia cuando, como sucede con frecuencia, el "discurso del odio" utiliza el ciberespacio para su difusión. En efecto, la intención, común a este conjunto de delitos, de transmitir, difundir o extender un mensaje de odio, desprecio o humillación hacia ciertos colectivos o minorías, hace que habitualmente se utilicen canales de publicidad online, que son al tiempo baratos, opacos en cuanto a la autoría y con una poderosa capacidad de difusión. Se trata además de medios de difusión que debido a las propias características del ciberespacio -supraterritorialidad, anonimato, dificultad para determinar el lugar de acción y resultado, diversidad de regulaciones nacionales-, complican desde el primer momento la investigación y castigo del discurso del odio debido a los problemas que plantea la adecuada y precisa determinación de la jurisdicción y la competencia[25].

---

[25] Según afirma FERNÁNDEZ TERUELO, *Cibercrimen. Los delitos cometidos a través de Internet*, Constitutio Criminalis Carolina, Oviedo, 2007, pág. 13, «el derecho penal y el procesal (penal) vigentes, así como los principios garantistas inherentes a ambos, han sido construidos, en esencia, sobre la base de un modelo de criminalidad física, marginal e individual. Frente a ello, con la aparición de Internet, los distintos organismos encargados de su represión se han debido enfrentar a un cauce de ejecución delictiva que cuestiona plenamente muchos de los axiomas vigentes. Así, el medio Internet determina, en primer lugar,

III. JURISDICCIÓN Y COMPETENCIA TERRITORIAL EN EL SISTEMA ESPAÑOL DE JUSTICIA PENAL

El derecho al juez natural, o en el caso de la Constitución española «al juez ordinario predeterminado por la ley», constituye una de las garantías esenciales del moderno proceso justo o debido. Supone, como es sabido, que las normas que regulan la competencia judicial deben estar fijadas por el legislador antes del inicio del proceso, y que el criterio preferente para la determinación de la jurisdicción nacional, primero, y de la competencia interna, seguidamente, es el de territorialidad - lugar de comisión del delito: *forum delicti commissi-*. La predeterminación legal impide intromisiones en la fijación del tribunal competente, al tiempo que el juez natural se identifica con el tribunal del lugar de comisión del delito, que es el que está en mejores condiciones, como regla general, para un enjuiciamiento rápido, eficaz y garantista de los hechos.

También es conocido que la determinación territorial de la competencia plantea, en el ordenamiento jurídico-procesal español, dos problemas importantes. El primero de ellos consiste en que, como regla general, el legislador -ni el penal, ni el procesal- establece dónde ha de entenderse cometido un delito[26]. Ante esta

---

una notable y especial dificultad para la detección y persecución del delito debido, entre otros factores, a las posibilidades de anonimato que ofrece el mismo, a la escasa conciencia de los usuarios respecto a la necesidad de mantener una serie de medidas de seguridad, o al carácter transnacional de algunas conductas delictivas»

26 Por ser la excepción que confirma la regla, tratándose además de una norma de atribución de la competencia a la jurisdicción española sin más precisiones, cabe citar el art. 575 del Código Penal, relativo a la autocapacitación o autoadoctrinamiento relativos a los delitos de terrorismo; en su número 2, párrafo segundo se señala que «Se entenderá que comete este delito quien, con tal finalidad, acceda de manera habitual a uno o varios servicios de comunicación accesibles al público en línea o contenidos accesibles a través de internet o de un servicio de comunicaciones electrónicas cuyos contenidos estén dirigidos o resulten idóneos

laguna, la jurisprudencia ha establecido tres criterios fundamentales: para los delitos de resultado, el tribunal competente será el del lugar en el que se haya producido la lesión del bien jurídico protegido; en los delitos de peligro o mera actividad, el tribunal competente será aquel en el que se haya desarrollado la conducta delictiva, activa u omisiva y, finalmente, para los delitos que puedan entenderse cometidos en distintos lugares, de manera simultánea o sucesiva, se aplicará al criterio de la ubicuidad, según el cual será competente cualquiera de los tribunales en cuyo territorio se entienda que el delito ha podido cometerse, sin que quepa establecer preferencia entre ellos más allá del momento en el que han comenzado a conocer, o de la identificación de aquel que, por distintos motivos o circunstancias, esté en mejores condiciones de dirigir una persecución y castigo eficaz del delito[27].

Auto TS (cuestión de competencia, Sala Segunda) de 17 de junio de 1996

> «En determinados casos no es de sencilla aplicación una regla aparentemente tan simple. Así sucede en los delitos a distancia, cuando la actividad (o inactividad en los delitos de omisión) supuestamente delictiva se produce en un lugar y el efecto del delito se ocasiona en otro, pudiendo aplicarse la teoría de la actividad, la del resultado y la de la ubicuidad y si bien en la doctrina de esta Sala se atiende generalmente al lugar de "consumación", tampoco está exenta de problemas la determinación del mismo en supuestos especiales, como sucede con los delitos de mera actividad, los permanentes o en los de omisión.»

---

para incitar a la incorporación a una organización o grupo terrorista, o a colaborar con cualquiera de ellos o en sus fines. *Los hechos se entenderán cometidos en España cuando se acceda a los contenidos desde el territorio español»*.

27 Vid. Acuerdo del Pleno no jurisdiccional del Tribunal Supremo, de 3 de febrero de 2005. Según acuerdo del TS, el principio o criterio de la ubicuidad significa que «El delito se comete en todas las jurisdicciones en las que se haya realizado algún elemento del tipo. En consecuencia, el juez de cualquiera de ellas que primero haya iniciado las actuaciones procesales, será en principio competente para la instrucción de la causa.»

La determinación de la competencia territorial entre los órganos jurisdiccionales españoles cuando el delito puede entenderse cometido en varios lugares, y cuando el daño o perjuicio se extiende por distintos territorios, no plantea excesivos problemas puesto que, además de los criterios jurisprudenciales establecidos para su asignación y preferencia, disponemos de un procedimiento para la solución de las cuestiones de competencia a través del cual, el superior jerárquico común de los órganos empeñados en la cuestión resolverá acerca del órgano que debe conocer del procedimiento[28]. Así, en los delitos configurados como infracciones de peligro abstracto, o de mera actividad -como son los delitos que integran el discurso del odio[29]-, que puedan entenderse cometidos en distintos lugares o territorios, la competencia corresponde por igual a los órganos jurisdiccionales en cuyo territorio ha sido cometido el delito, siendo competente el primero que acordó la incoación del proceso.

Auto del TS (cuestión de competencia, Sala Segunda) de 10 de enero de 2008

> «De conformidad con la teoría de la ubicuidad es juez competente para conocer del delito aquél en cuyo territorio se realizaron parte de los elementos del delito y que primero comenzó a conocer del mismo. El delito del artículo 368 CP de mera actividad, reproduce la estructura de los delitos de peligro abstracto e incluye entre sus modalidades típicas los actos de producción de drogas, estupefacientes y psicotrópicos - cultivo, fabricación, elaboración-; los actos de transmisión onerosa o lucrativa de aquellas sustancias -tráfico-; los actos de fomento -promoción, favorecimiento y facilitación del consumo ilegal- y los actos de posesión con vocación de tráfico. La extensión típica del precepto pretende agotar todos los ciclos económicos de la droga. El contenido de las intervenciones telefónicas ofrece indicios bastantes para entender que en Soria los imputados desarrollaban actividades de tráfico de drogas gravemente nociva para la salud, sin que contradiga tal prueba la no incautación material de la misma en los registros practicados

---

28 Vid. arts. 19 y ss. LECRIM. Vid. también, los arts. 51 y 52 de la LOPJ y la Ley Orgánica 2/1987, de Conflictos Jurisdiccionales.

29 Vid. STS de 4 de mayo de 2022.

en aquella provincia. También en Castro Urdiales se desarrolló una actividad propia del tipo delictivo, dado que en tal término municipal se encontró el alijo de cocaína. Por ello y dado que en ambos lugares se ejecutaron actos típicos debe entenderse competente para conocer de la causa el Juzgado de Instrucción nº 4 de Soria, puesto que fue el primero que comenzó a conocer de la causa e incoó Diligencias Previas...»[30].

Sin embargo, el criterio de la ubicuidad no es el único que se aplica a los delitos de mero peligro. En ocasiones, como señala la jurisprudencia, la competencia en los delitos de mera actividad que puedan entenderse cometidos en diferentes territorios -por ejemplo, amenazas que se dirigen desde un lugar y producen efecto en otro- no se rige por el principio o criterio de la ubicuidad. Cuando es diferente el lugar de la acción y el de la consumación del delito, cabe apreciar como lugar de comisión aquel donde el delito se consuma, que en el caso de las amenazas se corresponde con el lugar donde las amenazas llegan a su destinatario. Ello es posible, lógicamente, cuando la víctima está identificada o resulta fácilmente identificable.

Auto TS, de 17 de noviembre de 2022

«[...] los hechos al ser calificados como de amenazas, conforme a la reiterada doctrina jurisprudencial de esta Sala de lo Penal del TS (entre otras muchas la cuestión de competencia no 20119/2019 en Auto de 11 de abril de 2019), que para supuestos como el presente habrá de conocer del asunto el Juez del domicilio de los ofendidos (no entrando en juego la teoría de la ubicuidad) y del lugar donde se reciben las ofensas, que sería DIRECCION001 y ello al considerar por tanto como elemento del tipo el conocimiento del ofendido y es que las amenazas son infracciones de mera actividad que se consuman con la llegada del mal a su destinatario, siendo meramente circunstancial en estas diligencias el lugar de la presentación de la denuncia...».

Cuando el delito incorpora elementos transnacionales, el criterio común preferente en la comunidad internacional es el de

---

30 El extracto corresponde a las alegaciones del Ministerio Fiscal, que fueron íntegramente acogidas por el TS, si bien en un razonamiento más escueto.

soberanía territorial jurisdiccional. Aplicando este criterio, la jurisdicción nacional es competente cuando el delito se comete en territorio nacional, o en buques y aeronaves con pabellón español, o en espacios que tengan reconocida la extraterritorialidad -embajadas y oficinas de organismos o centros nacionales en el extranjero que cuenten con este privilegio-. Con carácter subsidiario, se reconocen también los criterios de nacionalidad -juzgar a los propios nacionales-, protección de los intereses nacionales -juzgar los delitos cometidos contra el Estado desde el extranjero- y justicia penal universal -juzgar delitos especialmente graves con independencia del lugar de comisión cuando concurran ciertos vínculos que legitimen la intervención de la jurisdicción nacional como jurisdicción universal- (art. 23 LOPJ).

La dificultad principal surge, como puede imaginarse- cuando el delito, por su naturaleza y circunstancias, puede entenderse cometido en territorios de diferentes Estados de manera simultánea o sucesiva, o cuyos efectos producen perjuicios en territorios de distintos Estados. En tales casos, la concurrencia de diferentes jurisdicciones nacionales resulta tan legítima y previsible como difícil de solventar ante la falta de una autoridad jurisdiccional internacional y del correspondiente procedimiento al que acudir para establecer, con carácter vinculante, la jurisdicción nacional idónea en cada caso[31].

---

[31] En un trabajo anterior, FLORES PRADA, «Prevención y solución de conflictos internacionales de jurisdicción en materia de cibercriminalidad», en *Revista electrónica de ciencia penal y criminología*», núm. 17-21 de 2015, pp. 30 y ss., traté de establecer el concepto de "jurisdicción idónea" y los criterios para su determinación en los conflictos internacionales de jurisdicción surgidos por delitos cometidos a través de Internet. Por "jurisdicción idónea" «cabe entender aquella jurisdicción nacional que, en un caso concreto y en concurrencia con otras jurisdicciones nacionales, está en las mejores condiciones para asumir el conocimiento de los delitos previstos en la Convención, con la máxima eficacia procesal y con el máximo respeto a las garantías procesales de las partes y víctimas. El concepto es útil en el campo internacional para identificar aquella jurisdicción cuya preferencia no deriva de la imposi-

ción de un sistema rígido de jerarquía, sino de un esquema de eficacia a partir de unas reglas orientadoras y de una fijación consensual de la competencia en caso de litispendencia internacional. En cuanto a los criterios de preferencia, se afirmaba en el trabajo citado que: «A fin de prevenir un posible conflicto de jurisdicción o para lograr un acuerdo que solucione el que haya surgido, el acuerdo debería contemplar reglas específicas que precisen el fuero preferente territorial, y que sirvan como criterios para la determinación consensuada de la jurisdicción idónea. La tradicional apuesta por el *forum delicti commissi* como fuero preferente en la jurisdicción internacional debe pues completarse con criterios orientadores para la concreción del lugar en que debe entenderse cometido el delito. En aquellos delitos de actividad que prevén una dinámica compleja de comisión, con conductas encadenadas que pueden ser desarrolladas en territorios de distintos Estados y con resultados también producidos en diferentes Estados, hay que acudir a la llamada teoría de la ubicuidad. Conforme al criterio de la ubicuidad, el delito puede entenderse cometido tanto en el lugar -o lugares- en que se ha desarrollado la conducta como en el lugar -o lugares- en que se haya producido el resultado, caso de que unos y otros estén situados en los territorios de distintos Estados. No obstante, dicha teoría, al entender competentes a todas las jurisdicciones en las que se desarrolla alguna parte de la acción, no termina de resolver el problema de la posible concurrencia jurisdiccional. Cabría, en este sentido, precisar algo más pudiendo acordar que, en estos casos, las autoridades competentes de cada Estado deberán atender a la dinámica comisiva específica, al valor y rango de la intervención de los partícipes y, especialmente, al criterio de la acción decisiva, dominante o desencadenante. Para los delitos de mera acción, en los que la conducta pueda entenderse desarrollada en territorios de diversos Estados, se propone el citado criterio de la acción relevante o determinante, entendiendo por tal la que domina la conducta, la controla, la desencadena, la coordina, la que integra la parte sustancial de la acción y localiza la decisión de la acción. Se trata de un concepto orientativo, que debe ser aplicado caso a caso (v.gr, con organizaciones criminales, acuerdo de actividades, reparto de roles, conductas en cascada...). En los delitos de mera conducta, los criterios deben completarse con una orientación pensada para la ciberdelincuencia: la acción tanto se ancla en el lugar en el que esté físicamente el sujeto, como en el lugar en los que estén los equipos o sistemas a través de los que el sujeto actúe. Se reconoce así el modus operandi en el ciberespacio, en el que hay una conducta física y una

---

acción virtual, o puesta en acción virtual. Se incluye por ello en el lugar de la acción el lugar en el que estén físicamente los equipos, sistemas o terminales a través de los que el sujeto actúe o se sirva -servidores, plataformas, ordenadores, terminales, sistemas, etc.-. Los citados instrumentos de la acción deben ser centros virtuales de actuación y no meros canalizadores de órdenes o instrucciones. Hablamos en estos casos de acción dirigida remotamente. Cuando el delito sea de resultado, la aplicación de la teoría de la ubicuidad -distintos lugares en que se producen resultados, distintos lugares de acción y resultado- puede requerir criterios complementarios de orientación para la determinación de la jurisdicción idónea: ¿en el lugar de la acción o en el lugar del resultado? Siendo ambos lugares de comisión: ¿cuál resulta preferible? En estos casos no hay una solución rígida que pueda ser formulada a priori con criterios normativos. Son preferibles los criterios orientativos que, aplicados al caso concreto con sus circunstancias, ayuden a convenir la jurisdicción idónea. En situaciones como las descritas podrán tenerse en cuenta, además de los ya apuntados, los siguientes criterios: * El lugar que proporcione mayor facilidad para la investigación. En concreto, en el lugar en el que se hayan encontrado o puedan encontrarse las fuentes de prueba y, dentro de ellas, las que puedan considerarse más relevantes o decisivas. * El lugar del resultado, cuando este ofrezca un referente territorial claro -quizá con más facilidad en algunos casos que la propia acción-. En casos de pluralidad de resultados se sugiere el criterio clásico del resultado de mayor gravedad. * El lugar de residencia de la víctima, cuando el lugar del resultado y el lugar de residencia de la víctima no coincidan. La preferencia por la residencia de la víctima tiene en cuenta las facilidades de acceso a la tutela del perjudicado, además de valorar el lugar donde ha podido producirse la afectación principal al ser una pluralidad de territorios los de posible resultado -v. gr. difamación-. En los casos de pluralidad de víctimas se tendrán en cuenta los criterios combinados del lugar donde resida el mayor número de víctimas o el lugar del resultado de mayor gravedad. * El lugar en que se haya detenido al presunto autor. Este criterio puede contribuir a despejar el lugar idóneo para enjuiciarlo entre los lugares en que haya podido cometer la acción, o unir el lugar de resultado con el lugar de detención. * El domicilio de la persona jurídica beneficiaria, de modo que podrá ser un criterio que decante la jurisdicción del lugar de la acción o del resultado si, en alguno de ellos, se encuentra, además, el domicilio de la persona jurídica. * El último de los criterios podría ser una cláusula general que orientara la preferencia entre los diversos lugares

En los supuestos en los que la víctima está identificada, es pacífica en la comunidad internacional la aplicación del criterio de la ubicuidad, conforme al cual, como ya sabemos, resultan competentes tanto los tribunales del lugar en donde se desarrolla la actividad delictiva, como los tribunales del país donde el delito produce los efectos lesivos para la víctima, siendo aplicables a estos casos las reglas previstas en el art. 23 de la Ley Orgánica del Poder Judicial para que el delito pueda ser enjuiciado por los tribunales españoles.

El criterio de la ubicuidad como herramienta para resolver los problemas que plantean los delitos cometidos a distancia, los delitos continuados con varios puntos de localización territorial, o los delitos cometidos a través de Internet, ha sido formulada en múltiples ocasiones por el Tribunal Supremo de España, siendo además objeto de un acuerdo del pleno no jurisdiccional de la Sala Segunda, conforme al cual:

Acuerdo del Pleno no jurisdiccional del Tribunal Supremo, de 3 de febrero de 2005

> «El delito se comete en todas las jurisdicciones en las que se haya realizado algún elemento del tipo. En consecuencia, el juez de cualquiera de ellas que primero haya iniciado las actuaciones procesales, será en principio competente para la instrucción de la causa.»

Desde la perspectiva interna, los criterios competenciales para los delitos cometidos a distancia, y en particular para los delitos cometidos a través de Internet, han sido objeto de diversos pronunciamientos del TS, en los que se ha combinado en unos casos la teoría de la ubicuidad, y en otros la de la acción delictiva. Por una parte, el criterio de la ubicuidad ha servido fundamen-

---

de desarrollo de la acción, entre los diferentes lugares en que se hayan podido producir la acción y el resultado, o entre los diversos lugares en los que se hayan registrado los resultados del delito, tomando en consideración las garantías procesales, y en concreto el acceso a la tutela de las partes y el más eficaz desarrollo del proceso. Vid. «Prevención y solución...», cit., pp. 32 y ss.

talmente para establecer la preferencia competencial en función del criterio de la prioridad temporal sin entrar en precisiones más complejas. Por otra parte, en los casos de delitos cometidos a través de Internet, y más recientemente mediante redes sociales, el Tribunal Supremo ha incidido en la teoría de la actividad, anclando territorialmente la conducta al lugar en el que el individuo hubiera operado o introducido la información o los contenidos ilícitos en la Red.

Auto TS de 19 de septiembre de 2001

> «El momento y lugar de comisión del delito sería aquel [...] que pone en marcha a través del servidor, la concreta información facilitada. Es a partir de este momento cuando la información entra en contacto con el lector o navegador («internauta»), que recibe o está en condiciones de recibir la comunicación presuntamente delictiva. [...]»

En el plano internacional, la ubicuidad impone una suerte de *vis* atractiva en aquellos delitos en los que alguno de sus elementos tenga una vinculación relevante con España. Según este criterio, la jurisdicción española será, en principio, competente para enjuiciar los delitos planeados y organizados en España; los delitos cometidos por ciudadanos españoles; los delitos que tengan como objetivo a ciudadanos españoles y delitos cuyos resultados se puedan entender producidos en España. Y todo ello con independencia de que, en el caso de delitos cometidos a través de Internet, los medios, sistemas informáticos técnicos o servidores que hayan sido utilizados para cometer la actividad delictiva estén situados en un país extranjero.

Aplicando este amplio criterio, cuando se trata por ejemplo de un delito cometido a través de internet, en el que la conducta activa se localiza en el extranjero mientras que la lesión a la víctima se produce en España, el Tribunal Supremo es claro al reconocer la jurisdicción de los tribunales españoles para conocer del delito.

Auto de la Sala Segunda del TS de 6 de abril de 2017

«En consecuencia y puesto que el delito se comete también en España, donde se culminan los hechos y se produce el perjuicio, la competencia corresponde al Juzgado de Instrucción nº 1 de Madrid ya que el denunciante es español y el delito en virtud del principio de territorialidad, se comete también en territorio español.»

IV. DISCURSO DEL ODIO COMETIDO A TRAVÉS DE INTERNET: DETERMINACIÓN DE LA JURISDICCIÓN Y LA COMPETENCIA

1. El delito de "ciberodio" de ámbito nacional

Aunque en principio pueda afirmarse que todos los delitos cometidos a través de Internet son delitos transnacionales con difusión y efectos en cualquier lugar del ciberespacio, a efectos de determinación de la jurisdicción y la competencia es posible distinguir en muchos casos entre ciberdelitos de ámbito nacional -conducta y/o resultado se producen en territorio nacional- y ciberdelitos de ámbito transnacional -acción y resultado pueden entenderse producidos en distintos Estados, en muchos de ellos al tiempo, o en lugares de imposible o difícil determinación-.

Junto a los ciberdelitos de ámbito propiamente nacional, en los que acción y resultado pueden situarse en España, existe una categoría mixta o intermedia, en la que, indeterminado el lugar de la acción, o situado este en el extranjero, el resultado se entiende producido en España en cuanto la víctima es española o reside en territorio nacional.

A esta categoría intermedia se ha referido algún sector de la doctrina[32], señalando que «el ámbito de protección al ciudadano

---

32 Vid MAGRO SERVET, «Competencia de la jurisdicción española para delitos cometidos por internet dirigidos contra víctimas en España», en *Diario La Ley*, de 20 de junio de 2022.

español que recibe un mensaje, o es perjudicado por un delito conlleva atribuir la jurisdicción a los tribunales nacionales. Pero más que la nacionalidad de la víctima, lo importante es que el delito se acaba cometiendo en territorio español, ya que lo es en el "repositorio" de recepción de mensajes del receptor, que está en España, lo que atribuye la competencia a los tribunales españoles, aunque la emisión lo haya sido en país extranjero. Así, un delito cometido por medio de la universalización de internet que afecta en su perjuicio a ciudadano residente en España, y que es afectado por esa publicidad de internet puede ejercitar la acción penal en los tribunales de su domicilio donde ha tenido la recepción del mensaje en concreto de contenido delictivo [...] Internet y su delincuencia desborda todas las previsiones y no puede existir una sujeción a exigencias de nacionalidad, sino a la transnacionalidad del fenómeno y al lugar de residencia en España de la víctima, que es el criterio a tener en cuenta para atribuir la competencia en estos casos a la jurisdicción española en base al principio de la ubicuidad, pero también al del resultado delictivo, lo que nos lleva al criterio del lugar donde se causó el perjuicio. En la delincuencia por internet no puede exigirse una especie de regla de «coincidencia» para atribuir la competencia a la jurisdicción española de que en los delitos tanto la acción como el resultado se produzcan ambos dentro del territorio español.».

Sin embargo, puede precisarse algo más en la delgada línea que separa los distintos tipos de ciberdelitos, puesto que cuando estos afectan a múltiples e indeterminados perjudicados, la consideración de ciberdelito de "ámbito nacional" por el hecho de que alguna o algunas víctimas sean españolas o residan en territorio nacional, puede resultar inapropiada al poder concurrir clara y previsiblemente la jurisdicción nacional con otras jurisdicciones nacionales. Las variables en el caso de las víctimas son, en principio, más fáciles de clasificar: la víctima puede estar identificada o ser perfectamente identificable; las víctimas, a pesar de no estar identificadas, se ubican en el territorio de un determinado Estado, o las víctimas no están identificadas y pueden ser ubicadas en el territorio de diferentes Estados. Desde la perspectiva de la víctima, cabe decir que los ciberdelitos de ámbito nacional son aquellos en los que las víctimas, identificadas o integradas en un colectivo identificable, son nacionales o residen en territorio nacional.

Si tomamos como referencia la actividad delictiva, la identificación del lugar de comisión del delito puede resultar más compleja. Hay ciberdelitos en los que la conducta delictiva se vincula claramente en un lugar determinado -donde físicamente desarrolla la conducta de modo directo y sin intermediación técnica: v.gr. escribe y envía el mensaje, cuelga la fotografía o se introduce en un sistema informático-. Pero hay otros casos en los que el anclaje físico de la conducta resulta mucho más complejo de determinar -v.gr. cuando se actúa a través de otros sistemas informáticos, cuando se utilizan múltiples servidores, cuando la conducta se descompone en diversos actos que se realizan en diferentes lugares, cuando se anonimiza la actuación-. El criterio de referencia de la conducta es importante, como sabemos, para los delitos de mera actividad o de peligro, en los que no existe propiamente un resultado, de tal suerte que la competencia se fija a partir del lugar de desarrollo de la actividad delictiva. En estos casos de ciberdelincuencia es importante también distinguir, a efectos de fijar el lugar de comisión, la acción dominante, la acción inteligente o la acción desencadenante de la conducta. En conjunto, cabe señalar que, en los ciberdelitos de mera actividad, deben considerarse delitos de "ámbito nacional" aquellos en los que la conducta pueda ubicarse con claridad dentro del territorio nacional, bien porque el sujeto actúa físicamente en España, bien porque la acción inteligente -planeamiento, decisión y orden de ejecución- se produce en España, bien porque los servidores desde los que actúa, o los sistemas informáticos que desencadenan la acción están ubicados en España.

En los delitos cometidos a través de Internet, caracterizados por ser delitos de peligro abstracto y dirigidos contra grupos o minorías étnicas, religiosas, políticas o caracterizadas por su género, orientación sexual, rasgos o condición física, nivel económico o filiación grupal, la identificación del lugar de comisión constituye una tarea extraordinariamente difícil. Puede afirmarse que para la persecución y castigo eficaz del "ciberodio" no existen reglas claras en la comunidad internacional. Ello provoca, por una parte, altos niveles de impunidad por la dificultad de determinar la jurisdicción nacional competente para la persecución de estos delitos; por otra parte, son frecuentes los supuestos de litispendencia que, además de perjudicar la eficacia de las investigaciones por la fragmentación de las actuaciones procesales, pueden conducir a la vulneración de garantías fundamentales como son el derecho de defensa o el *ne bis in idem*.

Tal y como quedó señalado con anterioridad, cuando los delitos tipificados como "discurso de odio", llamados de peligro abstracto, se cometen a través de la Red pero dentro del "ámbito nacional", la determinación de la competencia plantea menos problemas, si quiera sea porque se acaba determinando, con mayor o menor acierto en cuanto a la identificación de la competencia *idónea*, el órgano competente a través de las reglas internas de solución de las cuestiones de competencia. Como digo, no están exentos de problemas competenciales, puesto que la mera identificación del lugar de comisión del delito, cuando este se comete por ejemplo de forma mecánica o automatizada, a través de servidores que se encuentran fuera de España, o utilizando sistemas informáticos interpuestos o infectados previamente, la identificación del órgano competente resulta considerablemente compleja, aunque la regla de determinación de la competencia sea simple -el lugar de comisión del delito-.

Si en un primer momento, el criterio al que se hacía referencia a la hora de determinar la competencia interna en los delitos cometidos a través de internet estaba basada en la teoría de la ubicuidad, la doctrina del Tribunal Supremo apuntó pronto una necesidad de precisión en cuanto al anclaje territorial de estos delitos. En conjunto, podríamos decir que el criterio que comenzó a imponerse en los delitos cometidos a través del ciberespacio fue el de la *jurisdicción idónea*, conforme al cual, la competencia corresponde al órgano judicial que está en mejores condiciones para afrontar una investigación eficaz. Se completa y precisa así el criterio de la ubicuidad, señalando que el competente entre los diversos órganos posibles no es ya el primero que haya comenzado a conocer -cualquiera-, sino el que, de entre ellos, pueda afrontar en mejores condiciones la persecución y castigo del delito en términos tanto de eficacia como de garantías. En esta línea, llega a decir el TS que «en los delitos informáticos, el criterio de la eficacia en la instrucción desplaza a la teoría de la ubicuidad».

Auto del TS de 18 de enero de 2008

> «es lógico que desde allí se haya colgado la página en el servidor correspondiente, cualquiera que sea el lugar donde 36 Tribunal Supremo, Auto de 16 de marzo de 2015 21 éste radica que permita el acceso a la misma por cualquier usuario, desde cualquier lugar, por lo que conforme con el art. 14.2 LECrim, constando el lugar de comisión del delito, este es fuero excluyente de los demás, por lo que no procede aplicar el principio de ubicuidad a que aluden los juzgados en conflicto».

Auto del TS de 16 de marzo de 2022

> «Conforme reiterado criterio jurisprudencial el delito de estafa se comete en todos los lugares en los que se han desarrollado las acciones del sujeto activo (engaño) o del sujeto pasivo (disposición patrimonial) y en el que se ha producido el perjuicio patrimonial (teoría de la ubicuidad); tal criterio corroborado por el Pleno no jurisdiccional de esa Sala, de fecha 3 de febrero de 2005 anuda una consecuencia en su acuerdo "el delito se comete en todas las jurisdicciones en las que se haya realizado algún elemento del tipo; en consecuencia, el juez de cualquiera de ellas que primero haya iniciado las actuaciones procesales, será en principio competente para la instrucción de la causa No obstante, en el supuesto específico de las estafas por internet , la competencia vendrá determinada por el lugar donde la investigación puede tener éxito, donde se hayan realizado elementos del delito , donde puede operarse sobre los ordenadores informáticos y donde la instrucción puede ser eficaz (ver autos Sala 21 de octubre 2015, 3/7/2015; 8 de mayo de 2015; 28 de junio de 2018; 24 de octubre de 2019; 2 de diciembre de 2020; 05 de febrero de 2021; o 14 de abril de 2021). Este criterio de la mayor facilidad y conveniencia en la investigación, también es el mantenido por el Convenio sobre el Cibercrimen, suscrito en Budapest el 23 de noviembre de 2001, ratificado por España el 27 de septiembre de 2010, que determina que será competente el Estado "que esté en mejores condiciones para ejercer la persecución del delito".»

En unos casos, el anclaje territorial lo proporciona el lugar en el que el sujeto ha operado en Internet para la comisión del delito -introducción de contenidos, propagación de virus, difusión de noticias o comentarios, o el propio acceso a determinados contenidos[33]-.

Auto del TS de 19 de septiembre de 2001

> «el momento y lugar de comisión del delito sería aquel [...] que pone en marcha a través del servidor, la concreta información facilitada. Es a partir de este momento cuando la información entra en contacto con el lector o navegador ("internauta"), que recibe o está en condiciones de recibir la comunicación presuntamente delictiva. [...]»

---

33 Vid. art. 575.2 del Código Penal, con referencia al lugar de comisión del delito en los casos de acceso a contenidos publicados o difundidos en Internet. De conformidad con dicho artículo, «1. Será castigado con la pena de prisión de dos a cinco años quien, con la finalidad de capacitarse para llevar a cabo cualquiera de los delitos tipificados en este Capítulo, reciba adoctrinamiento o adiestramiento militar o de combate, o en técnicas de desarrollo de armas químicas o biológicas, de elaboración o preparación de sustancias o aparatos explosivos, inflamables, incendiarios o asfixiantes, o específicamente destinados a facilitar la comisión de alguna de tales infracciones. 2. Con la misma pena se castigará a quien, con la misma finalidad de capacitarse para cometer alguno de los delitos tipificados en este Capítulo, lleve a cabo por sí mismo cualquiera de las actividades previstas en el apartado anterior. Se entenderá que comete este delito quien, con tal finalidad acceda de manera habitual a uno o varios servicios de comunicación accesibles al público en línea o contenidos accesibles a través de internet o de un servicio de comunicaciones electrónicas cuyos contenidos estén dirigidos o resulten idóneos para incitar a la incorporación a una organización o grupo terrorista, o a colaborar con cualquiera de ellos o en sus fines. ***Los hechos se entenderán cometidos en España cuando se acceda a los contenidos desde el territorio español.*** Asimismo se entenderá que comete este delito quien, con la misma finalidad, adquiera o tenga en su poder documentos que estén dirigidos o, por su contenido, resulten idóneos para incitar a la incorporación a una organización o grupo terrorista o a colaborar con cualquiera de ellos o en sus fines».

Auto TS (cuestión de competencia, Sala Segunda) de 21 de marzo de 2019

«El principio de ubicuidad tiene carácter subsidiario y es útil cuando no se conoce el lugar de comisión del hecho delictivo. Pero en relación con los delitos cometidos vía internet son competentes los juzgados del lugar en que se hayan introducido en la red los contenidos delictivos (ver auto de 13/11/2013, cuestión de competencia 20493/2013 y de 9/4/2014 (JUR 2014, 125359), cuestión de competencia 20117/2014, entre otros). A mayor abundamiento, en asuntos similares al que nos ocupa se ha dicho que si las comunicaciones se iniciaron a través de diversas plataformas de internet pudiera ser necesario o conveniente examinar el contenido de los medios telemáticos de los que dispone el denunciado que, lógicamente se ubican en su lugar de residencia, de manera que la finalidad de posibilitar una instrucción ágil, sencilla y eficaz conducen a idéntica solución (ver autos de 21-10-2015 (JUR 2015, 282230), cuestión de competencia 20638/2015 o de 22-3- 2017 (JUR 2017, 74268), cuestión de competencia 21042/2016).»

En otros supuestos, la idoneidad de la competencia señalará el lugar donde la investigación policial puede tener algún éxito, donde se han realizado elementos del delito, donde puede operarse sobre los ordenadores informáticos y donde la instrucción puede ser eficaz.

Auto del TS de 5 de octubre de 2011

La cuestión de competencia negativa planteada debe ser resuelta como propugna el Ministerio Fiscal ante esta sala a favor de Madrid, así se trata de resolver si la competencia si para conocer los diversos ataques informáticos realizados a las páginas web del partido popular y Telecinco, entre otras corresponde a Madrid, o por el contrario el competente es el Juzgado de Xativa. Es doctrina reiterada de esta Sala (ver autos de 24.1.07 (JUR 2007, 66377), 26.10.06 (JUR 2006, 276684) y 14.1.08 (JUR 2008, 28652) entre otras) a partir del Pleno no jurisdiccional de 3.02.05 (JUR 2005, 73172), en el que se adopta el principio de ubicuidad: "así el delito comete en todas las jurisdicciones en las que se haya realizado algún elemento del tipo, en consecuencia, el juez de cualquiera de ellas que primero haya iniciado las actuaciones judiciales será en principio competente para la instrucción de la causa. " y también hemos declarado que cuando se trata de delitos cometidos a través de internet serán competentes los juzgados en los que se haya introducido en la red los contenidos delictivos, si bien tal postura está especialmente referida a los delitos de pornografía infantil y puede ser matizada cuando nos encontramos con delitos de diferente naturaleza como ocurre en este caso. Y así aunque el principio de ubicuidad pudiera apoyar la competencia de cualquiera de los juzgados donde se realiza algún elemento del tipo hay que tener en cuenta que los hechos aquí investigados son constitutivos de un delito , bien contra la intimidad, bien de daños informáticos y por tanto de resultado de manera que el delito no se comete desde donde se lanza el ataque sino donde se producen los daños, se destruye el sistema operativo o se contaminan los archivos, cuya forma de operar como señala la Guardia Civil refleja unos altos conocimientos informáticos de donde se deriva que nos encontramos ante una acción conjunta realizada por expertos hackers y de común acuerdo, y un ataque planificado y organizado desde diferentes IP a múltiples páginas web, de manera que de acuerdo con el Art. 14 y 18 Ley de Enjuiciamiento Criminal (LEG 1882, 16), Madrid es el juzgado competente porque allí se cometió el delito denunciado y Madrid es el primero que comenzó a conocer de las actuaciones que además coincide con el domicilio de los perjudicados, criterio que también apoya la competencia de Madrid. Y por último a la misma conclusión se llegaría si tenemos en cuenta el criterio de la mayor facilidad y conveniencia en la investigación también utilizado por nuestra jurisprudencia que en este tipo de delitos es mantenido por el Convenio sobre el Cibercrimen, suscrito en Budapest el 23 de noviembre de 2001, ratificado por España el 27-9-2010, que determina que será competente el Estado "que esté en mejores condiciones para ejercer la persecución del delito " (art. 22.5). (ver Auto de 4.10.2000 (RJ 2001, 1493).»

ATS de 22 de febrero de 2018

«No obstante la teoría de la ubicuidad (ver auto de 6 de abril de 2011), ha proclamado que en estos supuestos de estafa informática no sirven para dirimir la competencia ni el «criterio de la emisión de correos», que supone el inicio de la trama defraudatoria, pues nos puede conducir al extranjero o a la «nube Informática», ni los criterios de residencia de los titulares de cuentas corrientes o domicilios de la víctimas del delito, puesto que lo verdaderamente relevante es el de «lugar de actuación y residencia del intermediario o mula», pues es allí donde la investigación policial puede tener algún éxito, donde se han realizado elementos del delito, donde puede operarse sobre los ordenadores informáticos y donde la instrucción puede ser eficaz. En los delitos informáticos, el criterio de la eficacia en la instrucción desplaza a la teoría de la ubicuidad. Por eso aunque Tarancón comenzó a actuar antes y allí reside el perjudicado, habiéndose cometido en su territorio el elemento del delito del desplazamiento patrimonial, la competencia debe dirimirse en favor de Ceuta y por último decir que a la misma conclusión se llegaría si tuviéramos en cuenta el criterio de la mayor facilidad y conveniencia en la investigación, también utilizado por nuestra jurisprudencia, y mantenido en este tipo de delitos por el Convenio sobre el Cibercrimen, suscrito en Budapest el 23 de noviembre de 2001, ratificado por España el 27/09/10, que determina que será competente el Estado «que esté en mejores condiciones para ejercer la persecución del delito» (artículo 22.5). (Ver Auto de 4 de octubre de 2000).″».

ATS de 7 de noviembre de 2018

«En el caso que nos ocupa, aunque en el partido judicial de Algeciras sea el lugar desde donde se realiza la transferencia por la banca electrónica, la competencia debe dirimirse a favor de Colmenar Viejo, pues es donde está ubicada la cuenta "mula". Cabe señalar, como decíamos en el auto antes citado, que este criterio de la mayor facilidad y conveniencia en la investigación, también es el mantenido en este tipo de delitos por el Convenio sobre el Cibercrimen, suscrito en Budapest el 23 de noviembre de 2001, ratificado por España el 27/09/2010, que determina que será competente el Estado "que esté en mejores condiciones para ejercer la persecución del delito" (artículo 22.5). En nuestro caso ese criterio de eficacia en la investigación vuelve a reconducirnos al territorio residencia del intermediario, por ello la competencia corresponde al Juzgado de Colmenar Viejo».

2. Los delitos de "ciberodio" con elemento transnacional

Acerca de la relativamente frecuente comisión del delito de "discurso de odio" a través del ciberespacio o de redes sociales[34] se pronunció en su momento la Memoria de la Fiscalía General del Estado de 2016[35], y más recientemente la ya citada Circular de

---

[34] Vid BUSTOS MARTÍNEZ y otros, «Discursos de odio: una epidemia que se propaga en la red. Estado de la cuestión sobre el racismo y la xenofobia en las redes sociales», *Mediaciones Sociales*, vol. 18 (2019), pp. 25-42.

[35] El texto en formato pdf puede consultarse en la web fiscal.es, página oficial del Ministerio Fiscal español. La cita transcrita figura en la pági-

la FGE 7/2019. En ambos documentos podemos leer que «Todos los indicativos apuntan a un incremento de los denominados delitos de odio, tanto las agresiones por motivos racistas, xenófobos, antigitanos, homófobos y otras formas de intolerancia y discriminación, como el discurso de odio en internet y las redes sociales. El uso de Tecnologías de la Información y de la Comunicación (TIC) permiten no sólo la organización de grupos neonazis, racistas y xenófobos, sino también la amplia e inmediata difusión de su ideología de odio y, en la mayoría de los casos, su impunidad o cuando menos extraordinaria dificultad de investigación».

Si esta advertencia de la Fiscalía General del Estado se completa con el incremento que llevan experimentando los delitos de odio y el discurso del odio -*hate crime* y *hate speech*-, cometidos a través de Internet a nivel internacional en los últimos tiempos[36] es fácil adivinar la progresiva complejidad del problema compe-

---

na 724 del documento electrónico.

36 Según la información que proporciona Naciones Unidas sobre el discurso del odio, «El estallido del discurso del odio, exacerbado durante la pandemia de la COVID-19, representa un desafío sin precedentes para nuestras sociedades. Aunque el discurso de odio siempre ha existido, su creciente impacto, alimentado por la comunicación digital, puede resultar devastador no solo para aquellos a los que se dirige, sino también para las sociedades en su conjunto [...] A diferencia de los medios de comunicación tradicionales, el discurso de odio en línea puede producirse y compartirse con facilidad, a un bajo coste y de forma anónima. Puede llegar a un público de todo el mundo y diverso en tiempo real. La relativa permanencia del contenido de odio en línea supone también un problema, ya que puede resurgir y (volver a) ganar [...] los esfuerzos se ven a menudo paralizados por la misma magnitud del fenómeno, las limitaciones tecnológicas de los sistemas de supervisión automatizados y la falta de transparencia de las empresas que trabajan en línea [...] Mientras tanto, el creciente uso de las redes sociales como arma con la que extender discursos divisorios y de odio se ha visto favorecido por los algoritmos de las empresas de Internet. Esto ha intensificado el estigma al que se enfrentan las comunidades más vulnerables y expuesto la fragilidad de nuestras democracias a nivel mundial.»; vid. https://www.un.org/es/hate-speech

tencial que plantea su persecución y castigo[37]. Mientras que en España los delitos de odio -en general- han crecido un 28,62%, los cometidos a través de Internet y Redes Sociales ha experimentado un incremento del 22,75%[38].

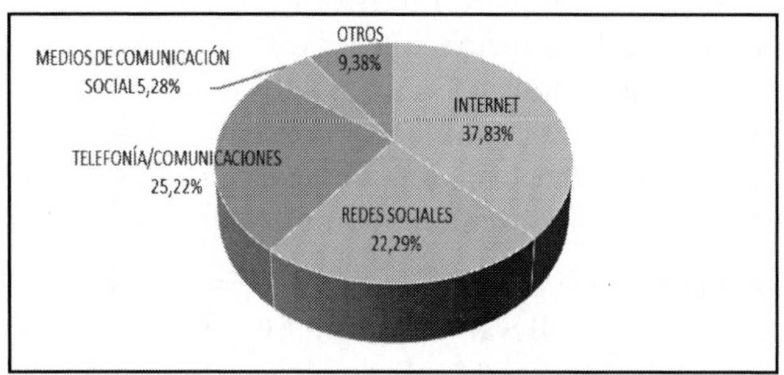

En el ámbito internacional es difícil obtener una evolución fiable de los datos puesto que no existe una regulación armonizada de los delitos de odio, ni del discurso de odio en particular. No obstante, las distintas iniciativas que han puesto en marcha diferentes organizaciones internacionales revelan una importante preocupación por el incremento de este tipo de conductas. Según afirma el secretario general de Naciones Unidas «El discurso de odio incita a la violencia y la intolerancia. Lamentablemente, el

---

37 Según señala el informe de la UNESCO CI/FEJ/2021/DP/01 para hacer frente al discurso del odio en las Redes Sociales «Gracias al uso de herramientas de detección automatizada basadas en los métodos disponibles, Twitter, Facebook, Instagram y YouTube consiguen señalar o eliminar cada vez más contenido. Entre enero y marzo de 2021, YouTube eliminó 85 247 vídeos que violaban su política relativa al discurso de odio. Sus dos informes anteriores muestran cifras similares. En ese mismo trimestre, Facebook denunció un total de 25,2 millones de elementos de contenido en relación con los cuales había tomado alguna medida, y en el caso de Instagram fueron 6,3 millones. Según el último informe de transparencia de Twitter, entre julio y diciembre de 2020 la empresa eliminó 1 628 281 elementos de contenido que se consideraba que violaban su política relativa al discurso de odio».

38 Vid. Informe sobre la evolución de los delitos de odio en España, Ministerio del Interior, 2022, pp. 11 y 35.

efecto devastador del odio no es nada nuevo. Sin embargo, su escala e impacto ahora se ven amplificados por las nuevas tecnologías de la comunicación. El discurso de odio, especialmente el publicado online, se ha convertido en una de las formas más comunes de difundir una retórica de división a escala global, que amenaza la paz en todo el mundo»[39]. Por su parte, el Departamento de Justicia de Estados Unidos[40], que publica anualmente en su web oficial las estadísticas de la criminalidad por tipos delictivos, con relación al *hate speech* señala que, aunque se están armonizando los parámetros para una recopilación de datos adecuada sobre este tipo de delincuencia a partir de 2021, se puede intuir un incremento progresivo de esta modalidad delictiva en los últimos años.

Tal y como quedó señalado, la comisión de delitos con elemento transnacional a través de Internet pone de relieve una de las cualidades del ciberespacio, como es la supraterritorialidad[41]. Lo que constituye sin duda una de sus fortalezas técnicas, genera sin embargo importantes dificultades en materia de seguridad jurídica, señaladamente en lo que afecta a la persecución y castigo de los delitos cometidos a través de la Red[42].

En este sentido, conviene recordar que la arquitectura de Internet se diseñó, precisamente, para que funcionara como una estructura anárquica, formada por conexiones, nodos y sistemas sin

---

39 Vid. https://www.un.org/en/hate-speech

40 Vid. https://www.justice.gov/hatecrimes

41 Sobre estas cuestiones me ocupé en un anterior trabajo: *Criminalidad informática. Aspectos sustantivos y procesales,* Tirant lo Blanch, Valencia, 2012.

42 Como ha puesto de relieve MUÑOZ MACHADO, *La regulación de la red. Poder y Derecho en Internet,* Taurus, Madrid, 2000, pág. 221, «mientras que Internet se ha convertido en un medio de comunicación mundial, el espacio por el que extiende sus dominios es plurijurisdiccional. Está repartido entre miles de órganos judiciales que desarrollan sus funciones en ámbitos territoriales concretos que llegan a alcanzar, como máximo, el espacio mismo del Estado al que pertenecen».

un punto central de control, de tal forma que los circuitos por los que circula la información son "horizontales", imprevisibles por su automaticidad, y universales por la disposición y expansión de la Red. Como recuerda MORALES GARCÍA[43], Internet responde en todos los rincones del planeta a protocolos de transmisión y recepción de datos de carácter universal, lo que facilita que el flujo de datos no sea homogéneo, sino que los mismos circulen de un lado a otro del globo para atravesar distancias de apenas unos metros entre el ordenador que envía y el que recibe. La determinación del lugar de comisión del delito juega entonces un papel fundamental en la determinación de la jurisdicción nacional -primero- y en la asignación del tribunal concreto -después- que habrá de asumir la competencia para el conocimiento de los delitos transfronterizos cometidos a través de las redes informáticas. Se trata, sin embargo, de una tarea extraordinariamente difícil, no solo por la propia dificultad de determinar los anclajes físicos de la ciberdelincuencia, sino también porque este tipo de criminalidad presenta por lo general características que favorecen la concurrencia de jurisdicciones, como la posibilidad de duplicidad o multiplicidad de lugares físicos en los que situar la actividad -lugar donde actúa el actor, lugar donde se encuentra su terminal, lugar donde se activan los programas informáticos a través de los que actúa, lugar donde se encuentran los servidores o los proveedores de servicios-, o la multiplicidad de lugares en los que, con frecuencia, cabe situar el resultado de la conducta -delitos contra la propiedad intelectual, delitos contra el honor, estafas múltiples, etc.-.

Como ha señalado en este sentido GONZÁLEZ LÓPEZ[44], «el carácter transfronterizo del cibercrimen ha condicionado la com-

---

43 Vid. «Criterios de atribución de responsabilidad penal a los prestadores de servicios e intermediarios de la Sociedad de la Información», *Cuadernos de derecho judicial*, Nº. 9, 2002, págs. 237 y 238.

44 Vid. «La respuesta procesal a la delincuencia informática: especial atención al convenio sobre cibercrimen (2003)», en http://www.egov.ufsc.br/portal/conteudo/larespuesta-procesal-la-delincuencia-informática-especial-atención-al-convenio-sobre-elcibercrimen.

prensión por las autoridades estatales de la necesidad de dar una respuesta a dicho fenómeno desde una perspectiva supranacional. La pretensión de acabar con este tipo de delincuencia actuando exclusivamente desde criterios competenciales exclusivamente fundados en la legislación nacional amenaza con convertir en estéril la lucha policial y judicial contra la misma».

En conjunto, puede afirmarse que la aparición del ciberespacio ha hecho nacer nuevas formas de delincuencia y ha aumentado la vulnerabilidad de ciertos bienes jurídicos. Además, y desde el punto de vista procesal, la arquitectura supraterritorial de las redes informáticas provoca importantes problemas para la determinación de la jurisdicción nacional competente, resultando previsiblemente frecuentes los supuestos de litispendencia internacional[45]. Un escenario que debe ser evitado porque los conflictos internacionales de jurisdicción provocan, entre otros efectos negativos, tensiones entre los Estados, perjudican una persecución eficaz de este tipo de delincuencia, impiden de ordinario una adecuada satisfacción de la víctima y pueden, en último término, afectar a garantías básicas como el derecho a la tutela judicial efectiva, o al principio del *non bis in idem46*. Sin embargo, y a pesar de lo dicho, la realidad demuestra que, en materia de ciberdelincuencia, la determinación clara del lugar de producción del delito y la identificación de la jurisdicción idónea para castigarlo son cuestiones que, por el momento, no han recibido una respuesta razonablemente satisfactoria ni en términos dogmáticos ni en términos normativos[47].

---

45 Vid. RODRÍGUEZ BERNAL, «Los cibercrímenes en el espacio de libertad, seguridad y justicia», en *Revista de Derecho Informático*, núm. 103, 2007, pp. 9 y ss.

46 Se trata, como es sabido, de un principio fundamental del derecho penal internacional y de los derechos penales internos, conforme al cual un acusado no puede ser juzgado más de una vez por los mismos hechos, aun cuando haya sido absuelto en alguna jurisdicción.

47 Sobre estas cuestiones puede consultarse el trabajo de CLIMENT BARBERÁ, «La justicia penal en Internet. Territorialidad y competencias

En los casos de delitos cometidos a través de Internet con elemento transnacional, la jurisprudencia de nuestros tribunales ha venido girando tradicionalmente en torno al criterio de la ubicuidad, según el cual, si alguno de los elementos del delito se sitúa en España, la jurisdicción corresponde a los tribunales españoles.

Como ha señalado con relación a este problema MAGRO SERVET[48] «lo realmente importante en estos casos es delimitar que la delincuencia en internet no puede limitar el ámbito de la jurisdicción al del tribunal correspondiente al lugar donde está la IP del ordenador desde el que se perpetra el delito, porque el carácter trasnacional de internet exige aplicar el principio de la ubicuidad, a fin de evitar la impunidad del autor mediante la técnica de "esconderse en el mundo" para delinquir, de tal manera que se confiere competencias a los países del domicilio de la víctima que es el sujeto pasivo del delito cometido por internet para conocer de la denuncia [...] con el fenómeno de la delincuencia en internet el criterio de la competencia territorial es más abierto y que debe pasar del estricto del lugar donde se cometió el delito, al del lugar donde se causa el perjuicio, amparado en la ubicuidad competencial que permite que la víctima o perjudicado "arrastre" a los tribunales de su domicilio la competencia [...] La delincuencia en internet es una forma delictiva en la que el autor trata de "esconderse" tras un ordenador y procura por todos los medios dificultar la persecución del delito y el descubrimiento de la autoría. Por ello, la aplicación del principio de ubicuidad y el de la competencia por razón del lugar del domicilio de la víctima que recibe el mensaje delictivo o que es sujeto pasivo de cualquier otro delito posibilita el ejercicio de la acción penal y la petición de diligencias para el descubrimiento del autor, y, lo que es más importante en estos casos, como es la adopción de

penales», *Internet y Derecho Penal, Cuadernos de Derecho Judicial,* Madrid, 2002, pp. 647 y ss.

48 Vid. «Competencia de la jurisdicción española para delitos cometidos por internet dirigidos contra víctimas en España», en *Diario La Ley* de 20 de junio de 2022.

medidas cautelares contra el autor de la delincuencia informática para impedirle la reiteración del ilícito penal. En la delincuencia por internet no puede exigirse una especie de regla de "coincidencia" para atribuir la competencia a la jurisdicción española de que en los delitos tanto la acción como el resultado se produzcan ambos dentro del territorio español. En este tipo de delincuencia no puede exigirse semejante regla competencial, sino que deben aplicarse especiales circunstancias a las características de este tipo de delincuencia. Así, frente a los criterios del lugar de la acción, el del lugar del resultado y el de la ubicuidad nos quedamos en la delincuencia transfronteriza de internet con estos dos últimos criterios que se acomodan más a las exigencias de unas reglas de competencia que deben tener en cuenta las características de este tipo de delitos».

En la jurisprudencia del Tribunal Supremo se sigue para los delitos cometidos a través de Internet con elemento transnacional el criterio general de la ubicuidad, atribuyendo la jurisdicción a los tribunales españoles siempre que alguno de los elementos del tipo se entiendan cometidos en España, ya se trate de la actividad -actos ejecutivos-, ya de la consumación, o del propio resultado lesivo.

STS de 12 de julio de 2009

> «[...] al resultar de aplicación, para la determinación de la jurisdicción nacional competente, el principio de " ubicuidad ", según el cual puede atribuirse aquella a cualquiera de los órganos territoriales de los lugares donde se cometieron actos ejecutivos del delito y en este caso, como con tanto acierto indica el Fiscal en su escrito de impugnación del Recurso, gran parte de esos actos ejecutivos de los delitos de las defraudaciones se han cometido en nuestro país, entre otros los estrictamente consumativos de los ilícitos como el hecho de quedar el dinero defraudado a disposición del sujeto activo precisamente en España, es evidente la competencia de nuestros Tribunales para conocer de este enjuiciamiento.»

Consecuentemente, se excluye la competencia de los tribunales españoles cuando los elementos fundamentales del tipo se han realizado fuera del territorio nacional.

Sentencia de la Audiencia Nacional de 26 de octubre de 2021

«en los delitos cometidos a través de Internet y las nuevas tecnologías, desde el Acuerdo no jurisdiccional de la sala segunda del Tribunal Supremo de 3 febrero de 2005, la competencia judicial se determina en función del llamado principio de ubicuidad , según el cual " El delito se comete en todas las jurisdicciones en las que se haya realizado algún elemento del tipo ", lo que hace competente a los Países Bajos, amén de por ser el país donde se reciben las expresiones amenazantes (se habla en la relación fáctica de la ciudad holandesa de Bodegram y de personalidades públicas vinculadas al Gobierno neerlandés o a responsabilidades municipales holandesas, como el alcalde de tal localidad), lo es por ser también el de residencia de las personas cuya seguridad y tranquilidad se quiere presuntamente afectar al verterlas.»

3. El caso Yahoo

El caso Yahoo[49] es uno de los más conocidos en relación con los conflictos de jurisdicción en materia de delitos de odio derivados del funcionamiento de Internet, y refleja claramente la falta de soluciones en el ámbito internacional para los problemas de concurrencia jurisdiccional en la persecución y castigo de los delitos cometidos a través de Internet.

Como se sabe, Yahoo Inc es una compañía de servicios de Internet creada en 1995, que ofrece servicios de búsqueda, alojamiento, correo electrónico, comercio e información a través de portales web. Tiene su domicilio en California (USA) y filiales en muchos países del mundo.

En el mes de abril de 2000, la Liga Contra el Racismo y el Antisemitismo (LICRA) y la Unión de Estudiantes Judíos de Francia (UEFJ), ambas organizaciones radicadas en Francia, advirtieron

---

49 Sobre el caso Yahoo vid., ampliamente, RAMÍREZ PLASENCIA, «Conflicto de leyes y censura en Internet: el caso Yahoo!», en *Comunicación y sociedad*, Departamento de Estudios de la Comunicación Social, Universidad de Guadalajara, Nueva época, núm. 8, julio-diciembre de 2007, págs. 155 a 178.

que en el portal de subastas de www.yahoo.com -accesible directamente a través de la referida dirección y también a través de www.yahoo.fr- se ofrecían objetos y propaganda relacionada con la ideología nazi, conducta constitutiva de delito en Francia[50]. Ambas asociaciones iniciaron el 10 de abril un procedimiento contra Yahoo Inc ante el Tribunal de Gran Instancia de París, obteniendo de dicho tribunal un primer pronunciamiento cautelar el 22 de mayo de 2000. En dicho pronunciamiento, el Tribunal francés asumió la competencia en el asunto y emitió una orden judicial preliminar para que el enlace a la subasta de objetos y el acceso a

---

50 Según el art. R645.1 del Código Penal francés: «Est puni de l'amende prévue pour les contraventions de la 5e classe le fait, sauf pour les besoins d'un film, d'un spectacle ou d'une exposition comportant une évocation historique, de porter ou d'exhiber en public un uniforme, un insigne ou un emblème rappelant les uniformes, les insignes ou les emblèmes qui ont été portés ou exhibés soit par les membres d'une organisation déclarée criminelle en application de l'article 9 du statut du tribunal militaire international annexé à l'accord de Londres du 8 août 1945, soit par une personne reconnue coupable par une juridiction française ou internationale d'un ou plusieurs crimes contre l'humanité prévus par les articles 211-1 à 212-3 ou mentionnés par la loi n° 64-1326 du 26 décembre 1964. Les personnes coupables de la contravention prévue au présent article encourent également les peines complémentaires suivantes :
1° L'interdiction de détenir ou de porter, pour une durée de trois ans au plus, une arme soumise à autorisation ;
2° La confiscation d'une ou de plusieurs armes dont le condamné est propriétaire ou dont il a la libre disposition ;
3° La confiscation de la chose qui a servi ou était destinée à commettre l'infraction ou de la chose qui en est le produit ;
4° Le travail d'intérêt général pour une durée de vingt à cent vingt heures.
Les personnes morales déclarées responsables pénalement, dans les conditions prévues par l'article 121-2, de l'infraction définie au présent article encourent, outre l'amende suivant les modalités prévues par l'article 131-41, la peine de confiscation de la chose qui a servi ou était destinée à commettre l'infraction ou de la chose qui en est le produit. La récidive de la contravention prévue au présent article est réprimée conformément aux articles 132-11 et 132-15.»

texto nazis desapareciera del portal yahoo.fr, imponiendo además a la compañía norteamericana la prohibición de que ciudadanos franceses pudieran acceder al sitio del portal yahoo.com en el que se subastaban los objetos de ideología nazi o en el que estaban disponibles determinados textos básicos de la ideología nazi -señaladamente *Mein Kampf* y *Los protocolos de los Sabios de Sión*- a través del enlace geocites.com, bajo apercibimiento de una multa de cien mil francos diarios en caso de incumplimiento.

Personada Yahoo Inc ante la jurisdicción francesa y alegada no solo la falta de jurisdicción nacional sino la imposibilidad técnica de impedir que los ciudadanos franceses accedieran directamente -sin enlazar a través de yahoo.fr- al portal yahoo.com en el que se encontraban los artículos y textos nazis, el Tribunal de Gran Instancia de París acordó la designación de una comisión de tres expertos a fin de informar sobre la viabilidad de las medidas de prohibición de acceso acordadas por el Tribunal en resolución de mayo de 2000[51]. A pesar de las dificultades expresadas por los expertos respecto de la limitación de acceso de los ciudadanos franceses a determinados espacios del portal www.yahoo.com, el Tribunal de Gran Instancia de París ratificó en sentencia, el 20 de noviembre de 2000, la decisión preliminar cautelar adoptada el mes de mayo, otorgando a Yahoo Inc un plazo de tres meses para el cumplimiento de las previsiones acordadas el 22 de mayo de 2000.

A la vista de la resolución dictada por el Tribunal de Gran Instancia de París, Yahoo Inc decidió, en enero de 2001, acudir a la jurisdicción norteamericana interesando la decisión de inaplica-

---

51 Como explica RODRÍGUEZ BERNAL, «Los cibercrímenes...», cit., págs. 10 y 11, el comité de expertos nombrado al efecto admitió la posibilidad de que Yahoo implantara un sistema de identificación del origen de los usuarios, basándose en el IP de los ordenadores conectados, siempre y cuando dichos ordenadores utilizaran para la conexión proveedores franceses. El problema es que, ni todos los usuarios franceses de Internet se conectan a través de servidores franceses, ni todos los usuarios que utilizan servidores franceses son ciudadanos franceses.

bilidad en Estados Unidos de las disposiciones acordadas contra Yahoo Inc por la justicia francesa (*declaratory judgement*)[52]. La argumentación de Yahoo se basó en tres argumentos principales: a) Según la ley nacional de Estados Unidos, los proveedores de servicios no son responsables de los contenidos publicados en los portales; b) La venta online de artículos nazis no es delito en Estados Unidos, estando amparada por el derecho a la libertad de expresión consagrado en la primera enmienda de la Constitución de los Estados Unidos; y c) Los tribunales franceses no son competentes para conocer y juzgar hechos originados en Estados Unidos, imputables a personas físicas o jurídicas de nacionalidad norteamericana y considerados legales en su territorio nacional. En síntesis, la legislación francesa no era aplicable a las actuaciones desarrolladas por Yahoo Inc, por más que sus espacios web fueran accesibles a través del portal www.yahoo.com[53].

En primera instancia, el juez federal Fogel, sin cuestionar los fundamentos de fondo de la decisión de la jurisdicción francesa, dio la razón a Yahoo Inc en el sentido de declarar la inaplicabilidad de la resolución del Tribunal de Gran Instancia de París en los Estados Unidos[54]. El problema, como señaló el juez Fogel, se centraba en determinar el Derecho aplicable -y consiguientemente la jurisdicción competente- en casos controvertidos de liber-

---

52 La competencia correspondió, en función del domicilio social de Yahoo Inc, al tribunal federal de primera instancia de San José (distrito de California).

53 Sí lo es a la conducta del espacio www.yahoo.fr, por lo que, tras la resolución del Tribunal de Gran Instancia de París de 22 de mayo de 2000, Yahoo procedió a retirar el contenido de vinculación nazi del referido espacio, así como los enlaces que desde esta página permitían el acceso al contenido controvertido en yahoo.com

54 La sentencia de primera instancia (Juez Jeremy Fogel) fue dictada el 11 de julio de 2001 (Yahoo! Inc a Delaweare Corporation vs La Ligue Contre le Racisme et L'antisemitisme, a French association et alli, Case number C-00-21275-JF, United States Dictrict Court for the Northern District of California, San Jose Division); puede consultarse en http://www.internetlibrary.com/pdf/Yahoo-La-Ligue-Contre-Le-Racisme.pdf.

tad de expresión ejercida por ciudadanos norteamericanos desde Estados Unidos a través de Internet, cuando entrara en colisión con ordenamientos jurídicos de otros Estados con acceso a dicha información digital. El juez Fogel entendió que la protección a la libertad de expresión consagrada en la primera enmienda de la Constitución norteamericana no resultaba compatible con el cumplimiento de la orden francesa en el territorio de los Estados Unidos, esto es, con la primacía del Derecho francés que, en el caso de autos, pretendía imponer el Tribunal de Gran Instancia de París.

La sentencia del tribunal de primera instancia fue apelada por LICRA y UEFJ. Tras una primera resolución de la apelación, dictada el 23 de agosto de 2004, confirmando la sentencia de primera instancia[55], una segunda sentencia dictada por el tribunal del noveno circuito de apelaciones de California cambiaría la doctrina de las resoluciones precedentes -aunque no las consecuencias finales- al entender que desde el inicio del procedimiento en los Estados Unidos existió un defecto de legitimación pasiva, radicado en la imposibilidad de ejercer la jurisdicción nacional contra las dos asociaciones que en ningún caso habían acudido a la jurisdicción norteamericana, concluyendo que la justicia de Estados Unidos carecía de jurisdicción sobre las decisiones adoptadas por la jurisdicción francesa en el ejercicio de sus competencias[56].

---

55 La primera sentencia de apelación (Yahoo! Inc a Delaweare Corporation vs La Ligue Contre le Racisme et L'Antisemitisme, a French association; L'Union des Etudiants Juifs de France, a French association; D.C. No. CV-00-21275-JF, United States Court of Appeals for the Ninth Circuit) dictada por los jueces Ferguson, Wallace Tashima y Bruneti (opinión discrepante) el 23 de agosto de 2004, puede consultarse en: http://euro.ecom.cmu.edu/program/law/08-732/Jurisdiction/YahooNinthCircuit.pdf

56 La segunda sentencia de apelación dictada por el Tribunal del Noveno Circuito en el caso Yahoo! Inc v. La Ligue Contra Le Racisme el L'Antisemitisme and L'Union Des Etudiants Juifs de France No. 01-17424, D.C. No. CV-00-21275-JF (12 de enero de 2006) puede consultarse en http://nacpec.org/en/links/jurisdiction/inter_case_law.html.

Paralelamente al proceso iniciado por la LICRA y la UEFJ, el Movimiento Contra el Racismo y por la Amistad entre los Pueblos (MRAP), así como la Asociación de Deportados a Auchswitz, presentaron ante el Tribunal Correccional de París una denuncia contra Timothy Koogle, entonces presidente de Yahoo Inc, por apología del racismo y de crímenes contra la humanidad. En febrero de 2003, el Tribunal Correccional de París dictó sentencia absolutoria a favor Koogle, resolución confirmada por el Tribunal de Apelación de París el 6 de abril de 2005. A juicio de los tribunales penales franceses, en el curso del proceso no quedó acreditado que las informaciones que pudieran constituir apología del racismo y de los crímenes contra la humanidad tuvieran por autor a Yahoo Inc, ya que no estaban calificados ni retocados por la compañía, que se limitó a albergarlos en un espacio de su portal web destinado a subastas y ventas online. En suma, el Tribunal de Apelación de París señaló que, conforme a la legislación francesa, ni el portal ni sus directivos pueden ser considerados responsables de los contenidos alojados por particulares[57].

Como puede advertirse, también el caso Yahoo plantea claramente los problemas para determinar la ley y la jurisdicción aplicable en supuestos de ciberdelincuencia transnacional sin armonización sustantiva. Pero a diferencia del caso Megauopload, aún pendiente de solución judicial, el caso Yahoo nos proporciona la posición de los tribunales, una solución compleja, contradictoria incluso en el ámbito interno de los Estados en conflicto, y que pone de manifiesto la insuficiencia de los instrumentos nacionales para afrontar de modo individual los problemas que genera la persecución y el castigo eficaz de la ciberdelincuencia internacional. En el caso Yahoo aparecen con claridad los tres problemas fundamentales que esta modalidad de delincuencia plantea a los modernos ordenamientos jurídicos, anclados aún en los principios de soberanía nacional y jurisdicción exclusiva. Por una parte,

---

[57] Una decisión similar adoptó en noviembre de 2000 la Cámara Federal de San Martín (Argentina) ante una demanda criminal contra Yahoo por los mismos hechos.

los hechos del caso Yahoo señalan la enorme dificultad de ubicar con precisión el lugar en el que se cometen los hechos cuando se trata de conductas desarrolladas a través de la Red. En los supuestos de difusión de contenidos a través de sitios web, son varias las posibles referencias espaciales que pueden determinar el anclaje físico de la conducta -residencia o domicilio del autor de la información, lugar del terminal desde el que dicha información se remite, lugar de ubicación del servidor, domicilio del proveedor de servicios que la aloja…-, sin que exista a priori un acuerdo sobre cuál debe ser tomada en consideración para determinar el Derecho aplicable y la jurisdicción competente. En segundo lugar, surgen evidentes problemas para determinar la autoría; no ya solo para identificar al presunto autor de los hechos, sino también para determinar el eventual reparto de responsabilidades entre el autor material, el intelectual y el proveedor de servicios. En tercer lugar, es fundamental, y muy compleja la tarea de determinar la ley penal aplicable cuando la acción y el resultado se producen en Estados diferentes -o en múltiples Estados, en el caso del resultado de muchos de los delitos cometidos a través de Internet-. Más aún cuando, en casos de diversidad de legislaciones sustantivas, no concurre el principio de doble incriminación, siendo los hechos, delito en un Estado y atípicos en otro[58]. En cuarto lugar, la

---

[58] Es suficiente la existencia de lagunas o discordancias legislativas en Estados de Derecho avanzados o del llamado primer mundo para propiciar nichos de impunidad a los delincuentes informáticos. Según señala Naciones Unidas en las consideraciones previas al XII Congreso sobre Prevención del Delito y Justicia Penal (Salvador Brasil, 2010), A/CONF.213/9, pág. 5, «Un efecto práctico de la arquitectura en red de Internet es que los autores de los delitos cibernéticos no necesitan estar presentes en el lugar del delito. Por ello, impedir la existencia de refugios seguros para los delincuentes se ha convertido en un aspecto clave de la prevención del delito cibernético. Los delincuentes utilizarán refugios seguros para obstaculizar las investigaciones. Un ejemplo bien conocido es el gusano informático "Love Bug", desarrollado en Filipinas en 2000, que al parecer infectó a millones de computadoras en todo el mundo. Las investigaciones locales se vieron impedidas por el hecho de que, en esa época, el desarrollo y la difusión intencionales

ambigüedad en cuanto a los referentes territoriales determina, como pone de relieve el caso Yahoo, la aparición de conflictos de jurisdicción por concurrencia de jurisdicciones nacionales que, a falta de una norma o criterio superior de competencia, conducen, en algunos casos a soluciones parciales, o en otros a vías procesales muertas, que no dejan de ser un estímulo para el desarrollo de este tipo de criminalidad[59].

4. La determinación de la competencia en los delitos del discurso del odio difundido a través de las redes sociales

Una de las modalidades más frecuentes de comisión de los delitos del discurso del odio a través de Internet es la que se sirve de las redes sociales. Dentro del ciberespacio, esto es, dentro de la arquitectura de comunicaciones y redes digitales que construye Internet, las redes sociales constituyen un conjunto de plataformas y aplicaciones que conectan entre sí a personas con intereses,

---

del programa informático dañino no estaban debidamente penalizados en Filipinas. La cuestión de la convergencia de la legislación es sumamente pertinente, puesto que un gran número de países fundamenta su régimen de asistencia judicial recíproca en el principio de la doble incriminación, según el cual un delito debe ser considerado como tal tanto en el Estado que solicita la asistencia como en el que la presta. Las investigaciones a nivel mundial se limitan, por lo general, a los actos que están tipificados como delito en todos los países afectados. Aunque existe una serie de delitos que pueden ser perseguidos en cualquier parte del mundo, las diferencias regionales desempeñan un papel importante. Por ejemplo, en diferentes países se penalizan diferentes tipos de contenidos, lo que significa que el material que se coloca legalmente en un servidor en un país puede ser considerado ilegal en otro».

59 Como señala RODRÍGUEZ BERNAL, «Los cibercrímenes...», cit., pág. 12, si bien en el campo del derecho privado transnacional existe una regulación más o menos acertada que rige en materia de contratos, de responsabilidad extracontractual, etc., el derecho penal aparece desprovisto de esta mínima solvencia, dándose la paradoja de que, precisamente por los bienes jurídicos barajados, es en el derecho público donde debería existir una mayor claridad y seguridad.

actividades o relaciones en común. Salvando ciertas peculiaridades, permiten mediante el alta del usuario el intercambio de información en modo público, privado o limitado, de la más variada índole, desde la actividad económica o profesional, pasando por la personal o la familiar, hasta el ocio, las aficiones, o el simple flujo de mensajería de texto, sonido o imágenes.

En la actualidad existe una gran variedad de redes sociales, calculándose que sus usuarios suman más de cuatro mil millones. A nivel mundial, entre las redes sociales más utilizadas figuran Facebook, Youtube, Instagram, TikTok, Whastapp, Wechat, Linkedin y Twitter. En conjunto, puede decirse que conforman una nueva y poderosa herramienta en la transmisión de información, caracterizada, entre otros rasgos, por la facilidad de acceso y participación, por su extraordinaria expansión, por su supraterritorialidad, por la horizontalidad en las fuentes de información y por la relativa facilidad -según la red- para la participación desde el anonimato o la identidad supuesta.

Puesto el fenómeno de las redes sociales en su contexto, debe notarse que vivimos, desde las décadas finales del siglo pasado, una época revolucionaria en muchos aspectos, que sintéticamente viene siendo conocida como la era de la comunicación y la información. Los cambios producidos en muy poco tiempo en la comunicación y en la información apuntan fundamentalmente a tres elementos: la facilidad del acceso a las fuentes, la inmediatez y expansión en el intercambio de comunicaciones y, finalmente, el cambio progresivo del centro de gravedad de la información desde los referentes o cabeceras hacia la horizontalidad.

Las tres características señaladas definen con cierta claridad el fenómeno de las redes sociales, que gira básicamente en torno a la libertad y a la emancipación del individuo, no solo como consumidor de información, sino como protagonista y fuente de la información-opinión, capaz de circular con facilidad y de llegar a millones de personas de inmediato. La arquitectura del ciberespacio, deslocalizada, desjerarquizada, accesible, universal, y en buena medida desregulada, ha colocado la tribuna del discurso a ras de suelo, con las ventajas, y también con los inconvenientes y riesgos que ello conlleva.

No es preciso mucho esfuerzo para hacer notar hasta qué punto la lesividad de ciertos delitos -el discurso del odio entre ellos- se ha visto favorecida por Internet, en general, y por las redes sociales en particular. También resulta comprensible el problema que los delitos cometidos a través de Internet plantean a la hora de determinar con precisión el tribunal al que corresponde su persecución y castigo. Pero quizá sí es importante señalar, a los efectos de este trabajo, la dificultad específica que supone determinar la jurisdicción y la competencia de los delitos cometidos en redes sociales, frente a los que pueden cometerse a través de otras plataformas, sitios o espacios de Internet.

STS de 18 de enero de 2017

> También hemos aludido en la STS 4/2017, 18 de enero (RJ 2017, 50) -citada por el Fiscal- a la necesidad de tener en cuenta que «... la extensión actual de las nuevas tecnologías al servicio de la comunicación intensifica de forma exponencial el daño de afirmaciones o mensajes que, en otro momento, podían haber limitado sus perniciosos efectos a un reducido y seleccionado grupo de destinatarios. Quien hoy incita a la violencia en una red social sabe que su mensaje se incorpora a las redes telemáticas con vocación de perpetuidad. Además, carece de control sobre su zigzagueante difusión, pues desde que ese mensaje llega a manos de su destinatario éste puede multiplicar su impacto mediante sucesivos y renovados actos de transmisión. Los modelos comunicativos clásicos implicaban una limitación en los efectos nocivos de todo delito que hoy, sin embargo, está ausente. Este dato, ligado al inevitable recorrido transnacional de esos mensajes, ha de ser tenido en cuenta en el momento de ponderar el impacto de los enunciados y mensajes que han de ser sometidos a valoración jurídico-penal» .

Es doctrina constante de la Sala Segunda del Tribunal Supremo que, en el ámbito de los delitos cometidos a través de las Redes Sociales, incluyendo los llamados delitos del "discurso del odio", la determinación de la competencia corresponde preferentemente al lugar en el que los contenidos lesivos han sido incluidos en las correspondientes plataformas, aplicaciones o sistemas de difusión online. Un lugar que, como precisa el alto tribunal, no necesariamente tiene que identificarse con un punto físico del territorio.

STS de 2 de junio de 2022

En el caso presente, además, la privación de derechos se ha impuesto de forma limitada y ceñida al lugar de comisión del delito, esto es, la red, foro o plataforma concreta en la que se habría producido la distribución del material. Hablamos de la red social Youtube. La limitación a su acceso no supone una afectación desproporcionada a las facultades del individuo, como podría resultar de la imposición general de una pena que consista en la prohibición de acceso a internet, bien de forma genérica o bien en forma de prohibición de contratar con empresas proveedoras de acceso a internet. Esta obligada referencia al principio de proporcionalidad permite a la Sala dejar constancia de que la prohibición de acudir al lugar del delito, impuesta al amparo del art. 48 del CP, representa una de las distintas posibilidades que ofrece nuestro sistema para excluir el riesgo de nuevas ofensas, en el presente caso, a la dignidad de terceros. Pero no es, desde luego, la única. Podría incluso decirse que existen fórmulas alternativas que aliviarían el esfuerzo de interpretación desplegado por el Fiscal en su recurso para demostrar que el lugar del delito no tiene que identificarse con un espacio necesariamente ubicable en una realidad física. De hecho, entre las penas accesorias que autoriza el art. 56 del CP, se prevé la posibilidad de imposición de la pena de inhabilitación especial para el ejercicio de una profesión y oficio, facultando al Tribunal a «... restringir la inhabilitación a determinades actividades o funciones de la profesión u oficio» (art . 45 CP). Se da la circunstancia de que el relato de hechos probados proclama que Cirilo «... se convirtió en un conocido "Youtuber", nombre con el que coloquialmente se designa a personas que comparten vídeos en su canal de la red social y hacen del mismo un medio de vida con la obtención de cuantiosos ingresos derivados de la publicidad que se inserta en el mismo por la empresa que administra la red social y que se calculan en función del número de seguidores y del número de visualizaciones que tienen los contenidos audiovisuales difundidos» .

ATS de 23 de noviembre de 2004

Es doctrina consolidada de esta Sala que en relación a los delitos de injurias y calumnias realizadas a través de medios de comunicación, la determinación del Juzgado territorial competente para su instrucción –forum comissi delicti– es aquel en el que se hayan vertido a través de los medios de comunicación los contenidos presuntamente delictivos. Este criterio ha sido declarado extensible a los delitos cometidos a través de Internet en el sentido de que será Juzgado competente aquel en el que se hayan introducido en la red de Internet los contenidos delictivos. En este sentido se puede citar los autos de esta Sala de 19 de septiembre de 2001 (RJ 2001, 9559), Recurso núm. 19/2001, precisamente en el tema de Internet así como el auto de 19 de enero del 2004 (JUR 2004, 54308), Recurso núm. 89/2003.

El lugar de comisión de los delitos contra el honor a distancia, equiparables en términos amplios a los delitos delitos de odio cometidos a través de Internet o de las Redes Sociales, no es el lugar donde la ofensa ha llegado a conocimiento de la víctima, sino el lugar en el que dichas ofensas se emitieron o se introdujeron en el correspondiente sistema de comunicación que permitió su conocimiento por la víctima.

STSJ de Valencia, de 31 de mayo de 2006

Es doctrina constante de la Sala Penal del Tribunal Supremo la de que los delitos contra el honor se cometen en el lugar de emisión de las ofensas y no donde se conocen por el público o donde las percibe el ofendido. Así, con referencia a delitos de tal clase cometidos a través de medios de difusión en general, se ha declarado con reiteración que el órgano competente por razón del territorio para conocer de tales hechos es el juez del lugar de su publicación (AATS 10 de julio de 1981 [RJ 1981, 3215] , 1 de diciembre de 1988 [RJ 1988, 9355] , 12 de abril de 1991 [RJ 1992, 2708] , 21 de febrero de 1992 [RJ 1992, 1290] , 9 de febrero de 1998 [RJ 1998, 2332] , 24 de diciembre de 1999 [RJ 1999, 9857]); el del lugar de edición y publicación de la revista (ATS 2 de septiembre de 1998 [RJ 1998, 7532]); el del punto de emisión y no el de recepción de la injuria o calumnia (ATS 10 de junio de 1999); o el del lugar de emisión de la cadena (ATS 17 de octubre de 2003 [JUR 2003, 253596]).

A la hora de fijar posición en materia de competencia territorial de los delitos de opinión cometidos a través de Internet, resulta particularmente esclarecedor el dictamen del Ministerio Fiscal contenido en el Auto del Tribunal Supremo de 8 de septiembre de 2021, según el cual, el resumen de la posición del alto tribunal en esta materia « se contiene en el auto del Tribunal Supremo de 19 de septiembre de 2001 (recurso núm. 19/2001 [RJ 2001,

9559]), que parte de la premisa de que en los delitos a distancia, entre los que figuran las calumnias e injurias propagadas por escrito y con publicidad, cometidas a través de revistas, periódicos, radio, televisión, etc., debe reputarse lugar de comisión del delito aquél en que se produce la edición y publicación de las presuntas expresiones calumniosas o vejatorias. Y luego, ya con referencia a calumnias o injurias con publicidad cometidas a través de su inserción en «Internet», esa misma resolución establece que «... La doctrina de esta Sala referida a la determinación del lugar de comisión de los delitos de injurias y calumnias, realizadas a través de los medios de comunicación, cuyos contenidos informativos se transmiten a través de ondas y antenas (radio y televisión), es extensible a "Internet", en cuanto es un medio de comunicación informático de análogas características», concluyendo que el momento y el lugar de comisión del delito será aquel en que se «pone en marcha a través del servidor la concreta información facilitada. Es a partir de este momento cuando la información entra en contacto con el lector o navegador ("internauta"), que recibe o está en condiciones de recibir la comunicación presuntamente delictiva. Los actos de inclusión en la red de la información objeto de la causa penal se producen en Madrid, y a partir de dicho momento la comunicación irradia o puede irradiar a cualquier parte del planeta, produciendo sus efectos. Ese mismo criterio ha inspirado el auto del mismo Tribunal de 19 de enero de 2004 (recurso núm. 89/2003 [JUR 2004, 54308]), y se ha reiterado luego en el auto de 23 de noviembre de 2004 (recurso núm. 85/2004 [JUR 2005, 75]) que se expresa en los siguientes términos: «Es doctrina consolidada de esta Sala que en relación a los delitos de injurias y calumnias realizadas a través de medios de comunicación, la determinación del Juzgado territorial competente para su instrucción –forum comissi delicti– es aquel en el que se hayan vertido a través de los medios de comunicación los contenidos presuntamente delictivos. Este criterio ha sido declarado extensible a los delitos cometidos a través de Internet en el sentido de que será Juzgado competente aquel en el que se hayan introducido en la red de Internet los contenidos delictivos».

V. LAS VÍAS DE SOLUCIÓN FRENTE A LOS CONFLICTOS INTERNACIONALES DE JURISDICCIÓN: LA COOPERACIÓN INTERNACIONAL Y EL JUEZ NACIONAL COMO JUEZ INTERNACIONAL

1. La cooperación judicial y policial internacional

En la actualidad, la idea fundamental que hilvana las posibles estrategias de solución frente a los conflictos internacionales de jurisdicción, en términos generales y señaladamente en materia de cibercriminalidad, está basada en la cooperación internacional[60]. Dichos conflictos son, en la mayoría de los casos, el produc-

---

60 Los textos y acuerdos internacionales vigentes que abordan el problema de la determinación de la jurisdicción nacional competente en delitos transnacionales, basan la identificación de la jurisdicción idónea en la cooperación internacional, esto es, en el acuerdo entre las jurisdicciones concernidas sobre el lugar en el que resultará más adecuado seguir el procedimiento. Vid., entre otros, el Convenio sobre Ciberdelincuencia del Consejo de Europa, de 8 de noviembre de 2001 (art. 22); la Convención de Naciones Unidas contra la Delincuencia Organizada Transnacional (art. 15), de 15 de noviembre de 2002; la Convención de Naciones Unidas contra la Corrupción, de 31 de octubre de 2003 (art. 42); el Convenio del Consejo de Europa sobre la Lucha contra la Trata de Seres Humanos, de 16 de mayo de 2005 (art. 31); el Convenio del Consejo de Europa sobre la Prevención del Terrorismo, de 16 de mayo de 2005 (art. 14); el Convenio del Consejo de Europa sobre Protección de los Niños y contra de la Explotación y el Abuso Sexual, de 25 de octubre de 2007 (art. 25); la Decisión Marco 2002/475/JAI, del Consejo, de 13 de junio, relativa a la Lucha Contra el Terrorismo (art. 9); la Decisión Marco 2004/68/JAI del Consejo, de 22 de diciembre de 2003, relativa a la Lucha contra la Explotación Sexual de los Niños y la Pornografía Infantil (art. 8); la Decisión Marco 2008/913/JAI, del Consejo, de 28 de noviembre de 2008, relativa a la Lucha contra determinadas formas y manifestaciones del Racismo y la Xenofobia mediante el Derecho Penal (art. 9); la Decisión Marco 2009/948/JAI del Consejo, de 30 de noviembre de 2009, sobre Prevención y Resolución de Conflictos de Ejercicio de Jurisdicción en los Procesos Penales; y la

to de una visión nacional, limitada e individual del fenómeno de la criminalidad informática.

En este contexto, la cooperación internacional es el instrumento idóneo para lograr, por un lado, una armonización de los sistemas penales capaz de eliminar zonas de impunidad y unificar el lenguaje básico para la identificación de las conductas punibles[61]. Por otra parte, es la cooperación internacional la base sobre la cual se puede lograr una persecución y castigo razonablemente eficaz de la criminalidad informática desde la coordinación de la actividad judicial y policial.

Debe repararse en que la cooperación internacional ha avanzado de modo relevante en el terreno de la asistencia judicial y policial a través de medidas que permiten la colaboración en la obtención de fuentes de prueba, el intercambio de información o la entrega de detenidos. Sin embargo, no se ha avanzado tanto en la búsqueda de soluciones procesales destinadas a evitar los procedimientos penales paralelos. Plantear soluciones para este problema abre el camino para evitar no sólo duplicidades innecesarias e ineficaces para el éxito del procedimiento, sino principalmente la afectación del principio *non bis in idem,* reconocido como se sabe en los principales textos internacionales sobre derechos fundamentales y garantías penales y procesales.

Directiva 2013/40/UE del Parlamento y del Consejo, de 12 de agosto de 2013 (art. 12). Dentro de las recomendaciones y propuestas en el ámbito académico hay que citar el Conjunto de Herramientas para la Legislación sobre Ciberdelito de la Unión Internacional de Telecomunicaciones (sección 21), disponible en http://www.itu,int/ITU-D/cyb/cybersecurity/docs/itu-toolkit-cybercrime-legislation-pdf; vid. también el llamado "Proyecto Stanford para la Protección en contra de la Ciberdelincuencia y del Ciberterrorismo (Stanford Draft) (art. 5), disponible en http://www.iwar.org.uk/law/resocurces/cybercrime/stanford/cisac-draft.htm (para estos dos últimos instrumentos vid. VELASCO SAN MARTÍN, La jurisdicción y competencia sobre delitos cometidos a través de sistemas de cómputo e Internet, Tirant lo Blanch, Valencia, 2012, pp. 122 y ss).

61 Vid CLIMENT BARBERÁ, «La justicia penal en Internet...», cit., pág. 661.

En este camino, la comunidad internacional debe avanzar hacia la búsqueda de fórmulas y criterios que fortalezcan la cooperación judicial mediante la selección dialogada de la jurisdicción penal idónea en casos de litispendencia internacional y la búsqueda de acuerdos de reconocimiento mutuo de resoluciones judiciales adoptadas en un espacio internacional concertado en los ámbitos penal y procesal.

En concreto, la prevención de los conflictos derivados de la concurrencia jurisdiccional en materia de cibercriminalidad pasa, fundamentalmente, por una armonización racional y consensuada de los criterios de determinación de los límites y criterios de la competencia nacional en las legislaciones de los Estados. Los mecanismos de selección de la jurisdicción idónea basados en el diálogo y en el consenso no cuestionan el principio de soberanía judicial nacional; constituyen, al contrario, un ejercicio de la misma cuando son las propias autoridades competentes de los Estados las que procuran una armonización legal en materia de competencia internacional, y acuerdan, en caso de conflicto, la competencia adecuada con la mirada puesta en la eficacia de la persecución y castigo, y con respeto a las garantías internacionales sobre derechos fundamentales. Esta selección consensuada de la jurisdicción idónea conduce al reconocimiento del juez nacional como juez internacional, y al reconocimiento mutuo de las resoluciones judiciales adoptadas en aplicación de los criterios comunes de preferencia jurisdiccional[62].

---

62 Esta es la base de las reglas de competencia que figuran en los textos y convenios internacionales que abordan el problema de la jurisdicción penal en delitos transnacionales; un ejemplo claro sobre la fórmula de cooperación judicial internacional de determinación de la competencia en materia de delincuencia transnacional puede verse en el Informe Anual de Eurojust de 2003 (Anexo), bajo el epígrafe «Criterios para decidir: ¿Qué jurisdicción debe ser competente?».

2. *El modelo del Convenio de Budapest*

En un contexto de progresiva integración europea a través de los valores de democracia, libertad y protección de los derechos humanos cabe inscribir el proceso de tratamiento común de la criminalidad informática, liderado en sus inicios por el Consejo de Europa, que ha emitido Recomendaciones clave en la materia[63], y que han terminado por fraguar en un Convenio modelo y referente fundamental sobre la prevención y castigo de la criminalidad informática[64].

El Convenio, fechado en Estrasburgo el 25 de mayo de 2001 y presentado a la firma el 26 de noviembre de 2001, cuenta por el momento con setenta firmas y sesenta y ocho ratificaciones, habiendo entrado en vigor en un total de treinta y un Estados. Su regulación constituye un importante referente en la protección internacional contra la delincuencia informática[65], que en la actualidad empieza a ser completado con otros instrumentos internacionales a nivel regional. De cualquier modo, debe destacarse

---

63 Vid. R (89) 9, de 13 de septiembre, del Comité de Ministros del Consejo de Europa, sobre criminalidad informática; R (95) 13, de 11 de septiembre, del Comité de Ministros del Consejo de Europa, concerniente a problemas de justicia penal relacionada con las tecnologías de la información. Sobre la trayectoria europea en la prevención y persecución concertada de la ciberdelincuencia vid. RODRÍGUEZ BERNAL, «Los cibercrímenes...», cit., págs. 13 y ss.

64 Un estudio de detalle sobre el Convenio puede consultarse en LEZERTUA, «El Proyecto de Convenio sobre cybercrimen del Consejo de Europa» en *Cuadernos de Derecho Judicial* núm. 10, 2001.

65 A juicio de URBANO CASTRILLO, «Infracciones patrimoniales por medios informáticos y contra la información como bien económico», en Delitos contra y a través de las nuevas tecnologías ¿Cómo reducir su impunidad?», en *Cuadernos de Derecho Judicial*, Madrid, 2006, p. 153, la Convención del Consejo de Europa sobre el cibercrimen constituye el texto jurídico internacional más importante en materia de delincuencia informática, aunque la falta de ratificación por países tan importantes como China o Estados Unidos hace que su impacto sea por el momento reducido.

su valor dentro de los esfuerzos por homogeneizar la tipificación penal de la criminalidad informática, tratando con ello de salvar uno de los principales obstáculos con lo que choca en la actualidad la persecución y castigo de esta modalidad de delincuencia[66].

A la determinación de la jurisdicción competente dedica el Convenio de Budapest el art. 22, que está basado en tres ideas fundamentales: a) la fijación de fueros comunes de atribución de competencia judicial nacional; b) el respeto a las normas internas de determinación de la competencia judicial nacional y c) la recomendación del diálogo y del consenso como método de solución de los conflictos internacionales de jurisdicción que puedan surgir entre los Estados parte[67].

Los fueros comunes de asignación de la competencia jurisdiccional son tres. En primer lugar, figura el fuero territorial, conforme al cual serán competentes para el conocimiento de los delitos previstos en el Convenio los Estados en cuyo territorio, buques o aeronaves se haya cometido el delito. El segundo criterio de

---

66 Como ha señalado CLIMENT BARBERÁ, , «La justicia penal en Internet...», cit., pág. 662, el Convenio de Budapest «aunque presenta una alternativa modesta y no resuelve el problema global de la transnacionalidad de Internet, supone un evidente paso adelante en la línea apuntada, recoge fórmulas muy limitadas y aún confinadas en los ámbitos penales nacionales, pero presenta la gran ventaja de ser viable en el momento actual, introduciendo avances que sin duda no resuelven todos los problemas, pero mejoran sensiblemente la presente situación y aportan soluciones razonables y asumibles para los problemas más inmediatos».

67 Un análisis de la regulación de la jurisdicción en el Convenio sobre Cibercrimen del Consejo de Europa puede verse en KASPERSEN, «Jurisdiction in the Cybercrime Convention», en Cybercrime and Jurisdiction. A Global Survey (Ed. Bert-Jaap Koops and Susan Brenner), Information Technology Law Series 11 TMC Asser Press, The Hague 2006, págs. 10 y ss. (citado por VELASCO SAN MARTÍN, La Jurisdicción y competencia..., cit., pág. 87). Vid. también HERRERO TEJEDOR, «Convenio sobre el Cibercrimen y su aplicación en España», *E-Newsletter sobre prueba electrónica de Cybex*, núm. 36, marzo de 2008, págs. 3 a 10, y núm. 37, abril de 2008, págs. 3 a 15.

atribución de la competencia nacional es la nacionalidad, de tal forma que, en relación con los delitos tipificados en el Convenio, será competente también el Estado de la nacionalidad del autor. En este caso, el delito solo será perseguible si la conducta estaba también tipificada como delito en el lugar de comisión -doble incriminación-, o si siendo delictiva en el lugar de comisión, ningún Estado alega competencia territorial sobre el mismo. En tercer lugar, será competente para el enjuiciamiento de los delitos previstos en el Convenio el Estado en el que se encuentre el presunto autor, si no resultara extraditable por razón de su nacionalidad al Estado que lo reclame[68].

---

[68] Un esquema similar proponía la Decisión Marco 2005/222/JAI del Consejo, de 24 de febrero, relativa a los ataques contra los sistemas de información. En el ámbito procesal destacan las necesarias normas de reparto de competencia judicial internacional, que aparecían basadas en los principios de territorialidad, nacionalidad del autor o domicilio de la persona jurídica beneficiaria de la conducta delictiva, apelando a criterios de colaboración y cooperación a través de las redes de comunicación judicial cuando la competencia pueda recaer en los tribunales de distintos estados miembros. En caso de conflicto, la Decisión Marco recomendaba tomar en consideración tres fueros sucesivos, basados respectivamente en la territorialidad de la infracción, en la nacionalidad del autor y en el lugar de detención del autor. Como señaló RODRÍGUEZ BERNAL, «Los cibercrímenes...», cit., págs. 26 y 27, «a tenor de esta redacción, y puesto que los sistemas informáticos se hallan a menudo interconectados por redes transfronterizas, se adivinan importantes puntos de fricción. Así, bastaría la comisión parcial del delito para que un Estado aplicara su jurisdicción, siendo frecuentes los multiataques informáticos que producirían la potencial actuación de muchas jurisdicciones. Los Estados que persiguiesen a sus nacionales podrían colisionar con la jurisdicción de aquellos en cuyo territorio se hubiera cometido el delito o en cuyo territorio se domiciliase la persona jurídica administrada por el nacional perseguido por su propio país. Otras muchas combinaciones podrían darse, lo que convierte a esta regla, más que en una regla de conflicto, en una regla conflictiva». La Decisión Marco 2005/222/JAI ha sido sustituida por la vigente Directiva 2013/40/UE, del Parlamento y del Consejo, de 12 de agosto de 2013, sobre ataques contra sistemas de información. La nueva Directiva introduce algunas modificaciones significativas en materia de competencia

En relación con estos tres criterios de asignación competencial deben realizarse algunas observaciones[69]. Por una parte, señalar que el fuero territorial es el primero y, en principio, parece que el preferente sobre otros criterios de asignación competencial entre los Estados parte. Es preferente en cuanto que el criterio de la nacionalidad solo entra en juego si ningún Estado tiene competencia territorial sobre el mismo. (art. 22.1 d)[70]. No obstante, la preferencia parece quebrarse cuando el art. 22.4 señala que el Convenio «no excluye ninguna jurisdicción penal ejercida por una Parte de conformidad con su derecho interno», de tal forma que si el derecho interno de algún Estado no otorga preferencia al criterio de la territorialidad y el presunto autor es detenido en

---

jurisdiccional, entre las que cabe destacar tres: en primer lugar, los criterios de vinculación competencial siguen siendo tres: territorialidad, nacionalidad del autor y domicilio de la persona jurídica beneficiaria, pero los dos últimos se prevén en la Directiva de 2013 como criterios que voluntariamente pueden acoger los Estados, quedando pues el de la territorialidad como único criterio obligatorio. En segundo lugar, dentro del criterio de territorialidad -esto es, como delitos cometidos en territorio nacional- se incluyen, con acierto, tanto las conductas desarrolladas por el autor en territorio nacional con efectos fuera de él, como las conductas desarrolladas por el autor fuera del territorio nacional pero con efectos dentro del mismo. En tercer lugar, desaparecen de la regulación tanto los criterios que precisaban el orden de prelación entre las reglas de competencia -la territorialidad era preferente a la nacionalidad, y esta última lo era sobre el lugar de detención- como la recomendación de acudir a la vía consensual para la solución de los eventuales conflictos de jurisdicción que pudieran surgir, remitiéndose la Directiva en este aspecto a lo dispuesto en la Decisión Marco de 2009 sobre solución de conflictos de jurisdicción en materia penal -apartado 11 de la exposición de motivos de la Directiva de 2013-.

69 Sobre las críticas de la comunidad científica al art. 22 del Convenio de Budapest vid. VELASCO SAN MARTÍN, *La Jurisdicción y competencia...*, cit., p. 89.

70 La preferencia también deriva del carácter no disponible del fuero territorial estricto -espacio físico del Estado- frente a la disponibilidad de los criterios fijados en los fueros previstos en las letras b a d del art. 22 -delitos cometidos en buques, aeronaves o por nacionales del Estado-.

dicho Estado, prevalecen los criterios internos sobre los previstos en el art. 22. Junto a ello, debe notarse que el art. 22 no contiene regla alguna que identifique el lugar de comisión del delito, con lo que serán probables los supuestos de concurrencia jurisdiccional basados en la identificación del *locus delicti* con el lugar de acción y con el lugar del resultado -o con varios lugares de diferentes Estados en los que se haya producido la acción o el resultado-. Parece oportuno señalar también la omisión en el art. 22 de supuestos de exclusión de la competencia nacional derivados de hechos ya juzgados y sentenciados en otro Estado, así como de modernas referencias territoriales en la determinación de la competencia nacional, que incluyen expresamente los delitos cometidos contra sistemas informáticos situados en el territorio del Estado, independientemente de la ubicación física del autor-, o la nacionalidad de los satélites o dispositivos extraterritoriales que sirvan para realizar la conducta delictiva[71].

---

[71] Respecto del principio de territorialidad y la utilización de satélites vid. el art. 5 del Proyecto de Convenio Internacional para la Protección en contra de la Ciberdelincuencia y el Ciberterrorismo (Proyecto Stanford): «Artículo 5: Jurisdicción. 1. Cada Estado Parte en el presente Convenio deberá adoptar las medidas que sean necesarias para establecer su jurisdicción respecto de los delitos previstos en los Artículos 3 y 4 en los siguientes casos: (a) cuando el delito se comete en el territorio de ese Estado o a bordo de un buque, aeronave o satélite matriculado en ese Estado o en cualquier otro lugar bajo su jurisdicción, reconocido por el Derecho internacional». Respecto de la aplicación del criterio territorial tanto si el autor actúa desde el Estado en cuestión como si están en el Estado los sistemas informáticos de los que se sirve, vid. art. 12 de la Directiva 2013/40/UE; al establecer la competencia conforme al fuero territorial «cada Estado miembro garantizará que se incluyan en la misma los casos en que: a) el autor cometa la infracción estando físicamente presente en su territorio, independientemente de que la infracción se cometa o no contra un sistema de información situado en su territorio; b) la infracción se cometa contra un sistema de información situado en su territorio, independientemente de que el autor cometa o no la infracción estando físicamente presente en su territorio».

El segundo principio que inspira el art. 22 del Convenio está basado en el respeto de la soberanía jurisdiccional nacional, y se expresa mediante el respeto de las reglas nacionales de determinación de la extensión y límites de la jurisdicción. Se explica este principio en un contexto de recelo y desconfianza hacia los mecanismos de cesión o reconocimiento de preferencia de jurisdicciones penales de otros Estados, pero debe advertirse que es precisamente este principio el que favorecerá los conflictos internacionales de jurisdicción al establecer, de facto, la sumisión voluntaria al sistema de fueros establecidos en el Convenio, reservando siempre la posibilidad de aplicar los criterios nacionales, sean o no concordantes con los previstos en el Convenio. Cabe afirmar en este sentido que, de poco servirá la armonización penal sustantiva si este no viene no viene acompañada de normas homogéneas de determinación de la jurisdicción competente, puesto que son las normas procesales las que, en última instancia, garantizan una eficaz persecución y castigo de los delitos objeto de armonización.

Finalmente, el número 5 del art. 22 propone el consenso y el diálogo como método para la solución de conflictos de concurrencia jurisdiccional[72]. En concreto, dispone que cuando «varias

---

72 Una previsión similar figura en el art. 15.5 de la Convención de Naciones Unidas contra la Delincuencia Organizada Transnacional: «Si un Estado Parte que ejerce su jurisdicción con arreglo a los párrafos 1 y 2 del presente artículo ha recibido notificación, o tomado conocimiento por otro conducto, de que otro u otros Estados Parte están realizando una investigación, un proceso o una actuación judicial respecto de los mismos hechos, las autoridades competentes de esos Estados Parte se consultarán, según proceda, a fin de coordinar sus medidas». También se apostaba específicamente por el consenso en la solución de los conflictos transnacionales de jurisdicción en materia de ciberdelincuencia en la Decisión Marco 2005/22/JAI del Consejo, de 24 de febrero, relativa a los ataques contra sistemas de información, en cuyo art, 10.4 se disponía que «Cuando una infracción sea competencia de más de un Estado miembro y cualquiera de estos Estados pueda legalmente inicial acciones judiciales por los mismos hechos, los Estados miembros de que

Partes reivindiquen su jurisdicción respecto de un presunto delito contemplado en el presente Convenio, las Partes interesadas celebrarán consultas, cuando ello sea oportuno, con el fin de decidir qué jurisdicción es la más adecuada para entablar la acción penal».

Respecto de esta última previsión pueden aportarse dos observaciones. En primer lugar, la importancia que tiene la alusión indirecta a lo que en este trabajo denominamos jurisdicción idónea. Por tal cabe entender aquella jurisdicción nacional que, en un caso concreto y en concurrencia con otras jurisdicciones nacionales, está en las mejores condiciones para asumir el conocimiento de los delitos previstos en la Convención, con la máxima eficacia procesal y con el máximo respeto a las garantías procesales de las partes y víctimas. El concepto es útil en el campo internacional para identificar aquella jurisdicción cuya preferencia no deriva de la imposición de un sistema rígido de jerarquía, sino de un esquema de eficacia a partir de unas reglas orientadoras y de una fijación consensual de la competencia en caso de litispendencia internacional. En segundo lugar, la recomendación explícita de la vía del consenso es un primer paso importante para la solución de los conflictos penales de jurisdicción en materia de cibercriminalidad. No obstante, se trata de un paso todavía tímido en el Convenio de Budapest -no se señala procedimiento alguno ni compromiso expreso de los Estados para iniciarlo-, en el que se avanzará, más adelante y dentro de la Unión Europea, a través de

---

se trate colaborarán para decidir cuál de ellos iniciará acciones judiciales contra los autores de la infracción, con el objetivo de centralizar, en la medida de lo posible, dichas acciones en un solo Estado miembro. Con este fin, los Estados miembros podrán recurrir a cualquier órgano o mecanismo creado en el marco de la Unión Europea para facilitar la cooperación entre sus autoridades judiciales y la coordinación de sus actuaciones». Como ya se indicó, la vigente Directiva 2013/40/UE, de 12 de agosto, que sustituye a la Decisión Marco 2005/22/JAI, se remite en este punto a la Decisión Marco 2009/948/JAI, de 30 de noviembre de 2009, sobre Prevención y Resolución de Conflictos de Ejercicio de Jurisdicción en los Procesos Penales.

la Decisión Marco 2009/948/JAI del Consejo, de 30 de noviembre de 2009, sobre la prevención y resolución de conflictos de ejercicio de jurisdicción en los procesos penales[73].

Para concluir el análisis relativo al Convenio de Budapest es necesario hacer referencia a sus dos Protocolos Adicionales, que respectivamente tratan de la penalización de actos racistas y xenófobos cometidos a través de sistemas informáticos, y a la cooperación reforzada y a la revelación de pruebas electrónicas. Mientras que el primero de los Protocolos se centra en la armonización sustantiva de los tipos delictivos que castigan los que podemos llamar delitos de "ciberodio", el segundo se dirige a facilitar la cooperación judicial y policial para impulsar la eficacia en la investigación y castigo de este tipo de delincuencia.

El primer Protocolo Adicional al Convenio de Budapest fue abierto a la firma el 28 de enero de 2003, y hasta la fecha ha sido ratificado por treinta y ocho estados. Su razón de ser fundamental es, según las consideraciones previas que abren la regulación, «la necesidad de armonizar las disposiciones legales sustantivas relativas a la lucha contra la propaganda racista y xenófoba». Se trata, por tanto de acordar un concepto común de "material racista y xenófobo", y asegurar una regulación homologable de la difusión de esta material a través de sistemas informáticos, de los insultos y amenazas proferidas con esta motivación, y de la negación, minimización burda, aprobación o justificación del genocidio o de los crímenes contra la humanidad.

El segundo Protocolo Adicional se abrió recientemente a la firma; el 12 de mayo de 2022, contando en la actualidad con tan solo cinco ratificaciones. Se trata, como adelantábamos, de un complemento al Convenio de contenido procesal, centrado en la mejora de los sistemas de cooperación para la obtención e intercambio de fuentes de prueba en materia de cibercriminalidad. En este sentido, el Segundo Protocolo Adicional permitirá solicitar direc-

---

73 Diario Oficial de la Unión Europea, L 328/42, de 15 de diciembre de 2009.

tamente información sobre los registros de nombres de dominio de Internet e información de abonado a los proveedores de servicios que se encuentran en territorio de otro Estado, como una forma de cooperación directa con ellos. Asimismo, se dota a las autoridades competentes de un mecanismo procesal que permita dar efectividad a las órdenes emitidas por las autoridades de otro Estado, dirigidas a sus prestadores de servicios. Cabrá obtener, en casos de urgencia, la asistencia inmediata y sin necesidad de una solicitud formal, de un proveedor de otro Estado, sin que sea necesaria una solicitud formal. Finalmente, podrá utilizarse la videoconferencia y los equipos conjuntos de investigación adaptados a las particularidades del ciberdelito y la prueba electrónica.

Sin desconocer la importancia de los avances de cooperación en materia de obtención e intercambio de prueba que supone el texto de este segundo protocolo, es lo cierto que nada se añade en él sobre lo previsto en el art. 22 del Convenio acerca de los problemas que surgen para la determinación de la jurisdicción nacional idónea y para resolver los supuestos de litispendencia en caso de que más de una jurisdicción nacional inicie un procedimiento por los mismos hechos y contra los mismos sujetos. Habrá que acudir, pues, al único instrumento internacional que, dentro de la UE, se ocupa de la solución de conflictos penales de jurisdicción.

3. El procedimiento de solución de conflictos penales de jurisdicción en la Decisión Marco 2009/948/JAI, de 30 de noviembre de 2009

Junto al fortalecimiento de la cooperación judicial y policial internacional, la armonización penal de las figuras del discurso del odio y el establecimiento de criterios comunes de determinación de la jurisdicción nacional idónea, el último pilar para abordar soluciones eficaces a los conflictos internacionales de jurisdicción por delitos de ciberodio transnacionales debe estar conformado por un procedimiento, por de pronto de solución consensuada, para este tipo de conflictos, que podría completarse en el futuro con dos mecanismos complementarios: primero, la emisión de un dictamen no vinculante a cargo de un órgano especializado en caso de falta de acuerdo en la solución y, segundo, la instauración de un mecanismo reforzado para el sometimiento previo y voluntario de los Estados al dictamen del órgano especializado en el que se señale la jurisdicción idónea en cada uno de los conflictos analizados.

Hasta el momento, la comunidad internacional no ha previsto otro sistema para la solución de conflictos de jurisdicción en materia penal que un procedimiento de consultas, meramente apuntado en la mayor parte de los convenios internacionales sobre cooperación judicial penal, y tan solo desarrollado en la Decisión marco europea de 2009 sobre conflictos de jurisdicción penal.

El procedimiento previsto en la Decisión Marco de 2009 constituye, pues, un avance en los mecanismos de solución de conflictos internacionales de jurisdicción en materia penal, si bien queda limitado a la esfera de la composición consensuada en espera de futuros pasos que permitan ensayar soluciones que pasen por la mediación, o incluso por el arbitraje internacional a cargo de órganos especializados.

La Decisión Marco de 2009 regula un procedimiento dividido básicamente en dos fases que comprenden, sucesivamente, la constatación de la existencia de dos procedimientos paralelos seguidos por el mismo objeto en dos Estados miembros de la UE, y el intercambio de consultas a fin de lograr un acuerdo acerca de la jurisdicción nacional idónea en la que concentrar las actuaciones procesales.

La incoación del procedimiento, para la cual están legitimadas las autoridades competentes que cada Estado designe, tiene como presupuesto la noticia de una posible litispendencia o el rechazo inicial de un Estado a asumir el conocimiento del asunto. La noticia de una posible litispendencia, o del rechazo inicial al ejercicio de la jurisdicción por otro Estado puede llegar a la autoridad competente a través de cualquiera de las diligencias que practique durante la tramitación del procedimiento, o mediante la recepción de solicitudes de asistencia judicial internacional. La primera fase del procedimiento debe pues dirigirse a constatar la incoación de procedimientos paralelos iniciados en dos o más Estados por los mismos hechos y contra los mismos sujetos, o la existencia de un conflicto negativo provocado por el inicial rechazo de dos o más Estados a ejercer su jurisdicción ante la noticia de la posible comisión de delitos previstos en el acuerdo.

Esta primera fase tiene un doble contenido o función. En primer término, comprenderá el intercambio de la información procesal básica destinada a constatar la existencia inicial de un conflicto positivo o negativo de jurisdicción. A través de la correspondiente autoridad central, la autoridad requirente que promueva el procedimiento deberá cursar solicitud de información, en la que constará la identificación de la autoridad requirente, los datos básicos del procedimiento, y una justificación suficiente de la solicitud de la información.

Junto a ello, también la primera fase permite la adopción de un acuerdo inicial espontáneo, de tal manera que, tras un primer intercambio de información y sin más trámites, uno de los Estados concernidos reconozca la preferencia jurisdiccional del otro Estado, o asuma la jurisdicción en caso de conflicto negativo.

Pieza importante del procedimiento consensual de solución de conflictos internacionales de jurisdicción en materia de ciberdelincuencia es el trámite de incoación, que debe tener carácter obligatorio e inmediato. Ante la noticia de un posible conflicto positivo o negativo de jurisdicción, las autoridades competentes de cada Estado deberán poner en marcha el procedimiento consensual de solución de conflictos mediante un doble trámite: a) dejar constancia de la noticia del posible conflicto y b) cursar comunicación y petición de información al Estado o Estados concernidos a fin de verificar la existencia del conflicto y explorar, en su caso, la posible solución espontánea del mismo.

El trámite de intercambio de información procesal producirá distintos efectos en función de la posición que adopte el Estado requirente ante la respuesta que ofrezca el Estado requerido. En primer lugar, el procedimiento concluiría sin más trámites si, en caso de posible litispendencia, el Estado requerido certifica la inexistencia en su territorio de procedimiento iniciado, o si decide la incoación de procedimiento en supuestos de posible conflicto negativo de jurisdicción. En segundo lugar, si el Estado requerido confirma la existencia de procedimiento incoado en su territorio o si mantiene la negativa a incoarlo en casos de conflicto negativo, el Estado requirente habría de remitir completa la información procesal que posea e intentará un acuerdo inicial espontáneo. En su defecto, promoverá el inicio de la segunda fase del procedimiento -fase de composición- a la que nos referiremos a continuación.

Finalmente, el acuerdo prevé que, en determinadas circunstancias, el Estado requerido pueda diferir la transmisión de la información procesal solicitada, limitar la que comunica o denegar la transmisión. Los tratados internacionales sobre cooperación judicial suelen señalar como motivos para denegar solicitudes de colaboración el peligro para la seguridad nacional, el posible perjuicio grave para la investigación o la generación de un alto riesgo para víctimas, testigos o terceras personas. Si la denegación es definitiva, el Estado requirente debe decidir si renuncia o mantiene su jurisdicción, aceptando en este segundo caso la tramitación de procedimientos paralelos. Si la denegación es temporal, o la información transmitida es limitada, deberá el Estado requirente optar entre continuar el procedimiento incoado con normalidad, o suspenderlo, bien de modo inmediato (con práctica de diligencias urgentes y medidas cautelares imprescindibles), bien cuando llegue a la fase de juicio oral, quedando en ambos casos a la espera de una respuesta definitiva del Estado requerido.

Coincidiendo ambos Estados en la existencia de litispendencia o de conflicto negativo, deberán iniciar la fase de composición a fin de acordar consensuadamente la jurisdicción idónea para continuar o asumir la tramitación del procedimiento, así como las medidas concretas que, en su caso, deban disponerse para la acumulación. En tanto se tramita la fase de composición, cada autoridad competente deberá, en caso de litispendencia, continuar con la tramitación del procedimiento respectivo, adoptando las medidas de prevención necesarias para el aseguramiento del imputado y las fuentes de prueba, remitiéndose recíprocamente información sobre las medidas adoptadas en cada uno de ellos.

A la hora de buscar un acuerdo jurisdiccional, las autoridades competentes deberán tener en cuenta el estado de cada procedimiento, las partes personadas, la posible conexidad entre los delitos, y las fuentes de prueba obtenidas en cada uno de ellos, valorando especialmente la importancia de la información probatoria obtenida, su conservación y su futura eficacia de conformidad con el derecho interno respectivo.

Cuando las autoridades competentes alcancen un acuerdo sobre la jurisdicción idónea, deberán ponerlo de manifiesto a las partes en cada uno de los procedimientos para que, en función de las normas procesales internas, puedan ejercer el derecho a los recursos. Sería altamente recomendable que, en estos supuestos, se dispusiera un trámite de urgencia para la tramitación y la decisión del recurso. En estos casos, el acuerdo supondrá la acumulación de todas las causas abiertas, y sus correspondientes diligencias, ante la autoridad competente que se haya designado como jurisdicción idónea.

Si las autoridades competentes constatan la imposibilidad de llegar a un acuerdo sobre la jurisdicción idónea, deberán certificar la falta de acuerdo y poner fin al procedimiento. Esta decisión no impedirá que, con posterioridad, y a la vista de un eventual cambio de circunstancias, pueda volver a iniciarse la fase de composición a instancia de cualquiera de los Estados concernidos.

Como quedó indicado, se trata de un procedimiento de solución de conflictos internacionales de jurisdicción que descansa sobre la soberanía jurisdiccional nacional y sobre la voluntad de acuerdo entre los Estados. Cabe afirmar, en este sentido, que la Decisión Marco de 2009 constituye un punto de avance en un camino que debiera conducir, en el espacio de libertad, seguridad y justicia, a la instauración de métodos de solución que incluyan procedimientos de mediación entre los Estados, o sistemas arbitrales en los que la solución pudiera venir impuesta por organismos supranacionales de carácter especializado, como puede ser Eurojust en el caso de la Unión Europea.

VI. LA LEY 29/2022, DE 21 DE DICIEMBRE

Dentro del proceso de adecuación del ordenamiento interno a la normativa de la Unión Europea cabe inscribir la reciente Ley 29/2022[74], por la que se adapta el ordenamiento nacional al Reglamento (UE) 2018/1727 del Parlamento Europeo y del Consejo, de 14 de noviembre de 2018, sobre Eurojust, y se regulan los conflictos de jurisdicción, las redes de cooperación jurídica internacional y el personal dependiente del Ministerio de Justicia en el exterior.

La aprobación del Reglamento sobre Eurojust de 2018 trae causa, como se recordará, de la modificación introducida por el Tratado de Lisboa en el Tratado de Funcionamiento de la Unión Europea, en cuyo artículo 85 quedó previsto que Eurojust rigiera conforme a reglamentos, adoptados con arreglo al procedimiento legislativo ordinario para determinar su estructura, funcionamiento, ámbito de actuación y competencias. La Ley 29/2022 tiene como objetivos adaptar el ordenamiento interno a las nuevas competencias que el Reglamento de 2018 otorga al miembro nacional de Eurojust, así como actualizar el procedimiento de solución de conflictos internacionales de jurisdicción en materia penal al nuevo papel de Eurojust, completando además algunas cuestiones del procedimiento mediante su simplificación, aclaración y desarrollo.

La Ley 29/2022, dedica al procedimiento de solución de conflictos internacionales de jurisdicción en materia penal el Capítu-

---

[74] Deroga esta la Ley a la precedente Ley 16/2015, Ley 16/2015, de 7 de julio, por la que se regulaba el estatuto de miembro nacional de España en Eurojust, los conflictos de jurisdicción, las redes judiciales de cooperación internacional y el personal dependiente del Ministerio de Justicia en el exterior.

lo III en el que, al decir de la exposición de motivos «se adapta el proceso de acuerdo o consenso entre autoridades judiciales –en el que tiene intervención Eurojust– al contenido del Reglamento 2018/1727. Además, se establece una regulación más completa y clara, especialmente por lo que hace a la denominada "solicitud de contacto", cuyo contenido se simplifica para que incluya la información realmente relevante a los efectos pretendidos. Asimismo, se ajusta también la terminología utilizada en esta materia y se introducen cuestiones que la normativa precedente obviaba, como la posibilidad de que en el procedimiento se haya declarado el secreto de las actuaciones o la obligación de comunicar las medidas procesales que se adopten en el procedimiento judicial mientras se tramita el conflicto de jurisdicción.»

Más allá de los ajustes procedimentales señalados, conviene advertir que ni el Reglamento de Eurojust ni la regulación del procedimiento de solución de conflictos internacionales de jurisdicción aportan avances relevantes respecto de la regulación precedente, conformada por la Decisión de 28 de febrero de 2002, de creación de Eurojust, y la Decisión Marco de 2009, sobre solución consensuada de conflictos internacionales de jurisdicción en materia penal. En este sentido, ya la Decisión de creación de Eurojust previó en sus arts. 6 y 7 -actuando a través de los miembros nacionales o mediante el Colegio- la posibilidad de declarar que, en caso de conflicto, uno de los Estados implicados «puede estar en mejores condiciones [que otro] para llevar a cabo una investigación o unas actuaciones judiciales sobre hechos concretos». Por su parte, el art. 12.2 de la citada Decisión Marco señalaba que «cuando no haya sido posible lograr un consenso de con formidad con el artículo 10, cualquiera de las autoridades competentes de los Estados miembros implicados dará traslado, si procede, del asunto a Eurojust, en caso de que Eurojust sea competente para actuar». Quería decirse con ello que la decisión, bien de los miembros nacionales de Eurojust de los Estados implicados, bien la decisión del Colegio de Eurojust, podía solicitarse por cualquiera de las autoridades judiciales de los Estados implicados en el conflicto, sin que ninguna de ellas resultara vinculante.

Tras el Reglamento de 2018 y la Ley 29/2022, la actuación de Eurojust aparece mejor regulada, aunque mantiene esencialmente el mismo papel de órgano dictaminador, que actúa a instancia de parte, y cuyas decisiones carecen de fuerza vinculante en los supuestos de conflictos jurisdiccionales. Así y conforme al art. 26.2 II de la Ley 29/2022, «caso de no lograrse el consenso, [la autoridad judicial nacional] podrá trasladar el asunto a Eurojust, siempre que se trate de una materia incluida en su ámbito de competencias, a través del miembro nacional de España. Si no hubiera acuerdo tampoco tras la intervención de los miembros nacionales de Eurojust, podrá solicitar al miembro nacional de España que inste el dictamen escrito del Colegio de Eurojust previsto en el artículo 4.4 del Reglamento (UE) 2018/1727.». Dicho art. 4.4 dispone que «Cuando dos o más Estados miembros no puedan ponerse de acuerdo sobre cuál de ellos debe emprender una investigación o persecución penal tras una solicitud realizada conforme a lo dispuesto en el apartado 2, letras a) o b), Eurojust emitirá un dictamen por escrito sobre el caso. Eurojust enviará el dictamen a los Estados miembros afectados de inmediato.»

Capítulo III de la Ley 29/2022, de 21 de diciembre, por la que se adapta el ordenamiento nacional al Reglamento (UE) 2018/1727 del Parlamento Europeo y del Consejo, de 14 de noviembre de 2018, sobre Eurojust, y se regulan los conflictos de jurisdicción, las redes de cooperación jurídica internacional y el personal dependiente del Ministerio de Justicia en el exterior

> «**Artículo 24.** *Solicitud de contacto a la autoridad competente de otro Estado miembro ante la sospecha de un conflicto de jurisdicción.*
>
> 1. Cuando el órgano judicial que conozca de la instrucción o del enjuiciamiento de un proceso penal en España tenga conocimiento de que en otro Estado miembro se está tramitando un proceso penal, ya sea en fase de instrucción o de enjuiciamiento, contra la misma persona y respecto de los mismos hechos, enviará sin demora una solicitud de contacto por cualquier medio que deje constancia escrita a la autoridad competente del otro Estado miembro para la obtención de información sobre el contenido de la investigación en dicho Estado miembro.

2. El Ministerio Fiscal será competente para enviar dicha solicitud de contacto si se tratara de diligencias de investigación sustanciadas ante la Fiscalía o de la instrucción de un procedimiento de responsabilidad penal de menores.

3. La autoridad competente deberá incluir en la solicitud de contacto la siguiente información:

a) Una descripción detallada de los hechos y circunstancias que sean objeto de la investigación.

b) Tipificación de la conducta en España.

c) Datos sobre la identidad de la persona investigada, acusada o procesada y de la detención, prisión o de las medidas cautelares que hayan sido adoptadas.

d) Datos, si procede, de las víctimas de la infracción penal y medidas de protección que hayan sido adoptadas en relación con las mismas.

e) Fase alcanzada en la investigación.

f) Datos de contacto de la autoridad judicial responsable.

4. Asimismo la autoridad competente española podrá facilitar información adicional relativa a las pruebas o diligencias de investigación que consten practicadas en el procedimiento español o a las dificultades que se hayan planteado o sea probable que surjan en la investigación o enjuiciamiento de la causa en España.

5. En caso de no poder facilitar la información detallada en este artículo por entender que de hacerlo se perjudicarían los intereses fundamentales de seguridad nacional, se comprometería el éxito de una investigación en curso, o se pondría en peligro la seguridad de las personas, en los términos previstos en el artículo 25 se hará constar expresamente en la consulta la concurrencia de estas excepciones. El secreto de las actuaciones no será óbice para el cumplimiento de esta obligación de consulta, en los términos previstos en el apartado 3 del artículo 22.

6. El contacto con la autoridad competente del otro Estado miembro será directo, sin perjuicio de la posibilidad de recabar la asistencia de los puntos de contacto de la Red Judicial Europea o del miembro nacional de España en Eurojust, en función de sus respectivas competencias.

7. En el caso de que la solicitud de contacto la curse un órgano judicial, esta se acordará por auto motivado previa audiencia al Ministerio Fiscal y, en su caso y siempre que no mediara declara-

ción de secreto de las actuaciones, a las demás partes personadas, para alegaciones por escrito en el plazo común de diez días sobre los términos en los que debe formularse la solicitud. Cuando el Ministerio Fiscal sea el competente para solicitar el contacto, la solicitud se acordará por decreto.

Artículo 25. *Respuesta a la solicitud de contacto recibida por la autoridad española competente ante un eventual conflicto de jurisdicción.*

1. La autoridad española competente responderá, por cualquier medio que deje constancia escrita, a la solicitud de contacto que le envíe la autoridad de otro Estado miembro ante la eventual existencia de un conflicto de jurisdicción. Dicha contestación se efectuará sin demora y, en todo caso, en el plazo indicado por la autoridad remisora.

2. Si la autoridad española competente no pudiera dar una respuesta en dicho plazo, informará de inmediato a la autoridad solicitante de los motivos de la demora, debiendo indicar el plazo previsible en el que podrá facilitar la información, plazo que en todo caso no podrá exceder de un mes y, si se tratara de una petición urgente, de quince días.

3. La autoridad competente tendrá la obligación de responder, en todo caso, a la solicitud de información cursada y su respuesta contendrá, cuando proceda, la información detallada en el artículo 24.3 salvo que perjudique los intereses fundamentales de seguridad nacional, se comprometa el éxito de una investigación en curso o ponga en peligro la seguridad de las personas, en cuyo caso se hará constar expresamente la concurrencia de estas circunstancias. El secreto de las actuaciones no será óbice al cumplimiento de la obligación de contestar, en los términos del apartado 3 del artículo 22.

4. Si la autoridad receptora de la consulta no es la competente para responderla, la transmitirá sin demora a la autoridad que sí lo sea, informando de esta remisión a la autoridad solicitante, facilitándole los datos de contacto de la autoridad competente.

5. En caso de que sea competente para su contestación un órgano judicial, éste dará traslado de la solicitud al Ministerio Fiscal y, en su caso y siempre que no mediara declaración de secreto de las actuaciones, a las demás partes personadas, para alegaciones por escrito en el plazo de diez días sobre los términos en los que debe responderse la solicitud. El juez o tribunal resolverá por auto, que deberá dictarse en los cinco días siguientes. Si la solicitud de

información tiene carácter urgente por estar privada de libertad la persona investigada, acusada o procesada, la autoridad judicial española dará audiencia al Ministerio Fiscal y, en su caso y siempre que no mediara declaración de secreto de las actuaciones, a las demás partes personadas, y resolverá en el plazo máximo de cinco días desde la recepción de la consulta.

6. En caso de tratarse de diligencias de investigación sustanciadas ante la Fiscalía o de la instrucción de un procedimiento de responsabilidad penal de menores, el Ministerio Fiscal será el responsable de responder la consulta.

Artículo 26. *Decisión en relación con el conflicto de jurisdicción.*

1. Una vez entablado contacto directo con la autoridad competente de otro Estado miembro y confirmada la tramitación paralela de dos procedimientos penales contra la misma persona y respecto de los mismos hechos, el órgano judicial oirá al Ministerio Fiscal y demás partes personadas y, siempre y cuando no se haya declarado el secreto de las actuaciones, a las demás partes personadas por plazo común de diez días, sobre si procede la sustanciación de ambos procedimientos penales en un mismo Estado miembro y sobre los criterios que concurren para que la autoridad judicial española transfiera o no el procedimiento a otro Estado miembro.

2. Tras esta audiencia, el juez o tribunal promoverá el consenso con la autoridad competente del otro Estado miembro, para lo que podrá solicitar la asistencia del miembro nacional de Eurojust, y, caso de lograrse, se procederá en el modo señalado en los apartados 4 y siguientes de este artículo. Caso de no lograrse el consenso, podrá trasladar el asunto a Eurojust, siempre que se trate de una materia incluida en su ámbito de competencias, a través del miembro nacional de España. Si no hubiera acuerdo tampoco tras la intervención de los miembros nacionales de Eurojust, podrá solicitar al miembro nacional de España que inste el dictamen escrito del Colegio de Eurojust previsto en el artículo 4.4 del Reglamento (UE) 2018/1727.

3. Conseguido el consenso entre las autoridades nacionales o, en su defecto, recibida de la forma prevista en el artículo 20.3 de esta ley la recomendación emitida por el miembro nacional o, en su caso, el dictamen del Colegio de Eurojust, se oirá de nuevo al Ministerio Fiscal y, en su caso, a las demás partes personadas, en un plazo de cinco días. Tras ello el juez o tribunal resolverá, por auto motivado, dictado en el plazo de cinco días, sobre la procedencia de transferir o aceptar la transferencia del procedimiento a o del otro Estado. Este auto será notificado a la autoridad competente

del otro Estado miembro y se pondrá en conocimiento de Eurojust a fin de que pueda facilitar su ejecución. Contra el mismo podrán interponerse los recursos ordinarios previstos en la Ley de Enjuiciamiento Criminal, que se tramitarán con carácter preferente y no tendrán efectos suspensivos.

4. La autoridad judicial española informará a la autoridad competente del otro Estado miembro y al miembro nacional de España en Eurojust de cualquier medida procesal relevante para el avance del proceso que se adopte en el procedimiento penal en el que se ha planteado el eventual conflicto.

5. Para la resolución del conflicto de jurisdicción el juez o tribunal tendrá en cuenta los siguientes criterios:

a) Residencia habitual y nacionalidad de la persona investigada, acusada o procesada.

b) Lugar en el que se ha cometido la mayor parte de la infracción penal o su parte más sustancial.

c) Jurisdicción conforme a cuyas reglas se han obtenido las pruebas o lugar donde es más probable que estas se obtengan.

d) Interés de la víctima.

e) Lugar donde se encuentren los productos o efectos del delito y jurisdicción a instancia de la cual han sido asegurados para el proceso penal.

f) Fase en la que se encuentran los procedimientos penales sustanciados en cada Estado miembro.

6. Si se tratara de diligencias de investigación sustanciadas ante la Fiscalía o de la instrucción de un expediente de responsabilidad penal de menores, se resolverá por decreto, que deberá estar motivado y se comunicará a las personas investigadas, al denunciante y a quienes hubieran alegado ser perjudicados u ofendidos, quienes, en caso de disconformidad, podrán reproducir sus pretensiones ante el juez de instrucción o ante el juez de menores, respectivamente.»

La detección e investigación del discurso del odio en la Red: nuevas tecnologías, inteligencia artificial y prueba digital

ANA SÁNCHEZ RUBIO
Profesora Titular de Derecho Procesal
Universidad Pablo de Olavide, de Sevilla

I. INTRODUCCIÓN

En términos generales, podemos afirmar que el discurso del odio se refiere a aquellas manifestaciones, en muchos casos punibles penalmente, o al menos sancionables civil o administrativamente, difundidas de manera oral, escrita, en soporte visual, papel o audio, en los medios de comunicación, o Internet, u otros medios de difusión social que concreten y alienten conductas que niegan dignidad e iguales derechos a personas, de ciertos colectivos, a grupos vulnerables y personas en riesgo por ser distintos, pudiendo adoptar diversas formas de intolerancia como racismo, xenofobia, antisemitismo, islamofobia, cristianofobia, LGTBIfobia, antigitanismo y gitanofobia, misoginia y sexismo, aporofobia, etnonacionalismo y cualquier otra construcción que implique rechazo, desprecio e irrespeto al prójimo y a sus inalienables derechos humanos[1].

De este modo, el discurso del odio puede darse en cualquier lugar: desde dentro de un círculo cercano entre vecinos, amigos o compañeros, hasta en un lugar multitudinario como una manifestación o un campo de fútbol. Sin embargo, donde, según

---

1 TERUEL LOZANO, G., «El discurso del odio como límite a la libertad de expresión en el marco del Convenio Europeo», en *Revista de derecho constitucional europeo,* nº 27, 2017.

las estadísticas, está creciendo desmesuradamente es en la Red, en Internet, algo lógico en un mundo tan sobreinterconectado como en el que vivimos. La experiencia está demostrando que, la llamada doctrina del odio ya no es difundida tanto a través de conferencias o discursos ante un público presencial, sino que, en la actualidad, muchas personas o grupos criminales aprovechan Internet y las redes sociales a tal fin. Para ello, se amparan en las mayores facilidades que estos medios brindan en orden a la difusión masiva de sus ideas, y a un enorme potencial expansivo de los mensajes, escudándose en las dificultades que se presentan en su investigación y persecución, máxime, cuando sus autores se encuentran en países en los que este tipo de comportamientos no son constitutivos de actividades delictivas, o bien, se aprovechan de servidores más permisivos.

Al respecto, el Consejo Audiovisual de Andalucía, en su informe de febrero de 2021, advierte de la presencia y la gran capacidad de propagación del discurso de odio en las plataformas de intercambio de vídeos y en las redes sociales desde el inicio de la pandemia en un ámbito donde resulta difícil legislar y establecer un control[2]. Por otro lado, según los datos actuales, recogidos en el informe del Ministerio del Interior sobre la evolución de los delitos de odio en España de 2021, a pesar de los avances normativos y sociales, estos aumentaron en nuestro país un 6,8% en 2019 respecto al año anterior. Concretamente, los motivados por racismo y xenofobia fueron los que más se incrementaron, un 20,9%, seguidos de los motivados por razón de orientación sexual e identidad de género, que subieron un 8,6%[3]. En el mismo sentido, un

---

2 Estos datos se pueden consultar en las páginas 64 y ss. del informe https://consejoaudiovisualdeandalucia.es/wp-content/uploads/2023/01/MEMORIA-CAA-2021-completa-1.pdf [Última consulta: 12 de enero de 2024]

3 Informe disponible en https://www.interior.gob.es/opencms/pdf/archivos-y-documentacion/documentacion-y-publicaciones/publicaciones-descargables/publicaciones-periodicas/informe-sobre-la-evolucion-de-los-delitos-de-odio-en-Espana/Informe_evolucion_delitos_

estudio llevado a cabo por el Instituto de la Paz y los Conflictos de la Universidad de Granada muestra que un 52% de los encuestados han sido víctima de odio en las redes sociales[4].

Asimismo, Oberaxe, el Observatorio Español del Racismo y la Xenofobia, en su boletín de septiembre a octubre de 2021, concluyó que el número de contenidos de discurso de odio identificados y comunicados a las plataformas Facebook, Twitter, Youtube, Instagram y TikTok durante ese periodo fue de 704, lo que supuso un incremento del 16% con respecto al boletín bimensual anterior. Por plataformas, de las 704 comunicaciones realizadas, 204 correspondían a TikTok (29%), la red social a la que más comunicaciones se realizaron, seguida de Youtube con 157 comunicaciones (22,3%) e Instagram, con 131 (18,6%). Asimismo, a Twitter se remitieron otras 129 comunicaciones (18,3%) y 83 comunicaciones (11,8%) a Facebook[5].

En vista de los datos expuestos, luchar contra los delitos de odio y, en concreto, contra el ciberodio, se ha posicionado en una de las prioridades del Estado de derecho. Si bien, nos encontramos ante una tarea complicada al tratarse de conductas que no siempre llegan a conocimiento de los órganos encargados de la investigación y persecución penal, bien por no ser debidamente catalogadas, bien porque quienes han sido perjudicados por el delito optan por no denunciarlo a causa de su propia sensación de vulnerabilidad, el temor a futuras represalias, la desconfianza que puede existir en determinados sectores respecto de la actuación de las fuerzas policiales, o la inseguridad derivada de la situación de irregularidad en nuestro país con el riesgo inherente

---

odio_Espana_2021_126200207.pdf [Última consulta: 12 de enero de 2024]

4 Dato recogido en https://ipaz.ugr.es/investigacion-del-ipaz-sobre-discurso-de-odio/ [Última consulta: 12 de enero de 2024]

5 El boletín de monitorización del discurso del odio en redes sociales realizado por Oberaxe puede consultarse en: https://www.inclusion.gob.es/oberaxe/ficheros/ejes/discursoodio/Boletin_SeptOct2022.pdf [Última consulta: 12 de enero de 2024]

de expulsión administrativa[6]. Es por ello por lo que la detección temprana de estas conductas ilícitas no solo facilita su correcta valoración, persecución y sanción, sino que también permite que se estudie la incidencia real de este fenómeno.

Así las cosas, como veremos en lo que sigue, la detección de estas conductas, o de la mera posibilidad de que las mismas estén aconteciendo, se viene realizando en la actualidad a través de herramientas de inteligencia artificial, ya sea por empresas privadas o por las fuerzas y cuerpo de seguridad del Estado. Por otro lado, una vez que los organismos oficiales encargados de la investigación han recibido alguna noticia sobre la comisión de unos hechos susceptibles de ser tipificados como delito de odio, ha de valorarse la posibilidad de adoptar diligencias a través de las cuales conseguir el esclarecimiento de los hechos y de su autor, en el caso que nos ocupa, en el entorno digital. Sobre estos aspectos trataremos en las siguientes líneas para finalizar con algunas consideraciones conclusivas al respecto.

6 En este sentido, entiende BUENO DE MATA que «existen problemas a nivel de iniciación del procedimiento, de tratamiento victimológico, de investigación y de prueba, entre otros. En este sentido, los delitos de odio, llevan aparejados el inconveniente de la «infradenuncia», algo que ha sido resaltado por la Agencia de los Derechos Fundamentales de la Unión Europea (FRA), y dónde en su último informe publicado a principios de julio de 2021 en su página web, que lleva el título «Fomentar la denuncia de los delitos de odio: el papel de las fuerzas del orden y otras autoridades», la ha situado en el 80-90% donde señala la necesidad de aflorar esta problemática, al objeto de intentar reducir la cifra de infradenuncia existente». BUENO DE MATA, F., «Delitos de odio y redes sociales: retos procesales», en *Diario La Ley*, nº 10180, noviembre, 2022, p. 5.

II. SOBRE LA DETECCIÓN DEL DISCURSO DEL ODIO

1. Investigación proactiva y discurso del odio en la Red

Como es sabido, la información es poder y es por ello por lo que utilizar herramientas automatizadas para detectar los discursos del odio resulta esencial para lograr su eficaz detección y prevención. Ahora bien, la utilización de estas técnicas anticipativas lleva consigo la adopción de medidas que implican un profundo cambio estructural en el tradicional diseño de la investigación penal, tanto nacional como europea. En este sentido, la incorporación de las tecnologías predictivas basadas, en su mayor parte, en el procesamiento de datos está generando en el sistema de justicia penal una modificación de tal entidad que sus consecuencias aún resultan desconocidas para la sociedad. Una sociedad, además, que parece dispuesta a sacrificar derechos como la intimidad o la protección de sus datos en aras de obtener como contrapartida una mayor seguridad.

Tan es así que el hecho de haber cometido un delito o ser sospechoso de ello, no nos sitúa en una posición más idónea para que nuestros rastros sean perseguidos, ya que el almacenamiento masivo de información se realiza, al menos en una primera instancia, de manera indiscriminada hacia cualquier ciudadano, aunque posteriormente se vaya acotando dicho campo de actuación en función de si iniciamos o no un proceso penal. Además, parece seguro que el tratamiento automatizado a través de algoritmos de cualquier tipo de información, por inútil que nos parezca, se presenta como una pieza clave en el diseño del modelo de seguridad pública y política criminal del futuro.

En relación con ello, hemos de tener en cuenta que las medidas estratégicas de carácter proactivo en la investigación criminal no son una novedad en sí mismas, pero su ejecución a través del tratamiento automatizado de datos sí constituye un fenómeno novedoso y no exento de riesgos. Además, ha de destacarse que dicha automatización no solo está siendo utilizada para la recolección de información sino también para su valoración, análisis e interpretación, es decir, para la creación de inteligencia; de inteligencia policial, que no artificial, lo que dificulta que salgan a la luz los pormenores de su obtención, dado el carácter reservado de este tipo de investigaciones.

Llegados a este punto, es importante detenernos en el estrecho vínculo que existe entre el actual concepto de inteligencia artificial y el tradicional término de inteligencia policial, tanto para señalar la interacción entre ambos como para no confundirlos. Por un lado, una definición aproximada sobre qué se entiende por inteligencia artificial puede ser aquella que afirma que «es un campo de la ciencia y la ingeniería que se ocupa de la comprensión, desde el punto de vista informático, de lo que se denomina comúnmente comportamiento inteligente»[7]. Siguiendo esta idea, sostiene NAVAS NAVARRO que «se trata de emular las diversas capacidades del cerebro humano para presentar comportamientos inteligentes sintetizando y automatizando tareas intelectuales»[8]. Más concretamente, en relación con la inteligencia artificial y el Derecho penal, señala MIRÓ LLINARES que consiste en «algoritmos de predicción utilizados para la realización de acciones o recomendaciones para actuar a partir de un conjunto de datos existente y de la identificación en ellos de patrones y probabilidades, y en la que, por tanto, todo el contexto es otorgado por los seres humanos quienes, con la información que le brindan (por acción y por omisión) y los algoritmos que crean para relacionar las variables, determinan completamente el actuar de la máquina»[9]. En

---

7 PINO DÍEZ, R., GÓMEZ GÓMEZ, A., ABAJO MARTÍNEZ, N., *Introducción a la inteligencia artificial: sistemas expertos, redes neuronales artificiales y computación evolutiva,* Universidad de Oviedo, servicio de publicaciones, 2001, pp. 5-8.

8 NAVAS NAVARRO, S. (et al.), *Inteligencia artificial, tecnología, derecho,* Tirant lo Blanch, Valencia, 2017, p. 24.

9 MIRÓ LLINARES, F., «Inteligencia artificial y justicia penal: más allá de los resultados lesivos causados por robots», en *Revista de Derecho penal y criminología,* nº 20, julio, 2018, p. 95. Insiste este autor en poner de manifiesto la incapacidad de la actual inteligencia artificial para actuar

este sentido, resalta este autor que no contamos hoy en día con una inteligencia artificial autónoma, sino que siempre precisa de la intervención de un ser humano.

Por otro lado, en lo que concierne al término «inteligencia», referido a la investigación policial preventiva, este implica la posibilidad de que los encargados de tomar decisiones en la organización de un Estado dispongan de mayores alternativas de elección, consiguiendo superioridad estratégica a través de una superioridad informacional proveniente del conocimiento y la producción del mismo[10]. Por su parte, RATCLIFFE concibe la inteligencia policial como un modelo de negocio en el que se combinan la inteligencia criminal y el análisis criminal para reducir, controlar y prevenir la acción de los delincuentes seriales y prolíficos. Una definición híbrida es ofrecida por CORTÉS-VARGAS y PARRA-CELY al considerar que el rol del cuerpo de policía en la actualidad se

---

con completa autonomía. Al respecto, señala que «existe cierto consenso entre ciertos filósofos de la mente dedicados al estudio del concepto de la IA en considerar que la autonomía no sería una cualidad de naturaleza dicotómica, que se da o que no se da, sino una dimensión continua, por lo que no va a ser tan sencillo determinar cuándo un comportamiento realizado por una máquina va a ser autónomo y cuándo no. Siguiendo el modelo de HARBERS, PEETERS y NEERINCX, existirían tres modelos de IA en la actualidad según el grado de interacción hombre-máquina: (1) *Man in the loop,* cuando la IA necesita aportes humanos a intervalos de tiempo regulares para poder llevar a cabo sus acciones; (2) *Man on the loop,* si la máquina es capaz de actuar por sí misma a partir de una programación previa, pero el humano puede intervenir interrumpiendo o modificando las acciones del robot en cualquier momento; y (3) *Man out of the loop,* un modelo en el que la máquina actúa de manera independiente durante ciertos períodos de tiempo y, en estos intervalos, el ser humano no tiene influencia sobre las acciones del robot. Pero la posibilidad de interacción humana en tiempo real tan sólo es una parte de lo que podríamos denominar autonomía», p. 93.

10 GALVACHE VALERO, F., «La formación de la Comunidad de Inteligencia Española: un proceso en marcha», en *Arbor,* nº 709, enero 2005, p. 184.

centra más en preservar el orden social que en perseguir hechos delictivos. Y que ello, como mecanismo que contribuye a garantizar la convivencia, requiere procesar información para orientar la acción del gobierno[11].

Sobre la base de estas aproximaciones conceptuales, puede afirmarse que ambas inteligencias tienen en común que no son un fin en sí mismo, sino un medio para llegar al fin pretendido. En el caso de la inteligencia artificial los fines son múltiples: puede mejorar la asistencia sanitaria, reducir el consumo de energía, hacer que los vehículos sean más seguros, permitir a los agricultores utilizar el agua y los recursos de forma más eficiente, predecir el cambio climático y medioambiental, mejorar la gestión del riesgo financiero o ayudar a detectar el fraude y las amenazas de ciberseguridad, entre otras muchas funciones. En el caso de la inteligencia policial la finalidad es clara: prevenir la comisión de hechos delictivos o investigar los ya acaecidos[12]. No obstante, ambas inteligencias están vinculadas de manera que la inteligencia artificial es una herramienta más que está empleando la inteligencia policial en su proceso de análisis e interpretación de información.

En lo que aquí interesa, es decir, en materia de prevención del discurso del odio, son varias las herramientas de inteligencia artificial que se han empleado para su detección temprana. Una de ellas es la herramienta llamada HaterNet, basada en algoritmos de inteligencia artificial, que actúa dividiendo los textos y mensajes en frases y palabras (lo que se denomina "tokenización") y haciendo análisis morfológico, lógico y semántico de los conceptos

---

11 CORTÉS-VARGAS, Y. L., PARRA-CELY, R., «Aproximación a la base teórica de la inteligencia policial», en *Revista criminalidad*, vol. 55, nº 2, 2013, p. 173.

12 Con relación a ello, es importante destacar la finalidad para la que pueden ser recabados los datos según la ya citada Directiva 680/2016, pues, además de para prevenir, investigar, detectar y enjuiciar infracciones permite obtener datos, resaltando especialmente lo útiles que son para ello las nuevas tecnologías, para «la protección y la prevención frente a las amenazas para la seguridad pública» (CDO. 29º).

y las oraciones. A continuación, se pone en combinación dicha inteligencia con las herramientas que permiten automatizar la interacción humana, como los chatbots, es decir, un software que maneja la conversación con el fin de obtener la información necesaria para ejecutar ese proceso de análisis de narrativa o el RPA, que son herramientas de ejecución, que llevan a cabo las diversas tareas de forma automatizada. Esta potente combinación permite una mejora exponencial del rendimiento, automatizando el acceso a la información y facilitando la compresión del sentido del texto, el cual se analiza de forma similar a como lo haría un humano, aunque no exactamente igual.

Por otro lado, el grupo Crímina ha desarrollado un modelo de aprendizaje automático en Twitter (el denominado *machine learning*) que se alimenta de los metadatos de cada tweet para determinar si contiene expresiones de odio con una precisión muy elevada, por encima del 90%. Así, mediante la aplicación de la técnica de clasificación de aprendizaje automático *Random Forests* (bosques aleatorios) han creado una combinación de árboles de decisión donde cada árbol aporta un vector aleatorio con capacidad para clasificar un mensaje de forma independiente y que posteriormente se ensambla con los demás, componiendo un único árbol predictor). De modo que el análisis viene a indicar que los metadatos asociados a la interacción y estructura de los tweets son especialmente relevantes para identificar su contenido.

Con este mismo objetivo, un equipo de investigación de la Universidad de Jaén y de la Universidad de Murcia ha diseñado un sistema para textos en español que clasifica los mensajes de odio dirigidos a través de redes sociales, ya sea por motivos de raza, género, orientación sexual, nacionalidad o religión. Con esta herramienta de procesamiento del lenguaje natural, se agilizan los mecanismos de alerta sobre esas publicaciones y se pueden detener antes de su difusión masiva. Para que el ordenador 'entienda' el lenguaje natural se requiere una codificación adecuada. Para ello, el texto se traduce a modelos estadísticos que capturan diversas dimensiones del lenguaje. De esta forma, los investigadores incluyen 365 rasgos de interés extraídos de la herramienta UMUTextStats organizados en distintas categorías. Así se contabilizan verbos, pronombres, adverbios, frases hechas o marcadores del discurso. Junto a estos métodos que atienden a la propia palabra, se entrenan redes neuronales que cuentan con áreas especializadas en ciertas tareas, aprendiendo con la incorporación de nuevos datos.

También es destacable el algoritmo creado por el grupo ALRECO (Discurso de odio, racismo y xenofobia: mecanismos de alerta y respuesta coordinada), cuyo objetivo es mejorar las capacidades de las autoridades del Estado para identificar, analizar, monitorizar y evaluar el discurso de odio en las redes, a fin de diseñar estrategias compartidas frente al discurso motivado por racismo, xenofobia, islamofobia, antisemitismo y antigitanismo. Este algoritmo informático para la monitorización e identificación del discurso de odio en las redes sociales se ha creado utilizando una revisión de la literatura científica, así como numerosos análisis y debates entre los socios del proyecto y el Grupo Asesor. Para el *machine learning* se ha trabajado con Organizaciones de la Sociedad Civil con experiencia en la monitorización de discurso de odio. Y la monitorización se ha basado en las clasificaciones construidas relativas al tipo de discurso del odio, así como a las intensidades del discurso (odio-extremo, odio-ofensivo, neutro, etc.).

Y, por último, cabe mencionar la monitorización que realiza Oberaxe, el Observatorio Español del Racismo y la Xenofobia. Dicho Observatorio, utilizando herramientas de inteligencia artificial, realiza desde 2017 ejercicios de monitorización periódicos en cumplimiento del Código de Conducta para la lucha contra la incitación ilegal al odio en Internet que firmaron la Comisión Europea y algunas de las empresas prestadoras de servicios de alojamiento de datos con mayor presencia en todo el mundo, como Twitter, Facebook, Youtube o, más recientemente, Instagram y TikTok. Además, desde mayo de 2020 OBERAXE monitoriza diariamente el discurso de odio en España en estas redes sociales, comunicándoles aquellos contenidos considerados "de odio" o que pueden ser constitutivos de delito. En la monitorización, se realiza un seguimiento para comprobar cuánto tiempo emplean las plataformas en tomar una decisión sobre la retirada o no del contenido comunicado. El plazo en el que las plataformas eliminan el contenido varía de 24 horas, 48 horas, una semana o más. Durante este ejercicio la eliminación de los contenidos ha sido más dispersa en el tiempo, y hay importantes cambios en algunas plataformas. No obstante, la tendencia a eliminar el grueso de los contenidos a las 24 horas desde su notificación permanece, a excepción de Twitter que retiró la mayoría de los contenidos tras comunicarlos. Por plataformas, TikTok eliminó el 76% de los contenidos comunicados en el primer día, seguido de Youtube (21%), Instagram (17,6%), Facebook (6%) y Twitter (2,3%).

El uso de estas herramientas, junto con el papel preponderante del discurso extremo o, incluso, terrorista en Internet, ha llevado a que gigantes como Facebook, Google, Youtube, Twitter y Microsoft firmaran en mayo de 2019 el acuerdo llamado "Christchurch Call". Un compromiso ante 17 países y la Unión Europea para coordinar esfuerzos en la lucha contra el terrorismo y de los discursos extremistas en Internet. Según el acuerdo que firmaron, cuando una de las compañías identifica en sus redes alguna publicación con contenido extremista, la registra en la base de datos que comparte con las demás. De esta forma, las otras pueden usar esa información para localizar y eliminar ese mismo contenido de su plataforma. Las compañías examinarán las notificaciones que alertan sobre casos de incitación al odio en Internet y se comprometen a retirar esos mensajes en el plazo de menos de 24 horas o bien a deshabilitar el acceso a tales contenidos. Además, si la noticia del contenido les llega a través de autoridades policiales como Europol, deberán eliminarlo en una hora[13].

---

13 No obstante, pese a la buena voluntad que pueda tener el haber firmado ese acuerdo, hemos de tener en cuenta que estos algoritmos están previstos en 50 lenguas y que en Facebook operan más de 5.000, por lo que tan solo se llegan a detectar del 3 al 5% de estos discursos.

2. Luces y sombras de la utilización de la inteligencia artificial en la detección del discurso del odio

Sin embargo, pese a estos avances, es importante señalar que, aunque estas herramientas de inteligencia artificial están siendo esenciales para el desempeño de la actual inteligencia policial, no contamos aún con una inteligencia artificial totalmente automatizada y capaz de emular el pensamiento humano, sino que encontramos muchas limitaciones. Por ejemplo, la correcta comprensión del contexto, del sentido común y algunas sutilezas no son aún perceptibles por estos algoritmos. Imaginemos los contextos en los que se utilizan de forma cariñosa palabras o expresiones que en un contexto totalmente distinto podrían considerarse insultos o amenazas; o algo aparentemente tan inocente como la palabra "coco", que puede referirse bien solo a una fruta o bien a un término relativo a aquellos musulmanes que, siendo tostados por fuera, por dentro son blancos, es decir, que simpatizan con el infiel.

Y es que los algoritmos utilizados para detectar el discurso del odio actúan dividiendo los textos y mensajes en frases y palabras (lo que se denomina "*tokenización*") y haciendo análisis morfológico, lógico y semántico de los conceptos y las oraciones. A continuación, se pone en combinación dicha inteligencia con las herramientas que permiten automatizar la interacción humana, como los mencionados *chatbots* o el RPA. Esta potente combinación permite una mejora exponencial del rendimiento, automatizando el acceso a la información, y facilita la compresión del sentido del texto, el cual se analiza de forma similar a como lo haría un humano[14], pero no igual. Por ello, la IA sigue siendo como un niño pequeño al que entrenas para hacer tareas repetitivas pero que

---

14 Vid. más sobre Cogito en BERGAMASCHI, S., CAPPELLI, A., CIRCIELLO, A., VARONE, M., «Conditional random fields with semantic enhancement for named-entity recognition», in *Proceedings of the 7th International Conference on Web Intelligence, Mining and Semantics*, June 2017, pp. 1-7.

no tiene la sabiduría, el juicio o el sentido común de una persona con experiencia. Esto es, no sabe interpretar la información que selecciona; aunque, pese a ello, su uso ha sido de gran ayuda para alertar sobre la existencia de datos sospechosos[15].

Además, los algoritmos actuales presentan tasas de acierto dinámicas, que varían en función de múltiples variables, incluyendo los ajustes que los programadores realicen sobre el sistema. Ahora bien, al igual que acontece con la tarea predictiva humana, las predicciones de inteligencia artificial modifican o podrían alterar el curso de acción de los sucesos. Y esto también condiciona las tasas de acierto. A esto se suma que los sistemas de inteligencia artificial son entrenados con datos que pueden estar condicionados por los prejuicios humanos, por ello, en contextos tan sensibles e importantes como los discursos del odio deben ser siempre las personas quienes tomen las decisiones finales[16]. Es decir, la idea es que esta tecnología alivie la carga de trabajo que tiene, por ejem-

---

15 En este sentido, asevera MIRÓ LLINARES que el nivel real de autonomía en la toma de decisiones que puede hoy, y que podrá en el futuro, atribuirse a las máquinas no es absoluto: «Por ejemplo, automatizar una respuesta ante un determinado contexto teniendo en cuenta unas variables de un modo tal que una máquina, una vez en funcionamiento, ya no se puede detener, no convertiría a la IA en autónoma. La autonomía de una IA provendría de la capacidad real de adaptar las decisiones a un contexto distinto de aquél para el que ha sido programada». MIRÓ LLINARES, F., «Inteligencia artificial y justicia penal: más allá de los resultados lesivos causados por robots», ob. cit., p. 93.

16 También se refiere al problema que plantean estos sesgos GUZMÁN FLUJA, al señalar que «en el caso de las máquinas, éstas, hoy por hoy, no tienen creencias ni pueden generar sesgos propios, pero el resultado originado por el tratamiento automatizado puede incorporar sesgos que constan en los datos analizados (y que provienen en parte de acciones previas humanas a la hora de elaborarlos), o que pueden haber sido incorporados, consciente o inconscientemente, por el programador al algoritmo que analiza los datos». GUZMÁN FLUJA, V. C., «Proceso penal y justicia automatizada», en *Revista General de Derecho Procesal*, nº 53, 2021, p. 39.

plo, la policía; que les ayude a hacer su trabajo más rápidamente y con menos esfuerzo, pero no que tome decisiones por ellos.

Por otro lado, es importante mostrar también la cara B de estos gigantes digitales y el uso de algoritmos. Sabemos que, si consultamos una página web de coches, a los pocos minutos si abrimos el correo nos saldrán anuncios de coches, así como si consultamos una de ropa o de libros. Pues bien, lo mismo sucede con el discurso del odio. Vincular a las personas y saber lo que a un usuario puede despertarle interés y en qué pondrá su atención es la base de estos algoritmos. Por eso, se dice que Facebook domina la atención de los individuos. Eso es lo que busca el algoritmo: llamar tu atención y relacionar a los usuarios. De manera que podemos encontrarnos con que estos algoritmos que adivinan nuestros gustos terminen promoviendo el discurso del odio, es decir, que su detección se haya convertido en un boomerang y lo que provoque sea alimentar ese odio poniendo en contacto a personas que lo practican.

De otra parte, ha de tenerse en cuenta que los sistemas de inteligencia artificial solamente funcionan con datos: los datos son su alimento, el combustible fundamental de cualquier sistema o herramienta de inteligencia artificial, por más sofisticado que sea. De manera que, si la información que alimenta el sistema no es fiable, no es correcta o es incluso resultado de prácticas ilegales, no es razonable esperar que el resultado final de este sistema (en este caso de predicción) lo sea. Es decir, si una fuerza policial entiende que ciertos estándares, expresiones, tatuajes o banderas suelen emitirse o tenerse por personas proclives al discurso del odio, introducirá en la herramienta para detectarlo datos relativos a dichos rasgos. En este sentido, es en el que se afirma que los datos generados por esta fuerza policial ya estarán sesgados en su origen y, por ende, lo que se obtenga a través de dicha herramienta también lo estará.

Esta retroalimentación de información sesgada, además de ser discriminatoria, conlleva la ineficacia de las labores policiales pues, los agentes de seguridad, al recibir instrucciones de algoritmos que, aunque utilizados legalmente, se alimentan de datos y hacen inferencias sesgadas, actuarán de conformidad con estas instrucciones sesgadas, generando más *dirty data* y retroalimentando el sistema. Por ello, con la finalidad de interrumpir ese flujo de información contaminada debe preverse la intervención humana activa y objetiva sobre la generación y el tratamiento de los datos en los sistemas de inteligencia artificial empleados por las fuerzas y cuerpos de seguridad del Estado[17].

III. INVESTIGACIÓN DEL DELITO DE ODIO ONLINE: DILIGENCIAS Y PRUEBAS

Como acaba de comentarse, las herramientas de inteligencia artificial permiten detectar el discurso del odio en un estadio tem-

---

[17] Cumpliendo así con lo dispuesto en el art. 11 de la Directiva 680/2016, del Parlamento Europeo y del Consejo, de 27 de abril de 2016, relativa a la protección de las personas físicas en lo que respecta al tratamiento de datos personales por parte de las autoridades competentes para fines de prevención, investigación, detección o enjuiciamiento de infracciones penales o de ejecución de sanciones penales, y a la libre circulación de dichos datos, rubricado Mecanismo de decisión individual automatizado: 1.- Los Estados miembros dispondrán la prohibición de las decisiones basadas únicamente en un tratamiento automatizado, incluida la elaboración de perfiles, que produzcan efectos jurídicos negativos para el interesado o le afecten significativamente, salvo que estén autorizadas por el Derecho de la Unión o del Estado miembro a la que esté sujeto el responsable del tratamiento y que establezca medidas adecuadas para salvaguardar los derechos y libertades del interesado, al menos el derecho a obtener la intervención humana por parte del responsable del tratamiento. 2.- Las decisiones a que se refiere el apartado 1 del presente artículo no se basarán en las categorías especiales de datos personales contempladas en el artículo 10, salvo que se hayan tomado las medidas adecuadas para salvaguardar los derechos y libertades y los intereses legítimos del interesado. 3.- La elaboración de perfiles que dé lugar a una discriminación de las personas físicas basándose en las categorías especiales de datos personales establecidas en el artículo 10 quedará prohibida, de conformidad con el Derecho de la Unión.

prano, en ocasiones, adelantándose a la comisión del delito y, en otras, detectando un discurso no constitutivo de delito, pero sí de alguna sanción administrativa o de otra consecuencia en el ámbito civil. Ahora bien, cuando se inicia una investigación penal por un posible delito de odio, las fuerzas y cuerpos de seguridad del Estado han de poner en marcha todos los recursos disponibles. En este sentido, al centrarnos en este trabajo en el discurso del odio online debemos tener presente las medidas de las que disponen los órganos oficiales de la investigación criminal. Para ello, tal y como se recoge en el Protocolo de actuación de las fuerzas y cuerpos de seguridad para los delitos de odio y conductas que vulneran las normas legales sobre discriminación[18], en cuanto a la normativa nacional, debemos estar, principalmente, a lo dispuesto en la Ley 34/2002, de 11 de julio, de Servicios de la Sociedad de la Información y Comercio Electrónico, la Ley 25/2007, de 18 de octubre, de conservación de datos de comunicaciones electrónicas y redes públicas de comunicación y la Ley Orgánica 13/2015, de 5 de octubre, de modificación de la Ley de Enjuiciamiento Criminal para el fortalecimiento de las garantías procesales y la regulación de las medidas de investigación tecnológica.

No obstante, como paso previo al estudio de las diligencias que pueden acordarse para investigar un delito de odio online, debemos recordar los indicadores que los órganos oficiales de la investigación han de evaluar para cerciorarse de que deben iniciar la labor investigativa. Nos referimos a los denominados indicadores de polarización, que son de aplicación para orientar las investigaciones de delitos de odio en todas sus modalidades[19]. Estos indica-

---

18 Protocolo disponible en: https://www.interior.gob.es/opencms/pdf/servicios-al-ciudadano/Delitos-de-odio/descargas/PROTOCOLO-DE-ACTUACION-DE-LAS-FUERZAS-Y-CUERPOS-DE-SEGURIDAD-PARA-LOS-DELITOS-DE-ODIO-Y-CONDUCTAS-QUE-VULNERAN-LAS-NORMAS-LEGALES-SOBRE-DISCRIMINACION.pdf [Última consulta: 12 de enero de 2024]

19 Cabe advertir que la presencia de estos indicadores es una de las finalidades más perseguidas por las herramientas de inteligencia artificial. En relación con ello, vid. BUENO DE MATA, F., «Particularidades pro-

dores fueron avalados por la Sentencia del Tribunal Europeo de Derechos Humanos de 20 de octubre de 2015, asunto 15529/12, Caso Balázs versus Hungría. La existencia de dichos indicadores no demuestra la existencia de un delito de odio, pero la concurrencia de uno o varios de ellos convierte en ineludible dirigir las pesquisas en ese sentido. Actúan, por tanto, como indicios racionales de criminalidad y como tales han de quedar recogidos en el atestado policial.

La Circular 7/2019, de 14 de mayo, de la Fiscalía General del Estado, sobre pautas para interpretar los delitos de odio tipificados en el artículo 510 del Código Penal, agrupaba en tres grandes grupos estos indicadores de odio, también denominados de polarización radical. El primero de ellos giraba en torno a la víctima de la infracción, respecto a la que se ha de tener en cuenta los siguientes factores: la percepción que la propia víctima pueda expresar sobre el origen o motivo de la conducta, su pertenencia a un colectivo de los descritos en el tipo penal o a las asociaciones que tengan por objeto el apoyo o solidaridad con esos colectivos y las relaciones personales, familiares, laborales o de amistad con personas relacionadas con esos colectivos. El segundo grupo de indicadores está en conexión con el autor de los hechos: sus antecedentes penales o policiales por conductas similares, el análisis de sus comunicaciones en las redes sociales, las frases o gestos que haya podido expresar en el momento de cometer los hechos, su integración en grupos caracterizados por su odio y los instrumentos utilizados o que se porten (banderas, bufandas, pancartas) asociados a alguno de esos grupos. El tercer y último grupo es el relativo al contexto en el que se desarrolla la acción, para lo cual ha de evaluarse la aparente irracionalidad, falta de justificación o gratuidad de los actos, la ausencia de relación previa entre agresor y agredido, la presencia de una relación de enemistad manifiesta o histórica entre los colectivos a los que pertenecen y fecha

---

batorias del discurso de odio en Internet: identificación de indicadores de polarización radical mediante sistemas algorítmicos», en *Revista de Internet, Derecho y Política,* nº 39, noviembre, 2023.

o el lugar de los hechos, que sea simbólica para un colectivo (una conmemoración o un lugar de culto).

Por su parte, el Protocolo de actuación de las fuerzas y cuerpos de seguridad para los delitos de odio y conductas que vulneran las normas legales sobre discriminación del Ministerio del Interior, elaborado en julio de 2020, ha desgranado esta agrupación de indicadores en quince factores, lo que, aunque no ha supuesto ninguna modificación sustancial de los mismos, los dota de mayor sistematización en su aplicación[20]. Además, el II Plan de acción de lucha contra los delitos de odio 2022-2024 incluye como medias relacionadas con estos indicadores: analizar la correcta implementación de la "diligencia de indicadores de polarización" para ayudar a la identificación de un determinado delito de odio, de tal forma que sea fácilmente accesible para el agente que recoge la denuncia; actualizar y, en su caso, mejorar la base de datos de simbología al objeto de que pueda servir para una mejor prevención de estos tipos de delitos o su investigación, teniendo en cuenta el indicador de polarización que hace referencia a los tatuajes, el vestuario o la estética del autor de los hechos y promover un

---

20 Los quince factores de polarización se resumen en: la percepción de la víctima; la pertenencia de la víctima a un grupo minoritario; discriminación y odio por asociación; expresiones o comentarios racistas, xenófobos u homófobos, o cualquier otro comentario vejatorio contra cualquier persona o colectivo, por su ideología, orientación religiosa, por ser persona con discapacidad, etc.; los tatuajes, el vestuario o la estética del autor de los hechos; propaganda, estandartes, banderas, pancartas, etc. de carácter extremista o radical; antecedentes policiales del sospechoso; que el incidente haya ocurrido cerca de un lugar de culto, un cementerio o un establecimiento de un grupo considerado minoritario en la vecindad; la relación del sospechoso con grupos ultras del fútbol; la relación del sospechoso con grupos o asociaciones caracterizadas por su odio, animadversión u hostilidad contra colectivos de inmigrantes; la aparente gratuidad de los actos violentos; enemistas histórica entre los grupos de los implicados; cuando los hechos ocurran con motivo u ocasión de una fecha significativa para el colectivo; o cuando se conmemora un acontecimiento o constituye un símbolo para el delincuente; y, la conducta del infractor.

mayor conocimiento de los principales puntos del "Protocolo de Actuación para las Fuerzas y Cuerpos de Seguridad para los Delitos de Odio y Conductas que Vulneran las Normas Legales sobre Discriminación", principalmente de los indicadores de polarización, entre el personal que tiene que prestar el trato a las víctimas, en aras de que la concurrencia de uno o varios de estos indicadores conllevará ineludiblemente la orientación de la investigación policial como un supuesto delito de odio, entre otras[21]. De este modo, los indicadores van a ser determinantes para la adopción de diligencias de investigación tanto en los discursos realizados fuera como dentro de la Red, de ahí la importancia de tenerlos presentes a la hora de solicitar alguna de las siguientes diligencias de investigación.

Adentrándonos ya en las diligencias que pueden acordarse en virtud de del marco normativo referido *supra*, ha de señalarse que las mismas se han centrado en las posibilidades que se les brinda a los órganos oficiales de la investigación para acceder a canales cerrados. Por ello, antes de referirnos a ellas hemos de señalar que existe una clara diferenciación entre la investigación de canales abiertos y de canales cerrados. En principio, para la investigación de canales abiertos, como pueden ser los contenidos públicos que se suben a redes sociales, no hay ninguna regulación específica pues, se entiende que es información al alcance de todos y, por tanto, susceptible de ser recopilada tanto por cualquier ciudadano como por los órganos oficiales de la investigación. Sin embargo, el ALECrim de 2020, que se encuentra en trámite parlamentario, sí se hace eco de esta diferencia al recoger en el precepto 514 la búsqueda y obtención de datos a través de fuentes y canales abiertos. Para ello establece que la policía judicial podrá recabar cualquier información que considere relevante para la in-

21 Plan de acción disponible en: https://www.lamoncloa.gob.es/consejodeministros/resumenes/Documents/2022/120422_II_Plan_Accion_contra_delitos_odio.pdf [Última consulta: 12 de enero de 2024]

vestigación siempre que se encuentre disponible en abierto[22]. Sin embargo, en caso de que la obtención de datos se realice de manera sistemática y continuada con el objeto de crear un registro histórico de la actividad del investigado en el entorno digital, será necesaria autorización previa del juez de garantías. Requisito este último que llama poderosamente la atención, pues ha de tenerse en cuenta que un investigador privado, o cualquier ciudadano, podría llevar a cabo la misma tarea sin necesidad de solicitar autorización judicial alguna.

De otra parte, en cuanto a los canales cerrados hemos de distinguir entre las diligencias de obtención de datos y las llamadas diligencias de investigación tecnológicas. En ocasiones se trata de medidas íntimamente relacionadas pero reguladas en distintas normativas. Este es el caso de la obtención de datos como, por ejemplo, los relativos a la identificación mediante número IP o de los terminales mediante captación de códigos de identificación del aparato o de sus componentes (arts. 588 ter k y l LECrim) y también de los datos obrantes en archivos automatizados de los prestadores de servicios (art. 588 ter j LECrim). Las leyes ante-

---

[22] En relación con la obtención de datos de fuentes y canales abiertos hemos de tener en cuenta también la Directiva (UE) 2019/1024 del Parlamento Europeo y del Consejo, de 20 de junio de 2019, relativa a los datos abiertos y la reutilización de la información del sector público, transpuesta al ordenamiento jurídico español por el Real Decreto-ley 24/2021, de 2 de noviembre, de transposición de directivas de la Unión Europea en las materias de bonos garantizados, distribución transfronteriza de organismos de inversión colectiva, datos abiertos y reutilización de la información del sector público, ejercicio de derechos de autor y derechos afines aplicables a determinadas transmisiones en línea y a las retransmisiones de programas de radio y televisión, exenciones temporales a determinadas importaciones y suministros, de personas consumidoras y para la promoción de vehículos de transporte por carretera limpios y energéticamente eficientes. Así como el Reglamento (UE) 2022/868 del Parlamento Europeo y del Consejo de 30 de mayo de 2022 relativo a la gobernanza europea de datos y por el que se modifica el Reglamento (UE) 2018/1724 (Reglamento de Gobernanza de Datos).

riormente mencionadas sobre servicios de la sociedad de la información y comercio electrónico, así como sobre conservación de datos de comunicaciones electrónicas y redes públicas de comunicación establecen la obligatoriedad de que los proveedores de servicios cedan a los órganos oficiales de la investigación la información necesaria para el esclarecimiento de unos hechos o de su autor.

Aunque la Ley 25/2007 se refiere a delitos graves según el código penal, es decir, aquellos con pena privativa de libertad superior a cinco años, la LECrim ha ampliado con creces este catálogo delictivo al incluir en las diligencias de investigación tecnológicas delitos con penas de prisión de tres años, delitos contra menores o personas con capacidad modificada judicialmente, delitos contra la constitución o delitos cometidos a través de las TICs, sin límite de pena establecido. No obstante, pese a no haber un límite de pena aparejado a estos delitos para que puedan practicarse ciertas diligencias de investigación tecnológicas, el juez deberá llevar a cabo un juicio de proporcionalidad que justifique la medida en cada caso concreto; y ese juicio deberá valorar, en estos casos, la naturaleza del bien jurídico protegido. Además, a la hora de aplicar este juicio de proporcionalidad, alcanzará especial significación el ámbito tecnológico en el que el delito se haya cometido, ya que únicamente mediante el análisis del medio tecnológico de comisión podrán reunirse pruebas de su perpetración. Así las cosas, para la investigación de los delitos de odio habrá de tenerse en cuenta la gravedad del discurso vertido en cada caso para determinar si procede o no acordar una, algunas o qué medidas de investigación tecnológicas.

Entre las más idóneas para investigar estos delitos se encuentran: la interceptación de las comunicaciones telefónicas y telemáticas, el registro de dispositivos de almacenamiento masivo de información, el registro remoto sobre equipos informáticos, el agente encubierto informático y la orden de conservación de datos.

Al hilo de lo recién expuesto, no parece lógico acordar un registro remoto de equipos informáticos por un mensaje de odio enviado a través de WhatsApp que ha causado una lesión en la dignidad del destinatario debido a su ideología (penas de prisión de seis meses a dos años). Es cierto que el artículo 588 *septies* en su apartado 1 letra e) permite la práctica de esta diligencia siempre que se persigan delitos cometidos a través de instrumentos informáticos o de cualquier otra tecnología de la información o la telecomunicación o servicio de comunicación, sin tener en consideración límite penológico alguno. No obstante, a mi juicio, no se cumpliría con el principio de proporcionalidad exigido para estas medidas restrictivas de derechos fundamentales si se utilizase en dicho supuesto.

Es decir, en la investigación del ciberodio, al igual que en los discursos de odio vertidos fuera de las redes, habrá de estarse a la gravedad de los hechos para autorizar un tipo de diligencia u otro. Sí parece proporcionado, por contra, autorizar la labor de un agente encubierto virtual para investigar sobre un discurso de odio terrorista, aunque finalmente no se aprecie tal discurso por considerarse los mensajes muy generales e insuficientes como para incitar ni directa ni indirectamente a la violencia, por más que esa incitación no exija la llamada a actuaciones concretas y pueda derivarse simplemente del clima de hostilidad y odio que destile el conjunto de las informaciones publicadas, como ha ocurrido en la sentencia del Tribunal Supremo 645/2021, de 16 de julio.

Esta diligencia de investigación es, tal vez, la más utilizada para prevenir y para investigar delitos de odio[23]. Y es que, debemos tener en cuenta que, en ocasiones, un discurso de odio puede dar lugar a otro hecho delictivo posterior, ya que en estos casos la palabra precede a los hechos. Por ello, es importante detectar

---

23 Así se indica en MARTÍNEZ ROS, J., «Delitos de odio: indicadores de polarización a indica en el atestado policial», en *Cuadernos de la Guardia Civil*, nº 61, 2020, p. 137.

y obtener información que guíe a los agentes en su labor de investigación policial o de inteligencia, tanto para detectar el delito de odio como aquellos otros que puedan derivar del mismo. En este sentido, el agente encubierto informático es una diligencia idónea en la medida en que puede intercambiar o enviar por sí mismo archivos ilícitos por razón de su contenido y analizar los resultados de los algoritmos aplicados para la identificación de dichos archivos. Es decir, establecer una comunicación fluida con quienes están siendo investigados bajo una identidad supuesta, algo muy útil para este tipo de delincuencia.

La información obtenida a través de estas diligencias podrá ser introducida en el proceso bien aportando la comunicación en cuestión mediante una documental[24], bien como prueba pericial de inteligencia si la información ha sido obtenida para la elaboración de alguno de estos informes. Además, también podría ser prueba la testifical del agente que lo haya realizado y, por otro lado, la testifical del agente encubierto si se hubiera utilizado.

IV. CONCLUSIONES

Como primera conclusión podemos afirmar que odiar no es delito, por tanto, es importante discernir cuándo una declaración puede ser constitutiva de delito de odio, actividad harto complicada que reservamos al ámbito penal. Una vez aclarado ello, en lo que respecta al ámbito procesal, lo que se está propiciando con este tipo de herramientas de detección anticipada del delito de odio es identificar la palabra para evitar que el hecho acontezca. Por ello, en la detección del delito de odio puede que no lleguemos a abrir un proceso penal, simplemente se localiza la palabra y se borra el comentario de la red social en cuestión. Este borrado

---

24 En este caso, tal y como declaró la STS 300/2015, de 19 de mayo, habría que acompañar los documentos de una pericial informática si existiese contradicción entre los interlocutores o quien vertió la información no reconoce haberlo hecho.

pueden hacerlo directamente quienes gestionan las redes sociales *motu proprio* o por indicación de los agentes encargados de la prevención del delito.

En ambos supuestos la detección se apoya en la implementación de herramientas de inteligencia artificial que permiten analizar periódicamente el discurso de odio en las redes sociales. De este modo, como ha sido expuesto, se generan diversos indicadores para monitorizar la evolución temporal del discurso de odio, la intensidad del discurso de odio, y otras características. La obtención de estos indicadores requiere de un banco de palabras lo más idóneo posible. Como ya se ha comentado, estos indicadores no recogerán todo el discurso de odio sino sólo el que utiliza palabras claramente identificables o potencialmente constitutivas de discurso de odio. Tampoco podrán recoger el discurso de odio existente que no utiliza las palabras del banco de palabras. Sin embargo, aportan información relevante sobre la evolución de un tipo de discurso de odio explícito. La obtención de estos indicadores requiere del entrenamiento de un algoritmo con la participación de personas que lo entrenen. La alta complejidad de identificar estos discursos, como ya se ha señalado, condiciona las posibilidades de lograr un modelo eficaz para la identificación de diferentes grados de intensidad. Si el modelo permite obtener alguna o todas estas categorías, pueden desarrollarse otros indicadores, como porcentajes y tendencias temporales. Todo ello facilita la tarea de detección de estos ilícitos, pero, al mismo tiempo, han de ser herramientas cuyo funcionamiento y utilización no escape del saber judicial.

Y es que la sinergia entre la inteligencia artificial y la inteligencia policial está potenciando, a la vez que facilitando, el acopio masivo de datos y su interpretación para fines criminales. Además, la digitalización de la información favorece aún más este acopio indiscriminado de datos, por lo que tenemos como resultado un panorama poco garantista para el ciudadano europeo. En este sentido, ya advertía BERNAL PULIDO que la obtención policial de material probatorio a través de nuevas técnicas como la videovigilancia, la interceptación de telecomunicaciones o el control informático de transacciones bancarias, en muchas ocasiones, da lugar a injerencias en derechos fundamentales carentes de la necesaria proporcionalidad[25]. Lo que ha llevado a LÓPEZ ORTEGA a plantearse la necesidad de un control efectivo de las nuevas técnicas de investigación «proactivas»[26], esto es, las relativas a la prevención del delito mediante la acumulación de todo tipo de fuentes de información, que están siendo reforzadas frente a aquellas otras que proporcionan una respuesta solo una vez que el delito ha sido cometido.

Es claro que con el uso de estas herramientas no estamos garantizando el cumplimiento de los principios de contradicción y de igualdad de armas, pues el Estado empieza a investigar cuando ni siquiera hay un sospechoso en el punto de mira. El desequilibrio que ello supone para las garantías procesales y la consecuente afectación al derecho de defensa es un debate que está encima de la mesa y que puede que llegue a invalidar más de una prueba si el investigado o encausado demuestra que no ha podido defenderse ante la obtención de dicha información. En estos supuestos, las facultades de defensa no son ni la mitad de amplias que las de la acusación, por lo que se precisa de manera urgente de la aprobación de unas pautas de transparencia y de procedimiento que garanticen el escrupuloso respeto que deben tener las fuerzas y cuerpos de seguridad del Estado en el devenir de su labor investigativa.

Por todo ello, y aunque la necesaria confidencialidad de las actuaciones de un servicio de inteligencia justifique que la persona afectada desconozca tales actuaciones, debe abogarse por un equilibrio entre dicha confidencialidad y el respeto a los derechos

---

25 BERNAL PULIDO, C., *El principio de proporcionalidad y los derechos fundamentales*, Centro de Estudios Políticos y Constitucionales, Madrid, 2007, pp. 523 y ss.

26 LÓPEZ ORTEGA, J. J., «Los macroprocesos: problemas y soluciones en las reformas procesales», en CHOCLÁN MONTALVO, J. A., *Estudios de derecho judicial*, Consejo General del Poder Judicial, Madrid, 2005, pp. 223-224.

procesales constitucionalmente consagrados. Por ejemplo, si se argumenta que no se puede conocer el contenido de un algoritmo del que se ha valido el agente de inteligencia por razones de propiedad intelectual, es indiscutible que se estaría privando al proceso de sus garantías esenciales, es por ello por lo que tales conclusiones no podrían ser introducidas en el plenario por ilícitas. No estamos diciendo con ello que el proceso tenga que rechazar cualquier información extraída de un proceso de automatización de datos, sino que la opacidad de ese proceso no puede mantenerse hasta la fase de juicio oral. El acusado debe conocer cómo se han obtenido y elaborado todos los elementos probatorios de cargo para, de ese modo, poder articular sus elementos de descargo[27]. En este sentido, creemos que la participación del Ministerio Fiscal en las labores de inteligencia debería ocupar un papel preponderante, para funcionar de contrapeso entre las tareas que desempeñan las fuerzas y cuerpos de seguridad y la protección de los derechos fundamentales de la parte pasiva del proceso.

---

27 Sobre la información que debe ser proporcionada por los algoritmos y demás herramientas de inteligencia artificial vid. COTINO HUESO, L., «Qué concreta transparencia e información de algoritmos e inteligencia artificial es la debida», en *Revista Española de la Transparencia*, nº 16, 2023, donde se afirma que «por un lado, la transparencia algorítmica es la herramienta básica de la garantía de toda una serie de principios democráticos y derechos fundamentales. […] Pero, por otro lado, más allá de estos derechos, principios e intereses públicos (aunque relacionada con ellos), la transparencia es instrumento esencial para el conocimiento y comprobación del buen funcionamiento del sistema de IA por los sujetos de la cadena de valor (usuarios del sistema, importadores, distribuidores, etc.), así como todos aquellos que tienen que verificar, comprobar el mismo (autoridades, evaluadores, etc.)».

BIBLIOGRAFÍA

BERNAL PULIDO, C., *El principio de proporcionalidad y los derechos fundamentales,* Centro de Estudios Políticos y Constitucionales, Madrid, 2007.

BERGAMASCHI, S., CAPPELLI, A., CIRCIELLO, A., VARONE, M., «Conditional random fields with semantic enhancement for named-entity recognition», in *Proceedings of the 7th International Conference on Web Intelligence, Mining and Semantics,* June 2017.

BUENO DE MATA, F., «Delitos de odio y redes sociales: retos procesales», en *Diario La Ley,* núm. 10180, noviembre, 2022.

BUENO DE MATA, F., «Particularidades probatorias del discurso de odio en Internet: identificación de indicadores de polarización radical mediante sistemas algorítmicos», en Revista de Internet, Derecho y Política, núm. 39, noviembre, 2023.

CORTÉS-VARGAS, Y. L., PARRA-CELY, R., «Aproximación a la base teórica de la inteligencia policial», en *Revista criminalidad,* vol. 55, núm. 2, 2013.

COTINO HUESO, L., «Qué concreta transparencia e información de algoritmos e inteligencia artificial es la debida», en *Revista Española de la Transparencia,* núm. 16, 2023.

GALVACHE VALERO, F., «La formación de la Comunidad de Inteligencia Española: un proceso en marcha», en *Arbor,* núm. 709, enero 2005.

GUZMÁN FLUJA, V.C., «Proceso penal y justicia automatizada», en *Revista General de Derecho Procesal,* núm. 53, 2021, p. 39.

LÓPEZ ORTEGA, J. J., «Los macroprocesos: problemas y soluciones en las reformas procesales», en CHOCLÁN MONTALVO, J. A., *Estudios de derecho judicial,* Consejo General del Poder Judicial, Madrid, 2005.

MARTÍNEZ ROS, J., «Delitos de odio: indicadores de polarización a indica en el atestado policial», en *Cuadernos de la Guardia Civil,* núm. 61, 2020.

MIRÓ LLINARES, F., «Inteligencia artificial y justicia penal: más allá de los resultados lesivos causados por robots», en *Revista de Derecho penal y criminología,* núm. 20, julio, 2018.

NAVAS NAVARRO, S. (et al.), *Inteligencia artificial, tecnología, derecho,* Tirant lo Blanch, Valencia, 2017.

PINO DÍEZ, R., GÓMEZ GÓMEZ, A., ABAJO MARTÍNEZ, N., *Introducción a la inteligencia artificial: sistemas expertos, redes neuronales artificiales y computación evolutiva,* Universidad de Oviedo, servicio de publicaciones, 2001.

TERUEL LOZANO, G., «El discurso del odio como límite a la libertad de expresión en el marco del Convenio Europeo», en *Revista de derecho constitucional europeo,* núm. 27, 2017.

El discurso del odio en la sociedad digital: la libertad de expresión a debate

CRISTINA GARCÍA ARROYO
Profesora Ayudante Doctora
Universidad de Sevilla

I. INTRODUCCIÓN

La realidad social que vivimos hoy en día y las últimas reformas operadas por diferentes leyes, entre ellas la LO 1/2015, la LO 1/2019 o la LO 6/2022 hacen que se encuentre muy presente en la sociedad temas tan actuales como los mal llamados delitos de odio o el discurso del odio. Desde la reforma operada por la Ley Orgánica 1/2015 se viene debatiendo, con mayor o menor acierto, un tema tan complejo y con tantas aristas como lo son los delitos del discurso del odio del artículo 510 CP y es que la mencionada reforma pretendía corregir el texto anterior que responde a la redacción de la LO 10/1995, pero que en atención a la interpretación y crítica realizada en diferentes pronunciamientos de la sala 2ª del Tribunal Supremo, el Tribunal Constitucional y otros órganos judiciales, así como un sector doctrinal, el legislador penal encontró la necesidad de cambiar de ubicación dentro del Código Penal algunos artículos referentes a los delitos a los que en el presente trabajo nos vamos a referir.

Pero en primer lugar debemos empezar poniendo de manifiesto que es una realidad innegable que vivimos en una sociedad globalizada y digital, donde a diario por cualquier medio se vierten diferentes opiniones que en algunos casos pueden ser molestas para la sociedad que las digiere y ello ha fomentado precisamente que en los últimos tiempos existan reformas penales motivadas por el populismo punitivo en parte y, por otra parte, para dar cumplimiento a algunos mandatos internacionales.

De esta manera, el discurso del odio que nace con la intención de proteger penalmente, probablemente, la intolerancia y el clima de hostilidad que ello crea, ciertamente no se puede decir que esté únicamente en un único precepto de nuestro Código Penal, sino que son varios los artículos que hacen referencias a los llamados "delitos de odio" o del "discurso del odio" a lo largo de todo el CP.

De esta manera nos podemos encontrar en el Capítulo IV "De los delitos relativos al ejercicio de los derechos fundamentales y libertades públicas", una primera sección donde se encuentra el artículo 510 CP titulada "De los delitos cometidos con ocasión del ejercicio de los derechos fundamentales y de las libertades públicas garantizados por la Constitución", y una sección segunda donde se recogen los artículos 522 y ss. titulada "De los delitos contra la libertad de conciencia, los sentimientos religiosos y el respeto a los difuntos", sin olvidar los artículos 578 y 579 CP de los denominados discursos del odio terrorista donde se castiga el enaltecimiento terrorista, la humillación a las víctimas o la difusión de consignas terroristas. Preceptos muy dispares, pero con una motivación común en todos ellos como es la motivación discriminatoria hacia grupos minoritarios.

Tanto el artículo 510 CP que regula de forma tediosa y caótica ocho conductas punibles en torno al discurso del odio como los artículos 578 y 579 CP donde se regula el discurso del odio terrorista en torno a la tipificación del enaltecimiento y humillación a las víctimas del terrorismo o la difusión de consignas terroristas tienen en común algo importante que es que todas estas conductas se han regulado para proteger el clima de odio u hostilidad que dichas conductas generan en la sociedad que reciben estos determinados mensajes. Pero desde luego, esta legitimación y justificación por parte del legislador penal para tipificar estas conductas es mínimo discutible y en algunos casos como podremos exponer en el presente trabajo puede que llegue a ser incluso intolerable.

El ejercicio de la libertad de expresión que se pone de manifiesto principalmente a través de la emisión de mensajes, sea cual sea su vía, desde luego genera a veces situaciones de disconformidad, de tensión y quizás a veces rozan los límites entre lo punible y lo permitido, pero delimitar precisamente hasta donde llega el Derecho fundamental a la libertad de expresión o si hay que limitarlo y donde empiezan a ser conductas que merecieran el castigo penal es algo que en los últimos tiempos ha venido preocupando a gran parte de la doctrina penal y constitucional[1].

Y la realidad que nos parece indiscutible es que el problema esencial que se nos plantea en este tipo de delitos son los choques frontales con la limitación a la libertad de expresión, y es por ello que resulta de obligada necesidad limitar de forma acorde con los principios generales que rigen, o deberían regir el Derecho penal, el bien jurídico de este tipo de delitos y cuando o con que acciones se pudiera ver lesionado a fin de no ceder garantías y restricciones totalmente innecesarias ante la importancia de no limitar algo tan importante como es un Derecho fundamental, la libertad de expresión.

II. APROXIMACIÓN A LOS DELITOS DEL DISCURSO DEL ODIO

La Ley Orgánica que modificó el Código Penal de forma importante en estos delitos fue la LO 1/2015; con importantes mo-

---

1 LANDA GOROSTIZA, J-M, "Delitos de odio y estándares internacionales: una visión crítica a contra corriente", en Revista Electrónica de Ciencia Penal y Criminología 22-19, 2020; GÓMEZ MARTÍN, V., INCITACIÓN AL ODIO Y GÉNERO Algunas reflexiones sobre el nuevo art. 510 CP y su aplicabilidad al discurso sexista", en Revista Electrónica de Ciencia Penal y Criminología 18-20, 2016; VALLS PRIETO, J., "Nuevas formas de combatir el crimen en internet y sus riesgos", en *Revista Electrónica de Ciencia Penal y Criminología* 18-22; 2016; ALCÁCER GUIRAO, R., "Diversidad cultural, intolerancia y Derecho penal", en Revista Electrónica de Ciencia Penal y Criminología 18-11; 2016.

dificaciones en materia de discurso terrorista en la LO 1/2019 y por último la Ley Orgánica 6/2022, de 12 de julio, complementaria de la Ley 15/2022, de 12 de julio, integral para la igualdad de trato y la no discriminación, donde se incorpora la aporofobia como motivo discriminatorio, supuso argumentaba el Ejecutivo, una completa revisión y actualización, en la conciencia de que el transcurso del tiempo y las nuevas demandas sociales evidenciaban la necesidad de llevar a cabo determinadas modificaciones de nuestra norma penal, además de adaptar su contenido a disposiciones y compromisos internacionales.

Tanto el artículo 510 CP que regula como decíamos ocho conductas punibles en torno al discurso del odio como los artículos 578 y 579 CP donde se regula el discurso del odio terrorista en torno a la tipificación del enaltecimiento y humillación a las víctimas del terrorismo o la difusión de consignas terroristas tienen en común algo importante, que es que todas esas conductas se han regulado para proteger el clima de odio u hostilidad que dichas conductas generan en la sociedad que recibe esos determinados mensajes. Pero desde luego y será algo que intentemos poner de manifiesto en el presente trabajo, el sentimiento o clima de odio u hostilidad que determinados mensajes puedan generar en la sociedad difícilmente legitima la intervención penal y trataremos de poner incluso algunos supuestos en los que esa intervención no solamente será muy discutible, sino que en algunas ocasiones será incluso intolerable desde el punto de vista del respeto a los principios básicos de un Estado Democrático de Derecho.

En un principio, la motivación de esta nueva regulación la debemos encontrar en el Preámbulo de la LO 1/2015, que modificó profundamente la tipificación de los delitos de incitación al odio, de esta manera el legislador penal de aquel momento declaraba que se modificaba la regulación de las conductas de incitación al odio y a la violencia por un doble motivo: de una parte, la sentencia del Tribunal Constitucional 235/2007, de 7 de noviembre, que imponía una interpretación del delito de negación del genocidio que limite su aplicación a los supuestos en los que esta conducta constituyese una incitación al odio u hostilidad contra minorías;

y de otra, se trataba de conductas que debían ser objeto de una nueva regulación ajustada a la Decisión Marco 2008/913/JAI, que debía ser traspuesta a nuestro ordenamiento jurídico.

De esta manera quedó regulado conjuntamente, y de un modo ajustado a la exigencia de la Decisión Marco 2008/913/JAI, los antiguos artículos 510 y 607 del Código Penal. El cambio de ubicación del artículo 607 viene justificado por el propio texto de la Decisión Marco y por el hecho de que el Tribunal Constitucional impusiera que la negación del genocidio solamente podía ser delictiva como forma de incitación al odio o a la hostilidad. De igual forma, la Decisión Marco imponía la tipificación de la negación del genocidio solamente en la medida en que se trate de una forma de incitación al odio contra minorías.

Esta reforma que vino motivada por el incremento de determinados mensajes que ponían en jaque, en opinión del legislador del 2015, la sociedad democrática y respetuosa con el diferente supuso que se intentase legislar tratando de inocuizar esos determinados mensajes para prevenir desde un momento muy previo determinadas conductas que en parte pudieran generar un malestar en la comunidad que pudieran terminar con unas consecuencias posteriores más graves como atentados a otros determinados bienes jurídicos.

Lo cierto es que debemos señalar que la redacción de los artículos vigentes antes de la reforma operada por la LO 1/2015 ya planteaban numerosos problemas desde el punto de vista del respeto a principios penales básicos y el derecho a la libertad de expresión. Problemas que sin descanso la doctrina y jurisprudencia se habían esforzado en minimizar a través de interpretaciones restrictivas de los tipos penales, dejando poco margen a la analogía y que en cierta forma la aplicación de las figuras típicas se realizase de la manera más garantista posible. No obstante, la reforma supuso un retroceso y probablemente un desaliento en la doctrina penal y constitucional pues implica una ampliación del ámbito de aplicación de los preceptos a debate en el presente trabajo e impide en cierta forma que puedan mantenerse aquellas interpretaciones restrictivas.

Es tarea del penalista encargarse de interpretar los tipos penales, más en concreto los que generan conflicto y es por ello que MUÑOZ CONDE, de acuerdo con ROXIN afirma que la Dogmática jurídico penal se define como "la disciplina que en el ámbito del Derecho penal se ocupa de la interpretación, sistematización y elaboración de las prescripciones legales y las opiniones científicas"[2], y en esta tarea de interpretación en la materia que nos ocupa el presente trabajo no ha sido menor la discusión doctrinal.

La LO 1/2015 de 30 de marzo y posteriormente la LO 6/2022 de 12 de julio, llevaron a cabo una profunda modificación de los preceptos del Código penal destinados a sancionar conductas que se vinculan con los fenómenos del "discurso de odio"[3]. El nuevo y extenso art. 510 CP, claramente inspirado en el § 130 del StGB[4], regula conjuntamente y de forma discutible amplía el ámbito típico de los delitos de provocación a la discriminación, al odio y a la violencia, y de justificación del genocidio (que respectivamente se recogían en los artículos 510.1 y 607.2 CP anteriores a la reforma de 2015) e introduce, además, nuevos tipos penales. La

2 Vid.: MUÑOZ CONDE, *Edmund Mezger y el Derecho penal de su tiempo. Los orígenes ideológicos de la polémica entre causalismo y finalismo.* Ed. Tirant lo Blanch. Alternativas, 4ª Ed, Valencia, 2003.

3 Como definición de "discurso del odio" cabe citar la recogida en la Recomendación (1997) 20 del Comité de Ministros del Consejo de Europa, de 30 de octubre, en cuya virtud se entiende por tal "toda forma de expresión que difunda, incite, promueva o justifique el odio racial, la xenofobia, el antisemitismo y otras formas de odio basadas en la intolerancia, incluida la intolerancia expresada mediante el nacionalismo agresivo y el etnocentrismo, la discriminación y hostilidad contra las minorías, los inmigrantes y las personas de origen inmigrante".

4 Vid.: PORTILLA CONTRERAS, "La represión penal del "discurso del odio"", en QUINTERO OLIVARES (Dir.): *Comentario a la reforma penal de 2015*, Aranzadi, Pamplona, 2015, págs. 721 y ss.

vigente regulación, que consta de seis tipos básicos y varios tipos agravados, se estructura de la siguiente forma:

El apartado primero del art. 510 del CP castiga con penas de prisión de uno a cuatro años y multa de seis a doce meses tres grupos de conductas. En primer lugar, el fomento, promoción o incitación directa o indirecta públicas al odio, hostilidad, discriminación o violencia contra un grupo o individuos pertenecientes a él por motivos racistas, antisemitas u otros referentes a la ideología, religión, creencias, situación familiar, etnia, nacionalidad, sexo, orientación o identidad sexual, género, aporofobia, enfermedad o discapacidad (letra a) del art. 510.1). En segundo lugar, la producción, elaboración, posesión con la finalidad de distribución, facilitación del acceso a terceras personas, distribución, difusión o venta de materiales que por su contenido sean aptos para realizar las conductas descritas en la letra a) (letra b) del art. 510. 1). En tercer y último lugar, la negación, trivialización grave o enaltecimiento públicos de los delitos de genocidio, de lesa humanidad o contra las personas y bienes protegidos en caso de conflicto armado, o enaltecimiento de sus autores, cuando esos delitos se hubieran cometido contra un grupo o individuos pertenecientes a él por los motivos ya mencionados, cuando de ese modo se promueva o favorezca un clima de violencia, hostilidad, odio o discriminación contra los mismos (letra c) del artículo 510.1)[5].

En el apartado segundo del mismo precepto se describen dos grupos de conductas castigadas con penas de prisión de seis meses a dos años y multa de seis a doce meses. En primer lugar, se sanciona lesionar la dignidad de las personas mediante actos que entrañen humillación, menosprecio o descrédito de alguno de los grupos ya mencionados o de individuos pertenecientes a ellos por los mismos motivos enumerados en el apartado primero del

---

5 Las conductas descritas en las letras a) y c) constituyen el correlato, respectivamente, de los antiguos delitos de provocación a la discriminación, al odio y a la violencia, y de justificación del genocidio, mientras que las conductas tipificadas en la letra b) no tienen precedentes en nuestra legislación penal.

precepto. Se incluye igualmente, aunque realmente se trata de un tipo penal distinto, la producción, elaboración, posesión o difusión de materiales idóneos para causar una lesión a la dignidad de las personas a través de ese tipo de conductas (letra a) del artículo 510.2). La misma pena corresponde, en segundo lugar, a los actos de enaltecimiento o justificación por cualquier medio de expresión pública de los delitos que hubieran sido cometidos contra un grupo o miembros del grupo por los motivos aludidos, así como el enaltecimiento de quienes hubieran participado en la ejecución de esos delitos (letra b) del artículo 510.2). Estos hechos se castigan con penas de prisión de uno a cuatro años y multa de seis a doce meses cuando promuevan o favorezcan un clima de violencia, hostilidad, odio o discriminación contra los mencionados grupos[6].

El apartado tercero del artículo 510 contiene un tipo agravado de aplicación a todos los anteriores, en virtud del cual las penas deben imponerse en su mitad superior cuando los hechos se hubieran llevado a cabo a través de un medio de comunicación social que los hagan accesibles a un elevado número de personas.

De acuerdo con el apartado cuarto del precepto, si los hechos resultan idóneos para alterar la paz pública o crear un grave sentimiento de inseguridad o temor entre los integrantes del grupo, se impondrá la pena en su mitad superior, pudiendo elevarse hasta la superior en grado.

Como pena acumulada a las anteriores, el apartado quinto prevé la imposición de una inhabilitación especial para profesión u oficio educativos, en el ámbito docente, deportivo y de tiempo libre, por un tiempo superior entre tres y diez años al de la duración de la pena de prisión impuesta en la sentencia.

---

6 Se trata en este caso de tipos penales novedosos, si bien el germen de las conductas tipificadas en el primer inciso de la letra a) pude encontrarse en el derogado delito de injurias colectivas (artículo 510.2 en su redacción anterior a la reforma de 2015).

Finalmente, el apartado sexto del precepto impone, a modo de consecuencia accesoria, la destrucción, borrado o inutilización de los libros, documentos y otros soportes utilizados para la comisión de los delitos anteriores, así como la retirada de los contenidos si el delito se cometió a través de las tecnologías de la información. Si se trata de portales de acceso a internet dedicados exclusivamente a la difusión de contenidos de tales características, se ha de ordenar el bloqueo del acceso o la interrupción de la prestación del mismo.

Completándose toda esta amalgama de articulado con el artículo 510 bis que establece la responsabilidad penal para las personas jurídicas por los delitos comprendidos en los dos artículos anteriores.

Esta regulación, que ha sido calificada por algunos autores como "auténtico engendro penal"[7], resulta incomprensible si se examina a la luz de la interpretación doctrinal de los preceptos derogados, de las propuestas de *lege ferenda* formuladas desde la crítica de los citados preceptos, así como de los criterios jurisprudenciales que comenzaban a asentarse al respecto. Y es que la realidad no es otra, sino que el legislador penal del 2015 ha ido en contra de las consideraciones que la doctrina y la jurisprudencia han ido demandando al respecto de la destipificación de los delitos de odio y negacionismo. Y este llamamiento no podría resultar extraño en tanto que la figura del negacionismo fue declarada inconstitucional en la STC nº 235/2007.

---

7 Vid.: TERUEL LOZANO, "La libertad de expresión frente a los delitos de negacionismo y de provocación al odio y a la violencia: sombras sin luces en la reforma del Código penal", Indret 4/2015, pág. 32. También se muestra crítica PORTILLA CONTRERAS, "La represión penal del "discurso del odio"", en QUINTERO OLIVARES (Dir.): *Comentario a la reforma penal de 2015,* Aranzadi, Pamplona, 2015, pág. 707 y ss., en cuya opinión se trata de delitos que "simbolizan el desprecio por la libertad de expresión, creencia e ideología, que hubiera llevado a la hoguera la "Incitación al Nixonicidio y alabanza a la Revolución Chilena" y a Pablo Neruda a la cárcel".

Como ya pudimos adelantar para justificar la reforma el preámbulo de la LO 1/2015 alegó como argumento principal la necesidad de adaptar la regulación española a la Decisión Marco 2008/913/JAI del Consejo, de 28 de noviembre, relativa a la lucha contra determinadas formas y manifestaciones de racismo y xenofobia mediante el derecho penal. Incluyéndose en la reforma de 2022 entre los motivos discriminatorios la aporofobia.

Es indiscutible que el discurso del odio para evitar la discriminación hacia los grupos más vulnerables es una de las principales preocupaciones de los legisladores penales de los últimos tiempos puesto que intentar proteger con el Derecho penal el discurso discriminatorio parece que es la creencia para avanzar hacia la tolerancia y la democracia tan deseada después de una historia llena de intolerancia y rechazo al diferente.

En este sentido destaca MUÑOZ CONDE que tenemos una historia marcada por el rechazo al diferente, como por ejemplo las afirmaciones de WEZEL, uno de los ideólogos del régimen nazi más importante y que participó en el Proyecto de ley "extraños a la comunidad" (Gemeinschaftsfremde), agrupando dentro de ese grupo a personas consideradas socialmente indeseables y "dañinas para el pueblo", fundamentalmente marginados sociales, mendigos, vagos, ladrones, estafadores y homosexuales. Así ligaba el autor alemán el discurso con la "limpieza ética", cuando decía que la futura Administración de la Justicia penal debía ponerse al servicio de la regeneración del pueblo. Para conseguirlo según WEZEL hacía falta restablecer la responsabilidad del individuo frente a la comunidad del pueblo y eliminar en esa comunidad las partes integrantes nocivas al pueblo y la raza, extirpando los elementos inapropiados, teniendo los sectores biológicos hereditarios una gran importancia para practicar tendencias eugenésicas llegado el punto de tener que limpiar la raza.

Y es por esto, por lo que podemos afirmar que es en el holocausto nazi donde encontramos la génesis de los delitos de odio[8] (hate crimes).

Y de ahí que quizás podamos establecer que la protección de la negación del holocausto fuese el primer intento de los legisladores penales de proteger ciertos mensajes que pudieran suponer un clima de odio o de hostilidad, lo que no quiere decir que siempre se haya recurrido a este castigo de una forma legítima o justificada.

Lo cierto es que, la regulación del artículo 607.2 CP, en un inciso castigaba el llamado "negacionismo", es decir, la conducta consistente en negar la existencia de un determinado genocidio[9].

Así las cosas, se presentó cuestión de inconstitucionalidad por el presidente de la Audiencia Provincial de Barcelona, ante el Tribunal Constitucional, por el caso por todos conocidos, que no era otro que el de la "Librería Europa". Los hechos transcurrieron de la siguiente forma; con fecha de 16 de Noviembre de 1998, el Juzgado de lo Penal número 3 de Barcelona dictó una Sentencia

---

8 La denominación de "delitos de odio" forma parte del lenguaje del Consejo de Ministros de Maastricht, en el que los Ministros de Asuntos Exteriores de los 55 Estados Miembros de la OSCE acordaron mantener información y estadísticas sobre "delitos de odio" y enviar un informe con esta información a la OSCE de manera periódica. Vid.: *Movimiento contra la intolerancia, Materiales Didácticos Núm. 5. La lucha contra los delitos de odio en Europa, 2005,* pág. 10. La organización para la Seguridad y Cooperación en Europa (OSCE) define los delitos de odio como: "toda infracción penal, incluidas las infracciones contra las personas y la propiedad, cuando la víctima, el lugar o el objeto de la infracción son seleccionados a causa de su conexión, relación, afiliación, apoyo o pertenencia real o supuesta a un grupo que pueda estar basado en la "raza", origen nacional o étnico, el idioma, el color, la religión, la edad, la minusvalía física o mental, la orientación sexual u otros factores similares, ya sean reales o supuestos".

9 Vid.: RAMOS VÁZQUEZ, J.A., "*La declaración de inconstitucionalidad del delito del "Negacionismo. (artículo 607.2 del código penal español)*", Nuevo Foro Penal, Nº72, enero-junio 2009. Pág. 131.

en la que condenaba a Don Pedro Varela Geis como autor responsable de un delito continuado de genocidio del art. 607.2 CP; por actuar en su condición de titular y director de la citada librería de forma habitual y continuada, y a sabiendas de la entrada en vigor de la legislación en la materia en España, por la distribución, difusión y venta de todo tipo de materiales en soporte documental y bibliográfico, libros, cartas, publicaciones, carteles, etc..., en los que de forma reiterada e inequívocamente vejatoria para el grupo social integrado por la comunidad judía, se negaba la persecución y genocidio sufridos por dicho pueblo durante el periodo histórico de la Segunda Guerra Mundial, masacre colectiva programada y ejecutada por los responsables de la Alemania nazi que gobernaron en la época del III Reich. La inmensa mayoría de dichas publicaciones contenían textos en los que se incita a la discriminación y al odio hacia la raza judía, considerándoles seres inferiores a los que se debe exterminar como "a las ratas"[10]. Del mismo modo, lo condenó también como autor responsable de un delito continuado con ocasión del ejercicio de los derechos fundamentales y libertades públicas garantizados por la Constitución consistente en provocación a la discriminación, al odio racial y a la violencia contra grupos o asociaciones por motivos racistas y antisemitas (art. 510 CP). Como nos referíamos anteriormente contra la anterior resolución, la Sección Tercera de la Audiencia Provincial de Barcelona dictó una providencia de fecha 30 de abril de 1999 en la que acordaba dar audiencia a las partes personadas a fin de que expresaran su opinión acerca de la conveniencia de plantear cuestión de inconstitucionalidad en relación con el artículo 607.2 CP, cuyo texto era el que sigue:

> *La difusión por cualquier medio de ideas o doctrinas que nieguen o justifiquen los delitos (*de genocidio y afines*) tipificados en el apartado anterior de este artículo, o pretendan la rehabilitación de regímenes o instituciones que amparen prácticas generadoras de los mismos, se castigará con la pena de prisión de uno a dos años.*

---

10 Antecedentes a la STC 235/2007, de 7 de noviembre, por la que se declara la inconstitucionalidad del delito de negación del genocidio.

Por otra providencia de fecha 7 de mayo de 1999, el órgano judicial de apelación precisó que la duda de constitucionalidad se refería a la posible incompatibilidad del referido precepto con el derecho a la libertad de expresión reconocido en el art. 20.1 CE. Finalmente por Auto de 14 de Septiembre de 2000, la Sección Tercera de la Audiencia Provincial de Barcelona planteó la mencionada cuestión de inconstitucionalidad en los términos siguientes[11]:

> *El fundamento de tal duda reside en la posible colisión con el derecho a la libertad de expresión (reconocido en el art. 201 CE) del delito contenido en el art. 607.2 CP, consistente en difundir por cualquier medio ideas o doctrinas que nieguen o justifiquen los delitos de genocidio o pretendan la rehabilitación de regímenes o instituciones que amparen esas prácticas. A este respecto, razona la Sala que el art. 607.2 CP constituye un tipo penal autónomo que no puede integrarse con la definición que de la apología del delito ofrece el art. 18 CP ni, en consecuencia, sanciona la apología de los delitos de genocidio ni tampoco la provocación a su comisión o la incitación al odio racial, al venir ya tipificadas estas conductas en otros preceptos del Código penal (arts. 510, 515.5, 519 y 615 CP)*[12].

De esta forma, la conducta sancionada por el artículo 607.2 CP era, pues, exclusivamente la de difundir ideas o doctrinas que nieguen o justifiquen los delitos de genocidio, conducta que coincide con la que dio lugar a la condena en instancia del Sr. Varela Geis.

Aunque en nuestra opinión, como afirma CUERDA ARNAU[13], siempre habrá que exigir la nota de publicidad al menos. Pero, en definitiva, lo realmente importante a efectos de este trabajo y de poder encontrar una interpretación constitucional a la difusión de mensajes es que la Sección Tercera del Tribunal Constitucional

---

11 Ibídem.

12 Ibídem

13 CUERDA ARNAU, M.L.; "*El denominado delito de apología del genocidio*", en "El nuevo Derecho Penal Español. Estudios Penales en Memoria del Profesor José Manuel Valle Muñiz"; QUINTERO OLIVARES/ MORALES PRATS (Coords.); Aranzadi, 2001, pág. 1133.

admitió a trámite la cuestión de inconstitucionalidad planteada en relación con el artículo 607.2 CP por presunta vulneración del art. 20.2 CE. Señalando que el órgano proponente consideraba que la conducta tipificada en el art. 607.2 CP definida en estos términos que acabamos de señalar generaba un gran conflicto con el derecho fundamental. Y ello porque se sanciona la difusión de ideas y opiniones sobre determinados hechos históricos, y el derecho a la libertad de expresión constitucionalmente consagrado. Si bien, reconocía que, el legislador, ciertamente, puede elegir el bien jurídico que estima necesitado de protección penal y si se considera que es necesario proteger *ex ante* determinadas conductas peligrosas parece en parte que se legitima. Aunque no esquiva opinar sobre el mencionado precepto que presenta una naturaleza muy difusa, puesto que sería identificable con el interés en evitar que se cree un "clima favorecedor de conductas discriminatorias" ya que la incitación o invitación a realizar comportamientos dirigidos a conculcar derechos fundamentales o que supongan menosprecio a la dignidad de la persona ya están contempladas como conductas delictivas por otros preceptos penales. La sala, por tanto, consideró que el mencionado bien jurídico no es merecedor de protección penal en la medida en que, además de su carácter difuso, supone un límite al derecho a la libertad de expresión[14].

Roxin define el concepto de bienes jurídicos como *circunstancias dadas o finalidades que son útiles para el individuo y su libre desarrollo en el marco de un sistema social global estructurado sobre la base de la concepción de esos fines o para el funcionamiento del propio sistema*[15] . Pero ¿qué bien jurídico es el protegido por el tipo penal?

Para gran parte de la doctrina los delitos del discurso del odio y de negación del genocidio como parte de aquellos nacen con la intención de preservar un bien jurídico de carácter colectivo-supraindividual: la seguridad de los grupos de población más vul-

---

14 STC 235/2007, de 7 de noviembre, por la que se declara la inconstitucionalidad del delito de negación del genocidio.

15 ROXIN, C., "*Derecho Penal. Parte General. Tomo I. Fundamentos. La Estructura de la Teoría del Delito*", Thomson Civitas, 2006, pág. 56.

nerables afectados por ciertos mensajes discriminatorios, preservando una atmósfera de paz y de no hostilidad o violencia; así SUÁREZ ESPINO[16], considera en concreto con el delito de negacionismo que negar ciertas barbaries *-o alabar ciertas conductas o emitir ciertos mensajes17-*, choca frontalmente con la dignidad y el derecho fundamental al honor de las víctimas supervivientes de estos delitos o de sus descendientes; y que son unos hechos lo suficientemente graves como para estimar que estas tesis negacionistas suponen una violación de la dignidad y el honor de los colectivos que lo sufrieron.

Lo cierto es que todos los delitos de odio suponen la emisión de algún mensaje, difusión de consignas, etc. que fomenten un clima de odio u hostilidad en perjuicio de algún grupo vulnerable minoritario, pero ello no quiere decir sin embargo que el castigo por la vía penal sea el idóneo en tanto que puede conllevar la conculcación de otros derechos.

III. EL DISCURSO DEL ODIO EN LA SOCIEDAD DIGITAL

No se puede poner en duda que diariamente no solo en foros públicos, sino en internet y en redes sociales se emiten mensajes que pueden ser molestos o desabridos para la sociedad que los recibe. Indiscutiblemente cuando esos mensajes son emitidos en internet ya *per se* conllevan la publicidad que se le debe predicar a los delitos del discurso del odio, por lo que cada vez que se lanza un mensaje que pudiera caber dentro de las conductas típicas tan amplias que se recogen en los delitos del discurso del odio, la ofensa a los sentimientos religiosos, el discurso del odio terrorista, la difusión de consignas terroristas etc. a través de determinados medios la imputación parece que es directa. Pero desde luego,

---

16 SUÁREZ ESPINO, M.L., "*Comentario a la STC 235/2007, de 7 de noviembre, por la que se declara la inconstitucionalidad del delito de negación de genocidio*", en Indret, Barcelona, abril de 2008.

17 La cursiva es nuestra.

que exista esa alarma o descontento de determinados mensajes no justifica desde el punto de vista de la política criminal una reforma penal como la operada por la LO 1/2015, que en concreto con el artículo 510 CP[18] supuso una excesiva ampliación de conductas punibles y una limitación desproporcionada de libertades fundamentales, como la libertad de expresión, que probablemente sea el mayor indicador de la calidad del pluralismo político que es básico en un Estado democrático de derecho.

Probablemente la sociedad contemporánea, que se encuentra plenamente inmersa en la globalización y el multiculturalismo, tiene un mayor rechazo hacia el odio a las minorías o la discriminación de los grupos vulnerables y bajo ese sentimiento de la sociedad imperante el legislador penal ha encontrado justificado castigar el clima de violencia que ofende precisamente los sentimientos de esa sociedad vulnerando con ello en parte los principios rectores del Derecho penal garantista.

En ese adelantamiento injustificado de las barreras punitivas penales en el discurso del odio para intentar proteger el clima de paz social lo que el legislador ha conseguido ha sido precisamente tipificar conductas a través del castigo a los delitos de expresión.

De esta forma, el legislador penal ha criminalizado conductas que no siendo dañosas por sí mismas, son desagradables para la sociedad y considera que con ellas se podría atentar contra la paz social y por ello encuentra justificado su castigo por la vía penal. Solamente hace falta abrir cualquier día Twitter para ver diferentes mensajes que van en contra de políticos, toreros, futbolistas, la monarquía o víctimas del terrorismo, depende de lo que en cada momento esté siendo noticia, y bajo la capa del discurso del odio

---

18 Ampliamente sobre el ámbito de aplicación del 510 y 607.2 CP vid., RODRÍGUEZ FERRÁNDEZ, S., "El ámbito de aplicación del actual artículo 510 CP en retrospectiva y en prospectiva tras la reforma penal de 2015", en Revista de derecho penal y criminología, 3ª Época, nº 12 (julio de 2014), pp. 166 y ss.

todos esos mensajes han encontrado amparo en la legislación penal y han llegado a resoluciones judiciales muy diferentes.

Algunos de estos mensajes probablemente puedan atentar contra el honor, la intimidad o incluso lleguen a promover la incitación directa[19] a la comisión de algún delito y no tengo duda que bajo esa esfera el Derecho penal tiene que intervenir. Sin embargo, muchas otras conductas que no implican esa incitación directa, no lesionan ningún bien jurídico ni individual ni supraindividual, al menos bajo mi punto de vista, sino que todo lo más esas conductas afectan a la sensibilidad o los sentimientos porque son desagradables para quien percibe esos mensajes extremos o radicales.

De esta manera, hemos llegado precisamente a tipificar bajo la máxima de que cualquier mensaje ofensivo al sentimiento general de la sociedad que los recibe realizado a través de cualquier red social, por la propia naturaleza de las redes sociales, que ya tienen la publicidad que normalmente se predica en los delitos del discurso del odio están garantizada y además, en términos potenciales resultan cuantitativamente superior a aquellos mensajes realizados en un espacio físico por lo que acaban adquiriendo una relevante significación cualitativa.

Porque hay una cosa clara y es que la realización de cualquier actividad por ejemplo en Twitter, Facebook, Instagram, Youtube, etc., salvo que sea un mensaje directo a una persona concreta, conlleva una publicidad inmediata de lo publicado, que es de los pocos límites que los delitos del discurso del odio pueden tener, aunque ciertamente no todos funcionan igual. Y, además, el hecho de que se ponga por escrito implica una perdurabilidad en el tiempo a menos que ese mensaje sea retirado. Por lo que el cibespacio conlleva *per se* por su propia naturaleza mayor difusión, publicidad y perdurabilidad de lo que pueda ocurrir en el espacio físico. Por lo que la cantidad de mensajes que pueden ser califica-

---

19 NÚÑEZ CASTAÑO, E., *Libertad de expresión y derecho penal: la criminalización de los discursos extremos*, Tirant lo Blanch, Valencia 202, pp. 107 y ss.

dos como discurso del odio es aún más importante que cualquier conducta realizada fuera de internet.

Y bajo estas premisas totalmente generales estamos observando cómo se castigan de forma completamente distinta casos similares o incluso un mismo caso tiene apreciaciones distintas en distintos tribunales como es el caso de la librería Europa, el caso de Samanta Vera o Strawberry. Pero, además, el riesgo que entraña los mensajes extremos en internet pasa porque creo que difícilmente se puede probar la intención o subjetividad de los sujetos que lanzan esos mensajes, algo que para el derecho penal no es baladí puesto que supone elementos subjetivos del injusto en determinados ilícitos penales.

Cuando una persona lanza un mensaje en Twitter, puede controlar de una forma muy vaga según su número de seguidores, la actualidad del tema mediante el uso de hashtag etc., la difusión que puede tener su mensaje o hasta dónde puede llegar, pero hay muchos casos en los que eso nunca podrá ser controlado por los posibles retweets que tenga o incluso la publicidad que los propios medios de comunicación hagan de la noticia u opinión vertida en la red social, que probablemente alcance a un mayor público precisamente por causas ajenas al emisor del mensaje. Y otro aspecto a tener en cuenta es que con casi toda seguridad las intenciones de cada uno de los sujetos que participen en compartir esos mensajes sean diferentes. Ante una situación que presenta ciertamente una gran complejidad para el Derecho penal, por lo difuso que resulta centrar la intención de cada sujeto en la emisión de un mensaje extremo, resulta alarmante que el legislador penal considere justificado castigar a todos los participantes de esos mensajes ofensivos y esta solución salomónica no parece que sea la más acertada desde luego.

Y todo ello, porque precisamente Twitter se ha convertido en un medio claramente enfocado hacia la crítica política e ideológica en un marco de opinión pública y la persecución penal de ciertas conductas que pudieran parecer ofensivas por generar un sentimiento hostil en la sociedad corre el riesgo de suponer la incriminación del libre ejercicio de la expresión.

Si tenemos en cuenta que además lo que se está persiguiendo son conductas que no afectan a intereses centrales de los individuos, sino que "ofenden" la sensibilidad de la colectividad, corremos claramente el riesgo de limitar la libertad de opinión a aquellas expresiones que se correspondan con los parámetros de la moral colectiva, criminalizando la exposición pública del pensamiento minoritario y disidente solo por ser de mal gusto para la mayoría

Precisamente en este sentido se manifestó la Sentencia del Tribunal Constitucional 235/2007, de 7 de noviembre, que resolvió la cuestión de inconstitucionalidad planteada al delito de negacionismo –y misma interpretación podría servir para los delitos del discurso de odio- sosteniendo, sin embargo, que el párrafo cuestionado (art. 607.2 ACP) podría resultar contrario al derecho a expresar y difundir libremente los pensamientos, ideas y opiniones mediante la palabra, el escrito o cualquier otro medio de reproducción [art. 20.1 a) CE]. Además, no se puede negar la importancia de que del tenor literal de la disposición puesta en entredicho no se exige como elemento de las mismas que estén dirigidas a incitar a la comisión de delitos de genocidio ni que con ellas se ensalce al genocidio o se enaltezca a los genocidas, elementos uno y otro que, resultan inherentes a las modalidades delictivas de la provocación para delinquir y la apología del delito, según la definición que de las mismas ofrece el artículo 18.1 CP[20].

Compartimos, por tanto, la opinión de la STC 235/2007, de 7 de noviembre, en tanto que el comportamiento cuestionado, tipificado como delictivo por el artículo 607.2 ACP, es la mera difusión de ideas o doctrinas que nieguen o justifiquen la existencia de hechos históricos que han sido calificados de genocidio. Por lo que, es evidente el conflicto de tal tipificación con el derecho

---

20 STC 235/2007, de 7 de noviembre, por la que se declara la inconstitucionalidad del delito de negación del genocidio.

consagrado en el artículo 20.1 CE. Y es doctrina sentada[21] por el TC, considerar que ofrecer cobertura a las opiniones subjetivas e interesadas sobre determinados hechos históricos, por muy erróneas o infundadas que resulten, si no suponen un menosprecio a la dignidad de las personas o un peligro para la convivencia pacífica entre todos los ciudadanos, no debe ser considerada delito.

Así, *el art. 20 de la Norma fundamental. Además de consagrar el derecho a la libertad de expresión y a comunicar o recibir libremente información veraz, garantiza un interés constitucional: la formación y existencia de una opinión pública libre, garantía que reviste una especial trascendencia ya que, al ser una condición previa y necesaria para el ejercicio de otros derechos inherentes al funcionamiento de un sistema democrático, se convierte, a su vez, en uno de los pilares de una sociedad libre y democrática. Para que el ciudadano pueda formar libremente sus opiniones y participar de modo responsable en los asuntos públicos, ha de ser también informado ampliamente de modo que pueda ponderar opiniones diversas e incluso contrapuestas*[22].

Además de por lo dicho, el Tribunal basa sus argumentaciones en que la mera negación de la existencia de prácticas genocidas, sin que concurran elementos de enaltecimiento de tales crímenes o incitación a su comisión, o bien expresiones insultantes o vejatorias, constituye un ejercicio legítimo de la libertad de expresión, pues, según lo expresado por el propio Tribunal, *la libertad de expresión comprende la libertad de crítica aun cuando la misma sea desabrida y pueda molestar, inquietar o disgustar a quien se dirige, pues así lo requieren el pluralismo, la tolerancia y el espíritu de apertura, sin los cuales no existe sociedad democrática*[23].

Además, es importante recalcar como lo hace el TC en la mencionada sentencia que realmente en los delitos de este corte hay una clara falta de referencia explícita al elemento intencional,

---

21 STC 214/1991, de 11 de noviembre y 176/1995, de 11 de diciembre.

22 STC 159/1986, de 16 de diciembre, FJ 6.

23 STC 235/2007, de 7 de noviembre, por la que se declara la inconstitucionalidad del delito de negación del genocidio. FJ4º.

por lo que cabría entender, que para incurrir en el ilícito penal, no sería necesaria la voluntad de incitar al odio de un grupo vulnerable o de menospreciar a un determinado colectivo social, lo que obviamente es inconstitucional por no respetar los parámetros básicos de un Estado democrático de derecho. Y si hay algo que está claro es que una finalidad meramente preventiva o de aseguramiento no puede justificar constitucionalmente una restricción tan radical de las libertades, concretamente de la libertad de expresión, por lo que la constitucionalidad, a priori, de los preceptos del discurso del odio solamente estaría sustentada en la exigencia de otro elemento adicional no expreso realmente en los delitos; a saber, que la conducta sancionadas fuesen en verdad idóneas para crear una actitud de hostilidad hacia el colectivo afectado[24]. El Tribunal Constitucional hace una vez más, hincapié en la necesidad de que esas declaraciones contengan elementos que inciten al odio contra un determinado colectivo racial o supongan un claro menosprecio[25]. No obstante, como NÚÑEZ CASTAÑO[26], consideramos que esa incitación no se puede considerar como una incitación indirecta y mucho menos que sea una incitación al odio, sino que debe ser entendido como una incitación directa a cometer delitos contra un determinado grupo vulnerable, todo lo contrario supondría un límite a la libertad de expresión. Y todo ello, porque es necesario restringir estos tipos penales porque además, lo que se penaliza es una simple situación de peligro potencial, o lo que es lo mismo, en palabras del propio Tribunal Constitucional español "una finalidad meramente preventiva o de

---

24 Vid.: STC 235/2007, de 7 de noviembre, por la que se declara la inconstitucionalidad del delito de negación del genocidio. FJ8º.

25 En similar sentido Cfr.: RAMOS VÁZQUEZ, J.A, "*La declaración de inconstitucionalidad del delito de «negacionismo» (art. 607.2 del Código Penal)*", Revista Penal, n.º 23-enero 2009. BILBAO UBILLOS, J.M., "*LA NEGACIÓN DE UN GENOCIDIO NO ES UNA CONDUCTA PUNIBLE (COMENTARIO DE LA STC 235/2007)*", Revista Española de Derecho Constitucional, núm. 85, enero-abril (2009), págs. 299-352.

26 NÚÑEZ CASTAÑO, E., Libertad de expresión y derecho penal: la criminalización de los discursos extremos, ob. cit., pp. 107 y ss.

aseguramiento no puede justificar constitucionalmente una restricción tan radical de estas libertades”[27].

Bajo mi punto de vista cualquier conducta del discurso del odio de las muchas que se recogen en el CP son comportamientos que no lesionan intereses íntimamente relacionados con derechos fundamentales de las personas, que sería el único límite para empezar a castigar dichas conductas; y castigar conductas que afectan a sentimientos generalizados de una moral colectiva es o debería ser absolutamente inconstitucional.

Esta declaración de inconstitucionalidad que yo afirmo con pocas dudas desde luego no es aceptada por toda la doctrina penal, y hay quienes entienden que el discurso del odio debe ser castigado dentro de su potencial capacidad para incitar a otros a la violencia, pero desde luego no de forma indirecta[28], sino siempre directa.

IV. CONCLUSIONES

Es cierto, que la preocupación o alarma social sobre estas conductas que hemos analizado someramente, por la propia naturaleza y extensión del presente trabajo, han motivado reformas penales, pero no es menos cierto que esta tónica en la que se ha instaurado el legislador penal de los últimos tiempos no puede ser la adecuada porque la legislación penal movida a golpe de manifestación o telediario no se basa en los principios rectores que la debe regir sino que se fundamenta en la sociedad del miedo.

---

27 Vid.: STC 235/2007, de 7 de noviembre, por la que se declara la inconstitucionalidad del delito de negación del genocidio. FJ8º.

28 GALÁN MUÑOZ, A., “¿Juntos o revueltos? Algunas consideraciones y propuestas sobre la cuestionable fundamentación y distinción de los delitos de odio y del discurso del odio”, en *Temas claves de Derecho penal. Presente y futuro de la política criminal en España,* León Alapont, J., (Dir.), JM Bosch Editor, 2021.

Ese miedo precisamente fundamenta que se tema a los mensajes extremos, que pueden crear un clima de odio o de hostilidad hacia los colectivos vulnerables que los reciben, pero proteger un determinado clima siempre va a depender de cuál es el que la sociedad o la colectividad imperante considere adecuado y ello no puede nunca ser un bien jurídico protegido penalmente[29], porque los sentimientos no se deberían proteger, en tanto que son mutables, en un Estado democrático hasta en tanto las conductas que los pudieran afectar no vengan acompañadas a una incitación directa a cometer delitos contra esos determinados grupos.

Que algo como "el odio" que puede fundamentar una motivación para el sujeto activo para cometer un determinado crimen, que podría fundamentar precisamente una agravante genérica de otro delito[30], legitime la creación de nuevos tipos penales parece desmesurado cuando la realidad es que verdaderamente no existe desprotección penal para esos determinados grupos en la medida que se pueden castigar los determinados delitos que se cometan contra ellos con dicha motivación.

Y, además, para mayor crítica, cuando ya se castigan las apologías del artículo 18 CP y tenemos delitos de coacciones, amenazas, contra el honor, etc., en nuestro texto penal que responden a la protección de verdaderos bienes jurídicos, encontramos absolutamente insostenible la tipificación de delitos bajo la ofensa a sentimientos o la creación de un clima de odio u hostilidad que desde luego no responde a un bien jurídico legitimado de protección penal.

---

29 Sobre el bien jurídico del discurso del odio, vid.: DE PABLO SERRANO, A.L., y TAPIA BALLESTEROS, P., "Discurso del odio: problemas en la delimitación del bien jurídico y en la nueva configuración del tipo penal", en Diario La Ley, Nº 8911, Sección Doctrina, 30 de enero de 2017, La Ley 628/2017.

30 FUENTES OSORIO, J.L., "El odio como delito", en Revista Electrónica de Ciencia Penal y Criminología, 19-27 (2017).

Bajo mi punto de vista, todo discurso –extremo o no- es *ab initio* manifestación de la libertad de expresión y eso debe protegerse constitucionalmente y el Derecho fundamental a la libertad de expresión no puede tener contornos ni mucho menos limitarse en tanto en cuanto no afecte a otros Derechos fundamentales suponiendo una intromisión en ellos porque es lo que fundamenta precisamente un Estado democrático.

Pocas actividades pueden existir más arriesgadas que pensar y exponer ese pensamiento públicamente, porque siempre puede existir la posibilidad de encontrar en el receptor o receptores de esos mensajes alguien que se pueda ofender o molestar por lo expresado y hemos llegado a castigar penalmente precisamente esos sentimientos de aquellos que se ofenden sin llegar precisamente a la afectación de bienes jurídicos necesitados de protección penal. Y ello, puede crear un efecto desaliento en la sociedad, dejando por tanto de opinar y manifestar esa opinión y limitando su propia libertad de expresión por miedo a estar cometiendo un delito, algo muy preocupante en una sociedad democrática.

Cuando un mensaje es desabrido o molesto para la sociedad imperante solamente sin llegar a fundamentar una incitación directa a la violencia no hay argumentos racionales para limitar la libertad de expresión y criminalizar el discurso discrepante, diferente o grosero o incluso intolerante por el peligro que supone para el sistema democrático y la sociedad, porque precisamente va en contra de la democracia y las garantías de un derecho penal democrático.

La manifestación de ideas, en internet o fuera de él, nunca puede ser delito si no es porque incida directamente en la comisión de algún delito de corte tradicional o suponga una apología porque expresarse en términos que pueden ser ofensivos o moralmente reprobables no merece un reproche penal.

Mucho mejor y más efectivo seguramente sería generar políticas públicas encaminadas a la educación, el respeto y la aceptación a lo diferente, que por ser menos resulta vulnerable. Acudir al Derecho penal como herramienta educacional nunca ha sido una buena solución porque resulta absolutamente injustificada esa intervención y en ningún caso será efectivo.

V. BIBLIOGRAFÍA

ALCÁCER GUIRAO, R., "Diversidad cultural, intolerancia y Derecho penal", en Revista Electrónica de Ciencia Penal y Criminología 18-11; 2016.

BILBAO UBILLOS, J.M., "LA NEGACIÓN DE UN GENOCIDIO NO ES UNA CONDUCTA PUNIBLE (COMENTARIO DE LA STC 235/2007)", Revista Española de Derecho Constitucional, núm. 85, enero-abril (2009).

CUERDA ARNAU, M.L., "El denominado delito de apología del genocidio", en "El nuevo Derecho Penal Español. Estudios Penales en Memoria del Profesor José Manuel Valle Muñiz"; QUINTERO OLIVARES/ MORALES PRATS (Coords.); Aranzadi, 2001.

DE PABLO SERRANO, A.L., y TAPIA BALLESTEROS, P., "Discurso del odio: problemas en la delimitación del bien jurídico y en la nueva configuración del tipo penal", en Diario La Ley, Nº 8911, Sección Doctrina, 30 de enero de 2017, La Ley 628/2017.

FUENTES OSORIO, J.L., "El odio como delito", en Revista Electrónica de Ciencia Penal y Criminología, 19-27 (2017).

GALÁN MUÑOZ, A., "¿Juntos o revueltos? Algunas consideraciones y propuestas sobre la cuestionable fundamentación y distinción de los delitos de odio y del discurso del odio", en Temas claves de Derecho penal. Presente y futuro de la política criminal en España, León Alapont, J., (Dir.), JM Bosch Editor, 2021.

GÓMEZ MARTÍN, V., INCITACIÓN AL ODIO Y GÉNERO Algunas reflexiones sobre el nuevo art. 510 CP y su aplicabilidad al discurso sexista", en Revista Electrónica de Ciencia Penal y Criminología 18-20, 2016.

LANDA GOROSTIZA, J-M, "Delitos de odio y estándares internacionales: una visión crítica a contra corriente", en Revista Electrónica de Ciencia Penal y Criminología 22-19, 2020.

MUÑOZ CONDE, Edmund Mezger y el Derecho penal de su tiempo. Los orígenes ideológicos de la polémica entre causalismo y finalismo. Ed. Tirant lo Blanch. Alternativas, 4ª Ed, Valencia, 2003.

NÚÑEZ CASTAÑO, E., Libertad de expresión y derecho penal: la criminalización de los discursos extremos, Tirant lo Blanch, Valencia 202.

PORTILLA CONTRERAS, "La represión penal del "discurso del odio"", en QUINTERO OLIVARES (Dir.): Comentario a la reforma penal de 2015, Aranzadi, Pamplona, 2015.

RAMOS VÁZQUEZ, J.A, "La declaración de inconstitucionalidad del delito de «negacionismo» (art. 607.2 del Código Penal)", Revista Penal, n.º 23-enero 2009.

RAMOS VÁZQUEZ, J.A., "La declaración de inconstitucionalidad del delito del "Negacionismo. (artículo 607.2 del código penal español)", Nuevo Foro Penal, Nº72, enero-junio 2009.

RODRÍGUEZ FERRÁNDEZ, S., "El ámbito de aplicación del actual artículo 510 CP en retrospectiva y en prospectiva tras la reforma penal de 2015", en Revista de derecho penal y criminología, 3ª Época, nº 12 (julio de 2014).

ROXIN, C., "Derecho Penal. Parte General. Tomo I. Fundamentos. La Estructura de la Teoría del Delito", Thomson Civitas, 2006.

SUÁREZ ESPINO, M.L., "Comentario a la STC 235/2007, de 7 de noviembre, por la que se declara la inconstitucionalidad del delito de negación de genocidio", en Indret, Barcelona, abril de 2008.

TERUEL LOZANO, "La libertad de expresión frente a los delitos de negacionismo y de provocación al odio y a la violencia: sombras sin luces en la reforma del Código penal", Indret 4/2015.

VALLS PRIETO, J., "Nuevas formas de combatir el crimen en internet y sus riesgos", en Revista Electrónica de Ciencia Penal y Criminología 18-22; 2016.

Promoción e incitación al odio y la discriminación por razón de raza, etnia, origen nacional u otros: a vueltas con la cuestión de la legitimidad de su castigo por vía penal[*]

JARA BOCANEGRA MÁRQUEZ

Profesora Ayudante Doctora

Universidad de Sevilla

I. LOS "DELITOS DE ODIO"[1] COMO RESPUESTA POLÍTICO-CRIMINAL A LA DISCRIMINACIÓN PRESENTE EN LAS SOCIEDADES INTERCULTURALES

La apertura de las fronteras entre los Estados, el aumento de la intercomunicación entre estos a raíz de la globalización, las guerras o conflictos armados, las violaciones sistemáticas de los dere-

---

* El presente trabajo ha sido realizado durante una estancia de investigación en la Universidad de Verona, financiada gracias al programa de Ayudas para la recualificación del Profesorado Universitario, con fondos de la Unión Europea (NextGenerationEU), en virtud de Resolución de 28 de junio de 2021 de la Universidad de Sevilla.

1 Se emplea aquí el término más usado por el común de la doctrina para referirse a las infracciones objeto de examen en este trabajo, esto es: los delitos de los arts. 510 y 515.5º CP. No obstante, se identifica simultáneamente cierto rechazo al empleo de este término. Véase, por ejemplo, FUENTES OSORIO, J.L., "El odio como delito", en Revista Electrónica de Ciencia Penal y Criminología, n.º 19-27, 2017, p. 4, que señala que habría de emplearse en su lugar el vocablo "delitos discriminatorios", pues en estas infracciones el "odio equivale [...] a <<aversión discriminatoria>>".

chos humanos en algunos países con regímenes totalitarios, los desastres naturales, o la precariedad y el desempleo, ligados con frecuencia a crisis económicas, son factores que han propiciado que en las últimas décadas miles de personas hayan abandonado sus hogares y se hayan desplazado a otros territorios, en ocasiones dejando atrás a familiares y/o jugándose la vida en el trayecto, bajo la esperanza última de encontrar a su llegada unas mejores condiciones de vida. Estas migraciones masivas, en muchos casos con destino a países de la Europa occidental –a partir sobre todo de la década de los 90 –, han llevado a la conformación de "sociedades multiculturales", en las que cohabitan nativos con inmigrantes de una gran diversidad de procedencias[2]. Este hecho, que en principio habría de resultar positivo, al contribuir al enriquecimiento cultural y lingüístico de los países de destino, ha llevado al surgimiento de múltiples problemas en lo que al arraigo social de los inmigrantes se refiere. La existencia de disparidades entre los usos y costumbres sociales y los valores y principios sociales y jurídicos del país de origen y del país de destino al que llega el migrante –el fenómeno comúnmente llamado "choque cultural" –, lleva en muchas ocasiones y de forma natural a que el inmigrante se enfrente a su llegada con problemas de adaptación al nuevo entorno, tendiendo en consecuencia a aislarse y relacionarse con aquellos que se encuentran en su misma situación, véase: inmigrantes de igual o similar procedencia territorial, costumbres e/o idioma, conformándose los consiguientes guetos. A tal fenómeno no ayuda, desde luego, el hecho frecuente, y verdaderamente

---

2 BERNAL DEL CASTILLO, J., "Política criminal en España y discriminación xenófoba: la centralidad de los delitos de provocación a la discriminación", en Política criminal, vol. 9, nº. 18, art. 3, p. 372, "habla" a este respecto de la conformación de una nueva realidad social caracterizada por el aumento sin precedentes del fenómeno migratorio, originándose "sociedades multiculturales". Véase también al respecto GARCÍA ÁLVAREZ, P., "El derecho penal y la discriminación de los extranjeros", en MUÑOZ CONDE, F., Problemas actuales del derecho penal y de la criminología, Tirant lo Blanch, Valencia, 2008, pp. 937 y 938.

preocupante, –objeto de análisis en este trabajo – de que entre los nativos del lugar se desarrollen movimientos de corte xenófobo o racista que rechazan a los inmigrantes, y abogan por su expulsión del territorio nacional, llegándose en los casos más extremos a emprenderse acciones violentas contra ellos, con la consiguiente producción de un clima hostil, y de tensión, tanto en la sociedad en general, como en la colectividad concreta inmigrante en particular, cuyos integrantes pueden llegar a sentir hostilidad hacia ellos, y miedo e intranquilidad en su día a día[3]. "Curiosamente" los colectivos concretos destinatarios del rechazo y de las amenazas e insultos suelen ser los extranjeros que se encuentran en una situación de penuria económica. Así, y yendo a la realidad de nuestro país, pocas veces oímos manifiestos o alegatos contra la presencia en España de célebres jugadores de fútbol de procedencia extran-

---

3 BORJA JIMÉNEZ, E., "Presupuestos político-criminales del nacimiento de la legislación penal contra el racismo y la xenofobia en Europa", en GARCÍA AÑÓN, J., y RUIZ SANZ, M., Discriminación racial y étnica: balance de la aplicación y eficacia de las garantías normativas, Tirant lo Blanch, Valencia, 2013, pp. 199-201, indica que, si bien la discriminación y el maltrato a personas por razón de su origen ha estado siempre presente a lo largo de la historia –siendo ejemplos paradigmáticos de ello la expulsión de los judíos de España a finales del siglo XV o el holocausto perpetrado durante la Segunda Guerra Mundial por el gobierno nazi del *Tercer Reich* –, en la historia más reciente se erige en fenómeno preocupante al inicio de la década de los 70, aumentando su intensidad en las décadas sucesivas hasta llegar al momento actual. Así, mientras que la fuerte inmigración presente en Europa occidental en los años sucesivos a la Segunda Guerra Mundial, ante la demanda de trabajo surgida con el proceso de industrialización, no generó apenas resistencias entre los nacionales, siendo vista, por el contrario, como "necesaria e inevitable" en un contexto de auge económico y bienestar, los flujos migratorios llegados al continente a partir de mediados de los 70, en una época de fuerte crisis económica, generaron, por el contrario, importantes movimientos discriminatorios entre los nativos europeos. Transcribiendo al autor, resulta que "quien antes había sido un necesario trabajador emigrante se convierte a los ojos del ciudadano nacional en peligroso competidor tanto por el puesto de trabajo como por las ayudas sociales".

jera, integrantes de las plantillas de clubes como el Real Madrid o el Barça[4], pero sí los oímos contra la presencia en determinados barrios de las ciudades de inmigrantes que se encuentran en situación de precariedad[5]. La xenofobia y el racismo aparecen, así, en la práctica, estrechamente ligadas a la aporofobia[6].

Si bien las agrupaciones más conocidas que se dedican a hacer apología del racismo, la xenofobia y, en fin, el rechazo a los que no son nacionales o no comparten los rasgos físicos, las creencias o ideas dominantes en la sociedad del país concreto, son generalmente rechazadas y condenadas por la gran mayoría de la colectividad –piénsese en los *Skinheads*[7] –, las ideas que propagan calan

---

4 No han de obviarse, sin embargo, los insultos en las gradas o entre los propios futbolistas a jugadores por razón de su raza. Así, por poner algunos ejemplos recientes, puede destacarse la denuncia de Alejandro Díaz Bonilla, presidente del Dínamo de San Juan CF, equipo de fútbol de Santurtzi, señalando que uno de sus jugadores, Fernando De Assis Da Silva, había sido víctima de "graves insultos racistas" durante el partido disputado el 22 de enero de 2022 contra el C.D. Derio, por parte de aficionados que se encontraban en la grada (véase EL DIARIO, 24/01/2022); o el vídeo que capta cómo un hincha imita a un mono mientras mira a Carlos Akapo durante un partido entre el Granada CF y el Cádiz CF (véase MARCA, 01/03/2022).

5 Así, GARCÍA ÁLVAREZ, P., "El derecho penal y la discriminación de los extranjeros", cit., p. 942.

6 El término aporofobia fue acuñado en los años 90 por la filósofa Adela Cortina, catedrática de Ética y Filosofía Política de la Universidad de Valencia, para referir la actitud de rechazo y hostilidad a las personas con escasos recursos económicos. Véase, para más en profundidad sobre el concepto y el fenómeno al que hace referencia, CORTINA, A., Aporofobia, el rechazo al pobre: un desafío para la sociedad democrática, Paidos, 2017. Como curiosidad, puede señalarse que "Aporofobia" fue elegida palabra del año 2017 por la Fundación del Español Urgente (Fundéu).

7 Señala BORJA JIMÉNEZ, E., "Presupuestos político-criminales del nacimiento de la legislación penal contra el racismo y la xenofobia en Europa", cit., p. 200, que la primera aparición de la banda urbana de las "cabezas rapadas" "se suele situar en el año 1969 [...] en la zona Este de Londres", y que, aunque en principio esta se mostrase aparentemente

de un modo peligroso en la sociedad. Clara demostración de ello es la actual presencia en el plano político de partidos de extrema derecha en la casi totalidad de países europeos, que ostentan, además, una importante representatividad a nivel parlamentario. En los últimos años venimos experimentando, de hecho, una eclosión de la ultraderecha en Europa, si consideramos el ascenso al poder de Viktor Orbán –calificado por numerosos medios como xenófobo –, como Primer Ministro en mayo de 2010 en Hungría, y su permanencia desde entonces en el gobierno, revalidando su mandato[8], la victoria electoral continuada desde 2015 del partido derechista Ley y Justicia (PiS) en Polonia[9], la fuerte entrada en el hemiciclo español de VOX en las elecciones de noviembre de 2019[10], o la reciente victoria, en septiembre de 2022, de Giorgia

---

como un movimiento contrario a los valores culturales y estéticos que venía representado el colectivo *hippie,* lo cierto es que desde su nacimiento ya dirigía violentos ataques contra paquistaníes y ciudadanos de color de origen caribeño.

8 Así, el partido que lidera el político – Fidesz-Unión Cívica Húngara – venció las sucesivas elecciones parlamentarias, de 2014, 2018, y la más reciente, de 2022, con victorias, además, cada vez más contundentes. Véase EL DIARIO.ES, 06/04/2022, refiriendo cómo el político ganó con mayoría absoluta las últimas elecciones legislativas celebradas el 3 de abril de 2022.

9 El cargo de primer ministro de la República de Polonia fue desempeñado, en el marco del citado partido de ultraderecha (PiS), al inicio por Beata Szydlo (desde noviembre de 2015 hasta diciembre de 2017), si bien, desde esta última fecha está "al mando" Mateusz Jakub Morawiecki, alto ejecutivo bancario criado en el ultra-conservadurismo. La última victoria del partido tuvo lugar en las elecciones parlamentarias celebradas en octubre de 2019, en las que obtuvo una abrumadora victoria con el 43,6% del voto del electorado. Véase EL PAÍS, 14/10/2019.

10 Véase RTVE, 11/11/2019: "Vox se ha disparado hasta convertirse en la tercera fuerza del Congreso con 52 diputados y más de 3,64 millones de votos –el 15,09% de las papeletas –, en las elecciones generales de este domingo, que ha vuelto a ganar el PSOE pero con peor resultado que en abril".

Meloni, presidenta de Fratelli d'Italia, en Italia[11]. Así, el discurso del odio hacia "el de fuera" mantenido inicialmente por concretos grupúsculos racistas y xenófobos, en el que se define al inmigrante extranjero de escasos recursos como una amenaza para el nacional a efectos laborales y de seguridad ciudadana, ha acabado calando con fuerza en gran parte de la ciudadanía. Desgraciadamente casi todos hemos escuchado en alguna ocasión, incluso estando entre colegas o compañeros, frases en las que se culpa a los inmigrantes de todo tipo de desgracias, tanto a nivel abstracto como personal, tales como el desempleo, la delincuencia o el colapso o saturación de los servicios de sanidad pública.

Las instituciones han sido desde tiempo atrás conscientes del peligro que entrañan estos discursos del odio basados en motivos discriminatorios, principalmente teniendo en mente el fenómeno de la llegada al poder en Alemania en 1933, de un modo en principio democrático, de Adolf Hitler, y de la ejecución por parte del *Tercer Reich* de la llamada "Solución final" (*Endlösung*) entre 1941 y 1945, con el exterminio en cámaras de gas de millones de judíos, pero también de polacos, comunistas, y militantes de izquierda en general, homosexuales, gitanos, discapacitados físicos o mentales, y prisioneros de guerra[12]. Contamos, así, a día de hoy

---

11 Véase BBC, 26/09/2022: "Con el 99,95% de los votos escrutados, el partido Hermanos de Italia de Giorgia Meloni ha conseguido 26% de los sufragios y se ha convertido en la fuerza más votada, en unas elecciones marcadas por una elevada abstención (36%)".

12 En este sentido, GALÁN MUÑOZ, A., "Delitos de odio, Discurso del odio y Derecho penal: ¿Hacia la construcción de injustos penales por peligrosidad estructural?", en GALÁN MUÑOZ, A. y MENDOZA CALDERÓN, S., *Derecho penal y política criminal en tiempos convulsos*, Tirant lo Blanch, Valencia, 2021, p. 67, conecta el origen de los delitos de odio con "una de las fases más oscuras de la reciente historia europea, [...] la que desembocó en el holocausto judío producido durante la segunda guerra mundial". Afirma el autor que "fue sin duda dicho acontecimiento histórico, derivado del auge y la subida al poder del autoritarismo nazi en Alemania [...] el que llevó, por ejemplo, a que, tras la caída de dicho régimen totalitario, la Ley Fundamental de Bonn optase por

con varias e importantes normas a nivel internacional que remarcan la importancia de respetar los principios de dignidad e igualdad inherentes a todos los seres humanos, con independencia de su raza, etnia, religión, procedencia o cualquier otra característica o rasgo personal, condenando expresamente la discriminación y el discurso del odio[13], y estableciendo, además, obligaciones a los Estados parte en cuanto a la incriminación de aquellas conductas que promueven y difunden toda idea basada en la superioridad de unas personas sobre otras en base a dichos elementos diferenciales. En este sentido, resulta obligado mencionar, sin obviar la Convención de la ONU de 1948 para la prevención y sanción del delito de genocidio, y el Pacto Internacional de Derechos civiles y políticos de 1966[14], la *Convención de la ONU de 1965*, sobre la eliminación de todas las formas de discriminación racial, y, a nivel

---

prohibir las asociaciones dirigidas contra el orden constitucional (en su artículo 9) o por limitar determinados derechos fundamentales, entre los que estaba el de la libertad de expresión (artículo 18)".

13 Así, la Convención de la Organización de Naciones Unidas (en adelante, ONU) de 1965, sobre la eliminación de todas las formas de discriminación racial, establece en su art. 2.1: "Los Estados parte condenan la discriminación racial y se comprometen a seguir, por todos los medios apropiados y sin dilaciones, una política encaminada a eliminar la discriminación racial en todas sus formas y a promover el entendimiento entre todas las razas"; y, en el art. 4.1: "Los Estados parte condenan toda la propaganda y todas las organizaciones que se inspiren en ideas o teorías basadas en la superioridad de una raza o de un grupo de personas de un determinado color u origen étnico, o que pretendan justificar o promover el odio racial y la discriminación racial, cualquiera que sea su forma, y se comprometen a tomar medidas inmediatas y positivas destinadas a eliminar toda incitación a tal discriminación o actos de tal discriminación". Por su parte, en el ámbito europeo, el Consejo, en la Decisión Marco 2008/913/JAI –apartado 1 del considerando –, señala que: "El racismo y la xenofobia son violaciones directas a los principios de libertad, democracia, respeto de los derechos humanos y de las libertades fundamentales, así como del Estado de Derecho".

14 En el art. 20.2 de esta norma se proclama que "Toda apología del odio nacional, racial o religioso que constituya incitación a la discriminación, la hostilidad o la violencia estará prohibida por la ley".

comunitario, la *Decisión Marco 2008/913/JAI* del Consejo, de 28 de noviembre de 2008, relativa a la lucha contra determinadas formas y manifestaciones de racismo y xenofobia mediante el Derecho penal[15].

La Convención aprobada en 1965, y entrada en vigor en enero de 1969, impone expresamente a los Estados parte que determinen "como acto punible [...] toda *difusión de ideas basadas en la superioridad o en el odio racial*, toda *incitación a la discriminación racial*, así como todo *acto de violencia o toda incitación a cometer tales actos* contra cualquier raza o grupo de personas de otro color u origen étnico, y toda *asistencia a las actividades racistas, incluida su financiación*", así como que declaren ilegales y prohíban las "organizaciones, así como como las actividades organizadas de propaganda y toda otra actividad de propaganda, que promuevan la discriminación racial e inciten a ella", y que incriminen como delito la sola "participación en tales organizaciones o actividades" [16]. La decisión marco del Consejo de la Unión Europea, por su parte, siguiendo la estela de la anterior norma, establece la obligación de los Estados miembros de adoptar las medidas pertinentes para garantizar el efectivo castigo de las conductas intencionadas que consistan en "la *incitación pública a la violencia o al odio* dirigidos contra un grupo de personas o un miembro de tal grupo, definido en relación con la raza, el color, la religión, la ascendencia o el origen nacional o étnico", haciendo referencia a un medio específico para llevar a cabo tales conductas, cuál sería el de la "difusión

---

15 Esta decisión marco viene a derogar y sustituir a la Acción Común 96/443/JAI del Consejo, de 15 de julio de 1996, relativa a la acción contra el racismo y la xenofobia. En los apartados 3 y 4 del considerando de la decisión marco, el Consejo señala que la evaluación de la mentada acción común ha puesto de relieve que "subsisten algunas dificultades en el ámbito de la cooperación judicial", siendo, por ende, necesario seguir profundizando en una "mayor aproximación de las legislaciones penales de los Estados miembros [...] a fin de combatir eficazmente el racismo y la xenofobia", lo que se pretende conseguir mediante la nueva decisión marco.

16 Véanse los apartados a y b del art. 4 de la convención.

o reparto de escritos, imágenes u otros materiales" que contengan un mensaje incitador en tal sentido. Además de prever la clásica fórmula relativa al deber de los Estados de prever a este respecto "sanciones penales efectivas, proporcionadas y disuasorias", la norma comunitaria da un paso ulterior al establecer que las referidas conductas de incitación habrán de castigarse con "una pena máxima de uno a tres años de prisión como mínimo"[17].

En el plano nacional, lo cierto es que ya desde la aprobación de nuestro actual Código penal en 1995, por la LO 10/1995, de 23 de noviembre, encontramos normas específicas para la represión de conductas de este género. Las dos principales que han venido a punir comportamientos similares a los referidos por las normas internacionales, de 1965 y 2008, han sido los arts. 510 y 515.5° y ss. En sus redacciones originarias, el primero –art. 510 CP – venía a sancionar con una pena de prisión de uno a tres años a aquellos que "*provocaren a la discriminación, al odio o a la violencia* contra grupos o asociaciones, por motivos racistas, antisemitas u otros referentes a la ideología, religión o creencias, situación familiar, la pertenencia de sus miembros a una etnia o raza, su origen nacional, su sexo, orientación sexual, enfermedad o minusvalía"[18], y los segundos –arts. 515.5° y ss. CP –, empleando una fórmula muy parecida, con penas que podían oscilar desde uno hasta cuatro años, a los fundadores, directores, presidentes, miembros activos

---

17 *Ibídem,* art. 3, apartados 1 y 2.

18 Concretamente, establecía el art. 510 en su redacción primigenia: "1. Los que provocaren a la discriminación, al odio o a la violencia contra grupos o asociaciones, por motivos racistas, antisemitas u otros referentes a la ideología, religión o creencias, situación familiar, la pertenencia de sus miembros a una etnia o raza, su origen nacional, su sexo, orientación sexual, enfermedad o minusvalía, serán castigados con la pena de prisión de uno a tres años y multa de seis a doce meses. 2. Serán castigados con la misma pena los que, con conocimiento de su falsedad o temerario desprecio hacia la verdad, difundieren informaciones injuriosas sobre grupos o asociaciones en relación a su ideología, religión o creencias, la pertenencia de sus miembros a una etnia o raza, su origen nacional, su sexo, orientación sexual, enfermedad o minusvalía".

y colaboradores[19] de asociaciones "que *promuevan la discriminación, el odio o la violencia* contra personas, grupos o asociaciones por razón de su ideología, religión o creencias, la pertenencia de sus miembros o de alguno de ellos a una etnia, raza o nación, su sexo, orientación sexual, situación familiar, enfermedad o minusvalía, *o inciten a ello*"[20].

En 2015, mediante LO 1/2015, de 30 de marzo, se modificaron notablemente estos preceptos –arts. 510 y 515.5º y ss. CP –, justificando entonces la reforma el legislador en la necesidad de transponer la citada decisión marco del año 2008[21]. No obstante, lo cierto es que, si se compara el texto originario del CP de 1995 –que sanciona el provocar a, o el promover en grupo, la discriminación, el odio o la violencia contra miembros de determinados colectivos tradicionalmente discriminados[22] – con el de la norma comunitaria de 2008 –que se refiere a la incitación pública a la violencia o al odio –, puede concluirse que el primero ya resultaba adecuado en líneas generales a las exigencias de esta última, o, incluso, que iba más allá, si se considera que el Consejo, a diferencia

---

19 Véanse arts. 517 y 518 CP.

20 Nótese que el origen de este delito se remonta al CP anterior, véase: el CP de 1944, si bien tras su reforma acaecida una vez fallecido Francisco Franco, en 1976, que vino a incluir en el catálogo de "asociaciones ilícitas" –concretamente, en el apartado 4º del art. 172 CP – a las agrupaciones "que promuevan la discriminación entre los ciudadanos por razón de raza, religión, sexo o situación económica".

21 Así lo señala el legislador en los apartados I (párrafo 7), XXVI, y en la Disposición final sexta, de la LO 1/2015, de 30 de marzo.

22 Señálese que, en puridad, la norma no se refiere expresamente a colectivos que han sido tradicionalmente discriminados; sin embargo, una interpretación teleológica de la norma ha de llevar a este entendimiento, dejando extramuros del delito las conductas de fomento o incitación a la discriminación o la violencia contra "colectivos" como los hombres, los heterosexuales o los blancos. Así, CORRECHER MIRA, J., "La banalización del discurso del odio: una expansión de los colectivos ¿vulnerables?", en InDret, nº. 2, 20121, p. 140; o MUÑOZ CONDE, F. y LÓPEZ PEREGRÍN, C., Derecho Penal. Parte Especial, 24ª ed., Tirant lo Blanch, Valencia, 2022, p. 804.

del legislador español, se refiere exclusivamente a la incitación de carácter público, dejando extramuros la incitación o provocación a la violencia o al odio entre particulares, y que no menciona la incitación a la discriminación. Por otro lado, los motivos discriminatorios mencionados por la norma comunitaria en 2008 son más reducidos que los contemplados ya en 1995 por nuestro Código penal, que, además de la raza, el color, la religión, la ascendencia o el origen nacional o étnico, incluía el "sexo", la "orientación sexual", o el padecimiento de una "enfermedad o minusvalía".

El resultado de la reforma de 2015 ha sido, en todo caso, un despropósito en lo que se refiere al debido respeto al principio de intervención mínima del derecho penal, principalmente en lo que respecta al art. 510 CP , que ha pasado de albergar dos apartados a contener seis, incrementándose, en consecuencia, notablemente el número de comportamientos objeto de sanción, y a ver aumentado en un año la pena máxima establecida hasta entonces para las conductas de provocación, que pasa a 4 años, esto es: más del mínimo a que obligaba la decisión marco de 2008[23]. Las conductas que concretamente nos ocupan, ya de por sí descritas con contornos inciertos, pasan, con la reforma, a formularse de un modo mucho más amplio, generando una inseguridad jurídica intolerable. La originaria fórmula "provocaren a la discriminación, al odio o a la violencia" se transforma en "públicamente fomenten, promuevan o inciten directa o indirectamente al odio, hostilidad, discriminación o violencia". Si bien es cierto que pasa a exigirse el carácter público del acto, conforme a lo dispuesto en la norma comunitaria, lo cual supone un acierto, el número de conductas típicas aumenta[24], llegando a abarcar la incitación indi-

---

23 Recuérdese que el art. 3 de la norma comunitaria obligaba a los Estados a sancionar los comportamientos de incitación pública al odio con "una pena máxima de uno a tres años de prisión como mínimo".

24 Decimos "aumenta" porque si bien es cierto que ya no aparece en la norma "provocar", los verbos que ahora figuran en su lugar –fomentar, promover o incitar directa o indirectamente – lo comprenden en su significado.

recta, lo que entraña punir mucho más de lo exigido por la decisión marco[25]. Algo similar sucede con el art. 515 CP, ahora apartado 4º[26], en materia de asociaciones ilícitas, en el que, de castigarse a las asociaciones que "promuevan la discriminación, el odio o la violencia", se pasa a punir a las que "fomenten, promuevan o inciten directa o indirectamente al odio, hostilidad, discriminación o violencia" contra personas, grupos o asociaciones por su pertenencia a determinados colectivos. "Con la ley en la mano", llevando a cabo una interpretación literal de estos preceptos, se podría condenar a cualquier persona que manifieste o exponga públicamente su rechazo a determinadas personas por razón de su pertenencia a un colectivo determinado. Piénsese en frases que podemos escuchar, por desgracia, en ocasiones entre conocidos, en reuniones o actos concurridos, del tipo "los inmigrantes están colapsando la sanidad pública", "vienen de África a quitarnos el trabajo", o "la mayoría de gitanos son unos ladrones y unos vagos". Desde luego las mismas pueden resultar moralmente reprochables, pero activar frente a ellas el aparato represivo penal, véase: el instrumento más grave con que cuenta el Estado, parece desproporcionado, sin obviar el peligroso "efecto de desaliento"[27] que

---

25 Así lo señala la propia Fiscalía General del Estado, en su Circular 7/2019 sobre pautas para interpretar los delitos de odio tipificados en el art. 510 CP, p. 41: "la nueva redacción del art. 510.1.a) CP ha creado un tipo con un alcance sancionatorio más amplio que el demandado por la DM 2008/913/JAI, puesto que ésta no se pronuncia sobre si la incitación ha de ser directa o indirecta, ni contiene los verbos "fomentar" o "promover"".

26 Con la reforma del Código penal operada por Ley Orgánica 1/2015, de 30 de marzo, las asociaciones ilícitas que nos ocupan pasaron a incluirse en el apartado 4º, suprimiéndose el hasta entonces apartado 5º.

27 Una explicación muy clara de en qué consiste el citado "efecto de desaliento" –"*chilling effect*" – la encontramos en la STC 136/1999, de 20 de julio, FJ 20º, cuando se señala: "una reacción penal excesiva frente a este ejercicio ilícito –véase: el ejercicio ilícito de un derecho fundamental – [...] puede producir efectos disuasorios o de desaliento sobre el ejercicio legítimo de los referidos derechos ya que sus titulares, sobre todo si los límites penales están imprecisamente establecidos, pueden

tal proceder puede ocasionar en el libre ejercicio de la libertad de expresión por parte de los ciudadanos[28]; derecho fundamental este que entraña, *ex* art. 20 de nuestra Constitución (en adelante, CE), la facultad de toda persona de "expresar y difundir libremente los pensamientos, ideas y opiniones mediante la palabra, el escrito o cualquier otro medio de reproducción"[29].

Considerando, así, los riesgos que entraña la excesiva amplitud de la descripción de las conductas típicas de los actuales arts. 510 y 515.4º CP, se pretende en este trabajo analizar si es posible mantener una interpretación restrictiva de estos preceptos que los haga compatibles con los principios limitadores del *ius puniendi,* así como con el respeto al derecho fundamental de la libertad de expresión, para, en caso positivo, concretar el sentido de tal

---

no ejercerlos libremente ante el temor de que cualquier extralimitación sea severamente sancionada". En la doctrina, puede verse al respecto, entre otros muchos, COLOMER BEA, D., "La doctrina del efecto desaliento como punto de conexión entre el Derecho penal y los derechos fundamentales", en Cuadernos Electrónicos de Filosofía del Derecho, n.º 41, 2019, p. 102: "Una sanción penal excesiva para castigar una conducta próxima al ejercicio legítimo de un derecho fundamental puede disuadir a los ciudadanos de ejercer en el futuro ese derecho —o, al menos, ejercerlo en su plenitud—. En tal caso, la sanción desproporcionada constituye una vulneración del propio derecho fundamental".

28 Alertan sobre ello CUERDA ARNAU, M.L., "La doctrina del efecto de desaliento en la jurisprudencia del Tribunal Constitucional español. Origen, desarrollo y decadencia", en InDret, nº. 2, 2022, p. 107, cuando objeta que el tratamiento legislativo del fenómeno del "discurso extremo" prescinde del juicio de proporcionalidad; y FUENTES OSORIO, J.L., "El odio como delito", cit., p. 40, refiriendo que "ante el miedo a una posible sanción penal desproporcionada por cualquier manifestación" se produce un "*chilling effect*".

29 Art. 20.1.a CE. En similares términos, la Declaración Universal de Derechos Humanos de 1948, adoptada por la Asamblea General de Naciones Unidas, que en su art. 19 proclama: "Todo individuo tiene derecho a la libertad de opinión y de expresión; este derecho incluye el no ser molestado a causa de sus opiniones, el de investigar y recibir informaciones y opiniones, y el de difundirlas, sin limitación de fronteras, por cualquier medio de expresión".

interpretación, estableciendo complementariamente propuestas de *lege ferenda*, véase: de modificación del tenor literal actual de estas normas.

II. PRINCIPALES POSTURAS DOCTRINALES EN RELACIÓN CON EL OBJETO JURÍDICO DE LOS "DELITOS DE ODIO"

Los comúnmente llamados delitos de odio se encuentran ubicados en el Código penal en el título XXI, relativo a los "delitos contra la Constitución", y, más concretamente, en la sección primera de su capítulo IV, que lleva por rúbrica "De los delitos cometidos con ocasión del ejercicio de los derechos fundamentales y de las libertades públicas garantizados por la Constitución"[30]. De tal ubicación sistemática podría concluirse que el legislador concibe las conductas típicas mencionadas –públicamente fomentar, promover o incitar al odio, hostilidad, discriminación o violencia contra determinados colectivos – como ejercicios abusivos del derecho fundamental a la libertad de expresión consagrado en el art. 20.1 CE. El ejercicio de la libertad de expresión, como el de todo derecho, tiene sus límites. El propio apartado 4 del art. 20 CE señala que el límite infranqueable, en este sentido, se encontraría "en el respeto a los derechos reconocidos en este Título, en los preceptos de las leyes que lo desarrollen y, especialmente, en el derecho al honor, a la intimidad, a la propia imagen y a la protección de la juventud y de la infancia".

Si hablamos en términos jurídico-penales hemos de recurrir propiamente al concepto de "bien jurídico protegido" para hallar una legitimación a la criminalización de las conductas castigadas. Habría de dilucidarse, así, qué valor esencial para la autorrealiza-

---

30 Entiéndase que esta es la rúbrica de la mentada sección, perteneciente al capítulo IV. Este, por su parte, lleva por título "De los delitos relativos al ejercicio de los derechos fundamentales y libertades públicas".

ción de los individuos en la sociedad ("bien jurídico-penal") se ve afectado –ya lesionado, ya puesto en peligro – por el hecho de que una persona a través de la manifestación de palabras fomente, promueva o incite públicamente al odio, hostilidad, discriminación o violencia contra determinadas personas por su pertenencia a un colectivo, de forma que se justifique en estos casos la limitación del ejercicio de la libertad de expresión, mediante, además, la previsión de la imposición de la sanción más grave que hoy existe, que es la pena privativa de libertad. De los valores a los que alude específicamente el constituyente en el citado art. 20.4 CE –véase: el derecho al honor, a la intimidad, a la propia imagen y a la protección de la juventud y de la infancia –, no se identifica, a mi modo de ver, uno concreto que se ve claramente afectado por las conductas incriminadas que nos ocupan. En todo caso, el más cercano sería el derecho al honor, véase: el derecho a que se respete la reputación, fama o estimación social de una persona, pero su defensa como *ratio legis* supondría en este caso mantener una interpretación muy forzada de la norma, e ineficaz de cara a justificar la prohibición de las conductas en ella contenidas. Las ofensas al honor se han circunscrito siempre a un conflicto entre particulares, de ahí la tradicional configuración de los delitos de calumnias o injurias[31] como delitos privados, esto es: solo perseguibles mediante querella del propio ofendido o su representante[32]; algo que, desde luego, no casa con el conflicto que subyace al discurso del odio, que no afecta a una persona o personas concretas que pueda o puedan considerar afectada su honorabilidad, sino a un colectivo, cuyos integrantes, si bien comparten un rasgo distintivo, resultan en la práctica indeterminados en cuanto a su identidad. Descartados el honor, la intimidad, la propia imagen y

---

31 Ambas infracciones se encuentran ubicadas en el título XI del Código penal, relativo a los "Delitos contra el honor".

32 Véase el art. 215.1 CP, que exige como requisito para que se procese a alguien por estos delitos la mentada querella privada, salvo en el caso excepcional en que "la ofensa se dirija contra funcionario público, autoridad o agente de la misma sobre hechos concernientes al ejercicio de sus cargos", en el que se procederá de oficio.

la protección de la juventud y de la infancia como bienes jurídicos a proteger mediante los delitos de odio, habría de acudirse a la fórmula legal más amplia contenida en el mentado art. 20.4 CE que señala que el límite a la libertad de expresión se encuentra "en el respeto a los derechos reconocidos en este Título[33]". En este sentido, un importante sector de la doctrina penal ha mantenido que el bien jurídico que se vería afectado por las conductas típicas, y, que serviría, por tanto, como legitimación a su castigo, sería el *derecho a no ser discriminado*[34]. No obstante, habría que decir que en puridad no se encuentra tal derecho, al menos así formulado, en el título I de la CE. Es cierto que el art. 14 CE proclama la igualdad de los españoles ante la ley "sin que pueda prevalecer discriminación alguna por razón de nacimiento, raza, sexo, religión, opinión o cualquier otra condición o circunstancia personal o social", pero esto, más que un derecho, constituye un principio que ha de orientar la actuación de los poderes públicos[35], de ahí

---

33 Con "este Título" el constituyente se refiere al título I de la Constitución, que lleva por rúbrica "De los derechos y deberes fundamentales".

34 En este sentido, BERNAL DEL CASTILLO, J., "Política criminal en España y discriminación xenófoba: la centralidad de los delitos de provocación a la discriminación", cit., p. 383; y GARCÍA ÁLVAREZ, P., "El derecho penal y la discriminación de los extranjeros", cit., pp. 945 y 946.

35 Así lo señala el propio legislador en la Exposición de Motivos de la LO 1/1995, de 23 de noviembre, del Código penal, cuando refiere: "*El Código Penal ha de tutelar los valores y principios básicos de la convivencia social. [...] Se ha procurado avanzar en el camino de la igualdad real y efectiva, tratando de cumplir la tarea que, en ese sentido, impone la Constitución a los poderes públicos.* Cierto que no es el Código Penal el instrumento más importante para llevar a cabo esa tarea; sin embargo, puede contribuir a ella, eliminando regulaciones que son un obstáculo para su realización o introduciendo medidas de tutela frente a situaciones discriminatorias". A este respecto, nótese que el apartado 2 del art. 9 CE determina que "corresponde a los poderes públicos promover las condiciones para que la libertad y la igualdad del individuo y de los grupos en que se integra sean reales y efectivas; remover los obstáculos que impidan o dificulten su plenitud...". Nótese, por otra parte, que el constituyente menciona también a la igualdad como valor supremo del ordenamiento jurídico en el art. 1.1 CE, cuando determina que:

la referencia a que la igualdad lo ha de ser "ante la ley", sin entrar en el plano de las relaciones privadas entre particulares[36]. No obstante, los autores que erigen a este derecho a no ser discriminado en valor protegido mediante los delitos de odio argumentan que el mismo constituye uno de los derechos inherentes a la dignidad de la persona, a que se refiere el art. 10 CE[37]. El *derecho a recibir un trato digno* como ser humano implicaría o se relacionaría con la exigencia de ser tratado igual que el resto, véase: de no ser discriminado[38].

"España se constituye en un Estado social y democrático de Derecho, que propugna como valores superiores de su ordenamiento jurídico la libertad, la justicia, la *igualdad* y el pluralismo político".

36 Así lo ha indicado GARCÍA ÁLVAREZ, P., "El derecho penal y la discriminación de los extranjeros", cit., p. 945: "sin que haya que identificar bien jurídico con derecho fundamental, entiendo que todo bien jurídico ha de tener una plasmación constitucional, cosa que no sucede con ese supuesto derecho a ser tratados todos por igual, que no existe en nuestra Constitución, ya que lo que reconoce el artículo 14 de nuestra Norma Fundamental, y sólo a los españoles, es únicamente un derecho a la igualdad ante la ley".

37 Determina el apartado 1 del art. 10 CE que: "*La dignidad de la persona, los derechos inviolables que le son inherentes,* el libre desarrollo de la personalidad, el respeto a la ley y a los derechos de los demás son fundamento del orden político y de la paz social".

38 Véase BERNAL DEL CASTILLO, J., "Política criminal en España y discriminación xenófoba: la centralidad de los delitos de provocación a la discriminación", cit., p. 383, que, al definir el bien jurídico protegido por estas figuras, se refiere al "derecho a no ser discriminado como derivación de la dignidad de la persona"; BORJA JIMÉNEZ, E., "Presupuestos político-criminales del nacimiento de la legislación penal contra el racismo y la xenofobia en Europa", cit., p. 211, apuntando a que "la dignidad humana de la persona [...] se proyecta en el derecho individual a no ser discriminado"; o GARCÍA ÁLVAREZ, P., "El derecho penal y la discriminación de los extranjeros", cit., pp. 945 y 946, que señala: "habrá que admitir, sin perjuicio de las peculiaridades que después presente cada una de estas figuras delictivas, que con la incriminación expresa de la discriminación se trata de garantizar el derecho a no ser discriminado en el sentido del derecho que tiene toda persona a recibir el trato que le corresponde por ley [...] el derecho a

Sin embargo, y como han señalado los propios defensores de esta tesis, las conductas que se castigan, que consisten a grandes rasgos en fomentar, promover o incitar al odio, hostilidad, discriminación o violencia contra un grupo, una parte del mismo o contra una persona determinada por su pertenencia a aquél, no constituyen en puridad actos que supongan una ofensa a dicho supuesto derecho a no ser discriminado, pues no conllevan *per se* un trato discriminatorio[39], sino que suponen, en todo caso, una incitación a otros a llevar a cabo actos discriminatorios contra individuos del colectivo aludido en cuestión. El derecho a no ser discriminado, como manifestación concreta del derecho a recibir un trato digno, solo se vería efectivamente afectado en el momento en que una persona animada o incitada por las conductas típicas de los arts. 510 y 515.4º CP dispensase un tratamiento vejatorio o no digno a una persona de ese colectivo por motivos discriminatorios.

Si se mantiene, en fin, que el objeto jurídico de tutela en estas normas es el derecho a no ser discriminado, habría de admitirse que el legislador ha llevado a cabo un adelantamiento de las barreras de intervención penal a un momento muy anterior

---

no ser discriminado, entendido en el sentido indicado, es un derecho fundamental constitucionalmente amparado y, a su vez, manifestación de la dignidad de la persona, principio inspirador de todo nuestro Ordenamiento jurídico".

39 Se contraponen así a conductas como las tipificadas en los arts. 314, 511 y 512 CP, que sí consisten en llevar a cabo un acto propiamente discriminatorio, afectando así directamente al señalado "derecho a no ser discriminado". Nótese que el art. 314 CP, que configura un delito contra los derechos de los trabajadores, viene a castigar al que produzca una grave discriminación en el empleo, público o privado, contra alguna persona por razón de su ideología, religión o creencias, su situación familiar, su pertenencia a una etnia, raza o nación, u otros factores que se especifican; y los arts. 511 y 512 CP, por su parte, sancionan al que, en la prestación de un servicio público, en el caso del primer precepto, o en el ejercicio de actividades profesionales o empresariales, en el del segundo, deniegue a una persona una prestación a la que tenga derecho por razón de su ideología, religión o creencias, su situación familiar, etc.

a la producción de una efectiva ofensa al bien jurídico[40], lo que resulta difícilmente justificable desde un punto de vista político-criminal atendiendo al debido respeto a principios penales como los de ofensividad, proporcionalidad o *ultima ratio.* Pero, además, pudiera suceder que las conductas típicas de fomentar, promover o incitar públicamente al odio, discriminación o violencia no fueran en el caso concreto seguidas de ningún acto concreto discriminatorio, no ostentando así siquiera el carácter de actos preparatorios, pues, atendiendo a la literalidad de los tipos penales, no se exige que las conductas lleguen a conseguir convencer a los destinatarios del discurso, castigándose el solo hecho de mantener estos discursos abstractamente promotores o incitadores al odio, la discriminación o la violencia. En puridad, según "la letra" de los tipos penales ni se requiere que las conductas supongan la incitación a terceros a la realización de actos concretos, pues es suficiente con que se fomente o se incite a otros a pensar o profesar determinados sentimientos. Véase que, entre los objetos a los que se incita, el legislador se refiere, junto a la discriminación y la violencia, al odio y a la hostilidad hacia determinadas personas; términos estos dos últimos que denotan, como decimos, sensaciones o sentimientos de animadversión.

La constatación de estos extremos ha llevado a que, entre los autores que identifican el derecho a no ser discriminado como objeto jurídico protegido por estos delitos, se hayan propuesto

---

40 De hecho, así lo reconocen BERNAL DEL CASTILLO, J., "Política criminal en España y discriminación xenófoba: la centralidad de los delitos de provocación a la discriminación", cit., p. 384, cuando señala que se tipifican hechos que "todavía no son propiamente discriminatorios", concurriendo "una anticipación del recurso del Derecho Penal"; GARCÍA ÁLVAREZ, P., "El derecho penal y la discriminación de los extranjeros", cit., p. 942 , al afirmar que "se protege *preventivamente* el derecho individual a ser tratado como un ser humano igual que otros"; o LAURENZO COPELLO, P., "La discriminación en el Código Penal de 1995", Estudios penales y criminológicos, n.° 19, 1996, pp. 243, 244, 250, cuando refiere que estas infracciones ostentan la naturaleza jurídica de delitos de peligro abstracto.

interpretaciones restrictivas del tenor literal de los tipos penales, de manera que resulten más respetuosos con las garantías y principios que rigen la intervención del derecho penal. Ello se ha hecho generalmente tomando como modelo la figura de la provocación a delinquir[41], que presenta muchos paralelismos con los delitos de odio, en tanto delitos de *incitación a* la discriminación[42]. En este sentido, además de exigirse por lo general que la incitación deba ser en todo caso directa[43], y que esté siempre presente el componente de la publicidad[44], desplazando de los tipos pena-

---

41 Esta figura, configurada con la naturaleza jurídica de acto preparatorio, se encuentra regulada en el art. 18 CP, que reza: "1. La provocación existe cuando directamente *se incita* por medio de la imprenta, la radiodifusión o cualquier otro medio de eficacia semejante, que facilite la publicidad, o ante una concurrencia de personas, a la perpetración de un delito. Es apología, a los efectos de este Código, la exposición, ante una concurrencia de personas o por cualquier medio de difusión, de ideas o doctrinas que ensalcen el crimen o enaltezcan a su autor. La apología sólo será delictiva como forma de provocación y si por su naturaleza y circunstancias constituye una incitación directa a cometer un delito. 2. La provocación se castigará exclusivamente en los casos en que la Ley así lo prevea. Si a la provocación hubiese seguido la perpetración del delito, se castigará como inducción".

42 Antes de la reforma operada por LO 1/2015, de 30 de marzo el paralelismo entre los arts. 510 CP y 18 CP era aún más obvia si se recuerda que en su redacción originaria el art. 510 CP castigaba propiamente la conducta de "provocar" (a la discriminación, al odio o a la violencia).

43 Decimos "por lo general" porque se encuentra algún autor que admite el castigo de la incitación indirecta en determinados casos. Así, BERNAL DEL CASTILLO, J., "Política criminal en España y discriminación xenófoba: la centralidad de los delitos de provocación a la discriminación", cit., p. 392, para el caso en que se lleve a cabo por medios de difusión masivos, pues es en el medio de difundir el mensaje donde el autor entiende que radica con mayor intensidad la peligrosidad de la conducta.

44 Si bien es cierto que, como vimos, con la reforma operada por LO 1/2015, de 30 de marzo, se ha añadido el adverbio "públicamente" junto a los verbos típicos del apartado primero del art. 510 CP, resultando en la redacción actual del tipo ("Quienes *públicamente* fomenten, promuevan o inciten directa o indirectamente al odio, hostilidad, discrimi-

les las expresiones de incitación o fomento a la discriminación o violencia que se realicen en un contexto privado[45], se ha venido a reclamar que el objeto de la incitación sea la comisión de hechos concretos, dejando fuera de los tipos la mentada promoción, fomento o incitación a sentir odio u hostilidad hacia otras personas[46], que resultaría amparada por la libertad de expresión[47]. A

---

nación o violencia...”), no se ha efectuado un cambio similar en sede de asociaciones ilícitas, en el correlativo art. 515.4º CP.

45 Así, LAURENZO COPELLO, P., “La discriminación en el Código Penal de 1995”, cit., pp. 255 y ss.

46 *Ibídem,* p. 265, cuando señala que el castigo de la provocación o incitación al odio “sobrepasa con creces los límites de intervención penal y no sólo por el profundo distanciamiento que se observa entre la conducta sancionada y los bienes jurídicos tutelados, sino además porque su prohibición supone una limitación inaceptable del derecho fundamental a expresar libremente las ideas”. En sentido similar, GARCÍA ÁLVAREZ, P., “El derecho penal y la discriminación de los extranjeros”, cit., p. 962: “estimo inadmisible la referencia que hace este precepto a la provocación al “odio”, ya que no parece que deba admitirse como delictiva la incitación a tener determinadas emociones contra un grupo de personas por determinadas cualidades de las mismas, por muy despreciables que puedan ser tales sentimientos. En este sentido, considero que, aunque pueda ser incluso predecible lo que puede suceder tras la incitación al odio contra un colectivo de personas -basta recordar que el mayor genocidio de la Historia estuvo precedido por una incitación al odio y al rechazo contra los judíos, a los que se culpaba de diferentes problemas sociales-, el simple odio o la instigación al mismo no debería ser penalmente relevante, o estaríamos pasando a incriminar sentimientos”.

47 Poniendo el grito en el cielo por lo reprochable del castigo de incitar a sentir o pensar de un determinado modo, ALASTUEY DABÓN, C., “Discurso del odio y negacionismo en la reforma del Código penal de 2015”, en Revista Electrónica de Ciencia Penal y Criminología, n.º 18-14, 2016, p. 10 (“el castigo a la instigación de un sentimiento choca frontalmente con el derecho a la libertad de expresión...”); o FUENTES OSORIO, J.L., “El odio como delito”, cit., p. 3 (¿cómo se puede justificar el recurso al derecho penal, precisar la limitación de libertades que implica [...] cuando se utiliza a la carta una emoción (un concepto vago y ambiguo a efectos penales) [...]?”). Encontramos también

partir de esta premisa común se observa, sin embargo, una disparidad de opiniones en cuanto a cuál haya de ser la naturaleza jurídica de los hechos concretos a los que se incita. Así, algunos autores entienden que ha de tratarse de actos reprochables desde un punto de vista jurídico, véase: de actos ilícitos[48], y otros, dan

---

pronunciamientos en este sentido en el ámbito jurisdiccional. Véase la STS 259/2011, de 12 abril, que absuelve del delito del art. 515.4º CP a los integrantes de una organización conocida como "La Orden", que defendía la supremacía de la raza aria, por entender que los hechos no acreditan que se dedicase a promover actos concretos discriminatorios. A este respecto señala el Alto Tribunal en la citada sentencia (FJ 1º, apartado 2) para fundamentar su decisión: "En cualquier caso, es preciso que se trate de *una incitación directa a la comisión de hechos mínimamente concretados* de los que pueda predicarse la discriminación, el odio o la violencia contra los referidos grupos o asociaciones y por las razones que se especifican en el artículo".

48 Así, LAURENZO COPELLO, P., "La discriminación en el Código Penal de 1995", cit., p. 260: "únicamente cuando ese trato desigual al que se instiga pueda calificarse de discriminador en sentido jurídico y, por lo tanto, de ilícito, cabrá afirmar la tipicidad de la provocación". La autora ilustra su postura con los siguientes ejemplos: "quedaría comprendido en esta modalidad, en consecuencia, quien en una reunión de padres de un colegio incita a los asistentes a tomar medidas para impedir que la dirección admita a niños que padecen el SIDA. Pero no, en cambio, quien, a través de un artículo periodístico, incita a los lectores a no mantener relaciones sexuales con seropositivos y esto, a mi entender, aunque la incitación vaya acompañada de descalificaciones hacia ese colectivo. En este supuesto no se está incitando a realizar una conducta de discriminación en el sentido jurídico del término, puesto que la negativa a mantener contactos sexuales con ciertas personas, sea cual fuere la causa, es siempre un acto de libertad". Parece también de esta opinión BERNAL DEL CASTILLO, J., "Política criminal en España y discriminación xenófoba: la centralidad de los delitos de provocación a la discriminación", cit., p. 391, que interpreta los verbos típicos como "la incitación a realizar comportamientos que, sin estar –necesariamente – tipificados como infracciones penales, realmente implican la negación de derechos que son fundamentales para la persona: sustento, vivienda, acceso a la salud, etc., o de aquellos otros que se consideran necesarios para

un paso ulterior, reclamando, además, el carácter delictivo de los mismos[49], limitando más el ámbito de aplicación de las figuras.

Teniendo en cuenta los problemas que puede entrañar la identificación del derecho a no ser discriminado como objeto de tutela de los "delitos de odio", que obliga a reconocer un acentuado adelantamiento de las barreras de intervención –problemático desde el punto de vista del debido respeto a las garantías y principios clásicos que rigen la intervención del Derecho penal –, un segundo sector doctrinal ha recurrido a un bien jurídico de naturaleza colectiva para legitimar la criminalización de las conductas que nos ocupan. Así, desde esta segunda perspectiva, los comportamientos consistentes en públicamente provocar, fomentar o incitar a la violencia, la discriminación o el odio contra personas pertenecientes a determinados colectivos tradicionalmente discriminados generarían un clima tóxico, de hostilidad, que afectaría, según unos, al propio modelo de convivencia plural que consagra la Constitución[50], y según otros, al orden público o a la paz pú-

---

la integración de una persona en un nuevo país: negación del acceso a determinados lugares, discriminación en las escuelas, prohibición de mostrar símbolos religiosos, etc., porque [...] estas conductas desde el punto de vista de su gravedad lesionan tanto la dignidad de la persona como su identidad cultural".

49 Así, GARCÍA ÁLVAREZ, P., "El derecho penal y la discriminación de los extranjeros", cit., p. 961: "Y no puede anticiparse la intervención del Derecho penal a conductas que, al no constituir provocaciones a hechos constitutivos de delito, no alcanzan por su dañosidad social un nivel de relevancia suficiente como para hacer necesario su castigo en un Estado social y democrático de Derecho. [...] Las provocaciones a conductas no constitutivas de delito no son, en definitiva, más que manifestaciones de opiniones indeseables".

50 De esta opinión parece ser la Fiscalía General del Estado, cuando en su circular 7/2019 (p. 8) refiere que "serán objeto de persecución penal –entiéndase, a través del tipo penal del art. 510 CP –aquellas conductas que supongan una infracción de las normas más elementales de tolerancia y convivencia que afectan a los valores y principios comunes a la ciudadanía, invadiendo la esfera de dignidad propia de cualquier ser humano y que, como tales, deben ser consideradas como un ataque a

blica, entendidos, ya en sentido subjetivo, como sentimiento de tranquilidad de la ciudadanía, y más concretamente en este caso, de los colectivos tradicionalmente discriminados, ya en sentido objetivo, como estado de pacífica convivencia entre la ciudadanía y los diversos grupos que la componen[51].

---

los elementos estructurales y vertebradores del orden constitucional y, en definitiva, a todo el sistema de derechos y libertades propio de una sociedad democrática". Si bien es cierto que la Fiscalía parte señalando que las conductas de fomento de la discriminación tipificadas afectan al derecho a la igualdad, y, con ello, a no ser discriminado (p. 6), como expresión de la dignidad humana (p. 7), acercándose así a la postura que aboga por un bien jurídico individual, posteriormente al remarcar que la dignidad humana "se constituye como el fundamento del orden político y de la paz social (art. 10.1 CE)", acaba concluyendo que el discurso del odio ataca a "los valores y principios comunes a la ciudadanía", situándose en la línea defensora de legitimar los delitos con base en la protección de un bien jurídico colectivo.

51 Así, BORJA JIMÉNEZ, E., "Presupuestos político-criminales del nacimiento de la legislación penal contra el racismo y la xenofobia en Europa", cit., pp. 211 y 212, cuando señala que estos delitos vienen a tutelar en un plano secundario "el Orden Público, entendido como normal desarrollo de los diferentes grupos humanos que integran una comunidad determinada". Nótese que este autor mantiene en puridad que los delitos de odio constituyen tipos pluriofensivos, pues las conductas que vienen a castigar supondrían, en su opinión, una ofensa -peligro abstracto- a la dignidad humana, pero también, de forma secundaria, una ofensa al Orden público. Abogando, por contra, exclusivamente por un objeto jurídico colectivo, véase LANDA GOROSTIZA, J.-M., "El discurso de odio criminalizado: propuesta interpretativa del artículo 510 CP", en LANDA GOROSTIZA, J.-M. y GARRO CARRERA, E., Delitos de odio derecho comparado y regulación española, Tirant lo Blanch, Valencia, 2018, p. 226, que señala que la prohibición penal contenida en los "delitos de odio" "pretende aprehender [...] discursos destinados a amplios sectores de la población para incidir negativamente en las *relaciones de pacífica convivencia entre grupos y colectivos con afección potencial de sus derechos fundamentales*". Del mismo autor, *Los delitos de odio,* Tirant lo Blanch, Valencia, 2018, p. 58, donde se señala que el objeto de protección del art. 510 CP sería "las condiciones de seguridad existencial de grupos o colectivos especialmente vulnerables".

Esta segunda vía por la que se busca dotar de legitimación a los delitos de odio ha sido también objeto de amplias críticas[52], señalándose principalmente el peligro que supone recurrir a conceptos tan vagos y laxos para justificar la incriminación de conductas[53]; conceptos estos, que no harían sino ocultar el cuestionable adelantamiento de las barreras de intervención penal respecto a la tutela de bienes jurídicos individuales que verdaderamente subyace en estos tipos penales[54]. Adicionalmente, se ha remarcado que tales objetos jurídicos de carácter colectivo se verían afectados en todo caso, no por las conductas típicas individualmente consideradas, sino por la reiteración de su realización por parte de la ciudadanía –multitud de personas indeterminadas –a lo largo del tiempo – por un "efecto acumulativo" –. De ahí, se critica que sancionar las conductas aisladamente consideradas con las penas de prisión previstas en la ley supondría vulnerar principios básicos del derecho penal, como el de responsabilidad por el hecho propio, como derivación del principio de culpabilidad, o los de lesividad y proporcionalidad, como manifestaciones del principio de intervención mínima[55].

---

52 Véanse, por ejemplo, FUENTES OSORIO, J.L., "El odio como delito", cit., pp. 19 y ss.; y García Álvarez, P., "El derecho penal y la discriminación de los extranjeros", cit., p. 945.

53 Así, FUENTES OSORIO, J.L., "El odio como delito", cit., p. 26, en relación concretamente al empleo del concepto de paz pública en el contexto de los "delitos de odio": El recurso a la paz pública, en cualquiera de sus acepciones, no actúa como auténtica limitación del tipo de odio sino más bien como lo contrario, como fórmula de expansión de su ámbito de significado".

54 En este sentido, las críticas de FUENTES OSORIO, J.L., "El odio como delito", cit., pp. 9-11: "se castigan "climas [...] predelictivos", que "pueden conducir a la producción de futuros delitos", o "conductas criminógenas que se asocian con la posterior realización de actividades delictivas".

55 Véase GALÁN MUÑOZ, A., "Delitos de odio, Discurso del odio y Derecho penal: ¿Hacia la construcción de injustos penales por peligrosidad estructural?", cit., pp. 73 y 74, que extiende esta crítica también a la tesis que sitúa el derecho a no ser discriminado como objeto jurídico de las

III. UNA PROPUESTA – ¿NECESARIA? – DE INTERPRETACIÓN RESTRICTIVA DE LOS TIPOS PENALES COMO PROVOCACIÓN A COMETER DELITOS DISCRIMINATORIOS

Los delitos que nos ocupan han sido tradicionalmente denominados "delitos de odio" porque vienen a hacer frente a lo que se conoce como "discurso o discursos del odio"[56], véase, siguiendo la definición del ECRI, "el fomento, la promoción o la instigación, en cualquiera de sus formas, del odio, la humillación o el menosprecio de una persona o grupo de personas" por razón de ciertas características o condiciones personales que reúnen sus integrantes[57]. El odio, si acudimos a la definición proporcionada por la Real Academia Española (RAE), no es más que la "antipatía y aversión hacia algo o hacia alguien cuyo mal se desea"[58]; es, por

---

conductas típicas: "tanto lo uno (la discriminación), como lo otro (el clima hostil) solo se generarán o habrán generado por actuaciones, previas o posteriores, de terceros cuya sucesiva acumulación será la que podrá dar o habrá dado ya lugar a la aparición de alguna de tales situaciones".

56 Este término ha sido empleado y definido por la Comisión Europea contra el Racismo y la Intolerancia (ECRI en su acrónimo, atendiendo al nombre de la institución en inglés) en su Recomendación general nº. 15, relativa a la lucha contra el *discurso de odio*, adoptada en diciembre de 2015.

57 En la recomendación citada *supra* de la ECRI (p. 4) se define "discurso de odio" como "fomento, promoción o instigación, en cualquiera de sus formas, del odio, la humillación o el menosprecio de una persona o grupo de personas, así como el acoso, descrédito, difusión de estereotipos negativos, estigmatización o amenaza con respecto a dicha persona o grupo de personas y la justificación de esas manifestaciones por razones de "raza", color, ascendencia, origen nacional o étnico, edad, discapacidad, lengua, religión o creencias, sexo, género, identidad de género, orientación sexual y otras características o condición personales".

58 Ahondando más en la definición FUENTES OSORIO, J.L., "El odio como delito", cit., p. 3, señala, con acierto, tres elementos esenciales inherentes al concepto de odio: "(1) un sentimiento aversivo del autor sobre un sujeto/s, (2) el deseo de que sufra un daño, (3) una indeter-

tanto, un sentimiento o emoción. Si la regla *cogitationis poenam nemo patitur*, que rige la actuación del Derecho penal, impone la prohibición de castigar los pensamientos, ha de concluirse que igualmente, con más razón incluso, los sentimientos han de estar vetados a la posibilidad de una sanción penal. En caso contrario estaríamos vulnerando los pilares sobre los que se sustenta el ordenamiento jurídico-penal tal como lo conocemos hoy, como son, entre otros, el principio de protección de bienes jurídicos y de lesividad u ofensividad.

Un sentimiento, en el caso que nos ocupa de aversión hacia una persona por razón de su raza, origen étnico o nacional u otra circunstancia distintiva, no afecta a ningún valor esencial para la convivencia en sociedad[59]. Los seres humanos tenemos el derecho inviolable e irrenunciable a odiar, aunque en puridad este no sea un sentimiento muy productivo, ni saludable para el que lo profesa, pudiendo causarle en la práctica diaria más disgustos que alegrías[60]. Así, uno tiene el derecho a odiar a su profesora de derecho penal, porque le haya suspendido una y otra vez en las diversas convocatorias, al colectivo de personas impuntuales, porque le resulten maleducadas y egoístas, o al de los defensores de la pizza con piña, por su acentuado mal gusto en lo que al ámbito gastronómico se refiere. Y, dejando la broma, y yendo a la problemática concreta que nos ocupa, sí, existe también el derecho a sentir repulsión o una profunda animadversión hacia personas de determinada raza, u origen étnico o que profesan determina-

---

minación: del motivo de la aversión, del daño y su alcance, del sujeto afectado", remarcando luego que "el elemento esencial del odio es el factor emotivo".

59 Véase ALASTUEY DABÓN, C., "Discurso del odio y negacionismo en la reforma del Código penal de 2015", cit., p. 10: "El odio no es un hecho ilícito, y mucho menos un delito, sino una emoción humana".

60 Como curiosidad científica, los estudios vienen señalando que sentir odio incrementa en la persona los niveles de cortisol, la llamada "hormona del estrés", pudiendo generar en última instancia ansiedad y problemas de insomnio, entre otros. Véase LA VANGUARDIA, 14/05/2022.

da religión. El aquí calificado como "derecho a odiar" no es sino una manifestación de, o una consecuencia inherente al derecho fundamental de la libertad ideológica reconocido, en el ámbito nacional, en el art. 16.1 CE[61].

Hasta aquí parece que existe unanimidad entre la doctrina. El problema surge cuando el sentimiento de odio que se profesa –en el caso que nos ocupa, hacia determinadas personas por razón de su raza, etnia, procedencia o ideología – es exteriorizado, pudiéndose considerar a dicha manifestación verbal una promoción o incitación a terceros a odiar, discriminar o usar la violencia contra las mismas. Es cierto que en este caso se puede generar un clima de crispación e intolerancia importante si las citadas manifestaciones se hacen de forma pública, siendo oídas por un elevado número de personas, en tanto el mensaje puede calar entre las mismas, derivando en última instancia en comportamientos hostiles, discriminatorios o violentos contra los miembros del colectivo en cuestión. La peligrosidad aumenta notoriamente si el contexto en el que se vierten las comentadas manifestaciones de odio u hostilidad ya se encuentra *per se* viciado, estando ya los destinatarios del mensaje "encendidos", y, por tanto, siendo especialmente susceptibles de ser influenciados por el discurso incitador.

---

61 Determina este artículo que: "1. Se garantiza la libertad ideológica, religiosa y de culto de los individuos y las comunidades sin más limitación, en sus manifestaciones, que la necesaria para el mantenimiento del orden público protegido por la ley. 2. Nadie podrá ser obligado a declarar sobre su ideología, religión o creencias". A nivel internacional, los preceptos correlativos serían los arts. 18 y 19 de la Declaración Universal de Derechos Humanos (DUDH), de 1948, que determinan respectivamente: "Toda persona tiene derecho a la libertad de pensamiento, conciencia y religión" y "Todo individuo tiene derecho a la libertad de opinión y de expresión"; a nivel europeo, el art. 9.1° del Convenio Europeo para la protección de los Derechos Humanos y de las Libertades Fundamentales (CEDH), de 1950, que proclama: "Toda persona tiene derecho a la libertad de pensamiento, de conciencia y de religión".

Como hemos visto, los organismos internacionales abogan por la necesidad de tomar medidas legales en sede penal contra estos comportamientos, y, nuestro legislador penal nacional ha creado tipos penales de contornos muy amplios para castigar todo discurso discriminatorio que se mueva en estas coordenadas, como son los actuales delitos de los arts. 510 y 515.4º y ss. CP. No obstante, un importante sector doctrinal no "ve con buenos ojos" la regulación penal articulada en esta materia[62], criticando la limitación de la libertad de expresión que la misma entraña, y abogando, ya por la supresión total de los tipos penales[63], ya por la reducción de su ámbito de aplicación mediante propuestas de interpretaciones restrictivas, ya por la realización de una reforma legislativa que

---

62 Como excepción a esta tendencia en el plano doctrinal, puede citarse a BORJA JIMÉNEZ, E., "Presupuestos político-criminales del nacimiento de la legislación penal contra el racismo y la xenofobia en Europa", cit., pp. 211-216. No obstante, hay que puntualizar que en el capítulo citado el autor no se detiene a analizar los términos concretos en que están redactados los tipos penales antidiscriminatorios del CP español, limitándose, por el contrario, a reflexionar en términos generales sobre la necesidad y legitimidad de prever una respuesta penal a las conductas de difusión del odio y la discriminación. Así, a este respecto concluye sus reflexiones afirmando que acudir al Derecho penal en esta materia constituye una "respuesta y legítima" (p. 216).

63 Así, FUENTES OSORIO, J.L., "El odio como delito", cit., pp. 40-43, y GALÁN MUÑOZ, A., "Delitos de odio, Discurso del odio y Derecho penal: ¿Hacia la construcción de injustos penales por peligrosidad estructural?", cit., pp. 73 y 74. También muy críticas con la represión penal de toda exteriorización de ideas o pensamientos, si bien refiriéndose concretamente al ámbito del terrorismo, GARCÍA ARROYO, C., "Algunas cuestiones político criminales sobre el discurso del odio terrorista, ¿el fin de las garantías del Derecho penal democrático?", en GALÁN MUÑOZ, A., y GÓMEZ RIVERO, M.C., La represión y persecución penal del discurso terrorista, Tirant lo Blanch, Valencia, 2022, p. 179, y NÚÑEZ CASTAÑO, E, "Discurso terrorista y libertad de expresión en el delito de enaltecimiento del terrorismo", en GALÁN MUÑOZ, A., y GÓMEZ RIVERO, M.C., La represión y persecución penal del discurso terrorista, Tirant lo Blanch, Valencia, 2022, pp. 488 y ss.

reduzca las conductas típicas o limite su alcance[64]. Personalmente comparto muchas de las críticas de estos autores. No se encuentra, a mi modo de ver, ningún bien jurídico digno de tutela penal que resulte afectado por las conductas que se castigan, que resultan, por otro lado, descritas de una manera tan amplia y vaga, que la sola existencia de los tipos penales genera una inseguridad jurídica insoportable. De la lectura de los preceptos no se extrae con claridad qué conductas están permitidas y qué conductas no, generándose consecuentemente un peligroso efecto de desincentivo en el libre ejercicio de la libertad de expresión. La justificación de los delitos de odio con base en la tutela de bienes jurídicos colectivos de contornos difusos, como el modelo de convivencia plural consagrado por la Constitución, o la paz pública, resulta, a mi juicio, peligrosa, pues dificulta –si no impide – la interpretación restrictiva de los tipos penales, incentivando la exégesis extensiva de sus términos[65]. El derecho a no ser discriminado, como manifestación del derecho a recibir un trato digno, pareciera en

---

64 Recuérdense las posturas ya vistas de autores como LAURENZO COPELLO, P., "La discriminación en el Código Penal de 1995", cit., p. 260, o GARCÍA ÁLVAREZ, P., "El derecho penal y la discriminación de los extranjeros", cit., p. 961, que mantienen interpretaciones restrictivas de las normas objeto de examen, señalando, no obstante, la conveniencia de una reforma legislativa que reduzca la amplitud actual de la configuración de los tipos. En este sentido también, MENDOZA CALDERÓN, S., "Fake news, discurso del odio y aporofobia: La criminalización de los vulnerables", en BENITO SÁNCHEZ, D., y GIL BONAJAS, M.S., Alternativas político-criminales frente al derecho penal de la aporofobia, Tirant lo Blanch, Valencia, 2022.

65 Así, FUENTES OSORIO, J.L., "El odio como delito", cit., p. 41, que alerta, además, del peligro del empleo de estas figuras con fines políticos: "Los posicionamientos a favor de la sanción penal del odio como medida política contra la discriminación a través de construcciones laxas que facilitan la reacción penal para evitar una situación de indefensión a colectivos vulnerables manifiestan [...] una gran fe en el comportamiento responsable del juez censor. Y olvidan que, aunque las intenciones sean buenas (remediar graves problemas sociales, luchar contra el discurso discriminatorio, etc.) los costes son elevados: se actúa mediante un instrumento de control que abre la puerta a la represión

principio un objeto jurídico más adecuado de cara a tratar de justificar la existencia de los tipos penales que nos ocupan.

Sin embargo, de mantenerse esta última interpretación –véase: la de que los delitos de odio vienen a proteger dicho derecho a no ser discriminado –, habría de reconocerse que el legislador está adelantando la intervención penal a un momento anterior a la efectiva ofensa del objeto jurídico, castigando conductas que generan tan solo una situación de mero peligro abstracto o general, lo que ya supone problemático desde el punto de vista de las garantías y principios penales. Por otra parte, un desarrollo coherente de esta interpretación habría de llevar a la exclusión del ámbito de aplicación de los tipos penales de determinadas conductas, pese a estar expresamente incluidas en su tenor literal. Me refiero, por una parte, a las conductas de fomento, promoción, y, sobre todo, incitación indirecta en todas sus posibles manifestaciones[66], por suponer un peligro excesivamente vago e incierto con relación al supuesto derecho a no ser discriminado; y, por otra, a los comportamientos de fomento, promoción o incitación *al odio y a la hostilidad*, por referirse a sentimientos, quedando igualmente muy lejana, incierta y opaca la posible afectación futura del bien jurídico. Así pues, para resultar legítimos los tipos penales que nos ocupan en base a la protección del mentado derecho a no ser discriminado, su ámbito de aplicación habría de reducirse exclusivamente a las conductas de incitación a la violencia o discriminación, pero entendiendo estos términos de forma restrictiva como actos concretos violentos o discrimi-

---

(selectiva) de la divergencia ideológica. El odio se puede convertir así en una etiqueta para luchar contra adversarios ideológicos".

66 De otra opinión, admitiendo el castigo de la incitación indirecta, se pronuncia la Fiscalía General del Estado en la Circular 7/2019, pp. 41 y 42, que, no obstante, reclama que dicha incitación indirecta "deberá tener la potencialidad suficiente para poner en peligro a los colectivos afectados", señalando que "no puede entenderse típico difundir la noticia falsa de que los inmigrantes colapsan los servicios sociales". No obstante, más allá de este ejemplo, no aclara ulteriormente en qué supuestos de incitación indirecta concurriría dicho peligro.

natorios de especial gravedad, lo que habría de traducirse en su consideración como actos delictivos[67]. De otra manera, no podría justificarse, a mi modo de ver, el adelantamiento de las barreras de intervención penal, y la consiguiente afectación a principios y garantías penales, como son los principios de ofensividad o *ultima ratio*, así como la limitación del ejercicio de la libertad de expresión que se producen. En puridad, pudiera restringirse el castigo, de acuerdo con esta visión, a las *conductas de incitación pública a la comisión de actos delictivos de carácter discriminatorio*, sin hacerse siquiera referencia a los actos delictivos violentos, toda vez que la motivación discriminatoria habría de estar siempre presente en los actos objeto de incitación pues el discurso incitador pivota o se fundamenta en la consideración como inferiores o indignos de los integrantes de determinados colectivos. Así las cosas, los delitos a cuya comisión se habría de incitar a través del discurso del odio, de acuerdo con la interpretación aquí sostenida en torno a su castigo, podrían consistir en cualquier infracción prevista en el Código penal, pero, eso sí, en la misma habría de estar presente la citada motivación discriminatoria. En consecuencia, resultaría típica *ex* art. 510 CP toda manifestación verbal a través de la cual se incitase de forma pública, ya a la comisión de delitos de naturaleza intrínsecamente discriminatoria –véase: delitos como los contemplados en los arts. 314, 511, ó 512 CP –, ya a la perpetración de "delitos comunes"[68] realizados con motivaciones discriminatorias, que se traducirían en la práctica en la apreciación en los mismos, de cometerse, de la circunstancia agravante genérica del art. 22.4° CP –véase: delitos de lesiones, homicidio, delitos contra el honor, etc. –. El art. 510.1.a CP vendría, consecuentemente, a funcionar

---

[67] En este sentido, GARCÍA ÁLVAREZ, P., "El derecho penal y la discriminación de los extranjeros", cit., pp. 961 y 962.

[68] Aclárese que no se emplea aquí el término "delito común" con su significado habitual, véase: como delitos que no requieren condiciones específicas en el sujeto activo de la conducta típica, sino como delitos en los cuales la motivación discriminatoria no ha, necesariamente, de estar presente, pudiendo ser cualesquiera otros los motivos que inspiran al autor a llevar a cabo el comportamiento.

como suerte de cláusula que extiende el castigo de la provocación a delinquir a todos los delitos discriminatorios[69], entendiéndose por tales los delitos cometidos con motivaciones discriminatorias.

No obstante, mantener la interpretación de las conductas típicas de los delitos de odio como provocación a la comisión de delitos por motivos discriminatorios –que aquí califico como la más razonable dogmáticamente hablando – resultaría problemático en la práctica. Por un lado, porque supondría obviar de manera frontal el tenor literal de las normas, al dejar "extramuros" del tipo penal a la mayoría de las conductas que contempla, y, con ello, ignorar frontalmente la voluntad del legislador de castigar todo discurso que incite aún de forma indirecta al odio, manifestada de forma clara tras la reforma de los delitos operada por LO 1/2015, de 30 de marzo[70]. Por otro, porque llevaría a la aplicación a los autores del discurso incitador de unas consecuencias jurídicas desproporcionadas. Piénsese que, si concebimos la incitación como acto de provocación a la comisión de delitos concretos – en este caso, discriminatorios –, su castigo habría de consistir en una pena inferior en uno o dos grados a la del delito a cuya comisión se provoca[71]. La configuración actual de los delitos de odio prevé, sin embargo, como castigo una pena de prisión de uno a cuatro años y multa de seis a doce meses, esto es: una sanción desvincu-

---

69 En concordancia con lo dispuesto en el art. 18.2 CP, véase que "la provocación se castigará exclusivamente en los casos en que la Ley así lo prevea".

70 En este sentido, aunque crítico con la decisión del legislador, FUENTES OSORIO, J.L., "El odio como delito", cit., p. 27, que señala que tras la reforma del 2015 "el art. 510 CP no se reduce a supuestos de incitación pública similares a la provocación" pues "se ha redactado de manera que describe expresamente el fomento, la promoción, las incitaciones indirectas, etc. como conductas típicas. De este modo no son posibles las interpretaciones restrictivas reducidas a la incitación".

71 Así lo dispone el legislador con relación a todos los actos de provocación punibles. Véanse, entre otros muchos, los arts. 141 CP, en referencia a los delitos de homicidio y asesinato; 151 CP, en referencia a los delitos de lesiones; o 156 bis. 8 CP, en relación con el tráfico de órganos.

lada por completo del "delito-fin" discriminatorio al que se incita, pudiendo suceder, así, en el caso concreto que el comportamiento de incitar se castigue con mayor pena que el "delito-fin" de la incitación[72]. Tal constatación revela, en fin, que el legislador no ha concebido realmente las conductas de incitación que nos ocupan como actos preparatorios, sino que en su voluntad estaba el castigar todo tipo de discurso abstracto de odio, por el clima tóxico y la intolerancia que promueven. Sin embargo, tal visión de los delitos, como se señaló, resulta censurable por los peligrosos costes que supone en lo que a garantías y derechos conseguidos se refiere. Por un lado, configurar los delitos de odio como delitos de clima supone negar la posibilidad de efectuar un control efectivo del *ius puniendi*, a modo de límite. Bajo la excusa de proteger la paz pública o el modelo de convivencia plural consagrado por la Constitución se puede justificar el castigo de cualesquiera conductas que incomoden. El recurso a estos bienes jurídicos colectivos deviene, así, en un arma de doble filo, pues, empleada en determinados contextos, podría llevar a amparar incluso lo con-

---

72 En este sentido, señala FUENTES OSORIO, J.L., "El odio como delito", cit., p. 16: "la incitación al odio es un modo de evitar la normativa propia de la provocación del art. 18 CP. Por ejemplo, representa una sanción de participaciones intentadas sin respetar la bajada de grados prevista en los arts. 17 y s. CP, con una pena superior a la prevista para las formas de autoría del delito principal de referencia". Con relación a la desproporción de las penas, puede verse también las reflexiones realizadas por el GRUPO DE ESTUDIOS DE POLÍTICA CRIMINAL, *Alternativas al tratamiento jurídico de la discriminación y de la extranjería*, Grupo de Estudios de Política Criminal Editores, Valencia, 1998, p. 34: "el mantenimiento del art. 510.1 conduce a incongruencias y falta de proporcionalidad en la penalidad inexplicables. Así, por ejemplo, la provocación a cometer unas lesiones del art. 147.1 conlleva, a lo sumo y aun aplicando la agravante del art. 22.4, una pena de arresto de 12 fines de semana, en tanto que con el actual art. 510.1 se podría llegar a los tres años de prisión: esto es, se prevé mayor pena para la provocación a un delito de peligro indeterminado que para la provocación a un delito de resultado, respecto del mismo bien jurídico".

trario a lo que aquí se busca, véase: la criminalización de los propios integrantes de los colectivos discriminados. Adicionalmente, se encuentra el preocupante efecto de desaliento en el ejercicio de la libertad de expresión que generan los delitos de odio en su configuración actual. La previsión de penas privativas de libertad para conductas descritas con contornos tan vagos, como lo son el fomento o la incitación indirecta a odiar a otros por motivos discriminatorios, contribuye irremediablemente a la propagación entre la ciudadanía de un sentimiento de miedo a manifestar públicamente lo que se piensa. En última instancia, las condenas por estos delitos pueden producir, además, un indeseado efecto de ensalzamiento de sus autores, habida cuenta de lo desproporcionado de las penas en atención a la entidad de las conductas, que lleve a que sean vistos por parte de la sociedad como mártires, y el Estado como un ente represor, dándose con ello, en última instancia, mayores argumentos a los intolerantes para persistir con más empeño en su postura de falta de respeto hacia el diferente[73].

En definitiva, puede concluirse que los delitos de odio aquí examinados, en sus modalidades de fomento e incitación a la discriminación, el odio, la hostilidad y la violencia, ya perpetrados de

---

[73] Si bien con referencia a otros delitos, como son el enaltecimiento del terrorismo y las injurias a la Corona, de diversa naturaleza, aunque también relativos a la manifestación de opiniones, puede traerse a colación en este punto el caso de Pablo Hásel. La condena que le impuso el Tribunal Supremo por los mencionados delitos a nueve meses de prisión generó fuertes protestas sociales, aupándole, por parte de algunos sectores, a adalid en la defensa de la libertad de expresión. En el ámbito concreto del terrorismo, y más concretamente del enaltecimiento de delitos terroristas o de sus autores, señalé este riesgo ante lo manifiestamente desproporcionado de la respuesta articulada a nivel penal *ex* art. 578 CP, en BOCANEGRA MÁRQUEZ, J., "Evolución de la legislación penal antiterrorista en los últimos 25 años: un análisis crítico", en GALÁN MUÑOZ, A., y GÓMEZ RIVERO, M.C, La represión y persecución penal del discurso terrorista, Tirant lo Blanch, Valencia, 2022., Tirant lo Blanch, Valencia, 2022, p. 128.

manera "individual"[74] (art. 510.1.a CP), ya de manera colectiva a través de agrupaciones (art. 515.4° CP), presentan en la actualidad unos caracteres que los hacen devenir intolerables. La única interpretación plausible de los mismos, desde el prisma del debido respeto a las garantías y principios penales, que consiste en su consideración de actos de provocación a la comisión de delitos discriminatorios, supone apartarse abiertamente del tenor literal del precepto. Por otro lado, las penas autónomas que se atribuyen en estos preceptos a las conductas típicas –en tanto desvinculadas por completo de las penas del posible delito discriminatorio al que vayan referidas – revelan claramente la voluntad del legislador de hacer de los delitos de odio algo sustancialmente diverso a los actos preparatorios de la provocación a delinquir.

La propuesta aquí mantenida de interpretación de estos delitos como actos de provocación a la comisión de delitos discriminatorios no es sino un intento desesperado por legitimarlos, y, considerando la actual literalidad de los preceptos, queda finalmente relegada, en todo caso, a propuesta de *lege ferenda.* Y es que, para que la misma adquiriese virtualidad sería necesaria una reforma sustancial del tenor literal de las normas que nos ocupan. En cualquier caso, tampoco tengo claro que dicha reforma legislativa resulte estrictamente necesaria. El problema que subyace tras las conductas de provocación a la discriminación no es otro que la intolerancia –véase: la actitud de rechazo hacia el diferente, fundamentada en prejuicios y estereotipos por desgracia muy arraigados en las sociedades[75] –, frente a la cual el Derecho penal

---

74 Aclárese que se emplea aquí el adjetivo "individual" para señalar únicamente que las conductas no se perpetran en el seno de un grupo con vocación de estabilidad, al contrario de lo que sucede en el art. 515.4° CP. En relación con las conductas del art. 510 CP cabe apreciar obviamente supuestos de comisión de la conducta entre varios, y por tanto estimar formas de coautoría o participación.

75 Así lo señala FUENTES OSORIO, J.L., El odio como delito, cit., pp. 42 y 43, cuando refiere que la discriminación tiene una "base socioestructural", encontrándose la raíz del problema en modos de pensar arraigados entre la población. Indica también el autor (p. 40) que no

parece tener poco que hacer. Medios de control social alternativos a la vía represiva adquieren más sentido y eficacia de cara a la prevención de los discursos de odio. En este sentido juega un papel fundamental la educación de niños y adolescentes en valores cívicos, como el respeto, la solidaridad, la humildad o la responsabilidad, y, en general, la puesta en práctica de políticas sociales que fomenten la interrelación, en un plano de efectiva igualdad, de personas de diversas razas y procedencias, ya desde la infancia, y que aboguen por facilitar la integración de los inmigrantes en la sociedad española, a través de diversas ayudas e incentivos públicos. La concienciación social sobre la necesidad de tratar con respeto al diferente, y sobre el enriquecimiento, a nivel social y personal, que entraña el relacionarse con personas de otras procedencias, resulta asimismo clave. A tal fin puede resultar especialmente efectivo el lanzamiento de campañas de publicidad institucionales de gran presupuesto que promuevan dichos valores, así como el garantizar una mayor presencia de la interculturalidad en medios audiovisuales de gran impacto, como la televisión y la radio, evitando, en todo caso, representaciones estereotipadas o capciosas de las personas de otras razas, etnias y procedencias en los mismos. También crucial en el "combate"

---

hay realmente certeza sobre la eficacia de los delitos de odio de cara a "evitar/reducir los <<incidentes>> discriminatorios" y que la respuesta penal en este ámbito "desvía la atención de otras medidas preventivas". De otra opinión es BORJA JIMÉNEZ, E., "Presupuestos político-criminales del nacimiento de la legislación penal contra el racismo y la xenofobia en Europa", cit., pp. 212-215, que entiende que la intervención jurídico-penal en la problemática de los discursos discriminatorios puede resultar eficaz para "crear en la conciencia social una necesidad de valorar positivamente ciertos bienes jurídicos, y advertir sobre la existencia, respecto de los mismos, de peligros y riesgos en el futuro", a la vez que señala que "la apertura de procedimientos judiciales con todas las garantías, sin condenas o absoluciones vergonzosas, conduce [...] a la posibilidad de que en el sujeto delincuente se plantee un conflicto interno entre su propio convencimiento con relación a ciertos prejuicios que considera generalizados y justificados, y la antítesis valorativa refrendada por el cuerpo social".

frente a los discursos del odio es la confrontación a nivel institucional de las informaciones falsas atinentes a los inmigrantes, difundidas a través de internet[76], a través del suministro de datos ciertos al respecto[77]. Con relación a las concretas conductas intolerantes de fomento de la discriminación que puedan detectarse, podría resultar suficiente en el plano represivo con acudir a la vía del derecho administrativo sancionador, que ya prevé, tanto a nivel nacional, como autonómico, un gran número de infracciones a este respecto[78].

---

76 Sobre el peligro y la necesidad de afrontar el fenómeno de las *fake news* contra colectivos especialmente vulnerables, como son los inmigrantes, véase MENDOZA CALDERÓN, S., "*Fake news,* discurso del odio y aporofobia", cit., pp. 534 y ss.

77 Precisamente a la consecución de muchas de estas medidas se dirige la Ley 15/2022, de 12 de julio, integral para la igualdad de trato y la no discriminación, entrada en vigor el 14 de julio de 2022.

78 Así la ya mencionada Ley 15/2022, de 12 de julio, integral para la igualdad de trato y la no discriminación, que prevé, en el ámbito concreto que nos ocupa, el castigo con multa de 10.001 y 40.000 euros de la inducción, orden o instrucción de discriminar a una persona por razón de nacimiento, origen racial o étnico, sexo, religión, u otros, en relación con otra persona que se encuentre en situación análoga o comparable (arts. 47.3.a y 48.1.b); o la Ley 19/2007, de 11 de julio, contra la violencia, el racismo, la xenofobia y la intolerancia en el ámbito deportivo. En el ámbito autonómico, puede destacarse en Cataluña la Ley 19/2020, de 30 de diciembre, de igualdad de trato y no discriminación, que contempla como infracciones leves, sancionadas con multa de entre 300 y 10.000 euros *ex* art. 45.1, conductas como "emitir expresiones, entonar cánticos, sonidos o consignas o exhibir pancartas, símbolos, emblemas o leyendas que, por su contenido o por las circunstancias en que se emiten, se entonan, exhiben o se utilizan, *inciten, fomenten o faciliten de algún modo comportamientos discriminatorios*", "las declaraciones, los gestos o los insultos proferidos en el espacio público que supongan un trato vejatorio para cualquier persona", o "emitir expresiones, entonar cánticos, sonidos o consignas o exhibir pancartas, símbolos, emblemas o leyendas que contengan mensajes vejatorios o intimidatorios para cualquier persona" (art. 43.4). En Andalucía, por el contrario, a día de hoy no contamos desgraciadamente con una ley que combata la discriminación racial o étnica, previendo a tal fin un catálogo de

IV. BIBLIOGRAFÍA

ALASTUEY DABÓN, C., "Discurso del odio y negacionismo en la reforma del Código penal de 2015", en Revista Electrónica de Ciencia Penal y Criminología, nº. 18-14, 2016, pp. 1-38.

BERNAL DEL CASTILLO, J., "Política criminal en España y discriminación xenófoba: la centralidad de los delitos de provocación a la discriminación", en Política criminal, vol. 9, nº. 18, art. 3, pp. 371-399.

BOCANEGRA MÁRQUEZ, J., "Evolución de la legislación penal antiterrorista en los últimos 25 años: un análisis crítico", en GALÁN MUÑOZ, A., y GÓMEZ RIVERO, M.C., La represión y persecución penal del discurso terrorista, Tirant lo Blanch, Valencia, 2022.

BORJA JIMÉNEZ, E., "Presupuestos político-criminales del nacimiento de la legislación penal contra el racismo y la xenofobia en Europa", en GARCÍA AÑÓN, J., y RUIZ SANZ, M., Discriminación racial y étnica: balance de la aplicación y eficacia de las garantías normativas, Tirant lo Blanch, Valencia, 2013.

COLOMER BEA, D., "La doctrina del efecto desaliento como punto de conexión entre el Derecho penal y los derechos fundamentales", en Cuadernos Electrónicos de Filosofía del Derecho, nº. 41, 2019, pp. 97-116.

CORRECHER MIRA, J., "La banalización del discurso del odio: una expansión de los colectivos ¿vulnerables?", en InDret, nº. 2, 2021, pp. 86-149.

CORTINA, A., *Aporofobia, el rechazo al pobre: un desafío para la sociedad democrática,* Paidos, 2017.

CUERDA ARNAU, M.L., "La doctrina del efecto de desaliento en la jurisprudencia del Tribunal Constitucional español. Origen, desarrollo y decadencia", en InDret, nº. 2, 2022, pp. 88-131.

FUENTES OSORIO, J.L., "El odio como delito", en *Revista Electrónica de Ciencia Penal y Criminología,* nº. 19-27, 2017, pp. 1-52.

GALÁN MUÑOZ, A., "Delitos de odio, Discurso del odio y Derecho penal: ¿Hacia la construcción de injustos penales por peligrosidad estructu-

---

infracciones. Sí existe, sin embargo, en nuestra comunidad autónoma una ley en lo que respecta a la discriminación por razón de género y de identidad y orientación sexual –así, respectivamente la Ley 12/2007, de 26 de noviembre, para la promoción de la igualdad de género en Andalucía (reformada por Ley 9/2018, de 8 de octubre), y la Ley 8/2017, de 28 de diciembre, para garantizar los derechos, la igualdad de trato y no discriminación de las personas LGTBI y sus familiares en Andalucía –.

ral?", en GALÁN MUÑOZ, A. y MENDOZA CALDERÓN, S., *Derecho penal y política criminal en tiempos convulsos,* Tirant lo Blanch, Valencia, 2021.

GARCÍA ÁLVAREZ, P., "El derecho penal y la discriminación de los extranjeros", en MUÑOZ CONDE, F., Problemas actuales del derecho penal y de la criminología, Tirant lo Blanch, Valencia, 2008.

GARCÍA ARROYO, C., "Algunas cuestiones político criminales sobre el discurso del odio terrorista, ¿el fin de las garantías del Derecho penal democrático?", en GALÁN MUÑOZ, A., y GÓMEZ RIVERO, M.C., La represión y persecución penal del discurso terrorista, Tirant lo Blanch, Valencia, 2022.

GRUPO DE ESTUDIOS DE POLÍTICA CRIMINAL, Alternativas al tratamiento jurídico de la discriminación y de la extranjería, Grupo de Estudios de Política Criminal Editores, Valencia, 1998.

LANDA GOROSTIZA, J.-M., "El discurso de odio criminalizado: propuesta interpretativa del artículo 510 CP", en LANDA GOROSTIZA, J.-M., y GARRO CARRERA, E., *Delitos de odio derecho comparado y regulación española,* Tirant lo Blanch, Valencia, 2018.

LAURENZO COPELLO, P., "La discriminación en el Código Penal de 1995", en *Estudios penales y criminológicos,* nº. 19, 1996, pp. 221-268.

MENDOZA CALDERÓN, S., "Fake news, discurso del odio y aporofobia: La criminalización de los vulnerables", en BENITO SÁNCHEZ, D., y GIL BONAJAS, M.S., *Alternativas político-criminales frente al derecho penal de la aporofobia,* Tirant lo Blanch, Valencia, 2022.

MUÑOZ CONDE, F. y LÓPEZ PEREGRÍN, C., *Derecho Penal. Parte Especial,* 24ª ed., Tirant lo Blanch, Valencia, 2022.

NÚÑEZ CASTAÑO, E, "Discurso terrorista y libertad de expresión en el delito de enaltecimiento del terrorismo", en GALÁN MUÑOZ, A., y GÓMEZ RIVERO, M.C., *La represión y persecución penal del discurso terrorista,* Tirant lo Blanch, Valencia, 2022.

TERCERA PARTE

ESPECIAL CONSIDERACIÓN A LA DICOTOMÍA DISCURSO DEL ODIO VERSUS EJERCICIO DE LA LIBERTAD DE EXPRESIÓN

Discurso de odio e intolerancia en el marco del Consejo de Europa[1]

JOSÉ Mª CONTRERAS MAZARÍO
Catedrático de Derecho eclesiástico del Estado
Universidad Pablo de Olavide

I. CONSIDERACIONES GENERALES

Muchas personas pueden pensar que libertad religiosa y delitos de odio nada o poco tienen que ver. Libertad de conciencia y religiosa (Art. 9 CEDH) y libertad de expresión son dos derechos íntimamente relacionados y necesarios para la constitución de una sociedad democrática, que en ocasiones dan lugar a conflictos entre ellas[2]. Baste en este momento inicial con traer a colación la ***sentencia Kokkinakis c. Grecia***[3], en el que el Tribunal europeo considera la prevalencia de la libertad de expresión (en este caso,

---

1 Este trabajo se inserta en el marco del Proyecto de Investigación financiado por los Fondos FEDER-I+d: «El discurso de odio en Andalucía. Análisis de su incidencia y persecución penal». (Ref. UPO-1265099). Investigadoras Principales: Silvia Mendoza Calderón y Ana Sánchez Rubio.

2 Véanse a este respecto, TEDH: sentencias de 23 de abril de 1992, asunto *Castells c. España,* y de 29 de febrero de 2000, asunto *Fuentes Bobo c. España.* Ver también TC: sentencias 204/1997, de 25 de noviembre; 6/2000, de 17 de enero, FJ 5; 11/2000, de 17 de enero; 49/2001, de 26 de febrero; 160/2003, de 15 de septiembre, y 235/2007, de 7 de noviembre FJ 5.

3 STEDH de 25 de mayo de 1993, asunto *Kokkinakis c.* Grecia. Ver también STEDH de 24 de febrero de 1998, asunto *Larissis, Mandalaries y Sarandis c. Grecia.* Comentarios sobre esta sentencia, véanse GARAY, A.: "Liberté religieuse et prosélytisme: l'expérience européenne", en *Revue Trimestrielle des droits de l'homme,* nº 5 (1994), págs. 7-29; MARTÍNEZ-TORRÓN, Javier: "La libertad de poselitismo en Europa", en *Quaderni di Diritto e Política ecclesiastica,* nº 10 (1994), págs. 59-71.

religiosa), siempre que esta no suponga una violación del orden públicos. No obstante, los conflictos entre ambas libertades suelen alcanzar un fuerte impacto mediático. Baste con mencionar, a este respecto y a efectos meramente ejemplificante, que la poca o nula tolerancia a la diversidad de creencias o el fanatismo en las mismas han generado "choques" o conflictos entre los diferentes credos o convicciones en todo el mundo y prácticamente en todas las épocas de la historia del mundo. Algunos ejemplos de estos conflictos los encontramos en lo ocurrido con el libro: *Los versos satánicos,* de Salman Rushdie (1988) y sus recientes consecuencias que han culminado en un ataque al escritor (2022), o con la película titulada: *La última tentación de Cristo* (1988), así como con las publicaciones de las caricaturas de Mahoma (2005) o con las acciones en las redes sociales sobre apología de la guerra o del terrorismo por parte de grupos yihadistas como Al Qaeda o Daesh.

Los hechos mencionados son sólo pequeños atisbos de fracturas sociales, culturales y religiosas en las que vivimos. Basta poner el dedo en la llaga, para que las heridas del fanatismo y la sinrazón se amotinen en una trinchera de intolerancia, algunas de cuyas manifestaciones de reprobación se materializan en muerte y desolación, como lo ocurrido en el semanario satírico *Charlie Hebdo* (el 7 de enero de 2015) o en el teatro Bataclan (en noviembre de 2015), así como en los atentados del 11-M (de 2004) y 17-A (de 2015), en España. Los presentes actos de terrorismo merecen, sin ningún embate, una enérgica condena, pues las acciones violentas difícilmente encuentran justificación en una sociedad democrática.

No obstante, tampoco podemos ignorar que determinadas publicaciones o actividades fomentan el racismo y la intolerancia hacia grupos concretos, lo que produce un conflicto entre la aceptación o no de ciertas apologías del odio. Todo ello nos sitúa ante la paradoja de la tolerancia que planteara POPPER: ¿Hasta dónde tolerar a los intolerantes? ¿Hasta dónde reconocer libertad a los enemigos de la libertad?[4] Ello hace, además, que la protección o tutela contra los discursos (delitos) de odio vaya más allá de los propios Estados, y es por ello por lo que son múltiples los organismos internacionales que han dedicado parte de su actividad a los discursos (delitos) de odio, destacando a este respecto la actividad desarrollada en el seno de la Organización de las Naciones Unidas, y en el ámbito regional europeo, la llevada a cabo por la OSCE, el Consejo de Europa y la Unión Europea. Amén de que las manifestaciones públicas que incitan al odio basado en prejuicios religiosos representan un peligro para la paz social y la estabilidad política de los Estados democráticos.

En el presente trabajo, y por cuestiones espaciales, se va a hacer referencia únicamente a la actividad llevada a cabo por el **Consejo de Europa**, y de un modo especial por la Comisión Europea contra el Racismo y la Intolerancia del Consejo de Europa (ECRI) por un lado, y por el Tribunal Europeo de Derechos Humanos, por otro. Ahora bien, se debe precisar desde este momento inicial que, aunque la temática del discurso del odio es relativamente actual, no se puede afirmar que resulte nueva en la actividad de la presente organización internacional.

II. DISCURSOS DE ODIO Y ACTIVIDAD DESARROLLADA EN EL SENO DE LA ECRI

1.- A este respecto, se debe destacar el reconocimiento y garantía de los derechos fundamentales, especialmente civiles y políticos, contenidos en el *Convenio europeo para la Protección de los Derechos Humanos y de las Libertades Fundamentales*, de 1950[5] (Art. 10). En el ámbito del Consejo de Europa, la libertad de expresión es configurada, además de como un derecho fundamental, como

---

4 POPPER, Karl: *La sociedad abierta y sus enemigos*, Paidós, Barcelona-Buenos Aires, 2006.

5 Consultar en línea: https://www.echr.coe.int/documents/convention_spa.pdf (visitado por última vez el 22 de octubre de 2022).

un requisito esencial para la propia existencia del Estado democrático, por lo que -a tenor del TEDH- "*comprende la posibilidad de criticar, incluyendo el uso de expresiones que puedan molestar, inquietar o disgustar a quienes se dirige, pues así lo requieren el pluralismo, la tolerancia y el espíritu de apertura, sin los cuales no existe sociedad democrática*" [6].

Ahora bien, el citado Convenio también establece el principio de igualdad, así como su reverso el principio de no discriminación (Art. 14); entendida como "*un prejuicio hostil contra un determinado grupo*" y, además, "*atribuye a todos los miembros de ese grupo las características negativas comunes*"[7]. Este carácter grupal es, por tanto, "*expresión de fenómenos sociales sistemáticos y estructurales*"[8], lo que afecta a un elenco de grupos, categorías o circunstancias que se consideran tradicionalmente agravadas por situar a las personas afectadas en una posición no sólo de desventaja, sino que afecta a la su propia dignidad. Es importante señalar que la situación de vulnerabilidad del grupo en el que se integra la persona es, como sucede en general con todas las medidas del llamado derecho antidiscriminatorio, condición indispensable para que se considere que dicha protección posee una justificación objetiva y razonable.

Por tanto, puede afirmarse que la protección de la libertad de expresión no incluye los abusos cometidos en su ejercicio, como pueden ser la emisión o difusión de mensajes ofensivos, injuriosas, vejatorios, ultrajantes, ni aquellos que denoten, produzcan, propaguen, inciten, promuevan o justifiquen un desprecio, intolerancia, odio, intimidación, amenazas o violencia a las personas o a una etnia, minoría, grupo o sector poblacional determinado. No obstante, debe precisarse que la aplicación de todas estas limi-

---

6 A este respecto, véanse sentencias de 23 de septiembre de 1998, asunto *Lehideux c. Francia* (Decisión nº 55/1997/839/1045); de 8 de julio de 1999, asunto *Baskaya y Okcuoglu c. Turquía* (Decisión nº 23536/94 y 24408/94), y de 29 de septiembre de 1999, asunto *Oztürk c. Alemania* (Decisión nº 8544/79).

7 REY MARTÍNEZ, F.: *Derecho antidiscriminatorio*, Aranzadi, Pamplona 2019, pág. 40.

8 *Idem*, pág. 45.

taciones han de ser interpretadas de tal modo que el derecho no quede desvirtuado.

Ello nos lleva a dirimir una cuestión básica como es la relativa a cuándo unas declaraciones alientan o no la intolerancia o la discriminación, y si es o no necesario que las mismas supongan un determinado acto de violencia o criminal para que sea considerado como un delito. Pues bien, el Tribunal europeo ha considerado que no es necesario que concurra un acto de violencia o criminal, pero sí debe estar presente la finalidad discriminatoria e intolerante contra un grupo determinado o sector poblacional. En consecuencia, se puede afirmar que el Consejo de Europa ha acogido un concepto más próximo al discurso del odio[9], y no tanto relacionado con que el mismo esté o no tipificado penalmente, por lo que se trataría de un concepto autónomo en el que se incluirían todas aquellas formas de expresión que propaguen, inciten, promuevan o justifiquen el odio basado en la intolerancia, por lo que no estaría vinculado por la clasificación que al respecto puedan realizar los tribunales internos.

2.- Por lo que respecta al primero de los órganos, esto es, la Comisión Europea contra el Racismo y la Intolerancia del Consejo de Europa (ECRI), cabe señalar que la misma está integrada por miembros independientes y cuya función básica es combatir el racismo, la xenofobia, el antisemitismo y la intolerancia a nivel paneuropeo, desde la perspectiva de la promoción de los derechos humanos. En definitiva, se trata de un órgano de carácter promocional y recomendatorio, pero cuya tarea no puede ni debe ser minimizada, pues desde su creación ha realizado importantes contribuciones en la materia objeto de trabajo.

A través de sus recomendaciones, la ECRI no sólo ha definido qué es el discurso de odio, sino que en sus análisis país por país ha sido capaz de extraer conclusiones generales al respecto, determinando las formas y circunstancias específicas en que el mismo

---

9 Ver a este respecto ***Resolución 1510 (2006), de 28 de junio de 2006, sobre la libertad de expresión y el respeto de las creencias religiosas.***

tiene lugar, así como formular recomendaciones a los Estados que resultan muy relevantes en la lucha contra este fenómeno. La actividad de la presente organización internacional se ha centrado básicamente en tres ámbitos: la discriminación e la intolerancia, el primero; el alcance y medidas de lucha contra el discurso y delito de odio, la segunda, y el discurso de odio en internet, la tercera.

1. ECRI y discriminación e intolerancia

Por lo que respecta al primero de los ámbitos, esto es, el de **la discriminación y la intolerancia**, señalar que la ECRI adoptó, el 13 de diciembre de 2002, la ***Recomendación núm. 7, relativa a las legislaciones nacionales, para la lucha contra el Racismo y la Discriminación Racial***[10]. En la presente *Recomendación* se recoge la represión contra las expresiones públicas con fines racistas de una ideología que propugne la superioridad de un conjunto de personas por razón de su raza, color, idioma, religión, nacionalidad u origen étnico, o que calumnie o denigre a un conjunto de personas por estos motivos. Se incluyen, igualmente, en dichos actos, la negación, la minimización grosera, la justificación o la apología públicas, con fines racistas, de los genocidios, los crímenes contra la humanidad o los crímenes de guerra.

Partiendo de estas consideraciones, la ECRI manifiesta en la citada Recomendación núm. 7 que "*deben tipificarse como delitos penales los comportamientos siguientes: cuando se muestren de forma intencionada: a) la incitación pública a la violencia, el odio o la discriminación; b) las injurias o la difamación públicas; c) las amenazas, cuando se dirijan contra una persona o un conjunto de personas por razón de*

---

10 Consultar en línea: https://rm.coe.int/ecri-general-policy-recommendation-no-7-revised-on-national-legislatio/16808b5aaf (visitado por última vez el 22 de diciembre de 2022). Véanse igualmente las Recomendaciones Generales de política núm. 1 de la ECRI relativa a la lucha contra el racismo, la xenofobia, el antisemitismo y la intolerancia y la núm. 2 de la ECRI relativa a los organismos de promoción de la igualdad para luchar contra el racismo y la intolerancia a nivel nacional.

su raza, color, idioma, religión, nacionalidad u origen nacional o étnico; d) la expresión en público, con un objetivo racista, de una ideología que reivindique la superioridad o que desprecie o denigre a una categoría de personas por motivos de raza, color, idioma, religión, nacionalidad, u origen nacional o étnico; e) la negación, banalización, justificación o aprobación en público, con un objetivo racista, de delitos de genocidio, crímenes contra la humanidad o crímenes de guerra; f) la divulgación o distribución pública o la producción o almacenamiento con la intención de divulgar o distribuir públicamente, con un objetivo racista, material escrito, gráfico o de cualquier otra índole que contenga manifestaciones de los tipos descritos en los apartados 18 a), b), c), d) y e); g) la creación o el liderazgo de un grupo que promueva el racismo; el apoyo prestado a un grupo de tal naturaleza; y la participación en sus actividades con el propósito de contribuir a los delitos referidos en los apartados 18 a), b), c), d), e) y f); y *h) la discriminación racial en el ejercicio individual de una ocupación de carácter público*"[11].

2. ECRI y discurso (delito) de odio

Por lo que respecta al **discurso de odio**, cabe mencionar dos recomendaciones, las cuales constituyen un marco de referencia para los Estados miembros, tanto por lo que respecta a la conceptualización del mismo, como a la hora de adoptar medidas efectivas en la lucha contra el discurso de odio. En cuanto a su conceptualización, uno de los instrumentos básicos de referencia fue adoptado, el 30 de octubre de 1997, por el Comité de Ministros del Consejo de Europa: la ***Recomendación núm. R (97)***; constituyendo la misma -hasta diciembre de 2015- uno de los referentes más importantes en la materia. En la presente Recomendación se define el discurso de odio como aquel que "*abarca todas las formas de expresión que propaguen, inciten, promuevan o justifiquen el odio racial, la xenofobia, el antisemitismo u otras formas de odio basadas en into-*

11 Ver en esta misma línea, *Recomendación núm. 97 (20) del Comité de Ministros del Consejo de Europa sobre el Discurso del odio.*

lerancia, incluida la intolerancia expresada por agresivo nacionalismo y el etnocentrismo, la discriminación y la hostilidad contra las minorías, los inmigrantes y las personas de origen inmigrante".

La mencionada fecha de 2015 supuso un punto de inflexión, y lo supuso por la adopción, el 18 d diciembre de ese año, de la ***Recomendación general de la ECRI núm. 15 relativa a la lucha contra el discurso de odio***[12], y por la que se amplían los actos que se incluyen en la categorización de discurso de odio. Así, los actos constitutivos de discurso de odio serían: el fomento, la promoción o instigación en cualquiera de sus formas, al odio, la humillación o el menosprecio; así como el acoso, descrédito, difusión de estereotipos negativos, estigmatización o amenaza; y el uso que no sólo tiene por objeto incitar a que se comentan actos de violencia, intimidación, hostilidad o discriminación, sino que también se incluyen actos que cabe esperar razonablemente que produzcan tal efecto. La Recomendación excluye, sin embargo, de forma explícita otras formas de expresión, tales como la sátira o informes o análisis realizados de forma objetiva, que simplemente dañen o molesten a sus destinatarios. Dicha posición obliga, por tanto, a distinguir entre el llamado "discurso de odio", que no está protegido por la libertad de expresión, y el "discurso impopular u ofensivo", el cual sí estaría protegido por el mencionado derecho fundamental. Mientras que por lo que respecta a los motivos, se recogen, además de los tradicionales como la raza, color, idioma, religión o creencias, nacionalidad, origen étnico o nacional y ascendencia, que ya se contenían en la Recomendación de 2002; otros nuevos como la discapacidad, el género, la identidad de género y la orientación sexual.

La ECRI ha contribuido igualmente a precisar las formas que puede revestir dicho discurso, especificando que el mismo puede adoptar, además de la forma oral o escrita, cualquier otra forma

---

12 Consultar en línea: https://rm.coe.int/ecri-general-policy-recommendation-n-15-on-combating-hate-speech-adopt/16808b7904 (visitado por última vez el 16 de octubre de 2022).

de expresión como pinturas, señales, símbolos, dibujos, música, obras de teatro o videos y documentales.

En consecuencia, toda forma de expresión artística es o puede ser susceptible de generar un discurso de odio. Y se dice "susceptible de" porque en estos casos habrá que tenerse presentes el propósito y la finalidad de la manifestación artística. En concreto, en la presente Recomendación se establecen una serie de elementos contextuales como son, entre otros, los siguientes: i) la capacidad que tiene la persona que emplea el discurso de odio para ejercer influencia sobre los demás: con motivo de ser, por ejemplo, un líder político, religioso o de una comunidad; ii) la naturaleza y contundencia del lenguaje empleado: si es provocativo y directo, si utiliza información engañosa, difusión de estereotipos negativos y estigmatización, o si es capaz por otros medios de incitar a la comisión de actos de violencia, intimidación, hostilidad o discriminación; iii) el contexto de los comentarios específicos: si son un hecho aislado o reiterado, o si se puede considerar que se equilibra con otras expresiones pronunciadas por la misma persona o por otras, especialmente durante el debate; y iv) la naturaleza de la audiencia: o lo que es lo mismo, si ésta tiene o no los medios para discernir o si es propensa o susceptible de mezclase en actos de violencia, intimidación, hostilidad o discriminación.

Para el cumplimiento de los reseñados objetivos, el Comité de Ministros aprobó, el 20 de mayo de 2022, la ***Recomendación CM/Rec (2022) 16, sobre la lucha contra el discurso de odio***[13], estableciéndose en la misma un conjunto de directrices. Entre las cuestiones a las que hace referencia estas directrices está la relativa al diferente grado en los discursos de odio, aconsejándose a los Estados miembros que diferencien entre los casos más graves, los cuales deben ser prohibidos por el derecho penal[14], de aquellos otros

---

13 *Aprobado por el Comité de Ministros el 20 de mayo de 2022 (consultar en línea:* https://search.coe.int/cm/Pages/result_details.aspx?ObjectId=0900001680a67955; *visitado por última vez el 15 de octubre de 2022).*

14 Los Estados miembros deben especificar y definir claramente en su legislación penal nacional qué expresiones de incitación al odio están

que deban de estar sujetos bien al derecho civil bien al derecho administrativo, así como -por último- de las expresiones ofensivas o perjudiciales que no son suficientemente graves como para ser restringidas legítimamente en virtud del Convenio Europeo de Derechos Humanos, pero que pueden requerir la adopción de respuestas alternativas.

El Consejo de Europa con relación a dicho marco jurídico señala que las autoridades nacionales deben conciliar cuidadosamente la concurrencia de tres derechos: a la vida privada, a la libertad de expresión y a la no discriminación. Se introducen de este modo -según TERUEL LOZANO- dos elementos que resulta de interés señalar: "*por un lado, que las conductas expresivas han de dirigirse contra una persona o grupo de personas, y, por otro lado, se especifica con claridad que deberán estar movidas ("por razón de") determinadas circunstancias discriminatorias*"[15].

Por lo que respecta a los casos más graves y extremos de incitación al odio, y por tanto deben formar parte del ámbito penal, la ECRI señala que éstos deben incluir los siguientes elementos: la gravedad, la incitación, el contenido, el alcance, la posibilidad

---

sujetas a responsabilidad penal, por ejemplo: a) incitación pública a cometer genocidio, crímenes de lesa humanidad o crímenes de guerra; b) la incitación pública al odio, la violencia o la discriminación; c) amenazas racistas, xenófobas, sexistas y LGBTI-fóbicas; d) insultos públicos racistas, xenófobos, sexistas y LGBTI-fóbicos en condiciones como las establecidas específicamente para los insultos en línea en el Protocolo Adicional al Convenio sobre Ciberdelincuencia relativo a la tipificación como delito de actos de carácter racista y xenófobo cometidos a través de sistemas informáticos (ETS n. 189); e) la negación pública, la banalización y la aprobación del genocidio, los crímenes de lesa humanidad o los crímenes de guerra; y f) diseminación intencional de material que contenga tales expresiones de incitación al odio (enumeradas en apartado de arriba), incluidas ideas basadas en la superioridad racial o el odio (apdo. 11).

15 TERUEL LOZANO, Germán M.: "El discurso de odio como límite a la libertad de expresión en el marco del Convenio europeo", en *Revista de Derecho Comunitario Europeo,* núm. 27 (2017), pág. 85.

o probabilidad de que cause daño, la inminencia y el contexto, recordando la importancia de respetar los derechos de libertad de expresión y asociación (*Rec.* nº 15, apdo. 2)[16].

3. ECRI y discriminación e incitación al odio por motivos religiosos o de convicción

Con relación a la **incitación al odio por motivos religiosos,** resulta relevante hacer referencia a la ***Recomendación 1805 (2007) de la Asamblea Parlamentaria del Consejo de Europa, sobre Blasfemia, insultos religiosos y discursos de odio contra personas por causa de su religión***[17], según la cual se consideran discursos de odio "*las manifestaciones en las que se pide [o incita] que una persona o grupo de personas sean objeto de odio, discriminación o violencia por motivo de su religión o [creencias]*"[18].

La expresión "lo religioso" encuentra, por consiguiente, su límite en la manifestación o difusión que propague, incite, promueva, fomente o justifique el odio racial (racismo), la xenofobia, el antisemitismo y cualquier otra forma de odio fundado en la intolerancia, la discriminación y la hostilidad contra una minoría

---

16 En este sentido, cabe señalar que la Recomendación General nº 15 sigue la estela del Relator Especial de la ONU sobre la Promoción y Protección del Derecho a la Libertad de opinión y de Expresión, cuando recomienda que se tipifiquen como delitos penales sólo los casos graves y extremos de incitación al odio (UN Doc. A/67//357, de 7 de septiembre de 2012).

17 PARLAMENTARY ASSEMBLY: *Recommendation 1805 (2007), Blasphemy, religious insults and hate speech against persons or groups of their religion*, consultar en: http://assembly.coe.int/main.asp?Link=/documents/adoptedtext/ta07/erec1805.htm (visitado por última vez el 16 de octubre de 2022).

18 Ver ECRI: *General Policy Recommendation nº. 7 on National Legislation to Combat Racism and Racial Discrimination* (consultar en: http://www.coe.int/t/dghl/monitoring/ecri/activities/gpr/en/recommendation n7/ecri03-8%20recommendation%20r%207.pdf; visitada por última vez el 15 de octubre de 2022).

o grupo religioso o una persona perteneciente a una minoría o grupo religioso. Ahora bien, por lo que se refiere a la intolerancia o discriminación por motivos religiosos o por las creencias, cabe precisar que esta no se reserva únicamente para los dogmas o doctrinas referentes a la divinidad, ni tan siquiera a una concepción del mundo en clave espiritual o trascendente, sino que dentro de la misma también deben ser incluidas aquellas basadas en un sistema ético o moral. En estos términos han de incluirse -por consiguiente-, además de las creencias religiosas tradicionales, a los nuevos movimientos religiosos, así como a las convicciones ateas y agnósticas.

4. Discursos de odio e internet

Respecto del tercero de los ámbitos, esto es, el relativo a los **discursos de odio en internet**, nos conduce a una realidad que dada sus características exige de estrategias globales para prevenir y combatir la incitación al odio, incluyendo la adopción de un marco jurídico *ad hoc* eficaz, así como de medidas eficaces, graduales y proporcionales.

1.- A este respecto, se debe partir de un hecho y es que internet, al mejorar la capacidad del público para buscar, recibir y difundir información sin interferencias y sin consideración de fronteras, desempeña un papel particularmente importante con respecto al derecho a la libertad de expresión. También permite el ejercicio de otros derechos protegidos por la Convención europea y sus protocolos, como el derecho a la libertad de reunión y asociación y el derecho a la educación, y permite el acceso al conocimiento y la cultura, así como la participación en el debate público y político y en la gobernanza democrática. Amén de la protección de la vida privada y de los datos personales es fundamental para el goce y ejercicio de la mayoría de los derechos y libertades garantizados en la Convención.

Sin embargo, internet ha facilitado un aumento de los riesgos e infracciones relacionados con la privacidad y ha estimulado la propagación de ciertas formas de acoso, odio e incitación a la violencia, en particular por motivos de género, raza y religión, que no se denuncian y rara vez se remedian o enjuician. Además, el auge de internet y los avances tecnológicos conexos han creado desafíos sustanciales para el mantenimiento del orden público y la seguridad nacional, para la prevención del delito y la aplicación de la ley, y para la protección de los derechos de los demás, incluidos los derechos de propiedad intelectual. Las campañas de desinformación dirigidas en línea, diseñadas específicamente para sembrar la desconfianza y la confusión y agudizar las divisiones existentes en la sociedad, también pueden tener efectos desestabilizadores en los procesos democráticos. Por tanto, el discurso y la acción que resulten incompatibles con los valores consagrados en la CEDH no están protegidos por el artículo 10 ni por ninguna de sus otras disposiciones, en virtud del artículo 17 de la Convención.

A este respecto, debe hacerse mención de la ***Recomendación CM/Rec (2018) 2, del Comité de Ministros a los Estados miembros, sobre las funciones y responsabilidades de los intermediarios de Internet***, aprobado por el Comité de Ministros el 7 de marzo de 2018[19]. En la misma, el Comité de Ministro realiza una serie de sugerencias para los Estados miembros: a) aplicar las directrices incluidas en la presente Recomendación al elaborar y aplicar marcos legislativos relativos a los intermediarios de internet; b) adopte todas las medidas necesarias para garantizar que los intermediarios de internet cumplan con sus responsabilidades de respetar los derechos humanos[20]; c) aplicar las directrices incluidas en la presente

---

19 Consultar en línea: https://search.coe.int/cm/Pages/result_details.aspx?ObjectID=0900001680790e14; visitado por última vez el 15 de octubre de 2022).

20 Véanse Recomendación CM/Rec(2016)3 del Comité de Ministros a los Estados miembros sobre derechos humanos y empresas; c) al aplicar las directrices, tener debidamente en cuenta la Recomendación CM/Rec (2016) 5 del Comité de Ministros sobre la libertad en Internet, la Recomendación CM/Rec (2016) 1 sobre la protección y promoción del derecho a la libertad de expresión y el derecho a la vida privada en lo que respecta a la neutralidad de la red, la Recomendación CM/

Recomendación en el entendimiento de que, en la medida en que se refieren a las responsabilidades de los proveedores de servicios de internet que han evolucionado significativamente en la última década, tienen por objeto desarrollar y reforzar las directrices sobre derechos humanos; d) entablar un diálogo periódico, inclusivo y transparente con todas las partes interesadas pertinentes, incluidos el sector privado, los medios de comunicación de servicio público, la sociedad civil, los centros educativos y el mundo académico, con vistas a compartir y debatir información y promover el uso responsable de los nuevos avances tecnológicos relacionados con los intermediarios de internet; e) fomentar y promover la aplicación de programas eficaces de alfabetización mediática e informacional sensibles a la edad y al género para que todos los adultos, jóvenes y niños puedan disfrutar de los beneficios y minimizar la exposición a los riesgos del entorno de las comunicaciones en línea; y f) revisará periódicamente las medidas adoptadas para aplicar la presente Recomendación con vistas a aumentar su eficacia.

Rec(2015)6 sobre el flujo libre y transfronterizo de información en Internet, Recomendación CM/Rec (2014) 6 sobre una Guía de los derechos humanos para los usuarios de internet, Recomendación CM/Rec (2013) 1 sobre igualdad de género y medios de comunicación, Recomendación CM/Rec (2012) 3 sobre la protección de los derechos humanos en lo que respecta a los motores de búsqueda, Recomendación CM/Rec (2012) 4 sobre la protección de los derechos humanos en lo que respecta a los servicios de redes sociales, Recomendación CM/Rec(2011)7 sobre un nuevo concepto de medios de comunicación, Recomendación CM/Rec(2010)13 sobre la protección de las personas físicas en lo que respecta al tratamiento automatizado de datos personales en el contexto de la elaboración de perfiles, la Recomendación CM/Rec (2007) 16 sobre medidas para promover el valor de servicio público de Internet, así como las Directrices de 2017 sobre la protección de las personas físicas en lo que respecta al tratamiento de datos personales en un mundo de Big Data, y las Directrices de 2008 para la cooperación entre las fuerzas del orden y los proveedores de servicios de Internet contra la ciberdelincuencia.

2.- En este ámbito adquiere, igualmente, una especial relevancia la ***Convención sobre la Ciberdelincuencia***, de 23 de noviembre de 2001[21], y el ***Protocolo adicional al Convenio de Ciberdelincuencia relativo a la penalización de actos de índole racista y xenófoba cometidos por medios informáticos,*** de 28 de enero de 2003[22]. En este sentido, es de destacar que el mencionado Protocolo ha definido como "material racista y xenófobo" "*todo material escrito, toda imagen o cualquier otra representación de ideas o teorías que propugne, promueva o incite al odio, la discriminación o la violencia, contra cualquier persona o grupo de personas, por razón de la raza, el color, la ascendencia o el origen nacional o étnico, así como de la religión en la medida en que ésta se utilice como pretexto para cualquiera de esos factores*" (Art. 2)[23].

III. DISCURSO DE ODIO Y JURISPRUDENCIA DEL TEDH

En cuanto al segundo de los órganos reseñados, esto es, el **Tribunal de Estrasburgo**, y la actividad jurisprudencial desarrollado por éste, cabe señalar que el mismo ha acogido un concepto más próximo al discurso del odio[24], y no tanto relacionado con que el

---

21 Consultar en línea: https://www.oas.org/juridico/english/cyb_pry_convenio.pdf (visitado por última vez el 30 de octubre de 2022).

22 Consultar en línea: https://rm.coe.int/1680a7bbf3 (visitado por última vez el 30 de octubre de 2022).

23 Véanse a este respecto, BAKALIS: *Ciberodio: un tema de preocupación constante para la Comisión contra el Racismo del Consejo de Europa,* Consejo de Europa, 2015; SIDLAUSKIENE and JURKEVICIUS: "Webside Operator's Liability for offensive comments: a comparative análisis of Delfi as vs. Estonia and Mte & index vs. Hungary", en *Baltic Journal od Law & Politics,* vol. 10, nº 2 (2015), págs. 46-75.

24 Los conceptos de difamación de las religiones y de discurso de odio no son idénticos. La frontera que separa difamación e incitación al odio o a la violencia no es fácil de delimitar netamente. La incitación conduce a la discriminación, la hostilidad o la violencia. La difamación, sin embargo, no supone necesariamente violencia o promoción de esta. Ver a este respecto Resolución 1510 (2006), de 28 de junio de 2006, sobre *la libertad de expresión y el respeto de las creencias religiosas.*

mismo esté o no tipificado, por lo que se trataría de un concepto autónomo en el que se incluirían todas aquellas formas de expresión que propaguen, inciten, promuevan o justifiquen el odio basado en la intolerancia, por lo que no estaría vinculado por la clasificación que al respecto puedan realizar los tribunales internos[25]. En dicho concepto quedan incluidos -siguiendo a QUESADA ALCALÁ- tres categorías distintas, a saber: "*en primer lugar, la incitación al odio racial*[26] *o contra personas o grupos de personas por distintos motivos; en segunda instancia, la incitación a otras formas de odio basadas en la intolerancia, incluida la intolerancia que se exprese en forma de nacionalismo agresivo*[27] *y etnocentrismo*[28] *(…). Y, finalmente, la incitación al odio por motivos religiosos*"[29]. A lo que también se puede añadir, entre otras, la causa homófoba[30].

---

25 TEDH, sentencias de 8 de julio de 1999, asunto *Sürek & Ödemir c. Turquia,* párr. 63; de 8 de julio de 1999, asunto *Sürek c. Turquía,* párr. 62; de 8 de julio de 1999, asunto *Sürek c. Turquía* (n. 2); de 8 de julio de 1999, asunto *Sürek c. Turquía* (n. 3); de 8 de julio de 1999, asunto *Sürek c. Turquía* (n. 4), párr. 60, y de 8 de julio de 1999, asunto *Erdogdu & Ince c. Turquía,* párr. 54.

26 Cfr. TEDH: sentencias (Gran Sala) de 23 de septiembre de 1994, asunto *Jersild c. Dinamarca*; (Sección 2.ª) de 16 de julio de 2009, asunto *Féret c. Bélgica*; y Decisión (Sección 5.ª) de 20 de abril de 2010, sobre la admisibilidad del asunto *Le Pen c. Francia.*

27 Cfr. Decisión TEDH (Sección 4.ª) de 7 de octubre de 2014, sobre la admisibilidad del asunto *Hösl Daum y otros c. Polonia.* El TEDH no entra en el fondo del asunto porque inadmite por falta de agotamiento de las vías procesales nacionales

28 Cfr. STEDH (Sección 3.ª) de 4 de noviembre de 2008, asunto *Balsytè-Lideikienè c. Lituania.*

29 QUEDASA ALCALÁ, C.: "La labor del Tribunal Europeo de Derechos Humanos en torno al discurso de odio en los partidos políticos: coincidencias y contradicciones con la jurisprudencia española", en *Revista electrónica de Estudios internacionales,* nº 30 (2015), pág. 8.

30 Cfr. STEDH (Sección 1.ª) de 9 de febrero de 2012, asunto *Vejdeland y otros c. Suecia.*

1. TEDH y delito de odio

1.- En cuanto al **delito de odio** propiamente dicho, el mayor obstáculo al que se deben enfrentar los tribunales a la hora de dirimir en este tipo de casos es determinar cuándo unas declaraciones alientan o no la intolerancia en general, y la religiosa en particular. A este respecto, para el TEDH queda claro que «*la incitación al odio no requiere necesariamente un determinado acto de violencia o acto criminal*»[31], así como que las difamaciones contra sectores de la población, grupos específicos o la incitación a la discriminación son suficientes para que las autoridades enfaticen la lucha contra el discurso racista, antisemita, islamófobo o cualquier otra forma de intolerancia o discriminación religiosa[32].

Ahora bien, también debemos llamar la atención sobre el hecho de que el propio Tribunal ha manifestado en varias ocasiones que la libertad de expresión extiende su cobertura al llamado discurso ofensivo o impopular, esto es, a aquellas ideas no sólo "*favorablemente recibidas o consideradas como inofensivas o indiferentes, sino también aquellas otras que chocan, ofenden o inquietan al Estado o una fracción cualquiera de la población*"[33]. Ello pone de manifiesto

---

31 STEDH asunto *Féret c. Bélgica*, párrafo73.

32 STEDH asunto *Fèret c. Bélgica*, párrafo 78. Junto a ello, para el Tribunal europeo la finalidad que se persigue con este tipo de delitos es la de humillar y vejar a la víctima, creando en la misma un sentimiento de terror, de angustia y de inferioridad por la gratuidad del ataque sufrido (ver TEDH, sentencias de 13 de junio de 2002, asunto *Anguelova c. Bulgaria*; de 6 de julio de 2005, asunto *Nachova y otros c. Bulgaria*, de 30 de noviembre de 2005, asunto *Moldovan y otros c. Rumania*, y de 13 de noviembre de 2007, asunto *DH y otros c. República Checa*).

33 Ver a este respecto, sentencias de 4 de diciembre de 2003, asunto *Müslüm contra Turquía* (Decisión nº 35071/97); de 29 de septiembre de 1999, asunto *Oztürk contra Turquía* (Decisión nº 8544/79); de 8 de julio de 1999, asunto *Baskaya y Okcuoglu contra Turquía* (Decisión nº 23536/94 y 24408/94); de 23 de septiembre de 1998, asunto *Lehideux contra Francia* (Decisión nº 55/1997/839/1045); de 8 de junio de 1986, asunto *Lingens contra Austria* (Decisión nº 9815/82, y de 7 de diciembre de 1976, asunto *Handyside contra Reino Unido* (Decisión nº 5493/72).

como los derechos humanos en general, y la libertad de expresión (junto con la libertad de conciencia y religiosa) en particular, no pueden entenderse absolutos[34], encontrando, respecto de las manifestaciones públicas de dichas libertades, su límite en el orden público protegido por la ley. Un orden público marcado, además de en la no coacción -como puso de manifiesto el TEDH en el ***asunto Larissis, Mandalarides y Sarandis c. Grecia***[35]-, en el deber de abstenerse de toda propaganda en favor de la guerra, así como de toda actividad que suponga apología del odio nacional, racial o religioso, tal y como se establece en el artículo 20 del PIDCP.

2.- En este sentido, una primera sentencia del TEDH a traer a colación es el ***asunto Jersild c. Dinamarca***[36], donde se analiza el formato documental de un presunto discurso de odio[37]. En este caso, el Tribunal de Estrasburgo determinó la inexistencia de este, al no existir una finalidad discriminatoria. En este caso, el demandante era un periodista que había sido sancionado en el ámbito interno por un documental donde tres de sus entrevistados, pertenecientes a un grupo (los "Greekackets"), habían realizado comentarios racistas. No obstante, el Tribunal constató la vulneración del artículo 10 del CEDH, por la motivación de dicho documental, que no era propagar ideas racistas, sino informar al público sobre un tema de relevancia social.

---

34 En este sentido, ver CREMADES, J.: *Los límites de la libertad de expresión en el ordenamiento jurídico español,* Madrid 1995; FERREIRO GALGUERA, J.: *Los límites de la libertad de expresión. La cuestión de los sentimientos religiosos,* Madrid 1996; MARTÍN-RETORTILLO, L.: *Libertad religiosa y orden público,* Madrid 1970.

35 STEDH de 24 de febrero de 1998, asunto. *Larissis, Mandalarides y Sarandis c. Grecia.*

36 STEDH de 23 de septiembre de 1994, asunto *Jersild c. Dinamarca* (Decisión nº 15890/89).

37 La Comisión de Derechos Humanos ya había tenido la oportunidad de pronunciarse en el asunto *J. Glimmerveen y J. Hagenbeek c. Holanda,* de 11 de octubre de 1978, donde concluyó que el artículo 17 CEDH no permitía invocar la libertad de expresión amparada en el artículo 10 para difundir ideas radicalmente discriminatorias.

3.- Una segunda sentencia del TEDH a mencionar es la relativa al ***asunto Norwood c. Reino Unido***[38], en el que el reseñado partido político mostró una fotografía de las Torres Gemelas en llamas con la expresión: "*Islam out of Britain–Protect the British People*" ("Islam fuera de Gran Bretaña-Proteger al pueblo británico"), y el símbolo de la media luna con una señal de prohibición. El Tribunal consideró que las manifestadas expresiones contra un grupo religioso, vinculándolo con el terrorismo, resulta incompatible con los valores proclamados y garantizados por el Convenio europea, sobre todo con la tolerancia, la paz social y la no discriminación. Por consiguiente, para el Tribunal la exhibición de dicho poster por parte del demandante constituía un acto incluido en el artículo 17 del CEDH, por lo que no podía gozar de la protección de los artículos 10 y/o14 del CEDH[39].

4.- Finalmente, una tercera sentencia a la que se debe hacer referencia en esta misma línea es la relativa al asunto ***Féret c. Bélgica***, de 2009[40]. En dicha resolución se cuestionaba la condena impuesta al presidente del partido político Frente Nacional por la difusión de diversos panfletos en los que se promovía la expulsión

---

38 STEDH de 16 de noviembre de 2006, asunto *Norwood c. Reino Unido* (Decisión nº 23131/03).

39 En la misma línea, ver *asunto Ivanov c. Rusia*, de 8 de mayo de 2007 (Decisión nº 3436/05). La resolución fue motivada por un artículo periodístico en el que autor señalaba que los judíos eran una fuente del mal para Rusia, se acusaba al grupo étnico-religioso de planear conspiraciones contra el pueblo ruso y atribuirle una ideología fascista. En la publicación se negaba a los judíos la condición de una "dignidad nacional", alegando que no formaban una nación. El TEDH señaló que los puntos de vista antisemita que incitaban al odio hacia el pueblo judío constituían un ataque general a un grupo étnico. Por lo tanto, subrayó que dichas manifestaciones eran contrarias al artículo 17 del CEDH, en particular a la tolerancia, la paz social y la no discriminación. Véanse también TEDH, sentencias de 4 de diciembre de 2003, asunto *Gündüz c. Turquía,* de 2 de septiembre de 2004, asunto *W.P. y otros c. Polonia,* y de 16 de julio de 2009, asunto *Fèret c. Bélgica.*

40 STEDH de 10 de diciembre de 2009, asunto *Féret c. Bélgica* (Decisión nº 15615/07).

de los inmigrantes irregulares de Bélgica. En la sentencia se afirmó que, aunque las expresiones fueron proferidas en campaña electoral, y el debate político constituye el núcleo del contenido protegido por la libertad de expresión, en esta ocasión, la condena al presidente del partido se apreció acorde al artículo 10 del CEDH. Asimismo, se razonó que las expresiones empleadas para dar a conocer el proyecto político del citado partido político incitaban claramente a la discriminación y al odio racial[41]. En el presente asunto el demandante fue condenado por los tribunales belgas sobre la base de las declaraciones realizadas en campaña electoral contra determinados colectivos, a saber: inmigrantes y musulmanes principalmente (apdo. 77), y respecto de las cuales el Tribunal realiza un llamamiento recordando que es del todo crucial «*que los políticos en sus discursos públicos, eviten difundir declaraciones que tiendan a alimentar la intolerancia*»[42], la discriminación[43] y el odio (ap. 78)[44], y ello lo fundamenta en la tolerancia y el respeto a la igual dignidad de todos los seres humanos.

Por todo ello, en este caso el Tribunal europeo no entendió que se violara el derecho a la libertad de expresión del Sr. Féret, al considerar que "(...) *los partidos políticos tienen derecho a defender públicamente sus opiniones, incluso si algunas de ellas ofenden, chocan o inquietan a una parte de la población. Pueden pues recomendar soluciones para los problemas relativos a la inmigración. Sin embargo, deben evitar*

41 En el mismo sentido, véase otra sentencia relevante: *Jersild c. Dinamarca*, de 23 de septiembre de 1994.

42 Ver STEDH núm. 59405/2000, de 6 de julio de 2006, asunto *Erbakan c. Turquía*, apdo. 64.

43 Ver STEDH de 23 de septiembre de 1994, asunto *Jersild c. Dinamarca*, apdo. 30.

44 Ver a este respecto la Recomendación nº. 15, de la Comisión Europea contra el Racismo y la Intolerancia (ECRI), de 21 de marzo de 2016, relativa a la lucha contra el Discurso de odio (consultar en línea: https://plataformaciudadanacontralaislamofobia.files.wordpress.com/2017/01/recomendacion-ecri-no-15-discurso-de-odio-traduccic3b3n-espac3b1ol.pdf; visitado por última vez el 15 de octubre de 2022).

hacerlo promoviendo la discriminación racial y recurriendo a expresiones o actitudes vejatorias o humillantes, ya que tal comportamiento puede suscitar en el público reacciones incompatibles con un clima social sereno y podría minar la confianza en las instituciones democráticas" (apdo. 79)[45].

De los considerandos de las presentes sentencias, podemos afirmar que el Tribunal europeo ha enfatizado en que la dignidad humana demarca el espacio del legítimo ejercicio de la libertad de expresión, y ha suscrito el rechazo del discurso del odio, así como contra las expresiones discriminatorias, por suponer una incitación directa a la violencia y una quiebra en la protección a las minorías, amén de que su lucha ayuda a la integración social[46]. Evidentemente, pues, no cabe ninguna duda de que, a semejanza de cualquier otra declaración contra los valores que subyacen en el Convenio, las expresiones que tienden a propagar, incitar o justificar el odio basado en la intolerancia, incluida la intolerancia religiosa, no se benefician de la protección del artículo 10 del CEDH (apdo. 50). Sin embargo, en opinión del Tribunal, el simple hecho de defender la *Sharia*, sin emplear la violencia para establecerla, no puede ser considerado como un «discurso de odio»[47].

---

45 Cfr. ALCÁCER GUIRAO, R.: "Discurso del odio y discurso político. En defensa de la libertad de los intolerantes", en *Revista electrónica de Ciencia Penal y Criminal*, nº 14/2 (2012), págs. 5 y sigs.

46 En sentido contrario, DWORKIN señala que "*la esencia de la libertad negativa es la libertad de ofender, y eso se aplica tanto a lo vulgar como a lo heroico*", y añade en su obra, *La democracia posible*, que no existe un derecho a ser respetado o a no ser ofendido. Dworkin, Ronald: *Freedom's Law. The Moral Reading of the American Constitution*, Oxford, Oxford University Press, 1996, págs. 218 y 219; y *La democracia posible. Principios para un nuevo debate político*, Barcelona, Paidós, 2008, págs. 73-118. Asimismo, véase la columna titulada "El derecho a la burla", *El País*, 25 de marzo de 2006 (consultar en línea en http://elpais.com/diario/2006/03/25/opinion/1143241211_850215.html; visitado por última vez el 15 de octubre de 2022).

47 Algunas de las temáticas que subyacen en esta cuestión ya habían sido abordadas por el TEDH con anterioridad al hilo de los asuntos *Refah Partisi* (sentencias de 31 de julio de 2001 y de 13 de febrero de 2003)

2. TEDH, discriminación e intolerancia por motivos religiosos o de creencias y discursos de odio

1.- Un segundo contenido tiene que ver con el ámbito concreto de la libertad de conciencia y religiosa y el derecho de difusión y manifestación de las propias creencias, incluido el proselitismo. Con relación a la difusión de las creencias, el TEDH ha tenido la oportunidad de pronunciarse con motivo del uso de la coacción o de la presión en dicha difusión como factor de ilicitud. A este respecto, se debe partir de la consideración realizada por el TEDH para quien el proselitismo religioso es una actividad lícita en el marco de la libertad religiosa, y que prohibirlo o castigar a quienes lo realizan significa no confiar en las capacidades de los ciudadanos para elegir sus propias creencias o convicciones[48].

Ésta fue precisamente la decisión de este Tribunal en el ***asunto Kokkinakis c. Grecia***[49], en el que se declaró que una condena penal por un delito de proselitismo no era ajustada a las necesidades de una sociedad democrática (ap. 36). En este asunto se abordaba la actividad proselitista realizada por el Sr. Kokkinakis, miembro de

---

y *Partido Comunista Unificado de Turquía* (sentencias de 25 de mayo de 1998 y de 8 de diciembre de 1999) contra Turquía. Por lo que respecta a la difusión de ideas islamistas a través de un partido político (asunto *Refah Partisi c. Turquía* [2001]), el TEDH considera algunos de sus contenidos resultan contrarios a las exigencias y valores del CEDH, en concreto a los principios de no discriminación y de libertad religiosa, y, por ende, al propio sistema democrático (apdos. 70 y 72). Véase también, posteriormente, la sentencia *Günzu c. Turquía* (apdo. 51)

48 TEDH, sentencias 25 de mayo de 1993, asunto *Kokkinakis c. Grecia*; y de 24 de febrero de 1998, asunto *Larissis, Mandalarides y Sarandis c. Grecia*. Ver, además, GARAY, A.: «Liberté religieuse et prosélytisme: l'expérience européenne», en *Revue Trimestrielle des droits de l'homme*, nº 5 (1994), págs. 7-29; MARTÍNEZ-TORRÓN, J.: "La libertad de proselitismo en Europa", en *Quaderni di Diritto e Politica Ecclesiastica*, nº 10 (1994), págs. 59-71.

49 STEDH de 25 de mayo de 1993, asunto *Kokkinakis c. Grecia* (Decisión nº 14307/88).

los Testigos de Jehová, en Grecia[50]. En concreto, con motivo de la visita de él y su mujer, así como la entrada en el domicilio de la Sra. Kyriakaki en Sitia, donde entablaron una discusión con ella. Denunciados por el marido de esta última, ministro (chantre) de una iglesia ortodoxa de la ciudad, la policía detiene a los esposos Kokkinakis y les arresta en el puesto de la policía local, donde pasarán la noche del dos al tres de marzo de 1986. Procesados por infracción del artículo 4 de la Ley griega nº 1363/1938 que castiga el proselitismo (apartado16), el demandante y su esposa fueron remitidos ante el tribunal correccional de Lassithi, el cual consideró que los acusados, "*que pertenecen a la secta de los testigos de Jehová, han hecho proselitismo y han intentado directa e indirectamente penetrar en la conciencia religiosa de cristianos ortodoxos, con el fin de alterar esta conciencia, abusando de su inexperiencia, su fragilidad intelectual y su ingenuidad. En particular, ellos son recibidos por la Sra. Kyriakaki y anuncian que son portadores de buenas nuevas; después de haber penetrado con insistencia y presión en su casa, han comenzado a dar lectura a un libro relativo a las Escrituras que ellos refieren a un rey de los cielos y a acontecimientos que no han pasado pero que pasarán... etc., y le incitan con sus explicaciones oportunas y hábiles a modificar el contenido de su conciencia religiosa de cristiana orto*doxa".

Por ello, el Tribunal condenó a cada uno de los esposos Kokkinakis por proselitismo[51], a cuatro meses de prisión convertibles

---

50 En su Resolución nº 2276/1953, la Asamblea plenaria del Consejo de Estado griego dio la siguiente definición de proselitismo: "*(...) el artículo 1 de la Constitución, al consagrar de una parte la libertad de toda religión conocida y la permisión del ejercicio de su culto, prohibiendo de otra el proselitismo y toda otra intervención contra la religión dominante que es la Iglesia ortodoxa oriental de Cristo, debe interpretarse en el sentido de que una enseñanza puramente espiritual no deviene en proselitismo, incluso si demuestra el carácter erróneo de otras religiones. El proselitismo prohibido por la disposición precitada de la Constitución consiste en intentar firme e inoportunamente apartar de las disciplinas de la religión dominante por medios ilícitos o condenados por la moral*".

51 La jurisdicción griega califica de proselitismo los actos siguientes: asimilar a santos "figuras que adornan la pared" y la Iglesia a "un teatro, un mercado o un cine" (Corte de casación, sentencia nº 271/1932);

en 400 dracmas por día de detención (Art. 82 del Código Penal) y a 10.000 dracmas de multa. Y ordenó también, conforme al artículo 76 del Código Penal, la confiscación y destrucción de cuatro folletos que intentaron vender a la Sra. Kyriakaki. Los interesados apelaron ante la Corte de apelación de Creta, la cual absolvió a la Sra. Kokkinakis y confirmó la declaración de culpabilidad de su marido, pero redujo a tres meses la pena de prisión y la convierte en una sanción pecuniaria de 400 dracmas por día[52].

---

prometer a refugiados ortodoxos un alojamiento en condiciones ventajosas si se adhieren al dogma de los Uniatas (Corte de apelación del Egeo, sentencia nº 2950/1930); ofrecer una bolsa de estudios en el extranjero (Corte de casación, sentencia nº 2276/1953)); enviar a sacerdotes ortodoxos folletos recomendando su estudio y la aplicación de su contenido (Corte de casación sentencia nº 59/1956); distribuir gratuitamente libros y folletos "que se dicen religiosos" a "campesinos incultos" o a "pequeños escolares" (Corte de casación, sentencia nº 201/1961); prometer a una joven costurera la mejora de su situación profesional si abandona la Iglesia ortodoxa, pues los sacerdotes son "explotadores de la sociedad" (Corte de casación, sentencia nº 498/1961). La Corte de casación ha juzgado que la definición de proselitismo del art. 4 de la ley nº 1363/1938 no viola el principio de legalidad de los delitos y las penas.

52 Dictada el 17 de marzo de 1987, su sentencia se apoya en los siguientes motivos: "*(...) Resulta probado que, con el deseo de propagar la fe de la secta de los testigos de Jehová, de la que el acusado es adepto, ha intentado directa e indirectamente penetrar en la conciencia religiosa de una persona de confesión diferente a la suya, a saber, cristiana ortodoxa, con la intención de modificar su contenido, abusando de su inexperiencia, de su fragilidad intelectual y de su ingenuidad. Concretamente, ha visitado a Georgia, esposa de Nic. Kyriakaki, a la cual, después de haberle anunciado que era portador de buenas nuevas, le ha pedido con insistencia que le permitiera entrar en su casa, donde ha comenzado por hablarle del político Palme y por desarrollar sus tesis pacifistas. Enseguida, él ha sacado un pequeño libro sobre las profesiones de fe de su secta y se ha puesto a leer pasajes de la Sagrada Escritura que ha analizado hábilmente y de una manera que la mujer cristiana no podía controlar, dada su falta de formación en materia de dogmas, al mismo tiempo que le ofrecía diversos libros, tratando de obtener directa e indirectamente una alteración de su conciencia religiosa. En consecuencia, debe ser declarado culpable del acto del que es acusado, mientras que la otra acusada, su esposa Elisabeth, debe ser absuelta pues no ha aparecido*

El Sr. Kokkinakis recurrió, entonces, en casación, obteniendo respuesta negativa de la Corte de Casación, en sentencia de 22 de abril de 1988[53]. Agotada la vía interna, el Sr. Kokkinakis acude a la Comisión el 25 de agosto de 1988, alegando que su condena por proselitismo viola los derechos garantizados por los artículos 7, 9 y 10 del CEDH[54]. La Comisión, en su informe de 3 de diciembre de 1991, llega a la siguiente conclusión: a) que no hay violación del artículo 7 (once votos contra dos); b) que hay violación del artículo 9 (unanimidad); y c) que no se plantea una cuestión diferenciada desde la perspectiva del artículo 10 CEDH (doce votos contra uno). El 21 de febrero de 1992, la Comisión trasladó el asunto al Tribunal europeo.

El Tribunal europeo, después de señalar que la libertad de pensamiento, de conciencia y de religión constituye una de las bases de una "sociedad democrática" en el sentido del Convenio europeo, manifestó que *"el testimonio, en palabras y en actos, se encuentra ligado a la existencia de convicciones religiosas [...] Ella [la libertad religiosa] implica en principio el derecho de intentar convencer a su prójimo, por ejemplo, por medio de una 'enseñanza', sin lo cual además la 'libertad de cambiar de religión o de convicción', consagrada por el*

---

ningún indicio de participación en los actos de su marido, limitándose a acompañarle".

53 La Corte de casación rechazó la excepción de inconstitucionalidad por las siguientes razones: "*Considerando que la disposición del art. 4 de la ley n° 1363/1938, reemplazada por el art. 2 de la ley n° 1672/1939, (...) adoptados bajo el imperio de la Constitución de 1911, cuyo art. 1 prohibía el proselitismo y toda otra injerencia en la religión dominante en Grecia que es la Iglesia ortodoxa oriental de Cristo, no sólo no contraviene el art. 13 de la Constitución de 1975, sino que es absolutamente compatible con él, pues reconoce la libertad de conciencia religiosa como inviolable y dispone que toda religión conocida es libre, pero la misma disposición constitucional consagra la interdicción del proselitismo, en el sentido de que el proselitismo está prohibido en general cualquiera que sea la religión desde la cual sea ejercido, incluida la religión dominante en Grecia, que conforme al art. 3 de la Constitución de 1975, es la Iglesia ortodoxa oriental de Cristo*".

54 El TEDH invocó también los artículos 5.1° y 6.1° y 2° del citado Convenio europeo.

artículo 9, sería letra muerta" (apdo. 31). Junto a ello, el Tribunal también distinguió entre el testimonio religioso *strictu sensu* del proselitismo abusivo, considerando que "*(e)l primero corresponde a la verdadera evangelización, que, en una relación elaborada en 1956, en el seno del Consejo ecuménico de las Iglesias, es considerado como "misión esencial" y "responsabilidad de cada cristiano y de cada Iglesia".*

Mientras que "*(e)l segundo representa la corrupción o deformación del primero. Puede consistir en ofrecer ventajas materiales o sociales para conseguir adeptos a una Iglesia, o en presionar de manera abusiva a las personas en situación de necesidad, o en el recurso a la violencia o al "lavado de cerebro"; se trata de métodos que no se concilian con el respeto debido a la libertad de pensamiento, de conciencia y de religión de los demás*" (apdo. 48). En consecuencia, cabe señalar que la limitación de la actividad proselitista resulta lícita. En efecto, el Tribunal de Estrasburgo ha establecido una distinción entre formas lícitas e ilícitas de proselitismo.

Por eso, y a *sensu contrario*, se puede afirmar que sí resultan legítimas las limitaciones cuando, por ejemplo, la persona que realiza una actividad proselitista intenta prevalerse de una relación de dependencia o jerarquía que la vincula con el destinatario de su actividad. Estos hechos se produjeron en el caso *Larissis, Mandalarides y Sarandis c. Grecia*[55], en el que los actos de proselitismo eran realizados por militares respecto de sus inferiores. Este tipo de limitaciones no son incompatibles con la autonomía de los individuos y su libertad en la elección de las creencias religiosas, porque de lo que se trata es de impedir que se usen estructuras jerárquicas estatales establecidas con finalidades de interés público para la propagación de creencias religiosas privadas. Lo que en el ámbito puramente civil puede ser visto como un simple intercambio de ideas, en el ámbito de la vida militar puede significar una situación de acoso de un

---

55 STEDH de 24 de febrero de 1998, asunto *Larissis, Mandalaries y Sarandis.*

superior a un subordinado, y los Estados pueden legítimamente sancionar este tipo de proselitismo (apdo. 51)[56].

Ahora bien, en el caso reseñado, y –como ya quedó señalado- el Tribunal Europeo consideró que, aunque la medida litigiosa estaba "prevista por la ley" (apdo. 41) y había un "fin legítimo" (esto es, "la protección de los derechos y libertades de los demás" (apdo. 44)), la medida incriminatoria –sin embargo- no resultaba proporcionada al fin legítimo perseguido, ni, -por tanto- necesaria "en una sociedad democrática" para la "protección de los derechos y libertades de los demás" (apdo. 49), por lo que concluyó que Grecia había violado el artículo 9 del Convenio.

2.- Un segundo campo en el que el TEDH se ha mostrado más condescendiente con las autoridades nacionales y ha reconocido un mayor margen de apreciación nacional, al considerar que no existe un consenso europeo al respecto, es el de las ofensas a los sentimientos religiosos. Para el Tribunal no se estaría aquí ante casos de discurso del odio basado en la intolerancia religiosa, sino ante atentados contra los símbolos y los dogmas de una religión que revierten en ofensas a los sentimientos de sus feligreses y que, consecuentemente, pueden perturbar la convivencia pacífica en las sociedades. No obstante, ha considerado adecuadas las restricciones impuestas por las autoridades nacionales respecto a la

---

56 A este respecto, ver GARAY, A.: «Liberté religieuse et prosélytisme: l'expérience européenne», en *Revue Trimestrielle des droits de l'homme,* nº 5 (1994), págs. 7-29; HIRSCH, M.: «The Freedom of Proselytism under the Fundamental Agreement and International Law», en *Catholic Univesity Law Review,* nº 47 (1998), págs. 407-425; LENER. N.: "Proselytism, Change of Religion and International Human Rights", en *Emory International Law Review,* nº 12 (1998), págs. 447-561; MARTÍNEZ-TORRÓN, J.: "La libertad de proselitismo en Europa", en *Quaderni di Diritto e Politica Ecclesiastica,* nº 10 (1994), págs. 59-71; MOTILLA, A.: "Proselitismo y libertad religiosa en el derecho español", en *Anuario de Derecho Eclesiástico del Estado,* vol. XVII (2001), págs. 179-192; STAHNKE, T.: "Proselytism and the Freedom to Change Religion in International Human Rights Law", en *Bringham Toung University Law Review,* 1999, págs. 251-350.

tutela de los sentimientos religiosos ante ataques injustificados y ofensivos de los símbolos de una religión[57].

3.- Dentro de este apartado también se va a incluir las manifestaciones extremas conducentes a la defensa de posiciones políticas totalitarias, incluyendo proyectos basados en ideas religiosas, que representan una amenaza al orden democrático. A este respecto, cabe señalar que cuando la cuestión ha tenido que ver con actividades o manifestaciones relacionadas con el nacionalismo, el Tribunal europeo se ha inclinado básicamente por la aplicación del artículo 17 del CEDH[58], mientras que ante otro tipo de discursos que, aunque no estén directamente vinculados con el nacionalsocialismo sí que podía existir una identificación con regímenes totalitarios, ha optado por aplicar el test propio del artículo 10 CEDH.

Con relación a esta última posición, cabe traer a colación dos casos como son, por un lado, el ***asunto Vajnai c. Hungría***[59], en el que el Tribunal Europeo revisó la condena impuesta por exhibición pública de símbolos de regímenes totalitarios por haber ido vestido con una estrella comunista y, tras advertir que la interpretación del símbolo no era unívoca, constató que *«[n]o hay evidencia que sugiera que exista un peligro real y presente de ningún movimiento o partido político restaurador de la dictadura Comunista»*[60], por lo que consideró que la condena no había sido legítima. Destaca que en este caso el Tribunal exigiera un «examen cauteloso» del contexto para poder deslindar adecuadamente entre «el lenguaje chocante

57 Cfr. TEDH: sentencias (Gran Sala) de 20 de septiembre de 1994, asunto *Otto-Preminger -Institut c. Austria,* y (Sección 2.ª) de 13 de septiembre de 2005, asunto *Í.A. c. Turquía.*

58 Cfr. Decisión del TEDH (Sección 1.ª) de 1 de febrero de 2000, sobre la admisibilidad del asunto *Hans Jorg Schimanek c. Austria.*

59 STEDH (Sección 2.ª) de 8 de octubre de 2008, asunto *Vajnai c. Hungría* (Decisión nº 33629/06).

60 STEDH (Sección 2.ª) de 8 de octubre de 2008, asunto *Vajnai c. Hungría,* apartado 49.

y ofensivo» protegido y aquél que no lo está[61]; a lo que añadió que, aunque la exhibición de tales símbolos pudiera ser considerada irrespetuosa, «este tipo de sentimientos, aunque comprensibles, no pueden por sí mismos fijar los límites de la libertad de expresión», ya que los mismos no pueden considerarse «temores racionales»[62].

Por otro lado, en el ***asunto Fáber c. Hungría***[63], el Tribunal Europeo enjuició la multa impuesta a un sujeto por desplegar una bandera que se identificaba con un régimen totalitario en Hungría a menos de cien metros de una manifestación contra el racismo. Concluyó que había habido violación del artículo 10 CEDH en la medida que no se había evidenciado ningún comportamiento abusivo o amenazante, ni se había probado un peligro para la seguridad pública, por lo que no estaba justificada la multa por la mera exhibición de la bandera, aunque pudiera ser irrespetuosa o molesta. Una línea argumentativa que se mantiene en relación con la difusión de mensajes religiosos que resultan incompatibles con los valores democráticos, como por ejemplo la defensa de la *Sharia*, los cuales han sido amparados por el Tribunal Europeo al abrigo del artículo 10 CEDH, siempre y cuando en el análisis concreto del caso no se percibiera una provocación a la violencia[64]. No obstante, a diferencia de los dos supuestos anteriores,

---

61 STEDH (Sección 2.ª) de 8 de octubre de 2008, asunto *Vajnai c. Hungría*, apartado 53.

62 STEDH (Sección 2.ª) de 8 de octubre de 2008, asunto *Vajnai c. Hungría*, apartado 57.

63 STEDH (Sección 2.ª) de 24 de octubre de 2012, asunto *Fáber c. Hungría* (Decisión nº 40721/08).

64 A este respecto, pueden verse las sentencias, ya mencionadas, del TEDH (Sección 1.ª) de 4 de diciembre de 2003, asunto *Müslüm Gündüz c. Turquía*, en la que excluyó que pudiera considerarse como discurso del odio la defensa en un programa de televisión de la Sharia ya que las ideas que fueron expresadas, aunque resultaran extremistas, no constituyeron una llamada a la violencia y, en consecuencia, consideró que la condena por las mismas había violado el art. 10 CEDH; y (Sección 1.ª) de 6 de julio de 2006, asunto *Erbakan c. Turquía*.

aquí el Tribunal más que valorar la peligrosidad o el daño «real y presente», consideró el contexto y la intencionalidad en un juicio más genérico, al modo de lo que ocurría con el discurso del odio.

3. Apología del odio y del terrorismo

1.- Un tercer contenido lo encontramos en el **delito de apología del odio, de la violencia o de la hostilidad en su conexión con el enaltecimiento del terrorismo**. Para ilustrar los criterios que ha ido adoptando el TEDH, podemos citar -entre otras- las ***sentencias Özgür Gündem c. Turquía***[65], y ***Medva FM Reha Radvo ve Iletisim Hizmetleri A.S. c. Turquía***[66]. La primera sentencia conoció de la publicación de tres artículos en un diario en los cuales enfatizaban la necesidad de intensificar la lucha armada, glorificaban la guerra e incitaban a pelear hasta la última gota de sangre. Mientras que en la segunda de las resoluciones se analizó la suspensión (por un año) de un medio de comunicación, motivada por la difusión de expresiones contrarias a los principios nacionales y de unidad territorial, cuyo mensaje, se afirmaba, incitaban a la violencia, al odio y a la discriminación racial. En ambos casos el TEDH señaló que dichas expresiones no gozaban de la protección de la libertad de expresión.

2.- No obstante, el criterio del TEDH no ha sido del todo consistente. Así tenemos, por ejemplo, las ***sentencias Gündüz c. Turquía***[67], y ***Faruk Temel c. Turquía***[68]. En la primera, se analizan las expresiones proferidas por un miembro de una secta islamista durante la transmisión de un debate. Las expresiones controver-

---

65 STEDH de 16 de marzo de 2000, asunto *Özgür Gündem c. Turquía* (Decisión nº 23144/93).

66 STEDH de 14 de noviembre de 2006, asunto *Medva FM Reha Radvo ve Iletisim Hizmetleri A. S. c. Turquía.*

67 STEDH de 14 de junio de 2004, asunto *Gündüz c. Turquía* (Decisión nº 35071/97).

68 STEDH de 1 de mayo de 2011, asunto *Faruk Temel c. Turquía (Decisión nº 16856/05).*

tidas señalaban duras críticas sobre las instituciones seculares del sistema democrático turco, pidiendo además la introducción de la ley *Sharia.* El TEDH afirmó que las declaraciones no podían considerarse como una llamada a la violencia o como discurso de odio basado en la intolerancia religiosa, por el mero hecho de defender la *Sharia*[69].

En concreto, en el ***asunto Gündüz c. Turquía,*** el cual se caracteriza por el hecho de que el demandante fue sancionado por declaraciones calificadas por los tribunales internos de «discurso de odio». A la vista de los instrumentos internacionales y de su propia jurisprudencia, el Tribunal europeo subraya, una vez más, que la tolerancia y el respeto de la igual dignidad de todos los seres humanos constituyen el fundamento de una sociedad democrática y pluralista (apdo. 42)[70]. De ello resulta que, en principio, se puede juzgar necesario, en las sociedades democráticas, sancionar o prevenir todas las formas de expresión que propaguen, inciten, promuevan o justifiquen un odio (ap. 44)[71]. No obstante, el Tribunal observa, en primer lugar, que la emisión en cuestión estaba consagrada a la presentación de una secta cuyos adeptos atraían la atención del gran público[72].

---

69 En la misma línea, véase STEDH de 6 de julio de 2006, asunto *Erbakan c. Turquía.*

70 Ver también TEDH, sentencias de 8 de julio de 1999, asunto *Súrek c. Turquía,* y de 16 de julio de 2009, asunto *Fèret c. Bélgica.*

71 Sobre la relación entre democracia y discurso del odio, ver. REVENGA, M.: "Discurso del odio y modelos de democracia", en *El Cronista del Estado Social y Democrático de Derecho,* n. 50 (2015), págs. 32-35.

72 El señor Gündüz, considerado como el dirigente de ésta y cuyas ideas son bien conocidas por el público, estaba invitado a ella con un fin preciso: la presentación de su secta y de sus ideas no conformistas, principalmente, en cuanto a la incompatibilidad de su concepción del islam con los valores actuales, y se limitaba a un intercambio de puntos de vista sobre el papel de la religión en una sociedad democrática. Este tema era ampliamente debatido en los medios de comunicación turcos y se refería a una cuestión de interés general, campo en el que las restricciones a la libertad de expresión exigen una interpretación rigurosa (apdo. 43).

Por lo que respecta al primer pasaje de las afirmaciones del Sr. Gündüz[73], se puede señalar que para el Tribunal estas palabras denotan una actitud intransigente y un descontento profundo frente a las instituciones actuales de Turquía, tales como el principio de la laicidad y la democracia; pero que, sin embargo, examinadas en su contexto no pueden considerarse una llamada a la violencia, ni un discurso de odio basado en la intolerancia religiosa (apdo. 48). Mientras que, en relación con el segundo de los pasaje[74], el Tribunal europeo, aunque afirma que no puede dejar de lado el hecho de que la población turca, profundamente vinculada a un modo de vida secular del que forma parte el matrimonio civil, puede legítimamente sentirse atacada de manera injustificada y ofensiva, considera que se trataba de declaraciones orales hechas en el transcurso de una emisión de televisión en directo, lo que no daba al demandante la posibilidad de reformularlas, perfeccionarlas o retirarlas antes de que fueran hechas públicas (apdo. 44).

Asimismo, el Tribunal constata que los jueces turcos, mejor situados que los jueces internacionales para evaluar el impacto de tales palabras, no concedieron una importancia especial a este hecho (apdo. 47), por lo que el TEDH considera que, al sopesar, por un lado, los intereses de la libertad de expresión y, por otro, los relativos a la protección de los derechos ajenos, a la vista del crite-

---

73 Esto es: "*toda persona que se dice demócrata, laica (…) no tiene religión (...). La democracia en Turquía es despótica, sin piedad e impía (...). El sistema laico (…) es hipócrita, trata a unas personas de una manera y a otras de modo diferente (...). Mantengo estas afirmaciones sabiendo que constituyen un crimen según las leyes de la tiranía. ¿Por qué tendría que dejar de hablar?, ¿hay otra vía diferente de la muerte?*".

74 Esto es, "*si una persona pasa su noche de bodas después de que su matrimonio hubiera sido celebrado por un funcionario del ayuntamiento habilitado por la República de Turquía, el niño que nazca de esta unión será un bastardo*" (apdo. 49).
En turco, el término «piç» (bastardo) designa peyorativamente a los hijos nacidos fuera del matrimonio y/o nacidos de un adulterio y su uso en la lengua corriente constituye un insulto tendente a ultrajar a la persona afectada.

rio de la necesidad planteado por el artículo 10.2 del CEDH, procede conceder más importancia al hecho de que el demandante participaba activamente en una discusión pública (apdo. 49) [75].

3.- La segunda sentencia: ***Faruk Temel c. Turquía***, de 1 de febrero de 2011[76], conoce de la declaración del presidente de un partido político en la que criticaba la intervención de Estados Unidos en Irak, el confinamiento de un líder terrorista y la desaparición de personas bajo custodia policial. El presidente del partido fue condenado por difundir propaganda en la que defendía el uso de la violencia y los métodos terroristas. Al respecto, el TEDH consideró que se había producido una violación del artículo 10 (libertad de expresión) del Convenio y, por tanto, una violación de la libertad de expresión del dirigente político en cuestión. En particular, señaló que el dirigente partidista había estado hablando como actor político y miembro de un partido político de oposición, presentado puntos de vista desde su posición ideológica, en asuntos de actualidad y de interés general. Por lo que el TEDH consideró que el discurso en general no incitaba a la violencia, a la resistencia armada ni al levantamiento.

---

75 Sobre el margen de apreciación, ver WACHSMANN, P.: "Un certaine marge d'appréciation. Considération sur les variations du contrôle européen en matière de liberté d'expression", en AA.VV.: *Les droits de l'hpmme au seuil du troisième millénaire. Mélanges en hommage a Pierre Lambert,* Bruylant, Bruselas 2000; YOUROW, H.Ch.: *The margin of appreciation doctrine in the dynamic of European Human Rights jurisprudence,* Kluwer Law International, La Haya/Londres/Boston 1996.

76 Sentencia de 1 de febrero de 2011, asunto *Faruk Temel c. Turquía.*

4. El delito de negacionismo y el TEDH

1.- Un cuarto contenido cabe situarse en el **delito de negacionismo**[77] **de los genocidios**[78]. A este respecto, uno de los casos más destacados fue el **asunto *Marais c. Francia***, de 24 de junio de 1996[79]. La decisión se centra en el trabajo de un científico que

---

77 Para ubicar el discurso negacionista, nos acogemos al concepto de BILBAO UBILLOS, quien señala que el negacionismo es el "*discurso que consiste en cuestionar o negar la realidad del genocidio cometido por los nazis durante la II Guerra Mundial, con el propósito declarado de borrar de la memoria colectiva la huella de esa infamia. Y comprende la negación pura y simple o la puesta en duda o en tela de juicio tanto de la realidad del genocidio como de su amplitud o de las modalidades de ejecución*".

78 Ello, además, nos remite a la *Convención sobre el Delito de Genocidio*, de 1948, por cuanto en ella encontramos el alcance subjetivo de este delito y que se concreta en tres tipos de grupos, a saber: étnicos, lingüísticos y religiosos. En este supuesto en concreto, así como en el del delito de odio en general, se suscita la determinación del propio concepto de "grupo religioso", identificado en algunos supuestos con las posiciones de las religiones tradicionales. Sin embargo, el Tribunal europeo, al hacer referencia a la discriminación por motivos religiosos, ha incluido igualmente no sólo todas posiciones posible teísticas, sino también las filosóficas (ateas, indiferentes, agnósticas, etc.). El TEDH, en sus sentencias de 25 de mayo de 1993, *Kokkinakis c. Grecia*, y de 15 de enero de 2013, *Eweida y otros c. Reino Unido*, manifiesta que la libertad de pensamiento, conciencia y religión protege "*los elementos más esenciales de la identidad de los creyentes y de su concepción de la vida, pero también es un bien preciado por los ateos, los agnósticos, los escépticos o los indiferentes*".

79 Decisión de admisibilidad de 24 de junio de 1996, asunto *Marais c. Francia* (Decisión nº 31159/96). La Comisión de Derechos Humanos ya había tenido la oportunidad de pronunciarse sobre esta temática y su relación con el artículo 10 CEDH en las Decisiones de 16 de julio de 1982 sobre la admisibilidad del caso *X c. República Federal de Alemania* y de 14 de julio de 1983, sobre la admisibilidad del caso *T. c. Bélgica.* Mientras que respecto a la utilización del artículo 17 CEDH véanse las Decisiones de 12 de octubre de 1989, sobre la admisibilidad del asunto *B.H., M. W., H.P. y G. K. c. Austria*; de 2 de septiembre de 1994, sobre la admisibilidad del asunto *Walter Ochensberger c. Austria*; de 6 de septiembre de 1995, sobre la admisibilidad del asunto *Otto E.F.A. Remer c. Alemania*; de 18 de octubre de 1995, sobre la admisibilidad del asunto

pretendía demostrar que la técnica utilizada por los nazis en las cámaras de gas del campo de Struthof-Natzweiler, en ningún caso pudieron haber producido los efectos devastadores que se le atribuyen. Marais fue condenado a una multa y a la indemnización civil por daños y perjuicios, dado que al negar la existencia de los crímenes cometidos en una de las cámaras de gas se subsumía la conducta en el delito de negación del Holocausto judío, de conformidad con lo establecido en el artículo 17 del Convenio[80].

En consecuencia, se puede afirmar que para el Tribunal europeo las presentes conductas no resultaban proporcionadas sobre la base de la sola constatación de que con tales discursos se habían perseguido unos fines nacionalsocialistas que resultan «incompatibles con la democracia y los derechos humanos», y por ende

---

Gerd Honsik c. Austria; de 29 de noviembre de 1995, sobre la admisibilidad del asunto *Nationaldemokratische Partei, Bezirksverband München-Oberbayern c. Alemania*; de 24 de junio de 1996, sobre la admisibilidad del asunto *Marais c. Francia*; de 29 de junio de 1996, sobre la admisibilidad del asunto *Irving c. Alemania*; y de 9 de septiembre de 1998, sobre la admisibilidad del asunto *Heerwig Nachtmann c. Austria*.

80 No obstante, se ha precisado que "*se trata de una cláusula pensada para privar de protección a aquellos que pretendan valerse de los derechos y libertades del Convenio con propósitos liberticidas: «el propósito general del art. 17 es prevenir que individuos o grupos con fines totalitarios exploten en sus propios intereses los principios enunciados en el Convenio». Como describe Javier García Roca, siguiendo a Cesare Pinelli, confluyen en el origen de esta prohibición de abuso de los derechos fundamentales dos líneas: por un lado, la doctrina iusprivatista del abuso del derecho, y por otro, la defensa de la democracia frente a los totalitarismos que se desarrolla en el constitucionalismo tras la II Guerra Mundial*" (cit. en TERUEL LOZANO, Germán M.: "El discurso de odio como límite a la liberta de expresión...", op. cit., pág. 91). Ver también GARCÍA ROCA, J.: «Abuso de los derechos fundamentales y defensa de la democracia (art. 17 CEDH)», en GARCÍA ROCA, J., y Pablo SANTOLAYA, Pablo (coords.): *La Europa de los Derechos. El Convenio Europeo de Derechos Humanos*, CEPC, Madrid, 2005, pág. 728.
En este sentido, ver STEDH (Sección 1.ª) de 14 de marzo de 2013, asunto *Kasymakhunov y Saybatalov c. Rusia*, apartado 103.

con el artículo 17 del CEDH[81]. El uso de este instrumento ha sido criticado por una parte de la doctrina, toda vez que el Tribunal europeo no ha dejado suficientemente claros los criterios en los que se basa para recurrir a la mismos[82], ni haber realizado un juicio de peligrosidad mínimo[83].

Un cambio sutil en la jurisprudencia del TEDH se aprecia desde la aparición de la ***sentencia Lehideux e Isorni c. Francia***[84], ya que el Tribunal europeo no va a plantear la compatibilidad o no de los hechos con el artículo 17 del CEDH, sino bajo el prisma del propio artículo 10. En esta resolución se cuestionaba la publicación del diario *Le Monde*, en la que se reprochaba la corta memoria de los franceses con relación a las acciones realizadas por el mariscal Pétain, cuyas simpatías durante la Segunda Guerra Mundial se evidenciaron en favor del bando alemán. La controvertida publi-

---

81 En esta línea, cabe señalar que el Tribunal europeo, en el ***asunto Roger Garaudy c. Francia***, optó por un planteamiento radical de protección a los discursos negacionistas del Holocausto, al considerarlos «*una de las más serias formas de difamación racial de los judíos y de incitación al odio contra ellos [...] incompatibles con la democracia y los derechos humanos porque infringen los derechos ajenos. Sus propuestas indiscutiblemente tienen un propósito que cae en la categoría de fines prohibidos por el Artículo 17 de la Convención*». Véanse, también, TEDH: sentencias (Sección 4.ª) de 20 de abril de 1999, sobre la admisibilidad del asunto *Hans-Jürgen Witzsch c. Alemania*; (Sección 1.ª) de 1 de febrero de 2000, sobre la admisibilidad del asunto *Hans Jorg Schimanek c. Austria*; (Sección 1.ª) de 20 de febrero de 2007, sobre la admisibilidad del asunto *P. Ivanov c. Rusia*, y (Sección 2.ª) de 16 de noviembre de 2004, sobre la admisibilidad del asunto *M. A. Norwood c. Reino Unido*.

82 GARCÍA ROCA, J.: op. cit., pág. 755.

83 Cfr. CANNIE, H., y VOORHOOF, D.: «The abuse clause and freedom of expression in the European Human Rights Convention: an added value for democracy and human rights protection», en *Netherlands Quarterly of Human Rights*, vol. 29/1 (2011), págs. 54-83; ELÓSEGUI ITXASO, M.: «La negación o justificación del genocidio como delito en el Derecho europeo. Una propuesta a la luz de la recomendación n. 15 de la ECRI», en *Revista de Derecho Político*, n.º 98 (2017), págs. 306-316.

84 STEDH de 23 de septiembre de 1998, asunto *Lehideux e Isorni c. Francia*.

cación enfatizaba en la revisión de la condena y la rehabilitación del militar, amparándose en todo momento bajo el artículo 10 del CEDH. El TEDH resolvió que la publicación no se refería a un caso análogo al de la negación del Holocausto judío. Lo destacable de esta sentencia se centra en el señalamiento de la existencia de una "*categoría de hechos históricos claramente probados -como el Holocausto- cuya negación o revisión el artículo 17 sustraería de la protección del artículo 10 [...] la justificación de una política pronazi no podría beneficiarse de la protección del artículo 10*".

Mención especial también merece el ***asunto Perinçek c. Suiza***[85], ya que en ella el Tribunal europeo falla que Suiza realizó una injerencia indebida en la libertad de expresión del demandante, que había sido condenado, de conformidad al Código penal suizo, al haber negado el genocidio armenio. En la presente sentencia, el Tribunal añade una serie de requisitos que no se han aplicado hasta el momento para la negación del holocausto judío, pero que -en cambio- si aplica a otros crímenes como el genocidio armenio. De hecho, según el Tribunal se debe atender a la finalidad que pretendía el discurso, diferenciando aquellos que buscan la mera negación, de aquellos que intentan la justificación o banalización de este tipo de delitos. Igualmente, el Tribunal alega la falta de consenso sobre la criminalización de la negación de los crímenes nazis y de los cometidos por el comunismo, entendiendo que sería favorable a la no penalización de estos discursos negacionistas siempre que no lleven aparejada una incitación a la violencia o al odio.

Todo ello lleva al TEDH a entender que no resulta aplicable el artículo 17 del CEDH (apdo. 113)[86]. A este respecto, el Tribunal Europeo ha recordado que los supuestos de negacionismo del

---

85 STEDH de 15 de octubre de 2015, asunto *Perinçek c. Suiza* (Decisión nº 27510/08).

86 Sobre esta sentencia, ver GASCÓN CUENCA, Andrés: "La negación de los delitos de genocidio en la jurisprudencia del Tribunal de Europeo de Derechos Humanos a partir de la sentencia Perinçek contra Suiza", en *AFD*, vol. XXXIV (2018), págs. 177-198.

Holocausto sí que quedan excluidos *ratione materiae*, pero en otros supuestos -como el armenio- el Tribunal se ha mostrado proclive a garantizar el más amplio debate, más aún cuando se trata de acontecimientos sobre los que había transcurrido un notable tiempo que permitiría afrontar un debate «abierto y sereno» de la propia historia[87], sin que fuera de su competencia ser «árbitro» de debates entre historiadores[88]. De esta suerte, ha descartado aplicar de forma autónoma el artículo 17 CEDH en aspectos que «*escapa[n] de la categoría de hechos históricos claramente probados –como el Holocausto– cuya negación o revisión el artículo 17 sustraería a la protección del artículo 10*»[89].

Un supuesto distinto es el que se plantea en el **asunto *M'Bala c. Francia***[90], en el que el demandante había utilizado un espectáculo teatral cómico para ridiculizar a la comunidad judía, de modo que se entregaba un premio a un académico que negaba el holocausto, siendo dicho premio un candelabro con 3 ramificaciones en forma de manzana, entregado por alguien con pijama de rayas con una estrella cosida con la palabra "judío". El espectáculo teatral fue considerado por el Tribunal de Estrasburgo como "una actuación contraria a los valores del Convenio Europeo de Derechos Humanos", de modo que el formato artístico o cultural en este caso era una simple apariencia trasvertida de una innegable conducta injuriosa marcada por una finalidad negacionista y antisemita que superaba los límites de la libertad de expresión.

---

87 Cfr. TEDH: sentencias (Gran Sala) de 23 de septiembre de 1998, asunto *Lehideux y Isorni c. Francia*, y (Sección 3.ª) de 21 de septiembre de 2006, sobre el asunto *Monnat c. Suiza*.

88 Cfr. TEDH: sentencias (Gran Sala) de 23 de septiembre de 1998, asunto *Lehideux y Isorni c. Francia*; (Sección 2.ª) de 29 de junio de 2004, asunto *Chauvy y otros c. Francia*; y (Sección 3.ª) de 21 de septiembre de 2006, asunto *Monnat c. Suiza*.

89 Véanse, TEDH: sentencias (Gran Sala) de 23 de septiembre de 1998, asunto *Lehideux y Isorni c. Francia*; y (Sección 2.ª) de 29 de junio de 2004, asunto *Chauvy y otros c. Francia*.

90 STEDH de 20 de octubre de 2015, asunto *M'Bala c. Francia* (Decisión nº 25239/13).

El argumento central en los casos analizados se condensa en el alegato del "peligro que corre la democracia" y los derechos humanos con la proliferación de estos discursos dañinos. Bajo esta perspectiva, el TEDH se acerca no a la dignidad humana, sino a las circunstancias que pueden atentar contra la subsistencia del propio sistema democrático. Ahora bien, debe llamarse también la atención sobre la dificultad del Tribunal europeo a la hora de analizar hechos históricos sobre los que no tiene una gran certeza, lo que ha llevado a la condición de que se han de tratar de delitos que hayan sido probados por tribunales. En este sentido, debemos mencionar la posición de TERUEL LOZANO, para quien una posición expansionista sobre el negacionismo podría conducir a limitaciones de la libertad de expresión que afectasen a la naturaleza misma de la investigación histórica[91].

2.- La anterior temática, además, nos introduce en una última cuestión, la cual tiene que ver con el fenómeno del **revisionismo del holocausto y el grado de tolerancia que deben soportar los Estados frente a las expresiones controversiales**[92]. A este respecto, un caso paradigmático fue la ***sentencia Honsik c. Austria***, de 18 de

---

91 TERUEL LOZANO, Germán M.: "El discurso de odio como límite a la libertad de expresión en el marco del Convenio Europeo", en *Revista de Derecho Comunitario Europeo,* núm. 27 (2017), pág. 8.

92 Un asunto relevante fue el conocido en la sentencia *De Becker c. Bélgica,* de 27 de marzo de 1962. La sentencia conoció de la condena a pena de muerte del periodista De Becker por haber contribuido en el diario *Le Soir* cuya publicidad era abiertamente a favor de las autoridades nazis en la Segunda Guerra Mundial. El señor De Becker fue enjuiciado por haber colaborado como editor en el diario emitiendo propaganda para el enemigo. El asunto llegó a la sede del TEDH porque De Becker alegaba que las expresiones manifestadas en el periódico quedaban amparadas por la libertad de expresión. Finalmente, el TEDH no tuvo la oportunidad de pronunciarse sobre el fondo del asunto (la condena a pena de muerte), debido a que durante el transcurso del proceso el Gobierno belga modificó el precepto penal por el que fue condenado De Becker, lo que produjo el desistimiento del actor.

octubre de 1995[93]. En ella se analiza la condena realizada a un periodista, quien en una serie de artículos de carácter histórico ponía en duda la existencia de una cámara de gas en los campos de concentración nazis. Este asunto fue analizado por la Comisión, desde la perspectiva del artículo 17 del CEDH, y tomando en consideración la legítima libertad de expresión científica (historia revisionista) sobre la verdad histórica. Al respecto, la Comisión señaló que los intentos por negar el genocidio practicado por los nazis es una cuestión que colisiona frontalmente con los valores del Convenio.

En el mismo sentido que la sentencia anterior ubicamos el ***asunto Walendy c. Alemania***, de 11 de enero de 1995[94]. La resolución conoce de una publicación en la que se ponía en duda la idoneidad de la técnica utilizada en los crematorios de los campos de concentración para producir la muerte en masa. Por tal motivo, el Tribunal regional de Bielefeld ordenó el secuestro del controvertido impreso, y acusó a Walendy, autor de dicha publicación, del delito de denegación del genocidio. En consecuencia, Walendy se acogió a la protección del artículo 10 del Convenio, la misma fue inadmitida por la Comisión, subrayándose que no puede ser alegada la libertad de expresión cuando se ha abusado de su ejercicio en perjuicio de terceros.

Resulta muy llamativa la inflexibilidad del TEDH frente al avance de las indagaciones científicas históricas en temas relacionados con el Holocausto. A este respecto, cabe traer a colación la ***sentencia Garaudy c. Francia***, de 24 de junio de 2003[95]. En esta resolución se cuestiona la publicación de un libro que incluye un capítulo sobre el "mito del Holocausto", en el que minimizaba los crímenes cometidos contra los judíos frente a otros genocidios. El

---

93 STEDH de 18 de octubre de 1995, asunto *Honsik c. Austria* (Decisión nº 25062/94).

94 STEDH de 11 de enero de 1995, *asunto Walendy c. Alemania* (Decisión nº 21128/93).

95 Decisión (Sección 4.ª) de 24 de junio de 2003, sobre la admisibilidad del caso *Roger Garaudy c. Francia* (Decisión nº 65831/01).

autor fue condenado por la Ley Gayssot por la negación de crímenes contra la humanidad, resolución que sería impugnada ante el TEDH. Al respecto, el TEDH volvió a señalar que "*no puede caber duda de que negar la realidad de hechos históricos claramente establecidos como el Holocausto [...] no constituye un trabajo de investigación histórica que guarde relación con una búsqueda de la verdad*".

Sobre esta base, el Tribunal consideró que los actos son incompatibles con la democracia y los derechos humanos, consecuentemente no puede amparase su publicación en la protección del artículo 10 del CEDH, ya que el demandante pretendía hacer uso de su libertad de expresión para finalidades que, en caso de resultar amparadas, contribuirían a la destrucción de los derechos y libertades garantizados en la misma[96].

Bajo la lógica argumentativa utilizada por el TEDH, resulta pertinente cuestionarnos si existe una diferencia entre la negación del Holocausto y la duda razonable sobre la veracidad de ciertos acontecimientos de este, sobre todo en lo que hace a la tipificación del delito (taxatividad). A nuestro juicio, la duda sobre la veracidad de ciertos acontecimientos no implica dejar de reconocer la existencia del Holocausto. No obstante, como en el caso que nos ocupa, la Ley Gayssot señala puntualmente que la negación constituye por sí misma un delito, por lo tanto, aquí no se repara en una cuestión puntual del Holocausto sino en el total desconocimiento del trágico evento histórico.

Por último, en la STEDH (Sección 5.ª) de 7 de junio de 2011, sobre la admisibilidad del ***asunto Bruno Gollnisch c. Francia***[97], ante un supuesto de expresiones con connotaciones revisionistas y negacionistas realizadas por el diputado B. Gollnisch, el TEDH resolvió el asunto sin aplicar el artículo 17 CEDH, aunque utilizando un requiebro argumentativo para no separarse de su doctrina

---

96 En esta misma línea, vid. STEDH de 23 de septiembre de 1988, asunto *Lehodeux e Isorni contra Francia.*

97 STEDH (Sección 5.ª) de 7 de junio de 2011, sobre la admisibilidad del asunto *Bruno Gollnisch c. Francia* (Decisión nº 48135/08).

anterior en relación con los discursos negacionistas: recordó que «*no cabe duda de que cualquier proposición dirigida contra los valores sobre los que se basa el Convenio se vería sustraída por el artículo 17 a la protección del artículo 10*»; pero, a renglón seguido, el Tribunal entendió que en este caso no necesitaba pronunciarse sobre este extremo ya que anticipaba que la propia apelación presentada sobre el artículo 10 CEDH iba a resultar inadmisible y justificaba entonces tal inadmisibilidad sobre la base del juicio que impone el citado artículo.

Por consiguiente, se puede afirmar que el TEDH, en cuanto a los discursos revisionistas de cuestiones históricas, ha declarado que habría que valorar la forma del discurso, los derechos afectados, el impacto o el tiempo transcurrido, y ha concluido que «*al igual que ocurre en relación con el "discurso del odio", el reconocimiento por el Tribunal de la necesidad de la interferencia en discursos relacionados con hechos históricos ha sido bastante específica para cada caso y ha dependido del juego entre la naturaleza y los potenciales efectos de las manifestaciones y del contexto en el que se habían realizado*»[98].

IV. CONCLUSIONES

Del análisis de la actividad de la ECRI, así como de la doctrina jurisprudencial reseñada, podemos realizar las **conclusiones siguientes**:

En primer lugar, que la libertad de expresión comprende la posibilidad de criticar, incluyendo el uso de expresiones que "*puedan molestar, inquietar o disgustar a quienes se dirige, pues así lo requieren el pluralismo, la tolerancia y el espíritu de apertura, sin los cuales no existe sociedad democrática*"[99].

---

98 STEDH (Gran Sala) de 15 de octubre de 2015, asunto *Perinçek c. Suiza*, apartado 220.

99 A este respecto, véanse sentencias de 23 de septiembre de 1998, asunto *Lehideux contra Francia* (Decisión nº 55/1997/839/1045); de 8 de julio de 1999, asunto *Baskaya y Okcuoglu contra Turquía* (Decisión nº

En segundo lugar, cabe precisar que dicha protección no incluye los abusos cometidos en el ejercicio del derecho de expresión, en el que se emitan mensajes ofensivos, ultrajantes o que denoten un desprecio por una etnia, grupo o sector poblacional determinado.

En tercer lugar, se puede afirmar que para el TEDH tanto la salvaguarda de la dignidad humana[100], por un lado, como el peligro que puede correr o que corre la democracia con este tipo de discursos, por otro, demarcan o delimitan el espacio del legítimo ejercicio de la libertad de expresión.

En definitiva, la libertad de expresión encontraría dos vías de limitación: por un lado, el artículo 17 del CEDH o, lo que lo mismo, mediante la doctrina del abuso de derecho[101]; y, por otro, el propio artículo 10 del mismo, a través del denominado "*test de*

23536/94 y 24408/94), y de 29 de septiembre de 1999, asunto *Oztürk contra Alemania* (Decisión nº 8544/79).

100 En este mismo sentido, el Tribunal Penal Internacional de las Naciones Unidas para Ruanda, *Fiscalía contra Ferdinand Nahimana, Jean-Bosco Barayagwiza y Hassan Ngeze.* Asunto núm. ICTR-99-52-T, ha manifestado que «*La incitación al odio es una forma discriminatoria de agresión que destruye la dignidad de las personas que pertenecen al grupo objeto del ataque. Atribuye una condición de inferioridad no solo a los ojos de los propios miembros del grupo, sino también a los ojos de los demás, que los perciben y tratan como seres infrahumanos. La denigración de una persona por razón de su identidad étnica u otra pertenencia a un grupo puede, por sí misma y por las consecuencias que acarrea, generar un daño irreversible*».

101 Ver, por todas, STEDH (Gran Sala) de 15 de octubre de 2015, asunto *Perinçek c. Suiza.* Cfr. CANNIE, H., y VOORHOOF, D.: «The abuse clause and freedom of expression in the European Human Rights Convention: an added value for democracy and human rights protection», en *Netherlands Quarterly of Human Rights,* vol. 29/1 (2011), págs. 54-83; CARUSO, C.: «Ai confini dell'abuso del diritto: l'hate speech nella giurisprudenza della Corte Europea dei Diritto dell'Uomo», en MEZZETTI, L., y MORRONE, A.: *Lo strumento costituzionale dell'ordine pubblico europeo,* G. Giappichelli, Turín 2011, págs. 339-352; DROOGHENBROECK, S. Van: «L'article 17 de la Convention européenne des droits de l'homme: incertain et inutile?», en DUMONT, H., et. al. (eds.): *Pas de*

Estrasburgo", en virtud del cual el Tribunal Europeo considera, a la luz del caso en concreto, tres elementos: a) previsión legal de la injerencia; b) fin legítimo; c) necesidad en una sociedad democrática. En relación con este último, el TEDH estudia si la injerencia es proporcional al fin legítimo perseguido y si las razones invocadas por las autoridades nacionales para justificarla son pertinentes y suficientes. No obstante, los Estados gozan de un cierto margen de apreciación –poder que lógicamente no es ilimitado y que se somete a un control último por el Tribunal–, cuya amplitud varía según los casos y, en particular, dependiendo de si existe o no un consenso europeo sobre la cuestión[102].

A este respecto, y sería la cuarta de nuestras conclusiones, el Tribunal distingue entre mensaje explícitos, respecto de los cuales la libertad de expresión no puede ofrecer garantías para los mismos, de modo que "*expresiones concretas que constituyan un discurso de odio (...) no se benefician de la protección del artículo 10 del Convenio*". Y expresiones que implican provocación a la violencia o consideradas como discurso del odio. Respecto de este segundo supuesto, y como expone la Jueza emérita F. TULKENS[103], los dos principales elementos tenido en cuenta han sido el contexto y la intencionalidad, aunque también se han tenido en cuenta otros como el estatus del emisor o el impacto del discurso.

El Tribunal Europeo ha recordado a este respecto que, en el caso de expresiones que implican provocación a la violencia o consideradas como discurso del odio, habrá que valorarse -y ésta constituye la quinta de las conclusiones- el caso en concreto te-

---

liberté pour les ennemis de la liberté?, Groupements liberticides et droits, Bruylant, Bruselas 2000, págs. 141 y ss.

102 Véase a este respecto, SSTEDH (Gran Sala) de 7 de diciembre de 1976, asunto *Handyside c. Reino Unido*, y de 26 de abril de 1978, asunto *Sunday Times c. Reino Unido.*

103 TULKENS, F.: «When to say is to do. Freedom of expression and hate speech in the case-law of the European Court of Human Rights», en *European Court of Human Rights-European Judicial Training Network*, 8/07/2014.

niendo en cuenta los siguientes factores: i) la capacidad que tiene la persona que emplea el discurso de odio para ejercer influencia sobre los demás (con motivo de ser, por ejemplo, un líder político, religioso o de una comunidad)[104]; ii) la naturaleza y contundencia del lenguaje empleado (si es provocativo y directo, si utiliza información engañosa, difusión de estereotipos negativos y estigmatización, o si es capaz por otros medios de incitar a la comisión de actos de violencia, intimidación, hostilidad o discriminación); iii) el contexto de los comentarios específicos (si son un hecho aislado o reiterado, o si se puede considerar que se equilibra con otras expresiones pronunciadas por la misma persona o por otras, especialmente durante el debate)[105]; y iv) la naturaleza de la audiencia (si tiene o no los medios para discernir o si es propensa o susceptible de mezclase en actos de violencia, intimidación, hostilidad o discriminación)[106].

Y lo mismo cabe señalar, en sexto lugar, respecto de las distintas expresiones artísticas, las cuales pueden ser o no constitutivas de discurso de odio dependiendo de los objetivos que posean las mismas[107]. Y, por tanto, el formato artístico o cultural puede tener u adoptar una simple apariencia trasvertida de una innegable conducta injuriosa marcada por una finalidad negacionista y anti-

---

104 A este respecto, el Tribunal europeo realiza un llamamiento, en la sentencia *Féret c. Bélgica,* recordando que es del todo crucial que los políticos, en sus discursos públicos, eviten difundir declaraciones que tiendan a alimentar la intolerancia en la presente ocasión en contra de los inmigrantes y de los musulmanes.

105 Ver STEDH (Gran Sala) de 15 de octubre de 2015, asunto *Perinçek c. Suiza,* apartados 204-207.

106 Véanse a este respecto, sentencias de 4 de diciembre de 2004, asunto *Müslüm Gündüz c. Turquía* (Decisión nº 35071/97); de 4 de noviembre de 2008, asunto *Balsytė-Lideikienė contra Lituania* (Decisión nº 72596/01), y de 16 de julio de 2009, asunto *Féret contra Bélgica* (Decisión nº 15615/07).

107 Véanse, por todas, TEDH: sentencias de 24 de junio de 1996, asunto *Marais c. Francia*; y de 16 de noviembre de 2006, asunto *Norwood c. Reino Unido.*

semita que superaba los límites de la libertad de expresión y, por ende, se considerada como una actuación o expresión contraria a los valores del Convenio Europeo de Derechos Humanos[108].

V. BIBLIOGRAFÍA

ALCÁCER GUIRAO, R.: "Discurso del odio y discurso político. En defensa de la libertad de los intolerantes", en *Revista electrónica de Ciencia Penal y Criminal*, nº 14/2 (2012).

ALCÁCER GUIRAO, Rafael: "Libertad de expresión, negación del holocausto y defensa de la democracia. Incongruencias valorativas en la jurisprudencia del TEDH", en *Revista Española de Derecho Constitucional*, nº 97 (2013), págs. 309-341.

BAKALIS: *Ciberodio: un tema de preocupación constante para la Comisión contra el Racismo del Consejo de Europa*, Consejo de Europa, 2015.

CANNIE, H., y VOORHOOF, D.: «The abuse clause and freedom of expression in the European Human Rights Convention: an added value for democracy and human rights protection», en *Netherlands Quarterly of Human Rights*, vol. 29/1 (2011), págs. 54-83.

CARUSO, C.: «Ai confini dell'abuso del diritto: l'hate speech nella giurisprudenza della Corte Europea dei Diritto dell'Uomo», en MEZZETTI, L., y MORRONE, A.: *Lo strumento costituzionale dell'ordine pubblico europeo*, G. Giappichelli, Turín 2011, págs. 339-352.

CREMADES, J.: *Los límites de la libertad de expresión en el ordenamiento jurídico español*, Madrid 1995.

DROOGHENBROECK, S. Van: «L'article 17 de la Convention européenne des droits de l'homme: incertain et inutile?», en DUMONT, H., et. al. (eds.): *Pas de liberté pour les ennemis de la liberté?*, Groupements liberticides et droits, Bruylant, Bruselas 2000, págs. 141 y sigs.

DWORKIN, Ronald: *Freedom's Law. The Moral Reading of the American Constitution*, Oxford, Oxford University Press, 1996.

DWORKIN, R.: *La democracia posible. Principios para un nuevo debate político*, Barcelona, Paidós, 2008.

---

108 Véase, por todas, STEDH de 20 de octubre de 2015, asunto *M'Bala c. Francia*.

ELÓSEGUI ITXASO, M.: «La negación o justificación del genocidio como delito en el Derecho europeo. Una propuesta a la luz de la recomendación n. 15 de la ECRI», en *Revista de Derecho Político*, n.° 98 (2017), págs. 306-316.

ELOSEGUÍ ITXASO, M.: "Las recomendaciones de la ECRI sobre discurso de odio y la adecuación del ordenamiento jurídico español a las mismas", en *Revista General de Derecho canónico y Derecho eclesiástico del Estado*, n° 44 (2017).

ESQUIVEL ALONSO, Y.: "El discurso del odio en la jurisprudencia del Tribunal Europeo de Derechos Humanos", en *Cuestiones Constitucionales*, n° 35 (2016), págs. 3-44 (en línea: DOI: http://dx.doi.org/10.22201/iij.24484881e.2016.35.10491).

FERREIRO GALGUERA, J.: *Los límites de la libertad de expresión. La cuestión de los sentimientos religiosos*, Madrid 1996.

GARCÍA ROCA, J.: «Abuso de los derechos fundamentales y defensa de la democracia (art. 17 CEDH)», en GARCÍA ROCA, J., y Pablo SANTOLAYA, Pablo (coords.): *La Europa de los Derechos. El Convenio Europeo de Derechos Humanos*, CEPC, Madrid, 2005.

GARCÍA SANTOS, M.: "El límite entre la libertad de expresión y la incitación al odio: análisis de las sentencias del Tribunal Europeo de Derechos Humanos", en *Comillas Journal of International Relations*, n° 10 (2017), pp. 27-46.

GARAY, A.: "Liberté religieuse et prosélytisme: l'expérience européenne", en *Revue Trimestrielle des droits de l'homme*, n° 5 (1994), págs. 7-29.

GASCÓN CUENCA, Andrés: "La negación de los delitos de genocidio en la jurisprudencia del Tribunal de Europeo de Derechos Humanos a partir de la sentencia Perinçek contra Suiza", en *AFD*, vol. XXXIV (2018), págs. 177-198.

HIRSCH, M.: «The Freedom of Proselytism under the *Catholic Univesity Law Review*, n° 47 (1998), págs. 407-425.

LENER. Natan: "Proselytism, ChanFundamental Agreement and International Law», en *Emory International Law Review*, n° 12 (1998), págs. 447-561.

MARTÍN-RETORTILLO, L.: *Libertad religiosa y orden público*, Madrid 1970.

MARTÍNEZ-TORRÓN, Javier: "La libertad de proselitismo en Europa", en *Quaderni di Diritto e Política ecclesiastica*, n° 10 (1994), págs. 59-71.

MOTILLA, A.: "Proselitismo y libertad religiosa en el derecho español", en *Anuario de Derecho Eclesiástico del Estado*, vol. XVII (2001), págs. 179-192.

POPPER, Karl: *La sociedad abierta y sus enemigos*, Paidós, Barcelona-Buenos Aires, 2006.

QUESADA ALCALÁ, Carmen: "Los mecanismos del Consejo de Europa ante el discurso de odio: ¿coherencia o dispersión?", en SÁNCHEZ GÓMEZ, Raúl G., y CONTRERAS MAZARÍO, José Mª: *El tratamiento normativo del discurso de odio,* Aranzadi, Pamplona 2021, pp. 41-66.

QUEDASA ALCALÁ, Carmen: "La labor del Tribunal Europeo de Derechos Humanos en torno al discurso de odio en los partidos políticos: coincidencias y contradicciones con la jurisprudencia española", en *Revista electrónica de Estudios internacionales,* nº 30 (2015).

REVENGA, M.: "Discurso del odio y modelos de democracia", en *El Cronista del Estado Social y Democrático de Derecho,* nº 50 (2015), págs. 32-35.

REY MARTÍNEZ, F.: *Derecho antidiscriminatorio,* Aranzadi, Pamplona 2019.

SIDLAUSKIENE y JURKEVICIUS: "Webside Operator's Liability for offensive comments: a comparative analysis of Delfi as vs. Estonia and Mte & index vs. Hungary", en *Baltic Journal of Law & Politics,* vol. 10, nº 2 (2015), págs. 46-75.

STAHNKE, T.: "Proselytism and the Freedom to Change Religion in International Human Rights Law", en *Bringham Toung University Law Review,* 1999, págs. 251-350.

TERUEL LOZANO, Germán M.: "El discurso de odio como límite a la libertad de expresión en el marco del Convenio europeo", en *Revista de Derecho comunitario europeo,* nº 27 (2017).

TULKENS, F.: «When to say is to do. Freedom of expression and hate speech in the case-law of the European Court of Human Rights», en *European Court of Human Rights-European Judicial Training Network,* 8/07/2014.

UBILLOS BILBAO, Juan María: "La negación del Holocausto en la jurisprudencia del Tribunal Europeo de Derechos Humanos: la endeble justificación de tipos penales contrarios a la libertad de expresión", en *Revista de Derecho Político,* nº 71 (2008), pp. 17 y sigs.

WACHSMANN, P.: "Un certaine marge d'appréciation. Considération sur les variations du contrôle européen en matière de liberté d'expression", en AA.VV.: *Les droits de l'hpmme au seuil du troisième millénaire. Mélanges en hommage a Pierre Lam,* Bruylant, Bruselas 2000.

YOUROW, H.Ch.: *The margin of appreciation doctrine in the dynamic of European Human Rights jurisprudence,* Kluwer Law International, La Haya/Londres/Boston 1996.

Delitos de odio y discursos extremos en el ordenamiento constitucional español[1]

GERMÁN M. TERUEL LOZANO
Profesor Titular de Derecho constitucional
Universidad de Murcia

I. INTRODUCCIÓN

"La libertad de expresión constituye uno de los fundamentos esenciales de [una sociedad democrática], una de las condiciones primordiales para su progreso y para el desarrollo de los hombres"[2]. Con esta frase el Tribunal Europeo de Derechos Humanos en su sentencia al caso Handyside c. Reino Unido reconocía la indudable importancia que tiene la libertad de expresión, tanto desde una perspectiva individual (para el libre desarrollo de la personalidad), pero también desde una perspectiva colectiva, toda vez que es un presupuesto, una pre-condición para que pueda darse una auténtica democracia. Estamos ante "uno de los pilares de una sociedad libre y democrática"[3], en palabras

---

1 El presente trabajo se realiza en el marco del proyecto de investigación "El discurso del odio en Andalucía: análisis de su incidencia y persecución penal" (UPO-1265099). Se trata de un texto refundido que, con algunas actualizaciones, sintetiza los análisis publicados en TERUEL LOZANO, G. M., "Cuando las palabras generan odio: límites a la libertad de expresión en el ordenamiento constitucional español", *Revista Española de Derecho Constitucional*, n. 114, 2018, pp. 13-45 y "La jurisprudencia del Tribunal Constitucional ante los delitos de opinión que castigan discursos extremos: comentario a la STC 35/2020, de 25 de febrero y más allá". *Teoría y Realidad Constitucional. UNED*, n. 47, 2021, pp. 411-436.

2 STEDH de 7 de diciembre de 1976, asunto Handyside c. Reino Unido [traducción propia].

3 Entre otras muchas, cfr. STC 177/2015, de 22 de julio, FJ. 2.a).

del Tribunal Constitucional. Tanto es así que, como ha advertido el profesor Revenga, "[l]a libertad de expresión se encuentra en una relación tan simbiótica con la democracia constitucional que cualquier debate sobre su contenido o sobre la razón de ser [de] las limitaciones a la libertad de expresarse acaba por convertirse en una discusión sobre los fundamentos y la justificación de la democracia misma"[4].

Pues bien, modestamente, este trabajo tratará de aportar alguna reflexión al debate en torno a los límites penales de la libertad de expresión ante discursos extremos o intolerantes, centrándonos, en especial, en el ordenamiento constitucional español. Conscientes de que, precisamente por esa relación libertad de expresión-democracia, la aproximación a esta cuestión varía de país a país, ya que la cultura democrática y la concepción más o menos liberal o militante de cada ordenamiento va a condicionar las respuestas que se den. En este ámbito estamos, por tanto, ante un "constitucionalismo en caos", con evidentes diferencias conceptuales y contextuales entre los distintos ordenamientos[5]. En nuestro caso, tal y como he podido exponer en otros trabajos, el prisma que tenemos que adoptar es el de un ordenamiento "abierto" y "personalista", como el que, a mi entender, auspicia la Constitución de 1978[6].

---

4 REVENGA SÁNCHEZ, M., "Los discursos del odio y la democracia adjetivada: tolerante, intransigente, ¿militante?", en *Libertad de expresión y discursos del odio,* Madrid: Universidad de Alcalá/Defensor del Pueblo, 2015, p. 15.

5 BUSTOS GISBERT, R., "Libertad de expresión y discurso negacionista", en *Libertad de expresión y discursos del odio,* Madrid: Universidad de Alcalá/Defensor del Pueblo, 2015, pp. 126-133.

6 TERUEL LOZANO, G. M., "Cuando las palabras generan odio: límites a la libertad de expresión en el ordenamiento constitucional español", ob. cit.; Id., "El discurso del odio y el discurso negacionista: ¿ejercicio de una libertad o abuso de derecho?", en VÁZQUEZ, V. J. y ALONSO L. (dir.), *Sobre la libertad de expresión y el discurso del odio. Estudios críticos,* Sevilla: Athenaica Ediciones Universitarias, 2017; o Id., *La lucha del*

Esta caracterización se basa en el reconocimiento de la libertad como un derecho de la propia persona para su autonomía y para su libre desarrollo; un desarrollo incluso "egoísta"[7]. Ello lleva, en primer lugar, a que en su delimitación no admita excluir ningún tipo de discurso por su contenido[8], por lo que debería rechazarse cualquier intento de configurar el ámbito inicialmente protegido de la libertad de expresión a partir de unas materias "privilegiadas"[9], como tampoco resultaría legítimo excluir *ratione materiae* ciertos tipos de discursos por aquello que idealmente defienden o propugnan por mucho que contrasten con el orden constitucional de valores. No cabe la imposición de "dogmas"

Derecho contra el negacionismo. Una peligrosa frontera. Madrid: Centro de Estudios Políticos y Constitucionales, 2015.

7 Uno de los más preclaros exponentes de esta visión ha sido ESPOSITO, C., *La libertà di manifestazione del pensiero nell'ordinamento italiano,* Milán: Giuffrè, 1958, pp. 8-9, el cual ha reconocido la libertad de manifestación del pensamiento entre los "diritti individualistici" que son "atribuiti all'"uomo" come tale a vantaggio dell'uomo, al singolo per ciò che essi rappresentano per esso singolo nelle sue qualità universali o per l'appargamento egoistico dei duoi bisogni e desideri individuali..."; y añadía que viene garantizada "al singolo come tale independentemente dai vantaggi o dagli svantaggi che possano derivarne allo Stato, independentemente dalle qualifiche che il singolo possa avere in alcuna comunità e dalle funzioni connesse a tali qualifiche; si vuole dire che esso è garantito perchè l'uomo possa unirsi all'altro uomo nel pensiero e col pensiero ed eventualmente insime operare: i vivi con i vivi ed i morti con i vivi e non per le utilità social delle unioni di pensiero".

8 De manera muy clara así lo ha afirmado SOLOZÁBAL ECHEVARRÍA, J. J., "Aspectos constitucionales de la libertad de expresión y el derecho a la información", *Revista Española de Derecho Constitucional,* n. 23, 1988, p. 144.

9 Esta posición fue afirmada en la doctrina italiana por FOIS, S., *Principi costituzionali e libera manifestazione del pensiero,* Milán: Giuffrè, 1957, y Delitala, G., "I limiti giuridici alla libertà di stampa", *Diritto penale. Raccolta degli scritti,* Tomo II, 1976, pp. 951 y ss. Sirva la contestación de BARILE, P., *Diritti dell'uomo e libertà fondamentalli,* Bolonia: Giuffrè, 1984, p. 82.

ideológicos como límites a la libertad[10] que terminen por "trasformare lo Stato in una Chiesa con i suoi dommi da garantire contro gli infideli"[11]. Y, en segundo lugar, implica que las limitaciones a la libertad de expresión habrán de estar justificadas en un daño o puesta en peligro de un bien jurídico constitucional principalmente de carácter individual, sin perjuicio de otras que se puedan imponer por razones de tiempo, modo y lugar. En este sentido el Tribunal Constitucional, además de rechazar que el modelo español responda al de democracia militante, ha concluido que: "El ámbito constitucionalmente protegido de la libertad de expresión no puede verse restringido por el hecho de que se utilice para la difusión de ideas u opiniones contrarias a la esencia misma de la Constitución [...] *a no ser que con ellas se lesionen efectivamente derechos o bienes de relevancia constitucional*"[12]. Todo lo cual no excluye que también se afirme la importancia de esta libertad para el orden democrático y se reconozca su dimensión como valor objetivo del ordenamiento, como ya se ha advertido anteriormente.

En una concepción abierta y personalista el Estado puede adoptar una posición activa para la remoción de obstáculos a los efectos de que cualquier ciudadano pueda disfrutar de forma efectiva de esta libertad y para estimular en el espacio público aquellos discursos que el Estado considere que contribuyen positivamente a la realización de los valores constitucionales y a la formación de una adecuada opinión pública libre. Esta concepción abierta y personalista de la libertad, a diferencia del modelo norteamericano que se construye sobre un ideal de neutralidad institucional en el debate público, se enmarca en el reconocimiento del Estado social y democrático, lo que permite que la intervención estatal trascienda a la perspectiva puramente abstencionista o, como mucho, censora cuando se superan los (restrictivos) límites a su ejercicio.

---

10 MERLI, A., *Democrazia e diritto penale: note a margine del dibattino sul cosiddetto negazionismo*, Nápoles: Edizioni Scientifiche Italiane, p. 94.

11 ESPOSITO, C., *La libertà di manifestazione del pensiero nell'ordinamento italiano*, ob. cit., p. 52.

12 STC 235/2007, de 7 de noviembre, FJ. 4º (énfasis míos).

Ahora bien, sin negar esa relevancia "ultra-individuale" de la libertad[13], la concepción personalista se ha de imponer como un *prius* con respecto a la caracterización funcional o institucional[14]. Al final, como ha sostenido J. J. Solozábal, "el problema importante no es el de reconocer una transcendencia indudable, en el terreno político fundamentalmente, a la libertad de expresión, cuestión esta que nadie niega, sino el de atribuir consecuencias jurídicas a la misma, aceptando que tal relieve convierta a los derechos de comunicación de derechos fundamentales individuales en simples derechos cubiertos con una garantía institucional"[15].

Así las cosas, tomando como punto de partida esta caracterización de nuestro ordenamiento constitucional, comenzaremos tratando de precisar aquello que son los discursos extremos y cómo se ha ido construyendo una categoría jurídica, el discurso del odio, que se reconoce como límite a la libertad de expresión. Para después aproximarnos, aunque sólo sea para sobrevolar, el marco punitivo en España y así estar en condiciones para entrar de lleno en lo que será el objeto central del trabajo: analizar críticamente la jurisprudencia del Tribunal Constitucional español en relación con los delitos de opinión en los que se castigan discursos extremos.

---

13 MANTOVANI, F., "Libertà di manifestazione del pensiero e libertà di stampa", *Archivio Giuridico*, vol. CLX, fasc. 1-2, 1961, p. 16.

14 En este sentido, como dijera ESPOSITO, C., *La libertà di manifestazione del pensiero nell'ordinamento italiano,* ob. cit., "non la democraticità dello Stato ha per conseguenza il riconoscimento di quella libertà, sicchè possa determinare la funzione ed i limiti, ma che le ragioni ideali del riconoscimento di quella libertà (e cioè del valore della persona umana) porta tra le tante conseguenze anche alla affermazione dello Stato democratico". Por su parte, BARILE, P., *Diritti dell'uomo e libertà fondamentalli,* Bolonia: Giuffrè, 1984, p. 10 la ha calificado como una libertad ""anche" funzionale".

15 SOLOZÁBAL ECHEVARRÍA, J. J., "Aspectos constitucionales de la libertad de expresión y el derecho a la información", ob. cit., p. 145.

II. UNA PRECISIÓN TERMINOLÓGICA (Y NO SÓLO): DE LOS DISCURSOS EXTREMOS O INTOLERANTES (LOS DISCURSOS ODIOSOS) AL DISCURSO DEL ODIO COMO CATEGORÍA JURÍDICA

El reconocimiento y la garantía de la libertad de expresión comporta asumir que en el debate público habrá una cierta dosis de "basura" que quedará amparada por el ejercicio de esta libertad, aunque no todo valga y, como cualquier otra libertad fundamental, la de expresión también tenga sus límites. Pero, al final, proteger la libertad de expresión implica que van a ser declaradas inmunes jurídicamente determinadas expresiones, por mucho que socialmente consideremos que resultan dañinas o peligrosas[16].

Así las cosas, entre esa "basura" con la que se convive en el espacio de debate público de nuestras sociedades encontramos ciertos discursos extremos, siguiendo el título del célebre libro *Extreme Speech and Democracy*, dirigido por los profesores I. Hare y J. Weinstein[17], que repugnan las bases del orden de convivencia de valores democráticos. "Discursos odiosos"[18] que propagan ideas discriminadoras o intolerantes que resultan a todas luces perniciosos, pero que se encuentran en la línea fronteriza con el ámbito amparado por la libertad de expresión, por lo que se hace necesario precisar hasta qué punto podemos censurarlos o reprocharlos jurídicamente y hasta dónde están protegidos. Dentro de los mismos entraría desde el discurso del odio -en sentido estricto-, a la incitación al odio religioso, el fundamentalismo religioso,

---

16 SCANLON, T., "Teoría de la libertad de expresión", en R. Dworkin, *La filosofía del Derecho*. México: Fondo de Cultura Económica, 2014, p. 318.

17 HARE, I. y WEINSTEIN, J., *Extreme Speech and Democracy*, Oxford: Oxford University Press, 2009.

18 PRESNO LINERA, M. A., "¿Discursos del odio o discursos odiosos?", *El derecho y el revés*, 26 de enero de 2017. Texto accesible en: https://presnolinera.wordpress.com/2017/01/26/discursos-del-odio-o-discursos-odiosos/

la incitación o la apología del terrorismo, y el negacionismo de graves crímenes contra la humanidad o de guerra.

Ahora bien, estas categorías de discurso, en principio, son meramente descriptivas del contenido de esos mensajes potencialmente lesivos de algún bien jurídico, pero no tienen en general una pretensión prescriptiva desde el punto de vista jurídico. Es decir, reconocer que un discurso supone una incitación o apología del terrorismo o que se trata de un mensaje negacionista del Holocausto no comporta de modo necesario la consecuencia jurídica de negarle el amparo constitucional.

No ocurre lo mismo, sin embargo, con el discurso del odio[19]. Una categoría que, a pesar de su indeterminación, diferentes tribunales han recurrido a ella, también en nuestro ordenamiento -en buena medida por influencia del Tribunal de Estrasburgo-[20], para justificar la limitación del contenido protegido por la libertad de expresión, como se pondrá de manifiesto en este comentario. De forma que, si se concluye que un determinado mensaje es "discurso del odio", entonces carecería de protección iusfundamental.

El problema de recurrir a esta exclusión del ámbito de protección de la libertad de expresión por razón del contenido (ofensivo) de un determinado tipo de mensaje es que, para colmo, como se ha señalado, no encontramos ni a nivel jurisprudencial

---

19 Con una crítica desde el punto de vista terminológico, cfr. REY MARTÍNEZ, F., "Discurso del odio y racismo líquido", en *Libertad de expresión y discursos del odio,* Madrid: Universidad de Alcalá/Defensor del Pueblo, 2015, pp. 51-88; y REVENGA SÁNCHEZ, M., "Los discursos del odio y la democracia adjetivada: tolerante, intransigente, ¿militante?", ob. cit., pp. 18-19.

20 Se ha mostrado muy crítico, en especial con el Tribunal Constitucional, por el abuso al recurrir a esta categoría como criterio jurídico de delimitación del ámbito protegido por la libertad de expresión, ALCÁCER GUIRAO, R., "Opiniones constitucionales", *Indret,* 1, 2018, pp. 4 y ss.; y Íd.; *La libertad del odio. Discurso intolerante y protección penal de minorías,* Madrid: Marcial Pons, 2020, pp. 23 y ss.

ni a nivel normativo una definición precisa que delimite aquello que podemos considerar discurso del odio. En general, se incluyen dentro de esta categoría los discursos racistas y xenófobos, y también se extiende a otros discursos discriminatorios (homófobos, islamófobos...), pero en ocasiones vemos como llega a incorporarse el negacionismo de crímenes de guerra o contra la humanidad, la apología del terrorismo, o la incitación al odio religioso y al fundamentalismo religioso[21]. En definitiva, toda esa pléyade de discursos intolerantes que antes hemos denominado discursos odiosos o extremos. Y es que, como ha explicado Article 19, se ha generado en torno a la categoría discurso del odio una confusión que ha llevado a incluir en la misma discursos que conceptualmente deberían distinguirse de ella y que en muchos casos deberían incluso entenderse amparados por la libertad de expresión[22]. Además, la razón de la exclusión del ámbito de protección de la libertad de expresión del discurso del odio se basa, casi exclusivamente, en el contenido del mensaje comunicativo y en la intencionalidad: que se difunda odio u hostilidad contra un grupo social por unos motivos discriminatorios[23]. Unos cánones insuficientes a la hora de revelar la ofensividad real del discurso que justifique un límite a la libertad.

El desafío es entonces dotar a esta categoría de unos contornos lo más nítidos posibles para conciliar esta exclusión "categorial" con las exigencias derivadas de la libertad de expresión[24], en

---

21 Cfr. HARE, I. y WEINSTEIN, J., *Extreme Speech and Democracy,* ob. cit.

22 Cfr. Article 19, *'Hate Speech' Explained. A toolkit,* 2015, pp. 28 y ss.

23 Entre otros textos, pueden verse R (97) 20 del Consejo de Europa sobre discurso del odio de 30 de octubre de 1997; o la Recomendación n. 15 de la Comisión Europea contra el Racismo y la Intolerancia para la lucha contra el discurso del odio, adoptada el 8 de diciembre de 2015.

24 Así lo ve también ALCÁCER GUIRAO, R., "Opiniones constitucionales", ob. cit., p. 9, para quien "[s]e excluye categorial y categóricamente el discurso del odio del ámbito protegido del derecho fundamental, de modo que todo lo que se califique como tal perderá el amparo constitucional", con la consecuencia de que "[l]a colisión con otros intereses constitucionales no será resuelta a partir de un juicio de proporciona-

particular en nuestro caso con las propias de un ordenamiento abierto y personalista. Un propósito que, en buena medida, no ha logrado satisfacer el Tribunal Constitucional, como tendremos ocasión de estudiar con detalle en este trabajo.

El Constitucional empezó identificando el discurso del odio con aquellas manifestaciones "de carácter racista o xenófobo" que van a resultar vilipendiadoras o humillantes, y con las que suponen una "incitación racista", algo que, siguiendo la jurisprudencia de Estrasburgo, concretaba como la "incitación directa a la violencia contra los ciudadanos en general o contra determinadas razas o creencias en particular"[25]. Unos discursos que quedaban excluidos de protección constitucional. Sin embargo, en las sentencias más recientes el Tribunal ha llevado su concepción del discurso del odio al paroxismo, extendiendo el mismo al puro discurso intolerante[26]. El Constitucional ha consumado así una "maniobra

---

lidad , sino a través de esa delimitación categorial: tan pronto se califique la conducta expresiva como discurso del odio, pierde la protección constitucional y decae frente al otro interés menoscabado, por lo que el análisis sobre la prohibición de exceso -y del efecto desaliento desaliento- deviene superfluo".

25 STC 235/2007, de 7 de noviembre, FJ. 5. En las sentencias previas el Tribunal Constitucional, aunque afrontaba casos claramente reconocibles dentro de lo que terminará entendiendo por discurso del odio, no incorpora todavía esta categoría a su jurisprudencia.

26 En la STC 177/2015, de 22 de julio, FJ. 4 se ampliaba la categoría del discurso del odio más allá de lo que denomina sus formas "más toscas" (cuando se proyectan sobre las "condiciones étnicas, religiosas, culturales o sexuales de las personas"), y se incluían otras facetas de lo que el Tribunal denomina "discurso fóbico", "siendo una de ellas, indudablemente, la que persigue fomentar el rechazo y la exclusión de la vida política, y aun la eliminación física, de quienes no compartan el ideario de los intolerantes". No quedarán amparados aquellos mensajes que inciten "al odio y la intolerancia incompatibles con el sistema de valores de la democracia" o que "que representen o se identifiquen con la exclusión política, social o cultural". Una doctrina que ha mantenido en la STC 112/2016, de 20 de junio, FJ. 2.ii) y en la STC 35/2020, de 25 de febrero.

de prestidigitación conceptual", lograda a partir "del vaciamiento del concepto, excluyendo esa dimensión antidiscriminatoria e identificando 'discurso de odio' con la mera manifestación general de hostilidad"[27]. Una interpretación que, sin lugar a dudas, supone una "banalización" de la propia categoría[28] y desfigura los límites a la libertad de expresión, al punto de que el propio Tribunal Europeo ha terminado por censurarla[29].

A mayores, esta amplia categorización del discurso del odio se compadece mal con los intentos que, especialmente a nivel europeo, se están desarrollando para perfilar esta categoría de forma lo más precisa posible con el objeto de evitar una excesiva restricción de la libertad de expresión[30]. En particular, resaltando que las manifestaciones tengan un carácter ofensivo, especialmente por "propagar, incitar, promover o justificar el odio basado en

---

27 ALCÁCER GUIRAO, R., "Opiniones constitucionales", ob. cit., p. 8.

28 La expresión es del magistrado Xiol Ríos en su voto particular a la STC 177/2015, de 22 de julio. En sentido similar, el voto particular de la magistrada Adela Asúa, al que se adhiere el magistrado Fernando Valdés, señalaba que: "Equiparar bajo el mismo concepto el discurso antimonárquico -aquí y ahora- con el discurso dirigido a fomentar la discriminación y exclusión social de colectivos secularmente vulnerables, revela una lamentable utilización de conceptos acuñados sobre realidades dramáticas que en modo alguno admiten comparación con los insultos a una institución o a unas personas de tan alta relevancia pública".

29 Así se ha concluido en la STEDH de 13 de marzo de 2018, asunto Stern Taulats y Roura Capellera c. España, en la que ha estimado que la condena por injurias al Rey que juzgó la STC 177/2015, de 22 de julio viola la libertad de expresión al no poder entenderse como necesaria la sanción impuesta. En su argumentación el Tribunal Europeo entiende que por provocadoras que fueran la quema de los retratos no puede entenderse como una forma de discurso del odio ni de provocación a la violencia.

30 Entre los más recientes puede verse Comisión Europea contra el Racismo y la Intolerancia (ECRI), Recomendación general n. 15 relativa a la lucha contra el discurso de odio, adoptada el 8 de diciembre de 2015.

la intolerancia"[31], que obedezcan a una motivación discriminadora o vengan referidas a una característica que presuponga tal discriminación, y que señalen o se dirijan contra una persona o grupo vulnerable[32]. El propio Tribunal Europeo ha advertido a las autoridades nacionales que "adopten un enfoque cauteloso al determinar el alcance de los delitos de 'discurso de odio' y que interpreten estrictamente las disposiciones legales pertinentes para evitar una interferencia excesiva" en la libertad de expresión, sobre todo cuando éste pueda ser usado como una excusa

---

31 Son los términos con los que el Tribunal Europeo de Derechos Humanos justificaba la posibilidad -no obligación- de castigar el discurso del odio, siempre y cuando las restricciones o sanciones impuestas resultaran proporcionales en relación con el fin legítimo que perseguían (STEDH (Sec. 1ª) de 6 de julio de 2006, asunto Erbakan c. Turquía, § 56). Esta definición toma como referencia la primera referencia que se incluyó en la Recomendación 97 (20) del Comité de Ministros del Consejo de Europa. Más allá, sobre la compleja jurisprudencia del TEDH en materia de discurso del odio puede verse, entre otros, Landa Gorostiza, J. M., *Los delitos de odio,* Valencia: Tirant lo Blanch, 2018, pp. 27-38; Caruso, C., "El *hate speech* en Estrasburgo: el pluralismo militante del sistema convencional", en *Sobre la libertad de expresión y el discurso del odio,* Sevilla: Athenaica, 2017, pp. 109-128; o mi trabajo "El discurso del odio como límite a la libertad de expresión en el marco del Convenio Europeo", *Revista de Derecho Constitucional Europeo,* n. 27, 2017. Asimismo, más actualizada, ofrece una síntesis de interés Council of Europe. Press Unit, *Factsheet. Hate Speech,* Septiembre 2020.

32 Teniendo todo ello en cuenta, la magistrada Adela Asúa en su voto particular a la STC 177/2015, de 22 de julio, al que se adhiere el magistrado Fernando Valdés, identificaba el discurso del odio de forma precisa como aquella "forma de expresión que incite, promueva o propague el odio racial, la xenofobia, u otras formas de odio basadas en la intolerancia, mediante la creación de un clima de hostilidad y exclusión, generador de un efecto cierto de amenaza que perturba el ejercicio de la igualdad de derechos de los miembros de determinados colectivos socialmente vulnerables". En doctrina, véase la caracterización que realiza ALCÁCER GUIRAO, R., *La libertad del odio.,* ob. cit., pp. 23 y ss. Puede verse también LANDA GOROSTIZA, J. M., *Los delitos de odio,* ob. cit., pp. 23-45, y Valiente Martínez, F. *La democracia y el discurso del odio: límites constitucionales a la libertad de expresión,* Madrid: Dykinson, 2020.

para reprimir manifestaciones de crítica contra el gobierno o sus instituciones, o sus políticas[33].

Por ello, llama poderosamente la atención que, en especial después de la condena a España por el Tribunal de Estrasburgo en el caso de la quema del retrato del rey, el Tribunal Constitucional mantenga este concepto deformado del discurso del odio[34]. Algo aún más inaceptable en la medida que, según se ha dicho y ahora se estudiará, aunque en la motivación de sus sentencias no ha abandonado de forma radical el principio del daño y, de hecho, ha rechazado que puedan darse restricciones basadas en el puro contenido de los mensajes[35], sin embargo, al final, el Constitucional termina acudiendo a la categoría del discurso del odio, vagamente definida, para justificar la exclusión del ámbito de protección constitucional de cualquier tipo de discursos extremos, en una auténtica "jurisprudencia de excepción"[36].

---

33 STEDH (sec. 3ª) de 9 de mayo de 2018, caso Stomakhin c. Rusia, § 117. En sentido similar puede leerse la STEDH (sec. 3ª) de 13 de marzo de 2018, caso Stern Taulats y Roura Capellera c. España.

34 Previo a la STC 35/2020, de 25 de febrero, MARTÍN HERRERA, D., "¿Serán precisas más condenas del TEDH para dejar de proteger lo (in)defendible en España? Crónica de una interminable manipulación del *hate speech* para enmudecer al disidente molesto", *Revista Chilena de Derecho y Ciencia Política*, n. 1, vol. 9, 2018, pp. 45-84, indagaba en la "manipulación" del concepto de discurso del odio en contra de lo establecido por la jurisprudencia de Estrasburgo.

35 Por ejemplo, la STC 35/2020, de 25 de febrero halla tres posibles razones de la lesividad de las expresiones de discurso del odio: i) cuando "persiguen desencadenar un reflejo emocional de hostilidad, incitando y promoviendo el odio y la intolerancia incompatibles con el sistema de valores de la democracia"; ii) "amenazas o intimidaciones a los ciudadanos"; iii) "símbolos, mensajes o elementos que representen o se identifiquen con la exclusión política, social o cultural", los cuales se puedan convertir en "un acto cooperador con la intolerancia excluyente" (FJ. 4.a.iii).

36 Así la ha calificado ALCÁCER GUIRAO, R., "Opiniones constitucionales", ob. cit., p. 9, para quien el Constitucional recurre a "un término tan elástico e indeterminado, acuñado antes como eslogan programá-

Por mi parte, he propuesto que para que la categoría del discurso del odio fuera compatible con los postulados de la libertad de expresión en un orden abierto y personalista, debería delimitarse de forma restrictiva, atendiendo a los siguientes elementos[37]: 1°) *Expresiones dirigidas contra una persona integrante de un grupo social especialmente vulnerable, definido por determinadas características* (raciales, étnicas, religiosas, de condición sexual, etc.). Esta especial vulnerabilidad evidenciaría la situación de «desigualdad estructural» a la que se refiere A. Cortina y permite construir el discurso en clave excluyente, de enfrentamiento entre "los unos" frente a "los otros"[38]. 2°) *Contenido ofensivo* de las expresiones *en atención a la característica significativa del grupo*. Este contenido ofensivo puede darse: por resultar insultante, vejatorio, humillante; amenazante; o por provocar a la comisión de actos de violencia o discriminación contra un grupo social o sus miembros generando un peligro cierto e inminente de que se cometan. 3°) *Intencionalidad directa*, referida al elemento ofensivo (insultar, vejar, provocar…), y también una *motivación concreta* al actuar por razón de las condiciones identificativas del grupo social especialmente vulnerable.

Unos criterios que, como veíamos y analizaremos a continuación, sólo han sido acogidos en parte por la jurisprudencia y por el ordenamiento jurídico. Así que estudiemos ahora cuál es el marco penal y cuáles son los elementos que justifican el reproche penal de estos mensajes, teniendo en cuenta que los mismos están integrados en contenido *prima facie* protegido por la libertad de

---

tico que como categoría analítica, [que] es empleado por esta jurisprudencia de excepción para delimitar los contornos de la protección del derecho fundamental".

37 Cfr. TERUEL LOZANO, G. M., "Cuando las palabras generan odio: límites a la libertad de expresión en el ordenamiento constitucional español", ob. cit.

38 CORTINA, A., "¿Cómo superar los conflictos entre el discurso del odio y la libertad de expresión en la construcción de una sociedad democrática?", Real Academia de Ciencias Morales y Políticas, 25 de octubre de 2016.

expresión, para analizar luego, según dijimos, la jurisprudencia del Tribunal Constitucional.

III. UNA APROXIMACIÓN A LA RESPUESTA PENAL A LOS DISCURSOS EXTREMOS EN EL ORDENAMIENTO ESPAÑOL

En la lucha contra los discursos intolerantes el delito que sirve de clave de bóveda es el actual artículo 510 Cp., el cual castiga una variedad de conductas relacionadas con lo que podríamos considerar "discurso del odio" -en sentido estricto- y con mensajes negacionistas de graves crímenes. Como es sabido, la actual redacción de este tipo penal trae causa de la reforma introducida por la LO 1/2015, de 30 de marzo, que tenía como objeto adecuar la regulación a las exigencias derivadas de la STC 235/2007, de 11 de julio, y de la Decisión Marco 2008/913/JAI, de 28 de noviembre, que reclama el castigo por parte de los Estados miembros de toda una serie de conductas relacionadas con mensajes racistas y xenófobos. Una reforma que, a mi modesto entender, presentó más sombras que luces[39].

Así las cosas, si desgranamos las principales conductas castigadas por el actual art. 510 Cp., nos encontramos que, en primer lugar, sanciona la incitación (fomento o promoción) directa o indirecta "al odio, hostilidad, discriminación o violencia contra un grupo, una parte del mismo o contra una persona determinada por razón de su pertenencia a aquel, por motivos racistas, antisemitas, antigitanos u otros referentes a la ideología, religión o creencias, situación familiar, la pertenencia de sus miembros a una etnia, raza o nación, su origen nacional, su sexo, orientación o identidad sexual, por razones de género, aporofobia, enferme-

---

39 Pude estudiar con más detenimiento esta cuestión en TERUEL LOZANO, G. M., "La libertad de expresión frente a los delitos de negacionismo y de provocación al odio y a la violencia: sombras sin luces en la reforma del código penal", *Indret*, 4/2015.

dad o discapacidad" (apart. 1.a). Un castigo que se extiende a "quienes produzcan, elaboren, posean con la finalidad de distribuir, faciliten a terceras personas el acceso, distribuyan, difundan o vendan escritos o cualquier otra clase de material o soportes que por su contenido sean idóneos para fomentar, promover, o incitar" (apart. 1.b). En la medida que no estamos ante un supuesto de provocación de acuerdo con el art. 18 Cp., el contenido ofensivo de estos delitos parece situarse, aunque no se diga expresamente, en la mera promoción de un ambiente o clima de hostilidad contra ciertas personas o grupos por razones discriminatorias. De hecho, no se exige que tales grupos tengan que ser "vulnerables", aunque parece que ese tendría que ser el sentido de la norma[40].

Algo más precisa es, en segundo lugar, la definición típica que hace del castigo de los mensajes negacionistas ("Quienes públicamente nieguen, trivialicen gravemente o enaltezcan los delitos de genocidio, de lesa humanidad o contra las personas y bienes protegidos en caso de conflicto armado, o enaltezcan a sus autores, cuando se hubieran cometido contra un grupo o una parte del mismo, o contra una persona determinada por razón de su pertenencia al mismo"), ya que, no sólo exige una motivación discriminatoria, sino que, además, el precepto explicita, siguiendo la doctrina constitucional, que la conducta sólo será punible "cuando de este modo se promueva o favorezca un clima de violencia, hostilidad, odio o discriminación contra los mismos".

En todos estos casos las penas son de prisión de uno a cuatro años y multa. Además, el precepto prevé una serie de agravantes cuando se usen medios que hagan accesible los mensajes a un elevado número de personas (parece que basta la mera "potencialidad" de esa difusión en atención al medio) (apart. 3), y

---

40 Comparto con ALCÁCER GUIRAO, R., *La libertad del odio.*, ob. cit., p. 196, que en este tipo de delitos debemos entender que estas referencias vienen a circunscribirlos a que el discurso ataque a un colectivo vulnerable, los conocidos como grupos diana, por lo que quedaría fuera del *telos* de estas normas los ataques a grupos hegemónicos, aunque se produjeran en atención a sus características raciales, étnicas…

cuando, "a la vista de sus circunstancias, resulten idóneos para alterar la paz pública o crear un grave sentimiento de inseguridad o temor entre los integrantes del grupo" (apart. 4). Este último agravante evidencia las dudas sobre cuál es entonces el bien jurídico protegido con la conducta básica y su ofensividad. Y es que nos encontramos ante unos delitos que, aunque no se consumen con la mera difusión pública de unos determinados contenidos por motivos discriminadores, sino que se exija una valoración de la peligrosidad de la conducta, ésta será, en el mejor de los casos, una forma de peligrosidad potencial o hipotética (pero no presunta)[41]. En definitiva, estamos ante unos delitos de clima, con una ofensividad muy laxa, tanto por la indefinición de la propia acción típica, como del resultado de peligro (un clima hostil), como del propio juicio de peligrosidad.

Asimismo, con menores penas (prisión de seis meses a dos años y multa), el art. 510 Cp. en su apartado 2° contempla el castigo, por un lado, de los ataques a la dignidad de personas por motivos discriminatorios que supongan "grave humillación, menosprecio o descrédito" de esos grupos sociales o de las personas integrantes; y, por otro, el enaltecimiento o justificación públicos de delitos contra grupos por motivos discriminatorios. En el caso de que estas conductas promuevan o favorezcan "un clima de violencia, hostilidad, odio o discriminación contra los mencionados grupos" serían castigadas con las penas del apartado 1°.

Más allá, el abanico penal que permite responder a estos discursos extremos podría concretarse teniendo en cuenta, en relación con los discursos filo-terroristas, los delitos de incitación y provocación al terrorismo (art. 579 CP.) o, más problemático desde el prisma del respeto a la libertad de expresión, el de enaltecimiento

---

41 Véanse en especial los trabajos LANDA GOROSTIZA, J. M., *Los delitos de odio*, ob. cit.; y "El discurso de odio criminalizado: propuesta interpretativa del artículo 510 CP", ob. cit. Por mi parte, he podido estudiar la jurisprudencia en relación con estos delitos en TERUEL LOZANO, G. M., "Expresiones intolerantes, delitos de odio y libertad de expresión: un difícil equilibrio", *RJUAM*, n. 36, 2017-II, pp. 185-196.

del terrorismo, en particular el castigo de las conductas de mero enaltecimiento o justificación pública de actos terroristas o de sus autores (art. 578.1 CP). También podrían tenerse en cuenta el delito de escarnio de los dogmas, ritos, creencias o ceremonias (art. 525 CP.), que pretende la sanción de discursos ofensivos contra sentimientos religiosos (y de quienes no profesan); así como aquellos otros que suponen vilipendio a instituciones, de injurias a la policía o a los ejércitos, o de ultrajes a España (en especial, arts. 490, 491, 496, 504, 543 CP). Todos estos delitos comparten castigar conductas que, como hemos señalado, se encuentran en los márgenes del ejercicio de la libertad de expresión y, por ende, es exigible un especial esfuerzo a la hora de definir la lesividad que justifica su castigo. A continuación, veremos como el Tribunal Constitucional ha ido evolucionado en su doctrina en relación con este tipo de delitos y, en todo caso, me permito recomendar el esfuerzo por ofrecer una interpretación constitucionalizada de los mismos que ha realizado el grupo de trabajo sobre libertad de expresión LibEx[42].

IV. LA INTERPRETACIÓN CONSTITUCIONAL DE LOS DELITOS DE OPINIÓN EN RELACIÓN CON DISCURSOS EXTREMOS

1. *Una apretada síntesis de la jurisprudencia del Tribunal Constitucional sobre discursos extremos*

Las primeras sentencias en las que el Tribunal Constitucional se enfrentó a este tipo de discursos extremos datan de los años noventa. Por un lado, en relación con discursos apologetas del terrorismo, encontramos la STC 136/1999, de 20 de julio, caso mesa nacional de H.B. El Tribunal consideró que el vídeo emitido en

---

42 Pueden verse las fichas que se han elaborado sobre cada uno de estos delitos y que están disponibles en abierto en: https://libex.es/.

un espacio electoral de este partido constituía una amenaza o intimidación a los electores no amparada constitucionalmente (FF. JJ. 16-19), pero concedió el amparo al entender que su sanción como un delito de apología del terrorismo resultó desproporcionada por la pena impuesta (FF.JJ. 20-30). Por otro lado, sobre mensajes racistas o antisemitas, fueron dictadas la STC 214/1991, de 11 de noviembre, caso Violeta Friedman, y la STC 176/1995, de 11 de diciembre, caso álbum Hitler=SS. Ambas sentencias sentaron como principal doctrina que no estarían amparadas por la libertad de expresión "manifestaciones o expresiones destinadas a menospreciar o a generar sentimientos de hostilidad contra determinados grupos étnicos, de extranjeros o inmigrantes, religiosos o sociales" (STC 214/1991, de 11 de noviembre, FJ. 8), en definitiva, el "lenguaje del odio" que de forma directa o indirecta pudiera suponer una incitación a través de la vejación a un determinado grupo social (STC 176/1995, de 11 de diciembre, FJ. 5). Lo que sí que quedarían amparadas serían las meras dudas o el cuestionamiento de los crímenes nazis.

Una doctrina que fue confirmada por la STC 235/2007, de 7 de noviembre, que declaró parcialmente inconstitucional el delito de negacionismo del genocidio (antiguo art. 607.2 Cp.). En ella el Tribunal introdujo por primera vez la categoría del discurso del odio, entendido como "una incitación directa a la violencia contra los ciudadanos en general o contra determinadas razas o creencias en particular", que quedaría fuera del ámbito de protección de la libertad de expresión (FJ. 5)[43]. Aunque la aportación más relevante de esta sentencia fue situar la frontera a partir de la cual cabría intervenir penalmente para castigar discursos que implicaran la justificación de delitos de "carácter especialmente

---

[43] De forma más concreta, el Tribunal Constitucional, apoyándose en las sentencias antes mencionadas -entre otras-, expresó que la libertad de expresión encontraría su límite cuando se tratara de "manifestaciones vilipendiadoras, racistas o humillantes o en aquéllas que incitan directamente a dichas actitudes, constitucionalmente inaceptables" (STC 235/2007, de 7 de noviembre, FJ. 5).

odioso" -en el caso, de genocidio-. Su castigo sería legítimo constitucionalmente en dos supuestos: "cuando la justificación de tan abominable delito suponga un modo de incitación indirecta a su perpetración", o bien cuando este discurso "busque alguna suerte de provocación al odio hacia determinados grupos definidos mediante la referencia a su color, raza, religión u origen nacional o étnico, de tal manera que represente un peligro cierto de generar un clima de violencia y hostilidad que puede concretarse en actos específicos de discriminación" (FJ. 9)[44].

Esta doctrina, como se ha dicho, ha servido de referencia para orientar la reforma del Código penal de 2015 en la definición del nuevo artículo 510[45], pero también ha estado presente en la interpretación constitucional de otros delitos de opinión que ha

---

44 En ese mismo fundamento jurídico la sentencia aclaraba que: "De ese modo, resulta constitucionalmente legítimo castigar penalmente conductas que, aun cuando no resulten claramente idóneas para incitar directamente a la comisión de delitos contra el derecho de gentes como el genocidio, sí suponen una incitación indirecta a la misma o provocan de modo mediato a la discriminación, al odio o a la violencia, que es precisamente lo que permite en términos constitucionales el establecimiento del tipo de la justificación pública del genocidio (art. 607.2 CP)." STC 235/2007, de 7 de noviembre, FJ. 9).

45 A este respecto puede verse el minucioso estudio que se realiza en el capítulo segundo de LANDA GOROSTIZA, J. M., *Los delitos de odio*, ob. cit. O, de forma más sintética, el trabajo de este mismo autor "El discurso de odio criminalizado: propuesta interpretativa del artículo 510 CP", en *Delitos de odio: Derecho comparado y regulación española*, Valencia: Tirant lo Blanch, 2018, pp. 221-260. Asimismo, cfr. DE PABLO SERRANO, A. y TAPIA BALLESTEROS, P., "Discurso del odio: problemas en la delimitación del bien jurídico y en la nueva configuración del tipo penal", *Diario La Ley* [en línea], n. 8911, de 30 de enero de 2017; y DOLZ LAGO, M. J., "Oído a los delitos de odio (algunas cuestiones claves sobre la reforma del art. 510 CP por LO 1/2015", *Diario La Ley* [en línea], n. 8712, Sección Doctrina, 1 de marzo de 2016. Por mi parte, he ofrecido una visión crítica a esta reforma en TERUEL LOZANO, G. M., "La libertad de expresión frente a los delitos de negacionismo y de provocación al odio y a la violencia: sombras sin luces en la reforma del código penal", ob. cit.

realizado el Tribunal Constitucional con posterioridad, como es el delito de enaltecimiento del terrorismo del art. 578 Cp. En concreto, en la STC 112/2016, de 20 de junio, caso homenaje a un miembro de ETA, y la STC 35/2020, de 25 de febrero. Asimismo, en relación con los discursos extremos o intolerantes también debe tenerse en cuenta la STC 177/2015, de 22 de julio, caso quema del retrato del rey.

Pues bien, esta última jurisprudencia constitucional está llena de claroscuros, aunque la STC 177/2015, de 22 de julio constituye, sin lugar a dudas, un borrón sin alguna claridad[46]. Una desafortunada sentencia para la libertad de expresión en la que el Tribunal Constitucional denegó el amparo por la condena por un delito de injurias contra la Corona, a una pena de quince meses de prisión, que fue sustituida por multa. Al entender del Constitucional, el acto en el que se había quemado una foto del rey tras una manifestación anti-monárquica había supuesto una muestra de "discurso del odio", que perseguía fomentar "el rechazo y la exclusión de la vida política, y aun la eliminación física", fomentando "sentimientos de agresividad" y expresando una "amenaza", que no era digna de protección constitucional (FJ. 4). Además, el Tribunal Constitucional subrayó "la singular y reforzada protección jurídica que el legislador penal otorga a la Corona", sin plantearse por tanto la legitimidad del propio tipo penal (FJ. 3). De hecho, como ya adelantamos, la posición del Tribunal Constitucional en esta sentencia, severamente cuestionada en los votos particulares a la misma, terminó siendo desacreditada por el Tribunal Europeo de Derechos Humanos que condenó a España en este caso al concluir que la injerencia en la libertad de expresión no era proporcionada y que no es posible considerar como dis-

---

46 Véase en especial el comentario que realiza a esta sentencia PRESNO LINERA, M. A., "Crónica de una condena anunciada: el asunto Stern Taulats y Roura Capellera c. España sobre la quema de fotos del rey", *Teoría y Realidad Constitucional*, n. 42, 2018, pp. 539-549.

curso del odio las manifestaciones críticas frente a una institución como la Corona[47].

Más "luces" presenta, por su parte, la doctrina sentada por el Tribunal en relación con el enaltecimiento del terrorismo. Así, la STC 112/2016, de 20 de junio, enmarcó este tipo de manifestaciones como una forma de discurso del odio y ofreció por primera vez unos criterios constitucionales para interpretar este delito exigiendo un carácter incitador y una peligrosidad a los mensajes castigados para justificar la intervención penal. Algo que, sin lugar a dudas, constituyó un "avance"[48], siguiendo la estela de la STC 235/2007, de 7 de noviembre. Sin embargo, como cuestionó el voto particular del magistrado Xiol Ríos, el paso dado no fue suficiente y la mayoría del Tribunal debería haber realizado una "ponderación específica sobre el derecho a la libertad de expresión". Habría sido deseable, a su entender, que "se hubiera realizado un mayor esfuerzo para profundizar en la determinación de los elementos que deben de ser tomados en consideración, desde una perspectiva constitucional, para valorar la necesidad y proporcionalidad de la injerencia de la intervención penal respecto de este tipo de conductas".

Posteriormente, la STC 35/2020, de 25 de febrero, sí que descendió a revisar la motivación de la condena para comprobar si de forma efectiva los tribunales habían tenido en cuenta los elementos contextuales que permiten acreditar que existió una peligrosidad real y, por ende, que las manifestaciones podían considerarse como una auténtica incitación. Y, al mismo tiempo, en esta sentencia el Tribunal Constitucional salió al paso de una jurisprudencia del Supremo "díscola", como estudiaremos a continuación, que no terminaba de trasladar en su plenitud la jurisprudencia cons-

---

47 STEDH (sec. 3ª) de 13 de marzo de 2018, caso Stern Taulats y Roura Capellera c. España.

48 El magistrado Xiol Ríos en su voto particular a la STC 112/2016, de 20 de junio calificó la exigencia constitucional de que se "acredite una incitación, aunque sea indirecta, a la violencia terrorista" en la interpretación del art. 578 Cp. como "un avance muy importante".

titucional que imponía que se acreditara el carácter incitador en este tipo de delitos a la hora de enjuiciar las conductas. Aunque, como se verá, el Constitucional quizá podría haber sido aún más contundente en este punto.

Y es que esta sentencia también arrastra algunas de las sombras que oscurecían la jurisprudencia constitucional anterior. En particular, el esfuerzo de restringir las injerencias penales a través de ese juicio de proporcionalidad, donde se han hallado unos criterios que orientan a jueces y al propio legislador, sirviendo de pautas para definir las conductas que puedan considerarse ilícitas penalmente, se ve empañado porque desde la perspectiva constitucional se aprecia una tendencia a restringir el contenido protegido por la libertad. Se advierte así un riesgo de "institucionalización" o de "funcionalización" de la libertad. Lo que tiene como consecuencia concluir que aquellos mensajes que no contribuyan a la formación de la opinión pública pueden ser excluidos del ámbito de protección de la libertad. Algo a nuestro juicio inaceptable y que comporta una comprensión desfigurada de la libertad de expresión que, a la postre, conlleva una cierta inconsistencia, cuando no directamente incongruencias, en la propia jurisprudencia constitucional. Además, los cánones ofrecidos por el Tribunal Constitucional deberían perfilarse con mayor nitidez para exigir un juicio de lesividad más sólido a la hora de justificar tanto la exclusión de protección del ámbito protegido por la libertad como la intervención penal. Veámoslo con más detenimiento

2. Los cánones de enjuiciamiento constitucional, proporcionalidad y prohibición de exceso en la limitación penal del ejercicio de la libertad de expresión

Como hemos podido observar de la síntesis de la jurisprudencia constitucional realizada en el epígrafe anterior, el Tribunal Constitucional ha ido identificando algunos cánones o criterios generales que vienen a justificar el establecimiento de un límite a la libertad de expresión en relación con discursos extremos. En concreto, los siguientes: en primer lugar, ha excluido de protección a "las manifestaciones vilipendiadoras, racistas o humillantes"[49]. Ahora bien, si con carácter general se asume que la libertad de expresión no ampara un derecho al insulto, entendido como expresiones "absolutamente vejatorias", aquellas "ofensivas u oprobiosas"[50], o como las que siendo formalmente injuriosas no resultan necesarias para la exposición; en los supuestos de discurso del odio basta un juicio sobre la intención y el contenido racista o xenófobo de los mensajes para excluirlos de protección[51].

Asimismo, en segundo lugar, el Tribunal tampoco ha admitido que se dé protección a los discursos apologetas "de los verdugos" que comporten humillación de las víctimas[52].

En tercer lugar, el Tribunal Constitucional ha mantenido su jurisprudencia sobre las amenazas, excluyendo de protección a los mensajes que "incorporen amenazas o intimidaciones a los ciudadanos o a los electores"[53], aunque, en su aplicación a mensajes que reconoce como discurso del odio, la valoración del efecto coactivo real que los mismos hubieran presentado ha quedado

---

49 STC 235/2007, de 7 de noviembre, FJ. 5. En sentido similar, cfr. SSTC 214/1991, de 11 de noviembre, FJ. 8; 176/1995, de 11 de diciembre, FJ. 5.

50 Entre otras muchas, cfr. STC 235/2007, de 7 de noviembre, FJ. 9.

51 Así, aunque el Tribunal Constitucional refiera con carácter general en sus sentencias su doctrina general sobre el derecho al insulto como límite termina por admitir la sanción de expresiones por su "carácter" racista o xenófobo o por su "intención" cuando estén destinadas a menospreciar o a generar sentimientos de hostilidad contra ciertos grupos. Cfr. SSTC 214/1991, de 11 de noviembre, FJ. 8; 176/1995, de 11 de diciembre, FJ. 5; 235/2007, de 7 de noviembre, FFJJ. 5 y 6. En sentido crítico, vid. Alcácer Guirao, R., "Opiniones constitucionales", ob. cit., p. 16 y ss.; y Teruel Lozano, G. M., *La lucha del Derecho contra el negacionismo. Una peligrosa frontera.*, ob. cit., p. 293 y ss.

52 Entre otras, cfr. STC 235/2007, de 7 de noviembre, FJ. 5, retomando la jurisprudencia de su sentencia 176/1995, de 11 de diciembre, FJ 5.

53 STC 177/2015, de 22 de julio, FJ. 4, retomando la STC 136/1999, de 20 de julio, FJ. 15.

totalmente diluida en genéricas apreciaciones sobre la finalidad o el significado excluyente del discurso[54].

Y, por último, de acuerdo con la jurisprudencia constitucional, no encontrarán amparo los discursos incitadores a determinados delitos de particular gravedad. Como vimos, el Tribunal ha distinguido aquí dos supuestos: por un lado, teniendo en cuenta la "especial peligrosidad" del mal que se quiere prevenir[55], ha justificado que se castiguen formas de incitación indirecta a la comisión de delitos como el genocidio o el terrorismo, exigiendo una genérica peligrosidad y una débil idoneidad como forma de incitación[56]. Por otro lado, también ha concluido que no estarán

---

54 STC 177/2015, de 22 de julio, FJ. 4.

55 STC 235/2007, de 7 de noviembre, FJ. 9, que retoma en la STC 112/2016, de 20 de junio, FJ. 3.

56 Así, en la STC 235/2007, de 7 de noviembre, FJ. 9, se consideraba legítimo castigar penalmente este tipo de conductas "aun cuando no resulten claramente idóneas para incitar directamente a la comisión de delitos contra el derecho de gentes como el genocidio, sí suponen una incitación indirecta a la misma o provocan de modo mediato a la discriminación, al odio o a la violencia". De forma más precisa en la STC 112/2016, de 20 de junio, FJ. 3, se advierte que la sanción penal del discurso del odio requiere "una situación de riesgo para las personas o derechos de terceros o para el propio sistema de libertades". Algo que no ha de interpretarse como una exigencia de peligro concreto sino de un peligro potencial o hipotético, como estudiaremos a continuación. Con un análisis en relación con la doctrina del TEDH, vid. Valero Heredia, A., "Los discursos del odio. Un estudio jurisprudencial", *Revista Española de Derecho Constitucional*, n. 110, 2017, pp. 305-333; Teruel Lozano, G. M., "El discurso del odio como límite a la libertad de expresión en el marco del Convenio Europeo", *Revista de Derecho Constitucional Europeo*, n. 27, 2017; y Sottiaux, S., "'Band Tendencies' in the EctHR's 'Hate Speech' Jurisprudence", *European Constitutional Law Review*, vol. 7, núm 1, 2011, pp. 40-63. Más burda ha sido, sin embargo, la apreciación del riesgo evidente para el orden público de la quema de los retratos de los Reyes en la STC 177/2015, de 22 de julio, FJ. 5; tanto que, como se ha dicho, ha terminado dando lugar a una condena por la STEDH de 13 de marzo de 2018, asunto Stern Taulats y Roura Capellera c. España, donde se ha descartado que se hubiera dado tal situación de riesgo.

amparados los discursos que supongan una provocación a la discriminación, al odio o a la violencia. En estos casos ha requerido que tales conductas representen "un peligro cierto de generar un clima de violencia y hostilidad que puede concretarse en actos específicos de discriminación"[57].

Más allá de la identificación de estos cánones constitucionales, la jurisprudencia más reciente, según se adelantó, ha incidido también en la necesidad de realizar un análisis particular cuando la injerencia en la libertad trae causa de sanciones penales. En estos supuestos, aunque la conducta no se considere amparada por la libertad de expresión de acuerdo con los cánones o criterios antes señalados, tendrá que hacerse un enjuiciamiento adicional teniendo en cuenta el principio de prohibición de exceso y el de proporcionalidad para valorar la limitación penal.

Además, la lectura ofrecida por el Tribunal Constitucional de estos delitos (en especial, los delitos de negacionismo y de enaltecimiento del terrorismo) ha llevado al Tribunal Supremo a tener que abandonar su concepción como formas de peligro abstracto, para redefinirlos como tipos de peligro potencial o hipotético, según veremos[58].

---

57 STC 235/2007, de 7 de noviembre, FJ. 9

58 Sobre los delitos de provocación al odio, cfr. STS 259/2011, de 12 de abril. En relación con el delito de enaltecimiento, analizaremos a continuación los vaivenes jurisprudenciales. Y es que el Tribunal Supremo en un primer momento mantuvo que se trataba de un delito de mera conducta que no exigía ningún componente incitador, a pesar de la STC 235/2007, de 7 de noviembre. Sirvan como ejemplo las SSTS 481/2014, de 3 de junio o la 224/2010, de 3 de marzo. Por lo que hubo que esperar, como veremos ahora, a la STC 112/2016, de 20 de junio, para que comenzara a cambiar la jurisprudencia del Tribunal Supremo leyendo el delito de enaltecimiento como una figura de peligro potencial o hipotético. Cfr. STS 378/2017, de 25 de mayo. En sentido similar pueden verse SSTS 560/2017, de 13 de julio; 600/2017, de 25 de julio; y 52/2018, de 31 de enero. Previamente ya había avanzado esta lectura restrictiva del tipo penal en la STS 354/2017, de 17 de mayo. Se han

A este respecto, como ya se indicó, resultó clave en un primer momento la STC 235/2007, de 7 de noviembre. Pero luego ha tenido gran importancia la STC 112/2016, de 20 de junio, en la que el Tribunal Constitucional exigió para el castigo del enaltecimiento del terrorismo que se diera "una situación de riesgo para las personas o derechos de terceros o para el propio sistema de libertades" (FJ. 3). Lo cual se concreta en la obligación de que los jueces acrediten que se ha producido una incitación, aún indirecta, lo que comporta "llevar a cabo una acción que *ex ante* implique elevar el riesgo de que se produzca tal conducta violenta". Por tanto, como se viene indicando, bastaría con un peligro de aptitud, hipotético o potencial, para justificar la intervención penal, pero se descarta la compatibilidad del castigo con formas de peligro meramente presunto. De manera que será legítimo castigar las manifestaciones enaltecedoras si, a la luz de las circunstancias concretas y valoradas *ex ante*, se puede concluir que "crean un determinado caldo de cultivo, una atmósfera o ambiente social proclive a acciones terroristas, antesala del delito mismo" (FJ. 6). El problema de esta sentencia es que, según se dijo, Tribunal se quedó en una valoración muy superficial de las circunstancias que permitían concluir la existencia de ese peligro[59]. De hecho, como ya se señaló, esta fue la principal crítica que realizó el magistrado Xiol Ríos a esta sentencia en su voto particular. En concreto, este magistrado advirtió que habría sido necesario haber valorado el impacto de la difusión pública dependiendo de la naturaleza de la conducta, las circunstancias personales de quien la realiza, la mayor o menor coincidencia temporal con actos terroristas, o las concretas manifestaciones proferidas.

---

alejado de esta doctrina las SSTS 4/2017, de 18 de enero; y 706/2017, de 27 de octubre.

59 En concreto, la STC 112/2016, de 20 de junio mencionaba en el FJ. 6: "fue un acto público, previamente publicitado mediante carteles pegados en las calles, en un contexto en el que la actividad terrorista seguía siendo un importante problema social. Por consiguiente, es incuestionable que, para un espectador objetivo, la conducta del recurrente era idónea para contribuir a perpetuar una situación de violencia".

Tanto es así que, tras esta sentencia, según dijimos, la jurisprudencia del Tribunal Supremo siguió vacilante y los tres elementos que podrían deducirse de la doctrina constitucional sentada en la STC 112/2016, de 20 de junio -intención como elemento subjetivo del delito, carácter incitador de la acción típica y provocación de una situación de riesgo-, han sido acogidos por el Supremo de forma muy desigual, por no decir con pronunciamientos contradictorios, como ha estudiado en profundidad G. Rollnert Liern[60]. En particular, la STS 31/2017, de 18 de enero supuso un auténtico acto de rebeldía al declarar la irrelevancia del ánimo incitador, tal y como se había exigido por el Constitucional.

Pero la respuesta del Tribunal Constitucional a esta sentencia del Supremo en el correspondiente recurso de amparo, resuelto por la STC 35/2020, de 25 de febrero, ha venido a colmar en parte estas deficiencias, según dijimos. El Constitucional, en esta sentencia, confirmó la relectura de este delito apologético como una figura de apología *con* incitación en la que el reproche se justifica por su peligrosidad. Pero, además, entró a examinar la motivación de las resoluciones judiciales y concluyó que, aunque las mismas habían tenido en cuenta aspectos como el contenido, la emisión y los efectos del mensaje, los argumentos dados habían sido insuficientes y no se había tenido en cuenta la dimensión institucional de la libertad. En concreto, en un párrafo central que me permito citar *in extenso,* declaró que:

> "La posición central que tiene el derecho a la libertad de expresión como regla material de identificación del sistema democrático determina que no solo el resultado del acto comunicativo respecto de los que se puedan sentirse dañados por él, sino también los aspec-

---

60 ROLLNERT LIERN, G., "El enaltecimiento del terrorismo: desde el caso de Juana Chaos a César Strawberry. La recepción de la doctrina constitucional en la jurisprudencia del Tribunal Supremo", *Revista de Derecho Político,* n. 109, 2020, pp. 191-227. Asimismo, pueden verse mis trabajos "Internet, incitación al terrorismo y libertad de expresión en el marco europeo", *Indret,* n. 3, 2018, en especial las pp. 8 y ss.; y "Discursos extremos y libertad de expresión: un análisis jurisprudencial", *Revista de Estudios Jurídicos,* n. 17, 2017.

tos institucionales que el acto comunicativo envuelve en relación con la formación de la opinión pública libre y la libre circulación de ideas que garantiza el pluralismo democrático, deben ponderarse necesariamente para trazar el ámbito que debe reservarse al deber de tolerancia ante el ejercicio de los derechos fundamentales y, en consecuencia, los límites de la intervención penal en la materia. La resolución impugnada, al omitir cualquier argumentación sobre este particular, y *rechazar expresamente la valoración de los elementos intencionales, circunstanciales y contextuales e incluso pragmático-lingüísticos* que presidieron la emisión de los mensajes objeto de la acusación, se desenvuelve ciertamente en el ámbito de la interpretación que corresponde al juez penal sobre el ámbito subjetivo del tipo objeto de la acusación, pero *desatiende elementos que, dadas las circunstancias, resultaban indispensables en la ponderación previa que el juez penal* debe desarrollar en materia de protección de la libertad de expresión como derecho fundamental." (FJ. 5.b -cursivas mías-).

De su lectura se deduce que el juez penal tendrá que valorar no sólo el mensaje y cómo el mismo puede ser interpretado por un "espectador objetivo", sino todas las circunstancias que rodean a la comisión de la conducta típica para ponderar si la misma estaba intencionalmente dirigida y objetivamente constituía una incitación indirecta que generara un peligro real para las personas o para el propio sistema de libertades. Se acerca así, como el propio Tribunal Constitucional reconoce en el FJ. 4.c, al análisis contextual que realiza el Tribunal de Estrasburgo, a pesar de que éste en ocasiones depende excesivamente del caso en concreto sin unas pautas abstractas claras[61]. Un examen que exige para ponderar la necesidad de la injerencia en una sociedad democrática tener en cuenta distintos elementos como "el mayor o menor impacto de difusión pública", "las circunstancias personales de quien

---

[61] En este sentido, véase la lectura crítica que realiza ROLLNERT LIERN, G., "El discurso del odio: una lectura crítica de la regulación internacional", *Revista Española de Derecho Constitucional*, n. 115, 2019, pp. 91 y ss., llegando a advertir que en el ámbito del Consejo de Europa "el estándar del discurso del odio punible es más impreciso y abierto, sin que la abundante jurisprudencia del TEDH haya delimitado definitivamente sus perfiles" (p. 102).

realiza la conducta", que la conducta "coincidencia en el tiempo con actos terroristas" o que se dé en un "contexto de violencia", o el "contenido de las concretas manifestaciones proferidas". Elementos que permiten de esta forma acreditar la peligrosidad de la conducta, aunque sea potencial[62].

Eso sí, desde la perspectiva penal, si el contenido de injusto que integra el tipo es la peligrosidad de la conducta, todos estos elementos contextuales que sirven para apreciarla deberían quedar recogidos en los hechos probados de la sentencia.

Por tanto, podemos concluir que la jurisprudencia constitucional ha avanzado al rechazar que pudieran castigarse como delito discursos puramente apologéticos sobre la base de una presunción de peligrosidad por la mera difusión pública de un determinado discurso extremo. Ahora, este tipo de figuras autónomas apología impropia sólo podrán castigarse cuando las mismas tengan una intencionalidad instigatoria y objetivamente este carácter incitador sea idóneo para generar un "peligro cierto". Peligrosidad que deberá valorarse en un juicio *ex ante* que deberá motivarse en las resoluciones judiciales a la luz de toda una serie de circunstancias, considerando no sólo el mensaje sino también cómo se ha difundido, la intencionalidad, el sujeto, el contexto… Una doctri-

---

62 En este sentido, véase Comisión Europea contra el Racismo y la Intolerancia (ECRI), Recomendación general n. 15 relativa a la lucha contra el discurso de odio, adoptada el 8 de diciembre de 2015, apartado 16, donde se señala que la valoración de si existe o no riesgo en relación con el discurso del odio exige tener en cuenta el contexto, la condición del emisor, la naturaleza del lenguaje usado, el contexto de los comentarios específicos, el medio utilizado y la naturaleza de la audiencia. También describe parámetros similares particular el Plan de Acción de Rabat sobre la prohibición de la apología del odio nacional, racial, o religioso que constituye incitación a la discriminación, la hostilidad o la violencia", adjunto al Informe del Alto Comisionado de las Naciones Unidas para los Derechos Humanos (A/HRC/22/17/Add.4), de 11 de enero de 2013.

na que debería proyectarse sobre todos los delitos de opinión que castigan discursos extremos por su carácter provocador[63].

Ahora bien, al mismo tiempo, también hay que advertir, como se dijo, de las insuficiencias de esta jurisprudencia, en la medida que, a mi entender, el Tribunal Constitucional debería haber hecho suyo el canon del Tribunal Supremo norteamericano del "*clear and present danger*", el cual ha sido asumido en importantes instrumentos que, aun siendo *soft law*, ofrecen una pauta más segura para dotar de solidez al juicio de peligrosidad. Unos instrumentos que abogan por la exigencia de inminencia y de una "razonable probabilidad"[64]. Peligrosidad que, además, debería proyectarse sobre el riesgo de que pudieran producirse actos de violencia o de discriminación delictivos, y no la pura generación de odio o de difusos actos de hostilidad.

---

63 De ahí que, aunque la sentencia sea anterior a esta última del Tribunal Constitucional, sigue resultando censurable que el Tribunal Supremo haya interpretado el delito de provocación al odio del 510.1.a Cp. como una figura de peligro presunto en el propio contenido odioso de los mensajes (STS 72/2018, de 9 de febrero).

64 A este respecto, puede verse en particular el Plan de Acción de Rabat sobre la prohibición de la apología del odio nacional, racial, o religioso que constituye incitación a la discriminación, la hostilidad o la violencia", adjunto al Informe del Alto Comisionado de las Naciones Unidas para los Derechos Humanos (A/HRC/22/17/Add.4), de 11 de enero de 2013. El mismo entre sus distintas recomendaciones ofrece una serie de criterios de valoración que deben tener en cuenta los tribunales al examinar limitaciones a la libertad de expresión y, entre ellos, sitúa la probabilidad del riesgo, incluida la inminencia. En sentido similar, cfr. Article 19, *The Camden Principles on Freedom of Expression and Equality*, Abril 2009, que reclama que la incitación al odio solo se castigue cuando la misma cree "un riesgo inminente de discriminación, hostilidad o violencia contra personas" que pertenezcan a un grupo vulnerable. También en los Principios de Johannesburgo sobre la Seguridad Nacional, la Libertad de Expresión y el Acceso a la Información, adoptados en noviembre de 1996, se exige que se dé una "conexión directa e inmediata entre la expresión y la probabilidad o el acontecimiento de tal violencia" cuando los mensajes supongan una amenaza a la seguridad nacional.

V. ALGUNAS CONCLUSIONES FINALES

A la luz del análisis que hemos realizado a lo largo de este trabajo puede concluirse que la jurisprudencia del Tribunal Constitucional en relación con los límites de la libertad de expresión ante discursos extremos presenta dos virtudes y una deficiencia. La primera virtud sería haber reconocido el carácter abierto de nuestro ordenamiento constitucional y, en consecuencia, haber deducido la exigencia del principio del daño como presupuesto para legitimar un límite a la libertad de expresión, excluyendo de tal consideración a la pura discrepancia o contradicción por las ideas que se defiendan. En este sentido, el Tribunal Constitucional ha incorporado a su jurisprudencia el reconocer, por un lado, que "la mera circulación pública de ideas o doctrinas" no puede estar sujeta a controles por parte de los poderes públicos[65] (lo que en términos de la doctrina norteamericana sería la "*advocacy of ideas*"), y, por otro, que no será legítimo excluir de protección constitucional porque las ideas u opiniones expresadas resulten "contrarias a la esencia misma de la Constitución"[66]. Se descarta así que nuestro sistema se corresponda con "modelo de 'democracia militante'"[67]. Unas conclusiones que le han llevado, por ejemplo, a la decisión, en cierto modo "valiente"[68], de declarar que la pura negación o cuestionamiento del Holocausto y de la actuación nazi, por muy reprobable que resulte, va a estar amparada por la libertad de expresión[69]. Y es que, como ha destacado R. Alcácer, siguiendo a Schauer y Bollinger, "si las democracias deben proteger la libertad de expresión no es porque no cause daños, sino *pese* a los daños que causa"[70] -de ahí la necesidad de

---

65 STC 235/2007, de 7 de noviembre, FJ. 4.

66 STC 235/2007, de 7 de noviembre, FJ. 4.

67 STC 235/2007, de 7 de noviembre, FJ. 4, doctrina que ha ido manteniendo en las sentencias posteriores.

68 ALCÁCER GUIRAO, R., "Opiniones constitucionales", ob. cit., p. 19.

69 STC 214/1991, de 11 de noviembre, FJ. 8.

70 ALCÁCER GUIRAO, R., "Opiniones constitucionales", ob. cit., p. 15.

valorar adecuadamente la lesividad de los discursos para justificar su proscripción-.

Esto ha permitido al Tribunal, como segunda virtud, fijar una serie de pautas ofensivas para identificar los límites a la libertad de expresión ante este tipo de discursos, según se ha visto. Además, hemos destacado los avances a la hora de exigir que se motive la peligrosidad de las conductas sancionadas teniendo en cuenta toda una serie de elementos contextuales.

La deficiencia de esta jurisprudencia estaría entonces en la amplitud de estos cánones, con un contenido ofensivo basado en la intencionalidad o en peligrosidades potenciales y, como consecuencia de ello, en su aplicación concreta a partir de genéricas presunciones y de pretendidas idoneidades sin un auténtico sustento fáctico como ofensas[71]. Al final, el Tribunal Constitucional aplica unos criterios que se acercan más al test del "*bad tendency*" que al "*clear and present danger*"[72]. Así, en la jurisprudencia del Constitucional se encuentran vestigios de una clara "funcionalización" de esta libertad en casos en los que ha privado de protección a discursos anti-democráticos –calificados como discurso del odio-, destacando que la finalidad de la libertad de expresión es "contribuir a la formación de una opinión pública libre"[73]. Y se

---

[71] A este respecto véanse los contundentes votos particulares de la Magistrada Adela Asúa, al que se adhiere el Magistrado Fernando Valdés, a la STC 177/2015, de 22 de julio, y del Magistrado Juan Antonio Xiol, a esta misma sentencia y a la STC 112/2016, de 20 de junio.

[72] Cfr. SOTTIAUX, S., "'Band Tendencies' in the EctHR's 'Hate Speech' Jurisprudence", *European Constitutional Law Review*, vol. 7, núm 1, 2011.

[73] Así, en la STC 177/2015, de 22 de julio, FJ. 4, aunque el Tribunal se refería al lenguaje de odio incorporado por los mensajes y a su hostilidad, enfatizaba que tales discursos no encontraban cobertura en la libertad de expresión por ser cooperadores con una "intolerancia excluyente", que no contribuye a la formación de la opinión pública y que resulta incompatible con el "sistema de valores de la democracia". También en su STC 176/1995, de 11 de diciembre, afirmaba que era evidente que el cómic sancionado entraba "en contradicción abierta con los principios de un sistema democrático de convivencia pacífica y refleja un claro

ha advertido cómo el Tribunal ha recurrido a una definición de discurso del odio que cae en una valoración "hipertrofiada" de su lesividad[74] que lleva a extenderlo a cualquier discurso intolerante.

menosprecio de los derechos fundamentales", en contradicción con la protección de la infancia y la juventud reclamada constitucionalmente, y reconociendo la moral como un límite a la libertad de expresión.

74 ALCÁCER GUIRAO, R., "Opiniones constitucionales", ob. cit., p. 15.

¿Cómo ganar el partido frente al antisemitismo?: Campañas de concienciación y estrategias empleadas por clubes y entidades futbolísticas en Europa

RAFAEL VALENCIA CANDALIJA
Profesor Titular de Derecho Eclesiástico
Universidad de Sevilla

I. INTRODUCCIÓN

Afirmar que el fútbol europeo está libre de toda sospecha cuando hablamos de episodios de odio y violencia, fundamentalmente en las gradas de nuestros estadios, es más que un atrevimiento. Tristemente, cada día son más usuales las agresiones o las ofensas proferidas por los seguidores radicales que, además, son de diversa naturaleza. En los últimos años, asistimos a un incesante, a la par que preocupante, aumento del número de acciones enmarcadas dentro de los tipos que en Europa trazan las líneas de lo que ha de considerarse delito de odio. Lamentablemente, cada vez es más frecuente el ataque al diferente, al ciudadano de distinto color o raza, de diferente religión, ideología o condición económica, al que no comparte nuestras ideas políticas u orientación sexual. De hecho, podríamos afirmar que estas situaciones están tan extendidas que, como hemos adelantado, ni siquiera el deporte ha podido mantenerse al margen, más bien al contrario, las cifras relativas a los casos registrados en los recintos deportivos continúan *in crescendo*, figurando en lugares demasiado altos en los rankings de los países del viejo continente. Las fórmulas empleadas son muy variadas, destacando entre ellos los actos racistas, xenófobos, homófobos, o de intolerancia religiosa, entre los que destaca poderosamente el antisemitismo. Todo ello lleva a SCHÜLER-SPRINGORUM a sostener que lo descrito no son hechos aislados sino que “se trata de un fenómeno generalizado a nivel europeo, y los sociólogos lo atribuyen a una reacción ante la globalización del fútbol, pero también a la creciente *familiarización* de la atmósfera en los estadios: el mundo del fútbol *auténtico* y típicamente masculino de los chicos duros se afirma mediante una demarcación cada vez más radical frente a *los otros,* que en función del contexto pueden ser las mujeres, los varones homosexuales, los negros o, en su caso, los judíos o los que se quiera considerar como tales”[1].

Como decíamos, no solo se agrede con connotaciones racistas o xenófobas, también situando en el punto de mira la religiosidad de los profesionales o de las entidades a las que se deben. En nuestro trabajo pretendemos poner de manifiesto los atentados contra los sentimientos religiosos de una opción religiosa en concreto, la judía que, a día de hoy, es quizás la más azotada por los ataques injustificados en los campos de fútbol. Éstos, en la mayoría de los casos, no hacen sino revivir el horror vivido por muchos de sus miembros en los años de un pasado no tan lejano, los que precedieron a la Segunda Guerra Mundial y los que la cobijaron. En otras ocasiones, por el contrario, se busca estigmatizar, marginar, aunque para ello tan solo exista una posible razón, ser judío.

Con esas desilusionantes consignas son perpetrados determinados episodios de la historia reciente de nuestro fútbol. Unos episodios que, tal y como alertaba la Liga Antidifamación en el *informe Antisemitism in European soccer on the rise* en el mes de junio de 2021, nos muestran la realidad que describimos cotiza al alza. A modo de ejemplo, en noviembre de 2022, pudimos hacernos eco de la noticia de los insultos recibidos por un ciudadano de religión judía en un vuelo desde Londres a la ciudad belga de

---

1 SCHÜLER-SPRINGORUM, S., “Génesis y actualidad del antisemitismo moderno”, en *Constelaciones-Revista de Teoría Crítica,* Núm. 4, 2012, p. 37.

Genk. El uso del atuendo habitual entre los judíos ultraortodoxos llamó la atención de los hooligans del West Ham, dedicándoles el vergonzoso cántico "Nosotros tenemos prepucio, tú, no" o "el "Tottenham es vapuleado donde quiera que vaya". Subyacía evidentemente, la rivalidad entre el citado club de Londres y el Tottenham Hottspurs, habitualmente conocido como el equipo judío de la capital de Inglaterra. En esta línea de insultos, también en el otoño de 2021, podríamos citar los escuchados por los seguidores del Maccabi Haifa israelí, en su visita al Olympiastadion del Unión Berlín en un encuentro de Europa Conference League. Ya en 2023, en el derbi del norte de Londres (Tottenham Hotspurs-Arsenal), se produjeron incidentes en los que fueron los propios seguidores del Arsenal los que denunciaron las declaraciones antisemitas gravemente ofensivas por parte de otros hichas del equipo *gunner*. Ese mismo día se produjo un altercado en un conocido pub londinense en el que pudieron ser escuchados cánticos antisemitas"[2].

Pero, quizás lo más sorprendente no proceda ni siquiera de ultras radicales, sino del estamento arbitral. Es el caso de la negativa de Lukasz Araszkiewicz, árbitro polaco, con una veintena de años de experiencia FIFA que, tras ser invitado por la organización *Never Again*, a formar parte de una conferencia sobre cómo abordar el problema del antisemitismo. La mencionada invitación fue rechaza por Araszkiewicz, añadiendo además las siguientes palabras:

---

2 El Arsenal trato de condenar este tipo de actos en el siguiente comunicado:
"Reconocemos el impacto que este comportamiento tiene en nuestros muchos seguidores judíos y en otros, y condenamos el uso de un lenguaje de esta naturaleza, que no tiene cabida en nuestro juego ni en nuestra sociedad". Tanto el comunicado como el resto de la noticia puede ser consultado en el artículo de STAFF, T. "England's Arsenal soccer club probing 'disturbing' antisemitism involving its fans", publicado el 19 de enero de 2023 en *The Times of Israel* y recuperado el 24 de marzo de 2023 a través del enlace:
<https://www.timesofisrael.com/englands-arsenal-soccer-club-probing-disturbing-antisemitism-involving-its-fans/>.

"por favor, no me envíen más invitaciones de este tipo, porque no estoy de acuerdo en absoluto. Los judíos no son un *pueblo elegido* a pesar de su eterna arrogancia [...] y la presentación de los polacos como antisemitas y los comentarios sobre campos de concentración en Polonia son las expresiones judías más despreciables desde la Segunda Guerra Mundial". Las reacciones las palabras que acabamos de reproducir no se hicieron esperar. La más enérgica de todas procedía del seno de la propia organización del evento. Como consecuencia de las declaraciones del árbitro polaco, Rafał Pankowski, Pankowski, director de *Never Again*, enviaría una misiva al presidente de la FIFA en la que señalaba que "la xenofobia y el antisemitismo son temas complejos para el fútbol polaco e internacional, por lo que no sólo esperábamos elogios por nuestra iniciativa. Sin embargo, una de las reacciones al incidente se desvió claramente de los desacuerdos o las críticas aceptables. La declaración del señor Lukasz Araszkiewicz repite los mitos antisemitas más comunes sobre la comunidad judía, como un grupo homogéneo que tiene como objetivo difamar países y grupos étnicos, y las reacciones contra el antisemitismo son, presuntamente, un ejemplo de ello". Agregaba a ello que, "lamentablemente, los comentarios del señor Araszkiewicz muestran que el uso de estereotipos negativos sobre los judíos es un fenómeno que todavía existe en el mundo del fútbol"[3].

Nos estamos refiriendo a las circunstancias actuales, lo que parece funcionar como reclamo de una mayor atención. Sin embargo, huelga recordar que esta clase de acontecimientos se vienen sucediendo desde hace mucho en el deporte. Y es que la situación que contemplamos no es nueva. La historia del deporte está repleta de momentos fuertemente influenciados por connotaciones

---

3 Vid. "Un árbitro de fútbol polaco es criticado por sus comentarios ofensivos sobre los judíos", publicado el 3 de noviembre de 2021 en *Noticias de Israel* y recuperado el 19 de marzo de 2023 siguiendo la dirección web:
<https://israelnoticias.com/deporte/un-arbitro-de-futbol-polaco-es-criticado-por-sus-comentarios-ofensivos-sobre-los-judios/>.

ideológicas o la realidad política de la época. Desde la negativa de Adolf Hitler a estrechar la mano del atleta norteamericano Jess Owen, de raza negra, tras batir todos los récords de la época en los Juegos Olímpicos de Berlín en 1936, identificados también bajo la denominación "la Olimpiada Nazi", a los casos más recientes de las celebraciones de goles con saludos propios de regímenes totalitarios como el nazi, realizado por Giorgios Katidis durante su etapa en el AEK de Atenas, o el romano, que solía llevar a cabo el ex jugador de la Lazio, Paolo Di Canio[4].

Estas formas de proceder de los deportistas revelan un cambio en la concepción de la cuestión, pues tradicionalmente, solían asociarse los episodios violentos o discriminatorios en el deporte a los seguidores radicales. Pero, lejos de lo que pueda pensarse, la cuestión de la violencia o la discriminación no solo es cosa de los aficionados radicales. Es más que evidente que los *ultras*, *hoolingans*, o *tifosi* han contribuido a introducir el discurso del odio en los terrenos de juego, pero no puede olvidarse que lo han hecho resguardados por los propios clubes. Es sabido que no pocas instituciones deportivas nacieron al amparo de una determinada ideología o tendencias políticas clasificadas como violentas, situándose en la otra orilla de aquellos que nacieron cultivando una creencia religiosa o incluso en el seno de movimientos de protesta y defensa de las causas sociales, como el Sankt Pauli alemán.

Bajo esta tendencia podríamos incluir también a todos aquellos equipos que en determinados momentos de su historia se caracterizaron por una identificación total con determinados sentimientos religiosos como el Ajax de Amsterdam, el Tottenham Hotspurs londinense, el Eintranch de Frankfurt, el Bayern de Munich o el Slavia de Praga. Porque no solo ha de resaltarse la violencia o persecución, también debe rescatarse la historia de aquellos clubes y de los deportistas que estuvieron del lado de los maltratados por injusticias sociales, políticas y religiosas, dando

---

4 Vid. RÍOS CORBACHO, J. M., "Palabra de fútbol y Derecho Penal", Madrid: Reus, 2015, pp. 27-29.

cobijo entre sus filas o compitiendo, en el caso de los deportistas individuales, exponiéndose en ocasiones mucho más allá de lo debido, pero poniendo el deporte y sus valores al servicio de las necesidades de la comunidad.

Trataremos pues, de realizar un análisis de todas estas realidades, las que se sucedieron en un pasado no muy lejano y las que, aún en la actualidad, se siguen produciendo. Asimismo, nos adentraremos en las las posibles soluciones que se han venido otorgando a las situaciones de conflicto que conforman el objeto de nuestro estudio, sobre todo, desde algunas formas relativamente parecidas de afrontar estas situaciones, la de la Lazio, en Italia, la del Chelsea, en el fútbol inglés, el Borussia Dortmund en Alemania y el Feyenoord de Rotterdam en la *Eredivisie* neerlandesa.

II. LOS *JUDENKLUBS:* ORÍGENES DEL DISCURSO ANTISEMITA EN EL FÚTBOL EUROPEO

En la Alemania de los años 30, los inmediatamente anteriores al comienzo de la II Guerra Mundial, fue instaurado el *Arierparagraph* o "Párrafo Ario", introducido por la "Ley de la Restauración de la Administración Pública" de 7 de abril de 1933. En el intento de apartar a los judíos de la Administración Pública, esta norma impedía que los ciudadanos no arios pudieran desempeñar la tarea de funcionario en la Administración alemana. Para ello, consideraba ciudadano de raza aria a todos aquellos que no tuvieran padres o abuelos judíos. Este concepto fue perfeccionado en el primero de los decretos que desarrollaron la Ley de Ciudadanía del Reich, en noviembre de 1935[5], en el que se indicaba que "judío es todo aquel que descienda, al menos, de tres abuelos total y racialmente judíos"[6].

---

5 Vid. DWORK, D. y JAN VAN PELT, J., "Holocausto, una historia", Madrid: Algaba, 2004, p. 168.

6 *Ibidem.*

El *Arierparagraph*, como otras grandes consignas del *Führer*, también fue de aplicación para los deportistas, especialmente a los de religión judía, pues son varios los hechos que pueden atestiguar que el III Reich alemán tuvo su incidencia en el deporte en general y particularmente, en el fútbol, sin que, ni dentro de Alemania, ni en el exterior, se alzaran voces discordantes. De hecho, el régimen fue respetado, como decimos, hasta por los equipos no alemanes en sus enfrentamientos. De obligado recuerdo son los guiños recibidos desde Inglaterra, al menos. La primera vez, en 1935, en un amistoso Inglaterra-Alemania en el estadio londinense de *White Hart Line*, donde ondeó la bandera con la esvástica y la segunda, el saludo nazi de los *pross* en mayo de 1938 en Berlín. No en vano, y aunque la libertad de expresión actual es notablemente distinta, podemos afirmar que, en esa época, fueron pocos los equipos que, como el Aston Villa inglés o el Manchester City, se negaron a realizar el saludo nazi. En relación con esta cuestión, han sido varios los jugadores que, a posteriori, han querido mostrar su malestar y arrepentimiento. La crítica más enérgica de cuantas hemos leído por aquel acto proviene del entonces capitán del Arsenal y de la selección inglesa, Eddie Hapgood, quien dedicó las siguientes palabras para rememorar el cuestionado saludo: "he jugado al fútbol en la etapa de Mussolini en Roma y experimentado el peor arbitraje de mi vida en Milán. He estado en Suiza, Rumanía, Checoslovaquia y Yugoslavia. He comido ajo hasta no querer comer nada más en mi vida... He experimentado un naufragio, un accidente de tren y he estado a pulgadas de sufrir un accidente de avión... pero el peor momento de mi vida y, por el que no quisiera volver a pasar, fue brindando el saludo nazi en Berlín" [7].

El *Arierparagraph* afectó como decimos a todos los sectores de la sociedad, fútbol incluido, y especialmente a todos aquellos clubes que en determinados momentos de su historia se caracteri-

---

7 Traducción propia, extraída de la obra de KUPER, S., "Ajax, The Dutch, the War. The Strange Tale of Soccer during Europe´s Darkest Hour", New York: Nations Book, 2012, p. 36.

zaron por una identificación total con la comunidad judía, los *judenklubs.* Bajo esta denominación de tintes antisemitas fueron conocidas por sus detractores en la Alemania nazi y en otros puntos de Europa a las asociaciones de fútbol que nacieron con una incuestionable conexión al judaísmo. El motivo, como indica FOER, para la acuñación de este apelativo "en la mayoría de los casos, es que sus primeros aficionados pertenecían a la burguesía judía anterior a la Primera Guerra Mundial"[8]. Entre estas instituciones deportivas se encuentran casos como el Austria de Viena o el Hakoah austríacos, el Ajax de Amsterdam, el Tottenham Hotspurs o el Bayern de Múnich[9].

Por estas razones, muchos de estos clubes, en los años anteriores, e incluso durante la Segunda Guerra Mundial, sufrieron una serie de ataques motivados por la cuestión religiosa y su ya mencionada identificación con el pueblo judío. Quizás las más conocidas por todos son el seguimiento y reclusión en el campo de concentración de Dachau del entonces presidente del Bayer de Múnich, Kart Landauer, la persecución del "Mozart del fútbol", el jugador del Austria de Viena, Matthias Sindelar, por negarse a competir bajo las filas de Alemania tras la anexión austriaca y la detención de Eddy Hamel, delantero neoyorkino del Ajax de origen judío que falleció en Auchswitz.

---

8 FOER, F., "El mundo en un balón. Cómo entender la globalización a través del fútbol", Barcelona: Debate, 2004, p. 75.

9 Para mayor abundamiento sobre las actitudes antisemitas que padecieron las aficiones, dirigentes y jugadores de estos clubes, puede consultarse el capítulo de libro de VALENCIA CANDALIJA, R., "Historia y presente del antisemitismo en el fútbol europeo", en COMBALÍA SOLÍS, Z., DIAGO DIAGO, P. y GONZÁLEZ-VARAS IBÁÑEZ, A. (Coords.), *Libertad de expresión y prevención de la violencia y discriminación por razón de la religión,* Valencia: Tirant lo Blanch, 2020, pp. 405 y ss.

III. EL DISCURSO ANTISEMITA EN EL FÚTBOL EUROPEO ACTUAL

1. Anotaciones previas

Del mismo modo que nos hemos referido a las conductas antisemitas registradas en Europa a mediados del siglo XX, ideadas normalmente contra clubes identificados con la religión judía, entendemos que resulta imprescindible analizar la situación actual de la temática central de nuestro trabajo. Y es que, el antisemitismo en el deporte no finalizó con las liberaciones de los campos de concentraciones y la caída del III Reich. Todavía hoy, seguimos asistiendo a episodios de odio a la comunidad judía. Pero, a diferencia de lo acontecido en el siglo anterior, estas conductas no vienen dirigidas desde regímenes políticos autoritarios, sino que proceden de los mismos aficionados. Así, en ocasiones, las gradas de algunos estadios se convierten en un foco de comportamientos deportivamente inapropiados y jurídicamente cuestionables, que persiguen la ofensa y la humillación a los miembros de la hinchada rival por el mero hecho de asociarse a una opción religiosa distinta.

Entre las distintas formas de atentar contra los rivales por motivos de religión, hemos querido aludir al protagonismo del discurso antisemita, incidiendo especialmente en los seguidores de determinados equipos que tradicionalmente suelen destacarse por su conducta en las gradas, mostrando lemas, mensajes y realizando actos de corte antisemita. Comportamientos que, por otra parte, son (mal) recibidos por los seguidores de aquellos equipos que están vinculados con la comunidad judía.

2. *El antisemitismo radical en el Calcio italiano: los Irriducibilli laziales*

El seguimiento de los relatos más tristes de los últimos años en el *Calcio* italiano siempre nos lleva a la curva norte del Olímpico de Roma, el terreno donde se ubican los aficionados más radicales de la Societá Sportiva Lazio (Lazio) y que se autoproclaman fascistas, los *Irriducibili.* No obstante, conviene no dejar de lado que nos encontramos ante una realidad a la que, en momentos puntuales, han contribuido los propios miembros de la Lazio. Es por todos conocida la famosa imagen que dio la vuelta al mundo en un encuentro ante el Livorno en 2005 del capitán del equipo, Paolo Di Canio, realizando el saludo romano, adoptado como símbolo de identidad por el fascismo italiano, frente a la curva norte del estadio. Un saludo que ha sido también realizado por otros jugadores como el argentino Mauro Zárate durante su etapa en Italia.

En lo que a nuestro trabajo respecta, en las gradas de la curva norte se han visto pancartas como aquella de 1998 en la que podía leerse el mensaje “Auschwitz es vuestra patria, los hornos vuestra casa” o las que, en 2011, aprovechando que uno de sus mejores delanteros, Miroslav Klose, era alemán, realizaban el paralelismo del lema nazi *Gott min uns* (Dios con nosotros) con el slogan “Klose min uns”. En esta ocasión, fue el propio Klose quien declaró no considerarse aludido, recomendando a los aficionados *laziales* que no mezclaran política y fútbol.

Pero si hay algo realmente desalentador es que este tipo de sucesos no parecen remitir, sino que podríamos afirmar que continúan en aumento. Las pancartas iniciales con mensajes antisemitas han experimentado una evolución hasta las formas recientes, con estrategias mucho más organizadas, que permiten a los *Irriducibili* seguir mostrando su tendencia antisemita. La más paradigmática de todas ellas se produjo en octubre de 2017, en el partido de liga que enfrentaba a la Lazio y al Cagliari. En un partido en el que además concurría la circunstancia de la sanción que la Federación Italiana había impuesto a los *Irriducibili* por cánticos racistas a los futbolistas Adjapong y Duncan y en el partido ante el *Sassuolo*. Pero lo que debía haber significado un partido de sanción para estos radicales, acabó convirtiéndose en la materialización de uno de los sucesos más evidentes de odio hacia la comunidad judía de los últimos años. La sanción impuesta, no solo no consiguió impedir la entrada de los *Irriducibili*, sino que lo hicieron para desplegar por completo su capacidad de atentar contra sentimientos religiosos y en particular, contra los de la comunidad hebrea. Ante la imposibilidad de seguir el partido desde la curva norte, habían planeado hacerlo desde la curva sur, el lugar que ocupan los hinchas del eterno rival, la Associazione Sportiva Roma (AC Roma)[10], cada vez que éste juega en su estadio. Pero no lo hicieron de forma pacífica, sino inundando el graderío de la curva sur de octavillas y pegatinas con la foto retocada de Anna Frank vestida con la camiseta de la *AC Roma* acompañadas de la leyenda "Anna Frank anima a la Roma"[11]. Huelga recordar quien fue Anna Frank, la niña alemana de ascendencia judía que, tras ocultarse durante dos años en Amsterdam, fue capturada y enviada a diferentes campos de concentración, encontrando la muerte en el de Bergen-Belsen en 1945. Famosa por el Diario que escribió, detallando la vida y la de su familia en distintos campos de exterminio y que fue publicado por el único superviviente de su familia, su padre Otto, en 1947, dos años después de concluir la II Guerra Mundial.

La utilización de la imagen de una niña judía fallecida en un campo de concentración para revivir rivalidades futbolísticas fue condenada por la Unión de Comunidades Judías de Italia, trasmi-

---

10 Es necesario recordar que AC Roma y Lazio comparten el *Stadio Olímpico* de Roma, de manera que, cada fin de semana, uno de los dos equipos de la capital ejerce como local en el mencionado recinto.

11 Vid. VERDÚ, D., "Italia estalla contra los ultras de la Lazio que se mofaron de Ana Frank". Publicado el 25 de octubre de 2017 en *El País* y recuperado el 4 de marzo de 2023 a partir del link: <https://elpais.com/deportes/2017/10/24/actualidad/1508843055_003798.html> .

tidas en la voz de la presidenta de la Comunidad Judía de Roma, Ruth Durhegello. En su alegato a las a las autoridades futbolísticas, solicitaba que este tipo de comportamientos fueran erradicados de los campos de fútbol, pidiendo expresamente directrices concretas y encaminadas a que este tipo de aficionados no pudieran acceder a los estadios. Como señalaba *20 Minutos*, distintas personalidades políticas también quisieron mostrar su decepción, entre ellas el también italiano y presidente del Parlamento Europeo, Antonio Tajani; el presidente de la República Sergio Mattarella o el ex Primer Ministro italiano Matteo Renzi, quien declaró en una red social: "si fuera el presidente de un equipo de fútbol, mañana saltaría al campo con la Estrella de David en sustitución del patrocinador. Y explicaría a los chicos de los fondos por qué me da escalofríos pronunciar el nombre de Anna Frank"[12].

3. El discurso de odio antisemita en las gradas de los Países Bajos

"Hamás, Hamás, Judíos al gas" o "los judíos irán al matadero" cantaba una parte de los aficionados *del* F. C. Utrech en su partido de abril de 2015 ante el Ajax. A los mensajes anteriores, los mismos aficionados acompañaron la siguiente estrofa: "Mi padre estaba en los comandos, mi madre estaba en las SS, juntos quemaron judíos, porque los judíos se queman muy bien". En otras ocasiones, los jugadores del club de la capital y sus aficionados han tenido que leer en pancartas: "Adolf, aquí hay otros 11 para ti". Como ya hemos señalado con anterioridad, el equipo de los judíos por excelencia en Los Países Bajos es el Ajax. Creemos que no tiene sentido reproducir en este apartado las razones históricas que vinculan al combinado *ajacied* con la comunidad judía,

12 Pueden consultarse en el artículo "Indignación en Italia por el uso de la figura de Anna Frank como insulto por ultras de la Lazio", publicado en la Edición Digital del rotativo *20 Minutos,* el 24 de octubre de 2017 y recuperado el 5 de marzo de 2023 a través del enlace web: <https://www.20minutos.es/deportes/noticia/indignacion-italia-anna-frank-insultos-ultras-lazio-3169014/0/>.

pero sí parece oportuno incidir en que, debido a esa vinculación, los hinchas y los propios jugadores han tenido que soportar en no pocos campos de la *Eredivisie* (Primera División neerlandesa) tratos nada deportivos que se sustentan generalmente en insultos y vejaciones al judaísmo. Tanto que, las autoridades del Ajax prefieren que sus seguidores no exhiban banderas de Israel o símbolos como la estrella de David, evitando así conflictos de índole no deportiva en los encuentros que el conjunto blanquirrojo disputa fuera de Amsterdam.

Por agresiones como las comentadas, ya en 2005, el entonces presidente de la entidad, John Jaakke, había pedido encarecidamente a sus seguidores que no identificarán al Ajax con símbolos judíos. Como publicaba en 2005 el medio argentino *La Nación*, el portavoz del club, Simon Keizer se dirigió a sus fans asegurando que "renunciar a las banderas con la estrella de David y a cierto tipo de canciones evitará que la reacción de los aficionados rivales ponga en la mira lo judío y alimente una polémica religiosa. [...] El Ajax no es un club judío, no tiene ninguna referencia al respecto en su estatuto y no tiene vínculo alguno con la religión. Esta imagen deriva sólo del hecho de que Amsterdam es una ciudad con una extensa comunidad judía. [...] No estamos renegando de nada, porque el Ajax no tiene una identidad judía" [13]. La decisión de la Directiva del Ajax fue objeto de un gran número de críticas, dentro y fuera de Holanda, destacando entre ellas, las palabras de Vittorio Pavoncello, presidente de la Asociación Deportiva Maccabi Italia, que nace como punto de encuentro y apoyo a los deportistas italianos de religión judía. En palabras de Pavoncello, "realmente me siento perplejo y dolorido. El miedo es lo que más me preocupa. La tradición judía de Ajax no nace de la religión

---

[13] Declaraciones que pueden ser consultadas en el artículo "Ajax no quiere que lo identifiquen como un club judío". Publicado en la Sección Deportiva del diario *La Nación* el 11 de enero de 2005 y recuperado el 1 de marzo de 2023 a partir del enlace: <*https://www.lanacion.com.ar/670331-ajax-no-quiere-que-lo-identifiquen-como-un-club-judio*> .

sino de la solidaridad holandesa durante la ocupación nazi. En aquella época también adoptaron la estrella de David, la misma que en la final del Mundial de Alemania 74, los jugadores de la selección holandesa exhibieron aún cuando el plantel no contaba con jugadores judíos". A ello agregó: "¿Por qué ahora los judíos holandeses piden no volver a lucir el Maghen David?, por temor, y esto es lo que más me preocupa" [14].

A pesar de los intentos de la Directiva *ajacied*, hoy día, los vínculos entre el club y la comunidad judía siguen siendo incuestionables. Ni han desaparecido las banderas, ni puede ocultarse la historia. Olvidaba quizás en 2005 el presidente del club que, en la década de los sesenta, la antesala del gran Ajax que maravilló con su fútbol a Europa y al mundo, la conexión, sobre todo, en materia económica con las grandes fortunas judías de la ciudad y la ayuda que recibió el equipo, no solo en dinero, sino también en servicios[15]. Olvidaba también que el más grande de todos los jugadores que defendieron la camiseta blanquirroja, Johan Cruyff, el líder de aquel gran Ajax y de la selección neerlandesa de los setenta y que da nombre a su estadio, no era judío, pero jamás negó que sus antepasados, fallecidos durante el Holocausto, lo fueran. No en vano, cabe recordar que su esposa era de familia israelí, lo que hizo posible que, durante sus viajes a Israel, luciera orgullosamente la *kippah* con el número 14 grabado. Se pretendía tal vez, negar la evidencia de una conexión que nace del intento de "reinventar la historia y mitigar el sentimiento de culpa"[16] (Foer, 2004), pues no ha de olvidarse que Países Bajos perdió en el Holocausto un número de judíos muy superior al del resto de naciones europeas y el Ajax siempre quiso estar de la parte de los desaparecidos y sus familias. Una conducta que ha sido definida por WINNER como "un acto inconsciente de solidaridad post-

---

14 *Ibidem.*

15 Vid. KUPER, S., "Ajax, The Dutch, the War. The Strange Tale of Soccer during Europe´s Darkest Hour", cit., p. 195.

16 FOER, F., "El mundo en un balón. Cómo entender la globalización a través del fútbol", cit., p. 76.

Holocausto con los judíos asesinados y desaparecidos"[17] pero que jamás podrá separar los caminos del más exitoso de los clubes del país y su comunidad judía.

Consideraciones históricas aparte, el Ajax, como la mayoría de los equipos, tiene sus adversarios, despertando en los seguidores de los mismos un sentimiento de rivalidad que impiden que, cuando el Ajax y esos equipos se enfrentan, el espectáculo del fútbol sea, efectivamente, sólo eso. Queda pues el juego en un segundo plano, toda vez que las crónicas del día siguiente no se centran en el número de goles o el buen o mal juego de los contrincantes, sino en el triste episodio que tuvo lugar en las gradas. Si tuviéramos que elegir de entre los clubes de la *Eredivisie* cuál es el eterno rival del Ajax, probablemente habría pocas dudas en apuntar al Feyenoord Rotterdam (Feyenoord), cuyos seguidores más radicales se hacen llamar *Het Legioen* (La Legión). Generalmente, esta rivalidad ente estos clubes ha sido saldada con celebraciones, vítores y discursos de corte antisemita por parte de los fans del Feyenoord. Una tendencia, de la que han participado incluso los jugadores del club de Rotterdam. Así, podemos relatar lo que sucedió en 1999, durante la celebración del título de liga en el balcón del ayuntamiento de Rotterdam, en el que se coreó el tan extendido "judío el que no bote", una proclama que, como indica SCHÜLER-SPRINGORUM "fue retransmitida a todas las salas de estar holandesas"[18]. La tensión entre aficiones durante un tiempo fue tal que precisó la intervención de las autoridades políticas, futbolísticas y federativas. De ahí, la decisión consensuada entre los ayuntamientos de Amsterdam y Rotterdam y las directivas de ambos equipos, conjuntamente con la Federación Neerlan-

---

17 D. WINNER, "Brilliant Orange: The Neurotic Genius of Dutch", London: Bloomsbury, 2001. *Opus cit.* en "El mundo en un balón. Cómo entender la globalización a través del fútbol", cit., p. 76.

18 SCHÜLER-SPRINGORUM, S., "Génesis y actualidad del antisemitismo moderno", cit., p. 36.

desa de fútbol, impidiendo la entrada a los hinchas en los partidos fuera de casa durante cinco años[19].

Pero al margen de cánticos, insultos o lemas, hemos querido detenernos en un suceso puntual de autoría desconocida que, por otra parte, pone de manifiesto la estrategia y organización de los ultras, a la que habíamos aludido en páginas anteriores. Se produjo en octubre de 2017, cuando en una conocida red social, unos hinchas del Feyenoord colgaron la imagen en blanco y negro de dos niños pequeños que portaban en sus ropas una estrella de David. Además, en la imagen podía leerse "Toen 020 nog mar 1ster had", lo que traducido al castellano significa, "cuando el 020 solo tenía una estrella". Ha de aclararse que 020 es el prefijo telefónico de la ciudad de Amsterdam, utilizándolo como referencia de la ciudad sin referirse al Ajax. En realidad, lo que pretendían los aficionados del Feyenoord con la imagen era frivolizar sobre las tres estrellas que, sobre el escudo, luce la camiseta del eterno rival, una por cada una de las diez ligas neerlandesas que ha conquistado. Pero el medio elegido fue la causa del problema, pues los niños que aparecían en la foto son Avram y Emanuel Rosenthal, hermanos de 5 y 2 años respectivamente, que fueron asesinados en 1944, en el campo de concentración de Majdanek, en Polonia, poco después de haber sido capturados en el gueto lituano de Kovno[20].

Con esta divulgación la rivalidad entre los dos clubes holandeses quedaba patente, sobre todo desde el punto de vista del club de Rotterdam. Una rivalidad, teñida de tintes antisemitas que tradicionalmente había sido escenificada, con silbidos que imitan el gas de las cámaras de exterminio nazi o con palabras que, definitivamente, representan una ofensa para la comunidad judía. Ahora

---

19 Vid. *Ibidem*, p. 35.

20 Vid. FERRER, I., "Ultras del Feyenoord usan a dos niños víctimas del Holocausto para atacar al Ajax ", publicado en *El País*, el 20 de octubre de 2017 y recuperado el 5 de marzo de 2023 a partir del link: <https://elpais.com/deportes/2017/10/20/actualidad/1508510590_014924.html> .

bien, la utilización de dos niños, víctimas del holocausto, para molestar a los seguidores de otro equipo en un contexto meramente futbolístico parecía haber transgredido todos los límites. Las protestas no se hicieron esperar, Ron van der Wieken, presidente de la Asociación de Comunidades Judías de Los Países Bajos, realizaba al efecto las siguientes declaraciones: "es repugnante, [...] esto supera la pugna futbolística y el hecho mismo de hablar de judíos y antisemitas: es propio de desalmados sin el menor respeto. Nos gustaría saber quién es el héroe que lo firma, porque quizá no sea punible, que ya veremos, pero está falto por completo de solidaridad. Entretanto el autor se esconde tras el anonimato de la web, donde se ocultan otros monstruos"[21]. También obtuvo respuesta del propio club, quien quiso poner distancia con los posibles autores, no reconociéndolos como seguidores y manifestando que el Feyenoord es un club que cuenta con una cifra importante de trabajadores judíos (Ferrer, 2017).

4. Episodios de corte antisemita detectados en el fútbol inglés

Como puede imaginarse, el mayor de los objetivos de los comportamientos de origen antisemita en el fútbol inglés son los aficionados del Tottenham. Desde hace años, están acostumbrados a recibir por los campos de la Premier cánticos y actitudes nada agradables. Hay veces que, como en 1996, hasta proceden de los propios futbolistas. Ese año, el portero del Aston Villa, se dirigió a los aficionados de los *Spurs* en White Hart Line, haciendo el saludo nazi, mientras con la otra mano simulaba el bigote de Adolf Hitler, un gesto de muy mal gusto, teniendo en cuenta el vínculo entre el Tottenham y el judaísmo que, a pesar de la disculpa del portero australiano de origen croata en forma de carta, desembocó en una sanción económica para el meta.

El fichaje de Álvaro Morata por el *Chelsea* revolucionó la línea de ataque de los *blues* y hasta parte de su afición. En una de las pri-

---

21 *Ibidem.*

meras fechas de la Premier League 2017/2018, en el encuentro celebrado en el *King Power Stadium* de Leiceser, entre el *Chelsea* y el entonces vigente campeón, el Leicester City, como respuesta al gol anotado por el delantero madrileño, se pudo escuchar en el graderío de la afición visitante "viene del Real Madrid y odia a los putos judíos (Yids)". El término "yid" es un término despectivo que hace alusión a las personas de religión judía y es utilizado, en esta ocasión por los seguidores del Chelsea, para hacer referencia a los aficionados del Tottenham Hotspur, calificativo que éstos han asumido como propio.

Como no podía ser de otro modo, las reacciones fueron inminentes, la primera, la del propio jugador, que quiso distanciarse de los cánticos de los hinchas, pidiendo también respeto, escribiendo en una red social: "desde mi llegada, no ha pasado un día donde no haya podido sentir vuestro apoyo. ¡sois una afición increíble y me gustaría pediros que respetéis a todo el mundo!"[22]. Como publicaba *El Mundo,* Desde el club londinense, y aún en el propio estadio, el encargado de mostrar la versión oficial de la entidad fue su jefe de prensa, Steve Atkins, quien durante la rueda de prensa posterior al partido remarcó que "el club y los jugadores aprecian el apoyo de sus aficionados fuera de casa, pero la letra de esa canción es inaceptable. Álvaro ha pedido a nuestra afición que no la cante más. El futbolista no quiere que le relacionen con esta polémica en ningún sentido. Tanto él como el club quieren que esta medida tenga efecto inmediato"[23].

---

[22] Vid. PÉREZ, P., "Morata, *jodido* con la afición del Chelsea por su controvertida canción de án*imo"*. Publicado en *Periodista Digital* el 10 de septiembre de 2017 y recuperado el 6 de marzo de 2023 a partir de la dirección web*:* <https://www.periodistadigital.com/24por7/futbol/2017/09/10/morata-jodido-aficion-chelsea-controvertida-cancion-animo-judios.shtml>.

[23] Declaraciones que pueden consultarse en el artículo "Morata no quiere que su afición le cante una canción contra los judíos", en la edición digital del periódico *El Mundo,* publicado el 9 de septiembre de 2017 y recuperado el 6 de marzo de 2023 a partir del link:

En líneas generales, podríamos convenir que resultan extraños actos de este tipo en un club cuyo propietario pertenecía a la comunidad judía. Sin embargo, no son una excepción, vienen reproduciéndose desde hace un tiempo, eminentemente, para mofarse de la afición de los vecinos del norte de Londres, los hinchas del Tottenham. A comienzos de la temporada 2018/2019 aficionados del Chelsea entonaron canciones antisemitas en los prolegómenos del choque ante los *Spurs*. En 2017, amenazaron a un judío ortodoxo que viajaba en el metro de Londres. Es más, en octubre de 2018, según el portal *Magnet*, se pudo conocer la condena a otro seguidor *blue* por hacer 13 veces el saludo nazi frente a los hinchas del Tottenham en 2014[24].

Al margen de los cánticos analizados, resulta indudablemente más espinoso lo acontecido el verano de 2019, con ocasión de la presentación en la red social *twitter* de las nuevas camisetas del Arsenal londinense. En una campaña promocional dirigida a los aficionados *gunners* denominada *#DareToCreate*, *Adidas* lanzó el diseño de la nueva equipación con el dorsal número 12 (el número que tradicionalmente se asocia a la afición). La intención era que cada seguidor pudiera escribir su nombre en un hagstag y automáticamente sería posible visualizarlo en la parte trasera de la misma. El problema estalló cuando algunos hagstags de corte antisemita no fueron filtrados por *twitter* y aparecieron sobreimpresos encima del número 12 de la camiseta del Arsenal mensajes como "Gasear a todos los judíos" o "Hitler inocente". Mensajes que no fueron eliminados hasta el día siguiente[25].

<https://www.elmundo.es/deportes/futbol/2017/09/09/59b42a68e5fdea4e0d8b469a.html> .

24 Vid. la editorial del portal *Magnet* de 15 de octubre de 2018 "Harto de cánticos antisemitas en su estadio, el Chelsea va a enviar a sus aficionados a Auschwitz". Recuperada el 7 de marzo de 2023 a partir del enlace: <https://magnet.xataka.com/en-diez-minutos/harto-canticos-antisemitas-su-estadio-chelsea-va-a-enviar-a-sus-aficionados-a-auschwitz> .

25 Vid. la noticia de GÓMEZ, S., en *As*, bajo el título *Adidas pide disculpas después de que sus redes se llenaran de mensajes antisemitas* del 2 de julio de

Es de suponer que la rivalidad de la afición del Arsenal con la del Tottenham, pudo ser uno de los detonantes de esta desagradable situación que, por otra parte, debió ser advertida y corregida por la red social de la marca alemana. Pero esta rivalidad, en modo alguno, puede justificar este tipo de actos, por ello, los responsables de la marca deportiva en el Reino Unido se apresuraron a pedir disculpas en medios de tirada nacional como el diario *Huffington Post*[26]. Además de las disculpas, *Adidas* confirmaba la apertura de investigaciones en contra de los usuarios que habían enviado los controvertidos *hagstags* y, evidentemente, la retirada de la campaña promocional. Fuentes del gigante de ropa deportiva aclaraban que "como parte del lanzamiento de nuestra firma con el Arsenal, hemos sido conscientes del abuso de una mecánica de personalización de Twitter creada para permitir a los fans obtener su nombre en la parte posterior de la nueva camiseta. Debido a que una pequeña minoría creó versiones ofensivas de la misma, inmediatamente desactivamos la funcionalidad y el equipo de Twitter investigará"[27]. Por su parte, el Arsenal también quiso sumarse a la condena de lo acontecido señalando en un comunicado: "condenamos totalmente el uso de un lenguaje de esta naturaleza, que no tiene cabida en nuestro juego o sociedad".

2019 y recuperada el 10 de marzo de 2023. Está disponible en la dirección:
<https://as.com/futbol/2019/07/02/internacional/1562094496_518778.html>.

26 Declaraciones extraídas del artículo de BOWDEN, G., "Adidas' Twitter Campaign To Launch New Arsenal Kit Backfires Horribly", del 2 de julio de 2019 en el diario *Huffington Post*. Comunicado consultado el 10 de marzo de 2023 en la dirección web:
<https://www.huffingtonpost.co.uk/entry/adidas-arsenal-kit-twitter-campaign-backfires_uk_5d1af85fe4b03d611640c4bf>.

27 *Ibidem*.

IV. LAS MEDIDAS ADOPTADAS POR CLUBES Y ASOCIACIONES EUROPEAS

1. Italia: la visita a Auschwitz de los Irriducibilli laziales

Acontecimientos de infausto recuerdo como los registrados en el Olímpico de Roma en 2017 hicieron reaccionar a las autoridades de la Lazio. El propio presidente, Claudio Lotito, condenó la acción y como muestra de solidaridad, quiso acercarse a la Sinagoga de Roma con una corona de flores anunciando que, en la siguiente jornada, como así fue, los jugadores de su equipo mostrarían una camiseta con la cara de Anna Frank. En dicha camiseta también figuraba el slogan "No all antisemitismo". El presidente Lotito también prometió que el club organizaría un viaje a Auschwitz con carácter anual para 200 *tifosi*. Por su parte, la Federación Italiana de Fútbol decidió sancionar de forma ejemplar a la Lazio, imponiéndole una multa de 50.000 euros. Además, obligó a guardar un minuto de silencio antes de los partidos de la serie A, B y C, a distribuir copias de "Si esto es un hombre", el relato de Primo Levi sobre su reclusión en el campo de exterminio nazi de Auschwitz, y finalmente, a reproducir uno de los últimos pasajes del Diario de Frank, en el que su autora escribe: "Veo que el mundo se transforma lentamente en un desierto; escucho el inminente trueno que, algún día, nos destruirá a todos. Siento el sufrimiento de millones. Y aún así, cuando miro al cielo, de algún modo siento que todo cambiará para mejor, que esta crueldad también terminará, que la paz y la tranquilidad volverá nuevamente".

La repercusión de los hechos parecía haber removido la conciencia del fútbol y la sociedad italiana pero, lamentablemente, no ha sido así. A pesar de las sanciones y de la condena global, en abril de 2018, como informaba el diario *As*, durante la previa del clásico romano entre la Lazio y la AC Roma, algunos *Irriducibili* volvieron a profanar la memoria de Anna Frank, con la grabación de unos videos en los que se entona "Anna Frank es de la Roma".

Ello nos lleva a poner en valor las palabras de algunos autores italianos como TESTA que, en meses anteriores, en declaraciones a *CNN* había puesto en duda la eficacia de las políticas instauradas en Italia contra los ultras, llegando incluso a cuestionar el Proyecto de Ley aprobado en septiembre de 2017 destinado a eliminar la propaganda fascista. Según TESTA, se trata de "problemas culturales y son problemas conectados a cómo la sociedad se estructura. Es una situación compleja y cuando hablo acerca de esto digo que el estado en Italia, y no nos olvidemos que esta infiltración de la derecha es un problema en Europa, refleja lo que ocurre en la sociedad". "Si los políticos no condenan el racismo, si los medios de comunicación siguen usando expresiones racistas y tratan estos episodios como bromas, entonces nunca vamos a resolver este problema. Sí, el Lazio ha reaccionado de manera contundente y es muy bueno que lo hayan hecho. Pero necesitamos enviar una fuerte señal de que esto no es aceptable. Ellos (los fanáticos culpables) deberían tener prohibida la entrada a los estadios de por vida" [28].

Por todo ello, interesa resaltar la conveniencia y la necesidad de la propuesta de práctica restaurativa realizada por el presidente Lotito. Aunque tuvo que pasar más de un año desde que se produjo el episodio. Tal y como el propio mandatario prometió tras los deplorables incidentes del partido contra el Cagliari, el domingo 4 de noviembre de 2018, una delegación de la Lazio compuesta por aproximadamente 200 personas visitó el campo de concentración de Auschwitz. Como apunta el diario *El Desmarque*, la comitiva estuvo compuesta en su inmensa mayoría de jóvenes aficionados del equipo, futbolistas de las categorías inferiores de la Lazio, miembros de la directiva de la entidad y hasta la alcal-

---

28 En "Ana Frank y la lucha del fútbol italiano para desterrar el antisemitismo de sus estadios", publicado el 26 de octubre de 2017 en la Sección de Deportes de *CNN* y recuperado el 4 de marzo de 2023 a través de la web: <https://cnnespanol.cnn.com/2017/10/26/ana-frank-y-la-lucha-del-futbol-italiano-para-desterrar-el-antisemitismo-de-sus-estadios/> .

desa de la ciudad de Roma, Virgina Raggi. La visita se extendió tres días, hasta el 7 del mismo mes, permitiendo no sólo que los jóvenes aficionados y futbolistas conocieran de primera mano los horrores del campo de concentración polaco. Este viaje hizo que se repite anualmente, como consecuencia del empeño del presidente de la entidad, hizo posible también que los miembros de la expedición lazial pudieran entrevistarse con supervivientes del infierno de Auschwitz[29].

Cuestión distinta, eso sí, será la de valorar el grado de éxito de la medida puesta en práctica. Sobre todo, a la luz de acontecimientos que parecen seguir produciéndose en la curva norte del Olímpico de Roma. Distintas informaciones recogidas en el portal *Aurora* nos muestran que en abril de 2019, justo un día antes de la Fiesta de la Liberación italiana, un grupo de *Irriducibillis* que se encontraban en Milán para asistir al partido de semifinales de la Copa de Italia entre el AC Milan y la Lazio exhibieron en la *Piazza Loreto* (lugar donde Mussolini fue colgado tras su muerte en 1945) una pancarta en la que podía leerse "Honor a Benito Mussolini", además de entonar cánticos de apoyo al fascismo. De hecho, uno de los líderes del grupo se situó de frente al resto de radicales alentándoles a realizar el saludo fascista. La peor de las noticias es que no sería este el único incidente que podemos recoger. En noviembre de 2022, en el clásico romano que enfrentó a la Lazio y a la Roma, se volvieron a producir cánticos y mensajes antisemitas que fueron investigados por las autoridades federativas del *Calcio* italiano[30].

---

29 "Delegación del Lazio visitará Auschwitz, un año después de caso antisemitismo". En *El Desmarque,* el 29 de octubre de 2018, recuperado el 19 de marzo de 2023. Puede seguirse a través del link: <https://www.eldesmarque.com/futbol/1259116-delegacion-del-lazio-visitara-auschwitz-un-ano-despues-de-caso-antisemitismo>.

30 "Ultras del Lazio celebran exhibición fascista con el saludo nazi" en *Aurora,* el 24 de abril de 2019. Ha sido recuperado el 20 de marzo de 2023 a partir del siguiente enlace: <https://aurora-israel.co.il/ultras-del-lazio-celebran-exhibicion-fascista-con-el-saludo-nazi/>.

2. Estrategias frente al antisemitismo en el fútbol inglés

2.1. El valor y la importancia de las iniciativas del Chelsea

Como consecuencia de los incidentes detectados entre sus seguidores, y teniendo en cuenta precisamente el origen judío de su propietario hasta el pasado año, Roman Abramovich, el Chelsea decidió impulsar una serie de propósitos encaminados a finalizar con el antisemitismo de sus fans, optando por la vía educativa, antes que la represiva. Esto es, en lugar de prohibir la entrada a *Stamford Bridge* a quienes lleven a cabo este tipo de actos, las autoridades *blues* han decidido organizar cursos y eventos específicos entre los que ocupa un lugar especial los viajes a Auschwitz.

La piedra angular de la lucha del Chelsea pasaba por la fundación, en enero de 2018, de la campaña *Say no to Antisemitism.* Dentro de ella se vienen desarrollando una serie de acciones encaminadas a la formación y concienciación de los aficionados. Entre ellas, como hemos mencionado, destacan los viajes a Auschwitz "que expongan el crudo horror del proyecto nazi y de la persecución, formal o informal, de los judíos". No en vano, los mencionados viajes fueron una de las primeras medidas adoptadas por la directiva de Abramovich. Sobre los mencionados viajes, en palabras de Bruce Buck, presidente del Chelsea en 2018, en una entrevista a *The Sun,* "si solo prohíbes a la gente asistir a los partidos, nunca cambiarás su comportamiento. Esta medida les da la oportunidad de darse cuenta de lo que han hecho y de querer comportarse mejor", reflexionó Buck.

En esta línea, ya en junio de 2018, un grupo de trabajadores y aficionados del equipo viajaron al campo de exterminio polaco. El retorno recibido pareció haber sido muy positivo, así lo reconocía en la entrevista citada el mismo Buck, cuando afirmaba que "el viaje a Auschwitz fue muy importante y efectivo y consideraremos hacer más y otras iniciativas que impacten en las personas". La intención estaba clara, la experiencia tenía que volver a repetirse. Tan es así que, desde entonces, como publica el diario *El Desmar-*

que, el Chelsea, en aquellos casos en los que registra comportamientos antisemitas entre sus seguidores y es capaz de identificar a los responsables, se ha propuesto dar a elegir a los aficionados entre dos opciones, o bien, aceptar realizar este viaje educacional o, por el contrario, pueden desistir de dicho viaje, pero perderán sus abonos para el resto de la temporada[31].

Ya en 2019, y con ocasión del día de la memoria (27 de enero, se conmemora la liberación de Auschwitz), el club quiso presentar un mural, exhibido en la parte oeste de la tribuna de Stanford Bridge en honor a futbolistas judíos fallecidos durante el Holocausto. Se trata de Julius Hirsch, un futbolista internacional alemán, Árpád Weisz, de nacionalidad húngara y Ron Jones, prisionero de guerra británico, conocido como el "Portero de Auschwitz" [32]. Como afirmaba el presidente Buck, "al compartir las imágenes de estos tres jugadores de fútbol en nuestro estadio, esperamos inspirar a las generaciones futuras para que siempre luchen contra el antisemitismo, la discriminación y el racismo, dondequiera que lo encuentren". El tributo a estos jugadores no concluyó en enero de 2019, sigue estando vivo. Como indica la web oficial de la campaña, en marzo de 2023, teniendo en cuenta la nacionalidad alemana de Julius Hirschs, y aprovechando la visita del Borussia de Dortmund para el encuentro de vuelta de los octavos de final de la *Champions League*, el Chelsea y el club alemán quisieron rendir un sentido homenaje para conmemorar el 80 aniversario de su deportación y muerte en el campo de concentración polaco. En

---

31 "El Chelsea organizaría visitas a Auschwitz para aficionados antisemitas". Publicado el 11 de octubre de 2018 en *El Desmarque* y recuperado el 21 de marzo de 2023 en la dirección web: <https://www.eldesmarque.com/futbol/1254315-el-chelsea-organizaria-visitas-a-auschwitz-para-aficionados-antisemitas>.

32 Conviene tener presente que incluso en los campos de concentración como Auschwitz se registraron competiciones futbolísticas. En otros, como el campo de Theresienstadt, en la República Checa, se desarrolló toda una liga de fútbol, "La Liga Terezin". En este sentido, Cfr. VALENCIA CANDALIJA, R., "Libertad religiosa y protección de las creencias en el fútbol", Madrid: Tecnos 2021, p.p. 140-143.

este acto, que contó con representación de la comunidad judía, el actual copropietario del del Chelsea, Jonathan Goldstein aseguraba que para seguir trabajando en los objetivos de *Say no to Antisemitism,* en el club se seguían los ejemplos de "buenas prácticas de diferentes sectores y países y trabajamos con socios para crear una campaña de amplio alcance, centrada en la educación, el apoyo y la concienciación con el mensaje de que la discriminación no tiene cabida en nuestro club ni en la sociedad, creando así un entorno acogedor y seguro para los aficionados". Además de la intervención de Goldstein intervino Carsten Cramer, miembro de la directiva del Borussia Dortmund, que leyó un mensaje del nieto de Julius, Andreas Hirsch, que decía: "El recuerdo de las víctimas y los supervivientes del Holocausto es fundamental para la preservación de nuestras democracias y debe continuar en todos los niveles de la sociedad, especialmente a través de la educación. Es nuestro deber oponernos siempre al antisemitismo, al racismo y al odio". Finalmente, tanto los miembros de ambos clubes, como los representantes de la comunidad judía posaron en una maravillosa fotografía sosteniendo una bufanda en la que podía leerse "Unidos en el recuerdo. Unidos frente al antisemitismo"[33].

Además del mural dedicado a los tres futbolistas mencionados, el compromiso del Chelsea con otros deportistas judíos (con independencia de la disciplina deportiva practicada) fallecidos entre 1939 y 1945 es absoluto. Buena prueba de ello fue la iniciativa elegida para el Día del Holocausto en el año 2021, en el que fue inaugurada la exposición *49 Flames: Jewish Athletes against Holocaust*[34]. El acto contó con la participación de Sir Ben Helfgott,

---

33 Vid. el enlace a la noticia publicada en la web del club el 7 de marzo de 2023 y recuperada el mismo día:
<https://www.chelseafc.com/en/news/article/chelsea-fc-continue-to-lead-the-way-in-tackling-antisemitism>.

34 El contenido de la exposición puede seguirse virtualmente a través de la web creada a tal efecto:
<https://www.49flames.com/exhibition> [última consulta el 10 de marzo de 2023].

superviviente del Holocausto y antiguo levantador de pesas olímpico británico (Sir Ben es actualmente el único superviviente conocido de un campo de concentración que ha participado en los Juegos Olímpicos) y la asistencia de un invitado de lujo, el mismísimo presidente de Israel Isaac Herzog y la Primera Dama, Michal Herzog, que quisieron respaldar el coraje y la valentía del Chelsea por la promoción de iniciativas de esta naturaleza.

Pero, al margen de los homenajes a los protagonistas deportivos, si hay un hito de relevancia singular en el marco de las medidas de *Say no to Antisemitism*, fue lo sucedido durante el mes de enero de 2020, en el que Chelsea decidió adoptar la definición no vinculante de antisemitismo elaborada el 26 de mayo de 2016 por los 31 países miembros que componen la Alianza Internacional de Recuerdo del Holocausto (IHRA). Según la misma, "el antisemitismo es una cierta percepción de los judíos que puede expresarse como el odio a los judíos. Las manifestaciones físicas y retóricas del antisemitismo se dirigen a las personas judías o no judías y/o a sus bienes, a las instituciones de las comunidades judías y a sus lugares de culto"[35]. De esta manera, la entidad londinense se convirtió en el primer club de fútbol en adoptar esta definición,

---

[35] En la declaración publicada también se hace constar una suerte de actos recurrentes que pueden ser tenidos como prácticas antisemitas. Así, se indica:
"Las manifestaciones pueden incluir ataques contra el Estado de Israel, concebido como una colectividad judía. Sin embargo, las críticas contra Israel, similares a las dirigidas contra cualquier otro país no pueden considerarse antisemitismo. A menudo, el antisemitismo acusa a los judíos de conspirar contra la humanidad y, a veces, se utiliza para culparles de que «las cosas vayan mal». Se expresa a través del lenguaje, de publicaciones, de forma visual y de las acciones, y utiliza estereotipos siniestros y rasgos negativos del carácter.
Ejemplos contemporáneos de antisemitismo se observan, en la vida pública, en los medios de comunicación, en las escuelas, en el lugar de trabajo y en la esfera religiosa y, teniendo en cuenta el contexto general, podrían consistir en:
- pedir, apoyar o justificar muertes o daños contra los judíos, en nombre de una ideología radical o de una visión extremista de la religión,

---

- formular acusaciones falsas, deshumanizadas, perversas o estereotipadas sobre los judíos, como tales, o sobre el poder de los judíos como colectivo, por ejemplo, aunque no de forma exclusiva, el mito sobre la conspiración judía mundial o el control judío de los medios de comunicación, la economía, el Gobierno u otras instituciones de la sociedad,
- acusar a los judíos como el pueblo responsable de un perjuicio, real o imaginario, cometido por una persona o grupo judío, o incluso de los actos cometidos por personas que no sean judías,
- negar el hecho, el ámbito, los mecanismos (por ejemplo, las cámaras de gas) o la intencionalidad del genocidio del pueblo judío en la Alemania nacionalsocialista y sus partidarios y cómplices durante la Segunda Guerra Mundial (el Holocausto),
- culpar a los judíos como pueblo o a Israel, como Estado, de inventar o exagerar el Holocausto,
- acusar a los ciudadanos judíos de ser más leales a Israel, o a las supuestas prioridades de los judíos en todo el mundo, que a los intereses de sus propios países,
- denegar a los judíos su derecho a la autodeterminación, por ejemplo, alegando que la existencia de un Estado de Israel es un empeño racista,
- aplicar un doble rasero al pedir a Israel un comportamiento no esperado ni exigido a ningún otro país democrático,
- usar los símbolos y las imágenes asociados con el antisemitismo clásico (por ejemplo, las calumnias como el asesinato de Jesús por los judíos o los rituales sangrientos) para caracterizar a Israel o a los israelíes,
- establecer comparaciones entre la política actual de Israel y la de los nazis,
- considerar a los judíos responsables de las actuaciones del Estado de Israel.

Los actos antisemitas son considerados delitos en el momento de su tipificación (por ejemplo, la negación del Holocausto o la distribución de material antisemita en algunos países).

Los actos delictivos son considerados antisemitas cuando los objetivos de los ataques, ya sean personas o propiedades –como edificios, escuelas, lugares de culto y cementerios–, son seleccionados porque son, o se perciben como, judíos o relacionados con judíos.

La discriminación antisemita es la denegación a los judíos de oportunidades o servicios disponibles para otros, y es ilegal en muchos países".

ocupando un lugar preferente en la vanguardia de todos los que han decidido combatir el antisemitismo.

Finalmente, también encontramos entre las acciones integradas en *Say no to Antisemitism* la organización de eventos como la celebración de una conferencia mundial sobre el papel del fútbol en la lucha contra el antisemitismo. Dicha conferencia tuvo lugar el 11 de noviembre de 2021, en el estadio de otro *judenklub*, el Austria de Viena, en colaboración con la Oficina de Lord Mann y la Coalición Internacional para la Lucha contra el Antisemitismo. Se trata de la primera conferencia de este tipo y con esta finalidad. Por ello, en el elenco de ponentes se encontraban representantes del Gobierno austriaco, la Comisión Europea, la UNESCO, de Chelsea y Borussia Dortmund. Concretamente, podemos señalar que entre los oradores figuraban Karoline Edtstadler, Ministra Federal Austriaca para la UE y la Constitución; Katharina von Schnurbein, Coordinadora de la Comisión Europea para la Lucha contra el Antisemitismo; la Dra. Kathrin Meyer, Secretaria General de la *International Holocaust Remembrance Alliance*; Gabriela Ramos, Subdirectora General de Ciencias Sociales y Humanas de la UNESCO y el Profesor Lee Igel, Profesor del Preston Robert Tisch Institute for Global Sport de la Universidad de Nueva York. También participaría Emma Hayes, directora de Chelsea Women y miembro de la Fundación Chelsea, que pronunció el discurso de apertura. El programa del evento contemplaba asimismo la realización de una amplia gama de mesas redondas y entre los participantes figuraban coordinadores nacionales sobre antisemitismo, líderes de opinión, así como expertos y representantes de algunos de los clubes de fútbol más importantes de Europa[36].

Para finalizar este epígrafe, resulta necesario referirse a un acontecimiento que evidencia que el Chelsea se encuentra, sin

---

36 Información extraída de la web oficial del Chelsea del 4 de noviembre de 2021 y recuperada el 10 de marzo de 2023 siguiendo el enlace: <https://www.chelseafc.com/en/news/article/-chelsea-foundation-to-host-global-conference-in-vienna-to-discu>.

duda, en el buen camino en su lucha contra el antisemitismo. La mejor de las pruebas es lo sucedido a finales de noviembre de 2021, cuando fue galardonado con el prestigioso premio Rey David, de la Asociación Judía Europea (EJA), como reconocimiento a la labor del conjunto blue con el programa *Say no to Antisemitism.* En la entrega de tan esperanzador galardón, el presidente de la EJA, el Rabino Menachem Margolin aseveraba que "es realmente inspirador ver no solo la importante inversión realizada en este esfuerzo, sino el compromiso genuino de escuchar, actuar y marcar la diferencia". Por su parte, el rabino Binyomin Jacobs, Rabino Jefe de los Países Bajos y presidente del comité de la EJA para la lucha contra el antisemitismo, añadió que "el modelo del Chelsea debe reproducirse en todas partes, y daremos a conocer a los gobiernos y a las organizaciones el gran e importante trabajo que estáis haciendo aquí"[37].

2.2. Las consecuencias de las acciones puestas en práctica por el club londinense

Como consecuencia de las iniciativas concienciadoras del Chelsea, la batalla del antisemitismo ha sido secundada tanto por los clubes, como por la institución encargadas de la gestión y gobernanza de la principal competición del fútbol inglés, la *Premier League.* Esta última, ya en enero de 2020 se encargó de elaborar el vídeo *Stand Together38* en el que pueden verse imágenes muy duras de los judíos recluidos en campos de concentración al tiempo

[37] Declaraciones publicadas en el portal de la web oficial del Chelsea del 29 de noviembre de 2021. En el mismo, los medios *blues* se hacen eco de la entrega del citado premio. Han sido recuperadas el 10 de marzo de 2023 en la dirección web: <https://www.chelseafc.com/en/news/article/chelsea-awarded-prestigious-king-david-award-by-the-european-jew >.

[38] El mencionado vídeo aún está disponible en Youtube, a través del siguiente enlace: <https://www.youtube.com/watch?v=31QshrGJDpo> [última consulta el 23 de marzo de 2023].

que personas relevantes (entrenadores y jugadores) de la Premier pronunciaban un emotivo alegato en memoria de las víctimas. El vídeo, que fue emitido en cada estadio el último fin de semana de enero (conmemorando el día del Holocausto y la liberación de Auschwitz), perseguía no solo contribuir al recuerdo de lo sucedido, también contenía una clara intención de sensibilizar y concienciar del peligro de la pasividad mostrada por algunas personas y grupos en los años en los que fue perpetrado el genocidio nazi[39].

Además de la elaboración de este documento gráfico hemos de referirnos a un acontecimiento especialmente significativo. Como ya habían realizado otras instituciones federativas como la Asociación de Fútbol de Argentina (AFA)[40], en diciembre de 2020, la *Premier League* decidió adoptar la definición de antisemitismo de

---

39 Así, en el vídeo puede escucharse en palabras de los protagonistas: "Recordamos a los que se quedaron, los que no hicieron nada, los que sacudieron la cabeza. Recordamos a aquellos que dijeron *esto pasará, no durará.* Recordamos a aquellos que no creyeron, no creerían, se negaron a creer. Recordamos a aquellos que se alejaron, que estuvieron a la espera, que observaron las acciones de los demás, pero no hicieron nada".

40 En octubre de 2020, y aceptando la propuesta del Centro Simon Wiesenthal (como ya hiciera el Ministerio de Relaciones Exteriores, Comercio internacional y culto en la Resolución 114/2020, de 8 de junio), la AFA, decidió adoptar la definición de antisemitismo de la IHRA. En el documento firmado por el presidente Claudio Tapia y el Secretario General, Víctor Blanco, se afirmaba:
"Se RESUELVE aceptar la invitación efectuada por la Resolución y adoptar para si la DEFINICION DE ANTISEMITISMO de la IHRA (Alianza Internacional de Recuerdo del Holocausto) como forma de dar testimonio del compromiso contra cualquier forma de odio discriminación o racismo. La Asociación de Futbol Argentino, agradece al Centro Simon Wiesenthal por la Iniciativa de aceptar la invitación del Poder Ejecutivo y aspira continuar trabajando en conjunto, como ya lo ha hecho al haber ideado juntos la medida que obliga a los árbitros a suspender un partido cuando evidencian cánticos racistas o xenólobos, hoy adoptada globalmente".

la IHRA. Asimismo, e instados por la autoridad federativa, dieciocho de los veinte equipos de la primera división también quisieron comprometerse a adoptar la citada definición, provocando que la comunión en contra del antisemitismo y los intentos de desterrar de manera definitiva este tipo de prácticas en el fútbol inglés sea prácticamente total.

Un buen ejemplo del compromiso global del fútbol inglés es la constatación de la importancia que otros clubes como el Leeds United han concedido a combatir el discurso antisemita en sus gradas. *Los Whites*, en el mes de noviembre de 2021, quisieron salir al paso de cánticos e incidentes de sus aficionados, publicando en su web el comunicado *Fight against antisemitism and any other form of discrimination* tratando de erradicar cualquier vestigio de comportamientos antisemitas. En el mismo se indicaba que "el apoyo de la afición del Leeds United siempre ayuda a crear un ambiente increíble, tanto en *Elland Road* como fuera de casa. Como siempre, nos gustaría recordar a los aficionados su responsabilidad de mantener todo el apoyo y los mensajes positivos, tanto en las gradas como en Internet. En el pasado, una pequeña minoría de aficionados ha empañado algunos encuentros con cánticos, ruidos y gestos antisemitas, justificando el uso de términos específicos por parte de los aficionados rivales como forma de identidad. Debemos dejar claro que no hay lugar para este tipo de comportamiento en el Leeds United Football Club, independientemente de su uso por parte de seguidores de otros clubes o de su inclusión en el *Oxford English Dictionary*, cuya definición describe la palabra Y como *despectiva y ofensiva*. Las acciones o el lenguaje discriminatorios, incluidos el racismo, la homofobia y otras formas de discriminación religiosa, no tienen cabida en ningún lugar del fútbol o de la sociedad, y todos los asociados con el Leeds United están orgullosos de formar parte de un club inclusivo y diverso. Nuestros jugadores, empleados, aficionados y visitantes proceden de una gran variedad de orígenes y culturas, incluida la comunidad judía, y queremos asegurarnos de que todos se sientan seguros y valorados en todo momento. Nos gustaría instar a todos nuestros seguidores a que piensen en las palabras que utilizan y muestren su apoyo de la manera correcta, en *Elland Road* y en cualquier otro estadio del país"[41].

En la línea con la medida del Leeds, otra iniciativa que ha de ser tenido como patrón de buena práctica es lo acontecido en *Vicarage Road*, el estadio del Watford a finales de 2021. El conjunto del este de Inglaterra es uno de los que adoptaron la definición de la IHRA. En esta actitud de respeto y acercamiento a la comunidad judía, el Watford quiso hacer un guiño a su grupo de aficionados judíos, organizando la celebración de la fiesta de *Janucá*[42] a la que asistieron más de un centenar de aficionados de esta religión. Se trata de un acontecimiento histórico pues es la primera vez que un club de la *Premier* ampara una festividad religiosa como la que nos ocupa en sus instalaciones. Sobre la celebración de este evento, afirmaba el director de programas estratégicos de *Diversity and Inclussion Stratregic Programs* de la *Football Association* (Federación inglesa de fútbol. En adelante, FA), Dal Singh Darroch, que "poder celebrar la Janucá con nuestros amigos judíos es importante para nosotros, como parte de nuestro compromiso de eliminar toda formas de discriminación de nuestro juego. Hemos adoptado la definición de antisemitismo de la Alianza Internacional para la memoria del Holocausto de antisemitismo, y también seguimos apoyando las fechas religiosas clave, como Janucá para ayudar a

---

41 Puede consultarse siguiendo el siguiente enlace recuperado el 21 de marzo de 2023:
< https://www.leedsunited.com/news/club/29003/helping-to-tackle-antisemitism>.

42 Es una festividad judía que conmemora la "rededicación" del Segundo Templo de Jerusalén y la rebelión de los macabeos contra los sirios. La tradición judía se refiere a ella como "el milagro de Janucá", aludiendo a los ocho días consecutivos que aguantó encendida una pequeña vasija (a modo de candelabro) que, en realidad, tan solo contenía aceite para uno solo. Por ello, esta festividad es también conocida como la Fiesta de las Luces o del Aceite.

concienciar sobre la creencia en el fútbol como parte de nuestro plan más amplio de fe y fútbol"[43].

Las comentadas acciones de la *Premier* y los clubes ingleses no deben concebirse de un modo aislado, sino de manera conjunta con la sensibilidad especial que la FA lleva prestando a la cuestión religiosa. Aunque su creación fue anterior a la campaña del Chelsea (2011), no podemos dejar de hacer referencia al grupo de trabajo *Faith in Football*, liderado por el Rabino Alexander Barnett Goldberg (Coordinador y Capellán judío de la Universidad de Surrey). Este grupo no es el único de los creados en el seno de la FA. De hecho, y de vital importancia para la prevención del antisemitismo, en 2010, el diputado John Mann encabezó el Grupo de trabajo de la FA sobre Antisemitismo e Islamofobia. Un grupo que estaba compuesto por personalidades de diferentes sectores, de la política, de las religiones y, evidentemente, del mundo del fútbol, llegando a elaborar un informe dirigido a las autoridades deportivas. Las conclusiones del mismo sugirieron fomentar planes de inclusión en la lucha contra la discriminación, sanciones más fuertes a los agresores, una mayor representación de las minorías religiosas en los estadios de fútbol y un mayor compromiso de los clubes con las comunidades locales[44]. También en el seno de la FA, debemos subrayar la importancia de la línea *Inclusion and Anti-Discrimination*, compuesta por varios programas específicos entre los que destacan los programas *Inclusion and Faith* y *Diversity and Inclussion.* En ellos, se materializa la obsesión de la FA por el mantenimiento de la diversidad religiosa en la competición, impidiendo que las cuestiones de fe puedan convertirse en un elemento diferenciador entre los deportistas y, evidentemente, entre los aficionados. Concretamente, y en relación a *Inclusion and Faith*, podemos señalar que son dos sus pilares principales, el

---

43 Declaraciones extraídas del Documento *FAITH AND FOOTBALL: BELIEF IN THE GAME*, elaborado por la FA para la temporada 2022/2023.

44 Vid. VALENCIA CANDALIJA, R., "Propuesta para la tarjeta roja a la Islamofobia en la Premier League", en *Revista General de Derecho Canónico y Derecho Eclesiástico del Estado*, Núm. 54, 2020, pp. 38 y 39.

compromiso de respeto a las festividades religiosas y la promoción del pluralismo religioso en el fútbol[45].

3. Los proyectos formativos del Borussia Dortmund en Alemania

De pie, mientras formaba parte de los seguidores radicales del Borussia Dortmund en el imponente muro de la *Südtribüne* del *Signal Iduna Park,* Daniel Lörcher solía escuchar cánticos como "construyan un tranvía de Gelsenkirchen a Auschwitz". La intención estaba clara, estigmatizar al eterno rival, el mismo que se desempeña en la señalada ciudad vecina, el FC Schalke 04. En 2012, cansado de este tipo de letras de corte discriminatorio y antisemita decidió unirse al Dortmund como voluntario, pasando en 2013 a formar parte de la oficina del club para los asuntos de los aficionados. Hoy, lidera el Departamento de Responsabilidad Corporativa de la entidad, una sección especial, compuesta por seis personas cuya misión principal no es otra que combatir la discriminación. Una propuesta que sitúa al club a la vanguardia de un grave problema que afecta a todo el fútbol alemán, en el que dos de cada tres futbolistas judíos han afirmado haber padecido insultos antisemitas[46].

En la actualidad, como fruto de las actividades del departamento de Lörcher, el Borussia Dortmund está llevando a cabo una serie de actividades en las que puede apreciarse su clara apuesta contra el antisemitismo. Una de las más virales, se produjo en septiembre de 2017, cuando las redes sociales oficiales del club publicaron un video acompañado del lema "El fútbol y los nazis no encajan". En éste puede visionarse un partido de fútbol entre dos equipos ataviados con la vestimenta y los símbolos propios de la

---

45 *Ibidem.*

46 TAMSUT, F., "Antisemitism a *reality* in German sports", el 22 de abril de 2021 en *dw.com.* Recuperado el 10 de marzo de 2023 en la dirección web: <https://www.dw.com/en/antisemitism-in-german-sports-its-reality/a-57283290> .

ideología nazi. La producción del citado video ridiculiza la forma de jugar y actuar de los dos equipos, mostrando la torpeza de ambos, que se muestran incapaces de anotar un solo gol. Al final del vídeo, subyace el lema que el equipo de Dortmund quería hacer llegar, que coincide justo con el título del mismo.

Además de acciones como la del vídeo, podemos destacar la elaboración de un programa educacional que incluye visitas de aficionados y empleados del club a antiguos campos de concentración como Auschwitz y Treblinka, dedicando especial atención a la ciudad de Dortmund y a los judíos que vivieron en ella antes del Holocausto. No en vano, merece ser remarcado que fue el conjunto de Dortmund el primero en toda Europa que organizó este tipo de viajes al (lamentablemente) conocido campo de concentración polaco en 2011. También organiza talleres continuos y proporciona soporte a aquellos aficionados que quieran defenderse de los hinchas de extrema derecha. Así se deduce de la publicación anual de sus informes de sostenibilidad que, desde 2018, viene incorporando las emprendedoras medidas del Departamento de Responsabilidad Corporativa de cara a la responsabilidad social de los jugadores y miembros del club y otros objetivos como el respeto a la diversidad o la lucha contra la discriminación.

Podríamos citar cualquiera de los tres informes, pero nos ha parecido esencialmente distinguido el de la temporada 2019/2020, *United in solidarity. No matter what.* En el mismo, puede constarse la donación de un millón de euros efectuada en favor del *Yad Vashem*, el Centro Mundial de Conmemoración del Holocausto, con sede en Jerusalem[47]. En el citado informe, el Director Ge-

---

[47] Como puede extraerse de su web, "fue establecido en el año 1953 por una ley de la *Knesset* (Parlamento Israelí), encomendándole la misión de conmemorar, documentar, investigar y educar sobre el Holocausto. Recordando a los seis millones de judíos asesinados por los nazis alemanes y sus colaboradores, las comunidades judías destruidas, los guetos y los combatientes en la resistencia, y honrando a los Justos de las Naciones que arriesgaron sus vidas para rescatar judíos durante el Holocausto.Situado sobre el Monte del Recuerdo en Jerusalén, Yad Vashem

neral, Hans-Joachim Watzke se dirigía a los aficionados *borussers* afirmando que "si nuestra donación de un millón de euros al Yad Vashem significa que la lucha contra el antisemitismo y el racismo puede llegar a tener mucho más éxito, entonces valió la pena. Aunque sea tu dinero. Siempre que surjan tendencias objetables en la sociedad, estaremos allí para denunciarlas. Es una promesa". También se hacía mención a la representación del Borussia Dortmund en el acto oficial conmemorativo del 75º aniversario de la liberación de Auschwitz, al que asistieron más de doscientos supervivientes, treinta jefes de Estado y más de tres mil invitados. Ese mismo día, el Borussia celebró el tradicional acto anual para conmemorar el Día Internacional de Conmemoración del Holocausto en su estadio. En dicho acto, Halina Birenbaum, superviviente del Holocausto, relató su angustiosa experiencia a los más de quinientos invitados.

En el citado informe de 2019 también se hacía referencia al desarrollo del proyecto *Changing the Chants* ("cambiar los cánticos"). Una iniciativa, respaldada económicamente por el Programa de Derechos, Igualdad y Ciudadanía de la Unión Europea, en la que el club de Dortmund ha trabajado de la mano de la Casa de Ana Frank, el Proyecto FARE[48] y el Feyenoord de Rotterdam. Dicho

---

se extiende a lo largo de 18 hectáreas y se compone de museos, varios centros de investigación y educación, así como de monumentos y sitios conmemorativos. Entre ellos se encuentran el complejo del Museo, la Sala del Recuerdo, el Valle de las Comunidades y el Monumento a los Niños". Recuperado el 23 de marzo de 2023 a través del link: <https://www.yadvashem.org/es/about/yad-vashem.html> .

48 El programa *FARE* (*Football Against Racism in Europe)* cuenta con el apoyo económico de la Comisión Europea, y el institucional de la UEFA. En realidad, se trata de una asociación fundada en 1999 y congrega a 13 países, constituyendo una red europea que pretende combatir el racismo en el fútbol amateur y profesional tanto a nivel local como nacional. Entre sus finalidades se encuentra el intento de concienciación a los gobiernos de los Estados socios con el fin de que reconozcan el problema del racismo en el fútbol. Son varias las iniciativas enmarcadas dentro de FARE, entre ellas la "European Action Week", que viene

proyecto, que echó a andar en 2019, tuvo una duración de dos años, hasta octubre de 2021. Durante los mismos, los cuatro *partners* trataron de trazar estrategias tendentes a implantar métodos educativos contra los cánticos antisemitas en los partidos de fútbol en Europa. Para ello, era necesario profundizar en la comprensión de los enfoques que los clubes de fútbol pueden utilizar para educar a los aficionados sobre el comportamiento antisemita en las gradas de fútbol. Así, *Changing the Chants* estaba basado en dos programas piloto (educativos) independientes para aficionados al fútbol, el dirigido por el Borussia Dortmund y el comandado por el Feyenoord. Estas iniciativas educativas, aunque no eran de la misma naturaleza, fueron intercambiadas y analizadas, poniendo a prueba nuevos enfoques, allanando el camino para prácticas en las que se aplique la justicia reparadora. Como puede observarse de la web del proyecto, se trata de fomentar "la apertura de un espacio para el aprendizaje compartido y el pilotaje transnacional e intercontextual de estos enfoques. Un grupo de colaboradores europeos, procedentes de diversos ámbitos y con un alto nivel de experiencia, contribuyen a este proceso y ayudan a las organizaciones asociadas. Este equipo pretende encontrar y analizar más enfoques similares en toda Europa y publicarlos en un compendio de buenas prácticas[49]. Además, los resultados de las pruebas

---

desarrollándose anualmente desde el año 2001. Así, durante una semana y, cada año en un lugar diferente, dentro de cualquiera de los Estados-miembros de la Unión Europea, "se celebran acciones contra el racismo que incluyen slogans antirracistas, distribución de camisitas antirracistas, y partidos amistosos con equipos de inmigrantes". Otra de las propuestas de FARE ha sido el desarrollo de la conferencia "Unidos contra el Racismo", celebrada en Londres en el año 2003 y que dio lugar a la redacción de un Manual de buenas prácticas en colaboración con la UEFA. A tal efecto, vid. VALENCIA CANDALIJA, R., "Libertad religiosa y protección de las creencias en el fútbol" cit., p.p. 221 y 222 y DURAN, J. y JIMÉNEZ, P-J., "Fútbol y Racismo: un problema científico y social", en *Revista Internacional de Ciencias del Deporte* (3 -2), 2006, pp. 72 y 73.

49 Se refería al documento *Guidelinesfor educational projects targeting antisemitic behaviour in football*, emanado de la puesta en práctica de los dos

piloto, el intercambio y el compendio ayudarán a crear directrices y recomendaciones prácticas y transferibles para las comunidades futbolísticas, y los clubes de fútbol en particular, en toda Europa y fuera de ella" [50].

En la línea de proyectos como el anterior también ha de destacarse la participación del Borussia de Dortmund en la coedición de la publicación en 2021 de *Football Players in Focus: Educational Materials on Sports, Persecution, and Remembrance.* Nos referimos a la obra coordinada por *Arolsen Archives*, el Centro Internacional sobre la persecución nazi, en colaboración con el historiador alemán Andreas Kahrs y la entidad *Borusser*, y que contó con el apoyo del Ministerio de Cultura alemán. En ella, se trata de poner a disposición de la sociedad alemana (colegios y otras instituciones educativas) materiales formativos demandados por aficionados y clubes de fútbol. Así, en sus páginas, se trata de describir la historia de futbolistas judíos que fueron deportados a campos de concentración y exterminio, ofreciendo la oportunidad de conocer la historia de los distintos campos y de la ocupación nazi en Europa a través de las historias individuales de estos jugadores. En total, el libro consta de doce breves biografías que aportan una visión de la vida de los futbolistas en el periodo anterior a la guerra y una visión general de los primeros años del fútbol europeo. Así, en sus páginas se otorga importancia especial a los documentos que aún se conservan de la época nazi, pues son un instrumento tremendamente valioso para analizar tanto la persecución nazi, como el sufrimiento de personas que tenían dos cosas en común, eran judíos y jugaban al fútbol.

Finalmente, entre las estrategias implementadas por el Borussia Dortmund hemos de ensalzar la organización en 2022 del congreso "Antisemitismo y fútbol profesional: Retos, oportunidades y

---

proyectos piloto.

[50] Información extraída el 23 de marzo de 2023 siguiendo la dirección web:
< https://changingthechants.eu/>

trabajo en red", en cooperación con la Liga Alemana de Fútbol, el Congreso Judío Mundial y el Consejo Central de los Judíos de Alemania. Entre los 150 asistentes se encontraban representantes de 26 clubes de la Bundesliga o políticos alemanes de alto rango como Felix Klein, comisario del gobierno alemán para la vida judía en Alemania y la lucha contra el antisemitismo. Uno de los principales puntos planteados fue el reconocimiento del concepto de antisemitismo y en qué se diferencia de otras formas de discriminación como el racismo. Además, entre sus actividades, este congreso incluyó talleres sobre diversos aspectos de la actual lucha contra el antisemitismo, así como sobre la vida moderna de los judíos en Alemania, tanto en el fútbol, como fuera de él[51].

4. La labor de concienciación del Feyenoord de Rotterdam en Países Bajos

Como hemos tenido la ocasión de señalar, eminentemente, la rivalidad con el Ajax de Amsterdam ha propiciado algunos episodios que los dirigentes del club llevan años intentando evitar.

Conscientes de la gravedad de la situación, y en el deseo de revertirla, el Feyenoord fue el primer club neerlandés en adoptar un enfoque educativo para combatir el antisemitismo detectado entre sus seguidores más radicales, sobre todo, los que han sido sancionados sin poder acceder a su propio estadio (*De Kuip*) por actitudes de esta naturaleza. Desde 2015, en colaboración con la Casa de Ana Frank y la asociación antidiscriminación *RADAR* organiza periódicamente un taller formativo destinado a seguidores radicales del Feyenoord con el objetivo de dar a conocer el pasado judío de la ciudad de Rotterdam y la vinculación de la

---

51 TAMSUT, F., "Antisemitism in the Bundesliga: Don't call it racism", publicado el 4 de enero de 2022 en *dw.com* y recuperado el 21 de marzo de 2023 en la siguiente dirección: <https://www.dw.com/en/antisemitism-in-the-bundesliga-dont-call-it-racism/a-61313208>.

comunidad hebrea, con el club. Para ello, se realiza un recorrido por la zona sur de Rotterdam, visitando lugares emblemáticos del pasado judío de la ciudad cuya tradición guarda relación con la propia historia del Feyenoord y el conflicto bélico de la Segunda Guerra Mundial. Durante este recorrido, los participantes reúnen con aficionados judíos del Feyenoord, pudiendo conocer sus dramas y vivencias personales o de sus familias en el trascurso del conflicto bélico, fundamentalmente, tras la rendición neerlandesa y consecuente invasión nazi, maniobrada, precisamente, tras el letal bombardeo de Rotterdam en mayo de 1940.

La intención del taller resulta clara, desconocer el origen judío de la sociedad y, por ende, de miles de fans, deportistas y directivos del Feyenoord, así como de la barbarie provocada por el nazismo en épocas pasadas supone dar la espalda a la realidad y a la propia historia de Rotterdam. Por esta razón, aprovechando los testimonios de las víctimas, los organizadores suelen de entablar conversaciones con los inscritos en el taller, tratando de concienciarlos sobre el efecto hiriente de los cánticos y las expresiones discriminatorias empleadas por estos aficionados durante los partidos. El reto final no es sino hacerlos recapacitar sobre la capacidad de ofensa y las posibles consecuencias negativas de sus acciones, esperando conseguir una transformación tanto en el comportamiento, como en la mentalidad de estas personas.

En la línea del proyecto conjunto con *RADAR* y la Casa de Ana Frank,en el día de la Memoria de 2018, el Feyenoord estrenó el documental *Feyenoord is voor iedereen* ("Feyenoord es para todos"). El film gira en torno a Miep Smith-Wessel, de 84 años, seguidora del Feyenoord que perdió a su padre, de origen judío, en la Segunda Guerra Mundial[52]. En el desarrollo del documental, Smith-Wessel revela que es fiel seguidora del Feyenoord y que, durante

---

52 Según explica Smith-Wessel, su padre, fan incondicional del Feyenoord fue detenido por no llevar su abrigo identificativo con la estrella de David, siendo trasladado a Auschwitz. Nunca más volvió a saber de él.

cincuenta años, presenció en *De Kuip* cada jornada de la *Eredivisie*, hasta que su salud ya no se lo permitió. Aun así, cuenta como se avergüenza de los cánticos de los aficionados que gritan consignas antisemitas. Al hilo de lo anterior afirma que, de hecho, muchos de sus amigos judíos, también hinchas del Feyenoord, han dejado de acudir al campo. En particular, asegura, se sienten muy tristes por los gritos de Hamás que pueden oírse desde hace años en el estadio, añadiendo: "no saben lo que dicen". Asimismo, también puede verse la visita de la protagonista al campo de concentración de Auschwitz con aficionados del Feyenoord, intentando explicarles el impacto que tuvo la guerra en su familia y en la comunidad judía de Rotterdam[53].

Finalmente, además de recordar que el Feyenoord es uno de los *partners* de *Changing the Chants*, es necesario hacer constar que, como otros grandes clubes europeos, el Feyenoord organizó un viaje de veinticinco seguidores a Auschwitz durante un total de cinco días. El retorno percibido por las autoridades de la entidad ha llevado a la misma a otorgar carácter anual a dicho viaje.

V. CONCLUSIÓN

A la luz de los episodios que hemos venido describiendo, si hay una certeza que, entendemos, no puede ser puesta en duda es que el antisemitismo militante de determinados sectores de aficionados radicales en la vieja Europa sigue representando un problema de profundo calado. Máxime, si tenemos en cuenta el momento en el que nos encontramos. Habiendo transcurrido más de 70 años desde que terminara la II Guerra Mundial y se pusiera fin al tratamiento inhumano recibido por los miembros de la comunidad judía por el mero hecho de serlo. Y teniendo en cuenta que normativas como el *Arierparagraph* están más que abolidas o que la

---

53 Se puede visualizar el documental de manera online siguiendo el link: <https://www.espn.com.br/video/clipe/_/id/8996338> [fecha de consulta 24 de marzo de 2023].

discriminación y el sufrimiento que padecieron los judíos de entonces han sido condenados, tanto por la humanidad como por la propia justicia, resulta especialmente doloroso que, las heridas no hayan cicatrizado. En nuestra opinión, dichas heridas nunca sanarán mientras no sean desterrados comportamientos como los que se siguen produciendo todavía en los estadios europeos.

Parece que el devenir de los tiempos ha otorgado carácter cíclico a momentos que, en las mentes de algunas personas, aún siguen vivos. La historia se vuelve a repetir, los cánticos y comentarios antisemitas que padecían los jugadores y aficionados de los *judenklubs* de mediados del siglo XX, son muy similares a los que escuchan actualmente los del Tottenham o el Ajax, es más, podríamos afirmar que en los fotomontajes realizados por los hinchas del Feyenoord o los de la Lazio, existe mayor coordinación entre sus perpetradores y, por ende, un consolidado, a la vez que preocupante, *animus ofendi* hacia sus destinatarios. Con todo, lo más alarmante, ni siquiera es la capacidad ofensiva o de humillación de estos actos, sino la confirmación de una obviedad como es que los actos antisemitas de nuestro fútbol, ponen en evidencia la eficacia de las soluciones adoptadas, tanto las normativas, provenientes de las instituciones político-jurídicas, como las emanadas de las instituciones federativas. Sea cuales fueren, existe un dato que es meridianamente claro, no están funcionando.

Aun así, nos resistimos a concluir que las soluciones adecuadas han de provenir exclusivamente del marco de la represión, ensalzando las prácticas restaurativas como un instrumento eficaz y capaz de dotar la sensibilidad. En este sentido, valoramos muy positivamente la actitud de la Lazio y sus dirigentes. Para un club tradicionalmente ligado al fascismo y totalitarismo en Italia y en el resto del mundo, emprender acciones de esta naturaleza no puede ser sino el sinónimo de un compromiso loable de cara a erradicar las situaciones de desigualdad, discriminación y odio. No en vano, y en consonancia con las palabras de Matteo Renzi expuestas página atrás, entendemos que no existe mejor manera de mostrar a los aficionados el significado y el sentido de lo que pudo haber padecido tanto Anna Frank, como ese millón de personas que fallecieron en Auschwitz y el resto de miembros de la comunidad judía que perdieron la vida en los campos de concentración nazis.

Lo mismo podría decirse de los modelos puestos en práctica por el Chelsea, el Borussia y el Feyenoord. La inmersión en los horrores de Auschwitz nos parece una excelente opción de cara a la concienciación de los aficionados, pero, como hemos podido comprobar, el elenco de actividades organizadas por estos clubes en el seno de su campaña contra el antisemitismo es mucho más amplio. La campaña *Say no to Antisemitism* del conjunto inglés, *Changing the Chants, Football Players in Focus: Educational Materials on Sports, Persecution, and Remembrance* o *Feyenoord is voor iedereen* sin dudarlo, suponen un espaldarazo absoluto a la lucha contra todos los que se encargan de diseminar el discurso de odio hacia la comunidad judía y sus miembros. El premio *Rey David*, recibido por el Chelsea es la mejor de las pruebas de que así es. Probablemente, más que merecido, pues nadie duda en el Reino Unido que la corporativa misión contra el antisemitismo de su fútbol jamás se hubiera producido de no ser por las iniciativas puestas en marcha por el Chelsea de Abramovich.

Quizás, debamos reparar en que la necesidad de tener que llegar a decisiones de tipo sancionador es consecuencia de la falta de campañas educativas y de concienciación de socios o incluso, las de naturaleza restaurativa como las que venimos describiendo. No albergamos dudas de que la colaboración y reconocimiento con deportistas judíos y las acciones como las emprendidas éstas, simplemente, son insuficientes. por Chelsea y Lazio, deberían estar más extendidas y no constituir excepciones puntuales. Decimos más, referido fundamentalmente a los dos últimos, estas campañas tendrían que convertirse en una tónica habitual y no encarnar las respuestas institucionales ante comportamientos concretos y no deseados de sus seguidores más radicales.

Así pues, en nuestra opinión, la pelota está en el tejado de los clubes. Probablemente, en los millonarios presupuestos que se manejan en la industria del fútbol pueda haber hueco para la financiación de iniciativas contra el antisemitismo. Son mucho menos costosas que los grandes fichajes y no condicionan el *Fair Play* financiero. Pero el problema no es tanto monetario como de sensibilidad, formación y conciencia. De voluntad, en definitiva. La que comienza a demostrar clubes como la Lazio, el Feyenoord y, de manera especial, el Chelsea y el Borussia Dortmund. Esperemos que sean muchas las instituciones deportivas, futbolísticas o no, que quieran verse envueltos en dinámicas de esta naturaleza.

VI. BIBLIOGRAFÍA

DWORK, D. y JAN VAN PELT, J., "Holocausto, una historia", Madrid, Algaba, 2004.

FOER, F., "El mundo en un balón. Cómo entender la globalización a través del fútbol", Debate, Barcelona, 2004.

KUPER, S., "Ajax, The Dutch, the War. The Strange Tale of Soccer during Europe´s Darkest Hour", Nation Books, New York, 2008.

RÍOS CORBACHO, J. M., "Palabra de fútbol y Derecho Penal", Madrid: Reus, 2015.

SCHÜLER-SPRINGORUM, S., "Génesis y actualidad del antisemitismo moderno", *Constelaciones-Revista de Teoría Crítica,* Núm. 4, 2012.

VALENCIA CANDALIJA, R., "Historia y presente del antisemitismo en el fútbol europeo", en COMBALÍA SOLÍS, Z., DIAGO DIAGO, P. y GONZÁLEZ-VARAS IBÁÑEZ, A. (Coords.), *Libertad de expresión y prevención de la violencia y discriminación por razón de la religión,* Tirant lo Blanch, Valencia, 2020.

VALENCIA CANDALIJA, R., "Propuesta para la tarjeta roja a la Islamofobia en la Premier League", en *Revista General de Derecho Canónico y Derecho Eclesiástico del Estado,* Núm. 54, 2020.

VALENCIA CANDALIJA, R., Libertad religiosa y protección de las creencias en el fútbol, Madrid, Tecnos, Madrid, 2021.

WINNER, D., "Brilliant Orange: The Neurotic Genius of Dutch", Bloomsbury, London, 2001. *Opus cit.* en FOER, F., "El mundo en un balón. Cómo entender la globalización a través del fútbol", cit.